普通高等教育"十一五"国家级规划教材

21世纪交通版高等学校教材

Road Engineering Materials

道路工程材料

（第五版）

李立寒　张南鹭　孙大权　杨　群　编著

申爱琴　张肖宁　主审

人民交通出版社

内 容 提 要

本书为高等学校教材《道路工程材料》第五版，阐述道路工程、桥梁工程及其附属结构物中常用材料的技术性能和质量要求、性能影响因素及其评价方法、混合料的组成设计方法及其工程应用的综合知识。

全书共由两篇十二章组成，主要介绍砂石材料、沥青材料、沥青混合料、水泥与石灰、水泥混凝土与砂浆、各类稳定混合料、钢材与聚合物等材料的技术性质及试验方法。

本书作为高等学校土木工程专业、道路、桥梁与渡河工程专业、交通工程专业本科生的教学用书和教学参考书，也可供从事相关专业的科研人员、设计人员、施工人员、管理人员及工程监理人员参考。

图书在版编目(CIP)数据

道路工程材料/李立寒等编著 .—5 版 .—北京：人民交通出版社，2010.1

ISBN 978-7-114-08212-2

Ⅰ.道… Ⅱ.李… Ⅲ.道路工程-建筑材料-高等学校-教材 Ⅳ.U414

中国版本图书馆 CIP 数据核字(2010)第 010545 号

普通高等教育"十一五"国家级规划教材

21 世纪交通版高等学校教材

书　　名：道路工程材料(第五版)

编 著 者：李立寒　等

责任编辑：沈鸿雁　丁润铎

出版发行：人民交通出版社

地　　址：(100011)北京市朝阳区安定门外外馆斜街 3 号

网　　址：http://www.ccpress.com.cn

销售电话：(010)59757969，59757973

总 经 销：北京中交盛世书刊有限公司

经　　销：各地新华书店

印　　刷：北京牛山世兴印刷厂

开　　本：787×1092　1/16

印　　张：24.25

字　　数：594 千

版　　次：1979 年 8 月　第 1 版　1986 年 6 月　第 2 版
1996 年 6 月　第 3 版　2004 年 3 月　第 4 版
2010 年 1 月　第 5 版

印　　次：2010 年 1 月　第 5 版　第 1 次印刷　总第 38 次印刷

书　　号：ISBN 978-7-114-08212-2

印　　数：279501—284500 册

定　　价：45.00 元

总　序

当今世界，科学技术突飞猛进，全球经济一体化趋势进一步加强，科技对于经济增长的作用日益显著，教育在国家经济与社会发展中所处的地位日益重要。进入新世纪，面对国际国内经济与社会发展所出现的新特点，我国的高等教育迎来了良好的发展机遇，同时也面临着巨大的挑战，高等教育的发展处在一个前所未有的重要时期。其一，加入 WTO，中国经济已融入到世界经济发展的进程之中，国家间的竞争更趋激烈，竞争的焦点已更多地体现在高素质人才的竞争上，因此，高等教育所面临的是全球化条件下的综合竞争。其二，我国正处在由计划经济向社会主义市场经济过渡的重要历史时期，这一时期，我国经济结构调整将进一步深化，对外开放将进一步扩大，改革与实践必将提出许多过去不曾遇到的新问题，高等教育面临加速改革以适应国民经济进一步发展的需要。面对这样的形势与要求，党中央国务院提出扩大高等教育规模，着力提高高等教育的水平与质量。这是为中华民族自立于世界民族之林而采取的极其重大的战略步骤，同时，也是为国家未来的发展提供基础性的保证。

为适应高等教育改革与发展的需要，早在 1998 年 7 月，教育部就对高等学校本科专业目录进行了第四次全面修订。在新的专业目录中，土木工程专业扩大了涵盖面，原先的公路与城市道路工程，桥梁工程，隧道与地下工程等专业均纳入土木工程专业。本科专业目录的调整是为满足培养"宽口径"复合型人才的要求，对原有相关专业本科教学产生了积极的影响。这一调整是着眼于培养 21 世纪社会主义现代化建设人才的需要而进行的，面对新的变化，要求我们对人才的培养规格、培养模式、课程体系和内容都应作出适时调整，以适应要求。

根据形势的变化与高等教育所提出的新的要求，同时，也考虑到近些年来公路交通大发展所引发的需求，人民交通出版社通过对"八五"、"九五"期间的路桥及交通工程专业高校教材体系的分析，提出了组织编写一套 21 世纪的具有鲜明交通特色的高等学校教材的设想。这一设想，得到了原路桥教学指导委员会几乎所有成员学校的广泛响应与支持。2000 年 6 月，由人民交通出版社发起组织全国面向交通办学的 12 所高校的专家学者组成 21 世纪交通版高等学校教材（公路类）编审委员会，并召开第一次会议，会议决定着手组织编写土木工程专业具有交通特色的**道路专业方向、桥梁专业方向以及交通工程专业**教材。会议经过充分研讨，确定了包括**基本知识技能培养层次、知识技能拓宽与提高层次**以及**教学辅助层次**在内的约 130 种教材，范围涵盖**本科**与**研究生用**教材。会后，人民交通出版社开始了细致的教材编写组织工作，经过自由申报及专家推荐的方式，近 20 所高校的百余名教授承担约 130 种教材的主编工作。2001 年 6 月，教材编委会召开第二次会议，全面审定了各门教材主编院校提交的教学大纲，之后，编写工作全面展开。

21 世纪交通版高等学校教材编写工作是在本科专业目录调整及交通大发展的背景下展开的。教材编写的基本思路是：(1) 顺应高等教育改革的形势，专业基础课教学内容实现与土木工程专业打通，同时保留原专业的主干课程，既顺应向土木工程专业过渡的需要，又保持服务公路交通的特色，适应宽口径复合型人才培养的需要。(2) 注重学生基本素质、基本能力的培养，为学生知识、能力、素质的综合协调发展创造条件。基于这样的考虑，将教材区分为二个主层次与一个辅助层次，即基本知识技能培养层次与知识技能拓宽与提高层次，辅助层次为教学参考用书。工作的着力点放在基本知识技能培养层次教材的编写上。(3)目前，中国的经济发展存在地区间的不平衡，各高校之间的发展也不平衡，因此，教材的编写要充分考虑各校人才培养规格及教学需求多样性的要求，尽可能为各校教学的开展提供一个多层次、系统而全面的教材供给平台。(4)教材的编写在总结"八五"、"九五"工作经验的基础上，注意体现原创性内容，把握好技术发展与教学需要的关系，努力体现教育面向现代化、面向世界、面向未来的要求，着力提高学生的创新思维能力，使所编教材达到先进性与实用性兼备。(5)配合现代化教学手段的发展，积极配套相应的教学辅件，便利教学。

教材建设是教学改革的重要环节之一，全面做好教材建设工作，是提高教学质量的重要保证。本套教材是由人民交通出版社组织，由原全国高等学校路桥与交通工程教学指导委员会成员学校相互协作编写的一套具有交通出版社品牌的教材，教材力求反映交通科技发展的先进水平，力求符合高等教育的基本规律。各门教材的主编均通过自由申报与专家推荐相结合的方式确定，他们都是各校相关学科的骨干，在长期的教学与科研实践中积累了丰富的经验。由他们担纲主编，能够充分体现教材的先进性与实用性。本套教材预计在二年内完全出齐，随后，将根据情况的变化而适时更新。相信这批教材的出版，对于土木工程框架下道路工程、桥梁工程专业方向与交通工程专业教材的建设将起到有力的促进作用，同时，也使各校在教材选用方面具有更大的空间。需要指出的是，该批教材中研究生教材占有较大比例，研究生教材多具有较高的理论水平，因此，该套教材不仅对在校学生，同时对于在职学习人员及工程技术人员也具有很好的参考价值。

21世纪初叶，是我国社会经济发展的重要时期，同时也是我国公路交通从紧张和制约状况实现全面改善的关键时期，公路基础设施的建设仍是今后一项重要而艰巨的任务，希望通过各相关院校及所有参编人员的共同努力，尽快使全套21世纪交通版高等学校教材(公路类)尽早面世，为我国交通事业的发展做出贡献。

21世纪交通版
高等学校教材(公路类)编审委员会
人民交通出版社
2001年12月

第五版前言

道路工程材料泛指用于道路和桥梁工程及其附属构造物所用的各类建筑材料，主要包括土、砂石、沥青、水泥、石灰、工业废料、钢铁、工程聚合物、木材等材料及它们组成的混合料。道路工程材料是道路工程建设与养护的物质基础，其性能直接决定了道路工程质量和服务寿命。系统学习道路工程材料的基本性质、技术指标、测试技术、组成设计以及应用技术等方面的知识，不仅是道路工程相关专业重要的知识结构组成，而且也是科学合理地选择、设计、评价、应用和研发道路工程材料的理论基础。

为适应道路工程材料课程的特点和道路工程科技发展的需要，本教材对常用道路工程材料的技术性能和质量要求、性能影响因素、评价测试技术和组成设计方法等基础理论知识进行了重点论述，同时编入了一批具有代表性的新材料、新技术和新测试方法，以培养和激发学生的科技创新能力。本书共分两篇十二章。第一篇为道路工程材料的基础理论部分，由八章组成。第一章到第六章主要论述了常用道路工程材料（主要包括石料与集料、沥青、沥青混合料、水泥与石灰、水泥混凝土以及无机结合料稳定材料等）的基本技术性质、测试方法和技术指标、组成设计方法等内容。第七章和第八章分别介绍了钢材和工程聚合物的基本技术性能、技术要求和工程应用。第二篇为试验方法，由四章组成，叙述了道路工程材料基本性能的常用测试评价方法，以方便试验课程使用。

本教材在编写过程中，对纷乱复杂的知识点进行整理凝练，对重要内容、次要与提高内容用不同字体加以区分，力求重点突出、层次分明。在各章节后对主要知识点进行归纳总结、列出复习题目，力求形成易教、易学的知识结构体系。本书坚持道路材料领域科研为先导、教材内容与时俱进的理念，在修订过程中吸纳了一些道路工程材料领域最新研究成果。本书篇幅较大，作为教材使用时，相关专业的任课教师可根据教学计划选择合适的内容。

本教材在《道路建筑材料》第四版的基础上进行修订和补充，其中绪论、第二章和第八章由孙大权修订，第五章由杨群修订，其余章节由李立寒修订。

本教材为普通高等教育“十一五”国家级规划教材，编写工作得到同济大学教材、学术著作出版委员会资助，并同时列入同济大学“十一五”规划教材。在教材的编写过程中，孙艳娜、王飞、陈春羽、袁坤、吕天华等协助进行了绘图和校核工作；全书由长安大学申爱琴教授、华南理工大学张肖宁教授主审，在此一并表示衷心感谢！

限于编著者的学识水平和实践经验，书中不足之处，恳请读者批评指正。

编著者

2009年11月

目　录

绪论

道路工程材料是道路、桥梁等交通基础设施建设和养护的物质基础，其品质和类型直接决定了道路工程的使用性能、服务寿命和结构形式。纵览我国公路路面发展历程，从低等级的砂石路面、渣油路面到高等级的沥青混凝土路面、水泥混凝土路面，道路工程材料的进步与发展直接支撑了公路路面性能的提升与路面结构形式的革新。随着道路交通事业的蓬勃发展以及交通量和车辆荷载与日俱增，对道路工程材料的使用性能提出了更高的要求。科学合理地选择、设计和应用道路工程材料成为保障和提高路桥工程使用质量，提高路桥工程建养技术水平的基础和关键。

一、道路工程材料的主要类型

1. 道路桥梁工程结构对材料的要求

(1)道路工程结构用材料

在道路工程的使用环境中，行车荷载和自然因素对道路路面结构的作用程度随着深度的增加而逐渐减弱，对材料的强度、承载能力和稳定性要求也随着深度的增加而逐渐降低。因此，通常在路基顶面以上分别采用不同质量、不同规格的材料，将路面结构由下而上铺筑成由垫层、基层和面层等结构层次组成的多层体系。

面层结构直接承受行车荷载作用，并受到自然环境中温度和湿度变化的直接影响，因此用于面层结构的材料应有足够的强度、稳定性、耐久性和良好的表面特性。道路面层结构中的常用材料主要是沥青混合料、水泥混凝土、粒料和块料等。

基层位于面层之下，主要承受面层传递下来的车辆荷载的竖向应力，并将这种应力向下扩散到垫层和路基中，为此基层材料应有足够的强度、刚度及扩散应力的能力。环境因素对基层的作用虽然小于面层，但基层材料仍应具有足够的水稳定性和耐冲刷性，以保证面层结构的稳定性。常用的基层材料有结合料稳定类混合料、碎石或砾石混合料、天然砂砾、碾压混凝土和贫混凝土、沥青稳定集料等。

垫层是介于基层和路基之间的结构层次，主要作用是改善路基的湿度和温度状况，扩散由基层传来的荷载应力，以减少路基变形，通常于季节性冰冻地区或土基水温状况不良的路段中设置，以保证面层和基层的强度、稳定性及抗冻能力。对垫层材料的强度要求虽然不高，但其应具备足够的水稳定性。常用的垫层材料有碎石或砾石混合料、结合料稳定类混合料等。

(2)桥梁工程结构用材料

桥梁的墩、桩结构应具有足够的强度、承载能力，以支撑桥梁上部结构及其传递的荷载，并具有良好的抗渗透性、抗冻性和抗腐蚀能力，以抵抗环境介质的侵蚀作用。桥梁的上部结构将直接承受车辆荷载、自然环境因素的作用，应具有足够的强度、抗冲击性、耐久性等。用于桥梁结构的主要材料有钢材、水泥混凝土、钢筋混凝土，用于桥面铺装层的沥青混合料及各种防水材料等。

2.道路工程材料的主要类型

常用道路工程材料可以归纳为以下几类：

(1)石料与集料

石料与集料包括人工开采的岩石或轧制的碎石、天然砂砾石及各种性能稳定的工业冶金矿渣(如煤渣、高炉渣和钢渣等)，这类材料是道路桥梁工程结构中使用量最大的一宗材料。其中尺寸较大的块状石料经加工后，可以直接用于砌筑道路、桥梁工程结构及附属构造物；性能稳定的岩石集料可制成沥青混合料或水泥混凝土，用于铺筑沥青路面或水泥路面，也可直接用于铺筑道路基层、垫层或低级道路面层；一些具有活性的矿质材料或工业废渣，如粒化高炉矿渣、粉煤灰等经加工后可作为水泥原料，也可以作为水泥混凝土和沥青混合料中的掺和料使用。

(2)结合料和聚合物类

沥青、水泥和石灰等是道路工程中常用的结合料，它们的作用是将松散的集料颗粒胶结成具有一定强度和稳定性的整体材料。塑料(合成树脂)、橡胶和纤维等聚合物材料也可以作为结合料，除了可用做混凝土路面的填缝料外，还可用于改善道路工程材料的技术性能，如配制改性沥青、制作聚合物水泥混凝土等。

(3)沥青混合料

沥青混合料是由矿质集料和沥青材料组成的复合材料，具有较高的强度、柔韧性和耐久性。用其所铺筑的沥青路面连续、平整，具有弹性和柔韧性，适合于车辆高速行驶，是高等级道路，特别是高速公路和城市快速路面层结构及桥梁桥面铺装层的重要材料。

(4)水泥混凝土与砂浆

水泥混凝土是由水泥与矿质集料组成的复合材料，它具有较高的强度和刚度，能承受较繁重的车辆荷载作用，主要用于桥梁结构和高等级道路面层结构。水泥砂浆主要由水泥和细集料组成，用于砌筑和抹面结构物中。

(5)无机结合料稳定类混合料

无机结合料稳定类混合料是以石灰(粉煤灰)、少量水泥(石灰)或土固化剂作为稳定材料，将松散的土、碎砾石集料稳定、固化形成的复合材料，具有一定的强度、板体性和扩散应力的能力，但耐磨性和耐久性略差，通常用于高等级道路路面基层结构或低级道路面层结构。

(6)其他道路工程材料

在道路或桥梁工程结构中，其他常用材料包括钢材、填缝料等。钢材主要应用于桥梁结构及钢筋混凝土结构中，填缝料则主要应用于水泥混凝土路面接缝构造中。

二、道路工程材料的研究内容

1.道路工程材料的基本组成与结构

材料的矿物组成或化学成分及其组成结构决定了材料的基本特性，如石料的矿物组成、水泥的矿物组成、沥青的化学组分等，对这些材料的技术性能有着显著的影响。在各类混合料中，其组成材料的质量与相对比例确定了材料的组成结构状态。这种组成结构状态直接影响着混合料的物理力学性能，如沥青混合料的组成结构对其强度、稳定性和耐久性有着显著影响。

充分地了解和认识材料的基本组成结构及其与材料技术性能的关系，是合理地选择材料、正确地使用材料、改善材料性能、研发新材料的基础。

2.道路工程材料的基本技术性能

材料的基本技术性能包括物理性能、力学性能、耐久性和工艺性等。只有全面地掌握这些性能的主要影响因素、变化规律,正确评价材料性能,才能合理地选择和使用材料,这也是保证工程中所用材料的综合力学强度和稳定性,满足设计、施工和使用要求的关键所在。

(1)基本物理性能

道路工程材料常用的物理性能指标有物理常数(密度、孔隙率、空隙率)及吸水率等。材料的物理常数可用于混合料配合比设计、材料体积与质量之间的换算等。材料的物理常数取决于材料的基本组成及其构造,既与材料的吸水性、抗冻性及抗渗性有关,又与材料的力学性质及耐久性之间有着显著的关系。

(2)基本力学性能

在行车荷载作用下,材料将承受较大的竖向力、水平力、冲击力以及车轮的磨损作用,所以道路工程材料应具备足够的强度、刚度、变形特征、抗冲击能力和柔韧性等力学性能。材料的各项力学性能指标也是选择材料、进行组成设计和结构分析的重要参数。

(3)耐久性

裸露于自然环境中的路桥工程结构物,将受到各种自然因素的侵蚀作用,如温度变化、冻融循环、氧化作用、酸碱腐蚀等。为此应根据材料所处的结构部位及环境条件,综合考虑引起材料性质衰变的外界条件和材料自身的内在原因,从而全面了解材料抵抗破坏的能力,保证材料的使用性能。

(4)工艺性

工艺性是指材料适合于按一定工艺要求加工的性能。能否在现行的施工条件下,通过必要操作工序,使所选择材料或混合料的技术性能达到预期的目标,并满足使用要求,也是选择材料和确定设计参数时必须考虑的重要因素。

3.混合料的组成设计方法

混合料的组成设计包括选择原材料并确定原材料用量比例。首先应根据工程要求、使用条件、当地材料供应情况、材料的质量规格和技术要求,选择并确定出混合料中各种组成材料品种;然后根据工程的结构特征与技术要求,确定各种材料在混合料中的比例。通过组成设计,从质量与数量两个方面保证混合料具备所要求的体积特征、力学性质和稳定性,从而满足结构的使用要求。

三、道路工程材料的性能检验与技术标准

1.材料的性能检测

道路工程材料的基本技术性质需要通过适当的检测手段来确定。材料性能的检测方法应能够反映实际结构中材料的受力状态,所得到的试验数据和技术参数应能够表达材料的技术特性,并具有重复性与可比性。为此,材料性能检测应按照当前技术标准中规定的标准程序进行,以保证试验结果的科学性、公正性和权威性。

根据工程重要性与材料试验规模,材料的检测层次分为:

实验室原材料与混合料的性能测定;

实验室模拟结构物的性能测定;

现场足尺寸结构物的性能测定。

2. 技术标准

材料的技术标准是有关部门根据材料自身固有特性，结合研究条件和工程特点，对材料的规格、质量标准、技术指标及相关的试验方法所做出的详尽而明确的规定。科研、生产、设计与施工单位，应以这些标准为依据进行道路材料的性能评价、生产、设计和施工。

目前，我国的建筑材料标准分为国家标准、行业标准、地方标准和企业标准四类。国家标准是由国家标准局颁布的全国性指导技术文件，简称"国标"，代号"GB"。行业标准由国务院有关行政主管部门制订和颁布，也为全国性指导技术文件，在国家标准颁布之后，相关的行业标准即行作废。企业标准适用于本企业，凡没有制订国家标准或行业标准的材料或制品，均应制订企业标准。

国际上较有影响的技术标准有国际标准（ISO）、美国材料试验学会标准（ASTM）、日本工业标准（JIS）和英国标准（BS）等。

随着材料测试手段和测试设备功能的提高、基础理论研究与试验工作的不断深入，工程实践与应用技术的成熟，对各种道路工程材料的认识将不断完善，有关技术标准中的具体条款和技术参数将会被不断地修订和补充。

第一篇 基础理论

第一章 砂石材料

内容提要：本章阐述砂石材料的岩石学特征，砂石材料的主要物理性能、力学性能和耐久性的评价方法与评价指标；介绍集料的级配组成及其表示方法；研究矿质混合料级配组成的意义、级配理论以及矿质混合料的配合比设计方法。

砂石材料是石料和集料的统称，这类材料是道路工程与桥梁工程中使用量最大的一宗材料。在土木建筑工程中，石料通常指天然岩石经机械加工制成的或直接开采得到的具有一定形状和尺寸的石料制品。这些石料可以直接用于建筑结构，也可以将其破碎加工得到各种规格的碎石料、人工砂和石粉。石料作为一种坚固耐用的建筑材料，自古以来就广泛应用于各类土木建筑工程中。将所开采的岩石经加工制成的各类块石、条石等石料制品曾经是建筑房屋、铺筑道路、修筑桥梁堤坝的重要材料。近几十年来，随着沥青混合料和水泥混凝土生产技术的飞速发展，开采的原岩或天然卵石被破碎、筛分成不同规格的碎石集料，以沥青或水泥为胶结料制成沥青混合料或水泥混凝土，取代石料制品成为土建工程中的主要材料。正确地认识、合理地选择和科学地使用砂石材料，对于保证工程质量、降低生产成本有着不可忽视的重要意义。

第一节 砂石材料的基础知识

砂石材料的岩石学特征、岩石的物理力学性能是选用质量符合工程要求的砂石材料的依据。

一、砂石材料的岩石学特性

不同造岩矿物和成岩条件使得各类岩石具有不同的结构和构造特征。砂石材料的物理力学性质在很大程度上取决于天然岩石的矿物成分，以及这些矿物在岩石中的结构与构造。在工程实践中，为了更好地使用天然砂石材料，需要了解和掌握有关砂石材料岩石学特性的基本知识。

1. 造岩矿物

岩石是组成地壳的基本物质，是由造岩矿物在地质作用下按一定的规律聚集而成的自然体。造岩矿物是具有一定化学成分和结构特征的天然化合物或单质，简称矿物。主要的造岩矿物有石英、长石、云母、角闪石、方解石、白云石、黄铁矿、石膏、菱镁矿、磁铁矿和赤铁矿等。岩石可由单种矿物组成，例如纯质的大理石是由方解石组成的。而大多数岩石则是由两种以上的矿物组成，例如花岗岩的主要矿物为石英、长石和云母等。

各种矿物由于化学成分和结构特征不同，具有各不相同的特性。

石英为结晶的二氧化硅，常见的颜色有白色、乳白色和浅灰色，是最坚硬稳定的矿物之一。

长石为结晶的铝硅酸盐类，颜色为白色、浅灰色、桃红色、红色、青色和暗灰色，其强度和稳定性较石英高，且易风化成高岭土。

云母为结晶的、片状的含水铝硅酸盐，呈无色透明至黑色。白云母的耐久性较黑云母好。云母易于分裂成薄片，当岩石中含有大量云母时，会降低岩石的耐久性和强度。

角闪石、辉石、橄榄石均为结晶的铁、镁硅酸盐，颜色为暗绿、棕色或黑色，又称为暗色矿物，这几种造岩矿物强度高、坚固、耐久、韧性大。

方解石为结晶碳酸钙，呈白色，强度中等，易被酸类物质分解，微溶于水，易溶于含二氧化碳的水。

白云石是结晶碳酸钙镁复盐，呈白色或黑色，物理性质与方解石相近，强度略高。

黄铁矿是结晶的二硫化铁，呈金黄色，遇水及氧化作用后生成游离的硫酸，污染并破坏岩石，在结构工程中属于有害杂质。

由于各种矿物具有确定的化学组成与特有的结构构造，对岩石的物理力学特性有着不同的影响。如石英与长石是比较坚硬的矿物，抗磨光性能好，含石英或长石的花岗岩和砂岩具有优良的抗磨光性能，而方解石、白云石等软质矿物含量较高的石灰岩则很容易被磨光。

2.岩石的分类

岩石的性能除决定于岩石所含矿物成分外，还取决于成岩条件。按岩石的形成条件可将岩石分为岩浆岩、沉积岩、变质岩三大类，它们具有显著不同的矿物结构与构造。

(1)岩浆岩

岩浆岩是由岩浆冷凝而形成的岩石。根据冷却条件不同又分为深成岩、喷出岩及火山岩三类。深成岩是岩浆在地表深处，受上部覆盖层的压力作用，缓慢冷却而成的岩石。深成岩大多形成粗颗粒的结晶和块状构造，构造致密，在近地表处，由于冷却较快，晶粒较细。深成岩的共同特性是：密度大，抗压强度高，吸水性小，抗冻性好。工程上常用的深成岩有花岗岩、正长岩、辉长岩等。

喷出岩是当岩浆喷出地表时，在压力急剧降低和迅速冷却的条件下形成的岩石，多呈隐晶质或玻璃质结构。当喷出岩形成较厚的岩层时，其矿物结构与构造接近深成岩。当形成较薄的岩层时，常呈多孔构造，接近火山岩。工程上常用的喷出岩有玄武岩、安山岩、辉绿岩等。

火山岩是在火山爆发时，岩浆被喷到空中急速冷却后形成的岩石，为玻璃体结构且呈多孔构造，如火山灰、火山砂、浮石等。火山灰、火山砂可作为混合材料，浮石可做轻混凝土集料。火山灰、火山砂经覆盖层压力作用胶结而成的岩石，称为火山凝灰岩。火山凝灰岩多孔、质轻、易于加工，可做保温建筑材料，磨细后可作为水泥的混合材料。

(2)沉积岩

沉积岩是由母岩(岩浆岩、变质岩和早已形成的沉积岩)在地表经风化剥蚀而产生的物质，经过搬运、沉积和硬结成岩作用而形成的岩石，又称水成岩。沉积岩由颗粒物质和胶结物质组成。颗粒物质是指不同形状及大小的岩屑及某些矿物，胶结物质的主要成分为碳酸钙、氧化硅、氧化铁及黏土质等。沉积岩的物理力学性质不仅与矿物和岩屑的成分有关，而且与胶结物质的性能有很大的关系，以碳酸钙、氧化硅质胶结的沉积岩强度较大，而以黏土质胶结的沉积岩强度较小。

与岩浆岩相比，沉积岩的成岩过程压力不大，温度不高，大都呈层理构造；而且各层的成分、结构、颜色、厚度都有差异，这就使得沉积岩沿不同方向表现出不同的力学性能。与深成岩相比，沉积岩的密度小，孔隙率和吸水率大，强度较低，耐久性略差。常见沉积岩有石灰岩、页岩、砂岩、砾岩、石膏、白垩、硅藻土等，散粒状的有黏土、砂、卵石等。

(3)变质岩

变质岩是原生的岩浆岩或沉积岩经过地质上的变质作用而形成的岩石。变质作用是指在地壳内部高温、高压、赤热气体和渗入岩石中水溶液的综合作用下，岩石矿物重新再结晶，有时还可能生成新矿物，使原生岩石的矿物成分和构造发生显著变化而成为一种新的岩石。变质岩在矿物成分与结构构造上既有变质过程中所产生的特征，也会残留部分原岩的某些特点。因此，变质岩的物理力学性能不仅与原岩的性质有关，而且与变质作用条件及变质程度有关。

在变质过程中受到高压和重结晶的作用，由沉积岩得到的变质岩更为紧密，如由石灰岩或白云岩变质而成的大理石岩，由砂岩变质而成的石英岩，它们均较原来的岩石坚固耐久。而原为深成岩的岩石，经过变质作用后，常因产生了片状构造，使岩石的性能变差，如由花岗岩变质而成的片麻岩，较原花岗岩易于分层剥落，耐久性降低。

将上述三大岩石的主要区别汇总于表1-1。

三大岩石的主要区别　　表1-1

特征	岩浆岩	沉积岩	变质岩
矿物成分及其特征	组成岩浆岩的矿物以硅酸盐矿物为主，其中最多的是长石、石英、黑云母、角闪石、辉石和橄榄石等。其中以二氧化硅和钾、钠的铝硅酸盐类为主的矿物（硅铝矿物）颜色较浅，称为浅色矿物，如石英、长石等；以含铁、镁为主的硅酸盐为主的矿物（铁镁矿物）颜色较深，称为暗色矿物，如云母、角闪石、辉石和橄榄石等	组成沉积岩的矿物成分约有160余种，但比较重要的仅有20余种，如石英、长石、云母、黏土矿物、碳酸盐矿物、卤化物及含水氧化铁、锰、铝矿物等。 在一般沉积岩中，矿物成分不过1～3种，很少超过5～6种	组成变质岩的矿物成分按其成因分为： ①新生矿物（变晶矿物）：在变质作用过程中新生成的矿物，如黏土岩经过变质后生成的红柱石； ②原生矿物：在变质的过程中保留下来的原岩中的稳定矿物，如云英岩中的部分石英就是花岗岩在云英岩化过程中保留下来的原生矿物； ③残余矿物：在变质过程中残留下来的原岩中的不稳定矿物，如花岗岩在云英岩化过程中残留有不稳定长石
结构和构造	①具粒状、玻璃、斑状结构，气孔、杏仁、块状等构造； ②除喷出岩外，没有层状、片状等构造	①结构复杂，因形成环境而异； ②具层理，在层面上有波痕	①具有片理； ②板状、片状、片麻状构造，结晶质结构； ③砾石及晶体因受力可能变形

3. 常用岩石类型

(1)花岗岩

花岗岩是岩浆岩中分布最广的一种岩石，其主要矿物成分为石英、长石及少量暗色矿物和云母。花岗岩的颜色由造岩矿物决定，通常有深青色、浅灰色、黄色、紫红色等颜色。优质花岗岩晶粒细，构造密实，没有风化迹象。花岗岩的技术特性是：密度大（1.5～2.8g/cm^3），抗压强度高（120～250MPa），孔隙率小，吸水率低，耐磨性好，耐久性高。

(2)玄武岩

玄武岩属于喷出岩，主要造岩矿物是暗色矿物，属玻璃质或隐晶质斑状结构，气孔状或杏仁状构造。玄武岩的抗压强度随其结构和构造的不同而变化较大(100～500MPa),表观密度为2.9～3.5g/cm³,硬度高,脆性大,耐久性好。

(3)辉长岩

辉长岩的主要矿物为斜长石、辉石及少量橄榄石,为等粒结晶质结构和块状构造,常呈黑绿色。辉长岩表观密度大(2.9～3.3g/cm³),抗压强度高(200～350MPa),韧性及抗风化性好,易于琢磨抛光,既可用做承重材料也可用做饰面材料。

(4)石灰岩

石灰岩的主要矿物组成为方解石,常含有少量黏土、白云石、氧化铁、氧化硅和碳酸镁及有机物质等。石灰岩的颜色随所含杂质而不同,含黏土或氧化铁等杂质的石灰岩呈灰色、浅黄色或浅红色,当有机质含量多时呈深灰或黑色。

石灰岩的构造有散粒、多孔和致密等。松散土状的石灰岩称作白垩,其组成几乎完全是碳酸钙,是制造玻璃、石灰、水泥的原料。多孔构造的如贝壳石灰岩可做保温建筑的墙体。致密构造的为普通石灰岩,各种致密石灰岩表观密度范围为2.0～2.6g/cm³,抗压强度范围为20～120MPa,质地细密、坚硬、抗风化能力较强。硅质石灰岩强度高、硬度大、耐久性好。当石灰岩中黏土等杂质的含量超过3%～4%时,石灰岩的抗冻性和耐水性显著降低。当杂质含量高时,则成为其他岩石,如黏土含量为25%～60%的称为泥灰岩,碳酸镁含量为40%～60%时称为白云岩。

石灰岩分布极广,开采加工容易,常作为地方材料,广泛用于基础、墙体、桥墩、台阶及一般砌石工程。石灰岩加工成碎石,可用做水泥混凝土、沥青混合料集料或道路基层用集料。由于方解石易被溶解侵蚀,石灰岩不能用于酸性或含游离二氧化碳较多的水中。

(5)砂岩

砂岩属于沉积岩,为碎屑结构,层状构造,主要矿物为石英、少量长石、方解石、白云石及云母等。根据胶结物的不同,砂岩可分为由氧化硅胶结而成的硅质砂岩,常呈淡灰色;由碳酸钙胶结而成的钙质砂岩,呈白色或灰色;由氧化铁胶结而成的铁质砂岩,常呈红色;由黏土胶结而成的黏土质砂岩,呈灰黄色。

砂岩的性能与其中的胶结物种类及胶结的密实程度有关。硅质砂岩密实,坚硬耐久,耐酸,性能接近于花岗岩。钙质砂岩有一定的强度,容易加工,是建筑中最常用的一种砂岩,但质地较软,不耐酸。铁质砂岩的性能稍差,其中密实铁质砂岩仍可用于一般建筑工程。黏土质砂岩的性能较差,易风化,长期受水作用会软化,甚至松散,在建筑工程中一般不用。

由于砂岩的胶结物和构造的不同,其性能波动很大,即使是同一产地的砂岩,性能也有很大差异。砂岩的抗压强度范围为5～200MPa,表观密度范围为1.5～2.2g/cm³。

(6)石英岩

石英岩由硅质砂岩变质而成,结构均匀致密,矿物成分主要是结晶氧化硅。在几种主要岩石中,石英岩的强度较高(250～400MPa),十分耐久,但由于硬度较大,加工困难。

(7)片麻岩

片麻岩是由花岗岩变质而成的,其矿物成分与花岗岩类似。片麻岩结晶大多是等粒或斑状的,外观美观,因呈片状构造,各向性质不同,垂直于片理方向的抗压强度大(120～250MPa)。沿片麻岩的片理易于开采加工,但在冻融循环作用下,易成层剥落。通常制成碎石、片石及料石等,用于地方性的一般建筑工程。

4. *岩石矿物的主要化学组成*

通常，岩石中的化学组成根据氧化物给出(表1-2)，主要化学成分为氧化硅、氧化钙、氧化铁、氧化铝、氧化镁，以及少量的氧化锰、三氧化硫等。

三种岩石的化学成分含量(%) 表1-2

岩石名称	氧化硅 SiO_2	氧化钙 CaO	氧化铁 Fe_2O_3	氧化铝 Al_2O_3	氧化镁 MgO	氧化锰 MnO	三氧化硫 SO_3	磷酸酐 P_2O_5
石灰石	1.01	56.27	0.27	0.27	0.057	0.0065	0.009	痕量
花岗石	69.62	1.81	2.60	15.69	0.022	0.022	0.14	0.02
石英石	98.43	0.21	1.23	0.09	痕量	0.006	0.21	0

在大多数情况下，这些氧化物的化学稳定性较好，就岩石自身来说，它是一种惰性材料。然而，在特殊条件下，岩石中的一些化学成分会对沥青混合料或水泥混凝土的性能产生影响。

大部分硅质岩石，如花岗岩、石英岩等，在水中带有负电荷，亲水性较大。而石灰岩类中的氧化硅(SiO_2)含量较低，在水中带有正电荷，亲水性较弱，见表1-3。

不同岩石的化学组成比例与亲水系数 表1-3

岩 石 名 称	氧化硅含量范围(%)	亲 水 系 数	岩 石 名 称	氧化硅含量范围(%)	亲 水 系 数
石英岩	80～100	1.06	石灰岩	0～50	0.79
花岗岩	64～80	0.98			

在道路工程中，依据岩石中的氧化硅(SiO_2)含量将石料划分为碱性石料(钙质)、中性石料和酸性石料(硅质)，所对应的SiO_2含量依次为小于52%、52%～65%和>65%。

在沥青路面工程中，岩石以集料的形式应用于沥青混合料中，由于集料对水的亲和力大于对沥青的亲和力，水可能将集料上的沥青膜剥落，导致沥青混合料强度的降低。一般来讲，集料的亲水性(亲水系数)越大，水对沥青混合料性能的不利影响就越大。在水泥路面工程中，一些含有活性二氧化硅(SiO_2)或活性碳酸盐成分的集料会与水泥中的碱性氧化物发生化学反应，称“碱—集料反应”，这类反应会对混凝土的结构强度和稳定性产生非常不利的影响。

二、岩石的物理性质

1. 物理常数

常用的岩石物理常数为密度和孔隙率。这些物理常数与岩石的物理性质和力学性质有着密切的关系，也是选用岩石的重要参数。

岩石的物理常数是反映材料矿物组成、结构状态和特征的参数。由于地质环境使岩石所受到的动力地质作用的程度不同，致使岩石含有不同的矿物成分以及不同风化程度的矿物。虽然这些岩石可由各种矿物形成不同排列方式的各种结构，但是从质量和体积的物理观点出发，岩石的内部其组成结构主要是由矿物实体和孔隙(包括与外界连通的开口孔隙和不与外界连通的内部的闭口孔隙)所组成，见图1-1。

(1)密度

密度是指在规定条件下，岩石矿质实体单位体积的质量，根据体积定义的不同，岩石的密度有真实密度和毛体积密度等。

①真实密度

真实密度是指在规定条件下，烘干岩石矿质实体单位真实体积的质量，按照式(1-1)计算。计算岩石真实密度，需要测定岩石矿质实体的真实体积。在测试岩石的真实体积 V_s 时，需要将已知质量的干燥岩石磨成细粉，全部通过 0.315mm 筛孔后，采用“密度瓶”法进行测定。

$$\rho_t=\frac{m_s}{V_s} \tag{1-1}$$

式中：ρ_t——岩石的真实密度，g/cm³；

m_s——岩石矿质实体的质量，g；

V_s——岩石矿质实体的体积，cm³。

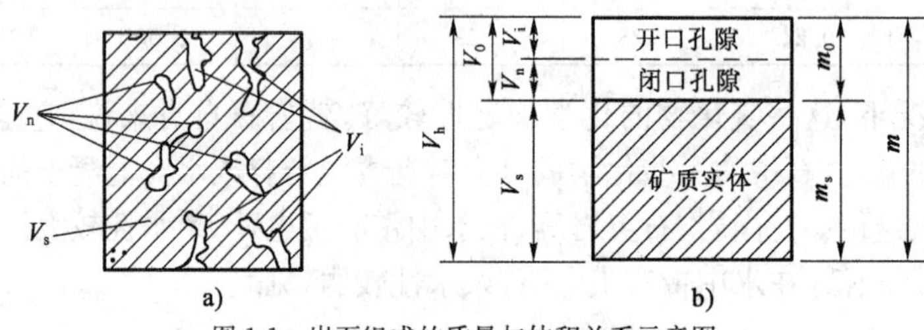

图 1-1　岩石组成的质量与体积关系示意图

a)石料结构剖面；b)石料的体积与质量的关系

②毛体积密度

毛体积密度是指在规定条件下，烘干岩石矿质实体包括孔隙(闭口、开口孔隙)体积在内的单位毛体积的质量，由式(1-2)计算。在工程中，毛体积密度的测定方法是将已知质量的干燥岩石试样，经饱水后，将试样表面擦干求得饱和面干质量，再用排水法求得试样在水中的质量，两者之差为试样的毛体积 V_h($V_s+V_n+V_i$)。

$$\rho_h=\frac{m_s}{V_s+V_n+V_i} \tag{1-2}$$

式中：ρ_h——岩石的毛体积密度，g/cm³；

V_i——岩石矿质实体中开口孔隙的体积，cm³；

其他符号意义同式(1-1)。

(2)孔隙率

孔隙率是指岩石孔隙体积占岩石总体积(包括开口孔隙和闭口孔隙体积)的百分率，由式(1-3)计算。

$$n=\frac{V_n+V_i}{V_h}\times 100 \tag{1-3}$$

式中：n——岩石的孔隙率，%；

V_n——岩石矿质实体中闭口孔隙的体积，cm³；

V_i——岩石矿质实体中开口孔隙的体积，cm³；

V_h——岩石的毛体积(含矿质实体、开口孔隙和闭口孔隙体积)，cm³。

岩石的孔隙率一般不能实测，将式(1-1)和式(1-2)代入式(1-3)后，经过转换，可采用岩石的真实密度和毛体积密度计算其孔隙率，见式(1-4)。

$$n=\left(1-\frac{\rho_h}{\rho_t}\right)\times 100 \tag{1-4}$$

式中：n——岩石的孔隙率，%；

ρ_t——岩石的真实密度，g/cm^3；

ρ_h——岩石的毛体积密度，g/cm^3。

岩石的物理常数不仅反映岩石的内部组成结构状态，且能间接反映岩石的力学性质，相同矿物组成的岩石，孔隙率越低，其强度越大。岩石的技术性能不仅受孔隙总量的影响，还取决于孔隙的构造。孔隙构造，可分为连通的与封闭的两种，前者彼此贯通且与外界相通，封闭孔隙相互独立且与外界隔绝。孔隙按尺寸大小又分为极细微孔隙、细小孔隙和较粗大孔隙。在孔隙率相同的条件下，连通且粗大孔隙对岩石性能的影响显著。

2. 含水率

岩石的含水率是指岩石在天然状态下的含水率，以式(1-5)表示。含水率可以间接地反映岩石中孔隙的多少以及岩石的致密程度。通常，除软岩外，岩石的含水率较低，且不同含水率对岩石的力学性能影响也不是很大。而对于软岩，由于岩石矿物成分中大部分为黏土矿物，含水率对其力学性能有着很大的影响。

$$w=\frac{m_1-m}{m}\times 100 \tag{1-5}$$

式中：w——岩石试样的含水率，%；

m——烘至恒量时的试样质量，g；

m_1——天然岩石试样的质量，g。

3. 吸水性

岩石吸入水分的能力称为吸水性，吸水性的大小可以用吸水率与饱和吸水率来表征。

吸水率是岩石试样在常温、常压条件下最大的吸水质量占干燥试样质量的百分率。饱和吸水率是岩石在常温及真空抽气条件下，最大吸水质量占干燥试样质量的百分率。岩石的吸水率及饱和吸水率分别采用式(1-6)和式(1-7)计算。

$$w_a=\frac{m_1-m}{m}\times 100 \tag{1-6}$$

$$w_{sa}=\frac{m_2-m}{m}\times 100 \tag{1-7}$$

式中：w_a——岩石试样的吸水率，%；

w_{sa}——岩石试样的饱和吸水率，%；

m——烘至恒量时的试样质量，g；

m_1——吸水至恒量时的试样质量，g；

m_2——强制饱水至恒量时的试样质量，g。

岩石吸水率的大小与其孔隙率的大小及孔隙构造特征有关。岩石内部独立且封闭的孔隙实际上是不能吸水的，只有那些开口且以毛细管连通的孔隙才吸水。孔隙构造相同的岩石，孔隙越大，吸水率越大。表观密度大的岩石，孔隙率小，吸水率也小，如花岗岩岩石的吸水率通常小于0.5%，而多孔贝类石灰岩岩石的吸水率可高达15%。表1-4为几种岩石的密度和吸水率的测试值。

此外，岩石的吸水性能够有效地反映岩石裂隙的发育程度，可用来判断岩石的抗冻性和抗风化能力。

常用岩石的密度和吸水率 表 1-4

岩石名称		密度(g/cm^3)	吸水率(%)	岩石名称		密度(g/cm^3)	吸水率(%)
岩浆岩	花岗岩	2.30～2.80	0.10～0.92	沉积岩	砂岩	2.20～2.71	0.20～12.19
	辉长岩	2.55～2.98	—		石灰岩	2.30～2.77	0.10～4.55
	辉绿岩	2.53～2.97	0.22～5.00	变质岩	片麻岩	2.30～3.05	0.10～3.15
	安山岩	2.30～2.70	—～0.29		石英岩	2.40～2.80	0.10～1.45
	玄武岩	2.50～3.10	0.30～2.69				

三、岩石的抗压强度

抗压强度是反映岩石力学性质的重要指标之一，它在岩体工程分类、材料选择中是必不可少的指标。

1. 抗压强度的测试方法

我国现行《公路工程岩石试验规程》(JTG E41—2005)规定，采用饱水状态下的岩石立方体(或圆柱体)试件的单轴抗压强度来评定岩石的强度(包括卵石或碎石的原始岩石强度)。路面工程用石料采用圆柱体或立方体试件，其直径或边长和高均为50mm±2mm。桥梁工程用石料采用立方体试件，边长70mm±2mm。建筑地基用石料采用圆柱体试件，直径为50mm±2mm，高径比为2∶1。按标准方法对试件进行饱水处理后施加荷载，直至破坏。岩石的抗压强度按式(1-8)计算。

$$R=\frac{P}{A} \tag{1-8}$$

式中：R——岩石的抗压强度，MPa；

P——试验时岩石试件破坏时的极限荷载，N；

A——岩石试件的受力截面积，mm^2。

2. 抗压强度的影响因素

岩石的抗压强度主要受到两个方面因素的影响：一方面是岩石自身的矿物组成、结构构造、孔隙构造和含水状态等；另一方面是试验条件，如试件形状、大小、加工精度、加荷速率等。

矿物成分是影响岩石抗压强度的重要因素之一。一般来讲，含如石英、长石、角闪石、辉石及橄榄石等强度高的矿物较多时，岩石的强度就高；反之，含如云母、黏土矿物、滑石及绿泥石等软弱矿物较多时，岩石的强度就低。如石英岩、花岗岩、闪长岩等岩石的抗压强度一般为100～300MPa，最高可达350MPa；而页岩、黏土岩和千枚岩的抗压强度最高不超过100MPa。

岩石结构、构造对强度的影响，主要表现在矿物颗粒间的联结、颗粒大小与形状。结构疏松及孔隙率较大的岩石，其质点间的联系较弱，有效面积减少，故强度值较低。

试件的尺寸和形状对抗压强度试验结果有显著影响。当试件尺寸较小时，由于高度小，承压板与试件端面之间的摩擦力较大，使得试件内应力分布极不均匀，使试验结果的真实性受到影响。为了取得真实稳定的抗压强度测试值，应避免承压板邻近局部应力集中的影响，且试件的尺寸直径应不小于10倍的岩石矿物及岩屑颗粒直径，并认为应不小于5cm。为了减少试件端面的摩擦造成的影响，试件上下端面应平整光滑，并与承压板严格平行，以保证受力均匀。

岩石的吸水率对其强度有着显著的影响，特别是当岩石的孔隙裂隙较大、含较多亲水矿物或较多可溶矿物时，这种影响更为明显。表1-5中为常用岩石在饱水状态强度R_W与干燥状态强度R_D的比值K_R。

常用岩石在吸水前后的强度比值 表 1-5

岩石名称		$K_R=R_W/R_D$	岩石名称		$K_R=R_W/R_D$
岩浆岩	花岗岩	0.72～0.97	沉积岩	砂岩	0.65～0.97
	辉绿岩	0.33～0.90		石灰岩	0.70～0.94
	安山岩	0.81～0.91	变质岩	片麻岩	0.75～0.97
	玄武岩	0.30～0.95		石英岩	0.94～0.96

试验条件对岩石强度的影响表现在：圆柱体试件的强度一般大于棱柱体试件；岩石强度随着试件尺寸增大、高径比增大而降低；加荷速率增加，岩石的强度也将增大。

根据《建筑用卵石、碎石》(GB/T 14685—2001)的规定，在建筑结构工程中，所用岩石在饱水状态下的抗压强度应满足：火成岩应不小于 80MPa，变质岩应不小于 60MPa，水成岩应不小于 30MPa。

四、岩石的耐久性

岩石的耐久性主要表现为岩石的抗冻性，是指岩石能够经受反复冻结和融化而不破坏，并不严重降低岩石强度的能力。岩石抗冻性的室内测定方法有抗冻性试验和坚固性试验。两种方法均需要将岩石制成直径和高均为 50mm 的圆柱体试样，或边长为 50mm 的正立方体试件，在105℃±5℃的烘箱中烘至恒重，并称重。

1. 抗冻性试验法

抗冻性试验法是评估岩石在饱水状态下，经历规定次数的冻融循环后抵抗破坏的能力。试验时首先使试件吸水达到饱和状态，然后置于－15℃的冰箱中。冻结 4h 后取出试件，放入 20℃±5℃的水中融解 4h，如此反复冻融至规定次数为止。

每隔一定的冻融循环次数(如 10 次、15 次、25 次等)后，详细检查试件表面有无剥落、裂缝、分层及掉角现象，并记录检查情况。将冻融试验后的试件再烘至恒量，称其质量，然后测定岩石的抗压强度，并按式(1-9)和式(1-10)分别计算岩石的冻融质量损失率和冻融系数。

$$L=\frac{m_1-m_2}{m_1}\times 100 \tag{1-9}$$

式中：L——质量损失率，%；

m_1——试验前烘干岩石试件的质量，g；

m_2——经历若干次冻融循环作用后，烘干岩石试件的质量，g。

$$K=\frac{R_2}{R_1}\times 100 \tag{1-10}$$

式中：K——冻融系数，%；

R_1——未经冻融试验的试件的饱水抗压强度，MPa；

R_2——经历规定的冻融循环次数后试件的饱水抗压强度，MPa。

岩石的抗冻性对不同的工程环境气候有着不同的要求。冻融次数规定，在严寒地区(最冷月的平均气温低于－15℃)为 25 次，在寒冷地区(最冷月的平均气温低于－15～－5℃)为 15 次。一般认为质量损失率小于 2%、抗冻系数大于 75%时，为抗冻性好的岩石。

当水在岩石的孔隙内结冰时，体积膨胀约 9%。如果孔隙处于吸水饱和状态下，水的结冰就给孔隙壁以很大的内压力，严重时导致岩石的边角崩裂。岩石的抗冻性与其孔隙构造、吸水性密切相关，当岩石的吸水率大于0.5%时，其抗冻性通常较差。此外，岩石的吸水率与饱和吸水率之比，定义为饱水系数，它是评价岩石抗冻性的一种指标。一般来讲，岩石的饱水系数为0.5～0.8。饱水系数越大，说明常压下吸水后留余的空间有限，岩石越容易被冻胀破坏。

2. 坚固性试验法

坚固性试验是评定岩石试样经饱和硫酸钠溶液多次浸泡与烘干循环后，不发生显著破坏或强度降低的性能，是测定岩石坚固性的一种简易方法。由于硫酸钠结晶后体积膨胀，使岩石孔隙壁受到压力，产生与水结冰相似的作用。

试验时将烘干岩石试件置入饱和硫酸钠溶液中浸泡20h后，将试件取出置于105℃±5℃的烘箱中烘烤4h，至此完成第1个循环。待试样冷却至室温后，开始第2个循环。从第2个循环起，浸泡和烘烤时间均为4h。完成5次循环后，仔细观察试件有无破坏现象，将试件洗净烘至恒重，准确称出其质量，按式(1-11)计算坚固性试验质量损失率。

$$L_J=\frac{m_1-m_2}{m_1}\times 100 \tag{1-11}$$

式中：L_J——硫酸钠浸泡质量损失率，%；

m_1——试验前烘干岩石试件的质量，g；

m_2——试验后烘干岩石试件的质量，g。

第二节　集　　料

集料是由不同粒径矿质颗粒组成的混合料，在沥青混合料或水泥混凝土中起骨架和填充作用。

一、集料的来源与分类

集料可以按照采集来源分类，也可以按照集料尺寸分类。

1. 集料的来源

(1)天然集料

天然集料包括天然砂、砾石和卵石等。

天然砂是由天然岩石经自然风化、水流搬运和分选、堆积形成的最耐久的细粒料，包括河砂、湖砂、山砂和淡化海砂等，但不包括软质岩石、风化岩石的颗粒。砂的粒径通常在0.75～2mm之间。

砾石和卵石是岩石经风化崩解、水流搬运和分选、堆积形成的岩石颗粒。砾石的粒径在2～60mm之间，卵石的粒径在60～200mm之间，砾石与卵石颗粒通常是光滑而无棱角的，可以将砾石和卵石做进一步破碎加工而成为破碎砾石。

(2)人工集料

人工集料是岩石或卵石经破碎和筛分机械设备加工而成的具有棱角、表面粗糙的石料碎块。

人工集料的生产工艺主要包括对岩石或卵石的破碎、筛分等工序。目前，岩石的破碎方法主要有挤压、冲击、研磨和劈裂。通常的做法是，首先将开采得到的岩石送入颚式碎石机进行粗破，然后进入反击破碎机(或圆锥破碎机)进行中破，将部分符合粒度要求的碎石从振动筛中分离出来，较大的碎石再经过反击破碎机(或圆锥破碎机)作最终破碎。合格的产品再经筛分，并按不同粒径分类，如碎石、破碎砾石、人工砂，以及破碎的矿渣和钢渣等。

碎石或破碎砾石是将天然岩石或卵石经机械破碎、筛分制成的粒径大于 4.75mm 的岩石颗粒。

人工砂是指经除土处理的机制砂、混合砂的统称。其中，机制砂是碎石经制砂机反复破碎加工至粒径小于 2.36mm 的人工砂，亦称破碎砂；混合砂是由机制砂和天然砂混合制成的砂。通常，在岩石加工过程中采取真空抽吸等方法除去大部分土和细粉，或将石屑水洗得到的细集料。从广义的角度进行分类，矿渣砂和煅烧砂也属于人工砂。

石屑是采石场加工碎石时通过最小筛孔(通常为 2.36mm 或 4.75mm)的筛下部分，也称筛砂。

2. 粗集料与细集料

按照集料颗粒的尺寸分类，工程中所用集料可以分为粗集料和细集料。集料颗粒的尺寸用粒径表示(亦称为粒度)。对于不同的混合料，划分粗、细集料的粒径尺寸是不同的。

按照《公路工程集料试验规程》(JTG E42—2005)规定，在沥青混合料中，粗集料是指粒径尺寸大于 2.36mm 的碎石、破碎砾石、筛选砾石和矿渣等；在水泥混凝土中，粗集料是指粒径尺寸大于 4.75mm 的碎石、砾石和破碎砾石。细集料在沥青混合料中是指粒径小于 2.36mm 的人工砂、天然砂及石屑；在水泥混凝土中是指粒径小于 4.75mm 的天然砂、人工砂。

二、集料的物理性质

1. 集料的密度

集料是矿质颗粒的散状混合物，其体积组成除了包括矿物及矿物间孔隙外，还包括矿质颗粒之间的空间，称为空隙。图 1-2 为集料体积与质量关系的示意图。

在工程中，常用的集料密度包括表观密度、毛体积密度、表干密度及堆积密度等，其中集料颗粒毛体积密度定义与岩石相同，见本章第一节中的内容。

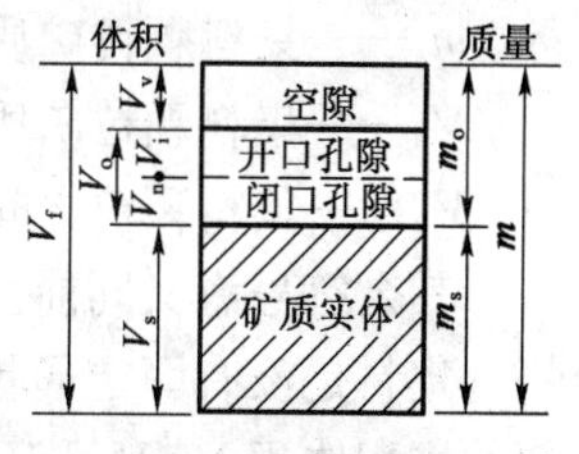

图 1-2 集料组成的质量与体积关系示意图

(1)表观密度

表观密度是指在规定条件下，烘干集料矿质实体包括闭口孔隙在内的表观单位体积的质量，由式(1-12)计算。测定集料表观体积时，需将已知质量的干燥集料浸水，使其开口孔隙吸饱水，然后称出饱水后集料在水中的质量，两者之差即为集料的包括闭口孔隙在内的集料表观体积(V_s+V_n)。

$$\rho_a=\frac{m_s}{V_s+V_n} \tag{1-12}$$

式中：ρ_a——集料的表观密度，g/cm^3；

m_s——集料矿质实体的质量，g；

V_s——集料矿质实体的体积，cm^3；

V_n——集料矿质实体中闭口孔隙的体积，cm^3。

(2)表干密度

集料的表干密度亦称作饱和面干毛体积密度，它的计算体积与毛体积密度相同，但计算质量以表干质量(饱和面干状态，包括了吸入开口孔隙中的水)为准，由式(1-13)计算。

$$\rho_s=\frac{m_a}{V_s+V_n+V_i} \tag{1-13}$$

式中：ρ_s——集料的表干密度，g/cm^3；

m_a——集料颗粒的表干质量（矿质实体质量与吸入开口孔隙水的质量之和），g；

V_s——集料颗粒矿质实体的体积，cm^3；

V_n、V_i——分别为集料颗粒中的闭口孔隙和开口孔隙的体积，cm^3。

在测试集料密度时应考虑试验时不同温度水的密度的影响，计算试验温度下的密度。然而，在工程中，常采用集料的相对密度而少用密度，如在沥青混合料配合比设计时，采用的是集料的表观相对密度和毛体积相对密度，而在水泥混凝土组成设计时采用的是集料的表观密度。集料的相对密度为密度与同温度水的密度的比值，两者的关系见式（1-14）。

$$\rho=\gamma\cdot\rho_T \tag{1-14}$$

式中：ρ——集料的密度，g/cm^3；

γ——集料的相对密度，g/cm^3；

ρ_T——试验温度 T 时水的密度，g/cm^3，可以由相关试验规程查得。

由于粗集料、细集料在粒度尺寸上的差异，在测试上述各种密度时，所用试样数量、测试手段不尽相同，应遵循《公路工程集料试验规程》（JTG E42—2005）中规定的方法对粗、细集料的密度进行测试。

（3）堆积密度

集料的堆积密度是指烘干集料颗粒矿质实体的单位堆积体积（包括集料颗粒间空隙体积、集料矿质实体及其闭口、开口孔隙体积）的质量，按式（1-15）计算。

$$\rho=\frac{m_s}{V_s+V_n+V_i+V_v} \tag{1-15}$$

式中：ρ——矿质集料的堆积密度，g/cm^3；

m_s——集料颗粒矿质实体的质量，g；

V_s——集料颗粒矿质实体的体积，cm^3；

V_v——集料颗粒之间的空隙体积，cm^3；

其余符号意义同前。

集料是没有固定形状的混合物，其形状取决于装填容器，其堆积密度取决于堆积方式。集料的堆积体积 $V_f(V_s+V_n+V_i+V_v)$ 是将干燥的散粒集料试样装入规定尺寸的容器来测定的，堆积密度的大小取决于颗粒排列的松紧程度，即取决于装样方式。

根据装样方式的不同，集料的堆积密度包括自然堆积状态、振实状态、捣实状态下的堆积密度。自然堆积密度是指以自由落入方式装填集料，所测的密度又称松装密度；振实密度是将集料分层装入容器筒中，在容器筒底部放置一根圆钢筋，每装一层集料后，将容器筒左右交替颠击地面 25 次；捣实密度是将集料分三层装入容器中，每层用捣棒捣实 25 次。

自然堆积密度亦称为松装密度，振实密度和捣实密度统称作紧装密度。粗集料与细集料堆积密度的测试方法不尽相同，应根据集料的工程应用情况和集料尺寸，按照《公路工程集料试验规程》（JTG E42—2005）中的规定来选择相应的测试方法。

2. 空隙率

空隙率反映了集料的颗粒间相互填充的致密程度。集料的空隙率无法测试得到，通常是根据集料的密度计算得到。一般情况下，集料的空隙率按照式（1-16）计算。

$$n=\left(1-\frac{\rho}{\rho_a}\right)\times 100 \tag{1-16}$$

式中：n——集料的空隙率，%；

ρ_a——集料的表观密度，kg/m^3；

ρ——集料的堆积密度或紧装密度，kg/m^3。

在水泥混凝土中，需要了解粗集料空隙率，采用振实状态下的堆积密度计算，见式(1-17)。

$$V_G=\left(1-\frac{\rho}{\rho_a}\right)\times 100 \tag{1-17}$$

式中：V_G——水泥混凝土用粗集料的空隙率，%；

ρ_a——粗集料的表观密度，kg/m^3；

ρ——按振实法测定的粗集料的堆积密度，kg/m^3。

在沥青混合料组成设计中，为了评价所用粗集料是否形成骨架结构，并用于分析混合料中细集料含量、结合料含量是否合理，需要计算粗集料的骨架间隙率 VCA_{DRC}（Voids in Coarse Aggregate）。VCA_{DRC}采用粗集料在捣实状态下的堆积密度，按式(1-18)计算。该指标主要用于 SMA 混合料或 OGFC 混合料的组成设计。

$$VCA_{DRC}=\left(1-\frac{\rho}{\rho_b}\right)\times 100 \tag{1-18}$$

式中：VCA_{DRC}——粗捣实状态下粗集料骨架间隙率，%；

ρ——按捣实法测定的粗集料的堆积密度，kg/m^3；

ρ_b——粗集料的毛体积密度，kg/m^3。

试验结果表明，常用岩石集料在自然堆积状态下，粗集料的空隙率范围为 43%～48%，细集料空隙率范围为 35%～50%；在振实状态或捣实状态下，粗集料的空隙率范围为 37%～42%，细集料空隙率范围为 30%～40%。

3. 集料的级配

级配是指集料中各种粒径颗粒的搭配比例或分布情况，级配对水泥混凝土及沥青混合料的强度、稳定性及施工和易性有着显著的影响，级配设计也是水泥混凝土和沥青混合料配合比设计的重要组成部分。关于集料的级配分析、级配理论和级配设计方法的相关内容见本章第三节。

4. 集料的颗粒形状与表面特征

集料特别是粗集料的颗粒形状和表面特征对集料颗粒间的内摩阻力、集料颗粒与胶结料在界面上的黏附性等有着显著的影响。

(1)颗粒形状

从实用角度出发，集料中的颗粒形状可按表 1-6 分为四种类型，比较理想的形状是接近球体或立方体。当集料中扁平、薄片、细长状的颗粒含量较高时，会使集料的空隙率增加，不仅有损于集料的施工和易性，而且不同程度地危害混凝土的强度。

集料颗粒形状的基本类型 表 1-6

类 型	颗粒形状的特点	集 料 品 种
蛋圆形	具有较光滑的表面，无明显棱角，颗粒浑圆	天然砂及各种砾石、陶粒
棱角形	具有粗糙的表面及明显的棱边	碎石、石屑、破碎矿渣
针状	长度方向尺寸远大于其他方向尺寸而呈细条形	砾石、碎石中均存在
片状	厚度方向尺寸远小于其他方向而呈薄片形	砾石、碎石中均存在

《公路工程集料试验规程》(JTG E42—2005)中规定,针片状颗粒是指用游标卡尺测定的粗集料颗粒的最大长度(或宽度)方向与最小厚度(或直径)方向的尺寸之比大于 3 的颗粒。

碎石中针片状颗粒含量在很大程度上取决于被加工岩石特性、破碎机械设备以及碎石的生产工艺。一般来讲,硬而脆的岩石在破碎时易产生针片状;以挤压破碎为主的破碎机(如颚式破碎机)等生产的碎石中的针片状含量比较高,而利用冲击方法破碎岩石所生产出的碎石中的针片状颗粒比较少,如反击破碎机、冲击式制砂机等。因此需要确定合理的破碎筛分工艺流程。

(2)表面特征

集料的表面特征主要是指集料表面的粗糙程度及孔隙特征等,它与集料的材质、岩石结构、矿物组成及其受冲刷、受腐蚀程度有关。一般来说,集料的表面特征主要影响集料与结合料之间的黏结性能,从而影响到混合料的强度,尤其是抗折强度。在外力作用下,表面粗糙的集料颗粒间的位移较为困难,其摩阻力较表面光滑、无棱角颗粒要大些,但是会影响集料的施工和易性。此外,表面粗糙、具有吸收水泥浆或沥青中轻质组分的孔隙特征的集料,与结合料的黏结能力较强,而表面光滑的集料与结合料的黏结能力一般较差。

天然砂、人工砂和石屑等细集料的表面特征状态对沥青混合料的内摩擦角和抗流动性变形能力及对水泥混凝土的和易性有着显著的影响。细集料表面特征状态采用棱角性指标来表征,棱角性可以采用空隙率法或流动时间法进行评定。

空隙率法是按照标准方法测试细集料的松装密度和毛体积密度,可采用式(1-19)计算细集料的空隙率。当空隙率较大时,意味着细集料中球状颗粒少,表面构造粗糙,有着较大的内摩阻角。

$$U=\left(1-\frac{\rho_C}{\rho_S}\right)\times 100 \tag{1-19}$$

式中:U——细集料的空隙率,即棱角性,%;

ρ_C——细集料的松装密度,g/cm^3;

ρ_S——细集料的毛体积相对密度,g/cm^3。

流动时间法是按照标准方法准备细集料试样,测试规定体积的细集料。流出规定的漏斗开口所需要时间,以 s 为单位。流出时间越长,细集料越粗糙。

当工程中同时使用不同品种的细集料时,如将天然砂与机制砂和石屑混合使用,应以实际配合比例组成的混合细集料进行试验。

5.含泥量和泥块含量

存在于集料中或包裹在集料颗粒表面的泥土会降低水泥的水化反应速度,也会妨碍集料与水泥或沥青间的黏结能力,显著影响混合料的整体强度与耐久性,应对其含量加以限制。

(1)含泥量与石粉含量

含泥量是指集料中粒径小于 0.075mm 的颗粒含量,按照式(1-20)计算。

$$Q_a=\frac{m_0-m_1}{m_0}\times 100 \tag{1-20}$$

式中:Q_a——集料的含泥量,%;

m_0——试验前烘干集料试样的质量,g;

m_1——经筛洗后,0.075mm 筛上烘干试样的质量,g。

严格地讲,含泥量应是集料中的泥土含量,而采用筛洗法得到的粒径小于 0.075mm 的颗粒中实际上包含了矿粉、细砂与黏土等粉料，而筛洗法很难将这些成分加以区别，因而将通过 0.075mm 颗粒部分全都当作“泥土”的做法欠妥。因此，在《公路沥青路面施工技术规范》(JTG F40—2004)中，增加了“砂当量”指标，将式(1-20)给出的测定结果称为<0.075mm 颗粒含量；在《建筑用砂》(GB/T 14684—2001)中，增加了“甲基蓝 MB 值”指标。

砂当量用于测定细集料中所含黏性土和杂质含量，判定细集料的洁净程度，对集料中小于 0.075mm 的矿粉、细砂与“泥土”加以区别，在《公路工程集料试验规程》(JTG E42—2005)中规定了砂当量的测试方法。砂当量值越大，表明细集料中粒径小于 0.075mm 部分所含的矿粉和细砂比例越高。

甲基蓝 MB 值用于判别人工砂中<0.075mm 颗粒含量主要是泥土，还是与被加工母岩成分相同的石粉，按照《建筑用砂》(GB/T 14684—2001)中规定的方法进行测试。甲基蓝 MB 值较小时，表明集料中小于 0.075mm 的颗粒主要是与母岩化学成分相同的石粉。

(2)泥块含量

泥块含量是指粗集料中原尺寸大于 4.75mm(细集料中大于 1.18mm)，但经水浸洗、手捏后小于 2.36mm(砂中 0.6mm)的颗粒含量，按照式(1-21)计算。集料中的泥块主要以三种类型存在：由纯泥土组成的团块，由砂、石屑与泥土组成的团块，包裹在集料颗粒表面上的泥。

$$Q_b=\frac{m_2-m_3}{m_2}\times 100 \tag{1-21}$$

式中：Q_b——集料的泥块含量，%；

m_2——粗集料为 4.75mm(细集料为 1.18mm)筛上试样的质量，g；

m_3——试验后烘干试样的质量，g。

三、粗集料的力学性质

在混合料中，粗集料起骨架作用，应具备一定的强度、耐磨、抗磨耗和抗冲击性能等，这些性能用压碎值、磨光值、磨耗值和冲击值等指标表示。

1.压碎值

压碎值(Crush Stone Value)用于衡量石料在逐渐增加的荷载下抵抗压碎的能力，也是石料强度的相对指标，用以鉴定石料品质，判断其在道路工程中的适用性。

我国现行规范《公路工程集料试验规程》(JTG E42—2005)中规定了压碎值的测试方法，压碎值是对石料的标准试样在标准条件下进行加荷，测试石料被压碎后，标准筛上筛余质量的百分率，石料压碎值 Q'_a 按式(1-22)计算：

$$Q'_a=\frac{m_1}{m_0}\times 100 \tag{1-22}$$

式中：Q'_a——石料压碎值，%；

m_0——试验前试样的质量，g；

m_1——试验后通过 2.36mm 筛孔的细料质量，g。

在《公路水泥混凝土路面施工技术规范》(JTG F30—2003)中，规定了机制砂单粒级的压碎指标。细集料压碎指标的测试方法为，将细集料分为 2.36～4.75mm、1.18～2.36mm、0.6～1.18mm、0.3～0.6mm 四档，分别测试这四档材料在逐渐增加的荷载下抵抗压碎的能力，以评定其在公路工程中的适用性。

2. 磨耗率

磨耗率是指粗集料抵抗摩擦、撞击的能力，是集料使用性能的重要指标。尤其是沥青混合料和基层材料，磨耗率与沥青路面的抗车辙能力、耐磨性、耐久性密切相关。

现行规范《公路工程集料试验规程》(JTG E42—2005)中规定粗集料的磨耗率可采用洛杉矶法进行测定，该法亦称为搁板式试验法。首先根据集料的粒级组成，按照规定准备试样和钢球，将一定质量且有一定级配的石料试样和钢球置于磨耗试验机中，开动磨耗机，以30～33r/min的转速转动至要求的回转次数后停止。取出钢球，试样过筛、水洗、烘干、称量。石料的磨耗率 Q 以式(1-23)计算。

$$Q=\frac{m_1-m_2}{m_1}\times 100 \tag{1-23}$$

式中：Q——洛杉矶磨耗损失，%；

m_1——装入试验机圆筒中的试样质量，g；

m_2——试验后在1.7mm筛上洗净烘干的试样质量，g。

3. 磨光值

磨光值(Polishi StoneValue)是反映石料抵抗轮胎磨光作用能力的指标，集料磨光值是决定某种集料能否用于沥青路面抗滑磨耗层的关键性指标。用高磨光值的石料铺筑道路路面表层，可以提高路表的抗滑能力，保障车辆安全行驶。

磨光值试验采用路用加速磨光机进行，基本方法是将9.5～13.2mm干净石料颗粒单层紧密地排列在试模之中，并用环氧树脂砂浆固定，制成试件，经养护后拆模。将同种集料的2个试件、其他集料试件与标准集料试件依顺序安装在道路轮上，先用30号金刚砂对试件磨蚀3h，再用280号金刚砂磨蚀3h后停机。取出试件后，用摆式摩擦系数测定仪测定试件的磨光值读数(摩擦系数)，集料的磨光值由式(1-24)计算。

$$\mathrm{PSV}=\mathrm{PSV}_{ra}+0.49-\mathrm{PSV}_{br} \tag{1-24}$$

式中：PSV——集料的磨光值，BPN(British Perdulum Number)；

PSV_{ra}——试验集料试件磨光值读数(摩擦系数)平均值；

PSV_{br}——标准试件磨光值读数(摩擦系数)平均值。

4. 冲击值

冲击值(Aggregate Impact Value)反映粗集料抵抗冲击荷载的能力。由于路表集料直接承受车轮荷载的冲击作用，这一指标对道路表层用集料非常重要。

现行规范《公路工程集料试验规程》(JTG E42—2005)中规定，集料的冲击值试验采用尺寸为9.5～13.2mm的干燥集料，按标准方法分三层装入量筒中，称取集料试样质量。将称好质量的集料装入圆形钢筒中后置于冲击试验仪上，用捣实杆单独捣实25次。调整锤击高度，让锤从380mm±5mm处自由落下，连续锤击集料15次，每次间隔不少于1s。将冲击试验后的集料用2.36mm筛筛分，称取通过2.36mm筛的石屑质量。集料冲击值按式(1-25)计算。

$$\mathrm{AIV}=\frac{m_1}{m}\times 100 \tag{1-25}$$

式中：AIV——集料的冲击值，%；

m——试样的总质量，g；

m_1——冲击破碎后，通过2.36mm筛的石屑质量，g。

5. 磨耗值

磨耗值(Weared Stone Value)用于评定道路路面表层所用粗集料抵抗车轮磨耗作用的能力。

现行规范《公路工程集料试验规程》(JTG E42—2005)中规定,粗集料的磨耗值采用道瑞磨耗试验机测试。试验时将 9.5～13.2mm 的集料颗粒以单层紧密排列在试模中,集料颗粒不得少于 24 粒,用环氧树脂砂浆填模成型,经养护后脱模制成试件。同种集料 2 个试件为一组,固定于道瑞试验机的圆平板上,以 28～30r/min 转速旋转 100 转,旋转的同时连续不断地向磨盘上均匀地撒布规定细度的石英砂。停机后取下试件,观察有无异常现象,然后按相同方法再磨 400 转,可分为 4 个 100 转、重复 4 次磨完,也可连续 1 次磨完,停机后,称取试件质量,集料的磨耗值按式(1-26)计算。

$$AAV=\frac{3(m_1-m_2)}{\rho_S} \tag{1-26}$$

式中:AAV——集料的道瑞磨耗率;

m_1——磨耗前试样的质量,g;

m_2——磨耗后试样的质量,g;

ρ_S——集料的表干密度,g/cm^3。

在道路工程中,水泥混凝土所用粗、细集料技术指标与技术要求有所不同,见本教材第三章和第五章中的内容。

四、冶金矿渣集料

矿渣和工业废渣一般指金属冶炼过程中排出的非金属溶渣,既属于工业废料,又是一类具有独特性能的人造石料,常指高炉矿渣和钢渣等。高炉矿渣及钢渣经自然冷却或经一定工艺处理,可用于修筑道路基层,也可作为水泥路面或沥青路面混合料所用集料,具有活性的粒化高炉矿渣还可以作为水泥混合材料。

与天然岩石集料的主要不同之处在于,矿渣与工业废料中多含有较多的活性矿物,且质量不够稳定。为了保证工程结构物的质量和耐久性,在使用这类材料时,必须充分了解它们的技术特性。

1. 矿渣的主要化学成分及活性

(1)高炉矿渣

高炉矿渣中的主要化学成分有:酸性氧化物 SiO_2、Fe_2O_3、P_2O_5 和 TiO_2 等,碱性氧化物 CaO、MgO、MnO 和 BaO 等,中性氧化物 Al_2O_3,硫化物 CaS、MnS 和 FeS 等。其中,酸、碱氧化物含量比例对矿渣的性能影响较大。

矿渣的活性是指其与水或某些碱性溶液或硫酸盐溶液发生化学反应的性质。当矿渣中的 CaO 和 Al_2O_3 含量高,而 SiO_2 含量低时,矿渣活性较高。矿渣的活性还取决于处理工艺。采用自然冷却得到的高炉矿渣稳定性较好,而采用水淬处理的粒化高炉矿渣的活性较高。高炉渣的活性可以采用式(1-27)及式(1-28)计算的碱性系数 M_0 及质量系数 K 表征。碱性系数 M_0 或质量系数 K 的数值越大,高炉矿渣的活性越高。

$$M_0=\frac{M_{CaO}+M_{MgO}}{M_{SiO_2}+M_{Al_2O_3}} \tag{1-27}$$

$$K=\frac{M_{CaO}+M_{MgO}+M_{Al_2O_3}}{M_{SiO_2}+M_{MnO}} \tag{1-28}$$

通常活性高的矿渣适宜于作为水泥原料，用于作为水泥的混合材料，而在混凝土结构或道路路面结构中应使用低活性的矿渣。

(2)钢渣

钢渣与高炉矿渣虽然都是工业冶金矿渣，但它们的化学成分及矿物组成有着明显的区别。由于在炼钢的过程中需要使用部分石灰，这部分石灰在未能完全钢渣化的情况下将成为游离氧化钙。一般情况下，转炉钢渣中的游离氧化钙含量在3%左右，电炉钢渣中的游离氧化钙含量只有0.3%左右。如果将钢渣进行破碎，并在空气中长期存放，也会降低钢渣中游离氧化钙含量。钢渣的活性可用式(1-29)计算的碱度M反映。碱度M越大，钢渣的活性越大。《公路工程集料试验规程》(JTG E42－2005)中规定，采用钢渣膨胀量评价钢渣的活性。

$$M=\frac{M_{CaO}}{M_{SiO_2}+M_{P_2O_5}} \tag{1-29}$$

2.矿渣集料的物理力学特性

由于热熔矿渣冷却加工方式的不同，矿渣集料的矿物成分和组织的致密程度有着很大的差别，其物理力学性能变化范围和分散性较大。如高炉矿渣集料中密实体的抗压强度可达120～250MPa，孔隙率为7%～16%；而多孔体的抗压强度仅为10～20MPa，孔隙率高达50%以上。由于矿渣集料含铁量较高，其密度一般高于天然集料。

3.矿渣的化学稳定性

在自然条件下，矿渣中的某些成分会与水产生化学反应，发生体积变化。

(1)游离氧化钙(f-CaO)消解

矿渣中的f-CaO遇水后发生化学反应，生成氢氧化钙$Ca(OH)_2$，体积膨胀约2倍，在矿渣颗粒中产生内应力，导致矿渣的崩裂破坏。这种破坏现象在道路结构中较为多见。

(2)铁和锰分解

矿渣中硫化物，如硫化亚铁FeS和硫化亚锰MnS可以与水生成氢氧化亚铁$Fe(OH)_2$及氢氧化锰$Mn(OH)_2$，体积分别增加38%和24%，引起矿渣体积安定性不良，这种现象称为铁或锰分解。

矿渣集料用于制作混凝土或路面基层材料时，必须具备良好的化学稳定性，否则就会由于某些化合物的分解、膨胀而破坏混凝土结构或路面结构。要使这类集料稳定的关键是降低活性成分含量，一般f-CaO含量小于3%的矿渣集料方可用于路面结构中。对于f-CaO含量较高的矿渣，应该通过水解消化处理，如堆存渣场使其自然消化，有条件时可采用浇水消化、利用余热分解等方法使f-CaO分解。

第三节　矿质混合料的组成设计

在沥青混合料或水泥混凝土中，所用集料颗粒的粒径尺寸范围较大，而天然集料或人工轧制的一档集料通常是由几个粒径尺寸的颗粒组成的，难以满足工程对某一混合料设计级配组成的要求。因此，需要将两种或两种以上的不同粒径组成的集料进行掺配，构成所谓的矿质混合料(简称矿料)。矿质混合料组成设计的目的，就是根据设计级配范围的要求，确定不同粒径的各档集料在矿质混合料中的合理比例。要进行矿质混合料的组成设计，必备的已知条件是各档集料的级配组成和矿质混合料的设计级配范围。

一、矿质混合料的级配

1.级配的表示方法

集料的级配采用筛分试验确定，其方法是取一定数量的集料试样，在标准套筛上按照筛孔大小排序逐个将集料过筛。

(1)标准套筛

标准套筛是指形状和尺寸规格符合要求的系列样品筛。标准筛以方孔筛为准，筛孔边长尺寸依次为 70mm、63mm、53mm、37.5mm、31.5mm、26.5mm、19mm、16mm、13.2mm、9.5mm、4.75mm、2.36mm、1.18mm、0.6mm、0.3mm、0.15mm 和 0.075mm。由于粗、细集料的粒径范围不同，筛分试验中采用的标准套筛尺寸范围及试样质量有所不同。

(2)级配参数

在筛分试验中，分别称量集料试样存留在各筛上的筛余质量，然后计算出反映该集料试样级配的有关参数：分计筛余百分率 a_i、累计筛余百分率 A_i 和通过百分率 p_i。

分计筛余百分率 a_i 是指某号筛上的筛余质量占试样总质量的百分率，按式(1-30)计算。

$$a_i = \frac{m_i}{m} \times 100 \tag{1-30}$$

式中：m_i——存留在某号筛上的试样质量，g；

m——集料风干试样的总质量，g。

累计筛余百分率 A_i 是指某号筛的分计筛余百分率和大于该号筛的各筛分计筛余百分率之总和，可按式(1-31)求得：

$$A_i = a_1 + a_2 + \cdots + a_i \tag{1-31}$$

式中：a_1、a_2…a_i——各筛的分计筛余百分率，%。

通过百分率 p_i 是指通过某号筛的试样质量占试样总质量的百分率，即 100 与某号筛累计筛余百分率之差，按式(1-32)求得：

$$p_i = 100 - A_i \tag{1-32}$$

式中：A_i——某号筛累计筛余百分率，%。

(3)集料级配曲线的绘制

集料的筛分试验结果以各筛的质量通过百分率表示，如表 1-7 的形式，还可以采用级配曲线表示。在级配曲线图中，通常用纵坐标表示通过百分率(或累计筛余百分率)，横坐标表示某号筛的筛孔尺寸，如图 1-3 所示。在标准套筛中，筛孔尺寸大致是以 1/2 递减的，如果级配曲线的纵、横坐标均以常数坐标表示，横坐标上的筛孔尺寸位置将前疏后密，如图 1-3a)所示。

为了便于绘制和查阅，横坐标通常采用对数坐标，这样可使大部分筛孔尺寸在横坐标上以等距排列，如图 1-3b)所示。绘制级配曲线时，首先在横坐标上标明筛孔尺寸的对数坐标位置，在纵坐标上标出通过百分率(或累计筛余百分率)的常数坐标位置，然后将筛分试验计算的结果点绘于坐标图上，最后将各点连成级配曲线。在同一张图中可以同时绘制 2 条以上级配曲线，但需注明每条曲线所代表的集料品种。

(4)天然砂的细度模数

细度模数是用于评价天然砂粗细程度的指标，为细集料筛分试验中各号筛上的累计筛余百分率之和，按式(1-33)计算。

$$M_f = \frac{(A_{2.36} + A_{1.18} + A_{0.60} + A_{0.30} + A_{0.15}) - 5A_{4.75}}{100 - A_{4.75}} \tag{1-33}$$

式中：M_f——砂的细度模数；

$A_{4.75}$、$A_{2.36}\cdots A_{0.15}$——分别为4.75、2.36…0.15 mm各筛的累计筛余百分率，%。

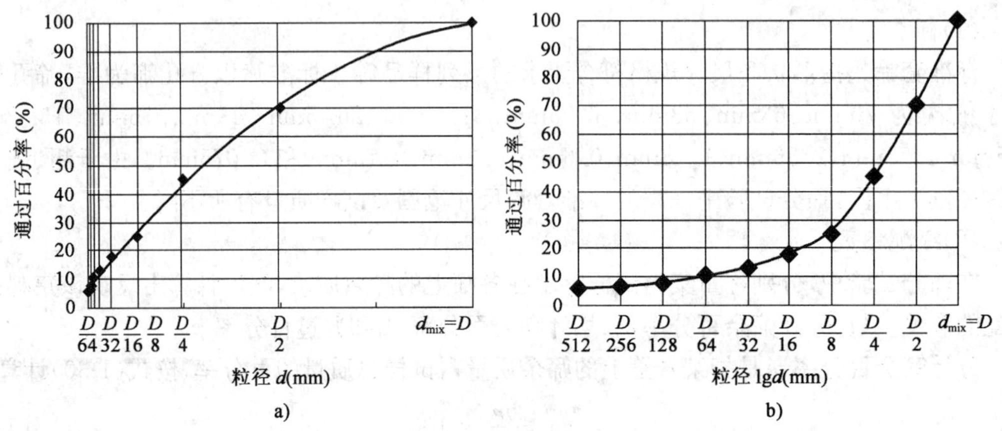

图1-3 集料级配曲线示意图

a)常数坐标；b)半对数坐标

细度模数越大，表示细集料越粗。砂按细度模数分为粗、中、细三种规格，相应的细度模数分别为：粗砂：M_f=3.7～3.1；中砂：M_f=3.0～2.3；细砂：M_f=2.2～1.6。

【例题1-1】 分析某细集料的级配组成并计算其细度模数。

解：

取集料试样500g，进行筛分试验，各号筛上的筛余质量见表1-7。

细集料筛分试验的计算示例 表1-7

筛孔尺寸(mm)	9.5	4.75	2.36	1.18	0.6	0.3	0.15	0.075	筛底	总计
筛余质量 m_i(g)	0	15	63	99	105	115	75	22	6	500
分计筛余百分率 a_i(%)	0	3	12.6	19.8	21	23	15	4.4	1.2	100
累计筛余百分率 A_i(%)	0	3	15.6	35.4	56.4	79.4	94.4	98.8	100	—
通过百分率 p_i(%)	100	97	84.4	64.6	43.6	20.6	5.6	1.2	0	—

按照式(1-30)～式(1-32)分别计算该集料的分计筛余百分率、累计筛余百分率和通过百分率，将计算结果例如表1-7。

将0.15～4.75mm筛的累计筛余百分率代入式(1-33)得该集料的细度模数为：

$$M_f = \frac{(15.6 + 35.4 + 56.4 + 79.4 + 94.4) - 5 \times 3}{100 - 3} = 2.74$$

属于中砂。

2.级配组成对矿料性能的影响

(1)级配曲线类型

根据矿质集料级配曲线的形状，将其划分为连续级配和间断级配。在连续级配类型的集料中，由大到小且各级粒径的颗粒都有，各级颗粒按照一定的比例搭配，绘制出的级配曲线平顺圆滑不间断，如图 1-4 中曲线 A。在间断级配集料中，缺少一级或几个粒级的颗粒，大颗粒与小颗粒之间有较大的“空档”，所做出的级配曲线是非连续的、中间间断的曲线，如图 1-4 中曲线 B。通常，连续级配集料的空隙率随着粗集料的增加而显著增加；间断级配集料能较好地发挥粗集料的骨架作用，但在施工过程中易于离析。

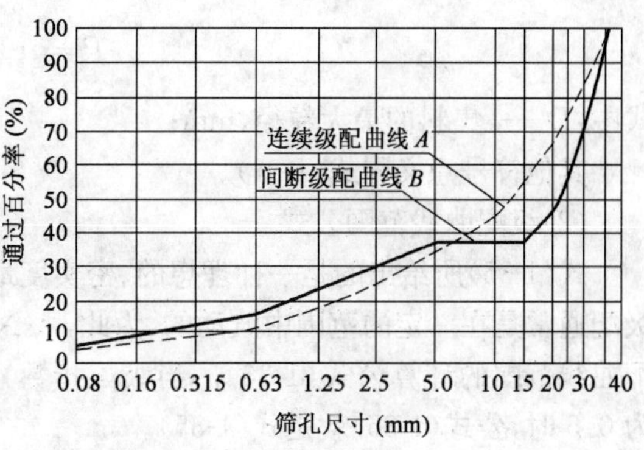

图 1-4　连续级配与间断级配曲线示意图

（2）级配组成与矿料空隙率和内摩阻力的关系

矿质混合料的级配组成与其密实度与颗粒间内摩阻力之间关系密切，从而对水泥混凝土或沥青混合料的强度、耐久性及施工和易性有着显著的影响。表 1-8 为某种细集料的级配组成与空隙率的关系，由表 1-8 可见，当级配组成变化时，在松装状态下空隙率的变化范围是 37.4%～42.0%。

不同级配细集料的空隙率（%）　　表 1-8

级配编号 \ 筛孔尺寸（mm）	<0.075	0.075～0.15	0.15～0.3	0.3～0.6	0.6～1.18	1.18～2.36	空隙率（%）
1	6.7	14.7	12.0	15.6	20	31.1	38.7
2	7.9	10.5	13.2	15.8	23.7	28.9	39.4
3	3.1	6.5	9.7	25.8	22.6	32.3	42.0
4	9.8	17.1	22.0	19.5	17.1	14.6	37.4
5	7.3	16.1	13.2	17.1	22.0	24.4	39.0
6	4.9	7.3	9.8	14.6	24.4	39.0	41.5

在水泥混凝土或沥青混合料中，结合料（水泥或沥青）填充集料空隙并包裹集料。所以，集料空隙越大，填充集料颗粒空隙所需的结合料越多；集料的总表面积越大，包裹集料颗粒所需的结合料越多。从节约结合料的角度考虑，最好采用空隙较小、总表面积也较小的集料。此外，若各粒级集料颗粒在相互排列时，能够互相嵌锁又不互相干涉，形成紧密多级嵌挤的空间骨架结构，则集料颗粒间将具有较大的内摩阻力。

3. 连续级配的计算

（1）最大密度级配计算公式

W. B 富勒在大量试验的基础上提出，集料在某筛孔上的通过百分率和筛孔尺寸的关系越接近抛物线，该集料的密实度越大，空隙率越小，这个结果可以由式（1-34）表示。

$$P = k \cdot d \tag{1-34}$$

式中：P——集料颗粒在筛孔尺寸 d 上的通过百分率，%；

d——集料中颗粒的筛孔尺寸，mm；

k——统计参数。

当筛孔尺寸 d 等于集料最大粒径 D 时，其通过百分率为 100%，将此关系代入公式（1-34）得到式（1-35）。按照式（1-35）可计算连续密级配集料的颗粒在任何一级筛孔上的通过百分率。

$$P = 100 \times \sqrt{\frac{d}{D}} \tag{1-35}$$

式中：D——集料的最大粒径，mm；

其他符号意义同式(1-34)。

(2)级配曲线范围公式

式(1-35)所给出的是一种理想的、密实度最大的级配曲线，而在工程实践中所使用的集料级配通常是在一定的范围中波动的，为此，A. N 泰波在式(1-35)的基础上作了修正，给出了级配曲线范围的计算公式(1-36)。当级配指数为 0.5 时，公式(1-36)就是式(1-35)。

$$P = \left(\frac{d}{D}\right)^{n} \times 100 \tag{1-36}$$

式中：n——级配指数；

其他符号意义同式(1-35)。

在工程实践中，矿质混合料的最大密实曲线接近级配指数n=0.45的级配曲线，见图 1-5中曲线 A。常用矿质混合料的级配指数一般在 0.3～0.7 之间，将级配指数 0.3 和 0.7 代入式(1-36)进行计算，并可绘制相应的级配曲线，如图 1-5 中的级配曲线范围 B。

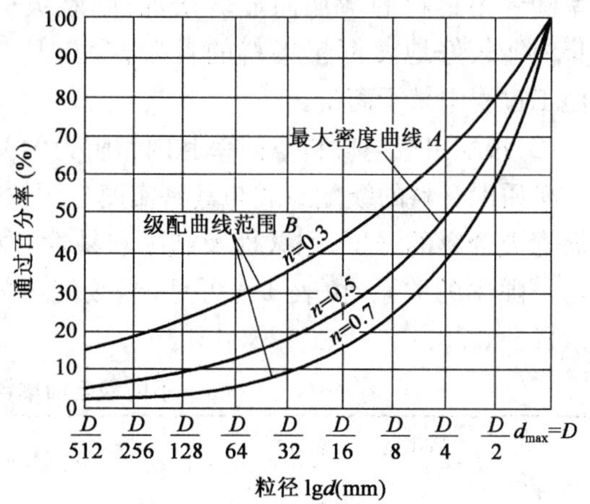

图 1-5　级配指数与级配曲线的关系图

4. 多级嵌挤密级配的分析法

多级嵌挤密级配最初由美国伊利诺伊州交通局的贝雷(Bailey)提出，后来经由 Bill Varik 与 Bill Pine 等人修正完善，成为多级嵌挤密级配沥青混合料级配设计的主要方法之一，简称贝雷级配分析法。贝雷级配分析法考虑了粗、细集料的分界尺寸，集料的装填特性等。

(1)集料的分界尺寸

①粗、细集料的分界尺寸 d_k

在贝雷法中，将粗集料和细集料作为一个相对的概念，用式(1-37)计算集料的控制粒径尺寸 d_k，它是集料公称最大粒径的函数，是形成嵌挤结构的第一级分界点，并定义大于控制粒径 d_k的集料为粗集料，小于 d_k的集料为细集料。

$$d_k = d_n \times 0.22 \approx d_n / 4 \tag{1-37}$$

式中：d_k——集料的控制粒径尺寸，mm；

d_n——集料的公称最大粒径尺寸，mm。

②细集料的分界尺寸 d_1和 d_2

在集料中，小于控制粒径 d_k 的细集料颗粒主要起填隙作用，为更好地控制细集料的组成，对细集料再进行两次尺寸划分，分别由式(1-38)和式(1-39)定义。

$$d_1 = d_k \times 0.22 \approx d_n / 16 \tag{1-38}$$

$$d_2 = d_1 \times 0.22 \approx d_n / 64 \tag{1-39}$$

式中：d_1——细集料的第一分界尺寸，mm；

d_2——细集料的第二分界尺寸，mm；

其他符号意义同前。

以上分界尺寸的定义见示意图 1-6。

(2)多级嵌挤级配的评价

①粗集料比 CA

贝雷法以粒径尺寸 $D/2$ 将大于控制粒径 d_k 的粗集料进一步划分为较细部分与较粗部分,如图 1-6 所示,粗集料比由式(1-40)计算。

$$CA = \frac{P_{D/2} - P_{d_k}}{100 - P_{D/2}} \tag{1-40}$$

式中:CA——粗集料比;

D——集料的最大粒径,mm;

$P_{D/2}$——集料在筛孔尺寸 $D/2$ 上的通过百分率,%;

P_{d_k}——集料在控制粒径筛孔 d_k 上的通过百分率,%。

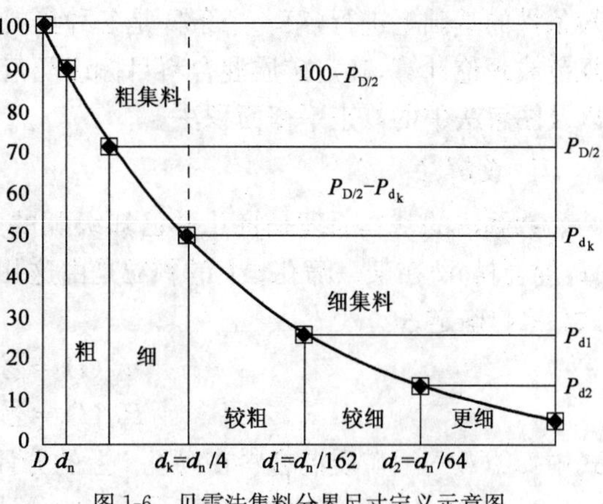

图 1-6 贝雷法集料分界尺寸定义示意图

改变粗集料中较细部分与较粗部分的比例,能够改变集料的空隙率,从而影响粗集料的骨架结构。当粗集料比 CA 值较小,即粗集料中的较细部分($P_{D/2} - P_{d_k}$)较少时,集料容易产生离析。随着 CA 的增加,粗集料中的较细部分将较粗部分的骨架推开,产生干涉作用,此时混合料虽不易离析,但是难于压实,在压路机作用下有移动的趋势。根据工程实践,密级配混合料的粗集料比 CA 在 0.4~0.8 之间比较合适。

②细集料比 FAC 和 FAF

根据细集料的分界尺寸,将细集料看成由粗颗粒与细颗粒组成的一种混合料,其中的细颗粒用来填充粗颗粒形成的空隙,所以细颗粒的体积不能超过粗颗粒骨架形成的空隙,否则会干涉粗颗粒的骨架特性。分别由式(1-41)和式(1-42)计算细集料比 FAC 和 FAF。

$$FAC = \frac{P_{d_1}}{P_{d_k}} \tag{1-41}$$

$$FAF = \frac{P_{d_2}}{P_{d_1}} \tag{1-42}$$

式中:FAC、FAF——细集料比;

P_{d_1}——通过细集料第一分界尺寸的百分率,%;

P_{d_2}——通过细集料第二分界尺寸的百分率,%;

P_{d_k}——通过集料控制粒径尺寸的百分率,%。

当 FAC 较低时,混合料不均匀,难于压实到规定密实程度。随着 FAC 增加,整个混合料中的细集料部分压实得更加紧密。但较大的 FAC 意味着细集料过细,细集料较粗部分产生的空隙较多,需要较多的较细部分填充空隙,导致混合料稳定性不足。对于大多数密级配混合料来说,FAC 在 0.25~0.50 之间比较合适。

细集料中小于第一分界尺寸 d_1 的较细部分产生的空隙应该被更细的集料所填充,但是更细部分集料的体积不能超过较细部分产生的空隙,否则较细部分会干涉较粗部分集料形成的骨架,随着 FAF 的增加,混合料的空隙将逐步减少,但较高的 FAF 在级配曲线上可能表现出“驼峰状”。对于大多数密级配混合料来说,FAF 在 0.25~0.50 之间比较合适。

二、矿质混合料的配合比设计方法

矿质混合料的配合比设计方法有数解法和图解法两大类,两类设计方法均需要在两个已知条件的基础上进行，第一个条件是各种集料的级配参数，第二个条件是根据设计要求、技术规范或理论计算，确定矿质混合料目标级配范围。本节介绍数解法中的试算法、规划求解法，以及图解法中的修正平衡面积法。

1. 数解法

数解法的基本原理是将几种已知级配的集料 j 配制成满足目标级配要求的矿质混合料 M，混合料 M 在某一筛孔 i 上的颗粒是由这几种集料提供的，混合料的级配参数由式(1-43)或式(1-44)确定。

$$a_{\mathrm{M}}(i)=\sum a_{\mathrm{j}}(i)\times X_{\mathrm{j}}(i) \tag{1-43}$$

$$P_{\mathrm{M}}(i)=\sum P_{\mathrm{j}}(i)\times X_{\mathrm{j}}(i) \tag{1-44}$$

式中：$a_{\mathrm{M}}(i)$——矿质混合料在筛孔 i 上的分计筛余百分率，%；

$a_{\mathrm{j}}(i)$——某一集料 j 在筛孔 i 上的分计筛余百分率，%；

$P_{\mathrm{M}}(i)$——矿质混合料在筛孔 i 上的通过百分率，%；

$P_{\mathrm{j}}(i)$——某一集料 j 在筛孔 i 上的通过百分率，%；

$X_{\mathrm{j}}(i)$——某一集料 j 在矿质混合料中的质量百分率，%。

将已知集料的级配参数和矿质混合料的目标级配参数代入式(1-43)或式(1-44)，可以建立数个方程，方程的个数等于标准筛的个数，然后可以用正则方程法求解，也可以用试算法或规划求解法确定各个集料的用量。

(1)试算法

采用试算法求解，需要已知各个集料和矿质混合料的分计筛余百分率。以 3 种集料为例，介绍试算法的求解步骤。

①基本计算方程的建立

设 A、B、C 三种集料在某一筛孔 i 上的分计筛余百分率分别为 $a_{\mathrm{A}}(i)$、$a_{\mathrm{B}}(i)$、$a_{\mathrm{C}}(i)$，欲配制成矿质混合料 M，混合料 M 中在相应筛孔 i 上的分计筛余百分率设计值为 $a_{\mathrm{M}}(i)$。假设 A、B、C 三种集料在混合料中的比例分别为 x、y、z，由此得式(1-45)和式(1-46)：

$$x+y+z=100 \tag{1-45}$$

$$x\cdot a_{\mathrm{A}}(i)+y\cdot a_{\mathrm{B}}(i)+z\cdot a_{\mathrm{C}}(i)=a_{\mathrm{M}}(i) \tag{1-46}$$

②基本假定

在矿质混合料中，某一粒径的颗粒是由一种集料提供的，在其他集料中不含这一粒径的颗粒。在具体计算时，所选择的粒径应在该集料中占有较大的优势。将这一假定作为补充条件，可以简化式(1-46)，从而求出 A、B、C 三种集料在矿质混合料中的用量。

③计算各个集料在矿质混合料中的用量

首先确定在某种集料中占优势含量的某一粒径，忽略其他集料在此粒径的含量。

例如，若在集料 A 中所选择的粒径为 i，该粒径的分计筛余为 $a_{\mathrm{A}}(i)$，并令：集料 B 和集料 C 在此粒径的含量 $a_{\mathrm{B}}(i)$、$a_{\mathrm{C}}(i)$均等于零，代入式(1-46)计算出集料 A 在混合料中的用量 x。

同理，在计算集料 C 或集料 B 的用量时，先确定这种集料中占优势的某一粒径，而忽略另两种集料中同一粒径的含量，根据上述相同方法，计算集料 C 或集料 B 的用量。可以根据集料的级配情况，选择先求解集料 B 的用量，还是先求解集料 C 的用量。

当集料规格超过 3 种时，式(1-46)中的未知数将增加，可按照上述原理重复进行计算。

④合成级配的计算、校核和调整

由于试算法中各种集料用量比例是根据几个筛孔确定的，不能控制所有筛孔，所以应对合成级配进行校核。先按照式(1-44)计算矿质混合料的合成通过百分率 $P_M(i)$,计算出的矿质混合料的合成级配 $P_M(i)$应在设计要求级配范围内,并尽可能接近设计级配范围的中值。当合成级配不满足要求时,应调整各集料的比例。调整配合比后还应重新进行校核,直至符合要求为止。如经计算后确实不能满足级配要求时,可掺加单粒级集料或调换其他集料。

试算法的具体计算步骤见【例题 1-2】。

(2)规划求解法

规划求解法采用 Microsoft Office 软件 Excel 电子表格中的规划求解分析工具进行,通过设置规划求解中的约束条件,较为准确地计算出各种集料的用量。

2. 图解法设计步骤

通常采用"修正平衡面积法"确定矿质混合料的合成级配。在"修正平衡面积法"中,将设计要求的级配中值曲线绘制成一条直线,纵坐标和横坐标分别代表通过百分率和筛孔尺寸,这样,当纵坐标仍为算术坐标时,横坐标的位置将由设计级配中值所确定。

(1)绘制级配曲线坐标图

按照一定的尺寸绘制矩形图框,连接对角线 OO' 作为设计级配中值曲线,见图 1-7。

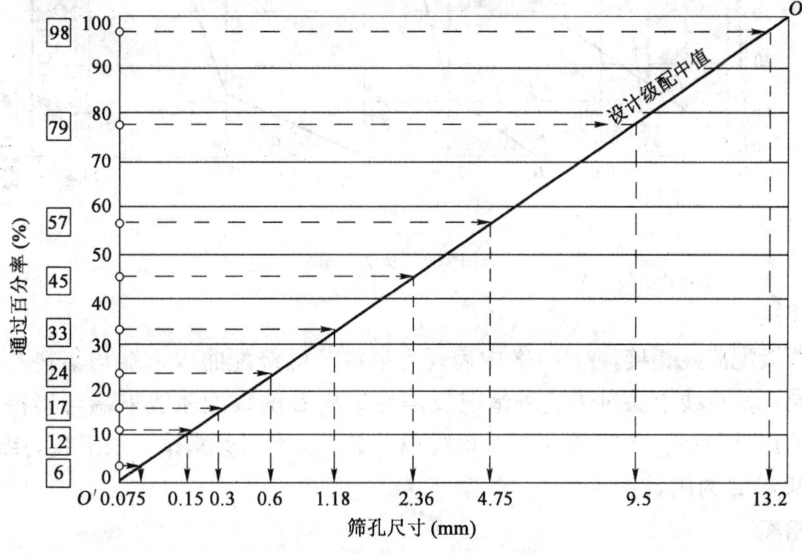

图 1-7 设计级配范围中值曲线

按常数标尺在纵坐标上标出通过量百分率位置,然后将设计级配中值(见表 1-9 中数据)要求的各筛孔通过百分率,标于纵坐标上,并从纵坐标引水平线与对角线相交,再从交点作垂线与横坐标相交,该交点即为各相应筛孔尺寸的位置。

沥青混合料用矿料级配范围 表 1-9

筛孔尺寸(mm)	16.0	13.2	9.5	4.75	2.36	1.18	0.6	0.3	0.15	0.075
级配范围(mm)	100	95~100	70~88	48~68	36~53	24~41	18~30	12~22	8~16	4~8
级配中值(mm)	100	98	79	57	45	33	24	17	12	6

(2)确定各种集料用量

以图 1-7 为基础,将各种集料的级配曲线绘制于图上,结果见图 1-8,然后根据两条级配曲线之间的关系确定各种集料的用量。

由图 1-8 可见，任意两条相邻集料级配曲线之间的关系只可能是下列三种情况之一。

①曲线重叠

两条相邻级配曲线相互重叠，在图 1-8 中表现为集料 A 的级配曲线下部与集料 B 的级配曲线上部搭接。此时，在两级配曲线之间引一根垂线 AA'，使其与 A、B 集料的级配曲线截距相等，即 $a=a'$。垂线 AA' 与对角线 OO' 交于点 M，通过 M 作一水平线与纵坐标交于 P 点，OP 即为集料 A 的用量。

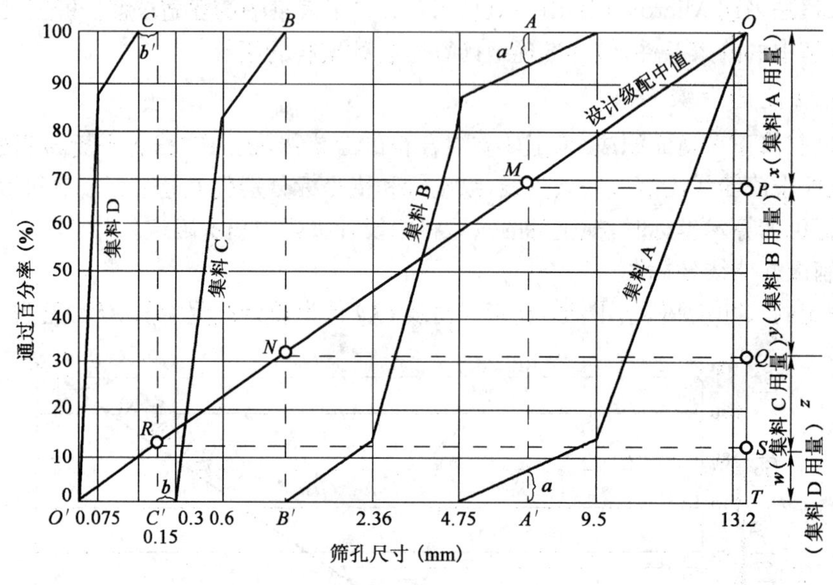

图 1-8　图解法用图

②曲线相接

两条相邻级配曲线相接，在图 1-8 中表现为集料 B 的级配曲线末端与集料 C 的级配曲线首端正好在同一垂直线上。对于这种情况仅需将集料 B 的级配曲线末端与集料 C 的级配曲线首端直接相连，得垂线 BB'。BB' 与对角线 OO' 交于点 N，过 N 作一水平线与纵坐标交于 Q 点，PQ 即为集料 B 的用量。

③曲线相离

两相邻级配曲线相离，表现为集料 C 的级配曲线末端与集料 D 的级配曲线首端在水平方向彼此分离。此时，作一条垂线 CC' 平分这段水平距离，使 $b=b'$，得垂线 CC'。CC' 与对角线 OO' 交于点 R，通过 R 作一水平线与纵坐标交于 S 点，QS 即为集料 C 的用量。剩余 ST 即为集料 D 的用量。

(3)合成级配的计算与校核

与试算法相同，在图解法求解过程中，各种集料用量比例也是根据部分筛孔确定的，所以需要对矿料的合成级配进行校核，当超出级配范围时，应调整各集料的用量。合成级配的计算与校核方法与试算法相同。

图解法的具体计算步骤见例题[1-3]。

三、矿质混合料配合比设计例题

【例题 1-2】 采用试算法计算某矿质混合料的配合比。

(1)已知条件

碎石、石屑和矿粉的筛分试验结果列于表1-10中第2～4列；设计级配范围列于表1-10中第5列。

集料的分计筛余和矿质混合料规定的级配范围 表1-10

筛孔尺寸 d_i (mm)	各档集料的筛分析试验结果			设计级配范围及中值			
	碎石分计筛余 $a_A(i)$ (%)	石屑分计筛余 $a_B(i)$ (%)	矿粉分计筛余 $a_C(i)$ (%)	通过百分率范围 $P(i)$ (%)	通过百分率中值 $P_M(i)$ (%)	累计筛余中值 $A_M(i)$ (%)	分计筛余中值 $a_M(i)$ (%)
(1)	(2)	(3)	(4)	(5)	(6)	(7)	(8)
13.2	0.8	—	—	95～100	97.5	2.5	2.5
9.5	43.6	—	—	70～88	79	21	18.5
4.75	49.9	—	—	48～68	58	42	21
2.36	4.4	25.0	—	36～53	44.5	55.5	13.5
1.18	1.3	22.6	—	24～41	32.5	67.5	12
0.6	—	15.8	—	18～30	24	76	8.5
0.3	—	16.1	—	17～22	19.5	80.5	4.5
0.15	—	8.9	4	8～16	12	88	7.5
0.075	—	11.1	10.7	4～8	6	94	6
＜0.075	—	0.5	85.3	—	0	100	6

(2)计算要求

按试算法确定碎石、石屑和矿粉在矿质混合料中所占的比例，校核矿质混合料合成级配计算结果是否符合规范要求的级配范围。

解：

①准备工作

将矿质混合料设计范围由通过百分率转换为分计筛余百分率。首先计算表1-10中矿质混合料设计级配范围的通过百分率中值，然后转换为累计筛余百分率，再计算为各筛孔的分计筛余百分率，计算结果列于表1-10第6～8列。

②计算碎石在矿质混合料中用量 x

分析表1-10中各档集料的筛分结果可知，碎石中占优势含量粒径为4.75mm。故计算碎石用量时，假设混合料中4.75mm粒径全部由碎石组成，即 $a_B(4.75)$ 和 $a_C(4.75)$ 均等于零。将 $a_B(4.75)=0$、$a_C(4.75)=0$、$a_M(4.75)=21.0\%$、$a_A(4.75)=49.9\%$ 代入式(1-43)可得：

$$x=\frac{a_M(4.75)}{a_A(4.75)}\times 100=\frac{21.0}{49.9}\times 100=42.1$$

③计算矿粉在矿质混合料中的用量 z

根据表1-10，矿粉中粒径＜0.075mm的颗粒占优势，此时，假设 $a_A(<0.075)$ 和 $a_B(<0.075)$ 均等于零，将 $a_M(<0.075)=6.0\%$、$a_C(<0.075)=85.3\%$ 代入式(1-43)得：

$$z=\frac{a_M(<0.075)}{a_C(<0.075)}\times 100=\frac{6.0}{85.3}\times 100=7.0$$

④计算石屑在混合料中用量 y

将已求得的 $x=42.1$ 和 $z=7.0$ 代入式(1-45)得：

$$y=100-(x+z)=100-(42.1+7.0)=50.9$$

⑤合成级配的计算与校核

根据以上计算，矿质混合料中各种集料的比例为：碎石∶石屑∶矿粉$=x:y:z=42.1:50.9:7.0$。依次计算各档集料占矿质混合料的百分率，见表1-11中第2列～第10列，然后计算矿质混合料的合成级配，结果列入表1-11的第11～13列。将矿质混合料的通过百分率(表1-11中第13栏)与要求级配范围比较可知，该合成级配符合设计级配范围的要求。

矿质混合料组成计算校核表　　表1-11

筛孔尺寸 d_i (mm)	碎石级配(%)			砂级配(%)			矿粉级配(%)			矿质混合料合成级配(%)			设计级配范围 $P(i)$ (%)
	碎石分计筛余 $a_A(i)$	采用百分率 x	占混合料百分率 $a_A(i)x$	砂分计筛余 $a_B(i)$	采用百分率 y	占混合料百分率 $a_B(i)y$	矿粉分计筛余 $a_C(i)$	采用百分率 z	占混合料百分率 $a_C(i)z$	分计筛余 $a_M(i)$	累计筛余 $A_M(i)$	通过率 $P_M(i)$	
(1)	(2)	(3)	(4)	(5)	(6)	(7)	(8)	(9)	(10)	(11)	(12)	(13)	(14)
13.2	0.8		0.3				—			0.3	0.3	99.7	95～100
9.5	43.6		18.4				—			18.4	18.7	81.3	70～88
4.75	49.9	×42.1	21.0				—			21.0	39.7	60.3	48～68
2.36	4.4		1.9	25.0		12.7				14.6	54.3	45.7	36～53
1.18	1.3		0.5	22.6		11.5				12.1	66.3	33.7	24～41
0.6	—			15.8		8.0				8.0	74.4	25.6	18～30
0.3	—			16.1		8.2				8.2	82.6	17.4	12～22
0.15	—			8.9	×50.9	4.5	4.0		0.3	4.8	87.4	12.6	8～16
0.075	—			11.1		5.6	10.7	×7.0	0.7	6.4	93.8	6.2	4～8
<0.075	—			0.5		0.3	85.3		6.0	6.2	100.0	0.0	—
合计	100		42.1	100		50.9	100		7.0	100			

【例题1-3】 采用图解法设计某矿质混合料的配合比。

(1)已知条件

根据设计资料，所铺筑道路为高速公路，沥青路面上面层，结构层设计厚度4cm，选用矿质混合料的级配范围见表1-12。该混合料采用4档集料，各档集料的筛分试验结果见表1-12。

矿质集料级配与设计级配范围　　表1-12

材料名称	下列筛孔(mm)的通过百分率(%)									
	16.0	13.2	9.5	4.75	2.36	1.18	0.6	0.3	0.15	0.075
集料A	100	93	17	0	—	—	—	—	—	—
集料B	100	100	100	84	14	8	4	0	—	—
集料C	100	100	100	100	92	82	42	21	11	4
矿粉D	100	100	100	100	100	100	100	100	96	87
设计级配范围	100	95～100	70～88	48～68	36～53	24～41	18～30	12～22	8～16	4～8
级配范围中值	100	98	79	57	45	33	24	17	12	6

(2)设计要求

采用图解法进行矿质混合料配合比设计，确定各档集料的比例，校核矿质混合料的合成级配是否符合设计级配范围的要求。

解：

①绘制图解法用图

计算设计级配范围中值，列入表 1-12 中。

绘制图解法用图 1-9。根据表 1-12 中设计级配范围中值数据，确定各筛孔尺寸在横坐标上的位置。然后将各档集料与矿粉的级配曲线绘制于图 1-9 中。

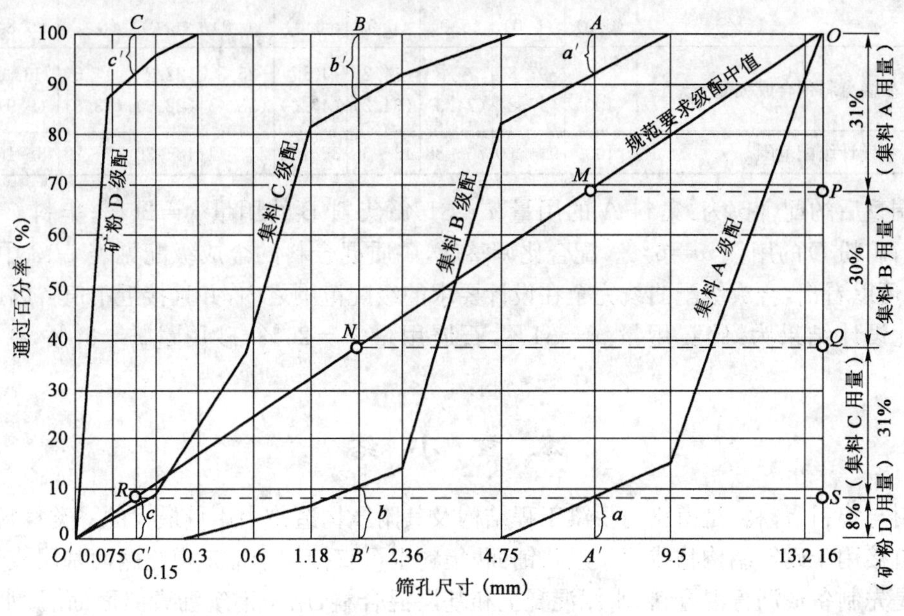

图 1-9　例题[1-3]图解法用图

②确定各档集料用量

在集料 A 与集料 B 级配曲线相重叠部分作一垂线 AA'，使垂线截取这两条级配曲线的纵坐标值相等($a=a'$)。垂线 AA' 与对角线 OO' 有一交点 M，过 M 引一水平线，与纵坐标交于 P 点，OP 的长度 $x=31\%$，即为集料 A 的用量。

同理，求出集料 B 的用量 $y=30\%$，集料 C 用量 $z=31\%$，矿粉 D 的用量 $w=8\%$。

③配合比校核与调整

按照集料 A：集料 B：集料 C：矿粉 D=31%：30%：31%：8%的比例，计算矿质混合料的合成级配，结果列于表 1-13。由表 1-13 可以看出，合成级配在筛孔 0.075mm 的通过百分率为 8.2%，超出了设计级配范围(4%～8%)的要求，需要对各集料比例进行调整。通过试算，采用减少集料 B、增加集料 C 并减少矿粉 D 用量的方法来调整配合比。

矿质混合料合成级配校核计算用表　　表 1-13

材料名称		下列筛孔(mm)的通过百分率(%)									
		16.0	13.2	9.5	4.75	2.36	1.18	0.6	0.3	0.15	0.075
各种矿料在混合料中的级配	集料 A31% (31%)	31.0 (31.0)	28.8 (28.8)	5.3 (5.3)	0 (0)						
	集料 B30% (26%)	30.0 (26.0)	30.0 (26.0)	30.0 (26.0)	25.2 (21.8)	4.2 (3.6)	1.4 (2.1)	1.2 (1.1)	0 (0)		

续上表

材料名称		下列筛孔(mm)的通过百分率(%)									
		16.0	13.2	9.5	4.75	2.36	1.18	0.6	0.3	0.15	0.075
各种矿料在混合料中的级配	集料 C31% (37%)	31.0 (37.0)	31.0 (37.0)	31.0 (37.0)	31.0 (31.0)	28.5 (34.0)	25.4 (30.3)	13.0 (15.5)	6.5 (7.8)	3.4 (4.1)	1.2 (1.5)
	矿粉 D8% (6%)	8.0 (6.0)	8.0 (6.0)	8.0 (6.0)	8.0 (6.0)	8.0 (6.0)	8.0 (6.0)	8.0 (6.0)	8.0 (6.0)	7.9 (5.8)	7.0 (5.2)
矿质混合料的合成级配		100 (100)	97.8 (97.8)	74.3 (74.3)	64.2 (64.2)	40.7 (43.6)	35.8 (38.4)	22.2 (22.6)	14.5 (13.8)	11.3 (9.9)	8.2 (6.7)
设计级配范围		100	95～100	70～88	48～68	36～53	24～41	18～30	12～22	8～16	4～8

经调整后的配合比为：集料 A 的用量 $x=31\%$；集料 B 的用量 $y=26\%$；集料 C 的用量 $z=37\%$；矿粉 D 的用量 $w=6\%$。配合比调整后，矿质混合料的合成级配见表 1-13 中括号内的数值，可以看出，合成级配曲线完全在设计要求的级配范围之内，并且接近中值。因此，本例题配合比设计结果为：碎石用量 $x=31\%$，石屑用量 $y=26\%$，砂用量 $z=37\%$，矿粉用量 $w=6\%$。

本章小结

石料与集料(骨料)是道路与桥梁工程结构及其附属构造物中用量最大的一类材料。石料制品可直接用于砌筑结构物或用于道路铺面，集料也可直接用于铺筑道路路面基层或垫层，但更多的是先制备成沥青混合料、水泥混凝土和基层混合料，用于铺筑沥青路面面层、水泥路面面层或路面基层。

岩石质量主要取决于其造岩矿物和成岩条件。在道路工程中常用岩石品种为石灰岩、花岗岩、砂岩、玄武岩、辉绿岩等；岩石的主要力学指标为单轴无侧限抗压强度，物理常数为密度、含水率和吸水率，在季节性冰冻地区应考虑所用岩石的抗冻性。

集料是由不同粒径矿物颗粒组成的混合物，集料的密度对其物理、力学性能有着重要影响，而且是混合料组成设计的主要参数。用于道路路面结构的粗集料应具备足够的抗压碎性、抗磨耗性和抗冲击性，用于表层的粗集料还应具备足够的抗磨光性，集料的力学性能分别用压碎值、磨耗率、抗冲击值和磨光值等指标表示。

集料的颗粒组成用级配表示，集料级配与集料的密实度和内摩阻力有着直接的关系，也是进行矿质混合料组成设计的主要依据。矿质混合料是由两种或两种以上集料按一定比例组成的，确定这个比例关系的过程称为配合比设计，矿质混合料的配合比设计方法有数解法(试算法、规划求解法)和图解法。

复习题

1-1 岩石的主要物理常数与集料的主要物理常数有哪几项？它们之间有何异同？

1-2 简述道路工程中常用石料的岩石类型及其特性。

1-3 什么是集料的堆积密度？什么是集料的松装密度？什么是集料的紧装密度？

1-4 压碎值、磨耗值、磨光值及冲击值分别表征集料的什么性质？其对路面工程有何实用意义？

1-5　什么是集料的级配？如何确定集料的级配？用哪几项参数表示集料的级配？

1-6　简述研究矿质混合料级配的意义，连续级配类型与间断级配类型有何差别？

1-7　简述最大密度级配范围计算公式的意义。

1-8　常用矿质混合料配合比设计方法有几种？简述设计过程的主要步骤。

1-9　某沥青路面混合料用细集料的筛分试验结果见表1-14。试计算该细集料的分计筛余百分率、累计筛余百分率和通过百分率，绘制该细集料的级配曲线图，并分析其级配是否符合设计级配范围的要求。计算该细集料的细度模数，判断其粗度。

某细集料的筛分试验结果　　表1-14

筛孔尺寸(mm)	9.5	4.75	2.36	1.18	0.6	0.3	0.15	0.075	筛底
筛余质量(g)	0	13	160	100	75	50	39	25	38
设计级配范围(%)	100	95～100	55～75	35～55	20～40	12～28	7～18	5～10	—

1-10　某工程用石灰岩石料试件为直径50mm、高50mm的圆柱体，经饱水后进行抗压强度试验，平均极限荷载分别为179kN、182kN、174kN、178kN、189kN和185kN，计算该石料抗压强度。

1-11　按照级配计算公式(1-36)，分别取级配指数$n=0.3$、0.5和0.7，计算最大粒径$D=19$mm的集料在各个筛孔上的通过百分率，并将这些级配曲线绘制在同一张图上。

1-12　采用"试算法"确定某矿质混合料的配合比。

［设计资料］碎石、石屑和矿粉的筛分析试验结果以通过百分率列于表1-15中第2～4列，设计级配范围要求值列于表1-15中第5列。

表1-15

筛孔尺寸d_i(mm)	各档集料筛分析试验结果(通过百分率,%)			设计级配范围通过百分率(%)
	碎石	石屑	矿粉	
26.5	100	100	100	100
19.0	97	100	100	95～100
16.0	61.5	100	100	75～90
13.2	34.5	100	100	62～80
9.5	19.8	93.8	100	52～72
4.75	4.6	77.9	100	38～58
2.36	—	58.7	100	28～46
1.18	—	36.0	100	20～34
0.6	—	23.0	97	15～27
0.3	—	11.0	94	10～20
0.15	—	—	92	6～14
0.075	—	—	70.5	4～8

［设计要求］用试算法确定碎石、石屑和矿粉在混合料中的用量；计算出混合料的合成级配，并校核该合成级配是否在要求的级配范围中，若有超出应进行调整。

1-13　采用图解法确定矿质混合料的配合比，设计资料同复习题1-12。

第二章 沥青材料

内容提要：本章介绍沥青材料类型，重点阐述道路石油沥青生产工艺、组成结构、技术性质、评价指标和技术标准。在此基础上，介绍聚合物改性沥青、乳化沥青的技术性质和技术标准，以及天然沥青、环氧沥青和彩色沥青的性能特点及其技术要求。

沥青是黑色或暗黑色固体、半固体或黏稠状物，由天然或人工制造而得，主要为高分子烃类所组成，它们通常可以是气体、液体、半固体或固体，完全溶解于二硫化碳。人类开发与应用沥青已经有 5 000 多年的历史。约在公元前 3000 年，苏美尔人就应用沥青镶嵌贝壳与珠宝以及作为木船防水涂料。16 世纪前后，秘鲁印加人开始修筑沥青路面。1870 年，美国新泽西州 Newark 铺筑了第一条具有现代意义的热拌沥青混凝土路面。时至今日，石油沥青作为一种重要的战略资源，已经广泛地应用于公路、铁路、桥梁、机场等交通基础设施建设与养护，以及水利工程、防水防腐工程、工农业等国民经济的各个领域。

第一节 沥青基础知识

一、沥青的分类

沥青的品种很多，广义的沥青主要包括天然沥青、焦油沥青和石油沥青三大类，而狭义的沥青主要是指石油沥青。

1. 沥青的种类

(1)天然沥青

地壳中的石油在各种因素作用下，其轻质油分蒸发，经浓缩、氧化作用形成的沥青类物质，称为“天然沥青”(native asphalt)。人们熟知的“湖沥青”(lake asphalt)就是天然沥青的一种。其中，产地在中美洲的委内瑞拉北海岸附近的特立尼达岛上的特立尼达湖沥青是比较著名的天然沥青，它是 1595 年由沃尔特·雷利发现的。

存在于岩石缝隙的天然沥青称为岩沥青(rock asphalt)，岩沥青中含有砂和岩石等矿物成分，经过熬制可以得到纯净的沥青。位于美国北部的犹太州东部的 Uintah 盆地出产的 UINTAITE 岩沥青，是近年来引人注目的代表性品种。近年我国四川、新疆克拉玛依等地也出产了天然岩沥青。

位于印度尼西亚布顿岛(Buton)有一名为 BMA 的海底沥青矿，这是一种经过千万年沉积形成的天然矿物，称之海底沥青。

(2)焦油沥青

煤、木材、页岩等有机物质经炭化作用或在真空中分馏得到的黏性液体，称为焦油沥青。由煤加工所得的焦油称为煤焦油。由木材蒸馏而得到的焦油为木焦油，松节油就是典型的木焦油。页岩经过蒸馏得到的焦油为页岩沥青。

(3)石油沥青

由地壳中的原油，经开采加工后获得的沥青为石油沥青。这是沥青材料的主要来源，应用最为广泛。通常所讲的沥青就是指石油沥青。

2. 石油沥青的分类

按照石油沥青的加工方法、形态、用途等可分为许多种类。

(1)按照加工方法分类

石油沥青是原油经过特定的生产加工工艺炼制而成的化工产品。石油沥青是应用最为广泛的沥青材料，其基本生产工艺主要有：蒸馏法、氧化法、调合法和溶剂脱沥青法。现代石油沥青的生产过程要综合考虑原油特性和沥青产品技术指标要求，采用多种加工方法的组合生产工艺。由于加工工艺的不同所得的石油沥青的性质也不尽相同。

①蒸馏沥青

直接蒸馏原油，将不同沸点的馏分取出后，在常压塔底获得的残渣为直馏沥青。蒸馏法制取石油沥青是最简单、最经济的方法。原油脱水后加热至360℃，进入常压塔，在塔内分馏出汽油、柴油和重柴油。塔底常压渣油再进一步加热至390℃，进入减压蒸馏塔，此塔保持一定的真空度，分馏出减压馏分，塔底所存的减压渣油往往可以获得合格的道路沥青。

直馏沥青的性质与原油的来源有很大关系。一般来说，环烷基原油和蜡分含量较低的中间基原油适合生产道路沥青，所生产的道路沥青具有延度长、与碎石黏附性好、高温稳定性好、不易出现车辙与拥包、耐老化性能较好等优点。

②氧化沥青

将低标号的沥青或渣油在240～290℃的高温下吹入空气，使其软化点提高，针入度降低，提高沥青的稠度，这种方法所得的沥青为氧化沥青，也称为吹制沥青(blown asphalt)。

低标号沥青或渣油连续按一定的流速通入氧化塔。氧化塔系中空圆筒，里面装有栅板，以减少返混。空气由底部分批量通入，在一定温度下渣油中的芳烃、胶质和沥青质与空气中的氧发生氧化反应，组成发生变化，其转化过程为：

芳烃→胶质→沥青质→碳青质→焦炭

氧化反应的结果使沥青增稠，温度敏感性降低，针入度指数增大。氧化法主要用来生产高软化点的建筑沥青，当直馏法不能直接生产道路沥青时，有时就采用浅度氧化的方法，在比较低的温度下氧化较短的时间，所得沥青为半氧化沥青。

③溶剂沥青

石蜡基原油的残渣富含高沸点石蜡烃，蒸馏法很难将它完全蒸出。这些组分的存在使沥青的稠度达不到要求，且软化点和延度都低。由于这种沥青中的饱和烃几乎不能被氧化，而芳香烃和胶质则大量被氧化成沥青质和碳青质，这样得到的沥青不但脆，而且没有弹性。采用溶剂法处理石蜡基原油则能得到质量优良的沥青产品。

溶剂法是利用溶剂对各组分有不同的溶解能力能选择性地溶解其中一个或几个组分，这样就能实现组分的分离。与蒸馏法相比，所得产品在组成和性能上有明显差异。根据渣油中各组分不同的溶解能力，从渣油中分离出富含有饱和烃和芳香烃的脱沥青油，即催化、裂化或加氢裂化的原料油，同时得到含胶质、沥青质高的浓缩物，也即沥青。所得沥青加以调和、氧化，可生产出各种规格的沥青。

④调和沥青

用调和法生产沥青是按照沥青质量要求，将几种沥青调和，调整沥青组分之间的比例以获得所要求的产品。

优质沥青的组分大致比例为：饱和分13%～31%，芳香分32%～60%，胶质19%～39%，沥青质6%～15%，蜡含量小于3%。然而，调和沥青的性质与各组分的比例不是简单的加合，而是与形成的胶体结构类型有关。调和法生产沥青通常先生产出软、硬两种沥青组分，然后根据需要调和出符合要求的沥青。调和的关键在于配合比正确并混合均匀。

(2)按照形态分类

按照沥青在常温条件下呈现的状态，可分为黏稠沥青和液体沥青。

①黏稠沥青

在常温下沥青呈膏体状或固体状，称之为膏体沥青，这是黏滞度比较高的沥青，所以一般也称为黏稠沥青。由于这种沥青的标号通常用针入度表示，有时又称针入度级沥青。黏稠沥青是目前道路工程中应用最为广泛的沥青材料。

②液体沥青

在常温下是液体或半流动状态的沥青，称之为液体沥青。用溶剂将黏稠沥青加以稀释所得到的液体沥青，称为稀释沥青，也称为回配沥青(cut back)。根据稀释沥青凝固的速度又分为快凝、中凝和慢凝三种。将沥青加以乳化成为乳化沥青，乳化沥青是另一种形式的液体沥青。按照乳化沥青破乳速度的快慢又分为快裂、中裂和慢裂三种。乳化沥青按其所用乳化剂的种类又分为阳离子乳化沥青、阴离子乳化沥青和非离子乳化沥青。

(3)按沥青的用途分类

目前沥青至少有250种以上的沥青用途，如用在道路、铁路、水利、工农业、建筑业、设备与管道防腐等领域，但用在道路和建筑防水方面占其用量的95%以上。

①道路沥青

用于铺筑道路路面的沥青为道路沥青。石油沥青是建设柔性路面的良好材料，目前还找不到一种价格低廉、性能优良、来源广泛的黏结材料来代替它。道路建设与养护要消耗大量沥青，几乎占整个沥青产量的50%～60%。

②建筑沥青

由于沥青具有良好的黏结性、不透水性及绝缘性，所以沥青广泛用来制造防水、防潮等建筑材料，如油毛毡、铺瓦下垫层、接缝填充料、屋顶和地下室以及下水道防水层等。对这些沥青的要求，应具有良好的黏结性和防水性，在日照下不流淌，在冬季低温下不龟裂。建筑沥青标号较低，针入度在5～30(1/10mm)范围内。

③水工沥青

20世纪30年代，在阿尔及利亚用沥青混凝土建筑的高58m、库容2.8亿m^3的防渗斜墙大坝取得成功后，沥青已广泛应用在水库筑坝、海岸护堤、渠道防渗等水利工程方面。据有关资料介绍，世界上建成高15m以上的沥青混凝土斜墙坝已达百余座。对于水工沥青，要求黏附性要好，延度不能太低。我国长江三峡枢纽高104m的茅坪溪防护大坝沥青混凝土的心墙就是采用国产的中海36-1沥青修建的，它是当今世界上最高的沥青混凝土心墙之一。

④防腐沥青

由于沥青具有优良的黏结性能和防腐性能，所以也常用来作为埋地设备和金属管道的防腐涂层，如输油、输气及上下水金属管道，一般都要涂上一层防腐沥青。防腐沥青要求含蜡量低，黏附力高，热稳定性好，冻裂点低。

⑤其他沥青

专用沥青和特种沥青被广泛应用于各个领域。如在油漆制造方面，有油漆沥青；在电池制造方面，有电池沥青；在电力工业方面，有电缆沥青和绝缘沥青；在玻璃加工方面，有抛光沥青等。

二、原油的分类

原油是石油沥青的原料，因此原油的组成和性质很大程度上决定了石油沥青的加工工艺及其使用性能。原油是一种黑褐色的流动或半流动黏稠液，略轻于水，是一个成分十分复杂的混合物；就其化学元素而言，主要是碳元素和氢元素组成的多种碳氢化合物，统称“烃类”。原油中碳元素占83%～87%，氢元素占11%～14%，其他部分则是硫、氮、氧及金属等杂质。虽然原油的基本元素类似，但从地下开采的天然原油，在不同产区和不同地层，反映出的原油品种则纷繁众多，其物理性质有很大的差别。原油的分类有多种方法，按组成分类可分为石蜡基原油、环烷基原油和中间基原油三类；按硫含量可分为超低硫原油、低硫原油、含硫原油和高硫原油四类；按相对密度可分为轻质原油、中质原油、重质原油以及特重质原油四类。

判断原油是否适合于生产沥青的经验方法是通过原油中的沥青质(A)、胶质(R)及蜡(W)的相对含量进行判断，其计算公式及判断方法如下。

(1)$(A+R)/W<0.5$，不适合生产沥青的原油；

(2)$(A+R)/W=0.5\sim1.5$，可以生产一般普通道路沥青的原油；

(3)$(A+R)/W>1.5$，这种原油一般最适合生产沥青，可以生产优质道路沥青。

另外一种判断原油是否适合于生产沥青的方法是通过原油评价中大于500℃馏分渣油中的H/C原子比来预测。一般来说，H/C原子比≤1.6时，该渣油可以用来生产道路沥青；H/C原子比>1.6时，该渣油则不适合生产道路沥青。

部分原油的$(A+R)/W$值及渣油H/C原子比见表2-1。

部分原油的$(A+R)/W$值及渣油H/C原子比 表2-1

原油名称	原油基属	渣油中的H/C原子比	$(A+R)/W$
中原原油	含硫石蜡基	1.60	0.48
华北原油	低硫石蜡基	1.65	0.97
辽河原油	低硫中间基	1.83	1.50
沙轻原油	高硫中间基	1.79	1.47
沙中原油	高硫中间基	1.47	3.17
科威特原油	高硫中间基	1.48	2.89
阿曼原油	石蜡-中间基	1.50	1.61
伊朗原油	中间基	1.50	1.55
渤海SZ36-1原油	环烷基	1.47	1.83
胜利原油	中间基	1.62	1.37
大庆原油	石蜡基	1.70	0.34
塔河原油	中间基	1.50	7.91

通常认为，环烷基和中间基原油由于组分构成比较合理，生产的道路沥青具有一定的延展性和良好的流变性能，在低温时具有一定的变形能力，路面不易开裂，高温时又具有一定的抗变形能力，不易出现车辙和拥包，同时又具有很好的抗老化性，与石料的结合能力强，被认为是生产沥青的首选原油。而石蜡基原油中轻质组分和蜡含量较高，胶质和沥青质含量较低，不适合生产优质道路沥青。

三、石油沥青的生产工艺

石油沥青基本生产工艺主要有蒸馏法、氧化法、调和法和溶剂脱沥青法。现代石油沥青的生产过程要综合考虑原油特性和沥青产品技术指标要求，采用多种加工方法的组合生产工艺。

1. 常减压蒸馏工艺

常减压蒸馏工艺即根据原油不同组分沸点不同，通过在常压和减压条件下加热原油，使原油中沸点较低的轻组分如汽油、煤油、柴油和蜡油等馏分挥发，塔底得到浓缩的高沸点减压渣油，即为沥青产品。通过合理调整蒸馏温度或拔出率，可以生产出不同针入度牌号的沥青产品。原油常减压蒸馏原理流程见图 2-1。

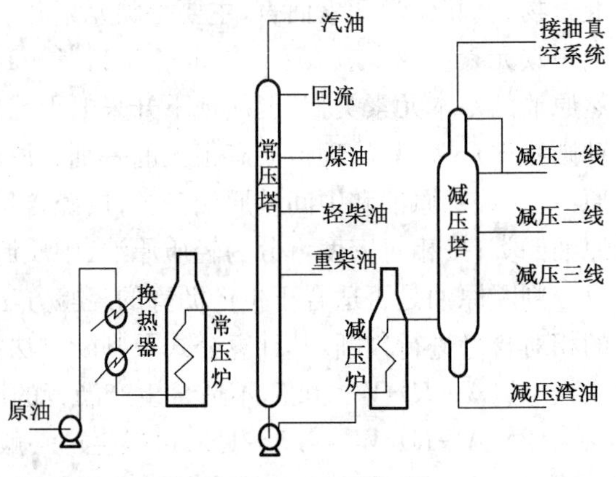

图 2-1 原油常减压蒸馏原理流程

2. 氧化工艺

沥青的氧化过程是将软化点低、针入度及温度敏感性大的减压渣油或其他残渣油，在一定温度条件下通入空气，使其组成发生变化。在沥青性能指标方面，氧化可使其软化点升高，针入度及温度敏感度减小，以达到沥青规格指标和使用性能要求。实际上，由于渣油组成的复杂性，在高温下渣油吹入空气所发生的反应不只是氧化，而是一个十分复杂的多种反应的综合过程，习惯上凡是通过吹空气生产的沥青都称之为氧化沥青。

氧化温度、氧化时间、氧化风量是沥青氧化工艺的关键操作参数。通过改变这三个工艺参数，可获得不同技术等级和用途的沥青，如采用半氧化工艺生产道路沥青，采用半氧化工艺生产道路石油沥青等。

3. 溶剂脱沥青工艺

原油蒸馏是利用原油中各组分的沸点不同来实现分离的。由于较重的高沸点馏分在高温时容易裂化，所以很难将渣油中的高沸点馏分分离出来。溶剂脱沥青是用轻烃做溶剂，利用溶剂对渣油中各组分的不同溶解能力，从渣油中分离出富含饱和烃和芳香烃的脱沥青油，同时得到含胶质和沥青质的浓缩物。然后通过调和、氧化等方法，可以生产出各种规格的道路沥青和建筑沥青。

溶剂脱沥青的关键是选择合适的溶剂。溶剂的选择对产品性能、装置灵活性和经济性等有很大的影响。目前工业上最合适的渣油脱沥青溶剂是 C3-C5 的轻质烃类或它们的混合物，如丙烷、丁烷或戊烷等。

4. 调和工艺

调和法生产沥青主要是指参照沥青中的四个化学组分作为调和依据，按沥青的质量要求将组分重新组合起来生产沥青。它可以用同一原油的四组分做调和原料,也可用同一原油或其他原油一二次加工的残渣油或各种工业废料等做调和组分,这样做可降低沥青生产过程对油源的依赖性,扩大沥青生产的原料来源。

在实际生产中调和沥青往往是用软沥青组分与硬沥青组分调和得到。软沥青组分主要包括原油的减压渣油及其他炼油产物,如润滑油精制抽出油等;硬沥青组分主要为溶剂脱沥青得到的脱油沥青、减压深拔后的硬质渣油、氧化沥青、天然沥青等。

四、石油沥青的组成与结构

1.沥青的元素和组分

(1)元素组成

石油沥青是十分复杂的烃类和非烃类的混合物,它是石油中相对分子质量最大、组成及结构最为复杂的部分。除碳和氢两种元素外,还有少量的硫、氮及氧,通常称为杂原子。杂原子的含量约在5%左右,最多可达14%。此外,沥青中还富集了原油中的大部分微量金属元素,如钒、镍、铁以及钠、钙、铜等。

试验表明,沥青的元素组成基本与渣油相同,从表2-2中数据可以看出,沥青中碳含量在83%～87%之间,而氢含量在10%左右,H/C原子比约在1.4～1.6之间。从中可以看出,不同产地的沥青中碳、氢元素的比例相近,难以从数量上与沥青的性质相关联,至于杂元素与沥青性质的关系,尚无明确的研究报道。

渣油的元素组成　　表2-2

渣油名称	C(%)	H(%)	H/C	S(%)	N(%)
大庆渣油	86.43	12.27	1.70	0.17	0.29
胜利渣油	85.50	11.60	1.62	1.26	0.85
沙中渣油	84.00	9.95	1.42	5.30	0.58
科威特渣油	83.97	10.12	1.45	5.05	0.31
伊朗重质渣油	85.04	10.24	1.44	3.60	0.70

(2)化学组分

由于沥青的元素组成很难与技术性质相关联,因此必须寻求其他的分析方法对沥青进行分离,由于沥青是十分复杂的烃类和非烃类的混合物,分子量大,化学结构复杂,用一般的化学分析方法难以将其分离,所以目前采用按物理和化学特性相近似的化合物集中为一个组分的分离方法将其分离为几个组分。常用的为三组分法和四组分法。

(3)石油沥青的化学组成

沥青的化学成分极为复杂,对沥青的组分划分和分离分析非常烦琐。研究工作进行了近一个世纪,最常用于组分分离的基础是利用沥青各组分对不同溶剂的溶解度和不同吸附剂吸附性能的差异,使其按分子的大小、分子极性或分子构型划分成不同组分,即沥青的化学组分。常用的方法为吸附法和色谱法。

吸附法以沥青在吸附剂上的吸附性和在抽提溶剂中溶解性的差异为基础。例如先用低分子烷烃沉淀出沥青质,再用白土吸附可溶分,将其分成吸附部分——胶质和未被吸附部分——油分,这样,可将沥青分成三组分。

色谱法在吸附法的基础上,应用液固吸附色谱,对沥青进行梯度冲洗,使沥青的各组分在固定相中交替进行吸附—脱附过程,在移动相中不断进行质交换和再分配,从而实现饱和分、芳香分、胶质或胶质—沥青质的分离。

经过多年的研究和演变,现在已形成了四组分分析法。该方法分为两大步骤:第一步,用正庚烷使沥青中的沥青质沉淀并定量;第二步,对可溶分用中性氧化铝为吸附剂,在液固色谱柱中,以正庚烷(或石油醚)、甲苯、甲苯—乙醇(1 : 1)、甲苯—乙醇为冲剂,梯度冲洗出饱和分、芳香分和胶质馏分,分别除去溶剂后定量。对于低沥青质含量(小于10%)的沥青可以省略第一步,直接在色谱柱中进行冲洗。由此得到饱和分(S)、芳香分(Ar)、胶质(R)和沥青质(At)共四组分,又称为SARA分析。这一分析方法得到广泛应用,如美国ASTM D 4124—1997和我国SH/T 0509—92(1998)就是沥青四组分分析的标准试验方法,其分析流程见图2-2。

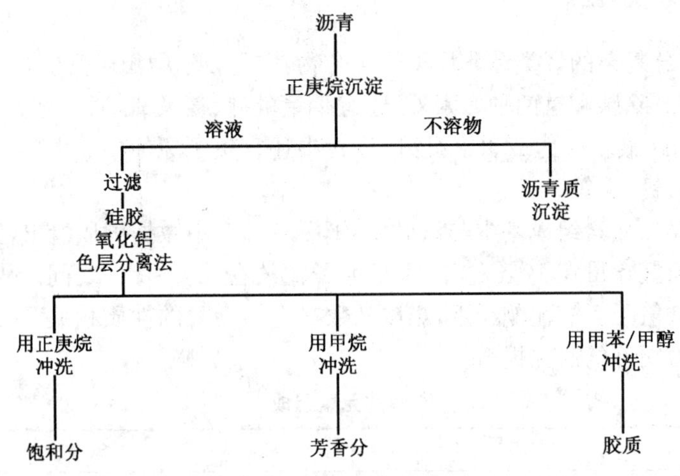

图2-2 沥青四组分的分析图解

(4)四组分的结构和特性

沥青质、芳香分和饱和分的结构分别见图2-3、图2-4和图2-5。

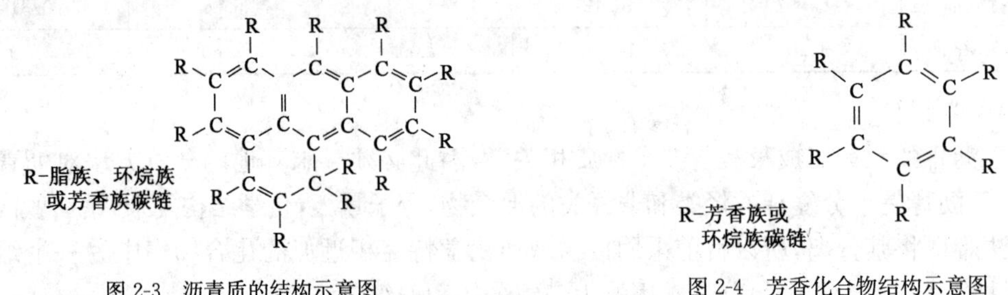

图2-3 沥青质的结构示意图

图2-4 芳香化合物结构示意图

①沥青质

沥青质是不溶于正庚烷而溶于苯(或甲苯)的黑色或棕色的无定形固体,除含有碳和氢外还有一些氮、硫、氧。一般认为沥青质是复杂的芳香物材料,其极性很强,分子量相当大。大部分数据表明沥青质的分子量为1 000~100 000,颗粒粒径为5nm~30nm,氢/碳(H/C)原子比约为1.6~1.28。沥青质含量对沥青的流变特性有很大影响。增加沥青质含量,便生产出较硬、针入度较小和软化点较高的沥青,因此黏度也较大。沥青中沥青质的含量为5%~25%,我国石蜡基原油生产的沥青中沥青质含量一般在1.0%左右,中东原油生产的沥青质含量可达5.0%以上。

②胶质

胶质溶于正庚烷。与沥青质一样也是大部分由碳和氢组成的,并含有少量的氧、硫和氮。

它是深棕色固体或半固体，其极性很强。这突出的特征使胶质具有很好的黏附力。它是沥青质的扩散剂或胶溶剂，胶质对沥青质的比例在一定程度上决定了沥青胶体结构的类型。

从沥青中分离出来的胶质分子量范围为1 000～50 000，颗粒直径为 1nm～5nm，H/C 原子比为 1.3～1.4。

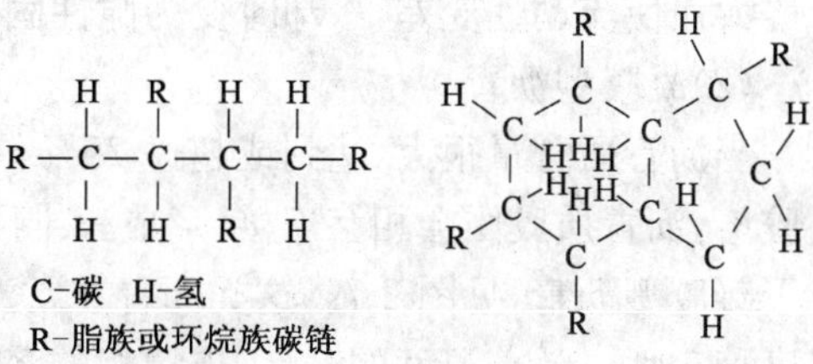

C-碳 H-氢
R-脂族或环烷族碳链

图 2-5 饱和分结构示意图

③芳香族

芳香族是由沥青中最低的分子量的环烷芳香化合物组成，是胶溶沥青质分散介质的主要部分。芳香族占沥青总量的 20%～50%，是呈深棕色的黏稠液体。平均分子量在 300～2 000 范围内。芳香族由非极性碳链组成，其中非饱和环体系占优势，对其他高分子烃类具有很强的溶解能力。

④饱和分

饱和分是由直链和支链脂肪属烃以及烷基环烃和一些烷基芳香烃组成的。它们是非极性稠状油类，呈稻草色或白色。平均分子量范围类似于上述芳香族，其成分包括有蜡质及非蜡质的饱和物。此部分的含量占沥青的 5%～20%。饱和分和芳香分在沥青中主要使胶质—沥青质软化(塑化)，使沥青胶体体系保持稳定。

⑤蜡分

沥青中的蜡分是指沥青在除去沥青质和胶质之后，在油分中含有的、经冷冻能结晶析出的，熔点在 25℃以上的混合组分，其中主要是高熔点的烃类混合物。与沥青中的其他组分相比，其组成和结构相对简单，组成蜡的化合物主要以正构烷烃及熔点与正构烷烃接近的长烷基侧链的少环烃类为主。

沥青中的蜡可以是石蜡和地蜡。地蜡也称为微晶蜡，沥青中主要是地蜡。蜡在高温时融化，使沥青黏度降低，沥青的温度敏感性增大。蜡在低温时易结晶析出，分散在沥青质中，减少沥青分子之间的紧密联系，使沥青的低温延展能力降低。蜡使沥青与石料表面的亲和力变小，影响沥青与石料的黏附性。由于蜡对沥青的性能有一定的影响，而沥青中蜡的含量主要与原油的基属有关，因此应该对生产沥青的原油进行选择，使所生产的沥青的蜡含量低于限制。

2. 沥青的胶体结构

胶体理论的研究认为，大多数沥青属于胶体体系，是由相对分子量很大、芳香性很高的沥青质分散在分子质量较低的可溶性介质中形成了胶体体系。沥青中不含沥青质，只有单纯的可溶质时，沥青则只具有黏性液体的特征而不成为胶体体系。沥青质分子由于对极性强大的胶质具有很强的吸附力，因而形成了以沥青质为中心的胶团核心，而极性相当的胶质吸附在沥青质周围形成中间相。由于胶团的胶溶作用，而使胶团弥散和溶解于分子量较低、极性较弱的芳香分和饱和分组成的分散介质中，形成稳固的胶体。

根据胶团粒子大小、数量及其在连续相中的分散状态，沥青的胶体结构可分为三种类型。

(1)溶胶型沥青

当沥青质的含量不多(小于 10%)，相对分子量不很大，或分子尺寸较小，与胶质的相对分子质量相近时，饱和分和芳香分的溶解能力很强，分散相和分散介质的化学组成比较接近，这样的沥青分散度很高，胶团可以在连续相中自由移动，近似真溶液，具有牛顿流特性，黏度与应力呈比例，称之为溶胶型沥青。这类沥青对温度的变化敏感，高温时黏度很小，低温时由于黏度增大而使流动性变差,冷却时变为脆性固体。溶胶型沥青结构示意图见图 2-6。

(2)凝胶型沥青

当沥青质含量很大,达到或超过 25%～30%时,胶质的数量不足以包裹在沥青质周围使之胶溶,沥青质胶团会相互连接,形成三维网状结构,胶团在连续相中移动比较困难,此时就形成了凝胶型沥青,见图 2-7。这类沥青在常温下呈现非牛顿流动特性,并具有黏弹性和较好的温度稳定性。随着温度的升高,连续相的溶解能力增强,沥青质胶团可逐渐解缔,或胶质从沥青质吸附中心脱附下来。当温度足够高时,沥青的分散度加大,沥青则又可近似真溶液而具有牛顿流特性。

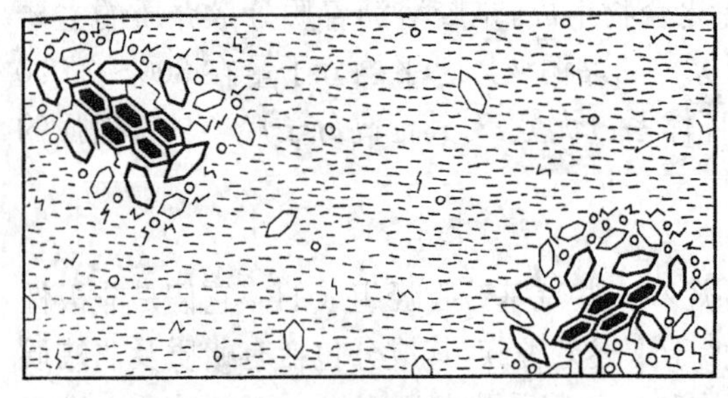

图 2-6 溶胶型沥青结构示意图

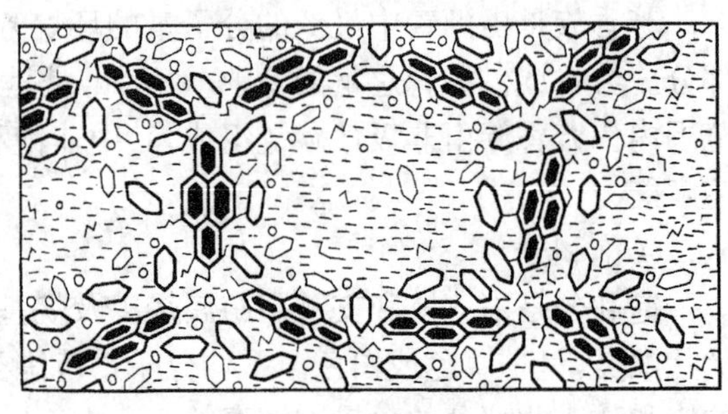

图 2-7 凝胶型沥青结构示意图

(3)溶—凝胶型沥青

当沥青或沥青质中含有较多的烷基侧链,生成的胶团结构比较松散,可能含有一些开式网状结构,网状结构的形成与温度密切相关,在常温时,在变形的最初阶段表现出明显的弹性效应,但在变形增加至一定阶段时,则表现为牛顿液体状态。

有的学者不采用胶体结构学说,而采用高分子溶液学说进行研究。该理论认为,沥青是以高分子量的沥青质为溶质,以低分子量的软沥青质(树脂和油分)为溶剂的高分子溶液。当沥青质含量很小,沥青质与软沥青质溶解度参数很小时,能够形成稳定的真溶液。这种高分子溶液的特点是对电解质稳定性较大,而且是可逆的,也就是说,在沥青高分子溶液中,加入电解质并不能破坏沥青的结构。当软沥青质减少,沥青质增加时,为浓溶液,即凝胶型沥青;如果沥青质减少,软沥青质增加时,则为稀溶液,溶胶型沥青即可视为稀溶液。介乎两者之间的即溶凝胶型沥青。

沥青的胶体结构与沥青的技术性质有密切关系,但从化学角度来评价沥青的胶体结构是很困难的,常采用针入度指数(PI)法、容积度法、絮凝比—稀释度法等来评价胶体结构类型及其稳定性。

第二节　石油沥青的技术性质

由于石油沥青化学组成和结构的特点,使它具有一系列特性,而沥青的性质对沥青路面的使用性能有很大的影响,因此应该对它的基本性能进行研究。

一、沥青的物理性质

石油沥青的物理性质可用一些物理常数来表征,现重点对密度、介电常数和体膨胀系数加以叙述。

1. 密度

沥青密度是在规定温度下单位体积所具有的质量，单位为 kg/m^3 或 g/cm^3，我国现行试验方法(JTJ 052　T 0603—1993)规定的温度条件为 15℃。也可用相对密度表示，相对密度是指在规定温度下，沥青质量与同体积的水质量之比值。

沥青的密度是沥青在质量与体积之间互相换算以及沥青混合料配合比设计时必不可少的重要参数。在沥青使用、储存、运输、销售和设计沥青容器时也是不可缺少的数据。

沥青的相对密度与沥青的化学组成有密切的关系。它取决于沥青各组分的比例及排列的紧密程度。沥青中含硫量大、芳香族含量高、沥青质含量高则相对密度较大；蜡分含量较多则相对密度较小。

有的研究认为，沥青四组分与密度有如式(2-1)所示关系。

$$\text{密度}=(1.06+8.5\times10^{-4}A_{\mathrm{T}}-7.2\times10^{-4}R-8.7\times10^{-5}A_{\mathrm{r}}-1.6\times10^{-3}S)\times\text{水密度} \tag{2-1}$$

式中：S——饱和分含量；

R——胶质含量；

A_{r}——芳香分含量；

A_{T}——沥青质含量。

黏稠沥青的相对密度多在 0.97～1.04 范围，见表 2-3。

黏稠沥青的相对密度　　表 2-3

沥青品种	新疆克拉玛依 90 号	欢喜岭 90 号	新加坡壳牌	伊朗
相对密度	0.973 1	1.004	1.034	1.03

2. 体膨胀系数

当温度上升时，沥青材料的体积发生膨胀。这对于沥青储罐的设计和沥青作为填缝、密封材料是十分重要的数据，与沥青路面的路用性能也有密切的关系。体膨胀系数越大，沥青路面在夏季越易泛油，冬季因收缩而产生裂缝。

沥青的体膨胀系数可以通过测定不同温度下的密度，由式(2-2)计算。

$$A=\frac{D_{\mathrm{T2}}-D_{\mathrm{T1}}}{D_{\mathrm{T1}}(T_1-T_2)} \tag{2-2}$$

式中：A——沥青的体膨胀系数；

T_1、T_2——密度测试温度，℃；

D_{T1}、D_{T2}——分别为温度 T_1 和 T_2 时的密度，g/cm^3。

沥青的体膨胀大体在 $2\times10^{-4}\sim6\times10^{-4}$/℃范围内变化。沥青的体膨胀系数与沥青路面的路用性能有一定关系。体膨胀系数越大，则夏季沥青路面越容易产生泛油，而冬季又容易出现收缩开裂。

3. 介电常数

沥青的介电常数与沥青对氧、雨、紫外线等的耐候性(耐老化性)有关，介电常数定义为：

$$\text{沥青的介电常数}=\frac{\text{沥青作为介质时平行板电容器的电容}}{\text{真空作介质时相同平行板电容器的电容}}$$

英国道路研究所(TRRL)研究认为，沥青路面抗滑阻力的改善与介电常数有关，因此英国标准对道路用沥青介电常数提出了要求。

根据物质的介电常数可以判别高分子材料的极性大小。通常，介电常数大于 3.6 为极性物质；介电常数在 2.8～3.6 范围内为弱极性物质；介电常数小于 2.8 为非极性物质。沥青材料的介电常数在 2.6～3.0 范围内，但与温度有一定关系，随着温度的升高，介电常数增大，25℃时为 2.7，在 100℃时增大为 3.0，故属于非极性或弱极性材料。

4. 比热

沥青的比热与沥青种类和温度有关。在 0℃时，沥青的比热在 0.40～0.43cal/(g・℃)的范围内。沥青温度每升高 1℃，其比热将增加 $4\times10^{-4}\sim6\times10^{-4}$cal/(g・℃)。

二、沥青的路用性能

1. 黏滞性

(1)沥青黏滞性定义

黏滞性是指沥青材料在外力作用下沥青粒子产生相互位移的抵抗剪切变形的能力。沥青作为胶结材料，应将松散的矿质材料胶结为一个整体而不产生位移。因此，黏滞性是沥青材料最为重要的性质。如图 2-8 所示，在金属板中夹一沥青层，当其受到简单剪切变形时，沥青在高温时表现为牛顿流状态，按牛顿黏度公式表征沥青层抵抗移动的抗力由式(2-3)表示。

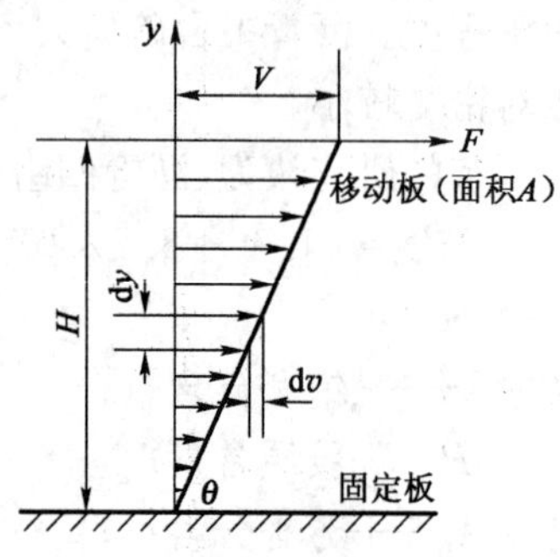

图 2-8 沥青的黏度参数示意图

$$F=\eta\cdot A\frac{\mathrm{d}v}{\mathrm{d}y} \tag{2-3}$$

式中：F——引起沥青层移动的力(亦即等于沥青抵抗移动的抗力)，N；

$\frac{\mathrm{d}v}{\mathrm{d}y}$——速度变化梯度(即剪变率)，$s^{-1}$；

A——沥青层的面积，m^2；

η——沥青的内摩阻系数(即沥青的黏度)，Pa・s。

由于 $\frac{F}{A}=\tau$ 和 $\frac{\mathrm{d}v}{\mathrm{d}y}=\dot{\gamma}$，代入式(2-3)，沥青的黏度由式(2-4)表示。

$$\eta=\frac{\tau}{\dot{\gamma}} \tag{2-4}$$

式中：η——沥青的黏度，Pa・s；

τ——剪应力，Pa；

$\dot{\gamma}$——剪变率，s^{-1}。

由式(2-3)可知，沥青的黏度为当沥青层间的速度变化梯度(即剪变率)为一单位时，每单位面积可受到的内摩阻力，称为动力黏度，计量单位采用“帕・秒”(Pa・s)，即在流体内每 1m 长度上，在 1m/s 的速度梯度时，与该速度梯度方向相垂直的面上，在速度方向上产生 $1N/m^2$(1Pa)应力时的黏度。

运动状态的黏度用运动黏度表示，运动黏度为动力黏度除以密度所得之商，亦称“动比密黏度”，运动黏度由式(2-5)表示，计量单位为 mm^2/s。

$$v=\frac{\eta}{\rho} \tag{2-5}$$

式中：v——沥青的运动黏度，mm^2/s；

η——沥青的动力黏度，Pa・s；

ρ——沥青的密度，g/cm^3。

凡符合牛顿定律的液体为牛顿液体。沥青在高温状态下呈牛顿黏性，即剪应力 τ 与剪变率 $\dot{\gamma}$ 的关系为直线，接近牛顿液体，而在路面的使用温度范围内，沥青则呈黏－弹－塑性，剪应力 τ 与剪变率 $\dot{\gamma}$ 之间呈非线性关系，通常以表观黏度或视密度表示，如式(2-6)。

$$\eta * = \frac{\tau}{\dot{\gamma}^c} \tag{2-6}$$

式中：$\eta *$——沥青的表观黏度，Pa·s；

τ、$\dot{\gamma}$——意义同式(2-4)；

c——沥青的复合流动系数。

沥青的复合流动系数 c 值是评价沥青材料流变性能的一个重要指标，c 值与沥青的塑性及耐久性都有密切的关系。

(2)沥青黏度的测定方法

沥青的黏度随温度而变化，变化的幅度很大，因而需采用不同的仪器和方法来测定。为了确定沥青 60℃黏度分级，国际普遍采用真空减压毛细管黏度计测定其动力黏度(Pa·s)，而施工温度 135℃通常采用毛细管法测定其运动黏度(mm^2/s)，还有布洛克菲尔德黏度计法用以测定其表观黏度。

①毛细管法

毛细管法是测定沥青运动黏度的一种方法(T 0619—1993)。该法是沥青试样在严密控温条件下，在规定温度(通常为 135℃)，通过选定型号的毛细管黏度计(通常采用的是坎—芬式，如图 2-9 所示)，流经规定体积，所需的时间(以 s 计)，按式(2-7)计算运动黏度。

$$\upsilon_T = ct \tag{2-7}$$

式中：υ_T——在温度 T℃时测定的沥青运动黏度，mm^2/s；

c——黏度计标定常数，mm^2/s^2；

t——沥青流经规定体积所需时间，s。

②真空减压毛细管法

真空减压毛细管法是测定沥青动力黏度的一种方法(T 0620—2000)。该法是沥青试样在严密控制的真空装置内，保持一定的温度(通常为 60℃)，通过规定型号毛细管黏度计(通常采用的有美国沥青学会式，即 AI 式，如图 2-10)，流经规定的体积，所需要的时间(以 s 计)，按式(2-8)计算动力黏度。

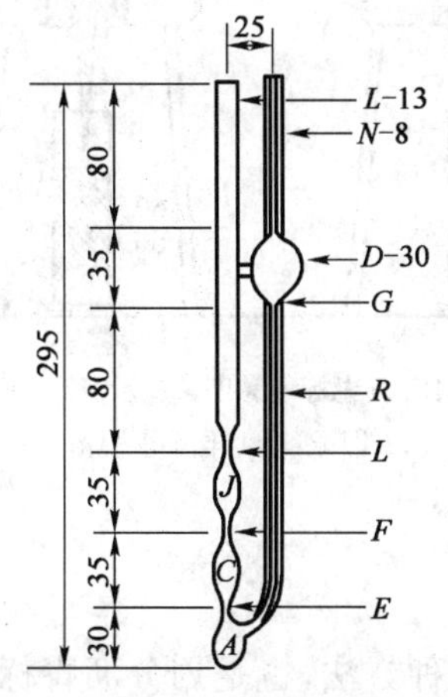

图 2-9　坎—芬式逆流毛细管黏度计

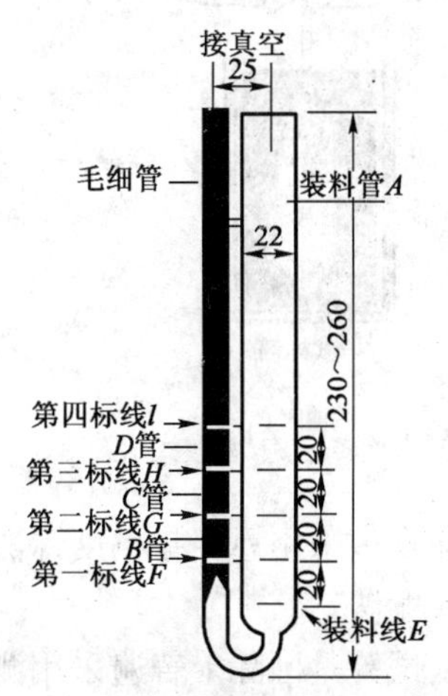

图 2-10　美国沥青学会式真空毛细管黏度计

$$\eta_T = kt \tag{2-8}$$

式中：η_T——在温度 T℃测定的动力黏度，Pa・s；

k——黏度计常数，Pa・s/s；

t——沥青流经规定体积时间，s。

真空减压毛细管法测定 60℃沥青黏度直接关联沥青路面的抗车辙能力，在各国得到较广泛采用。此外，在测定沥青软化点附近的黏度常采用双筒旋转黏度计、锥板旋转黏度计，在常温条件下，较多采用滑板式黏度计。

③布洛克菲尔德法(Brookfield)

美国战略公路研究计划(SHRP)在沥青结合料路用性能规范中采用布洛克菲尔德(Brookfield)黏度计法测量道路沥青在 45℃以上温度范围内的表观黏度，以帕・秒(Pa・s)计，可以看成简化的双筒旋转黏度计，见图 2-11，该法适用于测定牛顿流体或非牛顿流体的剪应力与剪应变之比。试验时，将少量沥青样品盛于恒温控制的试样筒中，转子在沥青试样中转动，测定相应的转动阻力所反映出来的扭矩。扭矩计读数乘以仪器参数即可得到以 Pa・s 表示的沥青的黏度。

上面这些测定黏度的方法，都是采用仪器为绝对黏度单位的黏度计，也可以称为绝对黏度法。另一类则采用一些经验的方法测定试验单位黏度，如恩格拉黏度计法，赛氏黏度计法。道路沥青标准黏度计法等。此外，针入度试验也可表征沥青的相对黏度。下面对沥青标准黏度、针入度和软化点等试验介绍如下。

④沥青标准黏度试验

我国现行试验法(T 0621—1993)规定：测定液体石油沥青、煤沥青和乳化沥青等的黏度，采用道路标准黏度计法，试验模式见图 2-12。该试验方法是：液体状态的沥青材料，在标准黏度计中，于规定的温度条件下，通过规定的流孔直径，流出 50mL 体积，所需的时间，以 s 计。试验条件以 $C_{T,d}$ 表示，其中 C 表示黏度，脚标表示试验条件，其中 T 表示试验温度，d 为流孔直径。试验温度和流孔直径根据液体状态沥青的黏度选择，常用的孔径有 3mm、4mm、5mm、10mm 四种。按上述方法，在相同温度和相同流孔条件下，流出时间越长，表示沥青黏度越大。

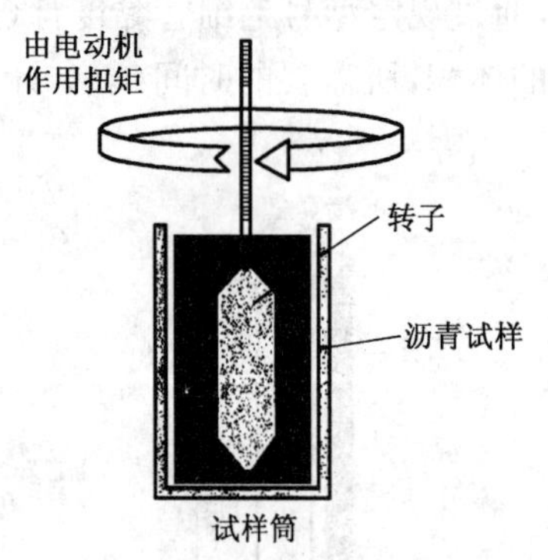

图 2-11 旋转黏度试验模式示意图

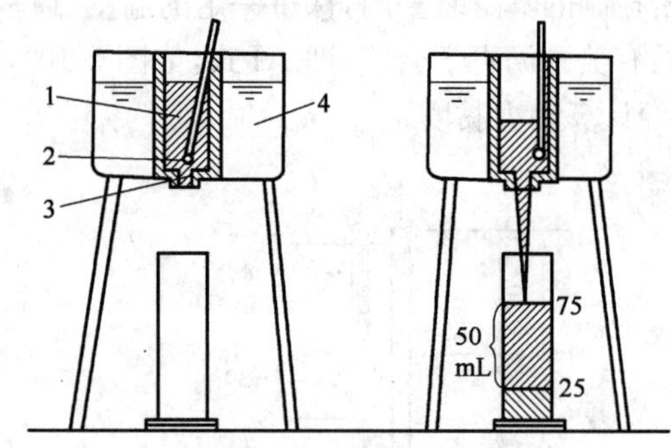

图 2-12 沥青标准黏度试验示意图

1-流孔；2-钢球；3-试样；4-恒温浴

其他国家多采用恩格拉黏度计法或赛波特黏度试验。

⑤针入度法

针入度试验是国际上普遍采用测定黏稠沥青稠度的一种方法，也是划分沥青标号采用的一项指标。针入度试验模式见图 2-13。该法是沥青材料在规定的温度条件下，以规定质量的

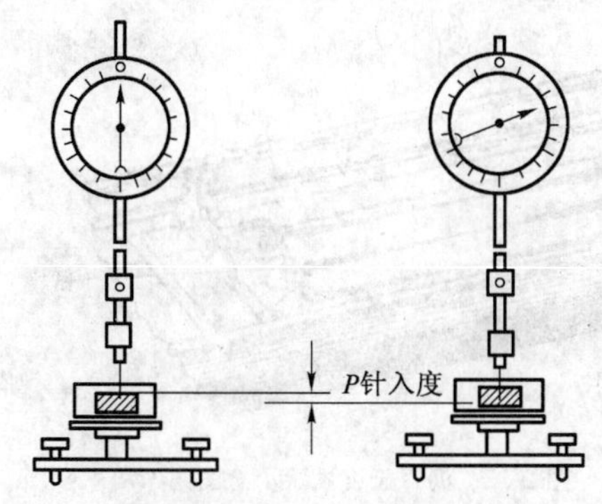

图 2-13　沥青针入度试验示意图

标准针经过规定时间贯入沥青式样的深度，以 0.1mm 计。针入度以 $P_{T,m,t}$ 表示，P 表示针入度，脚标表示试验条件，其中 T 为试验温度，m 为标准针（包括连杆及砝码）的质量，t 为贯入时间。我国现行试验法（T 0604—1993）规定：常用的试验条件为 $P_{25℃,100g,5s}$。此外，在计算针入度指数时，针入度试验温度常为 5℃，15℃，25℃，35℃等，但标准针质量和贯入时间仍为 100g 和 5s。

按上述方法测定的针入度值越大，表示沥青越软（稠度越小）。实质上，针入度是测量沥青稠度的一种指标。通常稠度高的沥青，其黏度亦高。但是，由于沥青胶体结构的复杂性，将针入度换算为黏度的一些方法，均不能获得良好的相关关系。

⑥软化点

沥青材料是一种非晶质高分子材料，它由液态凝结为固态，或由固态熔化为液态时，没有明确的固化点或液化点，通常采用条件的硬化点和滴落点来表示，沥青材料在硬化点至滴落点之间的温度阶段时，是一种黏滞流动状态，在工程实用中为保证沥青不致由于温度升高而产生流动的状态，因此，取滴落点和硬化点之间温度间隔的 87.21%作为软化点。

软化点的数值随所采用的仪器不同而异，我国现行试验法（T 0604—1993）是采用环与球法软化点，见图 2-14。该法是沥青试样注于内径为 18.9mm 的铜环中，环上置一重 3.5g 的钢球，在规定的加热温度（5℃/min）下进行加热，沥青试样逐渐软化，直至在钢球荷重作用下，使沥青产生 25.4mm 垂度（即接触底板）时的温度，称为软化点，以℃计。

研究认为：多种沥青在软化点时的黏度约为 1 200Pa·s，或相当于针入度值为 800（0.1mm）。软化点试验实际上是测量沥青在一定外力（钢球）作用下开始产生流动并达到一定变形时的温度，可以认为软化点是一种人为的"等黏温度"。

由此可见，针入度是在规定温度下测定沥青的条件黏度，而软化点则是沥青达到规定条件黏度时的温度。所以软化点既是反映沥青材料热稳定性的一个指标，也是沥青条件黏度的一种量度。

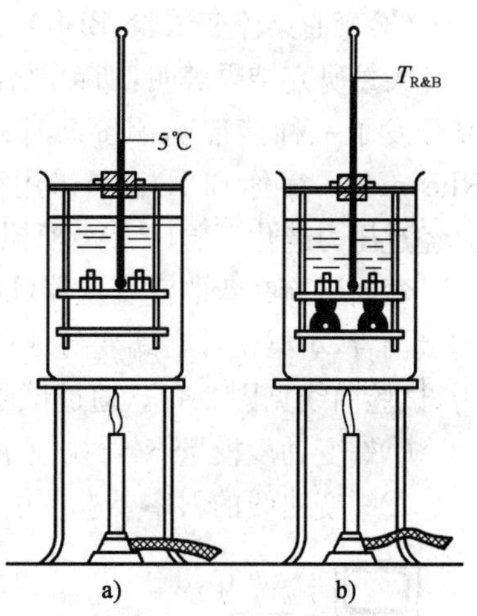

图 2-14　沥青软化点试验示意图

2. 沥青的低温性能

沥青的低温性能与沥青路面的低温抗裂性有密切的关系，沥青的低温延性与低温脆性是重要的性能，多以沥青的低温延度试验和脆点试验来表征。

(1)延性

沥青的延性是指当其受到外力的拉伸作用时，所能承受的塑性变形的总能力，是沥青的内聚力的衡量，通常是用延度作为条件延性指标来表征。延度试验方法是将沥青试样制成 8 字形标准试件（最小断面 1cm^2），在规定拉伸速度和规定温度下拉断时的长度，以 cm 计，称为延度。沥青的延度采用延度仪来测度，见图 2-15。《重交通道路石油沥青》（GB/T 15180—2000）对重交通道路石油沥青规定延度试验温度采用 15℃，拉伸速度 $v=5\pm0.25$cm/min。对于聚合物改性沥青，延度试验温度一般采用 5℃，如交通行业标准《公路沥青路面施工技术规范》（JTG F40—2004）。

沥青的延度与沥青的流变特性、胶体结构和化学组分等有密切的关系。研究表明：当沥青化学组分不协调，胶体结构不均匀，含蜡量增加时，都会使沥青的延度值相对降低。

有的研究指出，沥青的延度试验与路面沥青的拉伸状态不符，延度试验试件尺寸太大，路面中的沥青为薄膜状态，曾设想采用“微延度”试验，但未能成功。

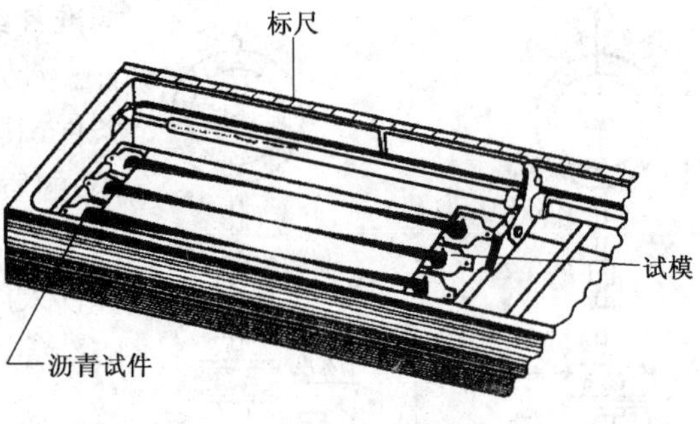

图 2-15　沥青延度试验示意图

(2)脆性

沥青材料在低温下受到瞬时荷载作用时，常表现为脆性破坏。沥青脆性的测定极为复杂，通常采用 A・弗拉斯脆点试验方法可以求出沥青达到临界硬度发生开裂时的温度作为条件脆性指标。

脆点试验的方法(T 0613—1993)是将沥青试样 0.4g 在一个标准的金属片上摊成薄层，此金属片置于有冷却设备的脆点仪内，摇动脆点仪的曲柄，能使涂有沥青薄膜的金属片产生弯曲。随着冷却设备中制冷剂温度以 1℃/min 的速度降低，沥青薄膜的温度亦逐渐降低，当降低至某一温度时，沥青薄膜在规定弯曲条件下产生断裂时的温度，即为沥青的脆点。

脆点是测量沥青在低温不引起破坏时的温度。

脆点实质上反映沥青由黏弹性体转变为弹脆体即玻璃态的温度，即达到临界硬度时发生脆裂的温度，也意味着沥青达到等劲度时的温度，沥青出现脆裂时的劲度约为 2.1×10^{9}Pa。

(3)弯曲梁流变试验(BBR)

大量研究结果表明，沥青混合料的低温劲度是反映抗裂性能的重要指标。美国 SHRP 研究开发了一种能准确评价沥青劲度和蠕变速率的方法，即弯曲梁流变试验(Bending Bean Rheometer，简称 BBR)。可采用沥青模拟经过施工的热老化，先经过旋转薄膜烘箱 RTFOT，再经过压力老化试验(PAV)模拟沥青路面经过 5 年的使用期老化。

弯曲试验在弯曲流变仪器(BBR)上进行(图 2-16)。弯曲流变仪应用在工程上梁的理论来测量沥青，小梁试件在蠕变荷载作用下的劲度，用蠕变荷载模拟温度下降时路面中可产生的应力，试验曲线见图 2-17。通过试验获得两个评价指标：

①蠕变劲度模量 S(弯拉模量)，要求不超过 300MPa；

②蠕变曲线的斜率要求不小于 0.3。

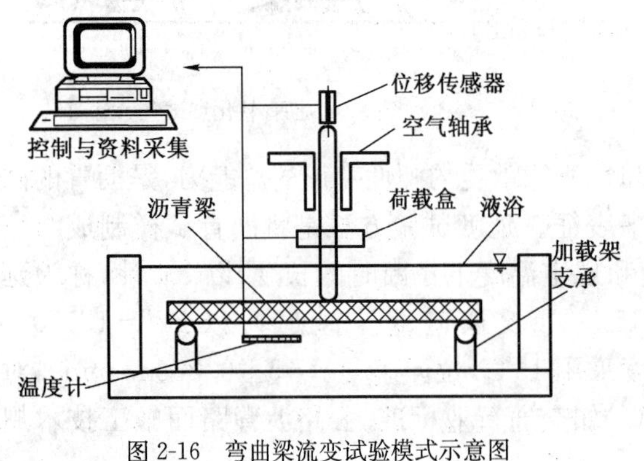

图 2-16　弯曲梁流变试验模式示意图

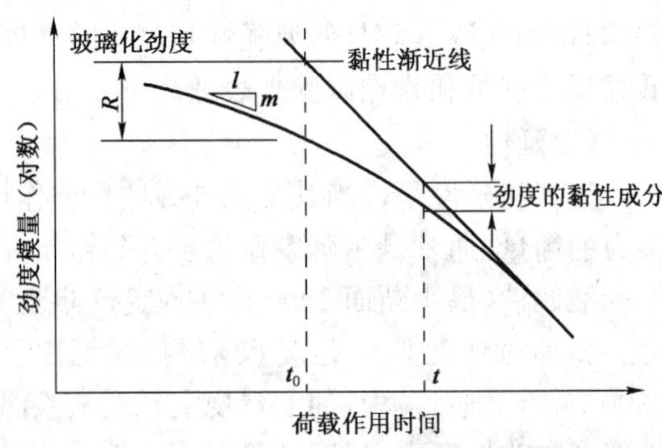

图 2-17　蠕变劲度与时间关系示意图

如果沥青材料的蠕变劲度太大，则呈现脆性，路面容易开裂，因此要求不超过 300MPa。而表征沥青低温劲度随时间变化率的 m 值越大，则沥青开裂的可能性会随之减小，即 m 值越大越好。

(4)直接拉伸试验(DTT)

直接拉伸试验是 SHRP 为测试沥青的拉伸性能而开发的，用以测试沥青在低温时的极限拉伸应变。试验温度为 0～36℃，沥青呈脆性特征。沥青试件如哑铃状(图 2-18)，试件重约 2g，两端粗，中间细，长 40mm，有效标准长度为 27mm，截面积为 $36mm^2$，一只试件仅需 3g 沥青，试验温度为设计最低温度以上 10℃，拉伸速率为 1mm/min，较延度试验慢得多，测得的结果是试件拉断时的荷载和伸长变形，试件的应力和应变由式(2-9)和式(2-10)计算。

$$\text{应力}\ (\sigma)=\frac{\text{最大荷载}}{\text{试样截面积}} \tag{2-9}$$

$$\text{应变}\ (\varepsilon_f)=\frac{\text{长度变化(伸长}\ \Delta L)}{\text{有效标准长度(27mm)}} \tag{2-10}$$

图 2-19 显示出了不同温度下直接拉伸试验的破坏应变及试验应力关系图，相应于低温状态脆性破坏的试件的应变通常不大于 1%，因此 SHRP 规范要求直接拉伸试验的破坏应变不得大于 1%。

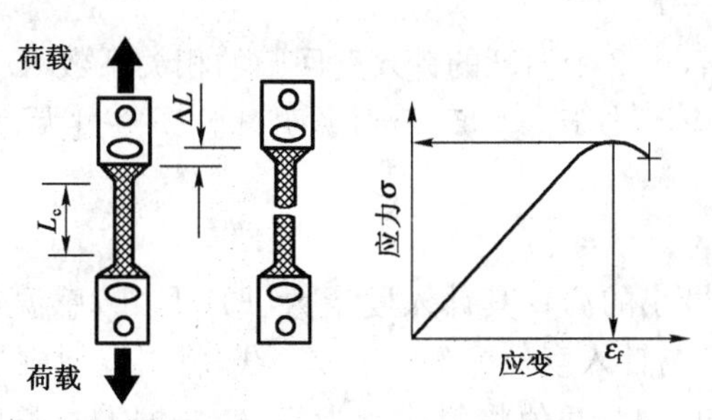

图 2-18 直接拉伸试验示意图

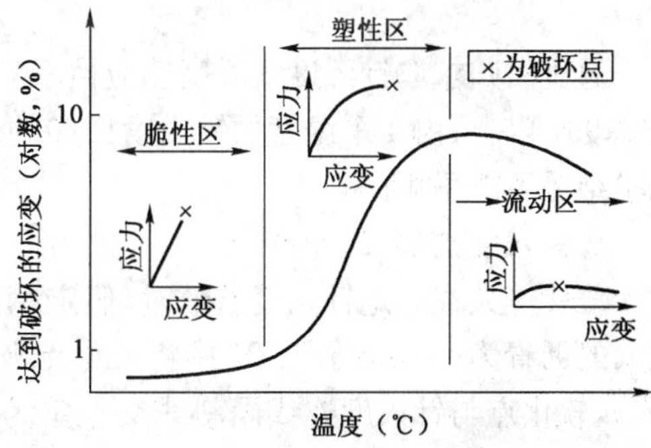

图 2-19 破坏应变与应力关系直接拉伸试验示意图

3. 沥青的感温性

沥青是复杂的胶体结构，黏度随温度的不同而产生明显的变化，这种黏度随温度变化的感应性称为感温性。对于路用沥青，温度和黏度的关系是极其重要的性能。首先，正是沥青存在感温性才使其在高温下黏度显著降低，这样才有可能实现沥青与石料均匀拌和以及沥青混合料碾压成型。其次，沥青路面运营过程中，又要求沥青在使用温度范围内保持较小的感温性，以保障沥青路面高温不软化、低温不断裂。

由于沥青的胶体结构的差异，沥青的黏度—温度曲线变化是很复杂的，人们采用不同的方法进行研究，常用的方法有针入度指数(PI)法、针入度—黏度指数(PVN)法等。在沥青的常规试验方法中，软化点试验也可以作为反映沥青温度敏感性的方法。

(1)针入度指数(PI)

针入度指数(PI)是应用针入度和软化点的试验结果来表征沥青感温性的一种指标。同时也可采用针入度指数值来判别沥青的胶体结构状态。

①针入度—温度感应性系数 A

P. P h. 普费和范·德·玻尔等研究认为，沥青的黏度随温度而变化，当以对数纵坐标表示针入度，以横坐标表示温度时，可以得到图 2-20 所示的直线关系，此关系由式(2-11)表示。

$$\lg P = AT + K \tag{2-11}$$

式中：P——沥青的针入度，0.1mm；

A——针入度—温度感应性系数，可由针入度和软化点确定；

K——回归系数。

普费等人根据对多种沥青的研究，认为沥青在软化点温度时，针入度在600～1 000之间，假定为800(0.1mm)。由此针入度—温度感应性系数A可由式(2-12)表示。

$$A = \frac{\lg 800 - \lg P(25℃, 100g, 5s)}{T_{R\&B} - 25} \tag{2-12}$$

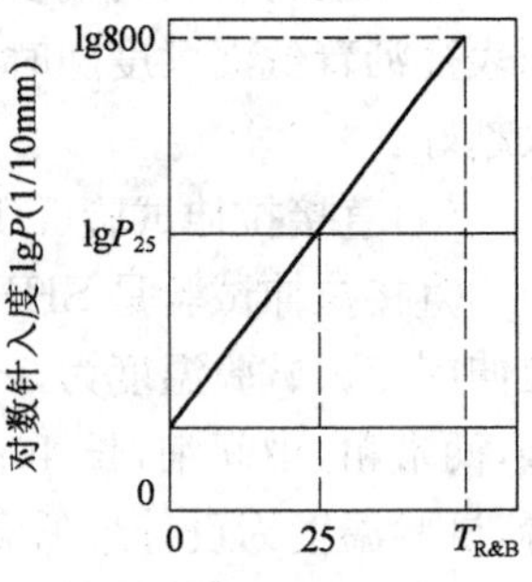

图2-20 沥青的对数针入度—温度关系曲线

式中：$P(25℃, 100g, 5s)$——在25℃、100g、5s条件下测定的针入度值，0.1mm；

$T_{R\&B}$——环球法测定的软化点温度，℃。

由于软化点温度时的针入度常与800相距甚大，因此斜率A应根据不同温度的针入度值确定，常采用的温度为15℃、25℃及30℃(或5℃)，由式(2-13)计算。

$$A = \frac{\lg P_1 - \lg P_2}{T_1 - T_2} \tag{2-13}$$

通过回归求取针入度—温度感应性系数A值，由3个温度的针入度回归的相关系数R应在0.997以上，由4个温度的针入度回归的系数应不小于0.995，否则说明试验误差过大，此试验结果不能采用。

②针入度指数(PI)的确定

普费等人在制定针入度指数时，假定感温性最小的沥青其针入度指数(PI)为20，感温性最大的沥青为−10，在图2-21中将软化点坐标25与针入度坐标800连成一线，将斜线划成30等分，软化点与针入度连线同斜线交点定为PI值。此PI值将斜线分为两段，根据上式长度比，即为斜率A。由于A值很小，为使PI值在+20～−10之间，A值乘以50，得式(2-14)，并由式(2-14)推导出针入度指数PI计算式(2-15)。

$$\frac{20 - \mathrm{PI}}{10 + \mathrm{PI}} = 50A \tag{2-14}$$

$$\mathrm{PI} = \frac{30}{1 + 50A} - 10 \tag{2-15}$$

按针入度指数可将沥青划分为三种胶体结构类型：

针入度指数值<−2者为溶胶型沥青；

针入度指数值>+2者为凝胶型沥青；

针入度指数值=−2～+2者为溶凝胶型沥青；

当PI<−2时，沥青的温度敏感性强，当PI>+2时有明显的凝胶特征，耐久性差，一般认为选用−1～+1的溶凝胶型沥青适宜修筑沥青路面。

表2-4列出几种沥青采用3个温度针入度测定的PI的计算结果。

③当量软化点T_{800}与当量脆点$T_{1.2}$

当量软化点T_{800}和当量脆点$T_{1.2}$分别定义为与沥青针入度800和1.2对应的温度，它们可以代替软化点和脆点反映了沥青高温性能和低温性能。当量软化点T_{800}和当量脆点$T_{1.2}$分别由式(2-16)和式(2-17)计算。

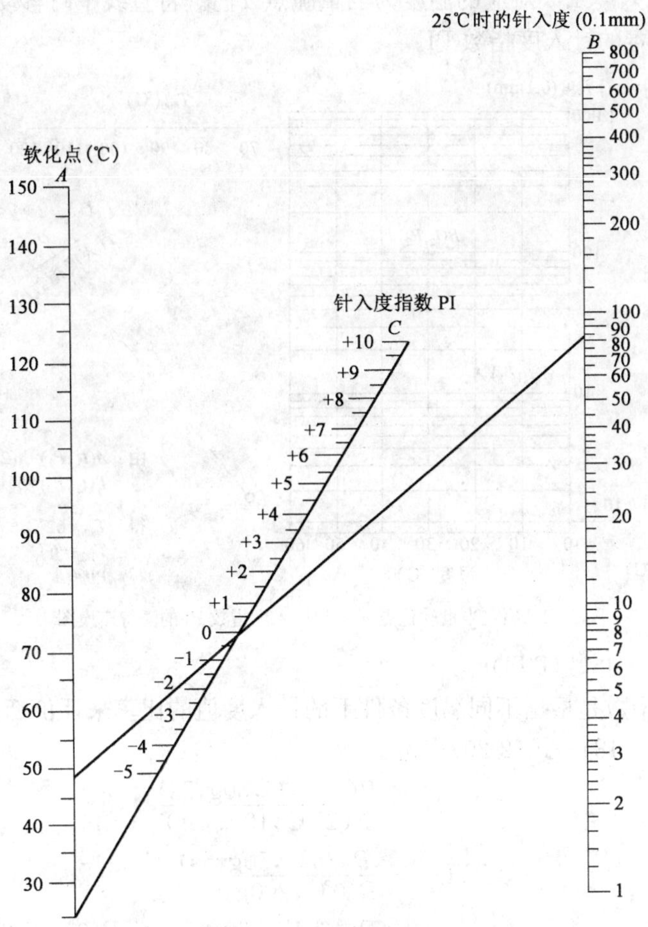

图 2-21 由针入度和软化点求取针入度指数 PI 的诺谟图

沥青感温性指标的试验结果

表 2-4

沥青品种	不同温度的针入度(0.1mm)			PI 值	A	K	针入度温度相关系数 R
	15℃	25℃	35℃				
克拉玛依	42	90	213	+0.86	0.0535	1.0872	0.9994
胜利	28	96	298	−1.59	0.0514	0.6841	0.9997
兰炼	32	88	208	−0.11	0.0408	0.9064	0.9989
茂名	30	72	198	−0.16	0.0410	0.8526	0.9991

$$T_{800} = \frac{\lg 800 - K}{A} \quad (2\text{-}16)$$

$$T_{1.2} = \frac{\lg 1.2 - K}{A} \quad (2\text{-}17)$$

式中:A、K——意义同式(2-11)。

当量软化点 T_{800} 与当量脆点 $T_{1.2}$ 以及针入度指数 PI 也可以由壳牌诺谟图(图 2-22)确定。具体方法为:测试沥青在 2 个温度 T_1 和 T_2 下的针入度 P_1 和 P_2,在图 2-22 中确定点 $A(T_1$、$P_1)$ 和 $B(T_2$、$P_2)$ 的位置,以直线连接 AB 两点并延长,延长线与针入度 800 对应的温度为当

量软化点 T_{800}，与针入度 1.2 对应的温度为当量脆点 $T_{1.2}$。将直线平行移动至图中的 O 点，与 PI 标尺的交点为沥青的针入度指数 PI。

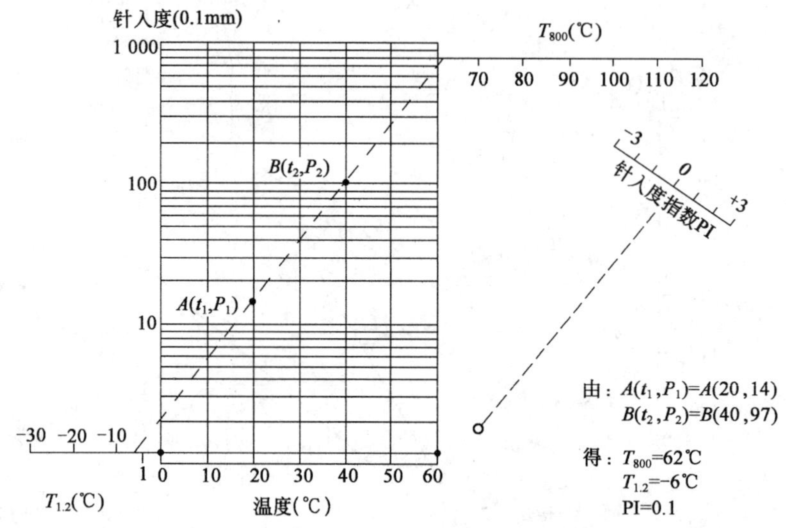

图 2-22　确定当量软化点 T_{800} 和针入度指数 PI 的壳牌诺谟图

(2)针入度－温度指数(PTI)

针入度－温度指数是根据不同温度条件下的针入度值的比率来评价沥青的感温性。针入度—温度指数由式(2-18)～式(2-20)表达。

$$(\text{PTI})_1=\frac{P(46.1℃,50\text{g},5\text{s})}{P(25℃,100\text{g},5\text{s})} \tag{2-18}$$

$$(\text{PTI})_2=\frac{P(25℃,50\text{g},5\text{s})}{P(0℃,200\text{g},60\text{s})} \tag{2-19}$$

$$(\text{PTI})_3=\frac{P(46.1℃,50\text{g},5\text{s})-P(0℃,200\text{g},60\text{s})}{P(25℃,100\text{g},5\text{s})} \tag{2-20}$$

式中：P——为不同温度、不同荷重、不同针入时间的针入度值。

计算得出的 PTI 值越小表明沥青的感温性越小，即温度稳定性越好。

(3)针入度—黏度指数(PVN)

针入度指数值(PI)通常仅能表征低于软化点温度的沥青感温性，沥青在道路使用中或在施工时，还需要了解高于软化点温度时的沥青的感温性。N. W. 麦克里奥德(Mcleod)提出了“针入度—黏度指数”(Penetration-viscosity number 简称 PVN)法。该法是应用沥青 25℃时的针入度值和 135℃(或 60℃)时的黏度值与温度的关系来计算沥青感温性的方法。

①PVN_1

已知 25℃时的针入度值 P(1/10mm)和 135℃时运动黏度值 v(mm^2/s)时，按式(2-21)计算针入度—黏度指数。

$$\text{PVN}_1=\left(\frac{10.2580-0.7967\lg P-\lg v}{1.0500-0.2234\lg P}\right)\times(-1.5) \tag{2-21}$$

②PVN_2

已知 25℃时针入度值 P(0.1mm)和 60℃绝对黏度 η(Pa·s)时，可按式(2-22)计算针入度—黏度指数。

$$\text{PVN}_2=\left(\frac{5.489-1.590\lg P-\lg\eta}{1.0500-0.2234\lg P}\right)\times(-1.5) \tag{2-22}$$

针入度—黏度指数越大，表示沥青的感温性越低。根据麦克里奥德公式计算所得的针入度—黏度指数值，可按表2-5进行感温性评价。

PVN与沥青感温性分类 表2-5

针入度—黏度指数	0～−0.5	−0.5～−1.0	−1.0～−1.5
沥青感温性分类	低感温性沥青	中感温性沥青	高感温性沥青

4. 沥青的黏附性

黏附性是沥青材料的主要功能之一，沥青在沥青混合料中以薄膜的形式涂覆在集料颗粒表面，并将松散的矿质集料黏结为一个整体，除了沥青本身的黏结能力外，还需要沥青与石料之间的黏附能力，两者有一定的相关性。黏结能力较强的沥青，黏附性一般也较大。

(1)黏附机理

沥青与石料之间的黏附强度与其本身的成分有密切的关系。沥青中有极性组分和芳香分结构，特别是沥青中的表面活性物质，如沥青酸和酸酐等与碱性集料接触时，就会产生很强的化学吸附作用，黏附力很大，黏附牢固。而当沥青与酸性集料接触时较难产生化学吸附，分子间的作用力只是由于范德华力的物理吸附，这要比化学吸附力小得多。因此沥青中表面活性物质的存在及含量与黏附性有重要关系。

集料的性质对黏附性的影响也很大。集料的矿物组成、表面纹理、孔隙率、含尘量、表面积、吸收性能、含水率、形状和风化程度等都对黏附性产生不同程度的影响。

在沥青混合料中，沥青以薄膜形式包敷于集料的表面，在干燥的条件下，一般具有足够的黏附强度。但水分是黏附性产生问题的原因之一，另外由于交通荷载的反复作用使路面变形，沥青混合料空隙加大，集料松散，浸水使沥青膜与集料发生剥离，导致沥青路面的破坏。

因此，沥青剥落的机理可以通过表面张力理论来说明，在有水的条件下，沥青对石料的黏附，可用沥青—水—石料三相体系来讨论，见图2-23。

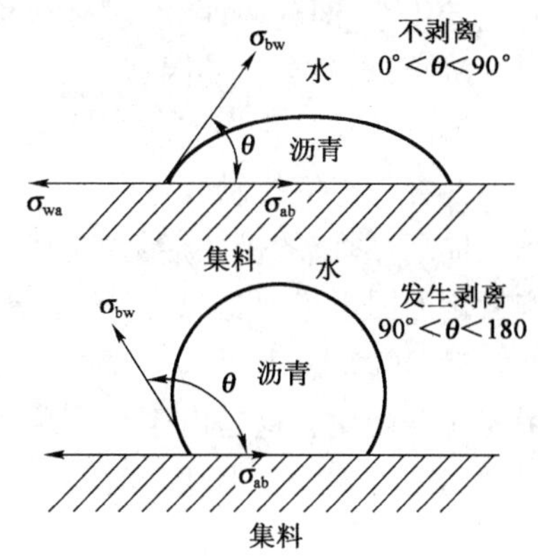

图2-23 表面张力理论说明沥青剥离机理示意图

θ-接触角；σ_{wa}-水与集料的表面张力；σ_{ab}-沥青与集料的表面张力；σ_{bw}-沥青与水的表面张力

由图2-23可见，如果三相间的接触角为θ，矿料—沥青、水—矿料、沥青—水多相界面的表面张力分别为σ_{ab}、σ_{wa}、σ_{bw}，表面张力平衡状态由式(2-23)表示，接触角为θ与各项表面张力之间的关系由式(2-24)表示。

$$\sigma_{wa} = \sigma_{ab} + \sigma_{bw}\cos\theta \tag{2-23}$$

$$\cos\theta = \frac{\sigma_{wa} - \sigma_{ab}}{\sigma_{bw}} \tag{2-24}$$

当$\cos\theta>0$，即$0<\theta<90°$时，不会发生剥离；相反，当$\cos\theta<0$，即$90°<\theta<180°$时，将会发生剥离。或者从能量的角度解释，矿料—沥青、水—矿料、沥青—水各相界面的能量分别为γ_{ab}、γ_{wa}、γ_{bw}，那么水从石料表面取代沥青时的单位面积所做的功可按式(2-25)计算。

$$W = \gamma_{ab} + \gamma_{wa} - \gamma_{bw} \tag{2-25}$$

为了达到平衡，必须符合Young和Dupre方程(2-26)，将式(2-25)代入式(2-26)，得到式(2-27)。

$$\gamma_{ab} = \gamma_{aw} + \gamma_{bw}\cos\theta \tag{2-26}$$

$$W = \gamma_{bw}(1 + \cos\theta) \tag{2-27}$$

由式(2-27)可知，W 取决于 γ_{bw}，$W=f(\theta)$，即 W 与沥青和水的界面能及接触角有关，对于沥青而言，θ 总是小于 90°，由此 $(1+\cos\theta)$ 永远大于 1，所以水的界面能 γ_{bw} 和沥青与水的接触角有关。在石料确定的条件下，γ_{bw} 和 θ 均取决于沥青的性质。

(2)评价方法

在《公路工程沥青及沥青混合料试验规程》(JTJ 052—2000)中，沥青与粗集料黏附性试验方法(T 0616—1993)规定：根据沥青混合料的最大粒径决定，>13.2mm 者采用水煮法；≤13.2mm者采用水浸法。水煮法是选取粒径为 13.2～19mm 形态接近立方体的规则集料 5 个，经沥青裹覆后，在蒸馏水中沸煮 3min，按沥青膜剥落的情况分为五个等级来评价沥青与集料的黏附性。水浸法是选取粒径为 9.5～13.2mm 的集料 100g 与 5.5g 的沥青在规定温度条件下拌和成混合料，冷却后浸入 80℃的蒸馏水中保持 30min，然后按剥落面积百分率来评定沥青与集料的黏附性。

5. 沥青的耐久性

路用沥青在使用的过程中受到储运、加热、拌和、摊铺、碾压、交通荷载以及自然因素的作用，而使沥青发生一系列的物理化学变化。逐渐改变了其原有的性能(黏度、低温性能)而变硬变脆。这种变化称为沥青的老化。沥青路面应有较长的使用年限，因此要求沥青材料有较好的抗老化性，即耐久性。

(1)影响耐久性的因素

①温度与氧化作用

沥青与空气接触会逐渐氧化，沥青中的极性含氧基团逐渐联结成高分子的胶团，促使沥青黏度提高，形成的极性羟基、羰基和羧基形成更大更复杂的分子使沥青硬化并降低柔韧性。影响氧化的因素主要是温度，氧和沥青的反应几乎可以在全温度范围内进行，但低温下其氧化速度缓慢，100℃以上氧化速度加快，每升高 10℃氧化速度提高 1 倍，至 135℃以上，几分钟就会引起显著硬化。这是由于在高温环境蒸发损失和热缩和的结果。气温对沥青硬化的影响在短时间内是可逆的。但随着时间的推移，在氧、光照和其他因素综合作用下就成为永久的不可逆的硬化。

②光和水的作用

光可以加速氧化，日光特别是紫外线的作用会使沥青的氧化作用加速，使沥青中的羰基和羧基团进一步加速形成更大的分子。水在光、氧和热共同作用时，能起催化剂的作用。

③自然硬化

沥青在隔绝空气、阳光长期存放于常温下也会发生某种程度的硬化，为自然硬化，也称物理硬化或结构硬化。这是由于沥青分子相互作用倾向增强，分子重新定位，导致内部结构发生变化，这种变化多数是可逆的，当沥青重新加热后又可恢复原有的性能。

④渗流硬化

渗流硬化是指沥青中的油分渗流到矿料的孔隙中去而导致沥青的硬化。

从以上影响因素可以看出，在各因素的综合作用下，沥青的氧化硬化是一个不可逆转的物理化学过程。由于这个过程是不可逆的，从而导致了沥青性能的劣化，也称为沥青的老化。

(2)耐久性评价方法

现行评价沥青老化性能的试验方法分为模拟沥青在拌和过程中热老化条件以及在使用过程的老化条件。

①薄膜烘箱加热试验(T 0609—1993)

薄膜烘箱加热模拟在热拌和过程中沥青的老化,见图 2-24。《公路工程沥青及沥青混合料试验规程》(JTJ 052—2000)中规定的薄膜加热试验方法是将 50g 沥青试样放入直径 140mm、深 9.5mm 的不锈钢盛样皿中,沥青膜的厚度约为 3.2mm,在 163℃通风烘箱的条件下以 5.5r/min的速率旋转,经过 5h。然后计算沥青试样的质量损失,并测试针入度等指标的变化。

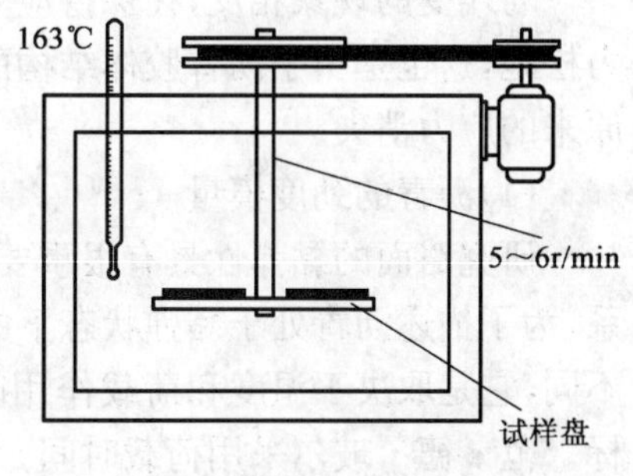

图 2-24 沥青薄膜加热试验

②旋转薄膜加热试验(T 0610—1993)

旋转薄膜加热试验是将沥青试样 35g 装入高 140mm、直径 64mm 的开口玻璃瓶中,盛样瓶插入旋转烘箱中,一边接受以 4 000mL/min 流量吹入的热空气,一边在 163℃的高温下以 15r/min 的速度旋转,经过 75min 的老化后,测定沥青的质量损失及针入度、黏度等各种性能指标的变化,见图 2-25。

③压力老化试验

以上两种老化试验方法是模拟沥青混合料在拌和过程中的老化条件,为短期老化。而在路面使用过程中沥青的老化是长期的老化,美国 Superpave 成果提出压力老化试验(Pressure Aging Vessel 简称 PAV)。压力老化试验仪如图 2-26 所示。标准的老化温度视沥青标号不同规定为 90℃~110℃,老化时间为 20h,容器内的充气压力为 2.1MPa。研究成果表明,PAV 试验对沥青老化的影响相当于使用期路面表层沥青老化 5 年的情况。

对经老化条件处理后的沥青试样可通过 DSR、BBR 和 DDT 试验评价沥青的抗老化性能。

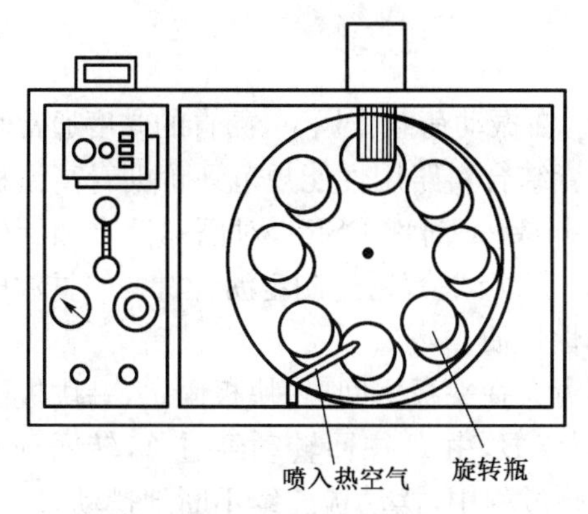

图 2-25 沥青旋转薄膜加热试验

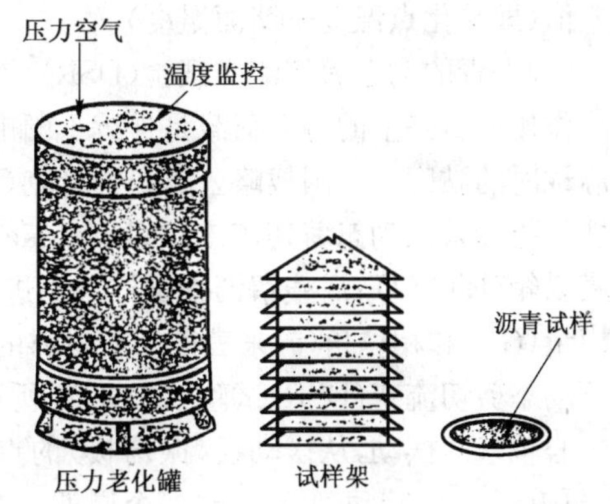

图 2-26 压力老化示意图

6. 沥青的黏弹性

路用沥青多为溶—凝胶型沥青,在低温时表现为弹性,高温时表现为黏性,在相当宽的温度范围内表现为黏性和弹性并存,是一种典型的黏弹性物体。在外力作用下产生形变,但形变滞后于作用力,作用力去除后形变并不完全消除,经过一段时间才逐渐恢复,表现为复杂的黏弹性性质,蠕变和松弛现象就是这种特性的表现。

黏弹性物体在应力保持不变的情况下,应变随时间的增加的现象,称为蠕变。例如公共汽车停靠站处,沥青路面因受汽车荷载长时间重压而产生凹陷就是蠕变的过程,这可能是由于沥青胶体结构内部的某些分子产生位移或分子构型发生变化的结果。沥青的结构、环境的温度和作用力的大小都对蠕变产生影响。

与蠕变的现象相反，在保持应变不变的条件下，应力随时间的增加而逐渐减小的现象为应力松弛，这也是由于沥青胶体结构的内部大分子在长时间力的作用下产生结构变形或位移，使原来的应力消失。

(1)沥青的劲度模量

研究路面的黏弹性具有很重要的实用价值，在荷载作用下，应力和应变关系呈现非线性关系，为了描述沥青处于黏弹状态下的力学特性，采用了劲度模量的概念。劲度模量与弹性模量不同，它是取决于温度和荷载作用时间而变化的参数，是表现沥青黏性和弹性联合效应的指标。范·德·玻尔采用荷载时间 t 和温度 T 为函数的应力应变之比来表示黏弹性沥青抵抗变形的性能，劲度模量由式(2-28)表示。

$$S = (\delta/\varepsilon)_{t,T} \tag{2-28}$$

式中：S——沥青的劲度模量，Pa；

δ——应力，Pa；

ε——应变；

t——载荷时间，s；

T——温度，℃。

沥青材料的劲度模量 S 可以采用“微膜滑板黏度计”或“微弹性仪”等仪器来测定，也可通过图表确定。范·德·玻尔等根据荷重作用时间(t)或频率(ω)、路面温度差(T)、沥青的胶体结构类型(PI)等参数绘制成实用沥青劲度模量诺谟图，见图 2-27。

在应用诺谟图 2-27 时，荷重作用时间根据汽车交通作用时间而定，通常采用停车站的停车时间进行校核。路面温度差是指当地平均最低气温时，路面面层 5cm 深度的温度与软化点的差值(即软化点温度—路面温度)。

(2)沥青的动态剪切流变试验(DSR)

作用于道路上的行车荷载是连续不断的反复荷载，在振动荷载作用下，沥青的黏度通常小于静载时的黏度。美国战略公路研究计划(SHRP)沥青结合料路用性能规范评价沥青高温稳定性的指标采用动态剪切流变仪(Dynamic Shear Rheometer 简称 DSR)，对原样沥青和旋转薄膜烘箱(RTFOT)后残留沥青试样分别进行两次动态剪切试验，通过测定沥青材料的复数剪切模量(G^*)和相位角(δ)来表征沥青材料的黏性和弹性性质。

动态剪切流变(DSR)试验如图 2-28 所示，是将沥青夹在平板之间，一块板固定，一块板围绕中心轴来回摆动，从摆动板(振荡板)的点 A 转动到点 B，由 B 往回转动经过 A，转回到 C 点，再返回由 C 转动到 A 完成一个周期。在 DSR 试验过程中，摆动板连续不断地摆动，速度为 10rad/s，约等于 1.59Hz 的频率(相当于公路上车辆行驶车速为 88km/h)。

沥青的应变由传感器记录下来，如图 2-29 所示，通过计算可以得到复数剪切模量 G^* 和相位角 δ。沥青试样的剪应力 τ，剪应变 γ，复数模量 G^* 和相位角 δ 分别按式(2-29)～式(2-32)计算。

$$\tau = \frac{2T}{\pi r^3} \tag{2-29}$$

$$\gamma = \frac{\theta \cdot r}{h} \tag{2-30}$$

$$G^* = \frac{\tau_{\max} - \tau_{\min}}{r_{\max} - r_{\min}} \tag{2-31}$$

$$\delta = 2\pi f \cdot \Delta t \tag{2-32}$$

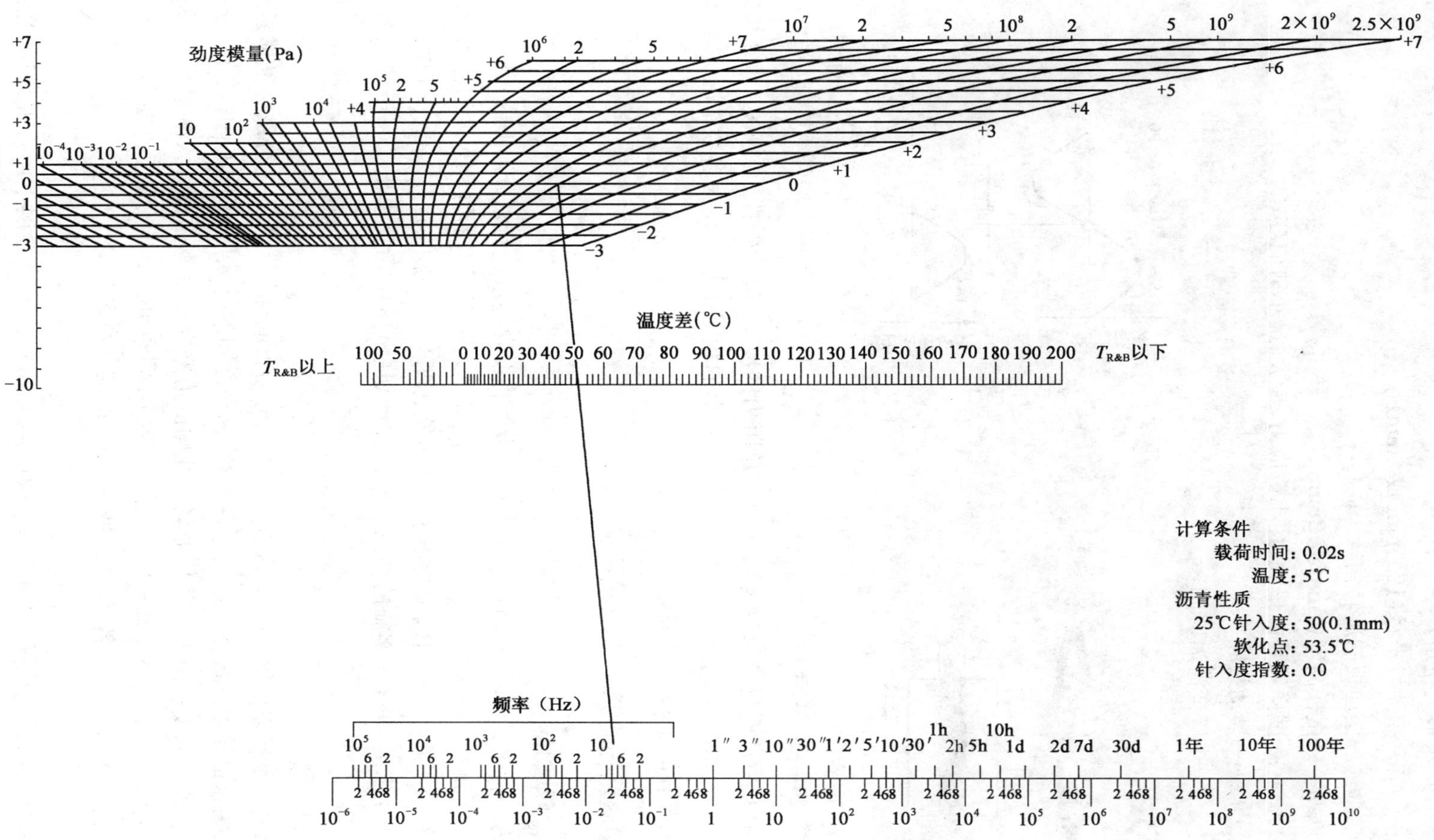

图2-27　沥青劲度模量诺谟图

式中：　　　T——最大扭矩，N·m；

r——摆动板半径（12.5mm 或 4mm）；

θ——摆动板的旋转角，rad；

h——试样高度（1mm 或 2mm）；

τ_{max}、τ_{min}、γ_{max}、γ_{min}——试样承受的最大、最小剪应力，最大、最小剪应变；

f——摆动板频率；

Δt——应变滞后时间，s。

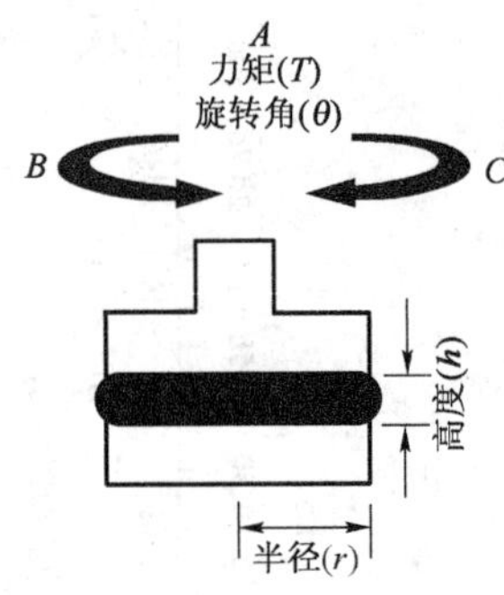

图 2-28　沥青动态剪切流变试验模式

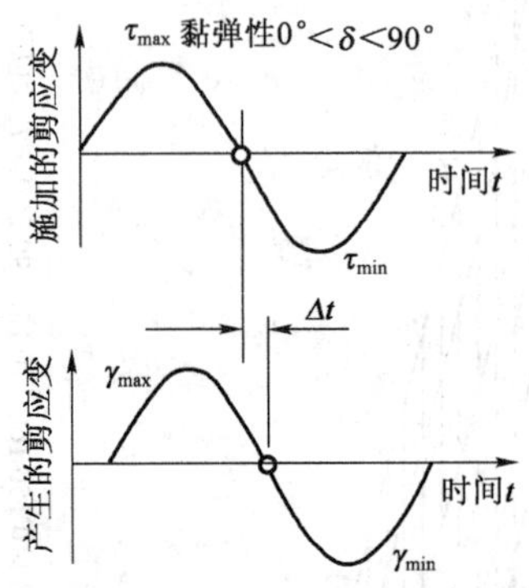

图 2-29　沥青动态剪切流变试验曲线

复数剪切模量 G^* 是材料重复剪切变形时总阻力的度量，包括弹性（可恢复）部分和黏性（不可恢复）部分。相位角 δ 是可恢复与不可恢复变形的相对指标。在大多数情况下，沥青呈现黏性和弹性并存的特征。

三、我国道路石油沥青的技术要求

1. 沥青分级方法

沥青作为一种化工产品，必须按照某个技术指标将沥青等级进行划分以形成不同的标号，以满足不同地区和工程的需要。1918 年，美国公路局率先制订了以沥青针入度指标为分级依据的沥青标准。20 世纪 70 年代，又提出了以黏度指标为分级依据的沥青标准。20 世纪 90 年代，美国在 1989 年至 1993 年实施的公路战略研究计划（SHRP）后又提出了基于性能的分级方法。

（1）针入度分级

针入度分级，是指以沥青 25℃针入度大小来划分沥青的标号。针入度分级标准体系历史最长，使用的国家也最多。按针入度划分标号时，标号之间的针入度值可以是连续的，也可以是不连续的，并以针入度中值或区间值命名。我国的道路沥青基本是按针入度级分类，如《重交通道路石油沥青》（GB/T 15180—2000）是按连续针入度（40～140）分为 5 个标号，每个标号针入度区间值为 20，以中值命名，如针入度 40～60 的沥青命名为 A-50。

（2）黏度分级

长期的实践表明，石油沥青在 60℃下的黏度与夏季路面最高温度下沥青混合料的强度、抗车辙能力有良好的相关性。按沥青 60℃黏度大小划分沥青标号，能更好地体现相应标号沥青的高温性能，方便用户选用。如美国 ASTM D3381 中采用了 60℃黏度分级标准体系。

（3）基于性能的分级

性能分级是以沥青在相应的使用环境条件下应具备的性能特征作为分级依据。这个概念是美国公路战略研究计划(SHRP)中提出来的，并形成了以沥青所能适用的环境最高温度和最低温度所限定的温度区间来划分沥青标号的标准体系(标号以字母 PG 和温度的区间数值来表示)。例如，标号为 PG76-22 的沥青，表示其要符合高温性能指标的最低试验温度不低于 76℃，低温性能指标要求的试验温度不高于−22℃。

2. 我国黏稠道路石油沥青的技术要求

我国道路石油沥青采用针入度划分等级。在现行国标《重交通道路石油沥青》(GB/T 15180—2000)中按照针入度指标分为 5 个等级，其质量要求见表 2-6。

重交通道路石油沥青的质量要求(GB/T 15180—2000)　　表 2-6

项　目	质量指标				
	AH-130	AH-110	AH-90	AH-70	AH-50
针入度(25℃)，1/10mm	120～140	100～120	80～100	60～80	40～60
延度(15℃)，cm 不小于	100	100	100	100	80
软化点，℃	38～48	40～50	42～52	44～54	45～55
溶解度(三氯乙烯)，%	>99.0				
闪点，℃	>230				
密度(15℃或 25℃)，g/cm³	报告				
蜡含量，%	<3.0				
薄膜烘箱试验(163℃，5h)					
质量变化，%	<1.3	<1.2	<1.0	<0.8	<0.6
针入度比，%	>45	>48	>50	>55	>58
延度(25℃)，cm	>75	>75	>75	>50	>40
延度(15℃)，cm	报告				

在《公路沥青路面施工技术规范》(JTG F40—2004)中，修订了沥青等级划分方法，并增补了沥青的技术指标，以全面、充分地反映沥青技术性能。在这个标准中，沥青等级划分以沥青路面的气候条件为依据，在同一个气候分区内根据道路等级和交通特点再将沥青分为 1～3 个不同的针入度等级；在技术指标中增加了反映沥青感温性的指标针入度指数 PI、沥青高温性能指标 60℃动力黏度，并选择 10℃延度指标评价沥青的低温性能，相关的技术要求见表 2-7。

道路石油沥青技术要求(JTG F40—2004)　　表 2-7

指　标	等级	160 号	130 号	110 号			90 号					70 号[⑤]					50 号[⑤]	30 号
适用的气候分区[①]		注④	注④	2-1	2-2	2-3	1-1	1-2	1-3	2-2	2-3	1-3	1-4	2-2	2-3	2-4	1-4	注[⑥]
针入度(25℃，100g，5s)，(0.1mm)		140～200	120～140	100～120			80～100					60～80					40～60	20～40
针入度指数 PI[②,③]	A	−1.5～+1.0																
	B	−1.8～+1.0																
软化点 $T_{R\&B}$(℃) ≥	A	38	40	43			45			44		46		45			49	55
	B	36	39	42			43			42		44		43			46	53
	C	35	37	41			42					43					45	50

续上表

指标	等级	160号	130号	110号	90号					70号⑤					50号⑤	30号
60℃动力黏度③ (Pa·s) ≥	A	—	60	120	160			140		180		160			200	260
10℃延度③(cm)≥	A	50	50	40	45	30	20	30	20	20	15	25	20	15	15	10
	B	30	30	30	30	20	15	20	15	15	10	20	15	10	10	8
15℃延度(cm) ≥	A、B	100													80	50
	C	80	80	60	50					40					30	20
闪点(COC)(℃)≥		230			260											
含蜡量(蒸馏法)(%) ≤	A	2.2														
	B	3.0														
	C	4.5														
溶解度(%) ≥		99.5														
15℃密度(g/cm³)		实测记录														
薄膜加热试验(或旋转薄膜加热试验)残留物																
质量变化(%) ≤	±0.8															
针入度比(%) ≥	A	48	54	55	57					61					63	65
	B	45	50	52	54					58					60	62
	C	40	45	48	50					54					58	60
10℃延度(cm) ≥	A	12	12	10	8					6					4	—
	B	10	10	8	6					4					2	—
15℃延度(cm) ≥	C	40	35	30	20					15					10	—

注:①沥青路面气候分区见第3章表3-5。

②用于仲裁试验时,求取针入度指数PI的5个温度与针入度回归关系的相关系数不得小于0.997。

③经主管部门同意,该表中的针入度指数PI、60℃动力黏度及10℃延度可作为选择性指标。

④160号沥青和130号沥青除了在寒冷地区可直接用于中低级公路外,通常用作乳化沥青、稀释沥青及改性沥青的基质沥青。

⑤可根据需要要求供应商提供70号沥青的针入度范围50~70或80~90的沥青;或者要求提供针入度范围40~50或50~60的50号沥青。

⑥30号沥青仅适用于沥青稳定基层。

3. 我国液体石油沥青的技术要求

《公路沥青路面施工技术规范》(JTG F40—2004)中按照液体石油沥青的凝结速度分为快凝AL(R)、中凝AL(M)和慢凝AL(S)三个标号,每个等级按照黏度又分为5个等级。液体石油沥青的黏度采用道路沥青标准黏度计测定。除黏度的要求外,对不同温度的蒸馏馏分含量及残留物的性质,闪点和含水率等亦提出相应的要求。液体石油沥青的质量要求见表2-8。

四、美国Superpave沥青胶结料的技术要求

美国SHRP成果中的Superpave沥青胶结料分级体系中,沥青等级以$PG_{x\text{-}y}$表示,PG是Peformance Grade的词首,表示路用性能等级,脚标x代表路面设计最高温度(7d最高平均路面温度),脚标y代表路面设计最低温度(年极端最低温度)。

路面最高设计温度和最低设计温度按照式(2-33)和式(2-34)计算。

道路用液体石油沥青技术质量要求(JTG F40—2004)　　表 2-8

试验项目 \ 标号		快凝		中凝						慢凝					
		AL(R)-1	AL(R)-2	AL(M)-1	AL(M)-2	AL(M)-3	AL(M)-4	AL(M)-5	AL(M)-6	AL(S)-1	AL(S)-2	AL(S)-3	AL(S)-4	AL(S)-5	AL(S)-6
黏度(s)	$C_{25,5}$	<20	—	<20	—	—	—	—	—	<20	—	—	—	—	—
	$C_{60,5}$	—	5～15	—	5～15	16～25	26～40	41～100	101～200	—	5～15	16～25	26～40	41～100	101～180
蒸馏体积(%)	225℃前	>20	>15	<10	<7	<3	<2	0	0	—	—	—	—	—	—
	315℃前	>35	>30	<35	<25	<17	<14	<8	<5	—	—	—	—	—	—
	360℃前	>45	>35	<50	<35	<30	<25	<20	<15	<40	<35	<25	<20	<15	<5
蒸馏后残留物性质	针入度(25℃)(0.1mm)	60～200	60～200	100～300	100～300	100～300	100～300	100～300	100～300	—	—	—	—	—	—
	延度(25℃)(cm)	>60	>60	>60	>60	>60	>60	>60	>60	—	—	—	—	—	—
	浮漂度(50℃)(s)	—	—	—	—	—	—	—	—	<20	>20	>30	>40	>45	>50
闪点(COC法)(℃)		>30	>30	>65	>65	>65	>65	>65	>65	>70	>70	>100	>100	>120	>120
含水率(%)		≤0.2	≤0.2	≤0.2	≤0.2	≤0.2	≤0.2	≤0.2	≤0.2	≤0.2	≤0.2	≤0.2	≤0.2	≤0.2	≤0.2

Superpave 沥青胶结料 **PG** 等级的性能要求(ASTM D 6373)　　表 2-9

沥青使用性能等级	PG46			PG52							PG58					PG64						PG70						PG76					PG82				
	−34	−40	−46	−10	−16	−22	−28	−34	−40	−46	−16	−22	−28	−34	−40	−10	−16	−22	−28	−34	−40	−10	−16	−22	−28	−34	−40	−10	−16	−22	−28	−34	−10	−16	−22	−28	−34
7d 平均最高设计温度[①](℃)	<46			<52							<58					<64						<70						<76					<82				
最低设计温度(℃)	>−34	>−40	>−46	>−10	>−16	>−22	>−28	>−34	>−40	>−46	>−16	>−22	>−28	>−34	>−40	>−10	>−16	>−22	>−28	>−34	>−40	>−10	>−16	>−22	>−28	>−34	>−40	>−10	>−16	>−22	>−28	>−34	>−10	>−16	>−22	>−28	>−34
原样沥青																																					
闪点(ASTM D92)(℃),≥	230																																				
黏度[②](ASTM D4402),最大值 3Pa·s,试验温度(℃)	135																																				

续上表

沥青使用性能等级	PG46			PG52							PG58					PG64						PG70						PG76					PG82				
	-34	-40	-46	-10	-16	-22	-28	-34	-40	-46	-16	-22	-28	-34	-40	-10	-16	-22	-28	-34	-40	-10	-16	-22	-28	-34	-40	-10	-16	-22	-28	-34	-10	-16	-22	-28	-34
动态剪切③(TP5) $G^*/\sin\delta$,最小值1.0kPa@10rad/s,试验温度(℃)	46			52							58					64						70						76					82				
旋转薄膜烘箱试验 RTFOT(ASTM D 2872)残留沥青																																					
质量损失(%) ≤	1.0																																				
动态剪切③(TP5) $G^*/\sin\delta$,最小值2.2kPa@10rad/s,试验温度(℃)	46			52							58					64						70						76					82				
PAV 残留沥青(ASTM D 6521—00)																																					
PAV 老化温度④(℃)	90			90							100					100						100(110)						100(110)					100(110)				
动态剪切③(TP5) $G^*\cdot\sin\delta$,最大值5.0MPa,@10rad/s,试验温度(℃)	10	7	4	25	22	19	16	13	10	7	25	22	19	16	13	31	28	25	22	19	16	34	31	28	25	22	19	37	34	31	28	25	40	37	34	31	28
蠕变劲度⑤(TP1) S 最大值 300MPa;m 最小值0.300 @60s,试验温度(℃)	-24	-30	-36	0	-6	-12	-18	-24	-30	-36	-6	-12	-18	-24	-30	0	-6	-12	-18	-24	-30	0	-6	-12	-18	-24	-30	0	-6	-12	-18	-24	0	-6	-12	-18	-24
直接拉伸(TP3)破坏应变,最小值 1.0%@1.0mm/min,试验温度(℃)	-24	-30	-36	0	-6	-12	-18	-24	-30	-36	-6	-12	-18	-24	-30	0	-6	-12	-18	-24	-30	0	-6	-12	-18	-24	-30	0	-6	-12	-18	-24	0	-6	-12	-18	-24

注:①设计温度由大气温度按式(2-31)和式(2-32)计算,也可由指定的机构提供。

②如果供应商能保证在所有认为安全的温度下,沥青结合料都能很好地泵送或拌和,此要求可由指定的机构确定放弃。

③为了控制非改性沥青结合料产品的质量,在试验温度下测定原样沥青结合料黏度,可以取代测定动态剪切的 $G^*/\sin\delta$。在此温度下,沥青多处于牛顿流体状态下,任何测定黏度的标准试验方法均可使用,包括毛细管黏度计或旋转黏度计(AASHTO T 201 或 T 202)。

④PAV 老化温度为模拟气候条件温度,从 90℃、100℃、110℃中选择一个温度,高于 PG64 时为 100℃,在沙漠条件下为 110℃。

⑤如果蠕变劲度小于 300MPa,直接拉伸试验可不要求,如果蠕变劲度在 300~600MPa 之间,直接拉伸试验的破坏应变要求可代替蠕变劲度的要求,m 值在两种情况下都应满足。

$$T_{20mm} = (T_{air,max} - 0.006\,18L_a^2 + 0.228\,9L_a + 42.2) \times 0.954\,5 - 17.78 \quad (2\text{-}33)$$

$$T_{min} = 0.859T_{air,min} + 1.7 \quad (2\text{-}34)$$

式中：T_{20mm}——位于 20mm 深处的最高路面设计温度，℃；

$T_{air,max}$——7d 平均最高气温，℃；

L_a——地理纬度，°；

T_{min}——最低路面设计温度，℃；

$T_{air,min}$——平均年最低气温，℃。

按照路面的设计温度，将沥青分为 7 个高温等级以及相应的低温等级，高温等级的温度范围 52～82℃，每 6℃为一级；低温等级温度范围－10～－46℃，每－6℃为一级，见表 2-9。例如 PG58-28，表示该级沥青适用于最高路面设计温度不超过 58℃，最低路面设计温度不低于－28℃的地区。Superpave 沥青胶结料路用性能标准见表 2-9。

Superpave 沥青结合料规范的显著特点在于：

(1)Superpave 沥青结合料规范对道路沥青三个老化阶段性能进行控制，即第一阶段是沥青运输、储存和装卸过程，用原样沥青进行试验；第二阶段是沥青拌和、铺筑过程，采用旋转薄膜烘箱残留物进行试验；第三阶段是沥青路面的服务期，采用压力老化后的沥青进行试验，考察沥青在路面服务若干年后的性能。

(2)Superpave 沥青结合料规范改变了在固定温度下进行试验，而是采取规定性能的要求值，试验温度则根据需要变化。

(3)Superpave 沥青结合料规范中采用了很多创新性指标来控制和评价沥青结合料的性能，如采用车辙因子控制高温性能、采用低温蠕变劲度及其变化率控制低温性能等。Superpave 沥青结合料规范的主要技术指标、试验仪器和试验的目的详见表 2-10。

Superpave 沥青规范主要技术指标 表 2-10

技术指标	符号	试验仪器	试验目的
车辙因子	$G^*/\sin\delta$	动态剪切流变仪(DSR)	测试结合料高温性能
疲劳因子	$G^*\cdot\sin\delta$	动态剪切流变仪(DSR)	测试结合料中温疲劳性能
拉伸应变	ε	直接拉伸试验机(DT)	测试结合料的低温性能
蠕变劲度	S	弯曲梁流变仪(BBR)	测试结合料的低温性能
黏度	η	毛细管黏度计或旋转黏度计	测试结合料的泵送性能

五、欧洲沥青技术要求

欧盟沥青技术规范采用针入度和黏度作为分级标准，并采用软化点、黏度、闪点等传统的技术指标来控制沥青产品质量。2000 年颁布的道路沥青标准 EN12591 见表 2-11。该标准以针入度将沥青分为 9 个牌号，并以针入度区间值命名。在低针入度牌号间针入度有重叠，如 30/45、35/50、40/60、50/70 等 4 个牌号的针入度是重叠的。相比我国相应技术标准，欧盟沥青技术规范中包含了 160 号以上的软质沥青。

由于欧洲各国气候条件存在差异，欧洲沥青标准对不同的指标规定为强制性的质量指标和选择性的质量指标。EN12591 为欧盟各国强制执行标准，它没有考虑各国的地理环境、气候条件、交通状况等因素，因此在该标准中只是提出了各个牌号道路沥青的基本要求，而没有提出较高的技术要求。欧盟各国可以在此基础上，根据具体情况提出一些特殊要求。值得注意的是在整个标准中(包括强制性指标和选择性指标)均无延度指标要求。

表 2-11

欧盟道路沥青标准(EN 12591—2000)

技术指标	单位	测试方法	等级								
			20/30	30/45	35/50	40/60	50/70	70/100	100/150	160/220	250/330
强制性指标											
针入度(25℃)	1/10mm	EN1426	20～30	30～45	35～50	40～60	50～70	70～100	100～150	160～220	250～330
软化点	℃	EN1427	55～63	52～60	50～58	48～56	46～54	43～51	39～47	35～43	30～38
RTFOT(163℃)老化残留物		EN12607-1 或 EN12607-3									
质量变化,最大,±	%		0.5	0.5	0.5	0.5	0.5	0.8	0.8	1.0	1.0
残留针入度比	%		55	53	53	50	50	46	43	37	35
硬化后软化点,最小	℃	EN1427	57	54	52	49	48	45	41	37	32
闪点,最小	℃	EN22592	240	240	240	230	230	230	230	220	220
溶解度,最小	%	EN12592	99.0	99.0	99.0	99.0	99.0	99.0	99.0	99.0	99.0
选择性指标											
含蜡量,最大	%	EN12606-1	2.2								
	%	EN12606-2	4.5								
运动黏度(135℃),最小	mm^2/s	EN12595	530	400	370	325	295	230	175	135	100
脆点,最大	℃	EN12593		−5	−5	−7	−8	−10	−12	−15	−16
RTFOT(163℃)残留物符合下列三个条件之一		EN12607-1 或 EN12607-3									
1. 软化点升高,最大	℃	EN1427	8	8	8	9	9	9	10	11	11
2. 软化点升高,最大脆点,最大	℃	EN1427	10	11	11	11	11	11	12	12	12
	℃	EN12593		−5	−5	−7	−8	−10	−12	−15	−16
3. 软化点升高,最大	℃	EN1427	10	11	11	11	11	11	12	12	12
针入度指数最小		EN1427	−1.5	−1.5	−1.5	−1.5	−1.5	−1.5	−1.5	−1.5	
针入度指数最大		EN1427	+0.7	+0.7	+0.7	+0.7	+0.7	+0.7	+0.7	+0.7	

第三节 改性沥青

由于现代道路交通流量的迅猛增长，货车的轴载大大增加和交通渠化行驶等因素影响，要求沥青路面的高温抗车辙能力、低温抗裂能力、抗水损害能力进一步加强，因此，对沥青路面材料沥青的性能提出更高的要求。通过对沥青材料的改性，可以改善以下几方面的性能：提高高温抗变形能力，可以增强沥青路面的抗车辙性能；提高沥青的弹性性能，可以增强沥青的抗低温和抗疲劳开裂性能；改善沥青与石料的黏附性；提高沥青的抗老化能力，延长沥青路面的寿命。

一、改性沥青的分类与技术要求

1. 改性沥青的分类

改性沥青是指掺加橡胶、树脂高分子聚合物、磨细的橡胶粉或其他填料等外掺剂（改性剂），或采取对沥青轻度氧化加工等措施，使沥青或沥青混合料的性能得以改善而制成的沥青结合料。从广义上讲，凡是可以改善沥青路用性能的材料如聚合物、纤维、抗剥落剂、岩沥青、填料（如硫黄、炭黑等）都可以成为改性剂。表 2-12 归纳了沥青改性剂的种类及其改性效果。

实际上，表 2-12 中所列各种材料未必都是沥青改性剂，如填料（粉煤灰）、纤维等材料。除表 2-12 中所列材料以外，现在又有其他新的改性物质，如美国研究应用多聚磷酸改善沥青性能，取得显著效果。一般来说，大部分改性添加剂都可以改善沥青的高温性能，但对于低温抗裂性能、抗水损害性能以及疲劳开裂性能等方面的改善效果则各有不同。而从狭义上讲，道路改性沥青所用的改性剂一般是指高分子聚合物。用于道路沥青改性的聚合物主要是以下三类：

（1）树脂：聚乙烯（PE）、聚丙烯（PP）、乙烯—醋酸乙烯（EVA）等。

（2）橡胶：丁苯橡胶（SBR）、氯丁橡胶（CR）、橡胶粉等。

（3）热塑性弹性体：苯乙烯丁二烯嵌段共聚物（SBS）、苯乙烯—异戊二烯嵌段共聚物（SIS）、苯乙烯—聚乙烯/丁基—聚乙烯（SE/BS）等。

各类改性剂的改性效果各异，一般认为，树脂类改性沥青具有良好的高温稳定性和抗车辙能力，但对于沥青路面的低温抗裂性能无明显改善；橡胶类改性沥青具有较好的低温抗裂性能和较好的黏结性能；热塑性弹性体类改性沥青具有良好的温度稳定性，明显提高提高基础沥青的高低温性能，降低温度敏感性，增强耐老化耐疲劳性能。

当前用于沥青改性的聚合物主要是 SBS、PE、EVA 和 SBR 四种。现在对于各类改性沥青的性能已有比较充分的研究，并基本上形成了一致的看法。在诸多改性改性剂中，SBS 可以明显地提高基础沥青的高低温性能，降低温度敏感性，增强耐老化及耐疲劳性能，SBS 已成为沥青改性领域中的主要的添加剂。据资料介绍，近年来在欧洲所用沥青改性剂的中 SBS 已占 40％以上。

2. 改性沥青的评价指标

由于改性沥青具有不同的技术特点，除沥青常规试验针入度、软化点、延度、黏度等指标外，还采用了几项与评价沥青性能不同的技术指标，如聚合物改性沥青离析试验、沥青弹性恢复试验、黏韧性试验以及测力延度试验等。

沥青改性剂的分类及改性效果 表 2-12

改性剂品种	种　类	改性效果				
		永久变形	疲劳开裂	低温开裂	水稳定性	氧化老化
填料(fillers)	炭黑 (Carbon black)	+				+
	熟石灰(Hydrated lime)	+				
	粉煤灰(Fly ash)	+				
	水泥(Cement)	+				
	飞尘灰(Baghouse fines)	+				
	硫黄 (Sulphur)	+	+	+		
	木质素(Wood lignin)				+	
聚合物弹性体	SB	+		+	+	
	SBS	+	+	+		
	SIS	+				
	SEBS	+				
	SBR	+	+			
	CR	+				
	NR	+				
	乙丙橡胶 EPDM	+				
聚合物塑性体	EVA	+	+			
	EA	+				
	聚丁烯(Polyisobutylene)	+				
	PP	+				
橡胶粉		+	+	+		
氧化剂	锰化合物	+				
烃类	芳香油(Aromatics)			+		
	岩沥青	+	+	+	+	
抗剥落剂	胺类(Amines)				+	
	聚胺类(Polyamines)				+	
	聚多胺类(Polyamides)				+	
	熟石灰(Hydrated lime)				+	
纤维	聚丙烯 PP	+	+	+		
	聚脂类(Polyester)	+		+		
	玻璃纤维(Fiber glass)					
	钢纤维(Steel)	+	+	+		
	矿物纤维(Mineral)	+				
抗氧化剂	铅			+		+
	锌			+		+
	炭黑 (Carbon black)	+				+
	熟石灰(Hydrated lime)				+	+
	胺类(Amines)				+	+

(1)聚合物改性沥青的离析试验(T 0661—2000)

聚合物改性沥青在停止搅拌,冷却过程中,聚合物可能从沥青中离析,当聚合物改性沥青在生产后不能立即使用,而需经过储运再加热等过程后使用时,需进行离析试验。

不同的改性沥青离析的状况有所不同,SBR、SBS类改性沥青,离析时表现为聚合物上浮。采用的试验是将试样置于规定条件的盛样管中,并在163℃烘箱中放置48h后从聚合物改性沥青的顶部和底部分别取样,测定其环球法软化点之差来判定;对PE、EVA类聚合物改性沥青,用改性沥青在135℃存放24h过程中是否结皮,或凝聚在容器表面四壁的情况进行判定。

(2)沥青弹性恢复试验

SBS等热塑性弹性体改性沥青,弹性恢复能力是显著的特点,在路面使用过程中,对荷载作用下产生的变形,具有良好的自愈性。

我国参照美国ASTM试验方法(见JTJ 052—2000,T 0662—2000),采用延度试件拉伸10cm后停止,立即剪断,保持1h,测量恢复率,试验所用延度试模中间为直线侧模如图2-30,试件截面积为1cm²。

(3)沥青黏韧性试验(T 0624—1993)

经国内外研究表明,沥青黏韧性试验是评价橡胶类改性沥青的一种较好的方法,并已列入我国《公路沥青路面施工技术规范》(JTG F40—2004)。沥青黏韧性试验是测定沥青在规定温度条件下高速拉伸时与金属半球的黏韧性(Toughness)和韧性(Tenacity)。非经注明,试验温度为25℃,拉伸速度为500mm/min。在图2-31中的荷重变形曲线$ABCE$及$CDFE$所包围的面积分别表示所测试样的黏韧性和韧性。

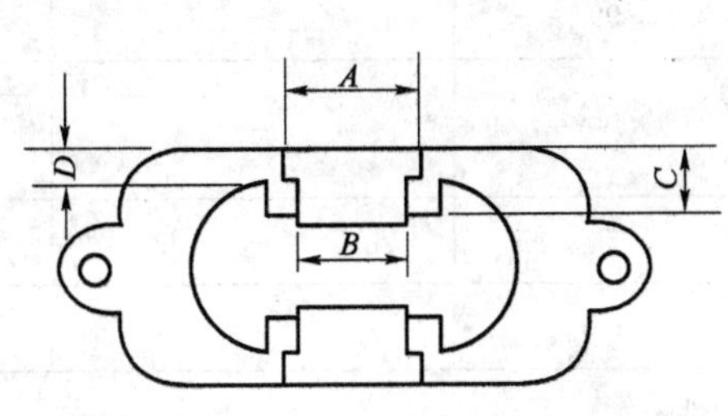

$A=(36.5\pm0.1)$mm; $B=(30\pm0.1)$mm; $C=(17\pm0.1)$mm; $D=(10\pm0.1)$mm

图2-30 弹性恢复试验用直线延度试模

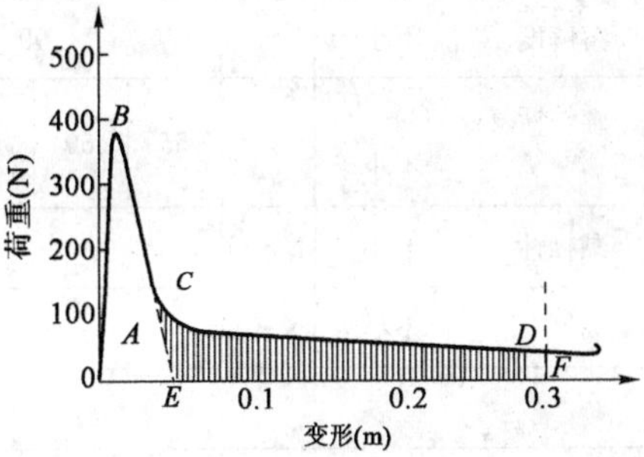

图2-31 黏韧性试验荷重—变形曲线

(4)测力延度试验

测力延度试验是在普通的延度仪上附加测力传感器,试验用的试模与沥青弹性恢复试验相同。试验温度通常采用5℃,拉伸速度5cm/min,传感器最大负荷≥100kg即可。试验结果可由X—Y函数记录仪记录拉力一变形(延度)曲线。曲线的形状和面积对评价改性沥青的性能具有重要意义。

3. 改性沥青的技术要求

我国聚合物改性沥青性能评价方法基本沿用了道路石油沥青质量标准体系,增加了一些评价聚合物性能指标,如弹性恢复、黏韧性和离析(软化点差)等技术指标。首先根据聚合物类型将改性沥青分为Ⅰ、Ⅱ、Ⅲ类,按照软化点的不同,将聚合物改性沥青分为A、B、C和D4个等级，类分为 A、B 和 C3 个等级，以适应不同的气候条件。同一类型中的 A、B、C 或 D 主要反映基质沥青标号及改性剂含量的不同，由 A 至 D 表示改性沥青针入度减小，黏度增加，即高温性能提高，但低温性能下降。等级划分以改性沥青的针入度作为主要依据。聚合物改性沥青的质量要求见表 2-13。对于采用几种不同种类改性剂制备的复合改性沥青，可以根据所掺各种改性剂的种类和剂量比例，按照工程对改性沥青的使用要求，参照表 2-12，综合确定应该达到的质量要求。

聚合物改性沥青技术要求 表 2-13

指标	单位	SBS类(I类)				SBR类(II类)			EVA、PE类(III类)				试验方法[①]
		I-A	I-B	I-C	I-D	II-A	II-B	II-C	III-A	III-B	III-C	III-D	
针入度(25℃,100g,5s)	0.1mm	>100	80～100	60～80	30～60	>100	80～100	60～80	>80	60～80	40～60	30～40	T 0604
针入度指数PI 不小于		−1.2	−0.8	−0.4	0	−1.0	−0.8	−0.6	−1.0	−0.8	−0.6	−0.4	T 0604
延度(5℃,5cm/min) 不小于	cm	50	40	30	20	60	50	40	—				T 0605
软化点 $T_{R\&B}$ 不小于	℃	45	50	55	60	45	48	50	48	52	56	60	T 0606
运动黏度[①](135℃) 不大于	Pa·s	3											T 0625 T 0619
闪点 不小于	℃	230				230			230				T 0611
溶解度 不小于	%	99				99			—				T 0607
弹性恢复(25℃) 不小于	%	55	60	65	75	—			—				T 0662
黏韧性 不小于	N·m	—				5			—				T 0624
韧性 不小于	N·m	—				2.5			—				T 0624
储存稳定性[②]													
离析,48h软化点差 不大于	℃	2.5				—			无改性剂明显析出、凝聚				T 0661
TFOT(或RTFOT)后残留物													
质量变化 不大于	%	1.0											T 0610或 T 0609
针入度比(25℃) 不小于	%	50	55	60	65	50	55	60	50	55	58	60	T 0604
延度(5℃) 不小于	cm	30	25	20	15	30	20	10	—				T 0605

注：①表中 135℃运动黏度可采用《公路工程沥青及沥青混合料试验规程》(JTJ 052—2000)中的"沥青布氏旋转黏度试验方法(布洛克菲尔德黏度计法)"进行测定。若在不改变改性沥青物理力学性质并符合安全条件的温度下易于泵送和拌和，或经证明适当提高泵送和拌和温度时能保证改性沥青的质量，容易施工，可不要求测定。

②储存稳定性指标适用于工厂生产的成品改性沥青。现场制作的改性沥青对储存稳定性指标可不作要求，但必须在制作后，保持不间断的搅拌或泵送循环，保证使用前没有明显的离析。

二、常用聚合物改性沥青

1. 常用聚合物改性沥青的技术特性

(1)热塑性橡胶类改性沥青

热塑弹性体(TPE)是由橡胶类弹性体热塑化和弹性体与树脂熔融共混热塑化技术而产生的热塑性弹性体材料和弹性材料，品种牌号繁多，性能优异，其中苯乙烯－二烯烃嵌段共聚物广泛用于沥青改性。共聚物中二烯烃称为软段，苯乙烯称为硬段。当二烯烃采用丁二烯时，所得产品即为 SBS。中国石化行业标准《热塑性丁苯橡胶(SBS)1401、4402、4452》(SH/T 1610—95)将 SBS 命名为热塑性丁苯橡胶。其他还有 SE/BS，SIS 等系列产品，都可用于沥青改性，使用最多的为 SBS。SBS 高分子链具有串联结构的不同嵌段，即塑性段和橡胶段，形成类似合金的组织结构，按聚合物的结构可分为线形和星形。SBS 的改性效果与 SBS 的品种、分子量密切相关，星形 SBS 对沥青的改性效果优于线形 SBS。SBS 的分子量越大，改性效果越明显，但难以加工为改性沥青。沥青中芳香分含量高则较易加工。各种型号的 SBS 中苯乙烯含量高的能显著提高改性沥青的黏度、韧度和韧性。

热塑性弹性体对沥青的改性机理除了一般的混合、溶解、溶胀等物理作用外，很重要的是通过一定条件下产生交联作用，形成不可逆的化学键，从而形成立体网状结构，使沥青获得弹性和强度。而在沥青拌和温度的条件下网状结构消失，具有塑性状态，便于施工，路面使用温度的条件下为固态，具有高抗拉强度。

表 2-14 列出了采用埃索石油公司 70 号沥青加入 5%星形和线形 SBS 经高速剪切搅拌为改性沥青的性能的试验结果。从中可以看出 SBS 改性沥青在改善温度敏感性，提高低温韧性等方面均获得显著的效果，数据说明星形 SBS 的改性效果在提高热稳定性和低温延性等方面均优于线形 SBS。

SBS 改性沥青的技术性质 表 2-14

<table>
<tr><th rowspan="2">技术性质</th><th rowspan="2">基础沥青</th><th colspan="2">+5%SBS 的改性沥青</th><th rowspan="2" colspan="2">技术性质</th><th rowspan="2">基础沥青</th><th colspan="2">+5%SBS 的改性沥青</th></tr>
<tr><th>星形</th><th>线形</th><th>星形</th><th>线形</th></tr>
<tr><td>针入度(25℃)(0.1mm)</td><td>64</td><td>38</td><td>40</td><td colspan="2">针入度指数 PI</td><td>−1.36</td><td>+0.96</td><td>+0.16</td></tr>
<tr><td>软化点(℃)</td><td>48</td><td>92</td><td>55</td><td rowspan="2">测力延度(10℃)</td><td>拉力强度(MPa)</td><td>0.73</td><td>0.52</td><td>0.62</td></tr>
<tr><td>延度(15℃)(cm)</td><td>200</td><td>100</td><td>54</td><td>黏韧度(N·m)</td><td>2.99</td><td>21.5</td><td>19.6</td></tr>
<tr><td>当量软化点(℃)</td><td>47.2</td><td>63.1</td><td>58.3</td><td rowspan="3">薄膜烘箱试验(163℃,5h)</td><td>质量损失(%)</td><td>0.07</td><td>0.07</td><td>0.02</td></tr>
<tr><td>当量脆点(℃)</td><td>−8.6</td><td>−16.7</td><td>−11.4</td><td>针入度比(%)</td><td>78.3</td><td>88.9</td><td>88.9</td></tr>
<tr><td>回弹率(15℃)(%)</td><td>14</td><td>78</td><td>65</td><td>延度(10℃)(cm)</td><td>0.9</td><td>68</td><td>42</td></tr>
</table>

(2)橡胶类改性沥青

橡胶类改性材料用得最多的是丁苯橡胶(SBR)和氯丁橡胶(CR)。这类改性剂常以胶乳的形式加入沥青之中，制成橡胶沥青，可以提高沥青的黏度、韧性、软化点，降低脆点，使沥青的延度和感温性得到改善，这是由于橡胶吸收沥青中的油分产生溶胀，改变了沥青的胶体结构，因而使沥青的胶体结构得到改善，黏度得以提高。

丁苯橡胶(SBR)是较早开发的沥青改性剂，SBR 的性能与结构随苯乙烯与丁二烯的比例和聚合工艺而变化，选择沥青改性剂时应通过试验加以确定。目前常采用 SBR 胶乳或 SBR 沥青母体作为改性剂，表 2-15 列出采用 SBR 胶乳改性 100 号道路沥青的试验结果。

胜利 100 号道路沥青用 SBR 胶乳改性效果 表 2-15

性质		基质沥青	SBR 掺量(占改性沥青的质量分数)(%)			
			2	3	4	5
软化点(℃)		47	49	51	51	53
针入度(0.1mm)	25℃	101	83	77	78	76
	15℃	24	30	26	26	28
	5℃	4	10	10	8	8
针入度指数 PI		0.070 1	0.045 9	0.044 3	0.049 4	0.048 1
延度(cm)	25℃	110	40	58	53	61
	15℃	69	150+	150+	150+	150+
	7℃	4	150+	150+	150+	150+
	5℃	0.25	117	125	150+	150+
黏度(60℃)(Pa・s)		88.2	128.6	158.4	192.6	254.4
黏度(135℃)(mm^2/s)		429.6	569.4	669.4	777.9	878.0
薄膜烘箱试验后						
残留针入度(%)		52.5	68.7	74.0	72.4	77.6
延度(cm)	25℃	88	60	68	53	50
	15℃	13	73	71	86	121
黏韧性(N・m)		3.6	4.4	4.9	5.6	6.3
韧性(N・m)		0.7	1.2	1.5	1.9	2.3

由表 2-14 可见，随着 SBR 掺量的增加，改性沥青的黏度和软化点升高，说明抗变形能力得到改善；25℃针入度下降，而低温针入度升高，说明沥青的感温性得到改善；低温延度得到大幅度提高，韧度和韧性增加，耐老化性能有很大改善，说明改性沥青的高温流动性、黏弹性、低温抗裂性、耐久性等使用性能都得到改善，此外，还用 SBR 胶乳与沥青乳液制成水乳型建筑用防水涂料和改性乳化沥青用于道路路面工程。

(3)热塑性树脂改性沥青

热塑性树脂是聚烯烃类高分子聚合物，多数是线状结晶物，加热时变软，冷却后变硬，因而能使沥青结合料的常温黏度增大，从而使高温稳定性增加，有利于提高沥青的强度和劲度，但与各种沥青调和时有一定的选择，热储存时分层较快，分散了的聚合物在熔点以下容易成团，通过精心选择树脂的品种与沥青匹配，因而树脂在沥青改性中得到较多的应用。常采用的品种有低密度聚乙烯(LDPE)、乙烯—乙酸乙烯酯共聚物(EVA)，还有 APAO 等。

①低密度聚乙烯(LDPE)改性沥青

低密度聚乙烯(LDPE)的柔软性、伸长率和耐冲击性都较高密度聚乙烯好，而且由于其密度小，熔点较低，结晶度小，溶解度参数较宽，在溶解分解区呈液态，使之易与沥青共混。在沥青处于 160℃以上温度区间时，通过剪切、挤压、碾磨等机械作用，可被粉碎为 5～7μm 的细微颗粒，均匀地分散、混融在沥青之中。

聚乙烯改性沥青可提高沥青的黏度和软化点，使沥青的高温性能得到改善，沥青混合料的强度提高，抗流动变形和车辙的能力增强，抗永久变形能力有所改善，但低温延性较差。

②乙烯—醋酸乙烯共聚物(EVA)改性沥青

乙烯—醋酸乙烯共聚物(EVA)是应用较普遍的热塑性树脂，在常温下为透明颗粒状，品种繁多,其性能取决于醋酸乙烯(VA)含量、相对分子质量和溶体指数(MI)。由于乙烯支链上引入了醋酸基团,使EVA较之PE富有弹性和柔韧性,与沥青的相容性好。表2-16列出了采用不同型号EVA,以及PE和SBR对胜利100号沥青进行改性对比试验结果,由表中数据可以看到各种改性剂对基质沥青的性能都有不同程度的改善,总的来讲,针入度下降,软化点上升,黏度增加,低温延度升高。不同牌号EVA的改性效果是:随着MI和VA的降低,改性沥青的黏度和软化点上升,而低温延度下降;PE对黏度的提高最大,而低温延度比基质沥青还差;SBR对黏度的提高有限,而低温延度得到很大改善。因此EVA使沥青的高温强度、低温柔性和弹性以及耐老化性能得到比较全面的改善,而且有较好的施工性能,可以通过选用不同牌号的EVA对改性效果加以调整。

EVA改性沥青性质(EVA掺量5%)　　表2-16

改性剂类型	基质沥青	EVA ,VA(%)(MI,g/10min)			PE	SBR
		30(30)	30(5)	35(40)		
针入度(25℃)(0.1mm)	86	54	47	57	52	68
软化点(℃)	45.5	60	64	52	52	50
延度(10℃)(cm)	4.5	8	6.5	12	4	70
针入度指数	−1.8	−0.35	0.13	−0.45	−0.82	−0.73
薄膜加热试验后						
针入度比(%)	58.1	71.2	70.0	67.7	62.9	75.4
延度(10℃)(cm)	3.0	4	2.5	5	2	52

除PE和EVA外,还开发了由乙烯,丙烯和丁烯—1共聚生成的APAO,外观为乳白色鸡蛋状固体,有一定韧性,APAO与沥青的相容性很好,只需一般的机械搅拌即可与沥青混合均匀,对沥青改性的效果与PE相似,掺量可以更少。

(4)热固性树脂改性沥青

热固性树脂品种有聚氨酯(PV),环氧树脂(EP),不饱和聚酯树脂(VP)等类,其中环氧树脂已应用于改性沥青。环氧树脂是指含有两个或两个以上环氧或环氧基团的醚或酚的齐聚物或聚合物。我国生产的环氧树脂大部分是双酚A类,配制环氧改性沥青的关键在于选择很合适的混合沥青作基料,并需选择适合此类环氧树脂的固化剂,比较便宜的固化剂以芳香胺类为主。环氧树脂改性沥青的延伸性不好,但其强度很高,具有优越的抗永久变形能力,并具有特别高的耐燃料油和润滑油的能力,适用于公共汽车停靠站、加油站等。

2.聚合物改性剂与基质沥青的相容性

相容性是改性沥青是否成功的首要条件,改性沥青的相容性是指沥青和改性剂在组成和性质上存在差别的组分,在一定的条件下能够相互兼容,并存并配伍,形成热力学相对稳定的具有混溶性的体系的能力。在相容性的改性沥青体系中,聚合物改性剂粒子很细,很均匀地分散在沥青当中,在相容性差时则改性剂粒子呈絮状,块状或与沥青发生相分离或分层现象,因此聚合物改性剂的相容性是极为重要的因素。聚合物改性粒子加入基质沥青中通过熔胀、增塑、分解或交联等复杂的物理、化学过程而与沥青混溶形成稳定的分散体系,相容性的差异取决于改性剂和沥青两种不同相的界面上的相互作用、两者溶解度参数的差异以及分子结构是否相近。溶解度参数差异越小,分子结构越相近,则相容性越好。

各类物质溶解度参数的大小实质上反映该类物质的分子构型和相对分子质量,也是定量反映物质极性的数据。极性越相近的物质,则溶解度参数差值越小,越容易互相混融。如苯乙烯含量较低的丁苯橡胶,其溶解度参数较低,与胜利沥青的溶解度参数比较接近,则形成稳定的胶体溶液。反之,若采用苯乙烯含量较高的丁苯橡胶,由于与沥青溶解度参数相差太大,则不易形成稳定的改性沥青。这可说明,基质沥青与聚合物改性剂基本上遵循化学组成和结构相似相容的原则。

沥青中的轻组分对聚合物溶胀作用是相容性好的一个前提。聚合物经溶胀后,由于聚合物低分子量的组分倾向于分布在聚合物与沥青的界面处,相当于表面活性剂作用,使聚合物沥青不易发生相分离,增强了两相的粘合力。当聚合物含量较高时,则可能形成网状结构而使沥青的流变性能和力学性能得到很大的改善。

改性沥青的分散度是指聚合物在沥青中的分布状态及聚合物粒子的大小,改性沥青的生产工艺就是要保证聚合物的良好的分散度。聚合物的微细粒子均匀分布在沥青之中是保证相容性的前提,是改性作用得到实现的保证。

3. *改性沥青的生产工艺*

改性沥青是将改性剂采用一定的工艺加入沥青,使之均匀稳定地分散于沥青之中,因此改性工艺是改性剂发挥改性效果的保证,改性工艺根据改性剂的种类而有所不同。

(1)直接混溶法

采用直接混溶法制作改性沥青,采用的共混设备有搅拌机和胶体磨两种,由于聚合物分子和化学结构不同,在沥青中的溶解速度相差很大,对于 SBS、PE 等改性剂,不宜采用螺旋叶片搅拌设备,而对于 EVA、APAO 等聚合物,则可以采用。

对于不宜采用螺旋搅拌法生产改性沥青的聚合物,需要采用胶体磨或高速剪切设备,在高温高速运转状态下将聚合物研磨成很细的颗粒以增加沥青与聚合物的接触面积,从而促使聚合物的溶胀,使聚合物与沥青更好地混溶。一般需要经过聚合物的溶胀、分散磨细、继续发育三个过程。每一阶段的工艺流程和时间随改性剂、沥青和加工设备的不同而异。聚合物经过溶胀后,更易剪切磨细,经过一段时间的继续发育,改性沥青体系可更加稳定。

直接混溶法是目前制作改性沥青的主要方式,可固定工厂化生产或采用移动式设备。

(2)母料法

预先制作改性剂浓度较高的改性沥青母体,运到工地现场经稀释后使用,即改性沥青的母料制作法,用母料制作的高浓度改性沥青一般在常温下呈固态,运输和储存较为方便,施工现场采用简单的搅拌设备即可实现母料与沥青的混溶,母体生产改性沥青的过程有两个关键因素需要注意,一是改性沥青母体的稳定性问题,另一个是改性沥青母体与掺配沥青的相容性和稳定性问题。

(3)胶乳法

采用丁苯胶乳(要求高浓度胶体)直接投入沥青混合料拌和机与矿料,沥青拌和制作改性沥青混合料。胶乳直接投入拌和锅使改性沥青工艺大大简化,但由于胶乳中所含水分较高,易使拌和机产生锈蚀。

第四节 乳化沥青

乳化沥青是黏稠沥青经热融和机械作用以微滴状态分散于含有乳化剂－稳定剂的水中,形成水包油(O/W)型的沥青乳液。

乳化沥青的应用已有近百年历史,最早用于喷洒除尘,后逐渐用于道路建筑。由于阳离子乳化剂的采用，乳化沥青得到更为广泛的应用。乳化沥青不仅可用于路面的维修与养护，并可用于铺筑表面处治、贯入式、沥青碎石、乳化沥青混凝土等各种结构形式的路面，还可用于旧沥青路面的冷再生和防尘处理。

乳化沥青的优越性主要有以下几点：

①可冷态施工，节约能源，减少环境污染；

②常温下具有较好的流动性，能保证洒布的均匀性，可提高路面修筑质量；

③采用乳化沥青，扩展了沥青路面的类型，如稀浆封层等；

④乳化沥青与矿料表面具有良好的工作性和黏附性，可节约沥青并保证施工质量；

⑤可延长施工季节，乳化沥青施工受低温多雨季节影响较少。

一、乳化沥青的组成材料

1.乳化沥青的基本组成材料

乳化沥青由沥青、水和乳化剂组成，需要时可加入少量添加剂。

(1)沥青

生产乳化沥青用的沥青应适宜乳化。一般采用针入度大于100的较软沥青；石油沥青是复杂的高分子碳氢化合物，由于油源和生产方法的不同，其组分的化学结构和特性有很大差异，乳化的难易程度不同，应通过试验加以选择，根据工程需要也可以采用改性沥青进行乳化。

(2)水

水是沥青分散的介质，水的硬度和离子对乳化沥青具有一定的影响，水中存在的镁、钙或碳酸氢根离子分别对阴离子乳化剂或阳离子乳化剂有不同影响。应根据乳化剂类型的不同确定对水质的要求。

(3)乳化剂

乳化剂在乳化沥青中用量很小，但对乳化沥青的形成，应用及储存稳定性都有重大的影响，乳化剂一般是表面活性物质，称为表面活性剂。

(4)稳定剂

主要采用无机盐类和高分子化合物，用以改善沥青乳液的稳定性。稳定效果最好的无机盐类是氯化铵和氯化钙，常与各类阳离子乳化剂配合使用，加入量通常为0.2%～0.6%，可节省乳化剂用量20%～40%，高分子稳定剂如淀粉、明胶、聚乙二醇等，在沥青微粒表面可形成保护膜，有利于微粒的分散，可与各类阳离子和非离子乳化剂配合使用，加入量0.1%～0.15%。

2.乳化剂分类和乳化能力HLB

表面活性剂分子的化学结构具有不对称性，由极性部分和非极性部分组成。极性部分(如$-COONa$，$-OSO_3Na$，$-SO_3Na$)是亲水性的，非极性部分，如C_{12}～C_{16}的烷基链或碳氢基是憎水的亲油部分。极性的亲水基团结构差异较大，因而乳化剂分类也是根据亲水基的结构而划分，各类乳化剂具有不同的特点。图2-32为沥青乳化剂分子模型示意图。

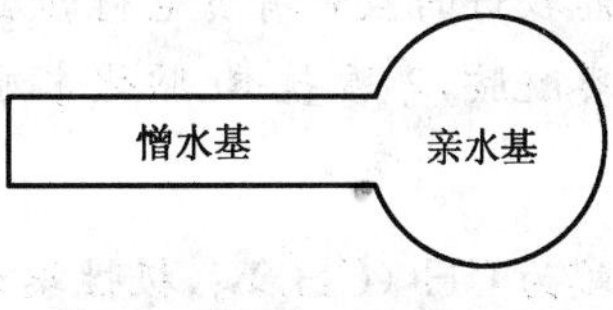

憎水基　亲水基

图2-32　沥青乳化剂分子模型图

(1)乳化剂的分类

能在溶液中解离生成离子或离子胶束的称为离子型乳化剂，凡不能电离成离子胶束的称为非离子乳化剂，可分类如下：

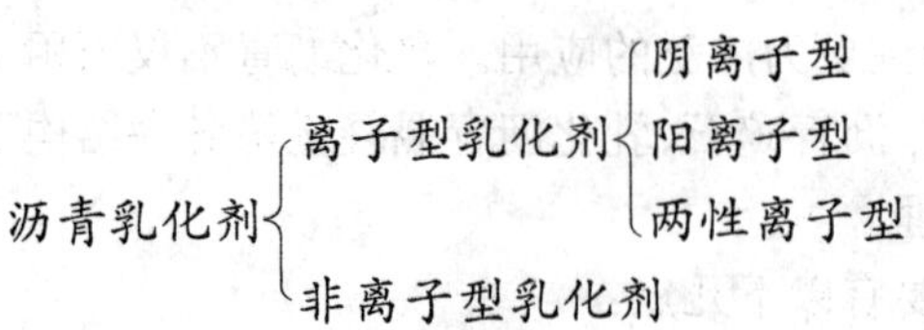

各类乳化剂的示例如表 2-17。

乳化剂的分类示例 表 2-17

按离子类型分类		示　例	化学式	
			亲油基	亲水基
离子型	阴离子型	羧酸盐	$CH_3(CH_2)n^-$	$COO—Na^+$
	阳离子型	季铵盐	$CH_3(CH_2)n^-$	$N^+H_3 \cdot Br^+$（上下各连 CH_3）
	两性离子型	氨基酸型	$CH_3(CH_2)n^-$	$NH—CH_2—CH_2COONa$
非离子型		多元醇型	$CH_3(CH_2)n^-$	$COOCH_2C(CH_2OH)_3$（$COOCH_2C—CH_2OH$，另连 CH_2OH、CH_2OH）

①阴离子乳化剂

阴离子乳化剂是指在水中溶解后其极性部分倾向解离成阴(负)离子的表面活性物质。其特征表现在它具有一个大的有机阴离子,能与碱作用形成盐。属于阴离子乳化剂的表面活性物质很多,常用的有:

有机羧酸盐:RCOONa,如硬脂酸钠 $C_{17}H_{35}COONa$,以及石油副产品环烷酸盐等。

有机硫酸盐(或酯):如烷基硫钠 $ROSO_3Na$。

有机磺酸盐:如基磺酸钠 RSO_3Na 或烷基苯磺酸钠 R—⬡—SO_3Na 等。

亲油基团的烷基碳链长度要适中,烷基链过长不易溶于水,太短则对沥青亲和力差,通常选用 C_{12}～C_{18} 碳链。

阴离子型乳化剂模型如图 2-33 所示,油酸钠($C_{17}H_{33}COO$-Na),其亲油端为 $C_3(CH_2)H_{16-}$,当其溶解在水中时则电离为带负电荷的 $CH_3(CH_2)H_{16}COO^-$ 和带正电荷的 Na^+ 离子。

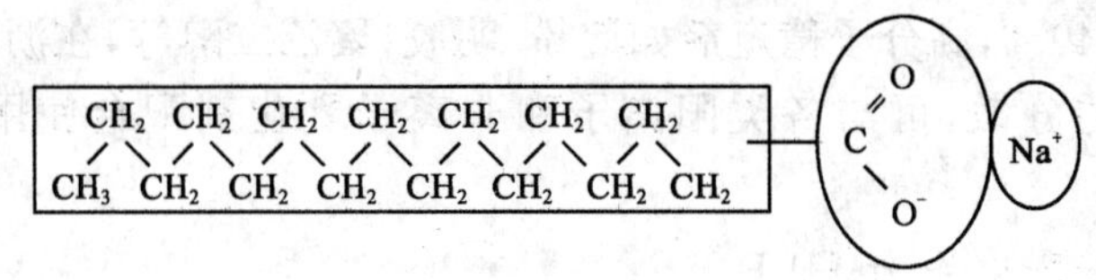

图 2-33 阴离子乳化剂

②阳离子乳化剂

阳离子乳化剂是指在水中溶解后其极性部分倾向解离成阳(正)离子的表面活性物质。由于能较好的被带有负电荷的湿润集料表面吸附,因而得到广泛的应用。常用的有烷基胺或二胺类酰胺,季胺盐类、胺化木质素类等。以十六烷基三甲基氯化铵为例,见图 2-34。它的非极性端为 $CH_3(CH_2)_{15}$,极性端为— $N^+(CH_3)(CH3)—CH_3Cl$ 。当其溶解在水中时,其极性端则电离为带正电的— $N^{+}(CH_3)_3$ 离子和带负电的 Cl 离子。

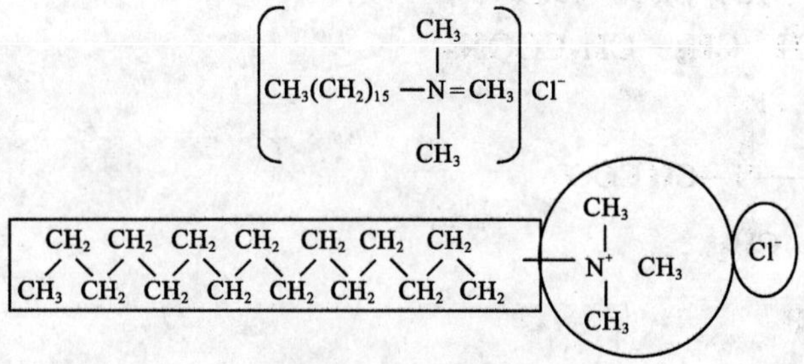

$$\left[CH_3(CH_2)_{15}-N(CH_3)_2=CH_3\right]Cl^-$$

图 2-34　阳离子乳化剂

阳离子乳化剂是当前应用最为广泛的乳化剂,国内生产较多、使用效果较好的见表 2-18。

我国阳离子沥青乳化剂类型　　表 2-18

类　型	化合物名称	分　子　式	商品代号	破乳速度
烷基二胺	N—烷基丙二胺	$RNH(CH_2)_3NH$	ASF	中裂型
酰胺	硬脂酸胺基多胺	$C_{17}H_{35}C(=O)—NH—[(CH_2)_2NH]_n(CH_2)_2NH_2$	JSA-1	慢裂型
	牛脂酰胺基多胺	$R—C(=O)—NH—[(CH_2)_2NH]_n(CH_2)_2NH_2$	JSA-2	中裂型
	烷基羚基酰胺基多胺		JSA-3	快裂型
季铵盐	烷基二甲基羚乙氯化铵	$\left[C_{14\sim18}H_{29\sim37}—N(CH_3)_2—CH_2—CH_2—CH_2OH\right]Cl$	1621	快裂型
	十六烷基三甲基溴化铵	$\left[C_{16}H_{33}—N(CH_3)_2—CH_2\right]Br$	1631	快裂型
	烷基三甲基氯化铵	$\left[C_{16\sim19}H_{33\sim39}—N(CH_3)_2—CH_3\right]Cl$	NOT 或 1831	中裂型
	烷基双季铵盐	$\left[R—NH_2—CH_2—CH(OH)—CH_2—N(CH_3)_2—CH_3\right]Cl$	HY	慢裂型
胺化木质素	木质素胺	$CH_2O—C_6H_4—O—CH_2—N(CH_3)_2$	RH-COL	慢裂型

③两性离子型乳化剂

两性离子型乳化剂是指在水中溶解后其极性部分(亲水基团)即带有阴电荷又带有阳电荷的表面活性物质。

主要化合物有以下几种,其结构式如下:

氨基酸型:R—NH—CH_2—CH_2COONa

咪咪啉型:

$$
\begin{array}{l}
\qquad\qquad\quad R' \\
\qquad\qquad\quad | \\
R—C——N^{+}—CH\,COO^{-} \\
\quad\;\, \| \qquad\;\; | \\
\quad\;\, N \quad\;\; CH_2 \\
\quad\;\;\, \backslash \quad / \\
\qquad\; CH_2
\end{array}
$$

磷酸酯型:

$$
\begin{array}{l}
\quad R-COOCH_2 \qquad\qquad\qquad\quad O \\
\qquad\qquad\quad | \qquad\qquad\qquad\quad\; | \\
R-COOCH-CH_2-O-P-OCH_2CH_2CH_2N^{+}Me_3 \\
\qquad\qquad\qquad\qquad\qquad\qquad\quad\; | \\
\qquad\qquad\qquad\qquad\qquad\qquad\quad O
\end{array}
$$

甜菜碱型:R—$N^{+}(CH_3)CH_2COO^{-}$

两性乳化剂可以吸附在带负电荷或正电荷的物质表面上,有良好的乳化性和分散性,但合成原料来源较困难,价格较高,目前在乳化沥青中的应用较少。

④非离子乳化剂

这类乳化剂是指在水中不离解成离子状态而又具有亲油和亲水结构的化合物。亲水结构主要来源于羟基或醚基,按化合物类型可分为:聚氧乙烯衍生物、多元醇酯、聚醚等。

常用 OP 系列烷基苯酚环氧乙烷加成物,结构简式为:

$$RO—\langle\bigcirc\rangle—(CH_2CH_2)_nH$$

非离子型表面活性剂在水介质中不会离解成水合离子,由于无电荷,当形成沥青乳液时与集料的结合力较弱,是靠水分蒸发破乳后,才能使沥青附着在集料表面上。单独作为沥青乳化剂的应用不多,而主要是与阳离子、阴离子乳化剂配合用于制造乳化沥青,有以下作用:加入非离子可以延长乳液与石料接触时的破乳时间;用于稀浆封层时,可以改善混合料的和易性;可以提高乳化力等。

(2)乳化能力 HLB

表面活性剂亲水基团和亲油基团的强弱,影响乳化剂的表面活性作用,对如何选择乳化剂是十分重要的。通常用亲水—亲油平衡(Hydrophilic-Lipophile Balance—HLB)值来表示乳化剂亲油亲水能力的相对大小,HLB 值越小越亲油,越大越亲水。通常以石蜡的 HLB 为 0,油酸钾为 20,烷基硫酸钠为 40 作为标准。HLB 与其化学结构有密切关系,可以通过乳化试验的乳化效果来确定,也可用有关公式计算出来。非离子型表面活性剂的 HLB 处于 1～20 之间,阴离子和阳离子表面活性剂的 HLB 在 1～40 之间。

二、乳化沥青的形成、分裂机理与生产工艺

1. 乳化沥青的形成机理

(1)乳化剂降低界面能的作用

沥青乳化液是通过机械作用将沥青颗粒分散在水中，形成以沥青作为分散相、水作为分散介质的分散系。由于沥青被分散为细微的液滴，高度分散在水中，使沥青的表面积大量增加，从而大大增加了体系的界面，所以必须对体系做功，才能保持体系的稳定，否则沥青将集聚，以缩小其界面，使体系的自由能降低，以保持体系的平衡。沥青乳液体系的表面自由能由式(2-35)计算。

$$\Delta G=\sigma_{aw}\cdot\Delta S \tag{2-35}$$

式中：ΔG——沥青乳液体系的表面自由能；

σ_{aw}——沥青与水的界面张力；

ΔS——沥青的表面积。

为保证沥青乳液中沥青微滴的高度分散性和稳定性，如果不减少沥青的表面积ΔS，则必须降低沥青与水的界面张力σ_{aw}，掺加表面活性剂是最有效的方法。

乳化剂的化学结构既有亲油端又有亲水端，从而降低了沥青—水的界面张力。在80℃时，水的表面张力为62.6MN/m，沥青的界面张力为24MN/m，水中加入0.30%十八烷基三甲基氯化铵后，界面张力降为37.16MN/m。

(2)界面膜的保护作用

分散在沥青中的饱和分倾向于聚集在沥青颗粒的表面。具有较长烷基链的乳化剂与沥青有较好的吸附作用，因此容易形成紧密排列，从而增强了界面膜的强度，保护沥青微粒不致由于碰撞而聚集。所形成的界面膜的强度和紧密程度取决于乳化剂的分子结构和浓度，沥青乳液中乳化剂达到一定浓度时，定向排列的分子密集排列组成界面膜，膜的强度较大，界面张力减小，乳液稳定。

(3)界面电荷的稳定作用

由于乳化剂的作用，沥青与水界面上形成双电层结构。这是由于沥青微粒带电荷的分子膜外层形成反向电荷的扩散层，分子膜和扩散层界面上存在ξ电位差，ξ电位差越大，微粒之间的排斥力越大，因此在沥青液滴相互碰撞时，由于排斥作用阻止了沥青液滴的聚集，保证了沥青乳液体系的稳定，双电层电位差的大小决定了扩散层的厚度，双电层厚度越大，乳液的稳定性越强，见图2-35。

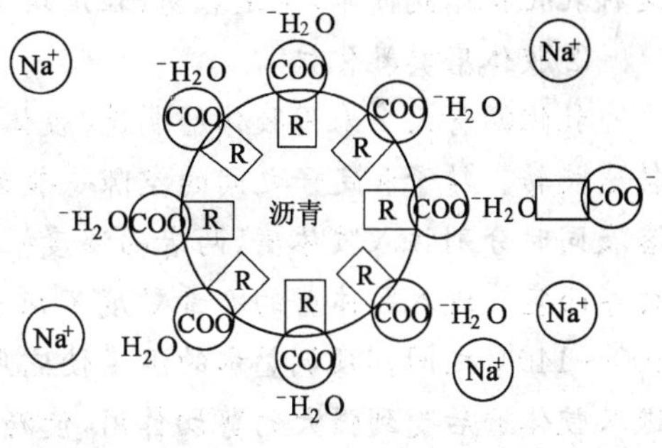

图2-35　阴离子乳化沥青颗粒带电情况

2.乳化沥青的分裂

为使沥青发挥其黏结功能，必须使沥青从乳液中分离出来，使沥青微滴相互聚结，在集料表面形成连续的覆盖薄膜，这就是乳化沥青的分裂。沥青乳液得以分裂的原因如下。

(1)电荷吸附作用

沥青乳液与集料接触后，乳液中沥青微粒所带电荷与集料表面所带电荷的相互吸附作用，是乳液破乳的主要原因。阴离子沥青乳液与表面上带正电荷的碱性集料（如石灰石、白云石）有较好的吸附，阳离子沥青乳液与表面上带负电荷的酸性石料（如硅质岩石，花岗岩等）有较好的吸附。在潮湿状态下，集料表面普遍带负电荷，因此阳离子沥青乳液易与潮湿的集料相结合。

(2)水分蒸发

乳液中的水分由于蒸发被石料吸收而产生分解、破乳，多孔、粗糙、干燥的集料易吸收水分，破坏乳液的平衡，加速破乳。

(3)酸碱中和

研究认为，阳离子沥青乳液有一定的游离酸，pH 值小，游离酸与碱性集料起作用，生成氯化钙和带负电荷的碳酸离子，它与裹覆在沥青微粒周围的阳离子中和，因此沥青微粒能与集料表面紧密相连，形成牢固的沥青膜，乳液中的水分很快分离出来。

3. 乳化沥青的生产工艺

乳化沥青的制备应根据道路工程所需的乳化沥青品种和技术要求确定。具体生产工艺包括沥青品种、标号的确定，乳化剂品种、剂量和稳定剂品种、剂量的确定等。

(1)原材料的品种和剂量的确定

(2)乳化工艺的确定

①沥青温度、流量的确定，应根据沥青品种、标号、季节而定。

②乳化剂水溶液的配制和温度的确定，乳化剂水溶液流量的控制。

③乳化工艺流程的确定，根据工程需要确定是分批作业或连续作业。

(3)乳化设备的确定

乳化机是乳化设备的核心。通过对沥青进行剪切研磨机械作用等，使沥青形成均细化颗粒，稳定而均匀地分散在乳化剂水溶液中，成为水包油(O/W)型的沥青乳液。常用的乳化机为均化器、胶体磨等。

①均化器

均化器类乳化机主要由增压泵和均化头组成。适用于沥青乳化的主要是柱塞式均化器，这种乳化机结构简单，制造容易，粒度均匀，但不耐用，易磨损，产量少，一般用于试验室。

②胶体磨类乳化机

乳化沥青大多采用胶体磨制造，胶体磨有高速的转子，在定子中以 1 000～6 000r/min 的转速旋转。转子和定子之间的空隙一般为 0.25～0.5mm，间隙可以调节。将热沥青和乳化剂溶液同时分别注入胶体磨，两者的温度根据沥青的级别、乳化液中沥青含量百分比、乳化剂品种等而定。进入胶体磨的沥青黏度不应超过 0.2Pa·s，要达到此黏度，沥青的温度应控制在 100～140℃之间。须调整水的温度使它所产生的乳化液温度低于 90℃。乳化剂溶液和沥青进入胶体磨后受到强大的剪切作用，使沥青破裂形成很小的球状微粒，微粒被乳化剂裹覆并使表面带有电荷，产生的静电力可防止微粒互相聚合。

图 2-36 为连续式乳化沥青生产设备流程图。

(4)乳液的储存

乳液存放较长时间，会有分层现象，为延缓分层的速度，应采用密封容器，减少水分蒸发，或在容器上加装搅拌设备，定期进行搅拌。长期储存的乳液应定期取样检验。

三、乳化沥青的技术性质与技术要求

1. 乳化沥青的技术性能及评价指标

(1)筛上剩余量

检验乳液中沥青微粒的均匀程度，是确定乳化沥青质量的重要指标。检测方法为：待乳液完全冷却或基本消泡后，将乳液过 1.18mm 筛，求出筛上残留物占过筛乳液质量的百分比。

(2)蒸发残留物含量及残留物性质

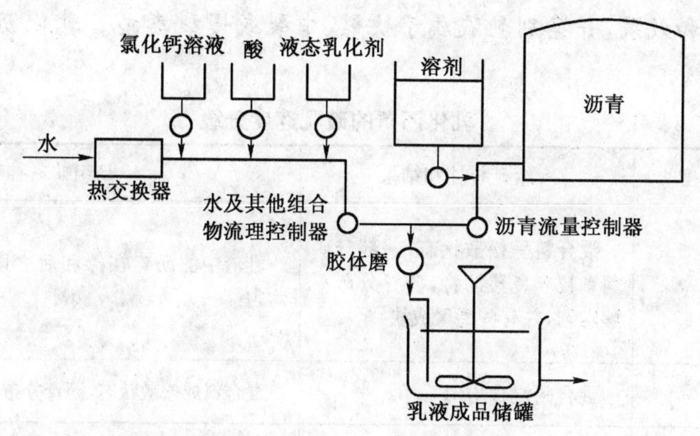

图 2-36 连续式乳化沥青生产设备流程图

蒸发残留物含量是将一定量的乳液脱水后，求出其蒸发残留物占乳液的百分比，用以检验乳液中实际的沥青含量，乳液中沥青含量过高会使乳液黏度变大，储存稳定性不好，且不利于施工。乳液中沥青含量过低，乳液黏度较低，施工时容易流失，不能保证要求的沥青用量，同时增加乳液的运输成本，提高乳化剂用量。

蒸发残留物的性质以针入度、延度和软化点表征，比较沥青乳化后与原沥青相比在技术性能上有何变化。

(3)黏度

对于不同的施工方法、施工季节和路面结构层次，对沥青乳液的黏度要求不同。乳液黏度不当就可能造成路面的过早损坏。我国采用道路沥青标准黏度计或恩氏黏度计测定乳液的黏度。测试条件为：温度 60℃，流孔直径 3mm。

(4)黏附性

阳离子乳化沥青的黏附性测试，是将干净的石料在水中浸泡 1min 后，放入乳液中浸泡 1min，取出后置于空气中存放 20min，再于水中摆洗 3min，然后观察石料颗粒表面沥青膜的裹覆面积。阴离子乳化沥青的黏附性测试，是将干净的 13.2～31.5mm 碎石 50g 排列在滤筛上，将滤筛连同石料一起浸入阴离子乳液 1min 后，取出在室温下置放 24h，然后在 40℃温水中浸泡 5min，观察乳液与石料表面的黏附情况。

(5)储存稳定性

储存稳定性是检验乳液的存放稳定性。将乳液在容器中置放规定的储存时间后，检测容器上下乳液的浓度变化。储存稳定性一般用 5d 的，如时间紧迫也可用 1d 的稳定性。

(6)低温储存稳定性

低温储存稳定性是检测乳液经受冰冻后，其状态发生的变化。将乳液加热到 25℃，然后在－5℃的温度下置放 30min，再在 25℃下放置 10min，循环 2 次后，将试样过 1.18mm 筛，如果筛上没有结块等残留物，则低温储存稳定性合格。

(7)微粒离子电荷性

用于确定乳液是否属于阳离子或阴离子类型。在乳液中放入两块电极板，通入 6V 直流电，3min 后观察电极板上沥青微粒的黏附量。如果负极板上吸附大量沥青微粒，表明沥青微粒带正电荷，则该乳液为阳离子型，反之亦然。

(8)破乳速度

破乳速度试验是将乳液与规定级配的矿料拌和后，由矿料表面被乳液薄膜裹覆的均匀程度，判断乳液的拌和效果，并鉴别乳液属于快裂、中裂或慢裂类型。乳化沥青的破乳速度按照表 2-19 的标准分级。

乳化沥青的破乳速度分级 表 2-19

代号	破乳速度	*A* 组矿料拌和结果	*B* 组矿料拌和结果
RS	快裂	混合料呈松散状态，一部分矿料颗粒未裹覆沥青，沥青分布不够均匀，并有些凝聚成块	乳液中的沥青在拌和后立即凝聚成团块，不能拌和均匀
MS	中裂	混合料混合均匀	混合料成松散状态，沥青分布不匀，并可见凝聚的团块
SS	慢裂		混合料成糊状，沥青乳液分布均匀

(9)水泥拌和试验与矿料的拌和试验

水泥拌和试验的目的是评定慢裂型乳液在与水泥的拌和过程中乳液的凝结情况，该试验可用于评价加固稳定砂石土基层、稀浆封层等施工中所用乳化沥青的性能。将 50g 水泥与 50g 乳液试样拌和均匀后，加入 150ml 蒸馏水拌匀，然后过 1.18mm 筛，结果用筛上残留物占水泥和沥青总质量的百分比表示。

拌和试验是乳液试样与规定级配的混合料在室温下拌和后，以矿料裹覆乳液均匀状态来判断乳液类型的另一种试验方法，也是检验乳化沥青拌和稳定性的方法。

2.乳化沥青的技术标准

按照施工方法，将阳离子型乳化沥青(代号 C)、阴离子型乳化沥青(代号 A)及非离子乳化沥青(代号 N)分为两大类，一类是喷洒型乳化沥青，代号 P，主要用于透层、黏层、表面处治或贯入式沥青碎石路面。第二类是拌和型乳化沥青，代号 B，主要用于沥青碎石或沥青混合料路面。我国现行规范《公路沥青路面施工技术规范》(JTG F40—2004)对道路用乳化石油沥青提出的技术要求见表 2-20。

道路用乳化石油沥青的质量要求 表 2-20

种类 / 试验项目		品种及代号					
		阴离子(阴离子)				非离子	
		PC-1 (PA-1)	PC-2 (PA-2)	PC-3 (PA-3)	BC-1 (BA-1)	PN-2	BN-2
破乳速度		快裂	慢裂	快裂或中裂	慢裂或中裂	慢裂	慢裂
筛上剩余量(%) ≤		0.1					
粒子电荷		阳离子(+)阴离子(−)				非离子	
黏度*(s)	恩格拉黏度 E_{25}	2~10	1~6	1~6	2~30	1~6	2~30
	沥青标准黏度计 $C_{25,3}$	10~25	8~20	8~20	10~60	8~20	10~60
蒸发残留物性质	残留物含量(%) ≥	50	50	50	55	50	55
	25℃针入度(0.1mm)	50~200	50~300	50~150	50~150	50~300	60~300
	15℃延度(cm) ≥	40					
	溶解度(%) ≥	97.5					
与粗集料的黏附性(裹覆面积) ≥		2/3			—	2/3	—

续上表

种类 试验项目		品种及代号					
		阴离子(阴离子)				非离子	
		PC-1 (PA-1)	PC-2 (PA-2)	PC-3 (PA-3)	BC-1 (BA-1)	PN-2	BN-2
与粗、细粒式集料拌和试验		—			均匀	—	
水泥拌和试验(1.18mm 筛余量)(%)	≤	—			—	—	3
常温储存稳定(%)	5d ≤	5					
	1d ≤	1					
用途		表面处治或贯入式	透层油基层养生用	黏层油	稀浆封层冷拌沥青混合料	透层油	与水泥稳定集料同时使用

注:*黏度可选用恩格拉黏度计或沥青标准黏度计之一进行测定。

四、改性乳化沥青

改性乳化沥青是以乳化沥青为基料,以高分子聚合物(一般为橡胶乳)为添加改性材料,同时掺入适量的分散稳定剂或其他微量配合剂,在一定的工艺条件下,经过掺配、混溶制备成具有某种特性的稳定沥青橡胶混合乳液,这种混合乳液被称为橡胶改性乳化沥青。

随着我国高速公路里程的迅速增长和使用年限的延长,高速公路路面的维修工作量迅速增加,随着沥青稀浆封层的大量使用,改性乳化沥青的用量将不断增加。

1.改性乳化沥青的制备方法

(1)二次热混合法

将改性剂与热乳化剂水溶液(60～70℃)经乳化机混合,将此混合液与热熔沥青(120～130℃)再次进行乳化。

(2)一次热混合法

将热橡胶胶乳与热乳化沥青(90～100℃)直接进行混合。

(3)一次混合法

将橡胶胶乳(常温)与乳化沥青(常温)直接混合制作改性沥青。

2.改性乳化沥青稳定机理

改性乳化沥青制备过程中,乳化沥青和橡胶在强烈的机械作用下,打破各自原来的平衡状态,建立了新的平衡。沥青微粒(A)界面膜上某些乳化剂分子脱离原来界面,而橡胶粒子(R)界面膜也发生破裂,沥青与橡胶有良好的相容性和亲和性,通过相互吸附,渗透而融为一体成为沥青橡胶微粒(A/R 微粒)。A/R 微粒在沥青和橡胶两种乳化剂水溶液的作用下形成新的界面膜。新的界面膜既有沥青乳化剂分子,又有橡胶乳化剂分子。

图 2-37 显示了沥青橡胶微粒的形成过程。A/R 微粒的形成,与乳化沥青一样,由于界面膜的保护作用和界面电荷的稳定作用,同样形成稳定的体系。

3.改性乳化沥青的技术性质

在我国《公路沥青路面施工技术规范》(JTG F40—2004)中,对改性乳化沥青的技术要求见表 2-21。

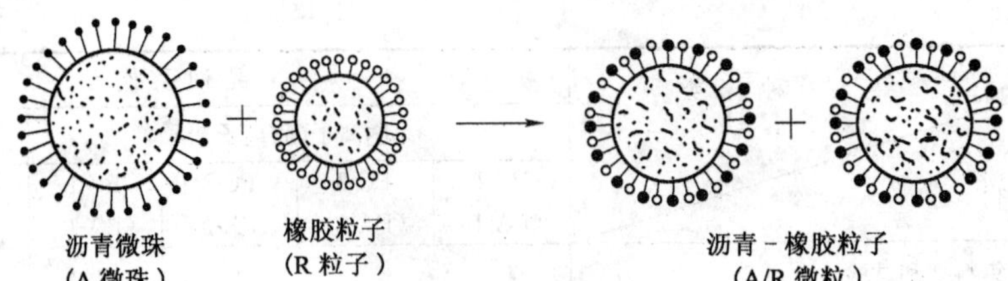

图 2-37 沥青橡胶微粒的形成过程

SBR 改性乳化沥青技术要求 表 2-21

试验项目 \ 品种及代号			喷洒型 PCR	拌和型 BCR
破乳速度			快裂	慢裂
筛上剩余量(1.18mm)(%)		≤	0.1	
黏度(s)	恩格拉黏度 E_{25}		1~10	3~30
	沥青标准黏度 $C_{25,3}$		8~25	12~60
蒸发残留物性质	残留物含量(%)	≥	50	60
	25℃针入度(0.1mm)		50~120	40~100
	软化点(℃)	≥	50	53
	5℃延度(cm)	≥	20	20
	溶解度(%)	≥	97.5	
与矿料的黏附性/裹覆面积		≥	2/3	—
与细粒式集料拌和试验			—	均匀
储存稳定性(%)	1d	≤	1	1
	5d	≤	5	5
用途			黏层、封层桥面防水层	改性稀浆封层(微表处)

第五节 其他沥青材料

一、煤沥青

1. 煤沥青的化学组成和结构特点

(1)煤沥青的化学元素组成

煤沥青主要是由碳、氢、氧、硫和氮元素所组成。由于它的高度缩聚和短侧链的特点，所以它的碳氢比要比石油沥青大得多。煤沥青和石油沥青元素组成如表 2-22 所示。

石油沥青和煤沥青的元素组成比较 表 2-22

沥青名称	元素组成(%)					碳氢比(元素比)
	C	H	O	S	N	C/H
石油沥青	86.7	9.7	1.0	2.0	0.6	0.8
煤沥青	93.0	4.5	1.0	0.6	0.9	1.7

(2)煤沥青的化学组分

由于煤沥青是由数以千计的复杂化合物组成的混合物，分离为单体组成十分复杂困难，故目前煤沥青化学组分的研究，与前述石油沥青研究方法相同，也是采用选择性溶解等方法，将煤沥青划分为几个化学性质相近且与路用性能有一定联系的组分。

煤沥青可分离为:油分、软树脂、硬树脂和游离碳四个组分。油分又可分离为中性油、酚、萘和蒽。

①游离碳

游离碳又称自由碳,是高分子的有机化合物的固态碳质微粒,不溶于任何有机溶剂。不熔物质高温加热分解。煤沥青的游离碳含量增加,可提高其黏度和温度稳定性。但随着游离碳含量的增加,其低温脆性也增加。

②树脂

树脂为环心含氧碳氢化合物。分为硬树脂(类似石油沥青中的沥青质)及软树脂(赤褐色黏—塑性物,溶于氯仿,类似石油沥青中的树脂)。

③油分

油分是液态碳氢化合物,与其他组分比较,为最简单结构的物质。

除了上述的基本组分外,煤沥青的油分中还含有萘、蒽和酚等。萘和蒽能溶解于油分中,在含量较高或低温时能呈固态晶状析出,影响煤沥青的低温变形能力。酚为苯环中含羟物质,能溶于水,且易被氧化。

煤沥青中酚、萘和蒽均为有害物质,其含量必须加以限制。

道路煤沥青各化学组分含量大致范围如表 2-23 所示。

道路煤沥青化学组分含量范围 表 2-23

组分名称	油分	软树脂	硬树脂	游离碳	酚	萘	蒽
化学组成含量(%)	60~80	10~15	5~10	2~25	<5	<7	<10

煤沥青的胶体结构与石油沥青相类似,也是一种复杂胶体分散系,游离碳和硬树脂组成的胶体微粒为分散相,油分为分散介质,而软树脂则吸附于固态分散胶粒周围,逐渐向外扩散,并溶解于油分中,使分散系形成稳定的胶体结构。

2. 煤沥青的技术性质与技术要求

(1)煤沥青的技术性质

煤沥青与石油沥青相比,在技术性质上有以下差异。

①煤沥青的温度稳定性较低

煤沥青是较粗的分散系,其中软树脂的温度感应性较高,所以煤沥青受热易软化。因此加热温度和时间都要严格控制,更不宜反复加热,否则易引起性质急剧恶化。

②煤沥青与矿质集料的黏附性较好

在煤沥青组成中含有较多数量的极性物质,它赋予煤沥青较高的表面活性,它与矿质集料有着较好的黏附性。

③气候稳定性较差

煤沥青的化学组成中含有较高含量的不饱和芳香烃,气候稳定性较差。

④煤沥青对人体有害

煤沥青中对人体有害成分较多,不宜用于城市道路和路面面层。

(2)煤沥青的技术标准

煤沥青有黏度、蒸馏试验馏出量、含水量、甲苯不溶物含量、萘含量、焦油酸含量等技术指标。道路用煤沥青代号 T,根据道路标准黏度分为九个标号,常用标号为 T-7、T-8 和T-9。道路用煤沥青的质量应符合表 2-24 的规定。

道路用煤沥青质量要求(JTG F40—2004)　　表 2-24

试验项目 \ 标号		T-1	T-2	T-3	T-4	T-5	T-6	T-7	T-8	T-9
道路标准黏度(s)	$C_{30,5}$	5~25	26~70							
	$C_{30,10}$			5~20	21~50	51~120	121~200			
	$C_{50,10}$							10~75	76~200	
	$C_{60,10}$									35~65
蒸馏试验馏出量(%)	170℃前 ≤	3	3	3	2	1.5	1.5	1.0	1.0	1.0
	270℃前 ≤	20	20	20	15	15	15	10	10	10
	300℃前 ≤	15~25	15~35	<30	<30	<25	<25	<20	<20	<15
300℃蒸馏残渣软化点(环球法)(℃)		30~45	30~45	35~65	35~65	35~65	35~65	40~70	40~70	40~70
水分(%)	≤	1.0	1.0	1.0	1.0	1.0	0.5	0.5	0.5	0.5
甲苯不溶物(%)	≤	20	20	20	20	20	20	20	20	20
含萘量(%)	≤	5	5	5	4	4	3.5	3	2	2
焦油酸含量(%)	≤	4	4	3	3	2.5	2.5	1.5	1.5	1.5

二、天然沥青

天然沥青(Native Asphalt)是地壳中的石油在热、压力、氧化、触媒、细菌的等各种因素亿万年长期作用下,其轻质油分逐步蒸发,经浓缩、氧化作用形成的沥青类物质。天然沥青具有软化点高、黏度大、耐老化性能强、与石油沥青相容性好等优点,在国外很早就作为沥青的改性剂,并应用于高速公路、机场跑道、桥面铺装等重要交通基础设施建设与养护。

根据生成矿床的不同,可以将天然沥青分为涌出型(如特立尼达湖沥青 TLA)、缝隙填充型(如美国 Gilsonite)、浸润型(如瑞士 Vai de Travers)等,通常称为湖沥青、岩沥青、海底沥青等。天然沥青种类与形成条件见表 2-25。

天然沥青种类与形成条件　　表 2-25

种　类	形　成　条　件	代表品种
湖沥青	地下的沥青溢到地表而形成湖沥青	TLA
岩石沥青	沥青流入在多孔状石灰岩和石岩中形成岩石沥青	BUTON
岩沥青	原油流入岩石缝后,经漫长时间而形成	美国 Gilsonite,四川岩沥青
砂石沥青	沥青流入砂层形成砂石沥青	瑞士 Vai de Travers
海底沥青	在海底下经过高温高压而形成	印尼 BMA

1. TLA 湖沥青

世界上最为著名的天然沥青为特立尼达湖沥青。在南美西印度群岛特立尼达境内的沥青湖中,蕴藏了数百万吨的湖沥青(Trinidad Lake Asphalt,简称 TLA)。湖沥青开采后经过净化,去除杂质,即可装桶销售。1595 年由沃尔特·雷利发现以来,曾被用于防水涂料、油漆、燃料等。湖沥青自 1860 年应用于道路工程,已有 100 余年的历史。

特立尼达湖沥青大约含 52%~55%的沥青、35%~39%的矿物质和少量矿质有机质和一些挥发物质合成的水。特立尼达湖沥青的主要技术指标见表 2-26。特立尼达湖沥青中的矿物成分为:SiO_2 70%,Al_2O_3 17%,Fe_2O_3 8%,其他为少量的 CaO、MgO 等氧化物。矿物颗粒尺寸:0.2mm 为 2.2%,0.17mm 为 8.0%,0.01mm 为 89.8%。

特立尼达湖沥青技术指标　　表 2-26

序号	技术指标	典型值
1	25℃针入度(0.1mm)	0～4
2	软化点(℃)	93～99
3	可溶沥青含量(%)	52～55
4	灰分(%)	35～39
5	相对密度(25℃)	1.39～1.44

通常将特立尼达湖沥青作为改性剂使用，在沥青混合料中使用时通常掺加 20%～35%。湖沥青可以与石油沥青很好的混溶，但由于其密度较大，掺入熔融的沥青中后，必须始终保持搅拌状态，以免矿物成分沉淀。湖沥青可单独作为改性剂使用，也可以与聚合物改性沥青同时使用。

掺加湖沥青的混合沥青有良好的高温稳定性和低温抗裂性能，耐久性好，故在许多高速公路、机场跑道、钢桥面铺装、隧道中得到广泛应用，如上海虹桥机场跑道加铺工程、上海东海大桥桥面铺装工程等。

2. Gilsonite 岩沥青

岩石沥青生成于岩石夹缝中，缝宽很窄，仅数十厘米到几米，深可达几百米以上。位于美国北部犹太州东部 Uintah 盆地的北美硬沥青(美国商品名 Gilsonite)，是岩沥青的代表性品种，应用于道路已有十余年历史。在欧美许多国家的高速公路都使用了 Gilsonite 改性沥青，还大量用于需要抗车辙的重车车道、停车场、车站、弯道、坡道、桥面铺装，用以代替特立尼达湖沥青。由于岩沥青具有高软化点、高纯度的优点，对沥青的改性效果要好于湖沥青。研究认为，掺加 13%的 Gilsonite 岩沥青相当于掺加 39%的特立尼达湖沥青。

Gilsonite 岩沥青主要技术指标见表 2-27。Gilsonite 岩沥青元素分析：碳 84.9%，氢 10%，氮 3.3%，硫 0.3%，氧 1.4%，微量元素 0.1%。普通石油沥青元素分析：碳 82%～88%，氢 8%～11%，硫 0～6%，氧 0～1.5%，氮 0～1%。可见，Gilsonite 岩沥青具有高含氮量，因此沥青黏度大，抗氧化性强，特别是与集料有很好的黏附性及抗剥离性。Gilsonite 岩沥青化学结构与沥青接近，故与沥青的相容性非常好，与沥青平均分子量 3 000 相比，岩沥青的分子量高达 9 000，故高温黏度也大。因此，Gilsonite 岩沥青具有较好的改性能力。

Gilsonite 岩沥青技术指标　　表 2-27

序号	技术指标	典型值
1	针入度，25℃(0.1mm)	0
2	软化点(℃)	160～175
3	可溶沥青含量(%)	85～95
4	灰分(%)	5～15
5	相对密度(25℃)	1.04～1.06

3. 布敦岩沥青(BUTON)

布敦岩天然沥青产自于太平洋印度尼西亚苏拉威西省南部的布敦岛(BUTON)。印尼布敦岩沥青是古代石油渗透到岩层间，经过长期的海底沉淀、承受压力和地质变化而形成的沥青岩，挖掘后经破碎而成的微细颗粒状粉末，呈浅褐色，其中沥青含量约为 20%，其余均为石灰岩类矿物质。经检测，岩沥青中的沥青软化点达到了 70～90℃，由于该沥青已经受长期恶劣环境考验，各项性能指标均有很大提高。岩沥青中的矿物质，不仅细度很细，而且具有相当好的吸收沥青的能力，具有加强沥青与集料黏附性的作用，一般用作道路石油沥青的改性剂，在印尼也称活性剂。

BUTON岩沥青主要技术指标见表2-28。可见，这种岩沥青中沥青成分相对较少，灰分等矿物成分含量较高，所以不能将BUTON岩沥青直接投放基础沥青中制备改性沥青，只能干法应用。而且由于其有效成分相对较少，所以掺量较高，一般为沥青质量的20%左右。

BUTON岩沥青主要技术指标 表2-28

序　号	技术指标	典型值
1	可溶沥青含量(%)	大于18
2	抽出沥青软化点(℃)	70～90
3	相对密度(25℃)	1.7～1.9
4	灰分(%)	70～85
5	最大粒径(mm)	小于2

三、环氧沥青

环氧沥青是由环氧树脂和掺配固化剂配制的石油沥青，按照一定配合比混合后发生固化反应，从而生成不可逆的环氧沥青聚合物。采用环氧沥青拌制的沥青混合料具有强度高、韧性好、抗疲劳等优点，是用于钢桥面铺装和超重载交通路面的理想材料。

1.环氧沥青的组成材料

环氧沥青一般由A、B两种组分组成，其中A组分为环氧树脂，B组分为石油沥青与固化剂组成的混合物，施工时将两种组分配合使用。通过将环氧树脂加入沥青中，在固化剂作用下发生固化反应，形成网络状高分子聚合物，使沥青由热塑性转变为热固性材料。

(1)环氧树脂的类型与特性

环氧树脂是含有两个或两个以上环氧基、聚合度不高的化合物，是一种胶黏材料。环氧树脂的主要类型有：双酚A型环氧树脂、酚醛环氧树脂、脂环族环氧树脂、脂肪族环氧树脂。我国目前大规模生产的主要品种是双酚A型环氧树脂，几种型号和质量指标列于表2-29。

环氧树脂型号与质量指标 表2-29

技术指标	E-51(618)	E-44(6101)	E-42(634)	E-35(637)
外观	黄色至琥珀色高黏度透明液体			
色泽 HCB2002-59　＜	2	6	8	8
软化点(环球法)　(℃)	—	12～20	21～27	—
环氧值(盐酸吡啶法)　＜(当量/100g)	0.48～0.56	0.41～0.47	0.38～0.45	0.26～0.40
有机氯值(银量法)　＜(当量/100g)	2×10^{-4}	2×10^{-4}	2×10^{-4}	2×10^{-4}
无机氯值(银量法)　＜(当量/100g)	1×10^{-3}	1×10^{-3}	1×10^{-3}	1×10^{-3}
挥发物(110℃,3h)　＜(%)	2.0	1.0	1.0	1.0

双酚A型环氧树脂由环氧氯丙烷缩聚而成，为淡黄色至棕色的透明黏性液体或固体，平均分子量在350～7 000范围内。双酚A型环氧树脂性能稳定，即使加热到200℃也不会发生变化。

一般来讲，环氧树脂的分子量越大，黏度越大，环氧值越小，颜色也越深；分子量越小，颜色越淡，流动性越好。就环氧树脂的固化物性能而言，低分子量的环氧树脂固化物强度高于高分子量的环氧树脂固化物强度，但是高分子量环氧树脂的缠联性能较好，固化物的韧性也比较好。以环氧树脂的成本来说，低分子量的环氧树脂的纯度高，价格也较高，而高分子量的环氧树脂纯度低，透明度差，但其价格也低得多。如，低分子量的环氧树脂 E-51，在常温下呈流动状态，加工方便，固化后形成的强度也高，但其价格比较高；而大分子量的环氧树脂 E-42，成本较低，但常温下流动性差，使用时必须加热或用溶剂加以稀释，施工工艺烦琐，且固化强度也比较低。

(2)固化剂

环氧树脂本身是热塑性的低分子线性聚合物，必须加入固化剂将环氧树脂中的环氧基打开，发生交联反应，形成网状立体结构的大分子，才能成为不溶于水、不再熔化的固化物。在固化过程中，树脂内部产生一定的内聚力，对胶结物产生较强的黏结力，从而将胶结物联结成整体，形成结构强度。固化剂的性质对环氧树脂固化物的黏结强度和物理性质有很大的影响，因此固化剂也是关系到环氧沥青性能优劣的技术关键。

固化剂按分子结构分为三类：①碱性固化剂，如多元胺、改性脂肪胺、胺类加成物；②酸性固化剂，如酸酐；③合成树脂类，如含活性基团的聚酰胺、聚酯树脂、酚醛树脂等。固化剂按固化反应的温度分为：①低温固化剂；②常温固化剂；③中温固化剂；④高温固化剂。

选择固化剂时应考虑固化剂与环氧树脂发生化学反应后，能够满足力学强度的要求；固化物应具有良好的韧性，而不致在工作状态下发生脆裂破坏；固化剂反应条件能够适应沥青混合料拌和、摊铺、碾压工艺过程；固化剂来源广泛，采购方便；固化剂应无毒或基本无毒，不影响操作人员的健康。

2. 改善环氧树脂与沥青相容性的介质

直接将环氧树脂和固化剂加入沥青中配制环氧沥青，用这种环氧沥青直接拌制混合料时，环氧沥青混合料是不能形成足够的强度的。原因在于环氧树脂与沥青是不相容的，沥青起着阻隔作用，影响环氧树脂与固化剂发生化学反应，故不能形成高的强度。

改善环氧树脂与沥青相容性的方法是在沥青中掺加一种介质。根据相容性要求，该介质的溶解度参数宜在 18～19$(kJ/m^3)^{1/2}$范围内，介电常数略大于 3.6。黑褐色的富芳香分油是环氧树脂很好的介质，与沥青合适的配合比例约为 30%左右。

3. 环氧沥青的工程应用

目前，环氧沥青主要应用于大型桥梁尤其是钢桥的铺装。1967 年，美国旧金山海湾 San Mateo-Hayward 大桥上，将环氧沥青混凝土作为桥面铺装材料进行了第一次商业应用。随后在美国 San Diego-Coronado 桥、Golden Gate 桥、San Francisco-Oakland 桥、巴西 Costade Silva 桥、澳大利亚 West Gate 桥、加拿大 Lions Gate 桥等进行了应用。

2000 年我国南京长江二桥上首次应用环氧沥青混凝土进行了桥面铺装。随后润扬大桥、南京长江三桥、天津沽口大桥等桥面也采用了环氧沥青混凝土作为铺装材料。

四、彩色(浅色)沥青

彩色沥青路面作为一种新型的铺面技术，具有美化环境、诱导交通等特殊功能。早在 20 世纪 50 年代，欧美、前苏联、日本等发达国家就开始研究与应用。特别是近 20 年以来，彩色路面在市政道路以及公园与社区道路等应用逐渐广泛。

彩色沥青路面的开发与应用，经历了一个长期的摸索过程。起初人们试图用彩色石料和沥青来铺设彩色路面，但这种路面铺筑后仍然是黑色的，只是随着行车的磨耗，石子的颜色才慢慢显现出来，不过其色彩是很暗淡的。后来人们采用在路面上涂覆油漆的方法，这样可以获得所需要的颜色。但是，油漆的价格昂贵，不可能大面积应用；而且油漆的厚度很薄，在车辆和行人的磨损下很快被磨掉，难以持久保持路面颜色。所以迄今为止各国均没有采用这种技术。后来有人直接将颜料加入沥青混合料中拌和，用以铺筑路面。由于沥青黑色的屏蔽作用，只有加入大量颜料后混合料的色彩才能显示出来。因此，人们认识到，铺筑彩色路面最好使用浅色胶结料，或者彩色胶结料。

1.彩色(浅色)沥青组成

目前，浅色沥青结合料绝大部分是采用现代石油化工产品，如芳香油、聚合物、树脂等产品，调配出与普通沥青性能相当的结合料。通常这类为浅色半透明状材料，在与浅色石料拌和时，加入某种颜色的颜料，使这个混合料呈现出某种色彩，或者事先将颜料加入浅色沥青中使其成为彩色沥青。目前浅色沥青的工程应用较为广泛。

浅色沥青结合料有热塑性和热固性两类。热固性是指材料加热固化形成较高强度，通常是通过添加环氧树脂和固化剂的方法制备。日本对于热固性彩色结合料研究与应用较多，技术已较成熟。如日本名古屋市在交通拥挤的天高岳线公共汽车专用道铺筑这种路面。这种技术在上海市也已试用，如在延安西路一段的公交专用道就铺筑了以环氧树脂为结合料的绿色路面。但是热固性浅色沥青制备工艺复杂、成本高，而且对施工设备和技术要求较高。热塑性浅色沥青与普通沥青具有基本相同的路用性能与施工工艺，而且价格相对较低，因此应用较多。表 2-30 是几种结合料的比较。

几种结合料的比较 表 2-30

结合料种类	优　点	缺　点	工程应用实例
普通沥青	来源广泛，价格较低，施工工艺简单	只能铺筑红色路面，且色彩深暗	上海世纪公园等
天然浅色沥青	施工工艺简单	资源很少	英国伦敦某些人行道
热固性浅色沥青	性能好，强度高，耐磨、抗滑	造价较高、施工工艺复杂	日本名古屋市天高岳线公交专用道、上海延安西路的公交专用道等
热塑性浅色沥青	路用性能好，价格可接受	施工工艺较复杂	上海新江湾城、西安市雁塔路等

彩色沥青路面之所以呈现不同色彩是因为加入不同类型的颜料。颜料主要有无机颜料和有机颜料两大类。无机颜料耐光、热老化性能好，而且价格比有机颜料便宜，因此大多选用无机颜料。如采用氧化铁红颜料，可铺筑红色沥青路面；采用铬绿颜料，可铺筑绿色沥青路面。

2.彩色(浅色)沥青技术要求

作为理想的彩色沥青铺面用结合料，不仅色泽应该是浅色的，而且其黏结性、工艺性都应与普通沥青相近，或者说它应具备与普通沥青基本相同的路用性能和施工和易性。目前，通过在基础油中添加高分子聚合物、改性剂等方法合成的热塑性浅色沥青，由于其性能较好、加工工艺简单、价格相对较低而并被广泛地应用于彩色铺面。

目前道路采用的沥青大多为 AH-70 或 AH-90 沥青，因此从保证彩色路面的路用性能考虑，要求彩色铺面用结合料满足普通沥青 AH-70 或 AH-90 的基本技术指标，而且从目前我国彩色沥青生产的技术水平来可以看，彩色沥青也能够满足相应要求。由于彩色沥青中含有大量聚合物，因此其软化点、延度等指标要高于普通沥青，但是其耐老化性能值得关注。上海市政工程管理局颁布的彩色沥青结合料技术要求见表2-31。

彩色沥青结合料路用技术要求 表2-31

技术指标			技术要求
针入度(25℃,100g,5s)(0.1mm)			50～70
延度(5cm/min,15℃)(cm)		不小于	100
软化点(环球法)(℃)		不小于	50
闪点(COC)(℃)		不小于	230
动力黏度(60℃)(Pa·s)		不小于	180
黏度(135℃)(Pa·s)		不大于	3
薄膜烘箱加热试验(163℃,5h)	质量损失(%)	不大于	2.0
	针入度比(%)	不小于	60
	软化点(环球法)(℃)		原样±5
	延度(5cm/min,15℃)(%)	不小于	15
	颜色		无明显变化

本章小结

石油沥青是石油经加工而获得的一种具有胶结性能的道路建筑材料，在道路路面建筑工程中得到广泛的采用。

石油沥青是复杂的高分子化合物，可分离为饱和分、芳香分、胶质和沥青质等几个组分。根据这些组分结构和含量的不同，可将沥青分为溶胶、溶凝胶和凝胶等三种胶体结构。沥青的胶体结构与沥青的路用性能有密切关系。

沥青具有黏滞性、黏弹性、感温性等一系列特性。通过学习应掌握这些特性及其测试方法，更好地应用沥青材料。本章还介绍了美国SHRP沥青结合料规范和法国沥青技术标准的主要内容，以便了解沥青性能研究的动态和发展趋势。

由于交通运输的发展，对沥青的性能提出了更高的要求，因此改性沥青得到较大的发展。本章介绍了几种常用的改性沥青的性能和测试方法。

乳化沥青也是沥青路面工程中广泛采用的材料，具有可冷态施工的特点，应掌握其组成形成机理和用途。改性乳化沥青在路面工程中也得到应用，应关注这些材料的发展。

随着材料的开发应用，道路使用要求的提高，一些新型沥青材料逐渐用于道路工程，如天然沥青在沥青改性中的应用，高强度环氧沥青以及彩色沥青等，本章简要介绍了这些材料组成特点、性能特征和使用要求。

复习题

2-1 沥青的体膨胀系数与沥青的路用性能有何关系？

2-2 采用沥青化学组分分析方法可将沥青分离为哪几个组分？与沥青的技术性质有何关系？

2-3 沥青可划分为几种胶体结构，与其技术性质有何关联？

2-4 沥青常用的技术指标有哪些？反映沥青的哪些性能？

2-5 美国SHRP的沥青技术规范中对沥青的性能提出哪些新的试验方法，各自反映沥青哪方面的性能？

2-6 表征沥青黏滞性的试验方法有哪些？

2-7 沥青针入度、延度、软化点试验反应沥青的哪些性能？简述主要试验条件。

2-8 沥青的低温性能可采用哪些方法来测试？

2-9 沥青的感温性最常采用哪些指标来表征？

2-10 什么是沥青的黏弹性，采用什么技术指标给以评价？

2-11 影响沥青与石料黏附性的因素有哪些？

2-12 道路沥青的技术标准有哪几项指标？

2-13 为什么要对沥青进行改性？常用的聚合物改性沥青有哪几种？改性沥青的技术指标有何特点？

2-14 简述乳化沥青的形成和分裂机理。

2-15 沥青在10℃和25℃下测定的针入度分别为24和79(0.1mm)，求出沥青的针入度—温度敏感性系数A，由此计算沥青的针入度指数PI，并判断沥青的胶体结构类型。

2-16 简述天然沥青的性能特征及其对沥青改性的作用。

第三章 沥青混合料

内容提要：本章阐述沥青混合料类型和组成结构，分析沥青混合料强度形成原理和强度影响因素、沥青混合料应具备的路用性能、影响因素及评价方法，介绍热拌沥青混合料的组成设计方法。在此基础上，介绍骨架型沥青混合料、常温沥青混合料、再生沥青混合料以及具有特殊功能的其他沥青混合料的技术特性、组成材料要求及配合比设计特点。

沥青混合料是矿质混合料（简称矿料）与沥青结合料经拌制而成的混合料的总称，沥青混合料经摊铺、压实成型后成为沥青路面。沥青混合料作为建筑材料可以追溯到5000年前的古代巴比伦王朝，那时采用的是天然状态的沥青类材料，主要被用作密封料。约在公元前600年，在巴比伦铺筑了第一条沥青路面，随后该技艺失传，直至1833年在英国开始铺筑煤沥青碎石路面，1854年在巴黎首次采用碾压法铺筑沥青路面，1870年在伦敦、华盛顿、纽约等地采用沥青铺筑路面。1920～1930年间，第一代沥青混合料拌和设备投入使用。20世纪40年代，美国工程师兵团提出了沿用至今的马歇尔试验方法；20世纪90年代，美国战略公路研究计划（SHRP）成果提出的Superpave沥青混合料设计方法，开创了沥青和沥青混合料的研究和应用的新纪元。目前，沥青混合料是现代道路路面结构的主要材料之一，广泛应用于各类道路路面，尤其适合高速行车道路路面。它具备以下特点：

（1）具有良好的力学性质和路用性能，铺筑的路面平整无接缝，减振吸声，行车舒适。路表具有一定的粗糙度，且无强烈反光，有利于行车安全。

（2）采用机械化施工，有利于施工质量控制，施工后即可开放交通。

（3）便于分期修建和再生利用。

但是沥青混合料也存在高温稳定性和低温抗裂性不足的问题。

第一节 沥青混合料的类型与组成结构

一、沥青混合料的分类

沥青混合料的分类方法取决于矿质混合料的级配组成、集料的公称最大粒径、沥青混合料的压实空隙率、沥青品种以及沥青混合料的制造工艺等。

1. 按矿料的级配类型分类

根据矿料级配组成特点及沥青混合料压实后的剩余空隙率水平，对沥青混合料分类如下。

（1）连续密级配沥青混凝土混合料

由按连续密级配原理设计组成的矿料与沥青结合料拌和而成，其典型类型为：设计空隙率3%～6%的密实式沥青混凝土混合料，以 AC(Asphalt Concrete Mixture)表示；设计空隙率3%～6%的密级配沥青稳定碎石混合料，以 ATB(Asphalt-Treated Base)表示。

(2)半开级配沥青混合料

由适当比例的粗集料、细集料及少量填料（或不加填料）与沥青结合料拌和而成，其典型类型为设计空隙率在6%～12%的半开式沥青稳定碎石混合料，以 AM (Asphalt-Treated Mixture)表示。

(3)开级配沥青混合料

矿料级配主要由粗集料组成，细集料及填料较少，与高黏度沥青结合料拌和而成，其典型类型如：设计空隙率在18%～25%的排水式沥青磨耗层混合料，以 OGFC(Open Graded Friction Course)表示；设计空隙率大于18%的排水式沥青稳定碎石混合料，以 ATPB(Asphalt-Treated Permeable Base)表示。

(4)间断级配沥青混合料

矿料级配组成中缺少1个或几个粒径档次（或很少）而形成的级配间断的沥青混合料。其典型类型是沥青玛蹄脂碎石混合料，以 SMA(Stone Matrix Asphalt)表示。SMA 是由沥青结合料与少量纤维稳定剂、细集料以及较多填料（矿粉）组成的沥青玛蹄脂填充于间断级配的粗集料骨架的间隙，组成一体的沥青混合料。

2. 按照集料的公称最大粒径分类

集料的最大粒径是指通过百分率为100%的最小标准筛的筛孔尺寸，集料的公称最大粒径是指全部通过或允许少量不通过的最小一级标准筛的筛孔尺寸，通常比最大粒径小一个粒级。例如，某种集料在26.5mm筛孔的通过率为100%，在19mm筛孔上的筛余量小于10%，则此集料的最大粒径为26.5mm，公称最大粒径为19mm。

根据集料的公称最大粒径，沥青混合料分为特粗式、粗粒式、中粒式、细粒式和砂粒式。不同级配组成、不同公称最大粒径的沥青混合料类型汇总于表3-1。

沥青混合料类型汇总　　表3-1

沥青混合料类型	公称最大粒径尺寸(mm)	最大粒径尺寸(mm)	连续密级配		半开级配	开级配		间断级配
			沥青混凝土混合料	沥青稳定碎石	沥青碎石混合料	排水式沥青磨耗层	排水式沥青稳定碎石	沥青玛蹄脂碎石混合料
砂粒式	4.75	9.5	AC-5	—	AM-5	—	—	—
细粒式	9.5	13.2	AC-10	—	AM-10	OGFC-10	—	SMA-10
	13.2	16	AC-13	—	AM-13	OGFC-13	—	SMA-13
中粒式	16	19	AC-16	—	AM-16	OGFC-16	—	SMA-16
	19	26.5	AC-20	—	AM-20	—	—	SMA-20
粗粒式	26.5	31.5	AC-25	ATB-25	—	—	ATPB-30	—
	31.5	37.5	—	ATB-30	—	—	ATPB-20	—
特粗式	37.5	53.0	—	ATB-40	—	—	ATPB-40	—
设计空隙率(%)			3～6	3～6	6～12	>18	>18	3～4

3. 根据沥青混合料的拌和及铺筑温度分类

(1)热拌热铺沥青混合料

热拌热铺沥青混合料一般简称为热拌沥青混合料 HMA(Hot Mix Asphlat),它是将黏稠道路沥青或改性沥青加热至 150～170℃,矿料加热至 170～190℃,在热态下进行拌和,并在热态下进行铺筑施工的沥青混合料。热拌沥青混合料的强度高、路用性能优良,适用于高等级道路沥青路面结构的各个层次。

热拌沥青混合料通常在拌和厂进行生产,沥青混合料的拌和设备有间歇式拌和机和连续式拌和机。间歇式沥青混合料搅拌设备的构成有:冷料供给系统、干燥滚筒、燃烧系统、热集料提升机、振动筛分系统、热集料储仓、计量系统、搅拌器、粉料供给系统、沥青供给系统、导热油供给系统、系统、成品料仓、电气控制系统等。采用间歇式拌和机拌制混合料时,集料在干燥筒内加热干燥,然后进入拌缸,加入已加热的沥青和矿粉进行拌和。

与间歇式拌和设备相比,连续式拌和设备没有热集料筛分系统和搅拌缸,其核心部件是"双滚筒",因此又称为滚筒式拌和机,它可以一次完成集料的烘干加热和混合料的搅拌作业。连续式拌和楼具有产量大、能耗低、稳定性好等特点,但对集料的稳定性要求较高。

目前,国外既采用间歇式拌和机也采用连续式拌和机生产沥青混合料,而我国一般推荐使用间歇式拌和设备进行沥青混合料的生产。这是因为我国目前所使用的集料品种较为复杂,性能变异性大,间歇式沥青混合料搅拌设备因其结构的完善、级配正确、计量精度高、成品料质量好、易于控制而广受欢迎。

(2)冷拌冷铺沥青混合料

冷拌冷铺沥青混合料亦称为常温混合料,它是采用乳化沥青、泡沫沥青、液体沥青或低黏度沥青作为结合料,在常温状态下与集料进行拌和而成的混合料,并在常温下进行摊铺、碾压成型。由于沥青的黏度较低,路面成型时间较长,且强度不高,主要用于低等级道路和路面修补。

目前,由于可采用掺加外加剂来提高常温沥青混合料的强度,乳化沥青混合料和泡沫沥青混合料也成为沥青路面基层或再生混合料的主要类型。

(3)热拌冷铺沥青混合料

采用低黏度沥青结合料与集料在热态下(100℃左右)拌和而成沥青混合料。冷却后可以在常温下储存,使用时在常温下摊铺压实。这类沥青混合料主要作为路面修补的养护材料使用。

(4)温拌沥青混合料

温拌沥青混合料是采用特定的技术或添加剂,使沥青混合料的拌和、摊铺和压实温度介于热拌沥青混合料和常温沥青混合料之间的沥青混合料的统称。这是一种具有节能环保作用的新型沥青混合料生产技术,可以在降低沥青混合料施工温度、降低有害气体排放的同时,保证沥青混合料具有与热拌沥青混合料基本相同的路用性能和施工和易性。

二、沥青混合料组成与体积参数

最常用的沥青混合料体积参数为试件的密度、空隙率、矿料间隙率和沥青饱和度,这些体积参数指标反映了压实后沥青混合料各组成材料之间质量与体积的关系,取决于沥青混合料中沥青与集料性质、组成材料用量比例、沥青混合料成型条件等因素,对沥青混合料的路用性能有着显著影响,也是进行沥青混合料配合比设计的重要设计参数。

1. 矿质混合料的体积与密度

沥青混合料由沥青、矿质混合料和外加剂等材料组成。由于矿质混合料的级配差异、沥青用量差异以及压实程度的不同，集料颗粒可能排列成不同的组成结构状态，但是从质量和体积的物理观点出发，沥青混合料的组成结构主要是由沥青、矿质混合料和空隙所组成，见图 3-1。

(1)矿质混合料的合成密度

在图 3-1 中，矿质混合料由不同粒径的各档集料合成，矿质混合料的合成毛体积相对密度与合成表观相对密度分别由式(3-1)和式(3-2)计算。

$$\gamma_{sb} = \frac{100}{\frac{P_1}{\gamma_1} + \frac{P_2}{\gamma_2} + \cdots + \frac{P_n}{\gamma_n}} \tag{3-1}$$

$$\gamma_{sa} = \frac{100}{\frac{P_1}{\gamma'_1} + \frac{P_2}{\gamma'_2} + \cdots + \frac{P_n}{\gamma'_n}} \tag{3-2}$$

式中：　γ_{sb}——矿质混合料的合成毛体积相对密度，无量纲；

γ_{sa}——矿质混合料的合成表观相对密度，无量纲；

γ_1、γ_2、…、γ_n——各档集料的毛体积相对密度，实测，无量纲；

γ'_1、γ'_2、…、γ'_n——各档集料的表观相对密度，实测，无量纲；

P_1、P_2、…、P_n——合成矿质混合料中各档集料的比例($\sum_1^n P_i = 100$)，%。

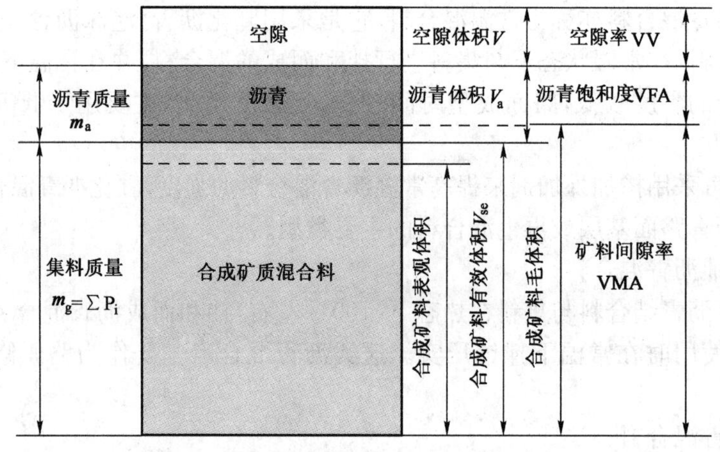

图 3-1　沥青混合料材料组成与体积组成示意图

(2)矿质混合料的有效体积和有效密度

在沥青混合料中，矿质混合料(集料)的部分开口孔隙会吸入沥青，见图 3-2。此时，集料的毛体积由两部分组成：一部分是集料实体体积＋闭口孔隙体积＋部分开口孔隙体积，一部分是吸入沥青的开口孔隙体积，前者定义为集料的有效体积 V_{se}，即图 3-2 中被黑色沥青包裹的内轮廓体积。根据这个定义，当采用毛体积密度计算集料体积时，则认为开口孔隙中没有吸入沥青，所计算的集料体积比实际情况偏大；当采用表观密度计算集料体积时，则认为开口孔隙中充满了沥青，所计算的集料体积比实际情况偏小。

上述分析表明，矿质混合料的有效体积介于合成毛体积与合成表观体积之间，与其对应的有效密度是一个介于毛体积密度和表观密度之间的计算密度，该密度考虑了集料的部分开口孔隙吸入沥青的情况，沥青的吸入量则取决于集料开口孔隙特征和集料吸水性。

目前各国确定集料有效密度的方法不尽相同。我国现行标准《公路沥青路面施工技术规范》(JTG F40—2004)规定，集料的有效相对密度 γ_{se} 可以按照式(3-3)进行计算。

$$\gamma_{se}=C\times\gamma_{sa}+(1-C)\cdot\gamma_{sb} \tag{3-3}$$

图 3-2　集料开口孔隙与吸入沥青体积的示意图

式中：C——合成矿质混合料的沥青吸收系数，按照矿料的合成吸水率，由式(3-4)计算；

γ_{sb}——矿质混合料的合成毛体积相对密度，按照式(3—1)计算，无量纲；

γ_{sa}——矿质混合料的合成表观相对密度，按照式(3-2)计算，无量纲。

$$C=0.033\omega_x^2-0.2936\omega_x+0.9339 \tag{3-4}$$

式中：ω_x——矿质混合料的合成吸水率，按照式(3-5)计算，%。

$$\omega_x=\left(\frac{1}{\gamma_{sb}}-\frac{1}{\gamma_{sa}}\right) \tag{3-5}$$

2. 沥青混合料试件的毛体积密度

沥青混合料试件的毛体积密度是指沥青混合料单位毛体积的干质量，由式(3-6)定义。这个毛体积是指沥青混合料试件在饱和面干状态下表面轮廓水膜所包裹的全部体积，包含了沥青混合料实体体积、闭口空隙体积、能吸收水分的开口空隙等试件表面轮廓所包围的全部体积。

$$\rho_f=\frac{m_a+m_g}{V_a+V_{se}+V} \tag{3-6}$$

式中：ρ_f——沥青混合料试件的毛体积密度，g/cm³；

m_a——沥青质量，g；

m_g——矿质混合料的合成质量；g；

V_a——沥青体积，cm³；

V_{se}——合成矿质混合料的有效体积，cm³；

V——沥青混合料中的空隙体积，%。

在工程中，沥青混合料的毛体积相对密度 γ_f 的测试需要根据沥青混合料试件的空隙率大小，选择用水中重法、表干法、蜡封法或体积法测定。吸水率小于 0.5%的密实型沥青混合料试件可采用水中重法测定；吸水率在 0.5%～2%间的密实沥青混合料试件应采用表干法测定；吸水率大于 2%的沥青混合料、沥青碎石混合料等不能用表干法测定的试件应采用蜡封法测定；空隙率较大的沥青碎石混合料、开级配沥青混合料试件可采用体积法测定。

3. 沥青混合料的最大理论相对密度

最大理论密度是假设沥青混合料试件被压实至完全密实，没有空隙的理想状态下的单位体积的质量，即假设压实沥青混合料试件全部为矿料(包括矿料内部孔隙)和沥青所占有，空隙率为零时的密度。在沥青混合料配合比设计中，沥青混合料最大理论密度将直接决定沥青混合料的空隙率VV、矿料间隙率VMA以及沥青饱和度VFA，进而影响到沥青混合料设计的最佳沥青用量。

(1)沥青混合料的最大理论密度的确定方法

沥青混合料的最大理论密度可以通过实测法或计算法确定。实测法原理是将沥青混合料试样充分分散，借助于负压容器中的剩余压力，将沥青混合料颗粒间的空气抽出来，使被测试的混合料试样接近零空隙率状态，然后通过排水法测定混合料的体积，进而计算沥青混合料的最大理论相对密度。但对于改性沥青混合料来讲，由于沥青黏度较大，很难将封闭在颗粒间的空气无法完全排除，由此而测定的混合料体积偏大，计算的最大理论密度偏小。针对这种情况，可以采取计算法求取沥青混合料的最大理论密度。

(2)沥青混合料的最大理论密度的计算方法

计算法是根据沥青混合料组成材料的相对密度和用量比例来进行计算的。在工程中，沥青用量以油石比和沥青含量两种指标表示。油石比定义为沥青与矿料的质量百分比，而沥青含量定义为沥青质量占沥青混合料总质量的百分率。当采用油石比指标时，沥青混合料的最大理论相对密度按式(3-7a)进行计算。当采用沥青含量指标时，沥青混合料的最大理论相对密度按照式(3-7b)进行计算。

$$\gamma_t = \frac{100 + P_a}{\frac{100}{\gamma_{se}} + \frac{P_a}{\gamma_a}} \tag{3-7a}$$

$$\gamma_t = \frac{100}{\frac{(100 - P_b)}{\gamma_{se}} + \frac{P_b}{\gamma_b}} \tag{3-7b}$$

式中：γ_t——压实沥青混合料试件的最大理论相对密度，无量纲；

γ_{se}——合成矿质混合料的有效相对密度，由式(3-3)进行计算，无量纲；

P_a——沥青混合料的油石比(沥青混合料质量＝沥青质量＋矿料质量＝P_a＋100)，%；

P_b——沥青混合料的沥青含量(沥青混合料质量＝沥青质量＋矿料质量＝100)，%；

γ_a、γ_b——沥青的相对密度(25℃/25℃)，在数值上相等，无量纲。

4. 沥青混合料试件的空隙率

沥青混合料试件的空隙率VV(Volume of Air Voids)是指压实状态下沥青混合料内矿料和沥青实体之外的空隙(不包括矿料本身及其表面已被沥青封闭的孔隙)的体积V占试件总体积的百分率，根据压实沥青混合料试件的毛体积相对密度和最大理论相对密度按式(3-8)计算。

$$\mathrm{VV} = \left(1 - \frac{\gamma_f}{\gamma_t}\right) \times 100 \tag{3-8}$$

式中：VV——沥青混合料试件的空隙率，%；

γ_f——沥青混合料试件的毛体积相对密度，无量纲；

γ_t——沥青混合料试件的最大理论相对密度，无量纲。

由于空隙率是根据沥青混合料试件的实测毛体积密度所得，密度测试方法和测试结果的变异性会对空隙率的计算结果产生较大的影响。表3-2中列出了采用不同方法测试所得的沥青混合料试件毛体积密度值，由表可见，相应的计算空隙率大小排序为：水中重法＜表干法＜体积法。因此，在评价沥青混合料空隙率时，为了得到较为真实的空隙率数据，并能与他人的测试结果进行比较，应根据试件空隙率水平，按照规定的标准方法进行试验和计算。

不同测试条件下沥青混合料密度与空隙率计算结果 表 3-2

试件编号	密度(g/cm³)			空隙率(%)		
	水中重法	表干法	体积法	水中重法	表干法	体积法
L-1	2.467	2.393	2.361	4.04	6.92	8.15
L-2	2.472	2.424	2.392	3.20	5.09	6.34
L-3	2.502	2.471	2.436	1.28	2.48	3.86
L-4	2.494	2.469	2.445	0.87	1.86	2.79

(1)组成材料和压实条件对空隙率的影响

在相同的压实条件下,连续级配沥青混合料的空隙率随着沥青用量的增加而减小,并与粗集料数量有着显著的相关性。图 3-3 为连续级配沥青混合料空隙率与粗集料数量的关系,4.75mm筛孔通过百分率越小,粗集料含量越高,试件的空隙率越大。

相同配合比的沥青混合料的空隙率随着压实温度的增加而显著降低,见图 3-4。

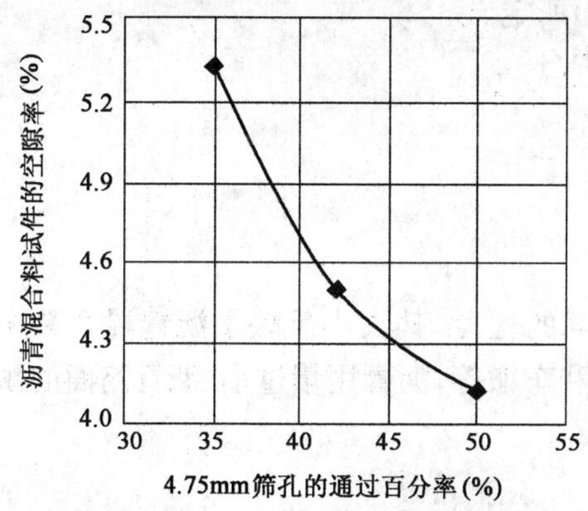

图 3-3 沥青混合料空隙率与粗集料数量的关系

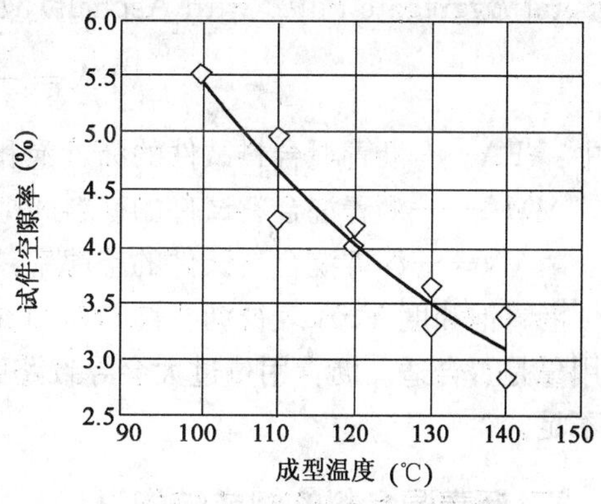

图 3-4 沥青混合料空隙率与压实温度的关系

(2)空隙率对沥青混合料路用性能的影响

空隙率是沥青混合料最重要的体积特征参数,它的大小直接影响着沥青混合料的稳定性和耐久性,是沥青混合料配合比设计的主要指标之一。资料表明,当路面现场压实沥青混合料空隙率过低时,可能会由于沥青混合料的塑性流动引发路面车辙;但空隙率过大引发沥青路面产生车辙变形的可能性更大,见图 3-5。

空隙率过大时还可能增大沥青混合料中沥青的氧化速率和老化程度,并增加水分进入沥青混合料内部穿透沥青膜,导致沥青从集料颗粒表面剥落的可能性,从而降低沥青混合料的耐久性。

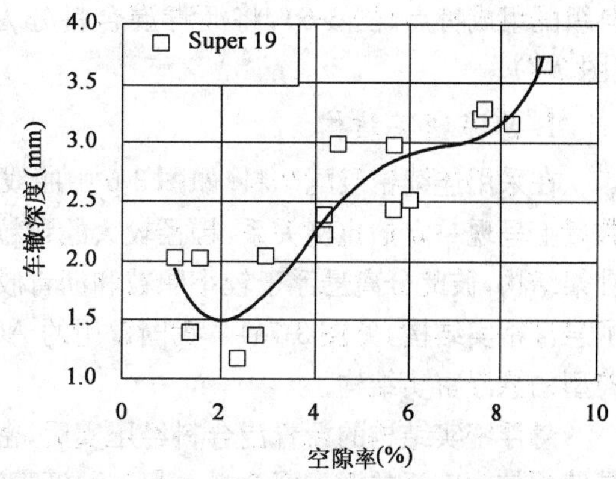

图 3-5 沥青混合料车辙深度与空隙率的关系

5. 沥青混合料试件的矿料间隙率

矿料间隙率 VMA(Voids in Mineral Aggregate)是指压实沥青混合料试件中矿质混合料实体以外的空间体积占试件总体积的百分率,由式(3-9)计算。

$$VMA = \left(1 - \frac{\gamma_f}{\gamma_{sb}} \times P_s\right) \times 100 \tag{3-9}$$

式中：VMA——沥青混合料试件的矿料间隙率，%；

γ_f——沥青混合料试件的毛体积相对密度，无量纲；

γ_{sb}——合成矿料的合成毛体积相对密度，无量纲；

P_s——各档集料总质量占沥青混合料总质量的百分比，%。

矿料间隙率 VMA 反映了沥青混合料中矿料级配组成情况，一般来讲，当矿料级配曲线接近最大密实级配曲线时，在相同的成型条件下，沥青混合料可以获得较小的 VMA 值。当 VMA 过小时，混合料容易被压密，空隙率对沥青用量敏感，混合料性能对温度敏感。适当增加矿料中的粗集料用量，可以提高沥青混合料的 VMA，如骨架型结构的沥青混合料。

6. 沥青混合料试件的沥青饱和度

沥青饱和度 VFA(Voids Filled with Asphalt)是指压实沥青混合料试件中沥青实体体积占矿料骨架实体以外的空间体积的百分率，又称为沥青填隙率（Percent of the Voids in Mineral Aggregate Filled with Asphalt)，如式(3-10)所定义。

$$VFA = \frac{VMA - VV}{VMA} \times 100 \tag{3-10}$$

式中：VFA——沥青混合料试件的沥青饱和度，%；

VMA——沥青混合料试件的矿料间隙率，%；

VV——沥青混合料试件的空隙率，%。

沥青饱和度 VFA 表征沥青结合料填充矿料间隙的程度，其大小反映了沥青混合料中沥青用量是否合适。沥青用量过大会导致路面的泛油和车辙等，沥青用量过小，沥青路面的耐久性不足。

三、沥青混合料的组成结构

沥青混合料是由粗集料、细集料、矿粉与沥青，以及外加剂所组成的一种复合材料。粗集料分布在沥青与细集料形成的沥青砂中，细集料又分布在沥青与矿粉构成的沥青胶浆中，形成具有一定内摩阻力和黏结力的多级网络结构。由于各组成材料用量比例的不同，压实后沥青混合料内部的矿料颗粒的分布状态、剩余空隙率也呈现出不同的特征，形成不同的组成结构，而具有不同组成结构特征的沥青混合料在使用时则表现出不同的性能。按照沥青混合料的矿料级配组成特点（图 3-6），将沥青混合料分为悬浮密实结构、骨架空隙结构和骨架密实结构（图 3-7）。

1. 悬浮密实结构

在采用连续密级配矿料（如图 3-6 中曲线 a）配制的沥青混合料中，由大到小的矿料颗粒在数量上呈现一定的比例关系，粒径较大的颗粒被较小一档的颗粒挤开，不能直接接触形成嵌挤骨架结构，彼此分离悬浮于较小颗粒和沥青胶浆之间，而较小颗粒与沥青胶浆较为密实，形成了悬浮密实结构，见图 3-7a)。我国常用的 AC 型沥青混合料是按照连续密级配原理设计的、典型的悬浮密实结构。

悬浮密实结构的沥青混合料经压实后，密实度较大，水稳定性、低温抗裂性和耐久性较好，是使用较为广泛的沥青混合料。但这种沥青混合料的结构强度受沥青性质及其状态的影响较大，在高温条件下使用时，由于沥青黏度降低，可能会导致沥青混合料强度和稳定性的下降。

2. 骨架空隙结构

当采用连续开级配矿料(如图 3-6 中曲线 b)与沥青组成沥青混合料时,较粗颗粒集料彼此接触,形成互相嵌挤的骨架,但较细粒料数量较少,不足以充分填充骨架空隙,压实后混合料中的空隙较大,形成了所谓的骨架空隙结构,见图 3-7b),沥青碎石混合料 AM 和开级配磨耗层沥青混合料 OGFC 是典型的骨架空隙结构。

在形成骨架空隙结构的沥青混合料中,粗集料之间的嵌挤力对沥青混合料的强度和稳定性起着重要作用,结构强度受沥青性质和物理状态的影响较小,因而高温稳定性较好。但由于压实后的沥青混合料中剩余空隙率较大,渗透性较大,在使用过程中,气体和水分易进入沥青混合料内部,引发沥青老化或将沥青从集料表面剥落,因此这种结构的沥青混合料耐久性值得关注。

3. 骨架密实结构

当采用间断型密级配矿料(如图 3-6 中曲线 c)时,在沥青混合料中既有足够数量的粗集料形成骨架,又根据粗集料骨架空隙的大小填入了足够的细集料和沥青胶浆,使之填满骨架空隙,形成较高密实度的骨架结构,见图 3-7c)。这种结构兼具上述两种结构的优点,是一种较为理想的结构类型。沥青玛蹄脂碎石混合料 SMA 是一种典型的骨架密实型结构。

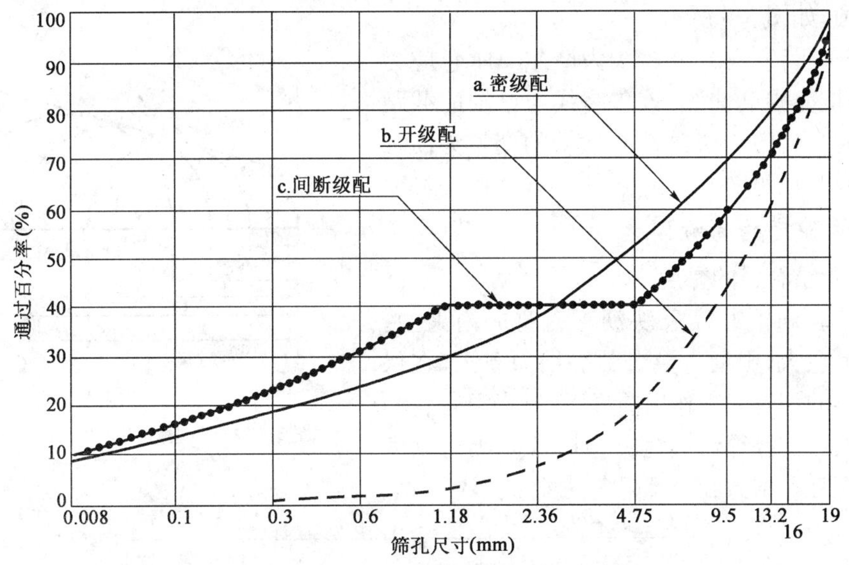

图 3-6　三种类型矿质混合料级配曲线

a-连续型密级配;b-连续型开级配;c-间断型密级配

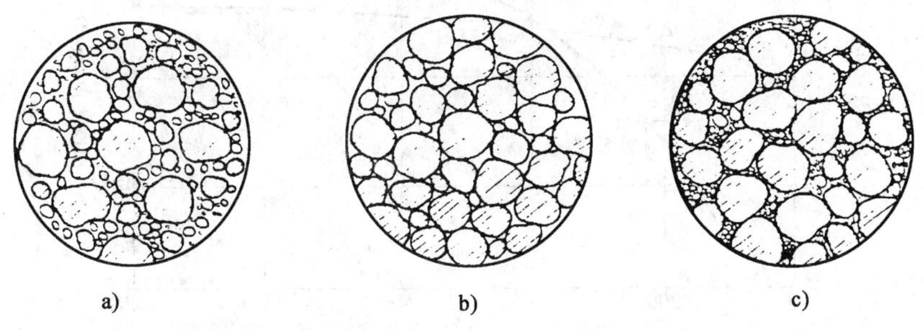

图 3-7　沥青混合料的典型组成结构

a)密实—悬浮结构;b)骨架—空隙结构;c)密实—骨架结构

四、沥青混合料的结构强度

1. 结构强度的构成

在外力作用下，沥青混合料失稳破坏机理较为复杂，当采用摩尔—库仑理论分析时，认为沥青混合料不发生剪切滑移的必要条件是满足式(3-11)，即沥青混合料的抗剪强度不大于沥青混合料的结构强度。沥青混合料的结构强度由矿料颗粒之间的嵌锁力(内摩阻角)以及沥青与矿料的黏结力及沥青自身的内聚力所构成。

$$\tau \leqslant c + \sigma \tan\varphi \tag{3-11}$$

式中：τ——沥青混合料的抗剪强度，MPa；

c——沥青混合料的黏结力，MPa；

φ——沥青混合料的内摩阻角，°；

σ——试验时的正应力，MPa。

沥青混合料的黏结力和内摩阻角可以通过三轴剪切试验确定。在规定条件下，对沥青混合料试件实施不同的侧向应力，测试法向应力。由试件的侧向应力和法向应力，可以得到一组摩尔应力圆，如图 3-8 所示。

图 3-8 中应力圆的公切线为摩尔—库仑应力包络线，即抗剪强度曲线，该包络线与纵轴的截距表示沥青混合料的黏结力 c，与横轴的交角为沥青混合料的内摩阻角。

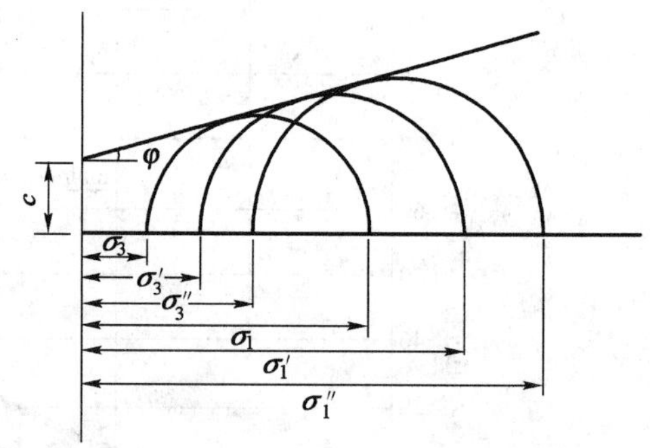

图 3-8　三轴试验模式与摩尔圆包络线图

2. 结构强度的影响因素

(1)沥青结合料的黏度

沥青结合料的黏度反映沥青自身的内聚力。沥青的黏度愈大，则沥青混合料黏结力愈大，在保持矿质集料的相对嵌锁作用前提下，沥青混合料的强度也愈大，抗变形能力愈强。图 3-9 为沥青黏度与沥青混合料黏结力和内摩阻角的关系。

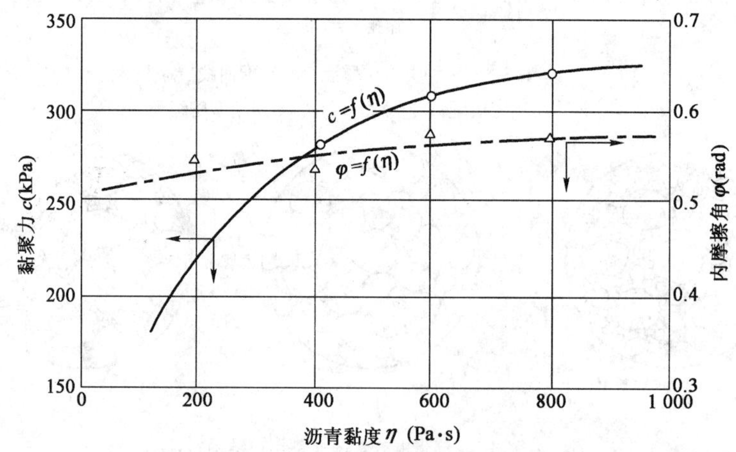

图 3-9　沥青黏度与沥青混合料黏结力和内摩阻角的关系示意图

(2)矿质混合料性能的影响

矿料的岩石种类、级配组成、颗粒形状和表面粗糙度等特性对沥青混合料的嵌锁力或内摩阻角影响较大。

一般来说，连续密级配的沥青混合料是悬浮密实结构，其结构强度主要依靠沥青与矿料的黏结力和沥青的内聚力，而依靠矿料颗粒间的内摩阻力相对较小。骨架空隙结构的沥青混合料以嵌锁力为主，沥青内聚力为辅形成结构强度。而在以嵌挤原则设计的骨架密实结构中，既有以粗集料为主的嵌锁骨架，又有细集料和沥青胶浆填充空隙形成很强的黏结力，故该结构的沥青混合料整体强度高，稳定性好。

与采用粒径较小且不均匀的矿料集料所组成的沥青混合料相比，粒径较大且均匀的矿质集料可以提高沥青混合料的嵌锁力与内摩阻角。通常砂粒式、细粒式、中粒式和粗粒式沥青混凝土的内摩阻角依次递增。有棱角且表面粗糙的集料由于颗粒间相互嵌锁紧密，要比滚圆颗粒间的摩擦作用大得多，对沥青混合料内摩阻角构成也有着较大的贡献。

(3)沥青与矿料在界面上的交互作用

沥青混合料黏结力除了与沥青材料自身的内聚力有关，还取决于沥青与矿料的交互作用。矿质集料颗粒对于包裹在表面的沥青分子具有一定的化学吸附作用，这种化学吸附比矿料与沥青间的分子力吸附（即物理吸附）要强得多，并使矿料表面吸附沥青组分重新分布，形成一层吸附溶化膜，见图 3-10。这层吸附溶化膜亦称为“结构沥青”，膜层较薄，黏度较高，与矿料之间有着较强的黏结力。在“结构沥青”层之外未与矿料发生交互作用的是“自由沥青”，保持着沥青的初始内聚力。

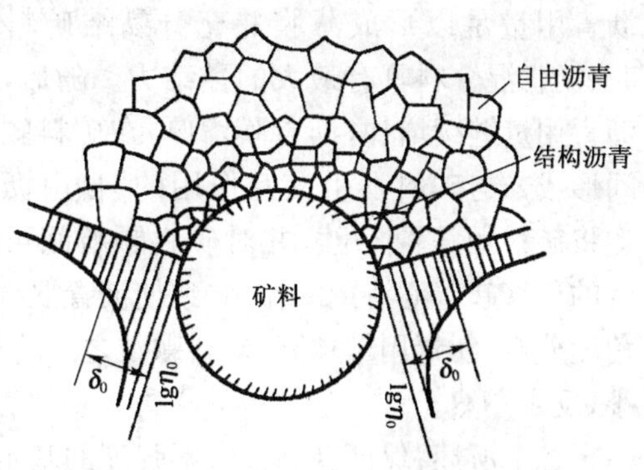

图 3-10　沥青与矿粉交互作用示意图

由于矿料颗粒表面对沥青的化学吸附是有选择性的，所以沥青与矿料表面交互作用程度还取决于矿料的岩石学特征。试验结果表明，沥青在不同矿物组成的矿料颗粒表面形成不同成分和不同厚度的吸附溶化膜，碱性石料（如石灰石）对石油沥青的吸附性强，而酸性石料（如石英石等）对石油沥青的吸附性弱。

(4)沥青混合料中矿料比面和沥青用量的影响

根据沥青与矿料交互作用原理，沥青混合料的黏结力既取决于“结构沥青”的比例，也取决于矿料颗粒之间的距离。当矿料颗粒之间距离很近，并由黏度增加的“结构沥青”相互黏结时，如图 3-11a)，沥青混合料具有较高的黏结力，反之，如果矿料颗粒以“自由沥青”相互黏结，如图 3-11b)，则沥青混合料的黏结力较低。

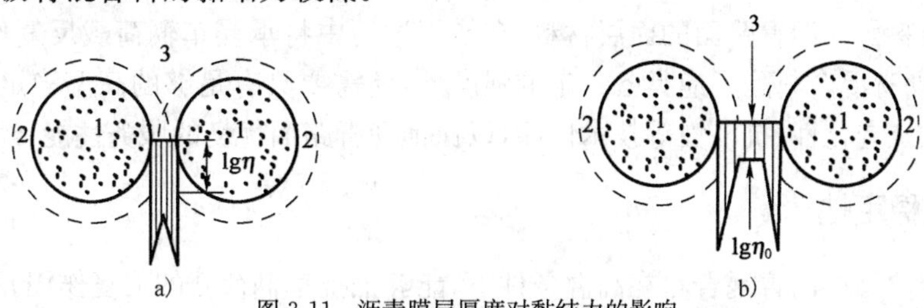

图 3-11　沥青膜层厚度对黏结力的影响

a)结构沥青接连；b)自由沥青接连

1-矿料；2-结构沥青；3-自由沥青

不同的矿料比面和沥青用量，将导致沥青膜厚度的不同，所产生的“结构沥青”和“自由沥青”的比例也不同。在相同的沥青用量下，与沥青发生交互作用的矿料表面积越大，所形成的沥青膜越薄，“结构沥青”所占比例就越大，促使矿质颗粒能够黏结牢固，构成较高的整体强度。在密实型的沥青混合料中，矿粉的表面积通常占到矿质混合料总面积的80%以上，所以矿粉的性质及数量对沥青混合料强度影响非常大。在沥青混合料中保持一定的矿粉数量，对于减薄沥青膜厚度，增加“结构沥青”的比例有着重要作用。

图3-12反映了沥青用量对沥青混合料黏结力与内摩阻角的影响趋势。当沥青用量较小时，沥青不足以在集料颗粒表面形成完整的膜层，沥青混合料的整体强度较低，主要表现为黏结力较低。随着沥青用量的增加，结构沥青逐渐形成，较为完整地吸附于矿料表面，此时沥青混合料的黏结力随着沥青用量增多而增大，当沥青用量足以形成薄膜并充分黏结矿料颗粒时，沥青混合料具有最大的黏结力。随后，如果沥青用量继续增加，沥青膜增厚，在矿料颗粒之间形成未与矿料发生交互作用的“自由沥青”，遂将矿料颗粒“推开”，并对矿料颗粒间可能产生的位移起着润滑剂的作用，致使沥青混合料的黏结力降低。另外从沥青混合料内摩阻角的角度分析，沥青用量越高，矿料颗粒之间的相互位移越容易，则沥青混合料的内摩阻角也就越小，反之亦然。

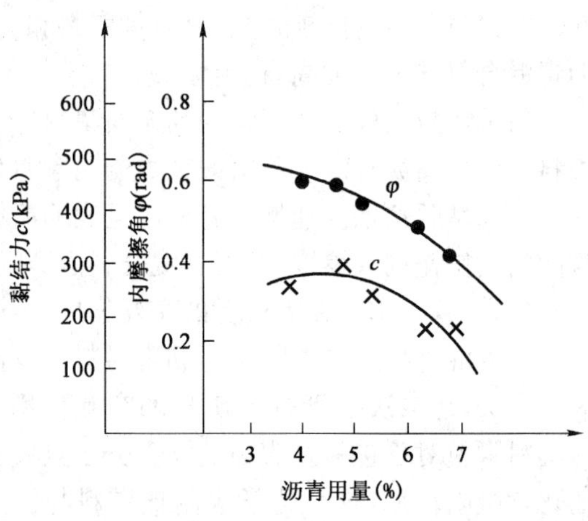

图3-12 沥青用量对沥青混凝土 c 和 φ 的影响

综上所述，保证沥青混合料强度的基本条件是：嵌挤密实的矿料骨架、高黏度的沥青结合料及适宜的用量比例，能与沥青产生化学吸附作用的活性矿料。

(5)使用条件的影响

环境温度和荷载条件是影响沥青混合料强度的主要外界因素。随着温度的升高，沥青的黏度降低，沥青混合料的黏结力也随之降低，内摩阻角同时也受温度变化的影响，但变化幅度小些。

在其他条件相同的情况下，沥青混合料的黏结力与荷载作用时间或变形速率之间关系密切。由于沥青的黏度随着变形速率增加而呈现降低趋势，沥青混合料的黏结力也随变形速率的增加而减小，但沥青混合料的内摩阻角对变形速率的依赖性较小。

第二节　沥青混合料的技术性能

沥青混合料作为沥青路面的面层材料，在使用过程中将承受车辆荷载反复作用以及环境因素的作用，沥青混合料除了应具备一定的强度外，还需要具有足够的高温稳定性、低温抗裂性、水稳定性、抗老化性、抗滑性等技术性能，以保证沥青路面优良的服务性能，经久耐用。

一、高温稳定性

高温稳定性是指沥青混合料在高温条件下，能够抵抗车辆荷载的反复作用，不发生显著永久变形，保证路面平整度的特性。沥青混合料是典型的黏—弹—塑性材料，在高温条件下或长时间承受荷载作用时会产生显著的变形，其中不能恢复的部分成为永久变形，这种特性是导致沥青路面产生车辙、波浪及拥包等病害的主要原因。在交通量大、重车比例高和经常变速路段的沥青路面上，车辙是最严重、最有危害的破坏形式之一。

1. 高温稳定性的评价方法和评价指标

沥青混合料的高温稳定性的评价试验方法较多，如圆柱体试件的单轴静载、动载、重复荷载试验；三轴静载、动载、重复荷载试验；简单剪切的静载、动载、重复荷载试验；反复碾压模拟试验，如车辙试验等。此外还有马歇尔稳定度、维姆稳定度和哈费氏稳定度等工程试验。目前，马歇尔试验主要应用于沥青混合料配合比设计和施工检测，见本章第三节的内容。在沥青混合料高温性能的相关研究中，常采用剪切试验和车辙试验。下面介绍剪切试验和车辙试验的方法和相关指标。

(1)三轴试验

在荷载的反复作用下，沥青混合料变形发展可以分为三个阶段：初期压密、剪切流动和剪切失稳阶段，见图 3-13。通常认为，沥青混合料在第二阶段的变形主要是来自沥青混合料在剪应力作用下所产生的塑性剪切流动。三轴试验从加载方式上来说是施加压缩荷载，从沥青混合料试件的实际破坏模式上来说是剪切破坏，所以又称其为三轴剪切试验，是评价沥青混合料高温性能的试验方法之一。

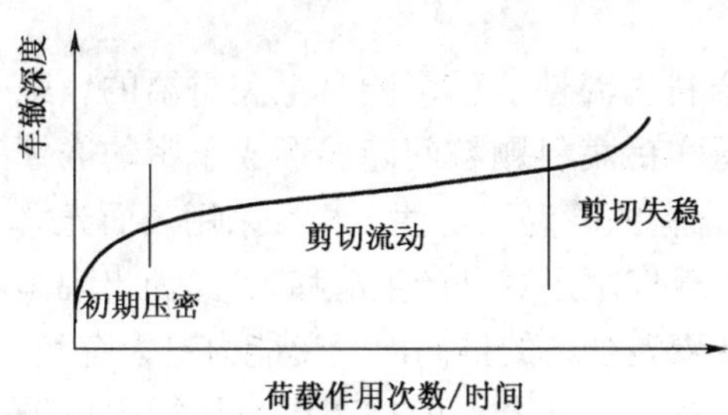

图 3-13　路面车辙深度随荷载作用次数的发展过程

三轴试验是采用闭式三轴的有限压缩试验，在规定的温度及加载条件下，测试沥青混合料的抗剪切参数，以评价沥青混合料的高温稳定性。

三轴试验可以设置多种加载模式，如蠕变加载、动态加载和重复加载等，通过对试验数据的整理，可以得到沥青混合料试件的蠕变劲度模量、动态模量，还能得到反映材料弹性性能的回弹模量和反映材料黏性特征的相位角，以及材料永久变形与荷载作用时间的关系等，这些数据能够较好地反映沥青路面的变形特征。相关研究表明，三轴试验得到的动态模量是评价沥青混合料抗车辙性能的有效指标。

(2)车辙试验

车辙试验方法首先是由英国运输与道路研究试验所开发的，并经过了法国、日本等国道路工作者的改进与完善。车辙试验是一种模拟车辆轮胎在路面上滚动形成车辙的工程试验方法，试验结果较为直观，且与沥青路面车辙深度之间有着较好的相关性。我国现行标准《公路沥青路面施工技术规范》(JTG F40—2004)中规定，对用于高速公路、一级公路和城市快速路、主干路沥青路面的上面层和中面层的沥青混合料，在用马歇尔试验进行配合比设计时，必须采用车辙试验对沥青混合料的抗车辙能力进行检验，不满足要求时应对矿料级配或沥青用量进行调整，重新进行配合比设计。

目前我国的车辙试验是采用标准方法成型沥青混合料板块状试件，在规定的温度条件下，试验轮以 42 次/min±1 次/min 的频率，沿着试件表面同一轨迹上反复行走，测试试件表面在试验轮的反复作用下所产生的车辙深度，见图 3-14。

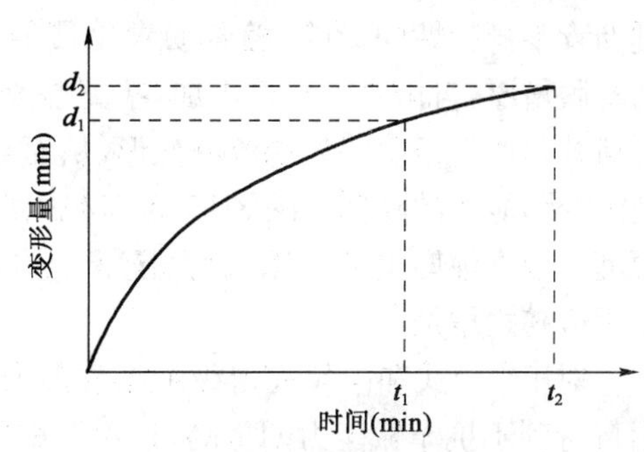

图 3-14　沥青混合料车辙深度与试验轮行走时间关系曲线

车辙试验的评价指标为动稳定度 DS(Dynamic Stability)，定义为试件产生 1mm 的车辙深度试验轮的行走次数，动稳定度 DS 由式(3-12)计算。

$$DS=\frac{(t_2-t_1)\cdot 42}{d_2-d_1}\cdot c_1\cdot c_2 \tag{3-12}$$

式中：DS——沥青混合料的动稳定度，次/mm；

t_1、t_2——试验时间，通常为 45min 和 60min；

d_1、d_2——与试验时间 t_1 和 t_2 对应的试件表面的变形量，mm；

42——每分钟行走次数，次/min；

c_1、c_2——试验机或试样修正系数。

2. 高温稳定性的主要影响因素

沥青混合料高温稳定性的形成主要来源于矿质集料颗粒间的嵌锁作用及沥青的黏结作用。

在沥青混合料的组成材料中，矿料性质对沥青混合料高温性能的影响是至关重要的。采用表面粗糙、多棱角、颗粒接近立方体的碎石集料，经压实后集料颗粒间能够形成紧密的嵌锁作用，增大沥青混合料的内摩阻角，有利于增强沥青混合料的高温稳定性。相反采用表面光滑的砾石集料拌制的沥青混合料颗粒间缺乏嵌锁力，在荷载作用下容易产生滑移，使路面出现车辙。有关研究表明，破碎细集料比破碎粗集料对改善沥青混合料的抗高温变形能力更为有利。

沥青的高温黏度越大，与集料的黏附性越好，相应地沥青混合料的抗高温变形能力就越强。可以使用合适的改性剂来提高沥青的高温黏度，降低感温性，提高沥青混合料的黏结力，从而改善沥青混合料的高温稳定性。

但是，在高温条件下，即使是采用了高黏度的改性沥青，仅仅依靠沥青还是无法承受车辆荷载对路面强大的水平剪切力作用。根据国外研究认为，沥青混合料的高温抗车辙能力 60% 依赖于矿质集料颗粒的嵌锁作用，40% 取决于沥青结合料的黏结作用。因此，形成粗集料嵌锁骨架结构的密级配混合料，如 SMA 混合料有着较高的抗车辙能力，见表 3-3。

SMA 混合料与 AC 混合料的动稳定度(次/mm)　　表 3-3

沥青混合料类型 \ 沥青品种	60/70 沥青	SBS 改性沥青
SMA-16	1 781	4 673
AC-16	1 200	2 520

就沥青混合料高温稳定性而言，沥青用量的影响可能超过沥青本身特性的影响，随着沥青用量的增加，矿料表面的沥青膜增厚，自由沥青比例增加，在高温条件下，这部分沥青在荷载作用下发生明显的流动变形，从而导致沥青混合料抗高温变形能力的降低。图 3-15 为细粒式沥青混合料的车辙深度与沥青膜厚度的关系曲线，随着沥青膜厚度的增加，车辙深度随之增加。

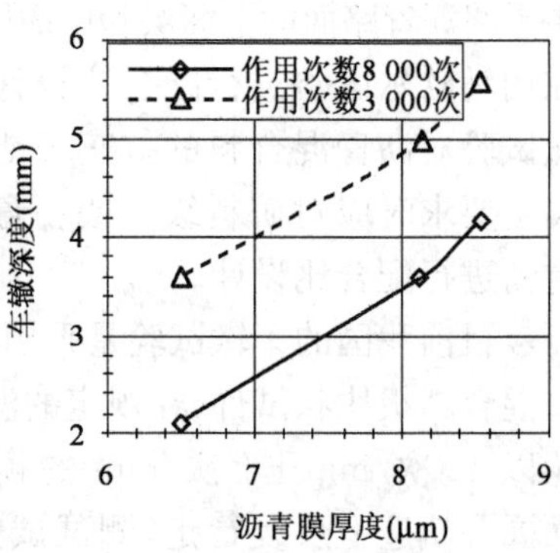

图 3-15　沥青膜厚度与车辙深度的关系

对于细粒式和中粒式密级配沥青混合料，适当减少沥青用量有利于抗车辙能力的提高，但对于粗粒式或开级配沥青混合料，不能简单地靠采用减少沥青用量来提高抗车辙能力。

二、沥青混合料的低温抗裂性

当冬季气温降低时，沥青面层将产生体积收缩，而在基层结构与周围材料的约束作用下，沥青混合料不能自由收缩，将在结构层中产生温度应力。由于沥青混合料具有一定的应力松弛能力，当降温速率较慢时，所产生的温度应力会随着时间增加逐渐松弛减小，不会对沥青路面产生较大的危害。但当气温骤降时，所产生的温度应力来不及松弛，当温度应力超过沥青混合料的容许应力值时，沥青混合料就会被拉裂，导致沥青路面出现裂缝，造成路面的损坏。因此要求沥青混合料具备一定的低温抗裂性能，即要求沥青混合料具有较高的低温强度或较大的低温变形能力。

1. 低温抗裂性的评价方法和评价指标

目前用于研究和评价沥青混合料低温抗裂性的方法可以分为三类：预估沥青混合料的开裂温度；评价沥青混合料的低温变形能力或应力松弛能力；评价沥青混合料断裂能。相关的试验主要包括：等应变加载的破坏试验，如间接拉伸试验、直接拉伸试验；低温收缩试验；低温蠕变弯曲试验；受限试件温度应力试验；应力松弛试验等。

(1)预估沥青混合料的开裂温度

通过间接拉伸试验或直接拉伸试验，建立沥青混合料低温抗拉强度与温度的关系，如图 3-16中的曲线 1。再根据理论方法，由沥青混合料的劲度模量、温度收缩系数及降温幅度计算沥青面层可能出现的温度应力与温度的关系，如图 3-16 中曲线 2。根据温度应力与抗拉强度的关系预估沥青面层出现低温缩裂的温度 T_p。T_p 越低，沥青混合料的开裂温度越低，低温抗裂性越好。

(2)低温蠕变试验

低温蠕变试验用于评价沥青混合料低温下的变形能力与松弛能力。根据《公路工程沥青及沥青混合料试验规程》(JTJ 052—2000)在规定温度下，对规定尺寸的沥青混合料小梁试件的跨中施加恒定的集中荷载，测定试件随时间不断增长的蠕变变形，见图 3-17。蠕变变形曲线可分为三个阶段，第一阶段为蠕变迁移阶段，第二阶段为蠕变稳定阶段，第三阶段为蠕变破坏阶段，以蠕变稳定阶段的蠕变速率评价沥青混合料的低温变形能力，蠕变速率由式(3-13)计算。蠕变速率越大，沥青混合料在低温下的变形能力越大，松弛能力越强，低温抗裂性能越好。

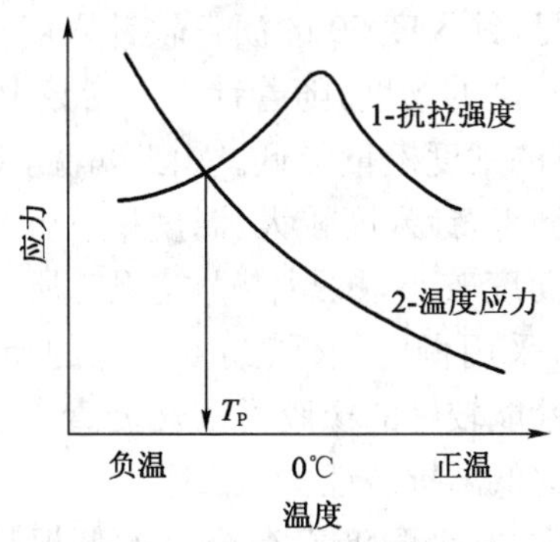

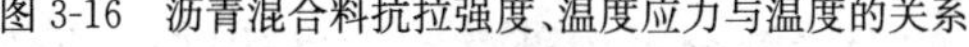
图 3-16　沥青混合料抗拉强度、温度应力与温度的关系

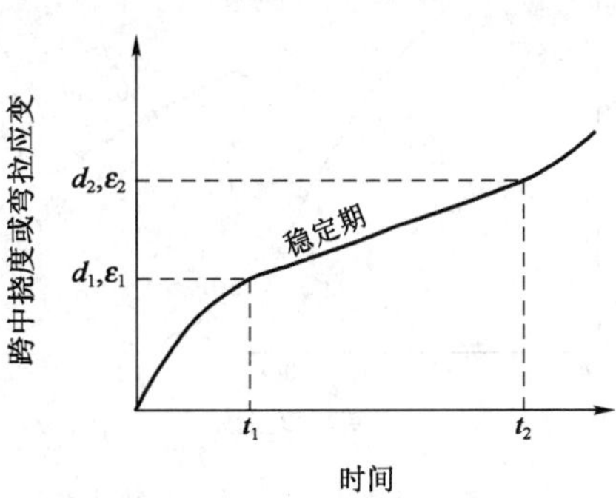

图 3-17　沥青混合料蠕变变形曲线

$$\varepsilon_{speed} = \frac{(\varepsilon_2 - \varepsilon_1)/(t_2 - t_1)}{\sigma_0} \tag{3-13}$$

式中：ε_{speed}——沥青混合料的低温蠕变速率，1/(MPa·s)；

σ_0——沥青混合料小梁试件跨中梁底的蠕变弯拉应力，MPa；

t_1、t_2——分别为蠕变稳定期的初始时间和终止时间，s；

ε_1、ε_2——分别与时间 t_1 和 t_2 对应的跨中梁底应变。

(3)低温弯曲试验

低温弯曲试验也是评价沥青混合料低温变形能力的常用方法之一。在试验温度$-10℃\pm0.5℃$的条件下，以 50mm/min 的速率，对沥青混合料小梁试件跨中施加集中荷载至断裂破坏，记录试件跨中荷载与挠度的关系曲线，见图 3-18。由破坏时的跨中挠度按照式(3-14)计算沥青混合料的破坏弯拉应变。沥青混合料在低温下破坏弯拉应变越大，低温柔韧性越好，抗裂性越好。

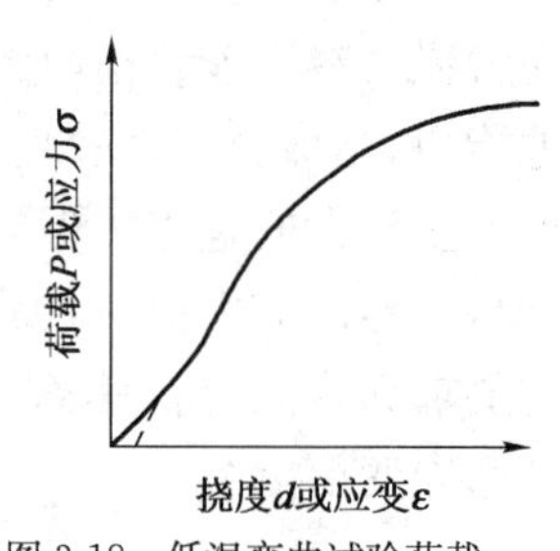

图 3-18 低温弯曲试验荷载—跨中挠度曲线

$$\varepsilon_B = \frac{6hd}{L^2} \tag{3-14}$$

式中：ε_B——试件破坏时的最大弯拉应变；

h——跨中断面试件的高度，mm；

d——试件破坏时的跨中挠度，mm；

L——试件的跨径，mm。

试验证明，在评价改性沥青混合料低温性能时，采用低温蠕变试验方法所得结果对于改性剂种类和改性剂剂量都不够敏感，数据较为分散，而采用低温弯曲试验的破坏应变指标则相对稳定。我国现行标准《公路沥青路面施工技术规范》(JTG F40—2004)中规定，采用低温弯曲试验的破坏应变指标作为评价改性沥青混合料的低温抗裂性能。

2.影响沥青混合料低温性能的主要因素

在低温条件下，沥青混合料的变形能力越强，抗裂性就越好，而沥青混合料的变形能力与其低温劲度模量成反比。也就是说，为了提高沥青混合料的低温抗裂性，应选用低温劲度模量较低的混合料。影响沥青混合料的低温劲度的最主要因素是沥青的低温劲度模量，而沥青黏度和温度敏感性是决定沥青劲度模量的主要指标。在图 3-19 中，给出了针入度分别为 50 和 150 的沥青在$-30℃$温度条件下的劲度模量。由图可见，针入度 50 的沥青较针入度 150 的沥青具有较高的劲度，随着针入度指数 PI 值的增加，沥青的劲度模量降低。由此可见，对于同一油源的沥青，针入度较大、温度敏感性较低的沥青低温劲度较小，抗裂能力较强。所以在寒冷地区，可采用稠度较低、劲度较低的沥青，或选择松弛性能较好的橡胶类改性沥青来提高沥青混合料的低温抗裂性。

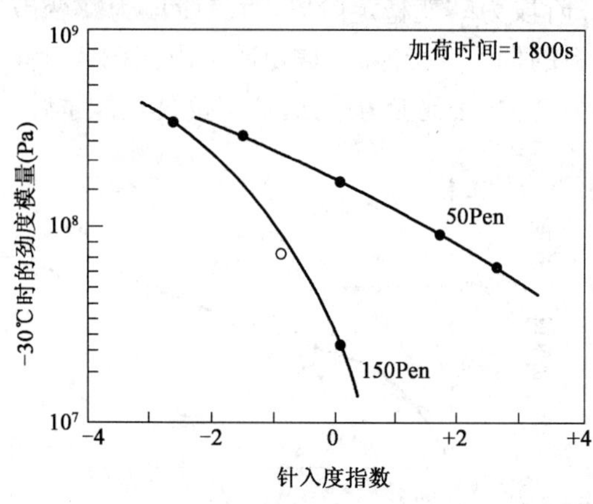

图 3-19 沥青低温劲度与针入度指数的关系

通常，密级配沥青混合料的低温抗拉强度高于开级配的沥青混合料，但是粒径大、空隙率大的沥青混合料内部微空隙发达，应力松弛能力略强，温度应力有所减小，两方面的影响相互抵消，故沥青混合料的这两种级配类型与沥青路面开裂程度之间没有显著关系。

三、沥青混合料的疲劳特性

沥青混合料的疲劳破坏是指在重复应力的作用下，在低于静载一次作用下的极限应力时发生破坏。沥青路面在使用过程中，受到车辆荷载的反复作用，或者受到环境温度交替变化所产生的温度应力作用，长期处于应力应变反复变化的状态。随着荷载作用次数的增加，材料内部缺陷、微裂纹不断扩展，路面结构强度逐渐衰减，直至最后发生疲劳破坏，路面出现裂缝。

1. 沥青混合料疲劳特性的评价

(1)疲劳试验方法

目前，试验室内沥青混合料试件的疲劳试验方法众多，可以分为旋转法、扭转法、简支三点或四点弯曲法、悬臂梁弯曲法、弹性基础梁弯曲法、直接拉伸法、间接拉伸法、三轴压力法、拉—压法和剪切法等。而在国际上开展较为普遍的试验方法为劈裂疲劳试验、梯形悬臂梁弯曲法、矩形梁四点弯曲法。美国 SHRPA-003A 研究项目对这三种试验方式进行了影响因素敏感性、试验可靠性及合理性三个方面的评价与分析，并综合考虑试件制作和试验操作等方面的要求，最终确定了矩形梁四点弯曲疲劳试验作为其沥青混合料疲劳性能研究的标准试验。

(2)加载控制模式

通常，采用应力控制模式或者应变控制模式进行沥青混合料的疲劳试验和疲劳分析。应力控制模式的疲劳试验是在重复加载的过程中，保持试件所受应力为常数，重复加载使得试件内部产生疲劳损伤而出现微裂缝，混合料的劲度模量会在加载过程中逐渐降低，从而导致试件的应变随着荷载作用次数增加而增大，见图 3-20a)。通常，以试件断裂时的荷载作用次数定义为疲劳寿命，也有研究者以试件拉应变增大到初始应变的 2 倍(即劲度模量下降为初始劲度模量的一半)时的状态定义为疲劳破坏。

应变控制模式的疲劳试验是试验过程中保持试件的应变不变，由于试件在重复加载过程中出现疲劳损伤，混合料的劲度模量逐渐减小，为了保证在每次加载作用下产生相同的应变，施加的应力将不断减小，见图 3-20b)。在应变控制模式的疲劳试验中，试件的破坏不明显，通常，以施加应力降低至初始应力的 50%(即试件劲度模量下降为初始劲度模量的 50%)时的荷载作用次数定义为疲劳寿命。

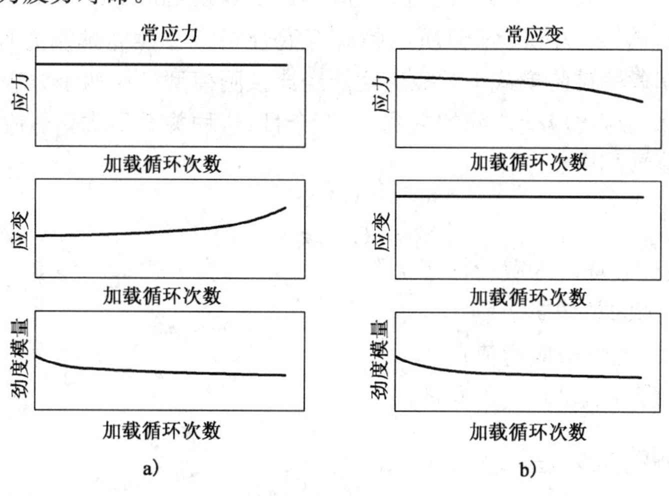

图 3-20 沥青混合料试件的疲劳试验模式

a)应力控制模式；b)应变控制模式

由于应力控制模式的疲劳试验对试件的作用强于应变控制模式的疲劳试验，因此，在相同的初始试验条件下，对于同一种材料，在应力控制模式的疲劳试验中，疲劳寿命要低得多。相关的研究认为，应变控制模式得到的疲劳试验结果更加接近沥青路面的实际疲劳状态。

2. *疲劳特性的主要影响因素*

影响沥青混路面疲劳性能的因素主要包括沥青混合料材料组成特性和疲劳试验条件等。

(1)沥青混合料混合料劲度模量

在相同的荷载级位下，混合料的劲度对材料内部的应力和应变水平产生决定性的影响。其影响程度与试验控制模式有关。在应力控制模式的疲劳试验中，劲度大的混合料，应变增长速度缓慢，裂隙扩展的速度慢，疲劳寿命大。在应变控制模式的疲劳试验中，混合料的劲度越低，保持相同应变所需要施加的应力就越小，裂隙的扩展可能会延续很长的时间，因此，劲度越小的材料疲劳寿命越长。

(2)沥青混合料的组成材料

影响沥青混合料疲劳性能的主要参数有：沥青种类、沥青用量、空隙率、矿料类型、级配类型以及混合料空隙率等。一方面，这些材料组成因素影响着沥青混合料的劲度模量，因而在不同加载控制模式的疲劳试验中对沥青混合料的疲劳寿命产生不同的影响；另一方面，材料组成因素影响着沥青混合料试件的组成结构和内部缺陷，从而在不同加载控制模式的疲劳试验中对沥青混合料的疲劳寿命产生一致的影响。如，试件空隙率增大，会降低沥青混合料的劲度模量，同时也会增大沥青混合料试件的内部缺陷，因此在应力控制模式和应变控制模式的疲劳试验中，空隙率增大均可能导致沥青混合料试件疲劳寿命的降低。

(3)试验条件

室内疲劳试验的试验条件主要模拟沥青路面现场环境和荷载状态，因此试验条件的不同反映了环境因素和荷载参数对沥青路面疲劳性能的影响。疲劳试验的应力或应变水平、试验温度、试验频率、加载波形等均对沥青混合料的疲劳寿命产生重要影响。

3. *沥青混合料的疲劳方程*

沥青混合料的疲劳寿命与应力或应变的关系在双对数坐标上呈直线关系。1971 年和 1973 年，美国加利福尼亚大学 Berkeley 分校的 Carl-L. Monismith 和 Nottingham 大学的 P. S. Pell 分别建立了如式(3-15)和(3-16)所示的沥青混合料疲劳性能预测方程，从而确立了按应变控制和应力控制疲劳试验模式下的疲劳性能经典预测模型。这两个方程建立了试验室内沥青混合料疲劳寿命与应力应变之间的关系，直至今日，这种关系形式仍然应用于单一沥青混合料类型的疲劳性能预测中。

$$N_f = A(1/\varepsilon_t)^B \tag{3-15}$$

$$N_f = C(1/\sigma_t)^D \tag{3-16}$$

式中：N_f——疲劳破坏时的载荷作用次数；

ε_t——施加的拉伸应变值；

σ_t——施加的伸伸应力值；

A、B、C、D——由疲劳试验确定的参数。

四、沥青混合料的耐久性

耐久性是指沥青混合料在使用过程中抵抗环境因素及行车荷载反复作用的能力，它包括沥青混合料的抗老化性、水稳定性、抗疲劳性等综合性质。

1. 抗老化性能

在沥青混合料使用过程中，受到空气中氧、水、紫外线等介质的作用，促使沥青发生诸多复杂的物理化学变化，并逐渐老化或硬化，致使沥青混合料变脆易裂，从而导致沥青路面出现各种与沥青老化有关的裂纹或裂缝。

沥青混合料老化取决于沥青的老化程度，与外界环境因素和压实空隙率有关。在气候温暖、日照时间较长的地区，沥青的老化速率快，而在气温较低、日照时间短的地区，沥青的老化速率相对较慢。沥青混合料的空隙率越大，环境介质对沥青的作用就越强烈，其老化程度也越高。

图 3-21 反映了沥青路面中沥青混合料的压实空隙率与回收沥青针入度之间的关系，随着沥青混合料压实空隙率的增大，回收沥青针入度减小，老化程度增加。此外，由于车辆在道路横断面上的分布不均匀，道路中部车辆作用次数较高，对路面的压密作用较大，故相应部位的沥青较边缘部位沥青的老化程度轻些。

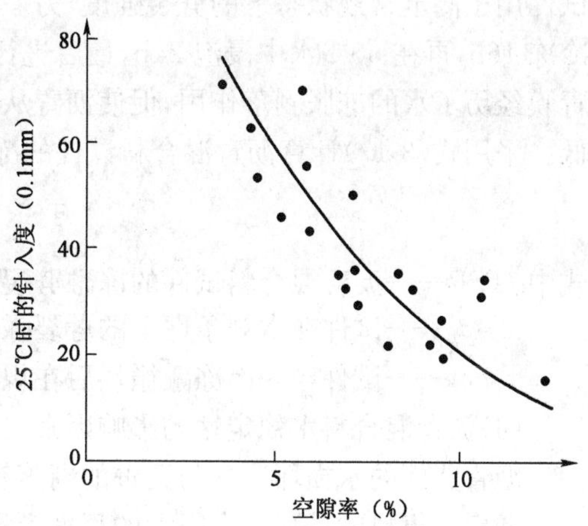

图 3-21 沥青混合料空隙率与回收沥青针入度的关系

在沥青路面工程中，为了减缓沥青老化的老化速度和程度，除了应选择耐老化沥青外，还应使沥青混合料含有足量的沥青。在沥青混合料的施工过程中，应控制拌和加热温度，并保证沥青路面的压实密度，以降低沥青在施工和使用过程中的老化速率。仅从耐久性考虑可选用细粒密级配的沥青混合料，并增加沥青用量，降低沥青混合料的空隙率，以防止水分渗入并减少阳光对沥青材料的老化作用。

2. 水稳定性

沥青混合料的水稳定性不足表现为：由于水或水汽的作用，促使沥青从集料颗粒表面剥离，降低沥青混合料的黏结强度，松散的集料颗粒被滚动的车轮带走，在路表形成独立的大小不等的坑槽，即所谓的沥青路面“水损害”。当沥青混合料的压实空隙率较大、沥青路面排水系统不完善时，滞留于路面结构中的水长期浸泡沥青混合料，加上行车引起的动水压力对沥青产生剥离作用，将加剧沥青路面的“水损害”病害。

(1)沥青与集料的黏附性试验

自 20 世纪 30 年代以来，人们相继提出了许多评价沥青与集料黏附性的试验方法，例如水煮法、静态水浸法、光电比色法及搅动水净吸附法等，这些方法是将沥青裹覆在矿料表面，浸入水中，根据矿料表面沥青的剥落程度，判断沥青与集料的黏附性，其中水煮法和静态水浸法是目前道路工程中的常用方法，见本教材第二章的相关内容。采用水煮法或静态水浸法评价沥青与集料黏附性等级时人为因素的影响较大，此外一些满足了黏附性等级要求的沥青混合料在使用时仍有可能发生水损害，试验结果存在着一定的局限性。所以这类试验仅可以初步评价沥青与集料黏附性，还必须结合沥青混合料的水稳定性试验结果给出综合评价。

(2)浸水试验

浸水试验是根据浸水前后沥青混合料物理、力学性能的降低程度来表征其水稳定性的一类试验，常用的方法有浸水马歇尔试验、浸水车辙试验、浸水劈裂强度试验和浸水抗压强度试验等。在浸水条件下，由于沥青与集料之间黏附性的降低，最终表现为沥青混合料整体力学强度损失，以浸水前后的马歇尔稳定度比值、车辙深度比值、劈裂强度比值和抗压强度比值的大小评价沥青混合料的水稳定性。

(3)冻融劈裂试验

冻融劈裂试验的名义上为冻融试验，但其真正含义是检验沥青混合料的水稳定性，且试验条件较一般的浸水试验条件苛刻一些，试验结果与实际情况较为吻合，是目前使用较为广泛的试验。按照规范规定(T 0729)的方法，在冻融劈裂试验中，将沥青混合料试件分为两组，一组试件用于测定常规状态下的劈裂强度，另一组试件首先进行真空饱水，然后置于－18℃条件下冷冻16h，再在60℃水中浸泡24h，最后进行劈裂强度测试，在冻融过程中，集料颗粒表面的沥青膜经历了水的冻胀剥落作用，促使沥青从集料表面剥落，导致沥青混合料松散，劈裂强度降低。采用式(3-17)计算沥青混合料试件的冻融劈裂强度比。

$$TSR = \frac{\sigma_2}{\sigma_1} \times 100 \tag{3-17}$$

式中：TSR——沥青混合料试件的冻融劈裂强度比，%；

σ_1——试件在常规条件下的劈裂强度，MPa；

σ_2——试件经一次冻融循环后在规定条件下的劈裂强度，MPa。

(4)沥青混合料水稳定性的影响因素

沥青路面的水损坏通常与沥青的剥落有关，而剥落的发生与沥青和集料的黏附性有关。

沥青与集料的黏附性在很大的程度上取决于集料的化学组成，表3-4为不同矿物组成集料与沥青的黏附性等级的测试结果，由表3-4可见，SiO_2含量较高的花岗岩集料与沥青的黏附性明显低于碱性集料石灰岩与沥青的黏附性，也明显低于中性集料玄武岩与沥青的黏附性，通过掺加抗剥落剂可以显著改善酸性集料或中性集料与沥青的黏附性。

不同矿物组成集料与沥青的黏附性等级 表3-4

集料品种	韩国SK沥青				东海70号沥青			
	新鲜沥青		TFOT残留物		新鲜沥青		TFOT残留物	
	未加抗剥落剂	加抗剥落剂	未加抗剥落剂	加抗剥落剂	未加抗剥落剂	加抗剥落剂	未加抗剥落剂	加抗剥落剂
花岗岩1	1＋	5－	2	5－	1＋	5	3	5－
花岗岩2	1	5－	3	4	1－	4＋	3－	5
砂岩	3	5－	5－	5－	2＋	5	3－	5－
玄武岩	3－	5	3＋	4＋	3	5	3＋	5
石灰石	5－	5	5－	5	5－	5	5	5

表3-5为不同集料组成沥青混合料的冻融劈裂试验抗拉强度比TSR，结果同样表明花岗岩集料组成的沥青混合料水稳定性最差，石灰岩集料组成的沥青混合料水稳定性最好。

不同矿物成分集料沥青混合料的冻融劈裂试验抗拉强度比TSR 表3-5

集料品种	常规状态劈裂强度σ_1(MPa)	冻融状态劈裂强度σ_2(MPa)	TSR(%)	劈裂强度降低(%)
花岗岩集料	0.86	0.57	66.3	33.7
辉绿岩集料	0.89	0.66	74.1	25.9
石灰石集料	1.02	0.89	87.3	12.7

沥青混合料的水稳定性除了与沥青的黏附性有关外，还受沥青混合料压实空隙率大小及沥青膜厚度的影响。当空隙率较大时，外界水分容易进入沥青混合料结构内部，在高速行车造成的动水压力作用下集料表面的沥青发生迁移甚至剥落。当沥青混合料中沥青膜较薄时，水可能穿透沥青膜层导致沥青从集料表面剥落，使沥青混合料松散。图3-22为沥青膜厚度与沥青混合料冻融劈裂强度比的关系，当沥青膜厚度增加时，沥青混合料的冻融劈裂强度增加，即沥青混合料的水稳定性增加。

成型方法对沥青混合料抗水损害性能的影响较大。当成型温度较低，为了达到要求的压实密度，可能会压实过度时，将粗集料颗粒压碎，从而增加沥青混合料对水的敏感性。而当压实度不够时，即使是密级配的沥青混合料也会出现空隙率过大的情况，不仅对沥青路面的水稳定性不利，并且在车辆荷载作用下，沥青混合料逐渐压密，还将引起沥青路面的车辙问题。

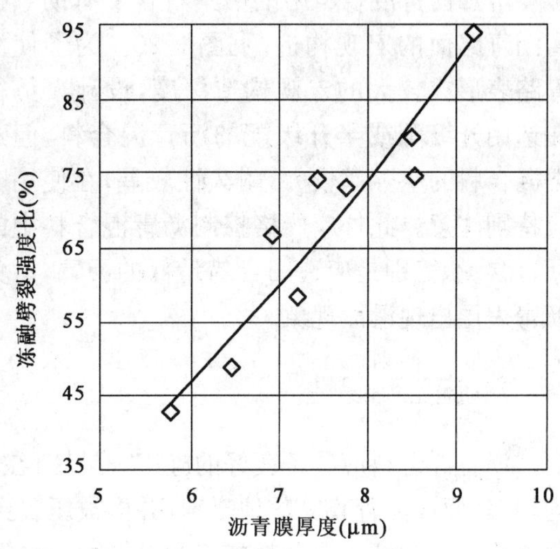

图3-22 沥青膜厚度与沥青混合料冻融劈裂强度的关系

开级配的沥青混合料由于压实空隙率较大，往往对其水稳定性不利，需要采取抗剥落措施提高沥青与集料的黏附性。当沥青用量不足时，即使是密级配的沥青混合料也会出现水稳定性不足的问题。所以在进行沥青混合料配合比设计时，应在满足高温稳定性的前提下，尽量增加沥青混合料中沥青膜厚度。此外，上述减缓沥青老化的措施对于提高沥青混合料的水稳定性也是有效的。

五、沥青混合料的抗滑性

沥青路面的抗滑性对于保障道路交通安全至关重要，而沥青路面的抗滑性能必须通过合理地选择沥青混合料组成材料、正确地设计与施工来保证。

1. 沥青路面抗滑性的评价

沥青路面的抗滑性与所用矿料的表面构造深度、颗粒形状与尺寸、抗磨光性有着密切的关系。矿料的表面构造深度取决于矿料的矿物组成、化学成分及风化程度；颗粒形状与尺寸既受到矿物组成的影响，也与矿料的加工方法有关；抗磨光性则受到上述所有因素加上矿物成分硬度的影响。因此用于沥青路面表层的粗集料应选用表面粗糙、坚硬、耐磨、抗冲击性好、磨光值大的碎石或破碎砾石集料。通常，坚硬耐磨的矿料多为酸性石料，与沥青的黏附性较差，为了保证沥青混合料的水稳定性，应采取有效的抗剥落措施。

沥青路面的抗滑性除了取决于矿料自身的表面构造外，还取决于矿料级配所确定的表面构造深度，前者通常称为微观构造，用集料的磨光值表征；后者称为宏观构造，由压实后路表构造深度试验评价。构造深度试验是将0.15～0.3mm的干砂25mL倒在试件表面，用粘有橡胶片的推平板，由里向外重复作摊铺运动，使砂填入凹凸不平的试件表面空隙中，不得在表面上留有浮动余砂。用钢尺量测砂所构成圆的两个垂直方向的直径，取其平均值，由式(3-18)计算沥青混合料的表面构造深度。

$$TD = \frac{1\,000V}{\pi D^2/4} = \frac{31\,831}{D^2} \tag{3-18}$$

式中：TD——沥青混合料的表面构造深度，mm；

V——砂的体积，25mL；

D——摊平砂的平均直径，mm。

2. 抗滑性的影响因素

增加沥青混合料中的粗集料含量有助于提高沥青路面的宏观构造，见图 3-23。为了使沥青路表形成较大的宏观构造深度，设计人员往往选用开级配或半开级配的沥青混合料，但这类混合料的空隙率较大、耐久性较差，在使用时应特别注意。此外应严格控制沥青混合料中的沥青含量，特别是应选用含蜡量低的沥青，以免沥青表层出现滑溜现象。

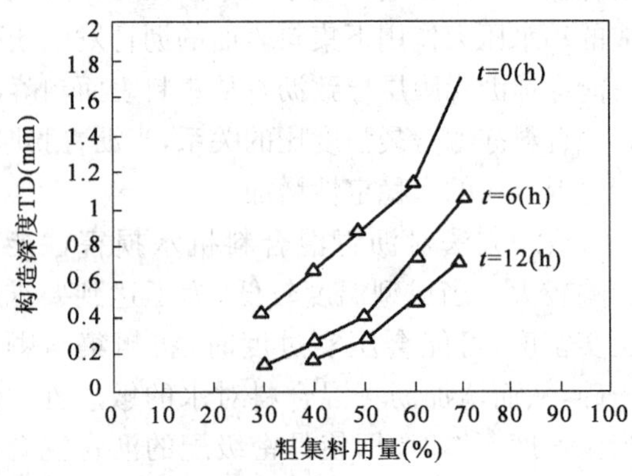

图 3-23　沥青路面表面构造深度与粗集料用量的关系曲线

六、施工和易性

沥青混合料应具备良好的施工和易性，在拌和、摊铺与碾压过程中，集料颗粒应保持分布均匀，表面被沥青膜完整地裹覆，并能被压实到规定的密度，这是保证沥青路面使用质量的必要条件。影响沥青混合料施工和易性的因素很多，诸如沥青混合料组成材料的技术品质、用量比例，以及施工条件等。目前尚无直接评价沥青混合料施工和易性的方法和指标，一般是通过合理选择组成材料、控制施工条件等措施来保证沥青混合料的质量。

1. 组成材料的影响

当组成材料确定后，沥青混合料和易性的主要影响因素是矿料级配和沥青用量。在间断级配的矿质混合料中，粗细集料的颗粒尺寸相差过大，缺乏中间尺寸颗粒，沥青混合料容易离析。如果细集料太少，沥青层就不容易均匀地分布在粗颗粒表面；而细集料过多，则使拌和困难。当沥青用量过少，或矿粉用量过多时，混合料容易产生疏松且不易压实；反之，如沥青用量过多，或矿粉质量不好，则容易使混合料黏结成团块，不易摊铺。

2. 施工条件的影响

沥青混合料应在一定的温度下进行施工，以使沥青结合料能够达到要求的流动性，在拌和过程中能够充分均匀地黏附在矿料颗粒表面；在压实期间，矿料颗粒能够克服沥青的黏滞力及自身内摩阻力相互移动就位，达到规定的压实密度。然而施工温度过高既会引起沥青老化，也会严重影响沥青混合料的使用性能。沥青混合料的拌和与压实温度与沥青黏度有关，应根据沥青黏度与温度的关系曲线确定。普通沥青结合料和液体沥青的施工温度可以按照表 3-6 给出黏度范围选择，改性沥青的施工温度需要通过试验确定。

热拌沥青混合料在拌和或压实时沥青的黏度水平(JTG F40—2004)　　表 3-6

黏　　度	适宜于拌和的黏度	适宜于压实的黏度
动力黏度(Pa·s)	0.17±0.02	0.28±0.03
运动黏度(mm^2/s)	170±20	280±30
赛波特黏度(s)	85±10	140±15

沥青混合料需要一定的时间进行拌和，以保证各种组成材料在混合料中均匀分布，并使所有矿料颗粒全部被沥青所裹覆。拌和时间可通过试拌确定，要求所有集料颗粒全部被沥青裹覆，无花白颗粒，颜色均匀一致，无结团成块和粗细颗粒离析现象。

此外，拌和设备、摊铺机械和压实工具都对沥青混合料的施工和易性有一定影响，应结合施工方式和施工条件考虑。

第三节　热拌密级配沥青混合料的组成设计

沥青混合料组成设计的目的是根据设计要求，选择合适的组成材料，确定合适的级配类型和级配范围、确定各组成材料的比例，使得所配制的沥青混合料能够满足高温稳定性、低温抗裂性、耐久性和施工和易性的要求。

一、沥青路面使用性能的气候分区

沥青混合料的物理力学性质与使用环境，如气温和湿度关系密切。因此，在选择沥青胶结料等级，进行沥青混合料配合比设计，检验沥青混合料的使用性能时，应考虑沥青路面工程的环境因素，尤其是温度和湿度条件。所以，应按照不同的气候分区的特点对沥青混合料的技术性能提出相应要求。

1. 气候分区指标

采用工程所在地最近 30 年内年最热月份平均最高气温的平均值作为反映沥青路面在高温和重载条件下出现车辙等流动变形的气候因子，并作为气候分区的一级指标，按照设计高温指标，一级区划分为 3 个区。

采用工程所在地最近 30 年内的极端最低气温作为反映沥青路面由于温度收缩产生裂缝的气候因子，并作为气候分区的二级指标，按照设计低温指标，二级区划分为 4 个区。

采用工程所在地最近 30 年内的年降雨量的平均值作为反映沥青路面受水影响的气候因子，并作为气候区划的三级指标，按照设计雨量指标，三级区划分为 4 个区。

2. 气候分区的确定

沥青路面使用性能气候分区由一、二、三级区划组合而成，以综合反映该地区的气候特征，见表 3-7。每个气候分区用 3 个数字表示：第一个数字代表高温分区，第二个数字代表低温分区，第三个数字代表雨量分区，每个数字越小，表示气候因素对沥青路面的影响越严重。如我国上海市属于 1-3-1 气候分区，为夏炎热冬冷潮湿区，对沥青混合料的高温稳定性和水稳定性要求较高。

沥青路面使用性能气候分区(JTG F40—2004)　　表 3-7

<table>
<tr><th colspan="2">气候分区指标</th><th colspan="12">气候分区</th></tr>
<tr><td rowspan="3">按照高温指标</td><td>高温气候区</td><td colspan="4">1</td><td colspan="4">2</td><td colspan="4">3</td></tr>
<tr><td>气候区名称</td><td colspan="4">夏炎热区</td><td colspan="4">夏热区</td><td colspan="4">夏凉区</td></tr>
<tr><td>七月平均最高温度(℃)</td><td colspan="4">>30</td><td colspan="4">20～30</td><td colspan="4"><20</td></tr>
<tr><td rowspan="3">按照低温指标</td><td>低温气候区</td><td colspan="3">1</td><td colspan="3">2</td><td colspan="3">3</td><td colspan="3">4</td></tr>
<tr><td>气候区名称</td><td colspan="3">冬严寒区</td><td colspan="3">冬寒区</td><td colspan="3">冬冷区</td><td colspan="3">冬温区</td></tr>
<tr><td>极端最低气温(℃)</td><td colspan="3"><−37.0</td><td colspan="3">−37.0～−21.5</td><td colspan="3">−21.5～−9.0</td><td colspan="3">>−9.0</td></tr>
</table>

续上表

气候分区指标		气候分区			
按照雨量指标	雨量气候区	1	2	3	4
	气候区名称	潮湿区	湿润区	半干区	干旱区
	年降雨量(mm)	＞1 000	1 000～500	500～250	＜250

二、沥青混合料组成材料的技术要求

沥青混合料的技术性质在很大程度上决定于其组成材料的质量品质、用量比例及沥青混合料的制备工艺等因素，其中组成材料的质量是首先需要关注的问题。

1. 沥青结合料

沥青是沥青混合料中最重要的组成材料，其性能直接影响沥青混合料的各种技术性质。沥青路面所用沥青等级应根据气候条件、沥青混合料类型、道路等级、交通性质、路面类型、施工方法以及当地使用经验等，经技术论证后确定。

在使用条件相同的情况下，黏度较大的黏稠沥青所配制的混合料具有较高的力学强度和稳定性，但如黏度过高，则沥青混合料的低温变形能力较差，沥青路面容易产生裂缝。反之，采用黏度较低的沥青所配制的混合料在低温时具有较好的变形能力，但在夏季高温时往往会由于稳定性不足使沥青路面产生较大的变形。为此，在选择沥青等级时，必须考虑环境温度对沥青混合料的作用。

一般来说，在夏季温度高、高温持续时间长的地区，应采用黏度高的沥青；而在冬季寒冷的地区，则宜采用稠度低、低温劲度较小的沥青。对于日温差较大的地区还应考虑选择针入度指数较高的低感温性沥青。对于重载交通路段、高速公路等实行渠化交通的路段、山区及丘陵区上坡路段、服务区、停车场等行车速度慢的路段，为了提高沥青混合料的强度和承载能力，应选用黏度大的沥青。

2. 粗集料

(1)物理力学性质的要求

用于沥青混合料中的粗集料，可以采用碎石、破碎砾石、筛选砾石、矿渣等。

用于高速公路、一级公路、城市快速道路、主干路沥青路面表层的粗集料应该选用坚硬、耐磨、抗冲击性好的碎石或破碎砾石，不得使用筛选砾石、矿渣及软质集料，该类粗集料应符合表 3-8 对磨光值和黏附性的要求。当坚硬石料来源缺乏时，允许掺加一定比例较小粒径的普通粗集料，掺加比例根据试验确定。在以骨架原则设计的沥青混合料中不得掺加其他粗集料。

粗集料应该洁净、干燥、表面粗糙、形状接近立方体，且无风化、不含杂质，并具有足够的强度、耐磨耗性。粗集料的质量应符合表 3-9 的要求。

破碎砾石应采用粒径大于 50mm 的颗粒轧制，破碎前必须清洗，含泥量不得大于 1%，破碎砾石的破碎面积应符合表 3-9 的要求。钢渣作为粗集料时，仅限于三级及三级以下公路和次干路以下的城市道路，并应经过试验论证取得许可后使用。钢渣破碎后应有 6 个月以上的存放期，除吸水率允许适当放宽外，各项指标应符合表 3-9 的要求。

粗集料磨光值及其与沥青黏附性的技术要求(JTG F40—2004)　　表 3-8

技术指标 ＼ 雨量气候分区		1(潮湿区)	2(湿润区)	3(半干区)	4(干旱区)
粗集料磨光值(PSV)		≥42	≥40	≥38	≥36
粗集料与沥青的黏附性(级)	表层	≮5	≮4	≮4	≮3
	其他层次	≮4	≮4	≮3	≮3

沥青混合料用粗集料质量要求(JTG F40—2004)　　表 3-9

技 术 指 标		高速公路、一级公路、城市快速路、主干路		其他等级的公路与城市道路
		表面层	其他层次	
石料压碎值(%) ≤		25	28	30
洛杉矶磨耗损失(%) ≤		28	30	35
视密度①(t/m^3) ≥		2.60	2.50	2.45
吸水率①(%) ≤		2.0	3.0	3.0
坚固性②(%) ≤		12	12	—
软石含量(%) ≤		3	5	5
水洗法<0.075mm 颗粒含量(%) ≤		1	1	1
针片状颗粒含量(%) ≤	粒径>9.5mm	12	15	—
	粒径<9.5mm	18	20	—
破碎砾石的破碎面积(%) ≥	1 个破碎面	100	90	80(70)③
	2 个破碎面	90	80	60(50)

注:①当粗集料用于高速公路、一级公路和城市快速路、主干路时,多孔玄武岩的视密度可放宽至 $2.45\times10^3kg/m^3$,吸水率可放宽至 3%,并须得到主管部门的批准。

②坚固性试验根据需要进行。

③括号外数据为对表层用集料的要求,括号中数据为对其他层次的要求。

(2)与沥青的黏附性要求

在高速公路、一级公路、城市快速路和主干路沥青路面中,需要使用坚硬的粗集料。当使用花岗岩、石英岩等酸性岩石轧制的粗集料时,若达不到表 3-8 对粗集料与沥青黏附性等级的要求,必须采取抗剥落措施。工程中常用的抗剥落方法包括使用高黏度沥青;在沥青中掺加抗剥落剂;用干燥的生石灰、消石灰粉或水泥作为填料的一部分,其用量宜为矿料总量的 1%~2%;将粗集料用石灰浆处理后使用等。

(3)粒径尺寸规格

按照公称粒径将粗集料分成 S6~S14 等 9 个粒径尺寸规格,每个规格下的集料应按照表 3-10 进行生产和选用。如某一档粗集料不符合表 3-10 的规格,但确认与其他集料组配后的合成级配符合设计级配的要求时,也可以使用。

3. 细集料

(1)物理力学性能要求

用于拌制沥青混合料的细集料,可以采用天然砂、机制砂或石屑。细集料应洁净、干燥、无风化、不含杂质,并有适当的级配范围。细集料的物理力学指标要求见表 3-11。细集料应与沥青有良好的黏结能力,当在高速公路、一级公路、城市快速路、主干路沥青面层使用与沥青黏结性能差的天然砂或用花岗岩、石英岩等酸性岩石破碎的人工砂及石屑时,应采取前述粗集料的抗剥落措施对细集料进行处理。

沥青面层用粗集料规格(JTG F40—2004)　　表 3-10

规　格	公称粒径(mm)	通过下列筛孔(mm)的质量百分率(%)								
		37.5	31.5	26.5	19	13.2	9.5	4.75	2.36	0.6
S6	15～30	100	90～100	—	—	0～15	—	0～5	—	—
S7	10～30	100	90～100	—	—	—	0～15	0～5	—	—
S8	10～25	—	100	90～100	—	0～15	—	0～5	—	—
S9	10～20	—	—	100	90～100	—	0～15	0～5	—	—
S10	10～15	—	—	—	100	90～100	0～15	0～5	—	—
S11	5～15	—	—	—	100	90～100	40～70	0～15	0～5	—
S12	5～10	—	—	—	—	100	90～100	0～15	0～5	—
S13	3～10	—	—	—	—	100	90～100	40～70	0～20	0～5
S14	3～5	—	—	—	—	—	100	90～100	0～15	0～3

沥青混合料用细集料质量要求(JTG F40—2004)　　表 3-11

指　　标	高速公路、一级公路城市快速路、主干路	其他公路与城市道路
表观密度(t/m^3)　≥	2.50	2.45
坚固性*(>0.3mm 部分)(%)　≥	12	—
砂当量(%)　≥	60	50

注:*坚固性试验根据需要进行。

石屑是采石场破碎石料时通过 4.75mm 或 2.36mm 的筛下部分,它与机制砂有着本质的不同,是石料加工破碎过程中表面剥落或撞下的边角,强度一般较低,且针片状含量较高,在沥青混合料的使用过程中还会进一步细化。所以在生产石屑的过程中应特别注意,避免山体覆盖层或夹层的泥土混入石屑,且不得使用泥土、细粉、细薄碎片颗粒含量高的石屑。石屑的砂当量应符合表 3-11 的要求。在高速公路、一级公路、城市快速路、主干路沥青路面面层及抗滑磨耗层中,所用石屑总量不宜超过天然砂或机制砂的用量,即在细集料中石屑含量不宜超过总量的 50%。

(2)粒径尺寸规格

机制砂和石屑的粒径规格可以加工成 S15 和 S16 两个规格,其级配组成要求见表 3-12。各档细集料的级配在沥青混合料中的适用性,应将其与粗集料及填料配制成矿质混合料后,根据矿料合成级配是否符合设计级配范围的要求做出决定。当一种细集料不能满足级配要求时,可采用两种或两种以上的细集料掺和使用。

沥青面层用机制砂或石屑规格(JTG F40—2004)　　表 3-12

规　格	公称粒径(mm)	通过下列筛孔(mm)的质量百分率(%)							
		9.5	4.75	2.36	1.18	0.6	0.3	0.15	0.075
S15	0～5	100	90～100	60～90	40～75	20～55	7～40	2～20	0～10
S16	0～3		100	80～100	50～80	25～60	8～45	0～25	0～15

天然砂宜采用河砂或海砂，当使用山砂时应经过清洗。天然砂的规格应符合表3-13的规定，砂中经筛洗法所测定的小于0.075mm颗粒含量不得大于3%(高速公路、一级公路、城市快速路、主干路)和5%(其他等级道路)。

沥青面层用天然砂规格(JTG F40—2004)　　表3-13

分类	通过各筛孔(mm)的质量百分率(%)								细度模数(M_x)
	9.5	4.75	2.36	1.18	0.6	0.3	0.15	0.075	
粗砂	100	90～100	65～95	35～65	15～30	5～20	0～10	0～5	3.7～3.1
中砂	100	90～100	75～90	50～90	30～60	8～30	0～10	0～5	3.0～2.3
细砂	100	90～100	85～100	75～100	60～84	15～45	0～10	0～5	2.2～1.6

4.填料

填料在沥青混合料中的作用非常重要，沥青混合料主要是依靠沥青与矿粉的交互作用形成较高黏结力的沥青胶浆，将粗细集料结合成一个整体。用于沥青混合料的填料最好采用石灰岩或岩浆岩中的强基性岩石等憎水性石料经磨细得到的矿粉，生产矿粉的原石料中泥土杂质应清除。矿粉要求干燥、洁净，能自由地从石粉仓中流出，其质量应符合表3-14的要求。

沥青面层用矿粉质量要求(JTG F40—2004)　　表3-14

指标		高速公路、一级公路、城市快速路、主干路	其他公路与城市道路
视密度(t/m^3)　≥		2.50	2.45
含水率(%)　≤		1	1
粒度范围(%)	<0.6mm	100	100
	<0.15mm	90～100	90～100
	<0.075mm	75～100	70～100
外观		无团粒结块	
亲水系数　<		1	

在拌和厂采用干法除尘回收的粉尘可以代替一部分矿粉使用，湿法除尘得到的回收粉尘应经干燥粉碎处理，且不得含有杂质。回收粉尘的用量不得超过填料总量的25%，掺有回收粉尘填料的塑性指数不得大于4%，其余质量要求与矿粉相同。

粉煤灰作为填料使用时，其烧失量应小于12%，与矿粉混合后的塑性指数应小于4%，其余质量要求与矿粉相同。粉煤灰的用量不宜超过填料总量的50%，并应经试验确认与沥青有良好的黏结力，且沥青混合料的水稳性能应满足要求。高速公路、一级公路和城市快速路、主干路的沥青混凝土面层不宜采用粉煤灰作填料。

为了改善沥青混合料水稳定性，可以采用干燥的磨细生石灰粉、消石灰粉或水泥作为填料，其用量不宜超过矿料总量的1%～2%。

三、沥青混合料类型和混合料级配组成范围

1.沥青混合料类型的选择

沥青面层一般采用双层式或三层式结构，各层所用沥青混合料类型应根据道路等级与所处位置的功能要求进行选择，表3-15给出了不同道路等级沥青路面各层所用混合料的建议类

型及其公称最大尺寸。一般来说，矿料的最大粒径宜从上至下逐渐增大，并与结构层的设计厚度相匹配，以保证沥青路面的压实密度，减少集料离析，便于施工和压实。根据工程经验，沥青层一层的压实厚度不宜小于矿料公称最大粒径的 2.5～3.0 倍，也就是说，当沥青层设计厚度为 40mm 时，矿料的公称最大粒径应在 13.2～16mm 范围以下。

沥青面层混合料的最小压实厚度(mm) 表 3-15

<table>
<tr><td>沥青路面结构层类型</td><td colspan="2">道路等级</td><td colspan="6">高速公路、一级公路
城市快速路、主干路</td><td colspan="6">二级以下等级公路
一般城市道路</td><td colspan="2">行人道路</td></tr>
<tr><td rowspan="5">磨耗层
表面层</td><td colspan="2">沥青混合料类型</td><td colspan="2">AC</td><td colspan="2">SMA</td><td colspan="2">OGFC</td><td colspan="3">AC</td><td colspan="3">SMA</td><td colspan="2">AC</td></tr>
<tr><td rowspan="4">集料公称
最大尺寸
(mm)</td><td>4.75</td><td colspan="2">×</td><td colspan="2">×</td><td colspan="2">×</td><td colspan="3">×</td><td colspan="3">×</td><td colspan="2">10</td></tr>
<tr><td>9.5</td><td colspan="2">30</td><td colspan="2">25</td><td colspan="2">20</td><td colspan="3">25</td><td colspan="3">25</td><td colspan="2">20</td></tr>
<tr><td>13.2</td><td colspan="2">40</td><td colspan="2">35</td><td colspan="2">25</td><td colspan="3">35</td><td colspan="3">35</td><td colspan="2">25</td></tr>
<tr><td>16</td><td colspan="2">50</td><td colspan="2">40</td><td colspan="2">×</td><td colspan="3">45</td><td colspan="3">40</td><td colspan="2">×</td></tr>
<tr><td rowspan="7">中面层
下面层
基层</td><td colspan="2">沥青混合料类型</td><td colspan="3">AC</td><td colspan="3">ATB</td><td colspan="2">AC</td><td colspan="2">AM</td><td colspan="2">ATB</td><td>AC</td><td>AM</td></tr>
<tr><td rowspan="6">集料公称
最大尺寸
(mm)</td><td>13.2</td><td colspan="3">×</td><td colspan="3">×</td><td colspan="2">35</td><td colspan="2">35</td><td colspan="2">×</td><td>35</td><td>35</td></tr>
<tr><td>16</td><td colspan="3">50</td><td colspan="3">×</td><td colspan="2">45</td><td colspan="2">40</td><td colspan="2">×</td><td>40</td><td>40</td></tr>
<tr><td>19</td><td colspan="3">60</td><td colspan="3">×</td><td colspan="2">60</td><td colspan="2">50</td><td colspan="2">×</td><td>55</td><td>×</td></tr>
<tr><td>26.5</td><td colspan="3">80</td><td colspan="3">80</td><td colspan="2">×</td><td colspan="2">60</td><td colspan="2">80</td><td>×</td><td>×</td></tr>
<tr><td>31.5</td><td colspan="3">×</td><td colspan="3">100</td><td colspan="2">×</td><td colspan="2">×</td><td colspan="2">90</td><td>×</td><td>×</td></tr>
<tr><td>37.5</td><td colspan="3">×</td><td colspan="3">120</td><td colspan="2">×</td><td colspan="2">×</td><td colspan="2">100</td><td>×</td><td>×</td></tr>
</table>

注：×表示不宜选用。

2. 沥青混合料的矿料级配范围

沥青混合料矿料的级配组成对其使用性能影响很大，也是配合比设计的重要内容之一。我国现行规范《公路沥青路面施工技术规范》(JTG F40－2004)对密级配沥青混合料的矿料级配范围做出了规定，见表 3-16 和表 3-17，并根据关键筛孔的通过百分率，将 AC 型混合料分为细型、粗型密级配沥青混合料，见表 3-18。细型和粗型都属于密级配混合料，粗型混合料中的粗集料含量较高，可以形成嵌挤型的密级配沥青混合料。

密级配沥青混合料(AC)矿料级配范围 表 3-16

级配类型		通过下列筛孔(mm)的质量百分率(%)												
		31.5	26.5	19.0	16.0	13.2	9.5	4.75	2.36	1.18	0.6	0.3	0.15	0.075
粗粒式	AC-25	100	90～100	75～90	65～83	57～76	45～65	24～52	16～42	12～33	8～24	5～17	4～13	3～7
中粒式	AC-20		100	90～100	78～92	62～80	50～72	26～56	16～44	12～33	8～24	5～17	4～13	3～7
	AC-16			100	90～100	76～92	60～80	34～62	20～48	13～36	9～26	7～18	5～14	4～8
细粒式	AC-13				100	90～100	68～85	38～68	24～50	15～38	10～28	7～20	5～15	4～8
	AC-10					100	90～100	45～75	30～58	20～44	13～32	9～23	6～16	4～8
砂粒式	AC-5						100	90～100	55～75	35～55	20～40	12～28	7～18	5～10

密级配沥青碎石混合料(ATB)矿料级配范围　　表 3-17

级配类型		通过下列筛孔(mm)的质量百分率(%)														
		53.0	37.5	31.5	26.5	19.0	16.0	13.2	9.5	4.75	2.36	1.18	0.6	0.3	0.15	0.075
特粗式	ATB-40	100	90~100	75~92	65~85	49~71	43~63	37~57	30~50	20~40	15~32	10~25	8~18	5~14	3~10	2~6
粗粒式	ATB-30		100	90~100	70~90	53~72	44~66	39~60	31~51	20~40	15~32	10~25	8~18	5~14	3~10	2~6
	ATB-25			100	90~100	60~80	48~68	42~62	32~52	20~40	15~32	10~25	8~18	5~14	3~10	2~6

由于表 3-16 和表 3-17 中给出的级配范围适用于我国各地、不同道路等级、不同气候条件、不同交通条件、不同层位等情况，级配范围较大，在同一个级配范围中，可以配制出不同空隙率的混合料。因此，在进行沥青混合料配合比设计时，设计者或使用者应根据沥青路面的使用条件，材料特征等，在这个级配范围中选择一个合适的工程级配范围作为设计依据。当道路交通量较大，轴载较重时，可以选择粗型混合料级配范围，以满足沥青路面的使用要求。

粗型和细型密级配沥青混合料的关键性筛孔通过率(JTG F40—2004)　　表 3-18

混合料类型	公称最大粒径(mm)	用以分类的关键性筛孔(mm)	粗型级配		细型级配	
			代号	关键性筛孔通过率(%)	代号	关键性筛孔通过率(%)
AC-25	26.5	4.75	AC-25C	<40	AC-25F	>40
AC-20	19	4.75	AC-20C	<45	AC-20F	>45
AC-16	16	2.36	AC-16C	<38	AC-16F	>38
AC-13	13.2	2.36	AC-13C	<40	AC-13F	>40
AC-10	9.5	2.36	AC-10C	<45	AC-10F	>45

四、配合比设计方法和技术要求

1. 马歇尔试验设计法

马歇尔试验方法是由美国密西西比州公路局布鲁斯·马歇尔(Brue Marshell)提出的，迄今已经历了半个多世纪。马歇尔试验设备简单、操作方便，被世界上许多国家所采用，也是目前我国进行密级配沥青混合料配合比设计的主要试验方法。

马歇尔试验用于测定沥青混合料试件的破坏荷载和抗变形能力。将沥青混合料制备成规定尺寸的圆柱状试件，试验时将试件横向置于两个半圆形压模中，使试件受到一定的侧限。在规定温度和加荷速度下，对试件施加压力，记录试件所受压力与变形曲线，见图 3-24。主要力学指标为马歇尔稳定度 MS(Marshall Stability)和流值 FL(Flow Value)，稳定度 MS 是指试件受压至破坏时承受的最大荷载，以 kN 计，流值 FL 是达到最大破坏荷载时试件的垂直变形，以 0.1mm 计。目前，在我国沥青路面工程中，马歇尔稳定度与流值既是沥青混合料配合比设计主要指标，也是沥青路面施工质量控制的重要试验项目。

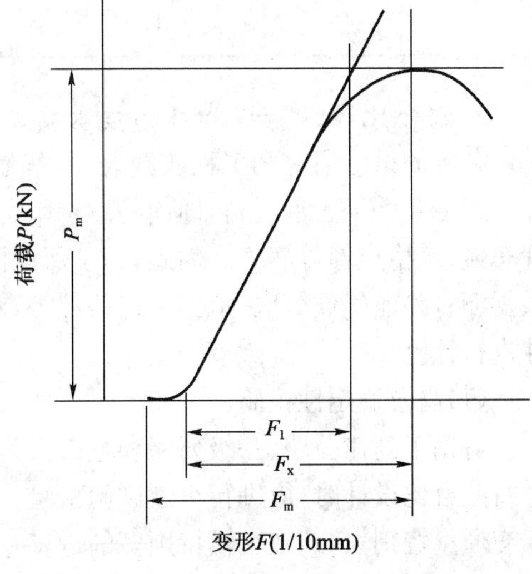

图 3-24　马歇尔试验曲线

在采用马歇尔试验进行沥青混合料配合比设

计时,根据沥青混合料马歇尔试件的各项体积参数指标,如试件毛体积密度、空隙率、沥青饱和度和矿料间隙率等指标,以及稳定度、流值等指标,确定矿质混合料级配组成以及合适的沥青用量。

2. 配合比设计指标的技术要求

我国现行规范《公路沥青路面施工技术规范》(JTG F40—2004)中对沥青混合料马歇尔试件的成型条件、试件的体积参数指标、马歇尔稳定度和流值指标的要求见表3-19和表3-20。当使用改性沥青时,混合料的马歇尔试验指标要求允许适当调整,其流值可适当放宽。

密级配热拌沥青混合料马歇尔试验技术标准　　表3-19

沥青混合料类型 / 项目		密级配热拌沥青混合料(AC)					
		高速公路、一级公路、城市快速路、主干路				其他等级道路	行人道路
		中轻交通	重交通	中轻交通	重交通		
		夏炎热区		夏热区及夏凉区			
试件每面的击实次数(次)		75	75	75	75	50	50
空隙率(%)	深约90mm以内	3～5	4～6	2～4	3～5	3～6	2～4
	深约90mm以下	3～6	3～6	2～4	3～6		
沥青饱和度(%)		见表3-20的要求					
矿料间隙率(%)		见表3-20的要求					
稳定度(kN),不小于		8	8	8	8	5	3
流值(mm)		2～4	1.5～4	2～4.5	2～4	2～4.5	2～5

密级配热拌沥青混合料的沥青饱和度与矿料间隙率的要求　　表3-20

集料公称最大粒径(mm)			4.75	9.5	13.2	16.0	19.0	26.5	31.5	37.5	50
沥青饱和度 VFA(%)			70～85		60～75			55～70			
矿料间隙率 VMA (%) 不小于	设计空隙率 VV (%)	2	15	13	12	11.5	11	10	9.5	9	8.5
		3	16	14	13	12.5	12	11	10.5	10	9.5
		4	17	15	14	13.5	13	12	11.5	11	10.5
		5	18	16	15	14.5	14	13	12.5	12	11.5
		6	19	17	16	15.5	15	14	13.5	13	12.5

3. 配合比设计验证指标的技术要求

各国的试验研究和工程实践表明,马歇尔稳定度和流值是经验性指标,具有一定的局限性。对于某些沥青混合料,即使马歇尔稳定度和流值都满足技术要求,也无法避免沥青路面出现车辙、水稳定性等病害。因此,为了保证沥青混合料的路用性能,在配合比设计的基础上,应根据沥青路面气候分区、道路交通条件等,对沥青混合料的高温稳定性、低温抗裂性和水稳定性进行检验。

(1)高温稳定性检验

对用于高速公路、一级公路和城市快速路、主干路沥青路面上面层和中面层的沥青混合料进行配合比设计时,应进行车辙试验检验。沥青混合料的动稳定度应符合表3-21的要求。对于交通量特别大,超载车辆特别多的运煤专线、厂矿道路,可以通过提高气候分区等级来提高对动稳定度的要求。对于轻型交通为主的旅游区道路,可以根据情况适当降低要求。

沥青混合料车辙试验动稳定度技术要求 表 3-21

气候条件与技术指标	相应下列气候分区所要求的动稳定度 DS(次/mm)								
七月平均最高气温(℃)及气候分区	>30(夏炎热区)				20～30(夏热区)				<20 夏凉区
	1-1	1-2	1-3	1-4	2-1	2-2	2-3	2-4	3-2
普通沥青混合料 ≥	800		1 000		600	800			600
改性沥青混合料 ≥	2 400		2 800		2 000	2 400			1 800

(2)水稳定性检验

沥青混合料应具有良好的水稳定性，在进行沥青混合料配合比设计及性能评价时，除了对沥青与石料的黏附性等级进行检验外，还应在规定条件下进行沥青混合料的浸水马歇尔试验和冻融劈裂试验，残留稳定度和冻融劈裂强度比应满足表 3-22 的要求。

沥青混合料水稳定性技术要求 表 3-22

年降雨量(mm)		>1 000	1 000～500	500～250	<250
		1. 潮湿区	2. 湿润区	3. 半干区	4. 干旱区
浸水马歇尔试验的残留稳定度(%) ≥	普通沥青混合料	80	80	75	75
	改性沥青混合料	85	85	80	80
冻融劈裂试验的残留强度比(%) ≥	普通沥青混合料	75	75	70	70
	改性沥青混合料	80	80	75	75

(3)低温抗裂性检验

为了提高沥青路面低温抗裂性，应对沥青混合料进行低温弯曲试验，试验温度－10℃，加载速率 50mm/min，沥青混合料的破坏应变应满足表 3-23 的要求。

沥青混合料低温弯曲试验破坏应变技术要求 表 3-23

气候条件与技术指标	相应于下列气候分区所要求的破坏应变(με)								
年极端最低气温(℃)及气候分区	<－37.0(冬严寒区)		－37.0～－21.5(冬寒区)			－21.5～－9.0(冬冷区)		>－9.0(冬温区)	
	1-1	2-1	2-2	2-2	3-2	1-3	2-3	1-4	2-4
普通沥青混合料 ≥	2 600		2 300			2 000			
改性沥青混合料 ≥	3 000		2 800			2 500			

五、密级配热拌沥青混合料目标配合比设计步骤

全过程的沥青混合料配合比设计包括三个阶段：目标配合比设计阶段、生产配合比设计阶段和生产配合比验证，后两个设计阶段是在目标配合比的基础上进行的，借助于施工单位的拌和设备、摊铺和碾压设备，在进行沥青混合料的试拌试铺的基础上，完成对沥青混合料配合比的调整。本小节主要介绍沥青混合料的目标配合比设计方法，其设计流程图见图 3-25。

1. 组成材料选择与材料性能测试

在现场勘查、试验检测的基础上确认实际工程所用的各种原材料。按照规定的试验方法对这些材料进行取样，测试各档集料、矿粉、沥青材料的密度，进行集料的筛分试验，确定各种规格集料的级配组成。

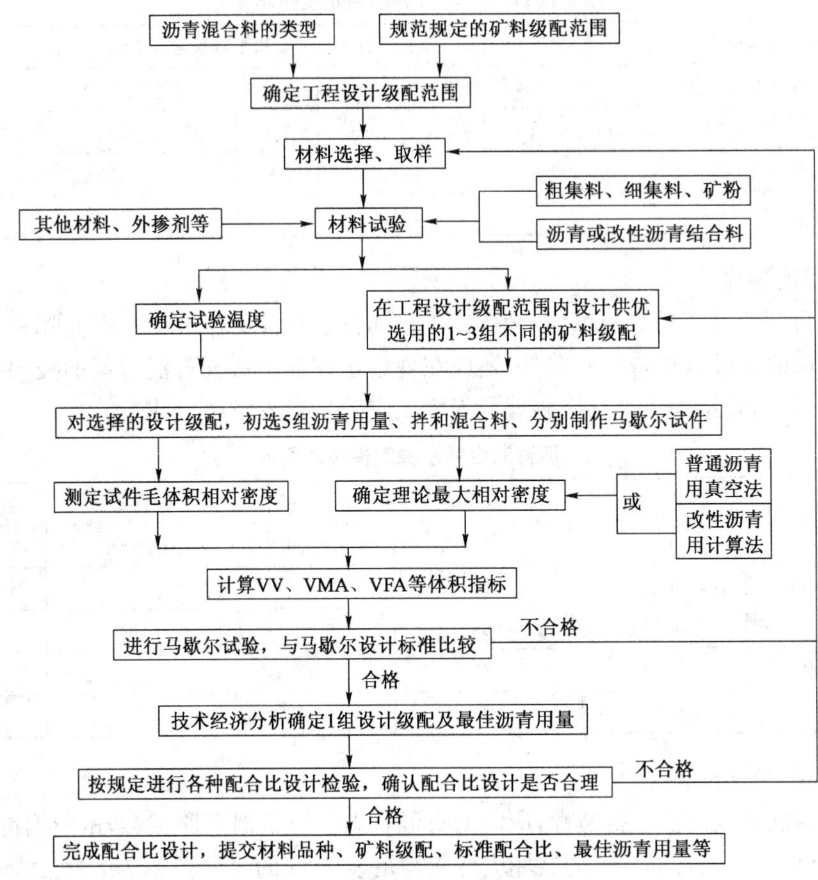

图 3-25　沥青混合料配合比设计流程图

2. 矿质混合料的配合比设计

(1)确定矿质混合料的设计级配范围

首先根据道路等级与所处位置的功能要求确定各层所用沥青混合料类型。矿质混合料的合成级配曲线必须符合设计级配范围的要求，设计级配范围可以根据混合料类型和使用条件在表 3-16 或表 3-17 规定的级配范围中选择，也可以根据试验研究成果选择其他类型的沥青混合料类型及相应的级配范围，经技术经济论证后确定。

(2)拟订初试配合比

根据各档集料的筛分结果，采用计算法或图解法，在设计级配范围中，设计了 3 组初选配合比，确定每组混合料中各档集料的用量比例，计算矿质混合料的合成级配。

合成级配曲线不得有过多的犬牙交错。当经过反复调整仍有两个以上的筛孔超出设计级配范围时，必须对原材料进行调整或更换原材料重新设计。通常情况下，合成级配曲线宜尽量接近设计级配中限，尤其应使 0.075mm、2.36mm、4.75mm 等筛孔的通过量尽量接近设计级配范围的中限。对于交通量大、轴载重的道路，合成级配可以考虑偏向级配范围的下限，而对于中小交通量或人行道路等，合成级配宜偏向级配范围的上限。

(3)矿质混合料设计配合比的确定

根据使用经验，初估沥青用量，按照初试矿料配合比拌制 3 组沥青混合料。在标准条件下，成型马歇尔试件，测试试件的毛体积密度、计算试件空隙率、矿料间隙率和沥青饱和度。根据沥青混合料马歇尔试件体积参数指标的技术要求，确定矿料的设计配合比。

3. 沥青混合料马歇尔试验

沥青混合料马歇尔试验的主要目的是确定沥青混合料的最佳沥青用量。

(1)配制混合料、成型试样

首先按照所设计的矿质混合料配合比，计算各种规格集料的用量，称量各档集料和矿粉。然后根据经验估计适宜的沥青用量(或油石比)。以所估计的沥青用量(或油石比)为中值，按0.5%间隔变化，取五个不同的沥青用量(或油石比)，拌制沥青混合料，并按照表3-19中所规定的击实次数成型马歇尔试件。

(2)确定马歇尔试件的物理力学指标

计算或测试沥青混合料的最大理论密度。测试沥青混合料试件的毛体积密度，然后计算沥青混合料试件的空隙率、沥青饱和度、矿料间隙率等体积参数。

在马歇尔试验仪上，按照标准方法测定沥青混合料试件的马歇尔稳定度和流值。

4. 最佳沥青用量的确定

以油石比或沥青用量为横坐标，以沥青混合料试件的毛体积密度、空隙率、沥青饱和度、马歇尔稳定度和流值指标为纵坐标，将试验结果点入图中，连成光滑的曲线，如图3-26所示。

(1)确定最佳沥青用量的初始值 OAC_1

根据图3-26，求取相应于马歇尔稳定度最大值、试件毛体积密度最大值、目标空隙率(或设计范围中值)、设计沥青饱和度范围中值的沥青用量 a_1、a_2、a_3 和 a_4，由式(3-19)计算四者的平均值作为最佳沥青用量的初始值 OAC_1。

$$OAC_1 = (a_1 + a_2 + a_3 + a_4)/4 \tag{3-19}$$

在试验的沥青用量范围中，如果密度或者稳定度没有出现峰值，可以直接采用目标空隙率对应的沥青用量 a_3 作为 OAC_1，但是 OAC_1 必须介于 $OAC_{min} \sim OAC_{max}$ 的范围内，否则应该重新进行配合比设计。

(2)确定沥青最佳用量的初始值 OAC_2

在图3-26上，求出各项指标(不含VMA)均符合技术标准(表3-19)的沥青用量范围 $OAC_{min} \sim OAC_{max}$，由式(3-20)计算沥青最佳用量的初始值 OAC_2。

$$OAC_2 = (OAC_{min} + OAC_{max})/2 \tag{3-20}$$

(3)综合确定最佳沥青用量OAC

最佳沥青用量OAC的确定应考虑沥青路面的工程实践经验、道路等级、交通特性、气候条件等因素。

通常情况下，取 OAC_1 和 OAC_2 的平均值作为计算的最佳沥青用量OAC，检验与OAC对应的矿料间隙率VMA是否满足表3-20中对VMA最小值的要求。

对于炎热地区道路以及高速公路、一级公路、城市快速路、主干路的重载交通路段，山区公路的长大纵坡路段，预计有可能出现较大车辙时，宜在空隙率符合要求的范围中，将计算的OAC减小0.1%～0.5%作为设计的最佳沥青用量，并通过试验路段试拌试铺进行调整确认。

对寒区道路、旅游区道路以及交通量很少的道路，最佳沥青用量可以在计算的OAC的基础上增大0.1%～0.3%，以适当降低设计空隙率，但不得降低压实度的要求。

5. 配合比设计检验

用于高等级道路沥青路面的密级配沥青混合料，需要在配合比设计的基础上进行各种使用性能的检验，不符合要求的沥青混合料，必须更换材料或重新进行配合比设计。

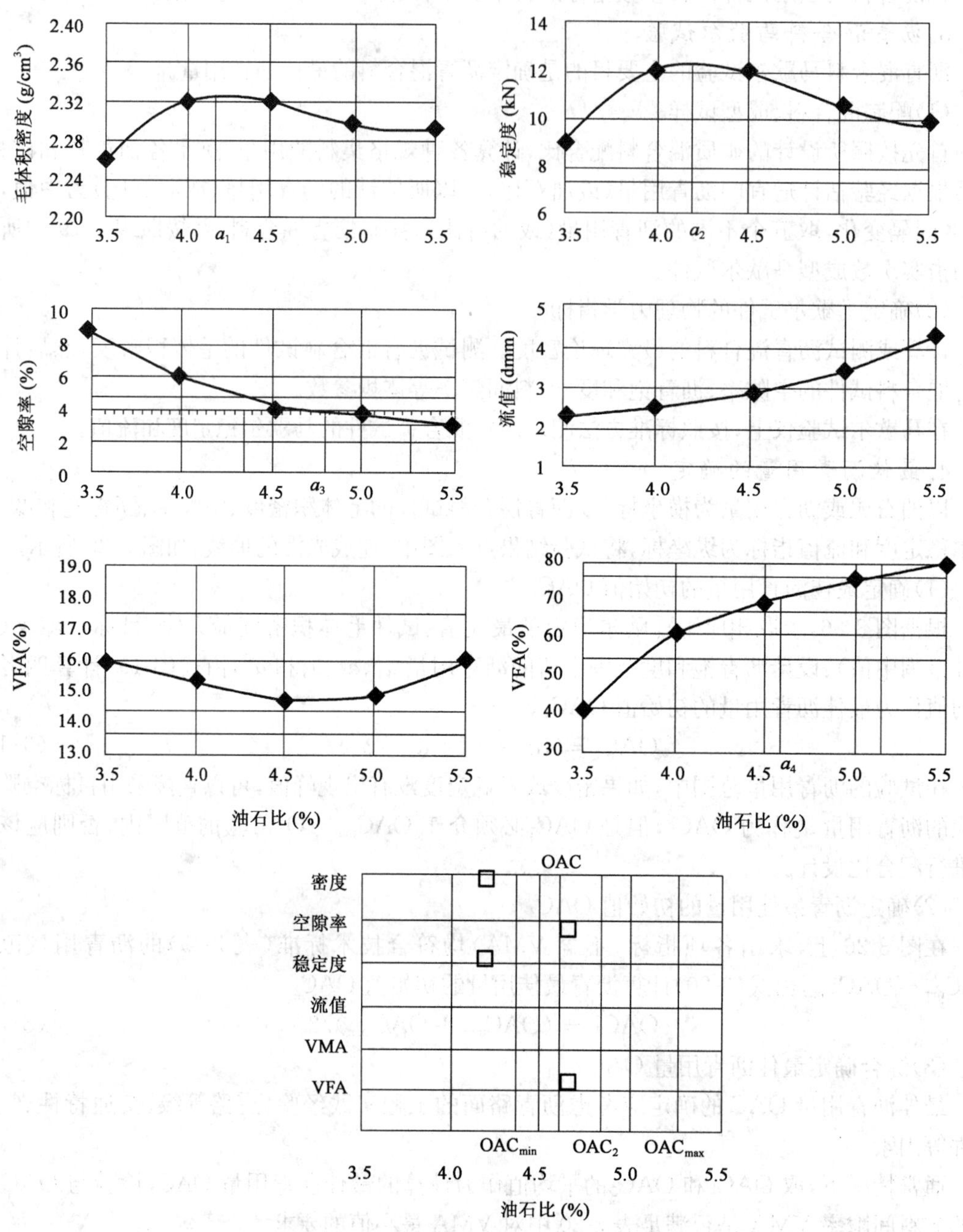

图 3-26　沥青用量与马歇尔稳定度试验物理—力学指标关系图

配合比设计检验按照设计的最佳沥青用量在标准条件下进行。设计的沥青混合料的动稳定度、残留稳定度或冻融劈裂强度、破坏应变等指标应符合表 3-21～表 3-23 中的要求。

【例题 3-1】 某高等级公路沥青路面中面层用沥青混合料配合比设计。

(1)设计资料

设计某高速公路沥青路面中面层用沥青混合料，中面层结构设计厚度为 6cm。

气候条件：7 月份平均最高气温 32℃，年极端最低气温－6.5℃，年降雨量 1 500mm。

沥青结合料采用 SBS 改性沥青，相对密度为 1.038，经检验各项技术性能均符合要求。

粗集料、细集料均为石灰岩。集料分为4档,按公称粒径由大至小编号,分别为:1号料(10~25mm)、2号料(5~10mm)、3号料(3~5mm)和4号料(0~3mm)。各档集料与矿粉的主要技术指标见表3-24,筛分试验结果见表3-25。

集料和矿粉的密度和吸水率 表3-24

集料编号	表观相对密度	毛体积相对密度	吸水率(%)
1号	2.754	2.725	0.40
2号	2.74	2.714	0.45
3号	2.702	2.691	0.56
4号	2.705	2.651	1.69
矿粉	2.710	—	—

各档集料和矿粉的筛分结果 表3-25

集料编号	下列筛孔(mm)的通过百分率(%)											
	26.5	19	16	13.2	9.5	4.75	2.36	1.18	0.6	0.3	0.15	0.075
1号	100	83.9	40.6	8.7	0.9	0.4	0	0	0	0	0	0
2号	100	100	100	92.9	27.7	1.3	0.7	0	0	0	0	0
3号	100	100	100	100	100	82.5	1.0	0.3	0	0	0	0
4号	100	100	100	100	100	99.7	76.8	44.0	28.1	15.3	10.7	8.0
矿粉	100	100	100	100	100	100	100	100	100	100	99.8	95.7

(2)设计要求

确定沥青混合料类型,进行矿质混合料配合比设计。确定最佳沥青用量。根据高速公路用沥青混合料要求,检验沥青混合料的水稳定性和抗车辙能力。

解:

步骤1:确定沥青混合料类型以及矿质混合料的级配范围

根据设计资料,所铺筑道路为高速公路,沥青路面中面层,结构层设计厚度6cm,选用AC-20型沥青混合料,满足结构厚度不小于矿料最大公称粒径2.5~3.0倍的要求。相应的设计级配范围查表3-16确定,设计级配范围见图3-27。

步骤2:矿质混合料配合比设计

①拟订初试配合比

根据设计级配范围,设计了3组初选配合比,见表3-26。3个试配混合料级配组成见图3-27。根据试配混合料中各档集料的组成、各档集料密度的测试结果,计算试配混合料的合成表观相对密度、合成毛体积相对密度,再根据集料的吸水率,计算试配混合料的有效密度,结果见表3-26。

三组矿质混合料的配合比 表3-26

初始混合料编号	下列集料用量(%)				矿粉(%)	合成表观相对密度 γ_{sa}	合成毛体积相对密度 γ_{sb}	有效相对密度 γ_{se}
	1号	2号	3号	4号				
1	31	25	15	25	4	2.729	2.698	2.722
2	25	23	17	32	3	2.725	2.692	2.718
3	20	20	18	39	3	2.721	2.687	2.714

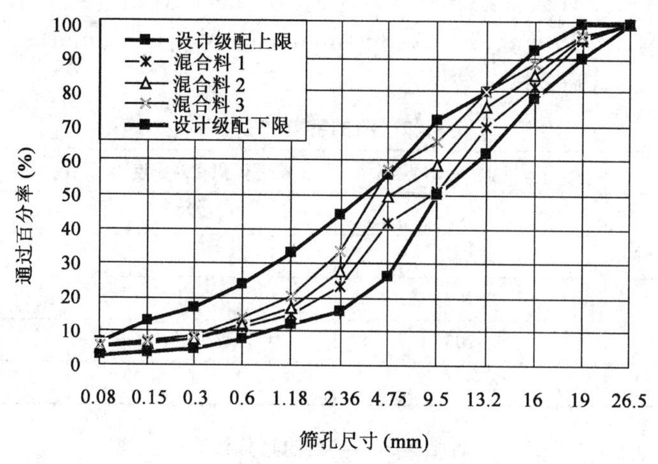

图 3-27 初试配合比下矿质混合料级配组成曲线

②矿料设计配合比的确定

根据使用经验，初估沥青用量 4.3%，按照表 3-26 中混合料的初试配合比进行备料。然后在标准条件下，成型马歇尔试件，测试试件的毛体积密度。表 3-27 给出了试件的最大理论相对密度、毛体积相对密度、空隙率、矿料间隙率和沥青饱和度，试件的最大理论相对密度由计算法确定。

根据道路等级和沥青混合料类型，查表 3-19 和表 3-20，确定沥青混合料马歇尔试件体积参数指标的技术要求，见表 3-27 中的最后一行。

由表 3-27 可见，试配混合料 2 和混合料 3 试件的空隙率与矿料间隙率偏大，且沥青饱和度偏小。混合料 1 的空隙率、矿料间隙率均接近设计要求。因此，设计配合比选择试配混合料 1，各档集料的比例为：1 号料∶2 号料∶3 号料∶4 号料∶矿粉＝31∶25∶15∶25∶4。矿料的有效相对密度 γ_{se} 为 2.722，合成毛体积相对密度 γ_{sb} 为 2.698。

三种级配沥青混合料的压实试验结果汇总 表 3-27

混合料编号	最大理论相对密度	毛体积相对密度	空隙率 VV(%)	矿料间隙率 VMA(%)	沥青饱和度 VFA(%)
1	2.544	2.438	4.2	13.5	67.4
2	2.541	2.409	5.2	14.4	62.9
3	2.538	2.398	5.5	14.6	61.5
设计要求			4～6	≥13	65～75

步骤 3：最佳沥青用量的确定

①试件成型

根据初拟沥青用量的试验结果，AC-20 型沥青混合料的最佳沥青用量可能在 4.5%左右。根据规范的要求，采用 0.5%间隔变化，分别以沥青用量 3.5%、4.0%、4.5%、5.0%和 5.5%拌制 5 组沥青混合料。按表 3-19 的规定，采用马歇尔击实仪每面各击实 75 次成型 5 组试件。

②试件物理力学指标的测定

根据沥青混合料材料组成计算各沥青用量下试件的最大理论密度。采用表干法测定试件在空气中的质量和表干质量，计算试件的毛体积密度。计算试件的空隙率、矿料间隙率和沥青饱和度指标。在 60℃温度下，测定各组试件的马歇尔稳定度和流值。试件的体积参数、稳定度和流值的结果见表 3-28。

根据设计资料，道路所在地 7 月份平均最高气温 32℃，年极端最低气温 −6.5℃，，年降雨量 1 500mm。查表 3-7，确定该沥青路面气候分区属于夏炎冬温潮湿区 1-4-1。由表 3-19 和表 3-20 确定此沥青混合料试件体积参数指标和马歇尔试验指标的设计要求，见表 3-28 中的最后一行。

马歇尔试验体积参数—力学指标测定结果汇总表 表 3-28

试件组号	沥青用量(%)	最大理论相对密度	空气中质量(g)	水中质量(g)	表干质量(g)	毛体积相对密度	空隙率(%)	矿料间隙率(%)	沥青饱和度(%)	稳定度(kN)	流值(0.1mm)
A1	3.5	2.576	1 159.3	670	1 165.9	2.338	9.2	17.1	46.0	7.8	21
A2	4.0	2.556	1 187.3	695.4	1 192.5	2.388	6.6	15.8	58.4	8.6	25
A3	4.5	2.537	1 213.9	718.5	1 217.5	2.433	4.1	14.7	72.0	8.7	32
A4	5.0	2.518	1 225.7	724.3	1 229.5	2.426	3.6	15.3	76.3	8.1	37
A5	5.5	2.499	1 250.2	735.5	1 253.3	2.414	3.4	16.2	79.1	7.0	44
技术要求							3～5	≥13	65～75	≥8	15～40

③绘制沥青混合料试件物理—力学指标与沥青用量的关系图

根据表 3-28 中的数据，绘制沥青用量与毛体积密度、空隙率、沥青饱和度、马歇尔稳定性和流值等指标的关系曲线图，如图 3-28。

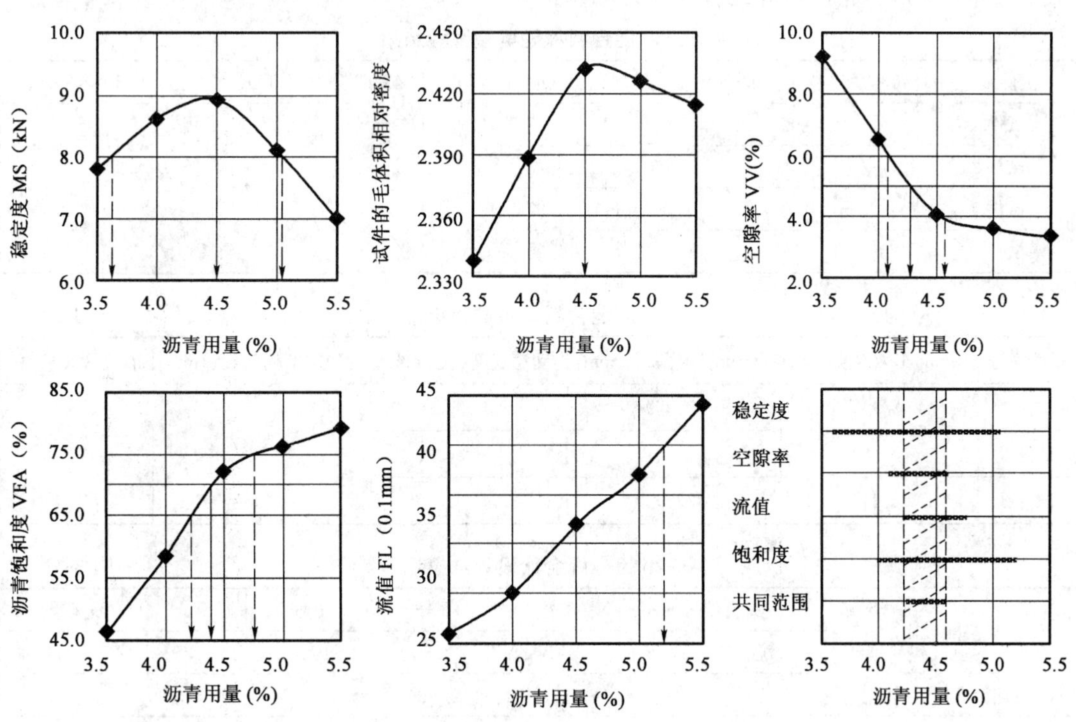

图 3-28 沥青用量与体积参数及马歇尔试验指标的关系曲线

(3)最佳沥青用量确定

①确定最佳沥青用量初始值 OAC_1

由图 3-28 得，与马歇尔稳定度最大值对应的沥青用量 a_1 = 4.5%，对应于试件毛体积相对密度最大值的沥青用量 a_2 = 4.5%，对应于规定空隙率范围中值的沥青用量 a_3 = 4.25%，对应于沥青饱和度中值的沥青用量 a_4=4.35%，求取 a_1、a_2、a_3 和 a_4 的算术平均值，得最佳沥青用量初始值：

$$OAC_1 = (4.5\% + 4.5\% + 4.25\% + 4.35\%)/4 \approx 4.4\%$$

②确定最佳沥青用量初始值 OAC_2

确定各项指标均符合沥青混合料技术标准要求的沥青用量范围，见图 3-28 中阴影部分，其中 OAC_{min}=4.25%，OAC_{max}=4.6%，代入式(3-19)得：

$$OAC_2 = (4.25\% + 4.6\%)/2 = 4.425\%$$

当沥青用量为 4.4%时，试件的矿料间隙率为 14.8%，满足≥13%的技术要求。

③综合确定最佳沥青用量 OAC

一般条件下，以 OAC_1 和 OAC_2 的平均值作为最佳沥青用量，即 OAC=4.41%。

道路所在地区属于夏炎冬温潮湿区 1-4-1，夏季气候炎热，考虑在高速公路上渠化交通对沥青路面的作用，预计有可能出现车辙，故取最佳沥青用量 OAC 为 4.4%。

(4)配合比检验

采用沥青用量 4.4%制备沥青混合料，按照规定方法分别进行沥青混合料的冻融劈裂强度试验和车辙试验，试验结果分别列入表 3-29 和表 3-30。满足 1-4-1 区对沥青混合料水稳定性和抗车辙能力的要求。

(5)目标配合比设计结果汇总

将 AC-20 混合料的目标配合比设计结果汇总于表 3-31。

AC-20 混合料冻融劈裂试验结果 表 3-29

试件编号	冻融后劈裂强度 σ_2(MPa)	常规劈裂强度 σ_1(MPa)	冻融裂强度比 TSR(%)	1-4-1 区要求值
试件 1	0.89	0.87	87.5	≥75
试件 2	0.74	0.78		
试件 3	0.76	0.97		
试件 4	0.75	0.96		

AC-20 混合料车辙试验结果 表 3-30

试件编号	45min 车辙深度(mm)	60min 车辙深度(mm)	动稳定度(次/mm)	动稳定度均值(次/mm)	1-4 区要求值
试件 1	2.442	2.579	4 598	4 226	≥2 800
试件 2	3.583	3.741	3 987		
试件 3	2.441	2.595	4 091		

AC-20 目标配合比设计结果汇总 表 3-31

矿料配合比	集料编号	1 号	2 号	3 号	4 号	矿粉
	配合比(%)	31	25	15	25	4
最佳沥青用量(%)	4.4%					
试件体积参数	空隙率(%)	4.2				
	矿料间隙率(%)	14.8				
	沥青饱和度(%)	70.2				
动稳定度(次/mm)		4 226				
冻融裂强度比(%)		87.5				

第四节 骨架型沥青混合料的组成设计

SMA 混合料与 OGFC 混合料属于骨架型混合料，前者为骨架密实型混合料，后者为骨架空隙型混合料。与密级配沥青混合料相比，由于这类混合料组成结构的特点，其技术特性和组成设计方法存在着一定的差异。

一、SMA 混合料的技术特性

SMA 是沥青玛蹄脂碎石(Stone matrix asphalt)的缩写，是一种以沥青结合料与少量的纤维稳定剂、细集料以及较多的填料(矿粉)组成的沥青玛蹄脂，填充在粗集料骨架间隙中组成一体所形成的沥青混合料。SMA 混合料属于骨架密实结构，具有耐磨抗滑、密实耐久、抗疲劳、抗高温车辙、减少低温开裂等优点。SMA 混合料适用于任何等级的道路，特别适用于高速公路、重交通道路、交叉口、机场道面、桥面铺装等工程。

1. SMA 混合料的高温性能

SMA 混合料由相互嵌挤的粗集料骨架与沥青玛蹄脂两个部分组成。在材料组成上，粒径大于 4.75mm 的粗集料含量高达 70%～80%，矿粉用量为 10%左右，细集料较少。粗集料颗粒之间有着良好的嵌锁作用，沥青玛蹄脂起胶结作用并填充粗集料的骨架空隙，所以 SMA 混合料抵抗荷载变形的能力较强。即使在高温条件下，沥青玛蹄脂的黏度下降，矿料的骨架结构仍能使 SMA 混合料有着较强的高温抗车辙能力。

2. 低温抗裂性

在低温条件下，沥青混合料的抗裂性能主要由结合料的性质决定，由于 SMA 混合料中有着相当数量的沥青玛蹄脂，当温度下降结合料收缩使集料颗粒被拉开时，沥青玛蹄脂具有较高的黏结能力，它的韧性和柔性使得混合料具有良好的低温变形能力。

3. 耐久性

在 SMA 混合料中，粗集料骨架空隙被富含沥青的玛蹄脂密实填充，并将集料颗粒黏结在一起，沥青在集料表面形成较厚的沥青膜。此外，SMA 混合料空隙率较小，沥青与水或空气的接触较少，因而 SMA 混合料的水稳定性和抗老化性较普通沥青混合料好。又由于 SMA 混合料基本是不透水的，对中、下面层和基层有着较好的保护作用和隔水作用，使沥青路面保持较高的整体强度和稳定性。

4. 表面特征

SMA 混合料一方面要求使用坚硬、粗糙、耐磨的高质量碎石，另一方面采用间断级配的矿料，压实后形成的表面构造深度大，一般超过 1mm，这使得沥青面层具有良好的抗滑性和耐磨性能，还能减少溅水，减少噪声，提高道路行驶质量。

二、SMA 混合料的组成设计

1. 组成材料及其技术要求

由于 SMA 混合料的骨架结构特性以及对它较高的性能要求，其组成材料的质量除了应满足普通热拌沥青混合料组成材料的基本要求外，还应满足一些特殊要求。

(1)沥青结合料

在 SMA 混合料中，要求沥青具有较高的黏度，与集料有良好的黏附性。SMA 所用沥青应采用比当地常用普通热拌沥青混合料所用沥青硬一级的沥青。对于高速公路、承受繁重交通的重大工程道路、夏季特别炎热或冬季特别寒冷地区的道路,应采用改性沥青配制 SMA 混合料,改性沥青的软化点最好高于当地年最高路面温度,以提高沥青路面的抗车辙能力。

(2)矿料

用于 SMA 混合料中的粗集料应是高质量的轧制碎石,其岩石应坚韧,具有较高的强度和硬度,如玄武岩、砂岩、花岗岩等石料。应严格控制集料中的针片状颗粒含量,集料的颗粒形状应接近立方体,富有棱角,纹理粗糙。粗集料的磨光值应符合表 3-5 中的要求,当粗集料与沥青的黏附性等级不能满足表 3-5 的要求时,必须采取有效的抗剥落措施。粗集料的其他质量指标应满足表 3-6 中的技术要求。

细集料最好使用坚硬的机制砂,也可以从洁净的石屑中筛取粒径范围 0.5～3mm 部分作为机制砂使用。当采用普通石屑作为细集料时,宜采用石灰岩石屑,石屑中不得含有泥土类杂物。当与天然砂混用时,天然砂的含量不宜超过机制砂或石屑的比例。细集料质量除了满足普通热拌沥青混合料对细集料的要求外,棱角性最好大于 45%。

填料必须采用石灰石等碱性岩石磨细的矿粉,矿粉质量应满足普通热拌沥青混合料对矿粉的要求。粉煤灰不得作为 SMA 混合料的填料使用。回收粉尘的比例不得超过填料总量的 25%。其他要求同普通热拌沥青混合料。

(3)纤维

纤维在 SMA 混合料中作用是吸油、稳定、增韧,并提高 SMA 混合料的高温抗剪强度。选择纤维时主要应考虑其吸油性、耐热性、与沥青的黏附性等指标。在 SMA 混合料中宜选用木质素纤维、矿物纤维、聚丙烯腈纤维和聚酯纤维等。纤维应能承受 240℃的高温条件,不变形、不脆化,化学稳定好,对环境无污染。

2. 配合比设计设计要求

(1)设计级配范围

表 3-32 为 SMA 混合料级配范围的建议值,SMA 混合料的最大粒径应与面层结构设计厚度相匹配,结构设计厚度为集料的公称最大粒径的 2～2.5 倍。

SMA 混合料矿料级配范围(JTG F40—2004)　　表 3-32

级配类型		通过下列筛孔(mm)的质量百分率(%)											
		26.5	19	16	13.2	9.5	4.75	2.36	1.18	0.6	0.3	0.15	0.075
中粒式	SMA-20	100	90～100	72～92	62～82	40～55	18～30	13～22	12～20	10～16	9～14	8～13	8～12
	SMA-16	—	100	90～100	65～85	45～65	20～32	15～24	14～22	12～18	10～15	9～14	8～12
细粒式	SMA-13	—	—	100	90～100	50～75	20～34	15～26	14～24	12～20	10～16	9～15	8～12
	SMA-10	—	—	—	100	90～100	28～60	20～32	14～26	12～22	10～18	9～16	8～13

(2)粗集料间隙率

SMA 混合料的粗集料间隙率包括粗集料骨架间隙率 VCA_{DRA} 和压实沥青混合料试件粗集料间隙率 VCA_{mix}(Voids in Coarse Aggregate of Asphalt Mix),用于评价按照嵌挤原则设计的骨架型沥青混合料的体积特征。

VCA_{DRA} 是指粗集料实体之外的空间体积占整个试件体积的百分率,其定义见第一章。VCA_{mix} 是指压实沥青混合料试件内粗集料骨架以外的体积占整个试件体积的百分率,采用式(3-21)计算。对于 SMA-16 和 SMA-13,粗集料通常是指粒径大于 4.75 mm 的粗集料;对于

SMA-10 粗集料是指粒径大于 2.36 mm 的粗集料。

$$VCA_{mix}=\left(1-\frac{\gamma_f}{\gamma_{ca}}\times P_{CA}\right)\times 100 \tag{3-21}$$

式中：VCA_{mix}——沥青混合料粗集料骨架间隙率，%；

P_{CA}——沥青混合料中粒径大于 4.75mm(或 2.36mm)的粗集料比例，%；

γ_{ca}——粗集料骨架部分的平均毛体积相对密度；

γ_f——沥青混合料试件的毛体积相对密度。

SMA 混合料是按照骨架嵌挤原则设计的，为了充分发挥 SMA 混合料中粗集料石—石骨架的嵌挤作用，在压实状态下，沥青混合料中的粗集料间隙率 VCA_{mix} 必须满足式(3-22)的要求。

$$VCA_{mix}\leqslant VCA_{DRC} \tag{3-22}$$

粗集料骨架间隙率 VCA_{DRC} 能否大于沥青混合料骨架间隙率 VCA_{mix}，是检验 SMA 混合料中粗集料能否形成嵌挤骨架的关键。当不能满足式(3-22)的条件时，混合料的粗集料骨架 VCA 实际上是被所填充沥青玛蹄脂撑开了，这表明在混合料中或者沥青玛蹄脂过多、或者粗集料骨架间隙过小。

(3)马歇尔试件的体积参数

与普通密级配沥青混合料一样，SMA 混合料马歇尔试件的体积参数主要是空隙率、矿料间隙率 VMA 和沥青饱和度 VFA。压实后 SMA 混合料的空隙率 VV 对沥青路面的使用性能和耐久性有着较大的影响。由于 SMA 混合料的粗级配及高沥青用量特征，空隙率过低可能导致沥青路面出现油斑、泛油或发生车辙，而空隙率过大则可能降低 SMA 混合料的耐久性。SMA 混合料的 VMA 比密级配沥青混合料的 VMA 大得多，以保证能够加入足够的沥青，否则，在路面使用的压密过程中，过多的沥青会浮于混合料的表面，出现泛油或油斑等病害。

(4)SMA 混合料的路用性能指标

在相同的试验条件下，与密级配 AC 型混合料相比，SMA 混合料通常表现为马歇尔稳定度低，而流值高，试验结果与这两种混合料在实际路面中的表现不相符，所以马歇尔试验的稳定度和流值不是 SMA 混合料配合比设计的主要指标。马歇尔试验的目的是检测试件的各项体积结构参数，以确定 SMA 混合料的矿料级配。

SMA 混合料的抗车辙能力和水稳定性评价指标同密级配沥青混合料。

(5)谢伦堡析漏试验

谢伦堡沥青析漏试验用以检测沥青结合料在高温状态下从沥青混合料中析出的数量，是确定 SMA 混合料中沥青用量的一种辅助试验方法。将拌和好的沥青混合料试样倒入 800mL 的烧杯中，在规定温度的烘箱中静置 60min，按式(3-23)计算沥青析漏损失量。谢伦堡沥青析漏试验应在施工最高温度下进行。

$$\Delta m=\frac{m_2-m_0}{m_1-m_0}\times 100 \tag{3-23}$$

式中：Δm——沥青析漏损失量，%；

m_0——烧杯质量，g；

m_1——烧杯与沥青混合料试样的总质量，g；

m_2——将沥青混合料倒出后，烧杯及黏附在烧杯上的沥青玛蹄脂的质量，g。

沥青析漏量随着沥青用量增加而增加，根据沥青析漏量的多少，可以确定沥青混合料中有无多余的自由沥青或过多的沥青玛蹄脂，用以限定SMA混合料的最大沥青用量。沥青析漏量的标准取决于在运输过程中混合料不发生沥青滴漏的沥青用量上限，也与气候条件有关。

(6)肯塔堡飞散试验

肯塔堡飞散试验用以检验SMA混合料中集料与沥青结合料的黏结力的辅助试验，用于确定最低沥青用量。在压实的SMA混合料表面，构造深度较大，粗集料外露，在交通荷载的反复作用下，若混合料中沥青用量或黏结力不足，会引起集料的脱落、掉粒或飞散，进而发展为坑槽，造成路面损坏。肯塔堡飞散试验是将试件在洛杉矶磨耗试验机旋转撞击规定次数后，以试件的损失质量百分率表示，由式(3-24)计算。

$$\Delta S=\frac{m_0-m_1}{m_0}\times 100 \tag{3-24}$$

式中：ΔS——沥青混合料的飞散损失，%；

m_0——磨耗试验前试件的质量，g；

m_1——磨耗试验后试件的残留质量，g。

将上述SMA混合料配合比设计的技术指标及其相应的技术要求列入表3-33。

SMA混合料物理力学性能指标和技术要求 表3-33

技术指标与要求				使用非改性沥青	使用改性沥青
配合比设计马歇尔试验指标	马歇尔试件击实次数①			两面各击实50次	
	空隙率VV②(%)			3～4	
	矿料间隙率VMA②(%)，		不小于	17.0	
	沥青饱和度VFA②(%)			75～85	
	压实混合料粗集料间隙率VCAmix(%)		不大于	粗集料骨架间隙率VCA_{DRC}	
	马歇尔稳定度(kN)		不小于	5.5	6.0
	流值(0.1mm)			20～50	—
配合比设计检验指标	谢伦堡沥青析漏量(%)		不大于	0.2	0.1
	肯塔堡飞散(或浸水飞散)试验损失量(%)		不大于	20	15
	车辙试验的动稳定度(次/mm)		不小于	1 500	3 000
	水稳定性检验	残留稳定度(%)	不小于	75	80
		冻融劈裂强度比(%)	不小于	75	80
	渗水系数(mL/min)		不大于	80	

注：①对不易击碎的坚硬集料，通行重载交通的路段，也可以将击实次数增加为双面75次。

②对于高温稳定性要求较高的重交通路段或炎热地区，空隙率允许放宽到4.5%、VMA允许放宽到16.5%、VFA允许放宽到70%。

3.配合比设计方法

SMA混合料的配合比设计原则体现在两个方面：一是粗集料颗粒互相嵌挤组成高稳定性的“石—石骨架”结构；二是由细集料、沥青结合料和稳定添加剂组成的沥青玛蹄脂填充“骨架”间隙，沥青玛蹄脂应略有富余，形成密实结构，以使混合料获得较好的柔韧性和耐久性。

【例题3-2】 SMA混合料配合比设计示例

(1)设计资料

某城市主干路沥青路面上面层，结构设计厚度4.0cm。当地属夏炎热冬冷区。

结合料：所使用的改性沥青是以基质沥青ESSO AH-70与4%SBS配制而成。为提高沥青与集料的黏附性，掺入沥青质量0.4%抗剥落剂，改性沥青密度为1.038。

纤维为颗粒状木质素纤维，密度为0.992，纤维掺量为SMA混合料总质量的0.3%。

集料为玄武岩，由1号料（10～15mm）、2号料（5～10mm）、3号料（3～5mm）和4号料（0～3mm）四档料组成。填料为磨细石灰岩石粉。各档集料与矿粉的密度和吸水率的测试结果见表3-34，筛分结果见表3-35。

各档集料和矿粉的密度和吸水率的试验结果 表3-34

材　料	1号料	2号料	3号料	4号料	矿　粉
毛体积相对密度	2.757	2.747	2.739	2.717	2.711
表观相对密度	2.784	2.781	2.772	2.751	2.711
吸水率(%)	0.35	0.46	1.2	1.25	—

各种集料和矿粉的筛分结果 表3-35

材　料	下列筛孔(mm)的通过百分率(%)									
	16	13.2	9.5	4.75	2.36	1.18	0.6	0.3	0.15	0.075
1号料	100	88.8	7.6	0.1	0.1	0.1	0.1	0.1	0.1	0.1
2号料	100	100	98.6	1.2	0.2	0.2	0.2	0.2	0.2	0.2
3号料	100	100	100	96.9	1.9	0.1	0.1	0.1	0.1	0.1
4号料	100	100	100	100	83.6	48.8	32.1	18.0	12.8	9.3
矿粉	100	100	100	100	100	100	100	100	99.9	99.1

（2）设计要求

确定SMA混合料级配组成和最佳沥青用量；评价SMA混合料技术性能。

解：

步骤1：设计矿料级配的确定

①根据沥青路面上面层的设计厚度，选择公称最大粒径为13mm的SMA-13型混合料，以4.75mm作为粗集料骨架的分界尺寸，SMA-13的设计级配范围见表3-32。

②在SMA-13沥青混合料级配范围内选择中值、上、下三种级配，通过调整各种矿料比例，确定三组初试级配混合料的配合比见表3-36，试拌混合料的合成级配见表3-37。

初选混合料的配合比 表3-36

混合料编号	各种材料配比(%)				
	1号料	2号料	3号料	4号料	矿粉
级配1	30.0	39.0	3.0	20.0	8.0
级配2	40.0	33.0	3.0	15.0	9.0
级配3	50.0	26.0	3.0	12.0	9.0

三种初选混合料的级配组成 表3-37

初试混合料编号	筛孔尺寸(mm)									
	16	13.2	9.5	4.75	2.36	1.18	0.6	0.3	0.15	0.075
级配1	100	96.6	71.7	31.4	24.9	17.9	14.5	11.7	10.7	9.9
级配2	100	95.5	62.6	27.3	21.7	16.4	13.9	11.8	11.0	10.4
级配3	100	94.4	53.4	24.3	19.2	15.0	13.0	11.3	10.6	10.1
设计级配范围	100	95.6	63.5	27.4	24.1	17.9	14.9	12.3	11.4	10.7

③按照表 3-36 中给出的配合比，计算初始混合料的矿料合成毛体积相对密度，合成表观相对密度，有效相对密度，采用捣实法测定 4.75mm 以上粗集料的装填密度，计算粗集料间隙率 VCA_{DRA}，结果见表 3-38。

④选择 5.9% 为初试油石比，纤维添量为混合料质量的 0.3%，按照表 3-36 的配比进行配料，成型马歇尔试件。计算混合料的最大理论相对密度，测试试件的毛体积相对密度，由此计算试件的各项体积参数。测试试件的马歇尔稳定度和流值，测试和计算结果见表 3-38。

三种初试级配马歇尔试件技术指标 表 3-38

初选级配编号	VCA_{DRC}	VCA_{mix}	毛体积相对密度	最大理论相对密度	VV (%)	VMA (%)	VFA (%)	稳定度 (kN)	流值 (mm)
级配 1	43.7	43.4	2.419	2.505	4.1	16.8	75.4	16.0	4.5
级配 2	41.8	40.5	2.401	2.506	4.6	17.6	74.1	13.9	5.9
级配 3	40.0	38.5	2.380	2.507	5.7	18.3	68.5	10.5	5.1

⑤矿料设计配合比的确定

分析表 3-38 中数据可见，级配 1 矿料间隙率 VMA 偏小，表明级配偏细；级配 3 空隙率偏大、沥青饱和度偏低，表明级配偏粗；而级配 2 的各项指标均接近设计要求值，虽然空隙率偏大，但是可以通过提高沥青用量进行调节。针对级配 2 空隙率略大的情况，对级配进行微调，考虑到 3 号料用量较少，为了便于施工控制，不用 3 号料。减少 1 号料用量 1%、增加 2 号料 1%，增加 4 号料 3%。调整后的各档用量及级配见表 3-39，级配组成见表 3-40。

选用级配调整后的各档用量 表 3-39

材　料	1 号料	2 号料	3 号料	4 号料	矿　粉
各档材料配比(%)	39.0	34.0	0.0	18.0	9.0

调整后混合料的级配组成 表 3-40

筛孔尺寸(mm)	16	13.2	9.5	4.75	2.36	1.18	0.6	0.3	0.15	0.075
通过百分率(%)	100	95.6	63.5	27.4	24.1	17.9	14.9	12.3	11.4	10.7

步骤 2：确定 SMA 混合料的沥青用量

①按照调整的设计级配，分别采用 5.6%、5.9% 和 6.2% 三种油石比成型马歇尔试件，并测试马歇尔试件的体积参数和力学指标，试验结果列于表 3-41。

SMA-13 沥青混合料马歇尔试验的结果 表 3-41

油石比(%)	毛体积相对密度	VV(%)	VMA(%)	VFA(%)	VCA_{mix}(%)	稳定度(kN)	流值(mm)
5.6	2.373	5.7	18.4	69.1	41.9	6.6	2.5
5.9	2.388	4.7	18.0	74.1	41.7	6.9	2.6
6.2	2.402	3.8	17.8	78.9	41.5	6.6	3.1

②结果分析。按表 3-41 中试验结果，分别绘制毛体积密度、空隙率、VMA、VFA 与油石比的关系曲线，见图 3-29。当设计空隙率定为 4% 时，油石比为 6.1%，在此油石比下，试件的饱和度为 77.5%，矿料间隙率为 17.8%（大于 17%），混合料粗集料间隙率 VCA_{mix} 为 41.6%（小于矿质混合料粗集料间隙率 41.8%），各项体积参数指标均满足表 3-37 中的要求，故选择最佳油石比为 6.1%。

步骤 3：SMA 混合料配合比设计的性能检验

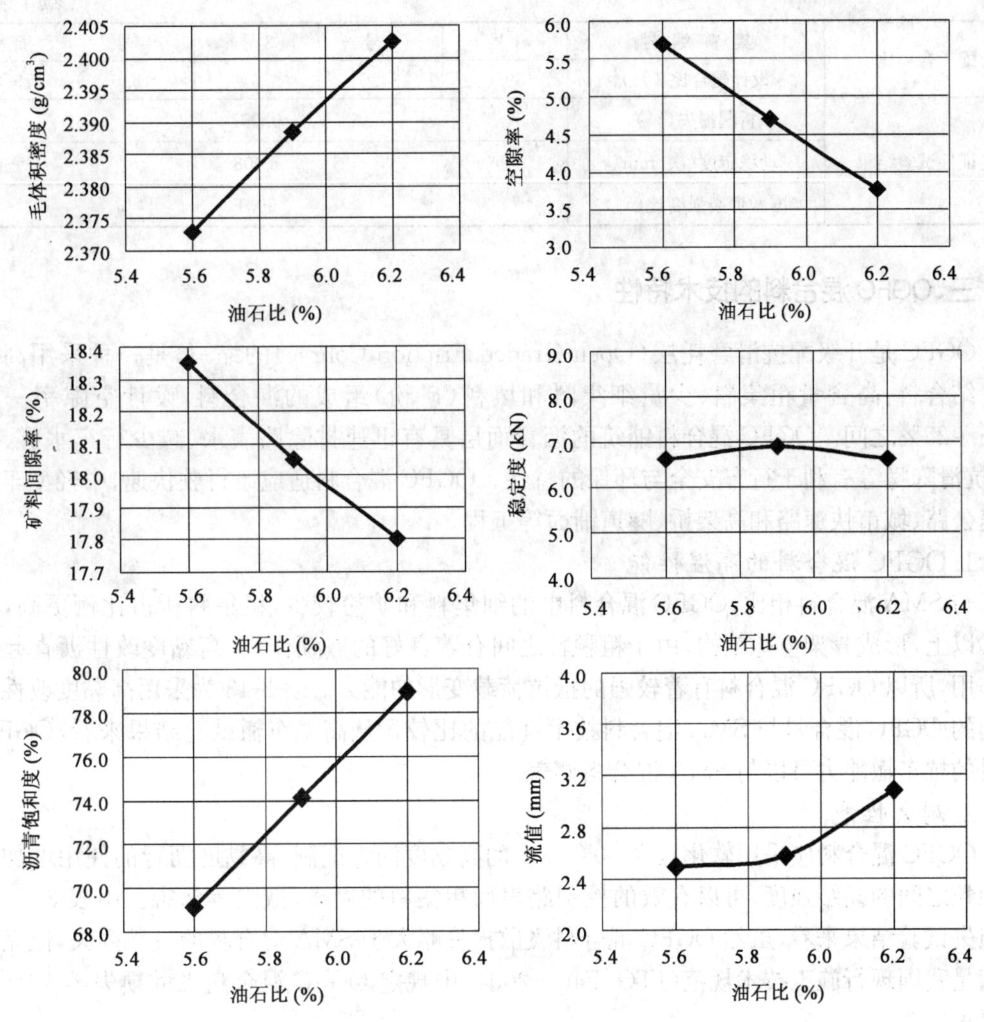

图 3-29 油石比与马歇尔试验各项技术指标的关系

根据标准试验规程对目标配合比进行析漏试验。拌制两份试样，每份单独拌制，然后在185℃烘箱中保温 60min，进行测试，结果见表 3-42。试验结果表明，析漏损失满足规范要求。

按标准试验规程成型 30cm×30cm×5cm 尺寸的车辙板试件，常温下放置 48h 后在 60℃条件下保温 6h，然后进行车辙试验。试验结果见表 3-42。车辙试验结果表明，SMA-13 混合料车辙动稳定度大于 5 000 次/mm，满足动稳定度大于 3 000 次/mm 的要求。

SMA-13 混合料的冻融劈裂强度试验结果见表 3-42。由表可见，所设计的 SMA-13 混合料的冻融劈裂强度比为 99.1%，满足设计要求。

SMA-13 目标配合比设计结果汇总 表 3-42

配 合 比	集 料 编 号	1号	2号	3号	4号	矿粉
	设计配合比（%）	39.0	34.0	0	18.0	9.0
设计油石比（%）		6.1%(沥青用量 5.75%)				
试件体积参数	空隙率(%)	4.0				
	矿料间隙率（%）	17.8				
	沥青饱和度（%）	77.5				

续上表

配　合　比	集 料 编 号	1号	2号	3号	4号	矿粉
	设计配合比（%）	39.0	34.0	0	18.0	9.0
验证性试验结果	析漏损失(%)	0.097				
	动稳定度(次/mm)	5 408				
	冻融劈裂强度比(%)	99.1				

三、OGFC混合料的技术特性

OGFC是开级配抗滑磨耗层(Open-Graded Friction Course)的缩写，是一种采用高黏度沥青结合料、高含量粗集料、少量细集料和填料(矿粉)组成的混合料，设计空隙率一般在18%～25%之间。OGFC混合料铺筑的沥青面层具有迅速排除路表水、减少行车水雾、防水漂、抗滑降噪等有利于行车安全与环保的特性。OGFC混合料适应于行驶快速、中轻型车辆的高速公路、城市快速路和高架桥、隧道铺面等工程。

1. OGFC混合料的高温性能

与SMA混合料相比，OGFC混合料中的细集料和矿粉较少，粗集料所占比例更高，可达80%以上，形成骨架空隙结构，由于粗颗粒之间有着良好的嵌锁作用，高黏度改性沥青起到胶结作用，所以OGFC混合料有着较强的抵抗荷载变形的能力。表3-43为采用高黏度改性沥青配制的OGFC混合料与SMA混合料技术性能的比较。从高温车辙试验结果来看，OGFC混合料的抗车辙能力可以与SMA混合料媲美。

2. 耐久性能

OGFC混合料应采用软化点在80℃以上的高黏度沥青配制，高黏度沥青的使用增加了集料颗粒之间的黏结强度，可以有效的控制路表面粗集料的剥离、散失等病害。由表3-43中飞散损失试验结果来看，虽然OGFC混合料飞散损失略大于SMA混合料的飞散损失，但完全可以满足我国现行施工技术规范(JTG F40—2004)中规定OGFC混合料飞散损失不大于20%的要求。

OGFC混合料与SMA混合料技术性能的比较　　表3-43

试验指标 \ 沥青混合料类型	OGFC-13	SMA-13
动稳定度(60℃)(次/mm)	8 253	7 368
飞散损失(%)	13.6	10.5
渗水系数(ml/min)	2 600	3.3
构造深度(mm)	1.63	1.03
摩擦系数(BPN)	63.9	53.2

通常，OGFC混合料的沥青膜厚度一般不小于13μm，普通密级配沥青混合料的沥青膜厚度在6～8μm，SMA混合料的沥青膜厚度在10μm左右。沥青膜厚度的增加有利于延缓空气、水流、紫外光等外界环境因素对沥青的老化作用，从而使OGFC混合料在具有较大空隙的情况下，依然具有良好的耐久性能。

3. 排水性能和表面特征

由表3-43可见，OGFC混合料渗水系数为2 600 ml/min，远高于SMA混合料的渗水系数，混合料结构内的高空隙使OGFC的排水性能显著增加。此外，OGFC混合料构造深度系数和摩擦系数均高于SMA混合料，表明OGFC混合料中高粗集料用量以及大空隙特征增加了混合料的构造深度，从而使OGFC混合料具有更好的抗滑性能。

四、OGFC混合料的组成设计

1. 组成材料及其技术要求

(1)沥青结合料

OGFC混合料为骨架空隙结构，其空隙率较大、粗集料较多，为保证混合料具有良好耐久性能，应使用高黏度改性沥青作为沥青结合料，以增强对集料颗粒的裹覆能力，保持路面的整体性而不松散。表3-44给出了我国现行规范中对OGFC混合料用高黏度改性沥青的技术要求，表中还根据笔者的研究成果给出了对高黏度改性沥青的技术要求。

高黏度改性沥青技术指标 表3-44

指标			技术要求(JTG F40—2004)	技术要求
动力黏度(60℃)(Pa·s)		不小于	20 000(毛细管黏度)	40 000(零剪切黏度)
针入度(25℃)(0.1mm)		不小于	40	40
软化点(℃)		不小于	80	85
延度(cm)		不小于	50(15℃)	20(5℃)
闪点(℃)		不小于	260	260
TFOT残留物	质量变化(%)	不大于	0.6	0.6
	针入度比(%)	不小于	—	70

(2)纤维

OGFC混合料为大空隙结构，纤维材料的使用会导致OGFC混合料的沥青用量增加，纤维材料及较多的沥青用量容易阻塞混合料内部连通空隙，影响排水效果。结合OGFC混合料在工程实践中的使用情况，建议仅在混合料生产、运输及铺筑期间产生沥青流淌现象或沥青膜厚度不足的情况下，使用纤维类材料。

纤维材料的选用标准与SMA混合料选用标准基本相同，但由于排水性沥青混合料经常受高压水流冲刷，不建议采用木质素纤维。又由于混合料的拌和温度较高，应考虑纤维的耐热性。

OGFC混合料与SMA混合料同样为骨架型混合料，且主要用于沥青路面表层，故其对集料和填料的选择原则和技术要求与SMA混合料基本相同。

2. 配合比设计要求

(1)设计级配范围

表3-45为OGFC混合料级配范围的建议值，OGFC混合料的最大粒径应与面层结构设计厚度相匹配，结构设计厚度为集料的公称最大粒径的2～2.5倍。

OGFC混合料矿料级配范围(JTG F40—2004) 表3-45

级配类型		通过下列筛孔(mm)的质量百分率(%)										
		19	16	13.2	9.5	4.75	2.36	1.18	0.6	0.3	0.15	0.075
中粒式	OGFC-16	100	90～100	70～90	45～70	12～30	10～22	6～18	4～15	3～12	3～8	2～6
	OGFC-13		100	90～100	60～80	12～30	10～22	6～18	4～15	3～12	3～8	2～6
细粒式	OGFC-10			100	90～100	50～70	10～22	6～18	4～15	3～12	3～8	2～6

(2)马歇尔试件的体积参数

OGFC 混合料为骨架空隙结构，其空隙率大小与混合料的排水、降噪等功能特性密切相关，故 OGFC 混合料以空隙率作为配合比设计的主要体积参数，矿料间隙率及沥青饱和度并不作为配合比设计的主要体积参数。

压实后 OGFC 混合料的空隙率 VV 对沥青路面的使用性能和功能持续性有着较大的影响。过大的空隙容易引发沥青路面表层粗集料剥离散失等病害，而过小的空隙率会降低 OGFC混合料的排水能力。

(3)OGFC 混合料的力学性能指标

与 SMA 混合料相同，在 OGFC 混合料的配合比设计中，马歇尔稳定度不是主要控制指标，仅仅是检测马歇尔试件的空隙率指标。

OGFC 混合料的高温抗车辙能力通过车辙试验进行检测。此外，同 SMA 混合料类似，OGFC 混合料同样需要进行肯塔堡飞散试验、谢伦堡析漏试验、冻融劈裂试验，以保证混合料抗飞散能力和施工要求。

将上述 OGFC 混合料配合比设计的技术指标及其相应的技术要求列入表 3-46。

OGFC 混合料配合比设计指标与要求(JTG F40—2004) 表 3-46

设计指标			技术要求
配合比设计	马歇尔试件击实次数(次)		两面各 50
	马歇尔试件尺寸(mm)		ϕ101.6×63.5
	空隙率(%)		18~25
	马歇尔稳定值(kN)	不小于	3.5
性能检测	谢伦堡沥青析漏量(%)	不大于	0.3
	20℃肯塔堡飞散损失(%)	不大于	20
	60℃动稳定度(次/mm)	不小于	1 500(一般交通路段)、3 000(重交通量路段)
	冻融劈裂强度比(%)	不小于	80

3. 配合比设计方法

OGFC 混合料的配合比设计采用马歇尔试验方法进行，并以空隙率作为配合比设计关键控制指标，同时考虑 OGFC 混合料的高温稳定性、耐久性、施工特性等方面的要求。

【例题 3-3】 OGFC 混合料配合比设计示例

(1)设计资料

某城市快速路沥青路面上面层，结构设计厚度 4.0cm，目标空隙率 20%。

结合料：使用成品高黏度改性沥青，改性沥青密度为 1.020。

所用 1 号、2 号、3 号矿料分别为 10~15mm 辉绿岩、5~10mm 辉绿岩、0~5mm 石灰岩，填料为磨细石灰岩石粉。各档集料与矿粉的密度和吸水率的测试结果见表 3-47，筛分结果见表 3-48。

各档集料和矿粉的密度、吸水率的试验结果 表 3-47

材料	1 号料	2 号料	3 号料	矿粉
毛体积相对密度	2.716	2.711	2.753	2.705
表观相对密度	2.747	2.748	2.754	2.705
吸水率(%)	0.40	0.50	1.20	—

各种集料和矿粉的筛分测试结果　　表 3-48

材　料	下列筛孔(mm)的通过百分率(%)								
	13.2	9.5	4.75	2.36	1.18	0.6	0.3	0.15	0.075
1号料	83.7	17.9	—	—	—	—	—	—	—
2号料	100	95.9	6.9	—	—	—	—	—	—
3号料	100	100	97.6	73.0	48.0	34.6	20.2	13.0	8.6
矿粉	100	100	100	100	100	100	99.9	99.4	97.0

(2)设计要求

确定 OGFC 混合料级配组成和最佳沥青用量;评价 OGFC 混合料技术性能。

解:

步骤 1:确定 OGFC 混合料级配组成和最佳沥青用量

①根据沥青路面上面层的设计厚度,选择公称最大粒径为 13mm 的 OGFC-13 型混合料。

②按照不同的 2.36mm 筛孔通过率配制 3 种初选混合料,初选混合料的级配组成宜以粒径 2.36mm 通过百分率处于设计级配范围中值、中值±3%左右进行控制。三组初试级配混合料的配合比见表 3-49,试拌混合料的合成级配见表 3-50。

初选混合料的配合比　　表 3-49

混合料编号	各种材料配比(%)			
	1号料	2号料	3号料	矿粉
级配 1	29.3	46.6	21.9	2.2
级配 2	33.1	46.5	17.9	2.5
级配 3	37.5	49.2	10.1	3.2

三种初选混合料的级配组成　　表 3-50

初试混合料编号	筛孔尺寸(mm)									
	16	13.2	9.5	4.75	2.36	1.18	0.6	0.3	0.15	0.075
级配 1(%)	100	95.2	74	26.8	18.2	12.7	9.8	6.6	5	4
级配 2(%)	100	94.6	70.9	23.2	15.6	11.1	8.7	6.2	4.9	4
级配 3(%)	100	93.9	67.2	16.5	10.6	8.1	6.7	5.3	4.5	4
设计级配范围(%)	100	90～100	60～80	12～30	10～22	6～18	4～15	3～12	3～8	2～6

③根据工程实践经验,初步选择设计沥青膜厚度 h 为 13μm。分别按照式(3-25)和式(3-26)计算初试混合料的集料比表面积 SA 和初试沥青用量 P_b,计算结果见表 3-51。

$$SA = (2 + 0.02a + 0.04b + 0.08c + 0.14d + 0.3e + 0.6f + 1.6g)/48.74 \quad (3\text{-}25)$$

$$P_b = \text{设计沥青膜厚度 } h\ (\mu m) \times SA \quad (3\text{-}26)$$

式中:　SA——集料的比表面积,m^2/kg;

P_b——初试沥青用量,%;

a、b、c、d、e、f、g——分别为 4.75mm、2.36mm、1.18mm、0.6mm、0.3mm、0.15mm、0.075mm 筛孔的通过百分率,%。

④按照 3-53 配比进行配料,根据表 3-51 初试沥青用量,成型马歇尔试件。按照采用体积

法测定 OGFC 混合料试件的毛体积密度；根据矿料毛体积相对密度和表观相对密度计算试件最大理论密度，计算混合料的最大理论相对密度，并计算试件空隙率；测试试件的马歇尔稳定度，测试和计算结果见表 3-51。

⑤矿料目标配合比的确定

由表 3-51 可见，初始混合料 2 成型试件空隙率为 20.3%，符合 20%±1%要求，将其确定为设计配合比。

三种初选混合料的配合比 表 3-51

混合料编号	沥青膜厚度（μm）	表面积（m^2/kg）	沥青用量（%）	毛体积相对密度	最大理论相对密度	空隙率（%）	稳定度（kN）
1	13	0.350	4.5	2.099	2.550	17.7	13.4
2	13	0.336	4.4	2.035	2.553	20.3	12.7
3	13	0.309	4.0	1.985	2.568	22.7	12.5

⑥确定最佳沥青用量

当设计配合比的沥青膜厚度 h 取值为 13μm，沥青用量为 4.4%时，混合料成型试件的空隙率为 20.3%，符合 20%±1%要求，故选定 4.4%为最佳沥青用量。

步骤 2：OGFC 混合料技术性能检验

根据设计配合比的级配组成、沥青用量 4.4%配制混合料，按照相关技术规程，分别进行飞散试验，析漏试验，车辙试验和冻融劈裂试验。各项试验指标均符合要求。

将上述目标配合比设计结果汇总于表 3-52。

OGFC-13 目标配合比设计结果汇总 表 3-52

配合比	集料编号	1号	2号	3号	矿粉
	设计配合比（%）	33.1	46.5	17.9	2.5
设计油石比（%）		4.6%（沥青用量 4.4%）			
配合比设计指标	空隙率（%）	20.3			
	马歇尔稳定度（kN）	12.7			
配合比验证性指标	析漏损失（%）	0.11			
	20℃肯塔堡飞散损失（%）	13			
	动稳定度（次/mm）	8 253			
	冻融劈裂强度比（%）	90			

第五节　其他类型的沥青混合料

一、常温沥青混合料

常温沥青混合料是指在常温下拌和，常温下铺筑的沥青混合料，也可称作冷铺沥青混合料。常温混合料所用的结合料为液体沥青或乳化沥青，为了节约能源、保护环境，目前较多采用乳化沥青作为结合料。本节介绍以乳化沥青为结合料的几种常温沥青混合料的技术特点、组成材料及配合比设计的有关内容。

1. 乳化沥青混合料

乳化沥青混合料是采用乳化沥青与矿质混合料在常温状态下拌和，经铺筑与压实成型后形成沥青路面。乳化沥青混合料是一种节约能源、保护环境、方便施工的路面养护维修材料，适用于沥青路面的维修和养护，如铺筑封层、罩面、修补坑槽等，主要目的是封闭路面表面，使空气和水不致侵入路面结构内部，并抑制路面表层结构中混合料松散，改善道路的表面外观等。

(1)乳化沥青混合料的强度形成特性

乳化沥青混合料的强度形成过程与热拌沥青混合料有着明显的不同。乳化沥青混合料中的乳化沥青必须经过与矿料界面黏附、分解破乳、排水、蒸干等过程才能完全恢复其中沥青的原有黏结性能。由于分散在混合料中的水分不能立即排净，在铺筑初期，这些水分大部分呈游离状态占据着混合料中的空隙，而水的黏度远低于沥青的黏度，在混合料中的"润滑"作用大大高于沥青，从而降低了矿料颗粒间的内摩阻力，使沥青混合料的强度和稳定性下降。因此，经碾压后的乳化沥青混合料，需要经过比热拌沥青混合料成型过程长得多的时间，才能达到一定的强度。随着乳化沥青混合料的摊铺、碾压及行车压实，水分将逐渐蒸干，乳化沥青混合料的密实度随之增加，强度也随时间而提高。

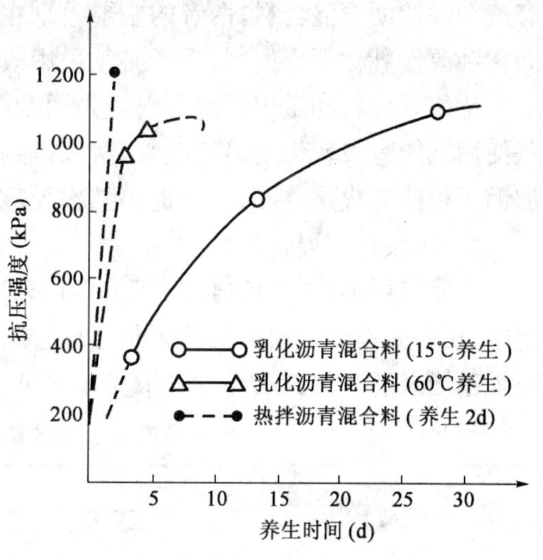

图 3-30　沥青混合料强度与龄期的关系

图 3-30 是配合比相同的乳化沥青混合料及热拌沥青混合料试件抗压强度与时间的关系。由图 3-30 可见，乳化沥青混合料的初期强度较低，但随着养生龄期增长而增加。乳化沥青混合料的强度增长的速率与试件养生的温度条件有关，在高温条件下养生时，乳化沥青试件的强度增长速率较快。由于乳化沥青混合料的早期强度较低，应注意做好路面的早期养护，并采用适当的措施提高乳化沥青混合料路面的早期强度。

(2)乳化沥青混合料的材料要求

乳化沥青混合料可采用的乳化沥青类型见表 3-53。

乳化沥青混合料选用的乳化沥青类型　　表 3-53

乳化沥青混合料类型	乳化沥青品种
乳化沥青碎石混合料	BC-1、BA-1
乳化沥青混凝土混合料	BC-1、BA-1、BN-1

在乳化沥青混合料中，对集料和填料的质量和规格要求与热拌沥青混合料基本相同。乳化沥青混合料的级配组成可参照热拌沥青混合料设计级配范围。

(3)乳化沥青混凝土混合料的配合比设计

目前，乳化沥青混合料配合比设计方法大多是在热拌沥青混合料马歇尔设计的基础上作了适当的修正而提出来的，所以也称之为修正马歇尔试验设计方法。乳化沥青混凝土配合比设计内容与热拌沥青混合料配合比设计程序基本相同，是在矿质混合料配合比设计的基础上，采用马歇尔试验确定最佳沥青用量。乳化沥青混合料各项马歇尔试验技术指标见表 3-54。

乳化沥青混凝土混合料马歇尔试验技术要求建议值　　表 3-54

项　目	密级配		粗级配	
	25℃	60℃	25℃	60℃
击实次数/次	50	50	50	50
稳定度(kN)	2.0	4.0	2.5	3.5
流值(0.1mm)	20～45	20～40	20～45	20～40
空隙率(%)	—	5～8	—	6～10
沥青饱和度(%)	—	60～75	—	50～70
密度(g/cm³)	2.20	2.25	2.15	2.20

2.稀浆封层混合料和微表处混合料

稀浆封层混合料和微表处混合料是由乳化沥青、矿料(或砂)、水泥和水拌制而成的一种具有流动性的沥青混合料，两者的主要差别在于矿料级配组成的不同。前者可以采用普通乳化沥青和改性乳化沥青配制，后者必须采用改性乳化沥青配制。

稀浆混合料和微表处混合料应采用专门的摊铺机进行摊铺，施工方便，投资费用少，对道路使用性能有着较为明显的改观，所以得到广泛应用。由于稀浆封层和微表处仅在现有道路加铺了很薄的表层，因此它对道路结构无显著的增强作用。

(1)稀浆封层混合料

稀浆封层混合料，代号 ES(Emulsion Slurry Seat)，简称稀浆混合料。在我国现行技术规范中，按照矿料级配组成将稀浆封层混合料分为 ES-1、ES-2 和 ES-3 型，这三种稀浆混合料的级配范围及适宜的封层厚度要求见表 3-55。

稀浆封层和微表处类型及其矿料级配范围　　表 3-55

筛孔尺寸(mm)	下列类型通过各筛孔的质量百分率(%)				
	微表处		稀浆封层		
	MS-1 型	MS-2 型	ES-1 型	ES-2 型	ES-3 型
9.5	100	100	—	100	100
4.75	90～100	70～90	100	90～100	70～90
2.36	65～90	45～70	90～100	65～90	45～70
1.18	45～70	28～50	60～90	45～70	28～50
0.6	30～50	19～34	40～65	30～50	19～34
0.3	18～30	12～25	25～42	18～30	12～25
0.15	10～21	7～18	15～30	10～21	7～18
0.075	5～15	5～15	10～20	5～15	5～15
一层的适宜厚度(mm)	4～7	8～10	2.5～3	4～7	8～10

稀浆封层混合料一般用于二级及二级以下公路的预防性养护，也适用于新建道路的下封层。ES-1 型稀浆混合料称为细封层，由于矿料颗粒尺寸较小，沥青含量较高，ES-1 型稀浆混合料具有较好的渗透性，有利于治愈路面裂缝，适用于一般交通道路路面上较大裂缝的修补，以及中、轻交通道路的薄层罩面处理，尤其适合于寒冷地区道路及轻交通道路使用；ES-2 型称为中粒式封层，含有足够数量的细集料和乳化沥青，又含有一定数量的粒径较大的颗粒，使得

稀浆混合料既能够渗透路面裂缝之中，又兼具一定的抗滑性和耐磨性，用途广泛，是铺筑中等交通量道路磨耗层最常用的类型，也适用于旧路修复罩面；ES-3 型称为粗封层，混合料中有一定数量的较大粒径的颗粒，封层表面较为粗糙，适用于一般道路的表层抗滑处理，铺筑高粗糙度的磨耗层。

(2)微表处混合料

微表处混合料，代号 MS(Micro-Surface)。按照我国现行规范(JTG F40—2004)，微表处混合料分为 MS-1 和 MS-2 两种类型，见表 3-55。

微表处主要用于高速公路及一级公路的预防性养护以及填补轻度车辙，也适用于新建道路的抗滑磨耗层。微表处混合料 MS-1 型适用于重要道路、桥面铺装的薄层微表处罩面，MS-2 型适用于高速公路、一级公路、城市快速路、主干路的较薄微表处。

(3)混合料的组成材料

稀浆封层混合料应选用的乳化沥青类型为：阳离子 BC-1、阴离子 BA-1 或改性乳化沥青 BCR，微表处混合料应选用的乳化沥青类型为改性乳化沥青 BCR。在选择乳化沥青破乳速度时，应考虑混合料的施工和易性，即在乳化沥青与矿料的拌和、摊铺过程中，混合料应均匀、不破乳、不离析，处于良好的流动状态。在需要尽早开放交通路段的道路结构中，应选用凝结速率较快的、慢裂快凝的、拌和型乳化沥青或改性乳化沥青。

为了调节稀浆混合料中乳化沥青的破乳速度，满足拌和、摊铺和开放交通的需要，可以掺加适量外加剂，如氯化钙、氯化铵、氯化钠、硫酸铝等。

稀浆封层与微表处混合料应选择坚硬、耐磨洁净的集料，不得含有泥土和杂物。各项指标应满足热拌沥青混合料对集料的质量要求，当用于抗滑表层时，粗集料还应满足磨光值的要求。

填料可以是矿粉、水泥、石灰、粉煤灰等，在不影响稀浆混合料性能的前提下，可以选用硅酸盐水泥作为填料。

(4)混合料的配合比设计

在稀浆封层或微表处施工前，应进行稀浆封层混合料和微表处混合料的配合比设计。设计内容包括：确定矿料配合比、用水量和最佳沥青用量，并确定稀浆混合料的初凝时间及开放交通时间，以指导稀浆封层的施工操作过程。评价稀浆混合料和微表处混合料技术性能的各项指标及其要求见表 3-56。

稀浆混合料和微表处混合料的技术要求 表 3-56

试验项目			类别	
			稀浆封层	微表处
可拌和时间(25℃)(s)		>	120	
稠度值(cm)			2～3	—
黏聚力试验	30min(初凝时间)(N·m)	≥	1.2(要求快速开放交通时)	1.2
	60min(开放交通时间)(N·m)	≥	2.0	2.0
负荷轮碾试验(LWT)	黏附砂量(g/m²)	<	450(用于重交通道路表层时)	450
	轮迹宽度变化量(%)	<	—	5
湿轮磨耗试验的磨耗值	浸水 1h(g/m²)	<	800	540
	浸水 6h(g/m²)	<	—	800

3. 冷补沥青混合料

冷补沥青混合料是采用具有级配的矿料与适量的改性沥青结合料，加入适量的软化剂或添加剂，在常温下拌和并袋装密封储存的一种路面养护材料。这种材料可以库存，并可在常温下施工，操作简单，适用于临时性修补工程，或无法采用热拌沥青混合料进行修补的紧急抢修工程。

根据所采用的结合料类型，冷补沥青混合料有乳化沥青类和溶剂沥青类，乳剂沥青类型采用乳化沥青作为结合料，溶剂沥青类采用液体石油沥青作为结合料。

(1)乳剂沥青类冷补混合料

乳化沥青类型是决定冷补沥青混合料质量和储存期的关键材料，宜选用慢裂型乳化沥青作为结合料，并选择高质量沥青材料配制乳化沥青。为保证常温沥青混合料在拌和、储存、摊铺等施工阶段的稳定性，需要加入适量的添加剂，其种类和剂量应通过室内试验确定。

采用乳化沥青配制的冷补沥青混合料不适宜长期储存，多为随拌随用。且乳化沥青混合料需要较长时间才能成型，所修补的坑洞容易松散，一般只适合于轻交通道路使用。

(2)溶剂沥青类冷补混合料

按照使用季节的不同，溶剂沥青类混合料可分为夏秋季用和冬春季用两种规格，也可分成夏季用、春秋季用和冬季用三种规格。在气温较高季节使用时，采用黏度较高的液体石油沥青拌制，而在低温季节使用时，应采用黏度较低的液体沥青拌制。

采用液体沥青拌制的溶剂沥青类冷拌混合料的适用性较强，既可铺成 2～3cm 的薄层，修补较小的坑洞，也可用于修补 5～10cm 较深的坑槽。用溶剂沥青类冷补混合料所修补的路面在行车作用下会进一步压密，强度逐渐提高。经过压实成型的沥青混合料，使用性能与热铺沥青路面基本相同，所以这种混合料既可用于高等级道路路面坑槽修补，也可在一般道路养护中使用。

(3)冷补沥青混合料组成材料的技术要求

用于冷补沥青混合料的集料和填料质量应符合热拌沥青混合料对集料和填料的技术要求。

冷补沥青混合料的级配组成较多采用细粒式或砂粒式，较少采用中粒式或粗粒式。这是由于所修补的对象通常在沥青路面的上面层，结构厚度在 4cm 左右，不需要较大颗粒的粗粒式混合料。又由于冷补常温沥青混合料的初期黏结性能较差，大颗粒集料容易脱落，降低修补效果。此外，路面上的坑槽有深有浅，较细的混合料既适用于较深的坑槽，也适合于较浅的坑槽，所以颗粒较小的细粒式或砂粒式冷补沥青混合料具有较大的适应性。此外，由于冷补混合料的成型速度慢，初期强度较低，成型后渗水系数大，不宜选用粗级配或开级配的矿料级配。冷补沥青混合料的矿料合成级配可以参照表 3-57 进行设计。

冷补沥青混合料的矿料级配组成 表 3-57

类　型	筛 孔 尺 寸 (mm)									
	16	13.2	9.5	4.75	2.36	1.18	0.6	0.3	0.15	0.075
细粒式 LB-10		100	80～100	30～60	10～40	5～20	0～15	0～12	0～8	0～5
细粒式 LB-13	100	90～100	60～95	30～60	10～40	5～20	0～15	0～12	0～8	0～5
中粒式 LB-16	90～100	50～90	40～75	30～60	10～40	5～20	0～15	0～12	0～8	0～5

二、再生沥青混合料

沥青路面再生利用技术，是将需要翻修或者废弃的旧沥青路面，经过翻挖、回收、破碎、筛分，再和新集料、新沥青适当配合，重新拌和，成为具有良好路用性能的再生沥青混合料，用于铺筑路面面层或基层的整套工艺技术。

沥青路面再生利用，能够节约大量的沥青和砂石材料，节约工程投资，同时有利于处治废料，节约能源，保护环境，因而具有显著的经济效益和社会效益。

1. 沥青路面再生技术分类

沥青路面再生技术包括：厂拌热再生、就地热再生、厂拌冷再生、就地冷再生四类技术，其中就地冷再生技术按照再生材料和厚度的不同分为沥青层就地冷再生、全深度就地冷再生两种方式。沥青路面热再生采用道路石油沥青作为再生结合料，必要时掺加再生剂；沥青路面冷再生可根据需要选择乳化沥青、泡沫沥青、水泥作为再生结合料。

(1)厂拌热再生

厂拌热再生是将回收沥青路面材料 RAP(Recycling Asphalt Pavement)运至沥青拌和厂(场、站)，经破碎、筛分，以一定比例与新集料、新沥青、再生剂(必要时)等拌制成热拌再生混合料铺筑路面的技术。

厂拌热再生适用于对高等级道路回收沥青路面材料进行热拌再生利用，再生后的沥青混合料根据其性能和工程情况，可用于高等级道路的沥青路面及柔性基层。

(2)就地热再生

就地热再生是采用专用的就地热再生设备，对沥青路面进行加热、铣刨、就地掺入一定数量的新沥青、新沥青混合料、再生剂等，经热态拌和、摊铺、碾压等工序，一次性实现对表面一定深度范围内的旧沥青路面再生的技术。

就地热再生是一种预防性养护技术，适用于仅存在浅层轻微病害的高速公路及一、二级公路沥青路面表层的就地再生利用，再生时原路面应有足够的整体强度、病害仅集中于表层、沥青老化程度较低。就地热再生深度一般为 20～50mm，再生层可作为上面层或中面层。

就地再生技术有复拌再生和加铺再生两种形式：

①复拌再生是将旧沥青路面加热、铣刨，就地掺入一定数量的再生剂，新沥青、新沥青混合料，经热态拌和、摊铺、压实成型。掺加的新沥青混合料比例一般控制在 30%以内。

②加铺再生是将旧沥青路面加热、铣刨，就地掺入一定数量新沥青混合料、再生剂，拌和形成再生混合料，利用再生复拌机的第一熨平板摊铺再生混合料，利用再生复拌机的第二熨平板同时将新沥青混合料摊铺在再生混合料之上，两层一起压实成型。

(3)厂拌冷再生

厂拌冷再生是将回收的沥青路面材料(RAP)运至沥青拌和厂(场、站)，经破碎、筛分，以一定比例与新集料、沥青类再生结合料、活性填料(水泥、石灰等)、水进行常温拌和、常温铺筑形成路面结构层的技术。

厂拌冷再生适用于对各等级公路的回收沥青路面材料进行冷拌再生利用，再生后的混合料可用于高速公路和一、二级公路沥青路面的下面层及基层、底基层，三、四级公路的面层。当用于三、四级公路的上面层时，应采用稀浆封层、碎石封层、微表处等做上封层。

(4)就地冷再生

就地冷再生是采用专用的就地冷再生设备，对沥青路面进行现场冷铣刨、破碎和筛分(必要时)，掺入一定数量的新集料、再生结合料、活性填料(水泥、石灰等)水，经过常温拌和、摊铺、碾压等工序，一次性实现旧沥青路面再生的技术。仅对沥青层进行就地冷再生称为沥青层就地冷再生，再生层既包括沥青层又包括非沥青材料层时，称为全深式就地冷再生。

就地冷再生适应于一、二、三级公路沥青路面的就地再生利用，用于高速公路时应进行论证。就地再生层的适用性为:作为一、二级公路的下面层或基层;作为三级公路的面层或基层上面层，作为上面层时应采用稀浆封层、碎石封层、微表处等做上封层。

沥青层就地冷再生应使用乳化沥青、泡沫沥青作为再生结合料;全深式就地冷再生既可使用乳化沥青、泡沫沥青等沥青类的再生结合料，也可使用水泥、石灰等无机结合料作为再生结合料。当使用水泥、水灰等作为再生结合料时，再生层只能作为基层。

总体来讲，厂拌再生沥青混合料与就地再生沥青混合料不同之处在于，厂拌生产方式可以比较准确地控制旧料和新料的配合比例，拌和充分而均匀，再生混合料的质量容易得到保证，而就地再生混合料配合比例控制难度较大，因而质量不及厂拌再生混合料。

2.沥青路面再生原理

(1)沥青混合料老化和再生机理

沥青在运输、施工和沥青路面使用过程中逐渐老化，表现为沥青质增加，油分减少，破坏了原有沥青组分的平衡，沥青胶体结构和流变性质也随之发生变化。随着老化时间的延长，沥青老化程度加深，黏度增大，沥青的非牛顿性质更为显著。旧沥青路面的再生的关键是沥青的再生，从理论上来说，沥青的再生是沥青老化的逆过程。

旧沥青的再生是根据生产调和沥青的原理，在旧沥青中，或者加入某种组分的油料(即再生剂)，补充所失去的油分;或者加入适当稠度的沥青，经过调配，在一定程度上恢复沥青组分的平衡，使调配后的再生沥青具有适当的黏度和所需要的路用性质。

沥青路面经过长期老化后，当其中所含的旧沥青的黏度高于 1×10^6 Pa·s，或者其针入度低于 40(0.1mm)时，就应该考虑使用低黏度的油料作再生剂。再生剂的作用在于将旧沥青的黏度降至沥青混合料所需要的大小;使过于脆硬的旧沥青混合料软化，以便在机械和热的作用下充分分散，和新沥青、新集料均匀混合;渗入旧料中与旧沥青充分交融，使在老化过程中凝聚起来的沥青质重新溶解分散，调节沥青的胶体结构，改善沥青流变性质。

(2)沥青再生剂

再生剂必须具有溶解和分散沥青质的能力，旧沥青中的沥青质含量越高，则要求再生剂溶解和分散沥青质的能力也越高。再生剂的组分对于再生剂来说是十分重要的，其中的芳香分具有溶解和分散沥青质的能力，而饱和分则相反，它是沥青质的促凝剂。

在热拌再生工艺过程中，再生剂要受到加热高温的影响;再生沥青混合料铺筑在路面上，还将受到大气自然因素的作用，故再生剂必须具有一定的耐热性和耐候性。

因此，适当的黏度、良好的流变性质、富含芳香分以及良好的耐候性，是再生剂应具备的质量要求。应根据回收沥青路面材料中沥青的老化程度、沥青含量、回收沥青路面材料的掺配比例、再生剂与沥青的配伍性，综合选择再生剂品种。我国现行技术规范对沥青再生剂的要求见表 3-58。

(3)新沥青

拌制再生混合料时，添加新沥青的目的在于补充混合料所需的结合料，使混合料中总的结合料达到最佳状态;同时，它还在某种程度上调节旧沥青的稠度，改善旧沥青的性质。新沥青品种一般根据道路所在地区的气候条件确定，新沥青质量应符合表 3-59 中的规定。

热拌再生混合料再生剂的质量要求(JTG F41—2008)　　表 3-58

检验项目	RA-1	RA-5	RA-25	RA-75	RA-250	RA-500	试验方法
60℃黏度(cSt)	50～175	176～900	901～4 500	4 501～12 500	12 501～37 500	37 500～60 000	T 0619
闪点(℃)	≥220	≥220	≥220	≥220	≥220	≥220	T 0633
饱和分含量(%)	≤30	≤30	≤30	≤30	≤30	≤30	T 0618
芳香分含量(%)	实测记录	实测记录	实测记录	实测记录	实测记录	实测记录	T 0618
TFOT 前后黏度比	≤3	≤3	≤3	≤3	≤3	≤3	T 0619
TFOT 前后质量变化(%)	≤4,≥−4	≤4,≥−4	≤3,≥−3	≤3,≥−3	≤3,≥−3	≤3,≥−3	T 0609 或 T 0610
15℃密度(g/m^3)	实测记录	实测记录	实测记录	实测记录	实测记录	实测记录	T 0603

注:薄膜烘箱试验前后黏度比=试样薄膜烘箱试验后黏度/试样薄膜烘箱试验前黏度。

再生混合料新沥青选择(JTG F40—2004)　　表 3-59

回收沥青的针入度(25℃)(0.1mm)	回收沥青路面材料(RAP)掺配比例(%)		
≥30	＜20	20～30	＞30
20～30	＜15	15～25	＞25
10～20	＜10	10～15	＞15
建议新沥青等级	沥青选择不需要变化	选择新沥青标号比正常高半个等级,即针入度 10(0.1mm)	根据新旧沥青混合调和法则确定

3. 回收沥青路面材料在再生混合料中的作用

回收沥青路面材料(RAP)在再生混合料中作为"黑色集料"还是沥青混合料,取决于再生技术和再生混合料中回收沥青路面材料的比例。

在热再生过程中,回收沥青路面材料 RAP 会在拌制和施工过程中与新沥青融和。当 RAP 掺量在 10%～40%的范围时,再生混合料的高温、疲劳、低温性能试验结果均表明旧沥青与新沥青之间确实具有混合效应,并影响混合沥青性能。随着 RAP 掺量的增加,旧沥青性能对混合沥青性能影响的效应逐渐增加,如果 RAP 中沥青老化程度严重,则 RAP 接近"黑色集料"。

在冷再生施工过程中,回收沥青路面材料 RAP 没有经过加热,其中的沥青难以与新添加的乳化沥青或泡沫沥青有效混合,因此,RAP 更像是"黑色集料"。但是冷再生混合料在施工完成后,旧沥青与新沥青之间会有一个漫长的互相融和的过程,因此,RAP 又不完全等同于集料。

有研究表明,当回收沥青路面材料掺量在 10%～20%之间时,旧沥青的混合效应可以忽略不计。在回收沥青路面材料掺量不超过 40%的范围内,再生混合料的高温性能优于非再生混合料,但疲劳性能和低温性能低于非再生混合料。回收沥青路面材料比例越大,高温性能改善越多,低温性能损失越大。

4. 回收沥青路面材料的利用率

原则上来讲,就地再生技术基本上可以百分之百地利用旧料,如果需要添加新料与旧料混合,新料的掺加比例一般比较低,约为 10%。集中厂拌再生时,新料与旧料的配合比例应根据旧料品质、再生料路用性能需要等进行调整，变化的幅度较大。

考虑到旧料的品质、再生工艺以及再生料的掺加比例，再生混合料的适用性有以下几种情况：

①100%使用旧料。对旧料的级配不作调整，也不添加再生剂调整旧沥青稠度，仅当旧料沥青含量不足时添加些新沥青。这种再生混合料仅用于低交通量道路路面、简易路面或路面基层。

②旧料比例为70%～80%。在级配可调整的范围内尽可能多的使用旧料，为了调整旧沥青稠度并改善其性能，可直接加入部分低标号的沥青。这种再生混合料多用于轻型路面或临时性路面。

③旧料比例为40%～60%。旧料和新料的比例大致相当，再生混合料的集料级配需要认真调整，并且为调节旧沥青的稠度而添加再生剂，或直接加入新沥青。这种再生沥青混合料可用于中等交通量的道路面层。

④旧料比例为20%～30%。在再生混合料中，新料占大部分。由于旧料用量少，且旧料老化不严重，在这种情况下不需要专门对再生混合料的沥青稠度进行严格调整，再生混合料的性能主要受新沥青混合料的支配。这种再生混合料可用于各种路面面层。

三、环氧树脂沥青混凝土混合料

环氧沥青混凝土是采用环氧沥青与一定级配的集料配制而成的热固性沥青混凝土材料。由于环氧沥青经过固化后能够形成很高的强度，故又称之为高强沥青混凝土材料。环氧沥青混凝土适用于大型桥梁的桥面铺装、高等级公路和城市干道路面、公共汽车停车站铺面、道路和机场道面的防滑磨耗层、广场铺面等。

1. 环氧沥青混凝土的特性

环氧沥青混凝土的许多性质如强度、刚度、耐久性等方面与水泥混凝土十分相似，同时在很多方面又具有沥青混凝土的优良性能。

环氧沥青混凝土铺筑成型后，强度随着环氧树脂的固化程度而逐渐增长，图3-31是环氧沥青混合料劈裂强度随养护龄期延长而增长的曲线，其强度形成规律与水泥混凝土十分相似。在20～25℃时，环氧树脂完全固化大约需要60d，但在10℃以下固化作用几乎停止。

强度高、变形小、刚度大。环氧沥青混凝土的马歇尔稳定度是普通沥青混凝土的5～8倍，而流值却大致相同。在20℃条件下，环氧沥青混凝土的弯拉劲度模量高达12 000MPa，而普通沥青混凝土仅为3 000MPa。

优良的疲劳性能。环氧沥青混凝土由于强度高，在同样的应力水平下，表现出极其优良的耐疲劳性能，几乎是普通沥青混凝土疲劳寿命的10～50倍。澳大利亚西门大桥(West Gate Bridge)管理局所做的疲劳试验表明，环氧沥青混凝土的疲劳寿命为5×10^6次，而普通沥青混凝土仅为0.29×10^6次，两者相差达17倍之多。

良好的耐久性。环氧沥青混凝土抗燃油腐蚀、抗水害性能十分优越。在普通沥青混凝土路面上如有柴油等燃油渗入，会使沥青失去黏结力而松散。环氧沥青混凝土则不怕燃油的侵蚀。

2. 环氧沥青的配制

在环氧沥青中，环氧树脂的用量至少占沥青质量的10%以上，甚至达到30%，具体用量应通过试验确定。图 3-32 是环氧树脂剂量与混合料劈裂强度的关系曲线。显然，环氧树脂剂量越高，混合料的强度也越高，两者几乎呈线性关系。

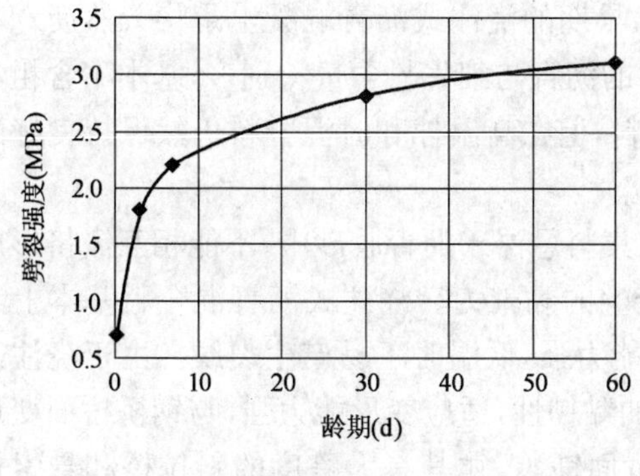

图 3-31 劈裂强度与龄期的关系

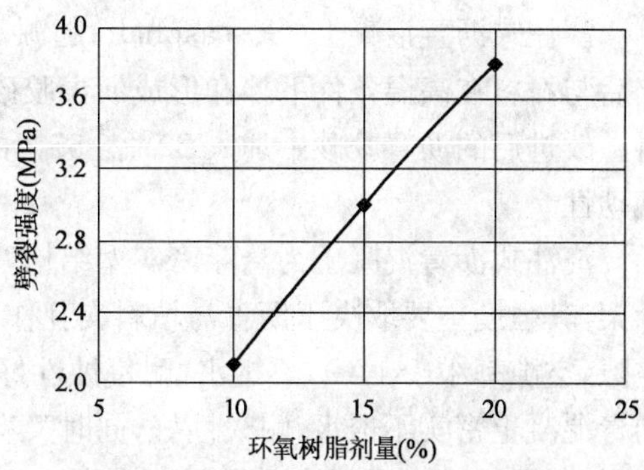

图 3-32 环氧树脂剂量与劈裂强度的关系

环氧沥青用量大体上与热拌沥青混凝土的用油量相当。虽然增加环氧沥青的用量能改善和易性，又不用担心出现泛油问题，但由于环氧沥青价格较高，因此仍然要确定适合的用量。

3. 环氧沥青混凝土的配制

(1)冷拌环氧沥青混凝土的配制

冷拌环氧沥青混凝土是在常温下将集料与环氧沥青拌和，经摊铺、压实后，环氧沥青慢慢固化而形成强度。冷拌环氧沥青混凝土的施工方便，但与热拌环氧沥青混合料相比，其强度要低些。

在拌制混合料之前，先将沥青、介质、环氧树脂和常温固化剂(如乙二胺、三乙烯四胺、低分子聚铣胺、间苯二甲胺等)分别配制成甲料和乙料。其中，甲料由沥青、介质、环氧树脂以及溶剂配合而成，在常温下呈黑色稀浆状，具有流动性；乙料由固化剂和溶剂组成，呈黄色或棕黄色液体。甲料与乙料的配合比例、各种组成材料的用量可参考有关技术规范或手册确定。使用时先按比例将乙料加入甲料中，并搅拌均匀，即可用于拌制沥青混合料。

(2)热拌环氧沥青混凝土的配制

热拌环氧沥青混凝土的配制与普通热拌沥青混合料相似，但增加了环氧树脂、固化剂和介质等组成材料。一般是先将介质加入沥青中，搅拌均匀。在拌和混合料之前的 20min，将环氧树脂与固化剂进行混合，然后加入混合料一起拌和均匀即可出料。

控制热拌环氧沥青混合料的拌和温度是非常重要的，固化物在反应过程中，初凝时间以沥青混合料开始丧失黏性为标志，如果在拌和时丧失黏性，则混合料失效报废。为了保证施工工艺过程所需的时间，拌和温度应与所选用的固化剂匹配。固化剂的选择是该技术的关键所在，必须经过反复试验和筛选，不可以过分依赖查阅现成的手册或书籍。

环氧沥青混凝土混合料可以采用通常的沥青混合料拌和机与摊铺机进行施工，但需要配置环氧沥青及固化剂的配制设备和计量仪具。由于环氧沥青混凝土施工工艺比较复杂，各个环节要求比较严格，必须对施工人员进行专门培训，并在正式施工之前铺筑试验路段，以取得有关施工参数和经验。

四、浇注式沥青混合料

浇注式沥青混合料是由高含量且高黏度沥青、高剂量矿粉，有时还加入纤维材料，再配以适量的集料，在 220℃以上高温下，经过长时间的搅拌熬制，形成的一种黏稠且又有很好流动性的沥青混合料。浇注后用镘刀抹平，不需要碾压，冷却后即能密实成型。

1. 浇注式沥青混合料的技术特性

浇注式沥青混凝土(Gussasphalt)起源于德国，早期的浇注式沥青混凝土是将天然沥青粉碎后与石料在高温条件下拌和形成沥青胶砂，其中的沥青与细集料含量特别多，基本不含粗集料。改进后的沥青胶砂中加入20%～55%的粗集料，但在高温拌和时混合料仍然保持良好的流动性。

浇注式沥青混凝土为悬浮密实型结构，粗颗粒集料悬浮于沥青胶砂中，不能相互嵌挤形成骨架，其强度主要取决于沥青与填料交互作用而产生的黏聚力。浇注式沥青混合料基本上无空隙(空隙率小于1%)，不透水，耐侵蚀性好，变形能力强，低温时不易产生裂纹。由于浇注式沥青混凝土密实不透水，耐久性好，同时又有极好的黏韧性，适应变形能力强，与钢桥桥面变形有很好的随从性，因而特别适用于大中型桥梁的桥面铺装，尤其是大跨度的斜拉桥和悬索桥钢桥。

浇注式沥青混凝土具有沥青用量高、矿粉含量高、拌和温度高的“三高”特点。浇注式沥青混凝土所用的结合料的黏度较高，且沥青用量高达7%～10%，矿粉含量高达20%～30%。因此，在拌制沥青混合料时需要对矿粉进行加热。沥青混合料拌和温度高达180～220℃，且拌和时间较长(2～3min)，在其运输的过程中也需要不断地搅拌。

2. 浇注式沥青混合料的组成材料

(1)沥青结合料

浇注式沥青混合料的强度主要来源于沥青结合料的黏结力。因此，沥青结合料对浇注式沥青混合料的性能有着决定性影响，沥青结合料既要具有较高的黏度，又要具有一定的流动性和低温抗裂性。目前，国外主要采用低针入度沥青(相当于我国A-30)或者普通石油沥青掺加天然沥青(一般掺加25%～30%TLA)而得到的硬质沥青。如德国一般采用标号B45和B25的沥青结合料(其技术指标见表3-60)，或采用B65标号沥青与特立尼达湖沥青TLA调配出性能与标号B25类似的沥青结合料。

德国浇注式沥青混凝土沥青结合料技术指标 表3-60

技术指标	B45	B25	技术指标	B45	B25
针入度(25℃)(0.1mm)	35～50	20～30	密度(最小)(g·cm^{-3})	1.00	1.00
软化点(℃)	54～59	59～67	蒸发后质量变化率(最大)(±%)	0.80	0.80
脆点(最大)(℃)	−6	−2	老化后软化点增加(最大)(℃)	6.5	6.5
延度(最小)(25℃)(cm)	40	15	老化后针入度变化(最大)(%)	40	40
含蜡量(最大)(%)	2.0	2.0	老化后延度(最小)(25℃)(cm)	15	5

我国目前尚无用于浇注式沥青混凝土的沥青结合料技术规范，根据以往的工程经验与研究成果，提出浇注式沥青混凝土用沥青结合料技B45术指标建议值，见表3-61。其中GA-30适用于高温地区，可采用普通沥青与天然沥青掺配；GA-40适用于寒冷地区，可采用聚合物改性沥青与天然沥青复合配制。

浇注式沥青混凝土用沥青结合料技术指标建议值　　表 3-61

技术指标	GA-30	GA-40
针入度(25℃)(0.1mm)	20～40	30～50
软化点(℃)	＞80	＞60
延度(15℃)(cm)	＞20	＞30
溶解度(三氯乙烯)(%)	＞85	＞85
蜡含量(%)	＜2	＜2

(2)集料和矿粉

浇筑式沥青混合料所用粗集料、细集料与矿粉的质量应满足我国现行规范《公路沥青路面施工技术规范》(JTG F40—2004)中的技术要求。

浇注式沥青混合料中细集料大约占 30%,其性能对混合料的影响很大,细集料可以用天然砂,但必须限制所用比例,如德国规范规定机制砂与天然砂的比例应大于 1∶2。

浇注式沥青混合料中矿粉宜采用石灰石磨制的石粉,0.075mm 筛的通过百分率应超过 80%。

为获得表面粗糙度,或提高上下层间的结合,施工时可采取趁热将适量的预拌有沥青的优质石屑嵌入浇注式沥青混凝土铺装层内的措施。在人行道或慢车道上,则在其表面撒布石英砂,以提高表面的抗滑性。

(3)混合料的级配组成

由于浇注式沥青混凝土的铺装厚度一般为 2～4cm,矿料的最大粒径一般宜控制在 13.2mm 以下。德国浇注式沥青混凝土级配分为 3 种类型,见表 3-62。其中 0/11 型用于车行道,0/8 和 0/5 型用于人行道。

德国浇注式沥青混凝土级配组成　　表 3-62

类　型	下列筛孔尺寸的集料质量百分率(%)					铺装层厚度(cm)
	0.09	2.0	5.0	8.0	11.2	
0/11	20～30	45～55	—	≥15	≤10	2.0～3.0
0/8	22～32	40～50	≥15	≤10	—	2.5～3.5
0/5	24～34	35～45	≤10	—	—	3.5～4.5

我国目前尚无浇注式沥青混凝土混合料的级配规范。我国东海大桥桥面铺装采用了浇注式混凝土,其设计级配范围见表 3-63。

浇注式沥青混合料设计级配范围　　表 3-63

项　目	下列筛孔尺寸(mm)的通过率(%)								
	13.2	9.5	4.75	2.36	1.18	0.6	0.3	0.15	0.075
设计级配范围	100	95～100	63～80	48～63	38～52	32～46	27～40	24～36	20～30

3.浇注式沥青混凝土的配合比设计要求

浇注式沥青混凝土既要具有施工时所需的流动性,又要具备保持结构强度所需的温度稳定性。一般采用刘埃尔(Lueer)流动性试验测试浇注式沥青混凝土黏度,用以评价其施工和易性;采用贯入度试验测试浇注式沥青混凝土的贯入量和贯入量增量等指标,用以评价其高温稳定性。辅以车辙试验和小梁低温弯曲试验评价浇注式沥青混凝土的高温、低温性能。日本沥青路面纲要对浇注式沥青混凝土的技术要求见表 3-64。

日本浇注式沥青混凝土的技术要求 表 3-64

试验项目	技术指标			技术要求
流动性试验	240℃刘埃尔流动度		(s)	3～20
贯入试验	贯入量(40℃,1MPa,30min)	上面层	(mm)	1～4
		下面层	(mm)	1～6
车辙试验	动稳定度(60℃,6.4kg/cm²)		(次/mm)	>300
弯曲试验	破坏应变(−10℃,50mm/min)		(×10⁻³)	>8.0

五、废旧橡胶沥青混合料

随着世界经济的不断增长,废旧轮胎数量剧增。废旧轮胎属于工业有害固体废物,它是恶化自然环境、破坏植被生长、影响人类健康、危及生态环境的有害垃圾之一,所以废旧轮胎被称为"黑色污染",其回收和处理技术是世界性难题。2002 年,我国废旧轮胎达到 0.8 亿条,预计 2010 年将达到 2 亿条。目前处理废旧轮胎作为资源回收利用的主要用途有:轮胎翻新、热能利用、热分解以及土木工程建设等。其中,将废旧轮胎磨细成橡胶粉应用于道路工程建设得到了较为广泛的关注,这也是大量处理废旧轮胎的较佳途径。

1.废旧橡胶粉在沥青混合料中的应用方法

通常,废旧轮胎加工成的废旧橡胶在沥青混合料中的应用方法有湿法(Wet Process)和干法(Dry Process)两种工艺。湿法是指直接将磨细的橡胶粉加入到沥青中,经过搅拌制备成具有改性沥青特性的橡胶沥青。干法是将较粗的橡胶颗粒直接加入到集料中,然后喷入沥青拌制成沥青混合料。干法与湿法的主要区别在于:

①干法采用的橡胶粉颗粒尺寸一般为 1～6.3mm,而湿法采用的橡胶粉粒径均在 1mm 以下。因而干法所用的橡胶颗粒加工工艺相对简单,成本相对较低。

②干法中橡胶颗粒的掺量一般为集料质量的 1%～5%,湿法工艺一般为沥青质量的 5%～20%,干法所用橡胶的数量是湿法的 2～4 倍,可以消耗大量废旧轮胎。

③干法中橡胶颗粒主要作为部分集料,对沥青的改性作用甚微。湿法中橡胶粉主要作为沥青的改性剂,它可较明显地改善沥青混合料的性能。

④在沥青拌和厂中,干法工艺不需要特殊的设备或较大的设备改装,湿法工艺需要特殊的混合容器、反应釜和拌和罐等。

湿法生产的橡胶沥青主要应用于水泥路面嵌缝料、碎石封层、应力吸收层和沥青混凝土;而干法只能用于拌制沥青混凝土。干法拌制的沥青混凝土其路用性能有一定的改善,而且还具有降低轮胎/路面噪声的功效。

2.橡胶沥青

按照美国 ASTM D 6114 的定义,橡胶沥青是指含量 15%以上的橡胶粉在高温条件下(180℃以上)与沥青均匀拌和而得到的改性沥青结合料。在高温条件下,橡胶粉在沥青中充分溶胀并发生较为复杂的物质交换与化学反应。一方面,胶粉发生脱硫、降解,部分橡胶成分进入到沥青中,对沥青起到改性的作用;另一方面,胶粉充分溶胀后体积可占沥青的 30%～50%,橡胶粉在沥青中形成三维空间网络结构,起到对沥青加筋的效果。因此,橡胶沥青表现出高黏度、高弹性的优良性能。目前,橡胶沥青被广泛应用于沥青洒布、沥青混合料、填缝料等。

橡胶沥青的质量取决于废旧橡胶粉质量、基质沥青质量和橡胶改性沥青的制备工艺。

(1)橡胶粉

橡胶粉是采用一定生产工艺对废旧轮胎进行处理而得到的胶粉，汽车轮胎主要由橡胶、钢丝及纤维组成，其中橡胶含量为50%～60%。在生产橡胶粉时首先将纤维与钢丝分离出来，橡胶粉的生产工艺主要有常温研磨法和低温粉碎法。

影响橡胶粉对沥青改性效果的物理性质主要是胶粉的细度和级配、密度、纤维与金属含量等。研究结果表明，一般选择细度30～60目的橡胶粉即可满足要求。胶粉中天然橡胶含量越高，对沥青的改性效果越好。斜交轮胎中天然橡胶含量高于子午线轮胎，因此在选择橡胶粉时应尽量采用斜交轮胎中胎面胶磨细的胶粉。由于橡胶与沥青都是惰性物质，可掺加一些添加剂促进橡胶粉与沥青之间的反应。如苯酚二硫化物、芳香烃油、硫黄粉等。另外为提高橡胶沥青某方面的性能，也可掺加一些聚合物，如SBS、SBR等。

(2)基质沥青的选择

在一定程度上，基质沥青的选择取决于当地气候条件以及橡胶沥青的用途。我国北方地区宜采用A-110和A-90沥青，而南方地区可采用A-90和A-70沥青。

(3)橡胶沥青技术标准

各国橡胶沥青技术标准差异较大，但其主要指标大多为针入度、软化点、黏度、弹性恢复等。橡胶沥青分级依据一般为使用气候条件、胶粉掺量或基质沥青等级等，如美国ASTM和佛罗里达州橡胶沥青技术标准，见表3-65和表3-66。

美国FHWA橡胶沥青技术标准(SA-002—1992)　　表3-65

技术指标		热区(ARB-1)	温区(ARB-2)	寒区(ARB-3)
针入度(25℃)(0.1mm)		25～75	50～100	75～150
软化点(℃)		>54	>49	>43
延度(4℃,1cm/min)(cm)		>5	>10	>20
TFOT	针入度比(%)	>75	>75	>75
	延度比(%)	>50	>50	>50

佛罗里达州橡胶沥青技术标准　　表3-66

技术指标	ARB5	ARB12	ARB20
最小胶粉掺量(%)	5	12	20
基质沥青等级	AC30	AC30	AC20
最低生产温度(℃)	150	150	170
最高生产温度(℃)	170	175	190
最少反应时间(min)	10	15	30
黏度(Pa·s)	>0.4(150℃)	>1.0(150℃)	>1.5(175℃)

3.湿法橡胶沥青混合料组成设计特点

湿法橡胶沥青混合料的组成设计可以参照现行热拌沥青混合料组成设计方法。组成设计中的关键问题是混合料级配类型的选择。由于橡胶沥青的黏度较大，且相对较大的胶粉颗粒在矿料表面形成较厚的油膜。开级配或间断级配混合料提供了充分的空间来容纳较厚的沥青膜，而密级配混合料由于集料骨架间隙有限，对厚沥青膜的容纳能力有限。因此，橡胶沥青适用于间断级配、开级配的骨架型沥青混合料，当采用高掺量的橡胶沥青时尤为适用。而密级配沥青混合料最好采用低掺量、胶粉较细的橡胶沥青。

表 3-67 为美国各州用橡胶沥青混合料级配组成情况，可见，橡胶沥青混合料的级配组成以开级配、间断级配为多。总体来说，湿法制备的开级配、间断级配橡胶沥青混合料的性能要优于密级配混合料。

橡胶沥青混合料使用的级配情况　　表 3-67

筛孔尺寸(mm)	亚利桑那州		佛罗里达州			得克萨斯州	南非	
	间断级配	开级配	开级配	密级配	密级配	开级配	半开	全开
19	100	100	100	100	100	100	100	100
12.5	80～100	—	85～100	100	90～100	95～100	70～100	90～100
9.5	65～85	—	55～75	90～100	<90	50～80	50～82	30～50
4.75	28～42	20～45	15～25	<90	—	0～8	16～38	10～20
2.36	14～22	4～8	5～10	32～67	32～58	0～4	8～22	8～14
0.075	0～2.5	0～2.5	2～4	2～10	2～10	0～4	1～4	2～6

橡胶沥青混合料的另一个特点是结合料用量较高，如美国得克萨斯州曾采用橡胶沥青拌制 OGFC 沥青混合料，混合料采用 Superpave 设计方法，设计空隙率 18%，结合料用量为 8.5%～9.5%。尽管橡胶沥青用量比一般改性沥青用量多 2%～4%，但是混合料未发生析漏。实体工程表明这种混合料具有较好的抗松散能力和抗反射裂缝的性能。

工程实践表明，采用橡胶沥青配制的 SMA 混合料具有良好性能，但是与采用 SBS 改性沥青配制的 SMA 混合料相比，橡胶沥青 SMA 混合料因其集料表面的油膜比较厚，其用油量约要增加 0.4%～0.5%，否则混合料会显得干涩。

4. 干法橡胶沥青混合料组成设计的技术关键

干法工艺生产的橡胶沥青混合料中，橡胶颗粒实际上是充当集料，而不是作为沥青改性剂使用的。橡胶颗粒的掺量一般为混合料质量的 1%～3%，由于橡胶颗粒与集料颗粒的密度相差较大，在混合料设计过程中需要注意橡胶颗粒对沥青混合料体积参数的影响。

干法工艺可大量消耗废旧橡胶，并具有提高路面使用性能、降低车辆行驶噪声等优点。然而如果设计不当，将导致沥青用量与黏结力不足，使得干法橡胶沥青混合料难以压实，即使压实后，由于橡胶颗粒的弹性作用，会使混合料慢慢松开，造成橡胶路面松散。此外，橡胶颗粒能够吸收沥青中轻质组分而造成体积膨胀，即使在混合料摊铺压实后橡胶颗粒体积仍可持续膨胀，这将导致沥青混合料中有效沥青用量的降低，并造成沥青路面开裂、松散等病害。

在进行干法橡胶沥青混合料组成设计时，技术关键如下：

(1)必须采用间断级配或开级配，以保证沥青混合料中有足够的空间容纳橡胶颗粒。

(2)需要采用黏度较高的沥青，以增加沥青对石料的黏结能力，并适当增加沥青用量(约增加 0.4%～0.5%)，以弥补由于橡胶颗粒吸收油分而使有效沥青含量降低的缺陷。

(3)采用经过预处理的橡胶颗粒，以降低其吸油膨胀的程度，并增加其与沥青的亲和能力。

六、温拌沥青混合料

温拌沥青混合料 WMA(Warm Mix Asphalt)是采用温拌技术生产的混合料,通过使用特定的技术或添加剂,使沥青混合料施工温度介于热拌沥青混合料和冷拌(常温)沥青混合料之间,同时,采用温拌技术生产的混合料的路用性能应能够达到热拌沥青混合料的路用性能要求。

1. 温拌沥青混合料的节能减排功能

道路工程沥青路面中使用的沥青混合料,根据拌和施工温度可分为两种类型:冷拌沥青混合料 CMA(Cold Mix Asphalt)和热拌沥青混合料 HMA(Hot Mix Asphalt)。冷拌沥青混合料采用乳化沥青或者稀释沥青与集料在常温状态下拌和、铺筑,无须对集料与沥青结合料进行加热,可节约大量能源。但是冷拌混合料初期路用性能差,难以满足高速公路、重载交通道路等重要工程的要求。热拌沥青混合料是应用最为广泛、路用性能最为良好的一种混合料,但是在其生产过程中,沥青与集料需要在150～180℃高温条件下拌和,不仅要耗用大量能源,而且在生产过程中将产生大量的 CO_2、烟尘和有害气体。

①节能效果。沥青混合料生产过程中能量的消耗主要用于集料的加热。德国研究数据表明,生产热拌沥青混合料需消耗燃料油 8L/t,如拌和温度降低 30～35℃,可以节约燃料油 2.4L/t。Shell 公司提供的数据表明,每吨温拌沥青混合料可节约燃油 3L 左右。

②减排环保效果。温拌沥青混合料不仅可节约燃料的消耗,而且可明显降低粉尘、废气等污染物的排放量。Shell 公司提供的数据表明,温拌沥青混合料生产过程中可减少 30%以上的 CO_2 气体排放量,同时 CO、NO_x 等有害气体明显降低,见表 3-68。

温拌沥青混合料与热拌沥青混合料生产过程中废气排放量 表 3-68

混合料类型	CO_2(kg/h)	CO(kg/h)	NO_x(kg/h)
热拌沥青混合料	2 888	49	1.5
温拌沥青混合料	1 980	35	0.3
降低比例(%)	31.4	28.5	61.5

2. 沥青混合料温拌技术

目前,国内外沥青混合料的温拌技术多达十几种,根据技术原理,可以将这些温拌技术分为沥青降黏技术、表面活性技术和沥青发泡技术。

(1)使用沥青降黏剂的技术

使用降黏剂的目的是降低沥青结合料的高温黏度,但是不会降低沥青结合料的常温黏度。这样可降低沥青混合料的拌和温度,而又不影响沥青混合料的路用性能。

①Sasobit 降黏剂。Sasobit 是一种合成直链脂肪族碳氢混合物,其主链分子中含有 40～115 个碳原子。其熔点为 100℃,超过 115℃时 Sasobit 完全溶解于沥青。Sasobit 可以明显降低沥青的高温黏度,但可增加沥青的低温(60℃)黏度。因此,沥青中掺加 Sasobit 后不仅可以降低拌和温度,而且可以增加沥青混合料的高温稳定性。通常 Sasobit 的掺量为沥青的 3%～4%,可将沥青混合料拌和温度降低 20～30℃。

②Asphaltan-B。Asphaltan-B 是一种粒状的低分子酯化蜡,由一种基于蒙坦蜡的物质与高分子碳氢化合物混合而成。Asphaltan-B 的熔点与 Sasobit 接近,通过提高沥青的流动性来保证沥青混合料相对低温的工作性。研究表明,加入 Asphaltan-B 可以提高沥青混合料的压

实性以及抗车辙能力。推荐的 Asphaltan-B 掺量为沥青混合料总质量的 2%～4%。它既可以直接投入到拌和楼中,也可以直接加入到沥青当中。

(2)表面活性平台技术

表面活性平台技术的前身是美国 Meadwestvaco 公司的乳化沥青添加模式,即将添加剂首先作为乳化剂生产一种高沥青含量(70%)的乳化沥青,在拌和过程中乳化沥青中的水分以水蒸气的形式释放出去,混合料的拌和温度一般在 100℃左右。

由于乳化沥青中含有水分,不仅在拌和过程中产生大量水蒸气,残留的水分还会影响沥青混合料的性能。Meadwestvaco 公司在此基础上,开发了直投式添加模式的表面活性技术,其技术原理是,少量的表面活性添加剂(0.5%～1%)、水与热沥青在拌和过程中共同作用,借助于混合料拌和过程中的强大分散能力实现彼此交织。表面活性剂富集于残留微量水和沥青的界面,三者共同作用,暂时性在胶结料内部形成较为稳定的结构性水膜。由于水膜润滑作用不受温度影响,温度下降时,水膜润滑作用能够很大程度抵消沥青黏度增大的作用,从而实现温拌效果。

(3)沥青发泡技术

一定量的水在标准大气压下变成水蒸气的话,它的体积可膨胀 1.675 倍。当水分散在沥青中并变成水蒸气(与热沥青接触)时,会导致沥青体积的迅速膨胀,黏度降低,从而降低拌和温度。该类技术的代表性产品如下。

①WMA-Foam 温拌技术。泡沫沥青温拌技术 WAM-Foam 是由 Shell 公司和 Kolo-Veidekke 公司联合开发的一种两阶段法生产温拌沥青混合料的技术。在第一阶段首先采用软质沥青与石料拌和,拌和温度控制在 110℃左右,使软质沥青完全裹覆于石料表面。在第二阶段,硬质沥青以泡沫沥青的形式喷入并迅速拌和。由于沥青发泡后体积增加数倍且黏度明显降低,因此可在温度较低的条件(90～110℃)下拌和均匀。这种技术的关键在于必须选择合适的软、硬沥青种类以及二者的比例,以满足混合料相应的路用性能要求。另外在第一阶段必须保证集料干燥,防止水分存在于集料表面。必要时可掺加抗剥落剂以增强抗水损害能力。

②沸石降黏技术。1956 年瑞典矿物学家 Cronsted 首次在玄武岩中发现沸石。沸石是沸石族矿物的总称,是由火山熔岩形成的一类铝硅酸盐矿物,因其在加热至熔融时,伴有沸腾现象而得名。沸石具有独特的矿物结构,其内部结构为三维硅氧四面体和三维铝氧四面体,具有很多大小均一的通道和空腔。在这些孔穴和通道中吸附着大量水分子,这些水分子与骨架间的结合力较弱,经加热水分可以逸失。将沸石投入到加热集料的同时喷入沥青,沸石挥发出的水蒸气使沥青体积膨胀而形成泡沫沥青,可以使沥青与集料有可能在较低温度下进行拌和。

③低能量沥青(LEA)技术。2006 年,法国的 Fairco 公司开发了 LEA(Low Energy Asphalt),该技术的主要工艺为,将沥青加热至 140～180℃,将粗集料加热至 145℃左右,将细集料加水拌和。先将加热后的粗集料与沥青拌和均匀,然后加入湿冷的细集料进行拌和,高温使得湿细集料中的水分蒸发从而导致粗集料表面的热沥青发泡,泡沫沥青再将细集料裹覆,使得所有的集料与沥青相结合。经拌和后混合料的出场温度仅为 90℃左右。LEA 混合料的另一个特点是温度下降速率较慢,从出场温度 90℃降到 60℃需要 200min 的时间,而热拌沥青混合料从 160℃降低到 130℃只要 100min。因此,该温拌混合料具有良好的施工特性。

本 章 小 结

沥青混合料是由沥青和矿质混合料组成的复合材料,经过拌和、摊铺和碾压等施工工艺后形成沥青路面结构层,具有优良的路用性能,广泛应用于高速公路、城市快速路、主干路和其他公路的路面结构。

沥青混合料按其矿料级配组成特点,可形成"密实—悬浮"结构、"骨架—空隙"结构和"密实—骨架"结构,分别具有不同强度特征和稳定性。

沥青混合料强度和稳定性主要材料参数为黏聚力 c 和内摩阻角 φ。影响混合料材料参数的主要内因为:沥青的性质、矿料颗粒形状和表面特性、矿料级配、矿料比面和沥青用量等。温度和荷载作用时间是影响沥青混合料材料参数的主要外界因素。

沥青混合料应具备一定的高温稳定性、低温抗裂性、水稳定性、抗老化性、抗滑性和施工和易性等技术性质,以适应车辆荷载及环境因素的作用。

沥青混合料组成设计包括选择原材料和配合比设计。沥青混合料组成材料质量规格应满足设计要求,并根据道路等级、交通特性、气候条件、施工方法等因素进行选择。

我国现行热拌普通沥青混合料的配合比设计方法的主要内容包括:矿质混合料配合比设计和最佳沥青用量的确定,前者采用本教材第一章介绍的方法,设计的矿质混合料级配应满足规范要求。沥青用量采用马歇尔试验方法确定。所设计的沥青混合料还应满足水稳性和抗车辙能力的要求。

SMA 混合料是一种间断级配的沥青混合料,具有较好的高温稳定性、低温抗裂性、水稳定性和抗滑性。应选用高强度矿料拌制,矿料级配组成应保证集料颗粒能形成"石—石"骨架结构,沥青玛蹄脂应密实地填充集料骨架结构的空隙。OGFC 混合料是开级配混合料,压实后空隙率在 18%以上,具有良好的排水性。为了保证混合料的强度和耐久性,应采用高黏度沥青配制,对粗集料的要求同 SMA 混合料。

以乳化沥青为主要结合料的常温沥青混合料、稀浆封层和微表处混合料主要适用于沥青路面的维修和养护,如铺筑路表封层、罩面、修补坑槽等。这类混合料的配合比设计内容与热拌沥青混合料基本相同,但试验方法有所修正。这类混合料的成型期较热拌沥青混合料长,应特别注意路面的早期养护。

沥青路面再生利用技术,是采用一定工艺技术将需要翻修或者废弃的旧沥青路面破碎后与新集料、新沥青适当配合,重新拌和,成为具有良好路用性能的再生沥青混合料。旧沥青路面的再生,关键在于掺加特殊的再生剂或软质沥青来实现对沥青的再生。泡沫沥青、乳化沥青等材料在沥青路面再生利用中发挥着作用。

为了适应道路工程对铺面材料的特殊要求,环氧树脂混合料、浇注式混合料等具有特殊性能的混合料在道路工程和桥梁铺面中得以使用。废旧橡胶沥青混合料技术、温拌沥青混合料技术等也开始应用于道路工程。

复 习 题

3-1 沥青混合料按其组成结构可分为哪几种类型,各种结构类型沥青混合料的路用特性?

3-2 符号 AC-13、AM-20、SMA-13、OGFC-13 分别表示哪种类型的沥青混合料?

3-3 什么是沥青混合料的黏结力,影响黏结力的主要因素有哪些?

3-4 简述沥青混合料应具备的路用性能及其主要影响因素。

3-5 简述沥青混合料高温稳定性的评定方法和评定指标。

3-6 对沥青混合料组成材料主要有哪些主要技术要求?

3-7 试述我国现行热拌沥青混合料配合组成的设计方法。矿质混合料的组成和沥青最佳用量是如何确定的？

3-8　采用马歇尔法设计沥青混凝土配合比时，为什么由马歇尔试验确定配合比后，还要进行沥青混合料的车辙试验、冻融劈裂强度试验或者浸水稳定度试验？

3-9　与连续密级配热拌沥青混合料相比，SMA 混合料和 OGFC 混合料的组成材料、技术性能各有什么特点？

3-10　简述 SMA 混合料配合比设计的要点，其设计过程与普通热拌沥青混合料有何不同？

3-11　什么是常温沥青混合料？它是由什么材料组成的，在技术性能上有何特征？

3-12　简述再生沥青混合料技术类型及其适用性。

3-13　什么是温拌沥青混合料，简述沥青混合料温拌技术类型及其特点。

3-14　根据表 3-69 给出的测定结果，计算沥青混合料的各项体积参数。沥青的相对密度为 1.051，矿料的有效相对密度为 2.703，合成毛体积相对密度为 2.680。

习题 3-17 用数据　　表 3-69

序号	沥青含量 (%)	空气中质量 (g)	水中质量 (g)	表干质量 (g)	最大理论相对密度	试件毛体积相对密度	试件空隙率 (%)	矿料间隙率 (%)	沥青饱和度 (%)
	1	4.5	1 157.3	670.0	1 161.9				
2	5.0	1 177.3	685.4	1 180.5					
3	5.5	1 201.9	704.1	1 205.9					

3-15　试设计一级公路沥青路面面层用沥青混凝土混合料配合比组成。

[原始资料]

(1)道路等级：一级公路，重载交通；路面类型：沥青路面；结构层位：三层式沥青混凝土的上面层，设计厚度 4.0cm；气候条件：7 月份平均最高气温 20～30℃，年极端最低气温＞−7℃。

(2)材料性能：沥青材料：A 级 70 号沥青。集料和矿粉的技术要求符合技术要求。

(3)沥青混合料类型为 AC-13C 型，试件的马歇尔试验结果见表 3-70。

[设计要求]

(1)根据道路等级、路面类型和结构层次确定沥青混合料的技术要求。

(2)根据沥青混合料的技术要求，通过对马歇尔试验体积参数和力学指标(表 3-70)分析，确定最佳沥青用量。

马歇尔试验物理—力学指标测定结果汇总表　　表 3-70

试件组号	沥青用量 (%)	技术性质					
		毛体积相对密度	空隙率 VV (%)	矿料间隙率 VMA (%)	沥青饱和度 VFA (%)	稳定度 MS (kN)	流值 FL (0.1mm)
1	4.5	2.366	6.2	15.6	60.3	8.2	20
2	5.0	2.381	5.1	14.3	64.3	9.5	24
3	5.5	2.398	4.0	13.7	70.8	9.6	28
4	6.0	2.382	3.2	14.1	77.3	8.4	31
5	6.5	2.378	2.6	14.9	82.6	7.1	36

第四章　水泥与石灰

内容提要：本章阐述硅酸盐水泥熟料矿物组成、水泥混合材料及其特性，介绍通用硅酸盐水泥组成材料特点、技术特性、性能评价指标、技术标准以及工程适应性，介绍道路水泥、铝酸盐水泥、快硬水泥、膨胀水泥和自应力水泥的技术特性，并且还介绍了石灰的化学组成、消化和硬化机理以及石灰的技术性质和质量标准。

水泥和石灰是道路工程建筑中使用较为广泛的无机胶凝材料。该类材料经物理化学过程，能产生强度和胶凝能力，将砂石等散状材料胶结成整体，或将构件结合成整体。

人类开始使用石膏和石灰砂浆作为胶凝材料是在公元前2000～3000年，如用在古埃及金字塔等宏伟建筑。到公元初，古希腊人和罗马人发现在石灰中掺入火山灰不仅强度高而且耐水性好。1796年罗马水泥问世。1824年英国泥瓦工约瑟夫·阿斯普丁(Joseph Aspdin)首先取得了生产波特兰水泥的专利权，由此进入了人工配制水硬性胶凝材料的新阶段。1909美国密西根州铺筑了第一条水泥道路。自硅酸盐水泥出现后，其应用日益普遍。到本世纪初，各种不同用途的水泥，如快硬水泥、抗硫酸盐水泥等相继出现。近几十年来，各种通用水泥、专用水泥和特性水泥品种层出不穷，其品种已达一百余种。

第一节　通用硅酸盐水泥的组成材料与生产工艺

水泥属于水硬性无机胶凝材料。水泥与水混合后，经过一系列物理化学作用，由可塑性浆体变成坚硬的石状固体。就硬化条件而言，水泥不仅能够在空气中硬化，而且能够在水中更好地硬化，保持并继续发展其强度。所以，水泥材料既可用于地面工程，也可用于水中及地下工程。

水泥的品种很多，按化学成分，可分为硅酸盐水泥、铝酸盐水泥、硫铝酸盐水泥、铁铝酸盐水泥等。按性能和用途，水泥可分为通用水泥、专用水泥和特性水泥等。通用水泥是指用于一般土木工程中的水泥，主要为通用硅酸盐水泥。专用水泥是指具有专门用途的水泥，如道路水泥等。特性水泥是指某些性能比较突出的水泥，如快硬水泥、低热水泥、抗硫酸盐水泥、膨胀水泥等。本节介绍通用硅酸盐水泥的材料组成和生产工艺。

一、通用硅酸盐水泥的定义与分类

通用硅酸盐水泥是指以硅酸盐水泥熟料、适量的石膏、混合材料制成的水硬性胶凝材料。按照水泥中所掺加混合材料的品种和掺量的不同，有以下六个品种：

硅酸盐水泥，是指由硅酸盐水泥熟料、0～5%石灰石或粒化高炉矿渣、适量石膏磨细制成的水硬性胶凝材料。根据混合材料掺量其可分为两种类型，不掺加混合材料的称Ⅰ型硅酸盐水泥,代号 P·I;掺加不超过水泥质量 5%的混合材料的水泥称 II 型硅酸盐水泥,代号 P·II。

普通硅酸盐水泥,是指由硅酸盐水泥熟料、活性混合材料和适量石膏磨细制成的水硬性胶凝材料,简称普通水泥,代号为 P·O。在普通水泥中,活性混合材料的掺加量为大于 5%且小于或等于 20%,其中允许用不超过水泥质量 5%的窑灰或不超过水泥质量 8%的非活性混合材料来代替。

矿渣硅酸盐水泥,是指由硅酸盐水泥熟料、粒化高炉矿渣和适量石膏磨细制成的水硬性胶凝材料,简称矿渣水泥,代号 P·S。根据混合材料掺量其可分为两种类型,粒化高炉矿渣的掺加量为大于 20%且小于或等于 50%的为 A 型矿渣水泥,代号 P·S·A;粒化高炉矿渣的掺加量为大于 50%且小于或等于 70%的为 B 型矿渣水泥,代号 P·S·B。允许用活性混合材料、非活性混合料或者窑灰中一种材料代替矿渣,但代替数量不得超过水泥质量的 8%。

火山灰质硅酸盐水泥,是指由硅酸盐水泥熟料、火山灰质混合材料和适量石膏磨细制成的水硬性胶凝材料,简称火山灰质水泥,代号 P·P。在火山灰质水泥中,火山灰质混合材料的掺加量为大于 20%且小于或等于 40%。

粉煤灰水泥,是指由硅酸盐水泥熟料、粉煤灰与适量石膏磨细制成的水硬性胶凝材料,简称粉煤灰水泥,代号 P·F。在粉煤灰水泥中,粉煤灰掺加量为大于 20%且小于或等于 40%。

复合硅酸盐水泥,是指由硅酸盐水泥熟料、粉煤灰与适量石膏磨细制成的水硬性胶凝材料,简称复合水泥,代号 P·C。在复合水泥中,混合材料掺加量为大于 20%且小于或等于 50%,由两种以上活性混合材料或非活性材料组成,允许用不超过水泥质量 8%的窑灰代替;掺加矿渣时,混合材料掺加量不得与矿渣水泥重复。

将上述通用硅酸盐水泥的品种、代号与组分构成汇总于表 4-1。

通用硅酸盐水泥品种、代号与组分 表 4-1

品种	代号	组分(质量分数)				
		熟料+石膏	粒化高炉矿渣	火山灰质混合材料	粉煤灰	石灰石
硅酸盐水泥	P·I	100	—	—	—	—
	P·II	≥95	≤5	—	—	—
		≥95	—	—	—	≤5
普通硅酸盐水泥	P·O	≥80 且<95	>5 且≤20			
矿渣硅酸盐水泥	P·S·A	≥50 且<80	>20 且≤50	—	—	—
	P·S·B	≥30 且<50	>50 且≤70	—	—	—
火山灰质硅酸盐水泥	P·P	≥60 且<80	—	>20 且≤40	—	—
粉煤灰硅酸盐水泥	P·F	≥60 且<80	—	—	>20 且≤40	—
复合硅酸盐水泥	P·C	≥50 且<80	>20 且≤50			

二、原料与生产工艺

在一个硅酸盐水泥工厂中,水泥生产分为如下几个阶段:原料准备、生料配制与磨细、熟料煅烧、熟料磨细与储备。水泥的主要生产工艺可以概括为"两磨一烧"。

1. 原料

生产硅酸盐水泥的主要原料是石灰质原料和黏土质原料两大类。常用石灰质原料为石灰石、白垩、石灰质凝灰岩等物质，它们主要提供氧化钙 CaO 成分。黏土质原料一般为黏土、黏土质页岩、黄土等物质，主要提供了氧化硅 SiO_2、氧化铝 Al_2O_3 及少量的氧化铁 Fe_2O_3 成分。硅酸盐水泥原料的主要化学成分及大致比例见表 4-2。

硅酸盐水泥的"原料"的主要化学组成　　表 4-2

原料品种	主要化学成分	缩　写	大致含量(%)
石灰质材料	CaO	C	63～67
黏土质材料	SiO_2	S	21～24
	Al_2O_3	A	4～7
	Fe_2O_3	F	2～4

当石灰质原料和黏土质原料配合所得到的生料成分不能符合要求时，应根据所缺少的组分，掺加相应的校正材料。例如，当生料中的 Fe_2O_3 含量不足时，可以加入适量的黄铁矿渣或含铁量较高的黏土等加以调整；当 SiO_2 含量不足时，可以加入适量的硅藻土、硅藻石等，或者加入易于粉磨的风化砂岩或粉砂岩加以调整；当 Al_2O_3 含量不足时，可以加入适量的铁钒土废料或含铝量较高的黏土加以调整。此外，为了改善水泥的煅烧条件，常常加入少量的矿化剂，如萤石、石膏等。

2. 生料配制与粉磨

生料配制是按照水泥熟料所要求的化学成分来确定各种原料的比例。各种原料按适当的比例配合后，可同时或者分别将这些原料磨细到规定的细度，并且使其混合均匀，成为水泥的"生料"。

水泥生料的制备方法分为干法和湿法。干法是将各种原料烘干，再在磨机中磨成"生料"粉。湿法是在原料中加水后在磨机中磨成"生料"浆。

3. 熟料烧成

在水泥窑中，将生料进行高温煅烧后得到硅酸盐水泥熟料。目前，水泥窑主要有两大类，一类窑筒体立置不转动，称为立窑；另一类是窑筒体卧置(略带斜度)，并能作回转运动，称为回转窑(也称旋窑)。立窑适用于生产规模较小的工厂，生料制备必须采用干法。回旋窑适用于大中型工厂。生料制备可以采用干法，也可以采用湿法。

湿法回转窑生产水泥时，是将生料制成含水率 32%～40% 的料浆。由于料浆具有流动性，生料中的各种原料混合均匀，烧成的水泥熟料质量较高。干法回转窑生产水泥时，是将生料制成干粉，其水分一般不超过 1%。在煅烧过程中，干法比湿法煅烧减少了蒸发水分所需的热量。由于生料干粉的流动性较差，原料之间混合不好，水泥熟料成分不均匀。

在水泥的煅烧过程中，水泥窑中的温度逐渐升高至 1 450℃左右。在这个过程中，生料发生了一系列的物理化学反应。首先是干燥与脱水：干燥是生料中自由水的蒸发，脱水是黏土矿物分解释放的化合水；其次是碳酸盐分解：在碳酸盐分解的同时，石灰质与黏土质之间通过质点的相互扩散，进行固相反应，生料中的氧化物 CaO、SiO_2、Al_2O_3 和 Fe_2O_3 相互化合，生成的熟料是结晶细小(通常为 30～60μm)的多种矿物的集合体；最后是熟料的冷却：其过程实质上是液相的凝固与相变同时进行的。

4. 熟料、混合材料、石膏粉磨

熟料冷却后，与适量的石膏(约 3%)和混合材料共同磨细，所形成的产品即为硅酸盐水泥。

三、硅酸盐水泥熟料

1. 水泥熟料中的主要矿物

硅酸盐水泥熟料是指将配制好的生料烧至部分熔融，所得到的以硅酸盐为主要矿物成分的水硬性胶凝物质。水泥“熟料”的中的四种主要矿物为：

硅酸三钙（化学分子式 $3CaO \cdot SiO_2$），简式 C_3S；

硅酸二钙（化学分子式 $2CaO \cdot SiO_2$），简式 C_2S；

铝酸三钙（化学分子式 $3CaO \cdot Al_2O_3$），简式 C_3A；

铁铝酸四钙（化学分子式 $4CaO \cdot Al_2O_3 \cdot Fe_2O_3$），简式 C_4AF。

在硅酸盐水泥熟料中，以上四种矿物组成的质量通常占到95%以上，其中 C_3S 和 C_2S 含量占75%左右，C_3A 和 C_4AF 含量约为22%；此外，还有少量的游离氧化钙和方镁石结晶（结晶氧化镁）等含碱矿物。按照规定生产的水泥熟料，其中的硅酸盐矿物含量（质量分数）不小于66%，氧化钙和氧化硅的质量比不小于2.0。

2. 四种矿物的技术特性

(1)硅酸三钙

硅酸三钙（C_3S）是硅酸盐水泥中最主要的矿物组分，含量通常在50%左右。C_3S 是无色晶体，相对密度为3.15。C_3S 在水泥熟料中并不是以纯矿物的形式存在，而是与少量其他氧化物（如 Al_2O_3、MgO、Fe_2O_3、K_2O 和 Na_2O）形成固熔体，通常称为A矿（或阿利特）。

C_3S 对水泥的技术性质，特别是强度有着重要的影响。当水泥与水接触时，C_3S 开始迅速水化，产生较大的热量。其水化产物早期强度高，且强度增进率较大，28d强度可达一年强度的70%～80%。就28d或一年的强度来说，其在四种矿物中是最高的。C_3S 的抗水性较差，含量过高时，不仅给煅烧带来困难，而且使得游离氧化钙增加，从而影响水泥的强度和安定性。

(2)硅酸二钙

硅酸二钙（C_2S）也是硅酸盐水泥的主要矿物，含量通常为10%～40%。熟料中的 C_2S 也不是以纯矿物的形式存在的，它通常与 Al_2O_3、MgO、Fe_2O_3、K_2O 和 Na_2O 等少量氧化物形成固熔体，称为B矿（或贝利特）。

C_2S 的水化速度及凝结硬化过程较为缓慢，水化热很低。它的水化产物对水泥早期强度贡献较小，但 C_2S 有着相当长期的活性，其水化物强度可在一年后超过 C_3S 水化物的强度，因此对水泥后期强度起主要作用。C_2S 的抗化学侵蚀性较高，干缩性较小。

(3)铝酸三钙

铝酸三钙（C_3A）在水泥中的含量通常在15%以下。正常情况下，C_3A 呈玻璃态或不规则的微晶，相对密度为3.04。在四种矿物中，C_3A 是硅酸盐水泥熟料中遇水反应速度最快、水化热最高的矿物，其含量影响着硅酸盐水泥凝结速率和释热量。C_3A 的水化产物强度在3d内就能充分发挥出来，早期强度较高，但强度绝对值较小，后期强度不再增加。C_3A 的耐化学腐蚀差，尤其是抗硫酸盐侵蚀性能差，干缩性大。

(4)铁铝酸四钙

铁铝酸四钙（C_4AF）在水泥中的含量通常在5%～15%。在水泥熟料中，铁铝酸四钙的组成相对比较复杂，是化学组成为 C_6A_2F—C_4AF—C_2F 的一系列固溶体。在 C_4AF 中，尚含有少量 MgO、SiO_2、K_2O 和 Na_2O 等氧化物，因此 C_4AF 又称为C矿（或才里矿）。

C_4AF 的水化速度较快，水化热较高。C_4AF 的强度较低，但对水泥抗折强度和耐磨性起着重要作用。其水化产物的耐化学侵蚀性好，干缩性小。

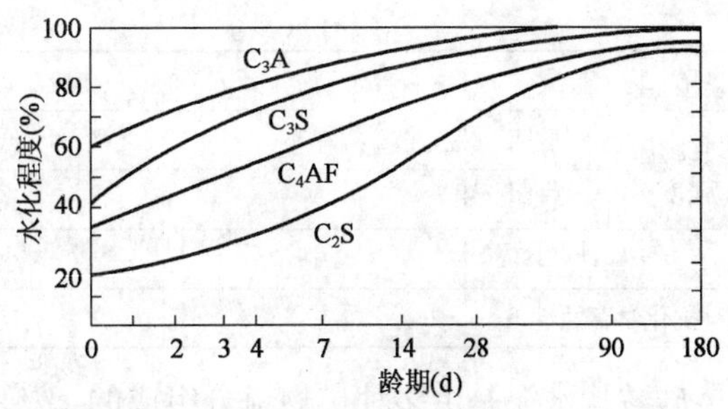

图 4-1　不同龄期时四种矿物的水化程度

3. 主要矿物技术特性的比较

(1)水化程度

图 4-1 为四种熟料矿物水化程度与龄期的关系。由图可见，铝酸三钙水化速度最快，硅酸三钙和铁铝酸四钙次之，硅酸二钙最慢。水泥水化 24h 后，大约有 65%的 C_3A 已经水化，C_3S 水化 50%左右，C_4AF 水化 40%左右，C_2S 水化约 30%；到 90d 时，四种矿物的水化程度已经接近。

(2)水化热

水泥在水化过程中释放出的热量称为水泥的水化热。图 4-2 是四种熟料矿物在不同龄期时的释热量。测定结果表明：C_3A 的水化热与释热速率最大，C_3S 与 C_4AF 次之，C_2S 的水化热最小，释热速率也最慢。

(3)强度

图 4-3 为四种熟料矿物强度与龄期的关系，C_3S 的早期强度最高；C_2S 的早期强度较低，但后期强度增进较快；C_3A 和 C_4AF 的强度值均较低。

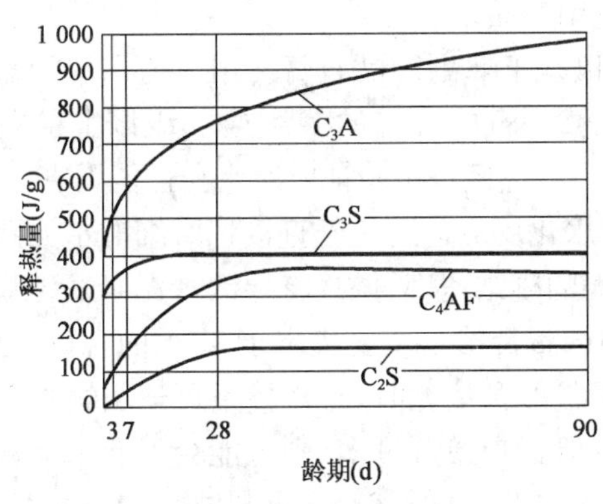

图 4-2　四种矿物的水化热与龄期的关系

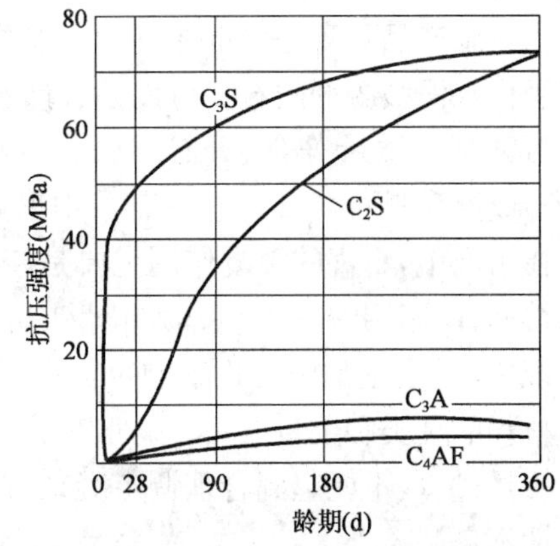

图 4-3　四种矿物的强度随龄期的发展

(4)干缩性

在水泥熟料矿物中，以 C_3A 干缩性最大，随后依次为 C_3S、C_4AF 和 C_2S。

(5)耐化学腐蚀性

在四种矿物中，以 C_4A 的抗化学腐蚀性最好，其次为 C_3S 和 C_2S，C_3A 最差。

硅酸盐水泥熟料中四种矿物的主要技术特性归纳见表 4-3。

硅酸盐水泥熟料中四种矿物的技术特性　　表 4-3

矿物组成	硅酸三钙(C_3S)	硅酸二钙(C_2S)	铝酸三钙(C_3A)	铁铝酸四钙(C_4AF)
水化反应速度	快	慢	快	中
水化热	高	低	高	中

续上表

矿 物 组 成		硅酸三钙(C_3S)	硅酸二钙(C_2S)	铝酸三钙(C_3A)	铁铝酸四钙(C_4AF)
水化物的强度	早期	高	低	中	中
	后期	高	高	低	中
干缩性		中	小	大	小
抗化学腐蚀性		中	良	差	优

硅酸盐水泥是由多种矿物组分组成的，改变各矿物组分的含量比例，水泥的性质将发生相应的变化。例如，提高 C_3S 含量可制得高强度水泥；降低 C_3S、C_3A 含量，可制得低热水泥；提高 C_4AF 和 C_3S 含量，则可制得高抗折强度的道路水泥。

四、水泥中的其他材料成分

1. 石膏

为了调节水泥的凝结速度，需要掺入适量的石膏，因此，石膏也称水泥的缓凝剂。

石膏有天然石膏与工业副产品石膏之分。

天然石膏按照矿物成分分为石膏(代号 G)、硬石膏(代号 A)和混合石膏(代号 M)。石膏主要以二水硫酸钙($CaCO_3 \cdot 2H_2O$)的形式存在；硬石膏主要以无水硫酸钙($CaCO_3$)的形式存在，且 $CaCO_3$ 与 $CaCO_3 \cdot 2H_2O+CaCO_3$ 质量比不小于 80%；混合石膏主要以 $CaCO_3 \cdot 2H_2O$ 和 $CaCO_3$ 的形式存在，且 $CaCO_3$ 与 $CaCO_3 \cdot 2H_2O+CaCO_3$ 质量比小于 80%。

工业副产品石膏是以硅酸钙为主要成分的工业副产品。

用作水泥缓凝剂的石膏可以是天然石膏，也可以是工业副产品石膏。用于通用硅酸盐水泥中石膏应是质量符合《天然石膏》(GB/T 5483—2008)中规定的二级或二级以上的石膏(G 类)或混合料石膏(M 类)。若采用工业副产品石膏，应经过试验证明对水泥性能无害。

在水泥中，石膏的缓凝作用主要是控制 C_3A 的水化反应速度。若直接将磨细的水泥熟料与水拌和，由于铝酸三钙 C_3A 水化反应的特性，水泥的凝结速度过快，将导致水泥浆发生瞬时凝结现象，无法正常施工且影响水泥质量。水泥中的石膏掺量主要决定于 C_3A 的含量，也与混合材料的种类和数量有关。一般来说，当水泥中 C_3A 含量大时，石膏掺量可适当增加。石膏的掺量过少，不能起到合理调节凝结时间的作用；但石膏掺量过多，则可能会引起水泥体积安定性不良。

2. 活性混合材料

活性混合材料是一种矿物材料。磨细的活性混合材料本身不具备水硬性，但与水泥或石灰(或石灰和石膏)拌和在一起，加水后既能在水中硬化又能在空气中硬化。水泥生产中常用的混合材料主要有粒化高炉矿渣、火山灰质混合材料和粉煤灰等工业废渣。

(1)粒化高炉矿渣

粒化高炉矿渣是在高炉冶炼生铁时所得到的以硅铝酸盐为主要成分的熔融物，经冷淬成粒后，具有潜在水硬性的材料。粒化高炉矿渣为多孔、粒状的疏松颗粒，其主要化学成分是氧化物 CaO、SiO_2、Al_2O_3，另外还有少量的 MgO、Fe_2O_3 和一些硫化物(MnS、CaS 和 FeS 等)。粒化高炉矿渣磨成细粉后，其中的活性氧化硅 SiO_2 和活性氧化铝 Al_2O_3 可以与 $Ca(OH)_2$ 化合，生成具有胶凝性的水化产物。

用于生产水泥的粒化高炉矿渣应具有一定的活性，其活性由质量系数表征。质量系数定义为矿渣中(CaO、Al_2O_3和MgO)质量之和与(SiO_2、MnO和TiO)质量之和的比值。质量系数不得小于1.2。粒化高炉矿渣的堆积密度应小于1 200kg/m^3，最大粒度不大于50mm，10mm筛余量应小于8%，化学成分应符合《用于水泥中的粒化高炉矿渣》(GB/T 203—2008)标准要求。

粒化高炉矿渣粉是将符合质量要求的粒化高炉矿渣经干燥后，磨制成一定细度的粉体。用于水泥中的粒化高炉矿渣粉质量应符合《用于水泥和混凝土中的粒化高炉矿渣粉》(GB/T 18046—2008)标准要求。

(2)火山灰质混合材料

火山灰质混合材料是指天然的或人工的以SiO_2和Al_2O_3为主要成分的矿物质原料。

天然火山灰质混合材料有火山灰、凝灰岩、浮石、沸石岩、硅藻土或硅藻石等。人工火山灰质混合材料有煤矸石、烧页岩、烧黏土、煤渣和硅质渣等。虽然这些火山灰质矿物材料的物理状态不同，但化学组成却很相似，均含有大量的SiO_2和Al_2O_3(含量在75%～85%)，并含有少量的CaO、MgO和Fe_2O_3。天然火山灰质材料的化学活性与岩浆喷出的骤冷条件有关，若喷出岩浆的骤冷条件好，能形成大量的玻璃态物质，化学潜能就较大，活性就较好。

火山灰质混合材料是一种活性混合材料。在水泥生产过程中掺入火山灰质混合材料，不但可以增加水泥产量，而且还可以改善水泥的某些性能。用于水泥中的火山灰质混合材料必须符合《用于水泥中的火山灰质混合材料》(GB/T 2847—2005)的规定，其中的主要技术指标为：人工火山灰质材料的烧失量不大于10%，SO_3含量不大于3.5%，水泥胶砂28d抗压强度比(火山灰质水泥胶砂28d抗压强度与硅酸盐水泥胶砂28d抗压强度之比)不小于65%。

(3)粉煤灰

在火力发电厂，煤粉在炉膛中燃烧后大部分以灰的形式随烟气一起流动，通过静电收尘器收集的粉末即为粉煤灰。从化学组成的角度，粉煤灰属于火山灰质混合材料。由于粉煤灰使用数量较大，且在颗粒形态和性能方面与其他火山灰质混合材料有所不同，因而单独列出。粉煤灰通常呈灰白色或黑色，其化学活性主要取决于活性SiO_2、Al_2O_3和Fe_2O_3含量，也与CaO含量有关。CaO对粉煤灰的活性极为有利。当粉煤灰中圆滑的玻璃微珠颗粒占多数时，其活性高，需水量少。

根据煤粉品质，用于水泥中的粉煤灰分为F类和C类。F类粉煤灰是由无烟煤或烟煤煅烧收集的；C类粉煤灰是由褐煤或次煤煅烧收集的，其中的氧化钙含量一般大于10%。用作水泥混合材料的粉煤灰应满足《用于水泥和混凝土中的粉煤灰》(GB/T 1596—2005)标准要求，其中的主要指标为：烧失量不大于8%、含水率不大于1.0%、SO_3含量不大于3.5%、安定性不大于5.0mm(雷氏夹法)、强度活性指数不小于70%。

3.非活性混合材料

非活性混合材料与水泥成分不起化学作用或化学作用很小。将非活性材料掺入水泥中的目的是提高水泥产量、调节水泥强度等级、降低水泥的水化热、改善新拌混凝土和易性等。

非活性混合材料主要包括：活性指标不符合要求的粒化高炉矿渣、粒化高炉矿渣粉、粉煤灰、火山灰质混合材料、石灰石和砂岩，其中石灰石中的氧化铝Al_2O_3含量(质量分数)应不大于2.5%。

4. 窑灰

从水泥回转窑窑尾废气中收集的粉尘，其质量应符合《掺入水泥中的回转窑窑灰》(JC/T 742—1996)的规定。

第二节 硅酸盐水泥的水化硬化过程

一、水泥的水化与凝结硬化

水泥与水拌和后，水泥熟料矿物与水反应，生成各种水化生成物。水泥浆体在初期具有流动性和可塑性，随着时间的推移，水化反应不断进行，水泥浆体逐渐变稠并失去流动性，随后产生强度并逐渐发展成为坚硬的石状体。这个过程称为水泥的水化、凝结与硬化。

1. 水泥熟料矿物成分的水化

水泥颗粒与水接触，其表面的熟料矿物立即与水发生水解及化合作用，生成各种水化物并释放热量。

(1)硅酸三钙

硅酸三钙 C_3S 是硅酸盐水泥的主要组成，它对水泥的胶凝性质起着重要作用。C_3S 的主要水化反应过程如式(4-1)所示，水化生成物是水化硅酸钙 $x\mathrm{CaO}\cdot\mathrm{SiO_2}\cdot y\mathrm{H_2O}$ 和氢氧化钙 $Ca(OH)_2$。当水化过程进行到一定程度时，固相 $Ca(OH)_2$ 从溶液中结晶出来，水化硅酸钙(C—S—H)沉淀在被水所填充的孔隙中，附着于水泥颗粒表面。

$$C_3S+H_2O \longrightarrow x\mathrm{CaO}\cdot\mathrm{SiO_2}\cdot y\mathrm{H_2O}+Ca(OH)_2 \tag{4-1}$$

(2)硅酸二钙

硅酸二钙 C_2S 的主要水化过程可用式(4-2)表示，其水化生成物与 C_3S 类似，但水化反应速度比 C_3S 慢得多。

$$C_2S+H_2O \longrightarrow x\mathrm{CaO}\cdot\mathrm{SiO_2}\cdot y\mathrm{H_2O}+Ca(OH)_2 \tag{4-2}$$

(3)铝酸三钙

铝酸三钙 C_3A 的水化反应较为复杂，它在纯水和石膏溶液中的水化生成物有所不同。

在纯水中，C_3A 与水反应生成含有不同结晶水的水化铝酸钙(C_4AH_{13}、C_4AH_{19}、C_3AH_6 等)，见式(4-3)。水化物中的 C_4AH_{13}、C_4AH_{19} 极不稳定，当温度升高时，可能转化为 C_3AH_6。

在石膏溶液中，C_3A 的水化物为三硫型水化硫铝酸钙($3\mathrm{CaO}\cdot\mathrm{Al_2O_3}\cdot3\mathrm{CaSO_4}\cdot32\mathrm{H_2O}$)，亦称钙矾石，代号 AFt。钙矾石中的铝可被铁置换，成为含铁铝的三硫酸盐。

当石膏耗尽后，C_4AH_{13} 将与钙矾石反应生成单硫型水化硫铝酸钙($3\mathrm{CaO}\cdot\mathrm{Al_2O_3}\cdot\mathrm{CaSO_4}\cdot12\mathrm{H_2O}$)，代号 AFm。上述水化反应过程见式(4-4)～式(4-6)。

在纯水中： $$C_3A+H_2O \longrightarrow (C_4AH_{13}、C_4AH_{19}、C_3AH_6\cdots) \tag{4-3}$$

在石膏溶液中： $$C_3A+Ca(OH)_2+H_2O \longrightarrow C_4AH_{13} \tag{4-4}$$

$$C_4AH_{13}+\mathrm{CaSO_4}\cdot2\mathrm{H_2O}+H_2O \longrightarrow 3\mathrm{CaO}\cdot\mathrm{Al_2O_3}\cdot3\mathrm{CaSO_4}\cdot32\mathrm{H_2O} \tag{4-5}$$

当石膏耗尽后： $$C_4AH_{13}+\mathrm{AFt} \longrightarrow 3\mathrm{CaO}\cdot\mathrm{Al_2O_3}\cdot\mathrm{CaSO_4}\cdot12\mathrm{H_2O} \tag{4-6}$$

(4)铁铝酸四钙

铁铝酸四钙 C_4AF 与 C_3A 均属于铝酸盐。C_4AF 水化过程与铝酸三钙 C_3A 相似，只是 C_4AF 的水化作用更为复杂。C_4AF 的主要水化产物有三硫型水化硫铁铝酸钙和单硫型水化硫铁铝酸钙。

表 4-4 为硅酸盐水泥熟料矿物及石膏在水化过程中的主要水化产物与大致含量。

硅酸盐水泥的主要水化产物 表 4-4

水泥水化物名称及化学分子组成		水化物常用缩写	大致含量(%)
水化硅酸钙	xCaO · SiOyH$_2$O	C—S—H	70
氢氧化钙	$Ca(OH)_2$	CH	20
水化铝酸钙	$4CaO \cdot Al_2O_3 \cdot 13H_2O$	C_4AH_{13}	少量
水化铁酸钙	$4CaO \cdot Fe_2O_3 \cdot 13\ H_2O$	C_4FH_{13}	少量
三硫型水化硫铝酸钙	$3CaO \cdot Al_2O_3 \cdot 3CaSO_4 \cdot 32H_2O$	$C_3A3CS \cdot H_{32}$或 AFt	7
单硫型水化硫铝酸钙	$3CaO \cdot Al_2O_3 \cdot CaSO_4 \cdot 12H_2O$	$C_3ACS \cdot H_{12}$或 AFm	
三硫型水化硫铁铝酸钙	$3CaO\ (Al_2O_3 \cdot Fe_2O_3) \cdot 3CaSO_4 \cdot 32H_2O$	$C_3(A,F)3CS \cdot H_{32}$	少量
单硫型水化硫铁铝酸钙	$3CaO\ (Al_2O_3 \cdot Fe_2O_3) \cdot CaSO_4 \cdot 12H_2O$	$C_3(A,F)CS \cdot H_{12}$	少量

2. 水泥浆体的凝结硬化过程

水泥的凝结硬化过程实质上就是水泥浆体结构形成的过程。水泥与水拌和后,立即发生水解和水化反应,几分钟后就可以在电子显微镜下观察到水泥颗粒表面生成的立方片状氢氧化钙晶体 CH、无定型水化硅酸钙凝胶 C—S—H、针状晶体钙矾石 AFt、单硫型水化硫铝酸钙 AFm 及单硫型水化硫铁酸钙等水化产物。

图 4-4 为水泥凝结硬化过程的示意图。在水泥与水的反应初期,水化物尚不多,吸附有水化物的水泥颗粒之间还是分离着,相互间引力较小,水泥浆体可以看成是一个溶液粗分散体系。随着时间的推移,附着于水泥颗粒的水化物增多,C—S—H 形成长纤维凝胶,并与 AFt 及其他水化物晶体在水泥颗粒之间形成絮凝结构,水泥浆体仍然处于无塑性强度的悬浮状态。随着水泥水化反应的继续进行,水泥颗粒间被水所占的空间逐渐减小,水泥浆体的塑性强度缓慢增长,处于凝聚结构阶段。随着各种水化物的显著增加,水泥核芯中未水化颗粒越来越小,水泥浆体内部的孔隙不断缩小,塑性强度开始迅速发展,水泥浆体内结晶网开始形成并发展,浆体进入凝聚—结晶结构状态,水泥浆体进入硬化期。水泥的硬化期可以延续很长时间,甚至可持续几年。

上述水泥凝结硬化的各个过程是交错进行的,各阶段并无明显划分。

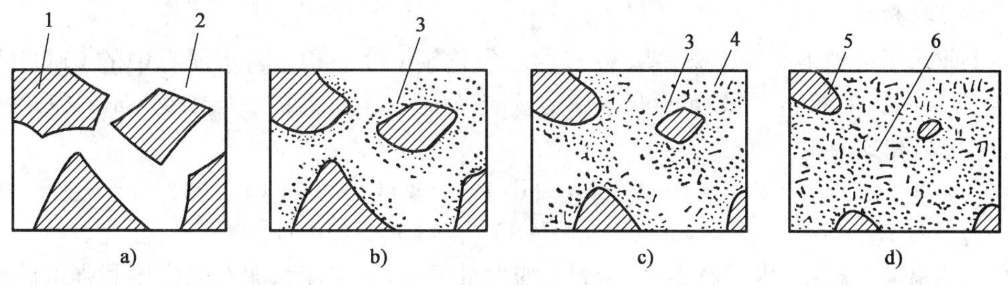

图 4-4 水泥凝结硬化过程示意图

a)在水中未水化的水泥颗粒;b)在水泥颗粒表面形成水化物膜层;c)膜层长大并互相连接(凝结);d)水化物进一步发展,填充毛细孔(硬化)

1-水泥颗粒;2-水分;3-凝胶;4-晶体;5-水泥颗粒的未水化内核;6-毛细孔

3. *石膏的缓凝作用*

一般认为，石膏对铝酸三钙 C_3A 的缓凝作用主要是由于在 C_3A 表面形成包裹层的结果。由于水泥中的 C_3A 水化速度极快，在很短时间内即生成大量薄片状水化铝酸钙，呈松散多孔结构。这些水化物分散在水泥浆体中，使水泥很快失去流动性而凝结。水泥中的石膏(SO_4^{2-}离子)可与 C_3A 水化生成难溶于水的钙矾石，其溶解度很小，且迁移比较困难，生成后凝聚在水泥颗粒表面形成水化物薄膜，封闭了水泥的表面，阻滞水分子及离子的扩散，从而延缓了水泥颗粒特别是 C_3A 的水化速度。

近年来的研究成果认为，对 C_3A 的缓凝作用取决于水化产物钙钒石的结构特征。晶体状钙钒石对 C_3A 水化的延缓作用很小，只有石膏和 C_3A 水化形成胶体状的钙钒石，才对 C_3A 的水化有着延缓作用。而只有在足够的 $Ca(OH)_2$ 固相和 C_2S 存在的条件下，石膏和 C_3A 水化早期才能形成胶体尺寸的钙钒石，C_3A 的水化才会延缓。

二、硬化水泥石的腐蚀

在正常环境条件下，水泥石的强度会不断增长。然而在某些使用环境中，一些侵蚀性液体或气体却能引起水泥石强度的降低，严重的甚至引起混凝土结构的破坏，这种现象称为水泥石的腐蚀。通常，穿越海湾、沼泽、跨越污染河流的路面混凝土结构，或沿线桥涵墩台混凝土结构处于河水、海水、地下水、矿泉水、沼泽水或工业污水的环境中，会出现水泥石的腐蚀。水泥石的腐蚀有以下几种情况。

1. *氢氧化钙 $Ca(OH)_2$ 的溶失*

(1)溶析性侵蚀

溶析性侵蚀是指硬化水泥石中的水化物被淡水溶解并带走的一种侵蚀现象，又称淡水侵蚀或溶出侵蚀。在水泥石的各种水化物中，$Ca(OH)_2$ 溶解度最大，在淡水中会首先被溶出。当水量不多，或在静水、无压水的情况下，水中 $Ca(OH)_2$ 浓度很快达到饱和程度，溶出作用也就中止。但在大量或流动的水中，水流会不断地将 $Ca(OH)_2$ 带走并继续溶出。

(2)镁盐侵蚀

在海水、地下水或矿泉水中，常含有较多的镁盐，一般以氯化镁、硫酸镁形态存在。镁盐与水泥石中的 $Ca(OH)_2$ 起置换作用，生成松软且胶凝性较低的氢氧化镁。镁盐侵蚀的反应过程由式(4-7)表示。

$$MgCl_2 + Ca(OH)_2 \longrightarrow CaCl_2 + Mg(OH)_2 \tag{4-7}$$

(3)碳酸侵蚀

在工业污水或地下水中常溶解有较多的二氧化碳 CO_2。CO_2 与水泥石中的 $Ca(OH)_2$ 作用，可生成碳酸钙 $CaCO_3$；$CaCO_3$ 再与水中的碳酸作用，生成可溶的重碳酸钙 $Ca(HCO_3)_2$ 而溶失，见式(4-8)和式(4-9)。

$$CO_2 + Ca(OH)_2 + H_2O \longrightarrow CaCO_3 + H_2O \tag{4-8}$$

$$CaCO_3 + CO_2 + H_2O \longrightarrow Ca(HCO_3)_2 \tag{4-9}$$

在上述反应过程中，水泥石中 $Ca(OH)_2$ 的大量溶失，不仅使水泥石的密度和强度降低，而且导致水泥石的碱度降低，随之将引起水化硅酸钙(C—S—H)和水化铝酸钙的不断分解。水泥石内部不断受到破坏，强度不断降低，最终将会引起整个混凝土结构物的破坏。

2. *硫酸盐侵蚀*

在海水、沼泽水和工业污水中常常含有硫酸盐物质，如 Na_2SO_4、K_2SO_4 等，这类硫酸盐对水泥石的腐蚀作用由式(4-10)～式(4-13)表示。首先是与水泥石中的$Ca(OH)_2$反应生成硫酸钙$CaSO_4 \cdot 2H_2O$,它们再与水泥石中的水化铝酸钙反应生成钙矾石,其体积约为原来的水化铝酸钙体积的2.5倍,从而使硬化水泥石中的固相体积增加很多,产生相当大的结晶压力,造成水泥石开裂甚至毁坏。

$$Ca(OH)_2 + Na_2SO_4 \longrightarrow CaSO_4 \cdot 2H_2O + NaOH + H_2O \tag{4-10}$$

$$Ca(OH)_2 + MgSO_4 \longrightarrow CaSO_4 \cdot 2H_2O + Mg(OH)_2 \tag{4-11}$$

$$Ca(OH)_2 + H_2SO_4 \longrightarrow CaSO_4 \cdot 2H_2O + H_2O \tag{4-12}$$

$$CaSO_4 \cdot 2H_2O + C_4A \cdot H_{13} \longrightarrow Ca(OH)_2 + C_3A \cdot 3CaSO_4 32H_2O \tag{4-13}$$

3. 水泥石腐蚀的防止

根据以上分析可知,引起水泥石腐蚀的主要内因包括两个方面,第一方面是在水泥石中含有相当数量$Ca(OH)_2$以及一定数量的水化铝酸钙,第二方面水泥石中的各种通道使得外界腐蚀性介质易于侵入。所以,为防止或减轻水泥石的腐蚀,应在这两方面采取改善措施。

(1)根据腐蚀环境特点,合理选用水泥品种

对可能接触腐蚀介质的混凝土,选用水化物中$Ca(OH)_2$含量少的水泥,以降低氢氧化钙溶失对水泥石的危害;选用C_3A含量低的水泥,降低硅酸盐类的腐蚀作用。

(2)提高水泥石的密实程度,降低水泥石的孔隙率

改善施工工艺,降低水泥混凝土拌和用水,提高水泥的密实度;在水泥混凝土表面敷设一层耐腐蚀性强且不透水的保护层(通常可采用耐酸石料、耐酸陶瓷、玻璃、塑料或沥青等),以杜绝或减少腐蚀性介质渗入水泥石内部。

三、掺混合材料硅酸盐水泥的凝结硬化特征

1. 活性混合材料的凝结硬化原理

矿渣水泥与水拌和后,首先是硅酸盐熟料矿物水化,水化物氢氧化钙与所掺入的石膏分别作为矿渣的碱性激发剂和硫酸盐激发剂,与矿渣中的活性SiO_2和活性Al_2O_3发生化学反应,生成不定型水化硅酸钙、水化硫铝酸钙等水化产物,这种反应也称为“火山灰反应”。随着水化反应的深入,水泥浆体逐渐失去塑性获得强度。与硅酸盐水泥相比,矿渣水泥中的$Ca(OH)_2$含量相对较少,水化物的碱度较低。从电子显微镜的观察可知,水化硅酸钙和钙矾石是硬化矿渣水泥石的主要成分,而水化硅酸钙凝胶结构比硅酸盐水泥石中的更为致密。

火山灰质水泥和粉煤灰水泥的水化与凝结硬化过程同矿渣水泥基本相似。

2. 混合材料对硅酸盐水泥性质的影响

(1)水化速度慢,早期强度低,后期强度发展将超过同等级硅酸盐水泥

在掺混合材料中,水泥熟料矿物明显减少,尤其是C_3S和C_3A的减少,使水泥水化和凝结速度变慢,而混合材料中的SiO_2和Al_2O_3与$Ca(OH)_2$溶液的反应速度较为缓慢,所以掺混合材料水泥的早期强度较低。

“火山灰反应”过程对温度和湿度条件比较敏感,当温度较高时,反应速度较快。因此,掺混合材料水泥一般都宜采用蒸汽养护。在蒸汽养护条件下,其不但强度增长快,且不影响后期强度的增长。

(2)化学稳定性较高,抗腐蚀(淡水、硫酸盐)

由于在“火山灰反应”中消耗掉一部分$Ca(OH)_2$,使水泥石中$Ca(OH)_2$相对含量减少。

二次反应的生成物(如无定型水化硅酸钙、水化铝酸钙)的碱度较低,较为稳定,抗淡水腐蚀及抗硫酸盐腐蚀性提高。

如果所掺的混合材料为黏土质火山灰质材料,由于其水化产物中水化铝酸钙含量较大,因而不利于水泥石的抗硫酸盐腐蚀。

(3)水化热低

在掺混合材料的水泥中,C_3S 和 C_3A 相对含量减少,水化速度低,单位时间所释放水化热低于硅酸盐水泥,适用于大体积工程。

(4)抗冻性差

在低温条件下,火山灰反应缓慢甚至停止。所以在低温(10℃)以下强度需要迅速发展的工程结构中,应对水泥混凝土采用加热保温措施,否则不宜使用。

第三节　通用硅酸盐水泥的技术性质

一、物理性质

1. 凝结时间

水泥的凝结时间以标准试针沉入标准稠度水泥净浆至一定深度所需时间表示,分为初凝时间和终凝时间。初凝时间是指从水泥全部加入水中至初凝状态所经历的时间;终凝时间是指从水泥全部加入水中到终凝状态所经历的时间。水泥的凝结时间按照《水泥标准稠度用水量、凝结时间、安定性检验方案》(GB/T 1346—2001)中的规定进行测试,采用维卡仪测定水泥的凝结状态。初凝状态是指试针自由沉入标准稠度水泥净浆试件至底板 4mm±1mm 的稠度状态,终凝状态是指试针沉入 0.5mm,且其环形附件不能在试件表面留下痕迹时的稠度状态。

国标规定,硅酸盐水泥的初凝时间不小于 45min,终凝时间不大于 390min;普通水泥、矿渣水泥、火山灰质水泥、粉煤灰水泥和复合水泥的初凝时间不小于 45min,终凝时间不大于 600min。

水泥的凝结时间对水泥混凝土的施工有重要的意义。初凝时间太短,将影响混凝土的搅拌、运输、浇捣等施工工序的正常进行;而一旦施工完毕则要求混凝土尽快硬化,并具有一定的强度,以加快模具的周转,缩短养护时间。所以,水泥的初凝时间不宜过短,终凝时间不宜过长。

水泥的凝结时间受水泥品种和水泥浆体含水率的影响。掺加混合材料水泥的凝结时间一般较长。若水泥浆体的含水率高于标准试验的规定值,其凝结时间相应要延长。在实际工程中,水泥混凝土和水泥砂浆的凝结时间往往比标准稠度水泥净浆的凝结时间长得多。凝结时间还受周围环境温度的影响,温度升高时,水化反应速度加快,凝结时间缩短。

2. 安定性

安定性是用于表征水泥浆体硬化后,是否发生不均匀体积变化的性能指标。通用硅酸盐水泥安定性应合格,按照《水泥标准稠度用水量、凝结时间、安定性检验方案》(GB/T 1346—2001)中规定的方法进行安定性检测。

水泥体积安定性不良是由于水泥中某些有害成分的作用,这些成分在水泥浆体硬化后继续与水或周围介质发生化学反应，其生成物体积增加，引起水泥石内部的不均匀体积变化，在结构物中产生应力。当应力超过材料强度时，则会引起结构开裂、崩裂等问题。这种应力即使未超过水泥石的强度，也会因内部应力集中，破坏水泥石内部结构，形成缺陷，构成严重的隐患。引起水泥体积安定性不良的主要原因是在水泥熟料中游离氧化钙或氧化镁含量过高，或由于石膏掺量过多而导致水泥中的三氧化硫含量偏高。

另外，为了使水泥的凝结时间和安定性的测定结果具有可比性，在凝结时间和安定性检测试验中均应采用标准稠度的水泥净浆。其标准稠度用水量应按照《水泥标准稠度用水量、凝结时间、安定性检验方案》(GB/T 1346—2001)中规定的方法进行测试。

3. 细度

细度是表示水泥颗粒粗细程度或水泥分散度的指标，它对水泥的水化硬化速度、水泥需水量、和易性、放热速率和强度都有影响。由于水泥与水的反应是从水泥颗粒表面开始的，颗粒愈细，水泥与水发生反应的表面积愈大，水化愈充分，水化速度愈快。所以相同矿物组成的水泥，细度愈大，凝结速度愈快，早期强度愈高。实践表明，细度提高，可使水泥混凝土的强度提高，工作性能得到改善。但是，水泥细度提高，在空气中硬化时收缩率较大，且粉磨能耗增加，成本提高。因此，水泥细度应控制在合理范围内。

根据我国现行国标规定，水泥的细度采用筛析法和比表面积法检测。筛析法是以 80μm 方孔筛或 45μm 方孔筛上的筛余质量百分率表示水泥的细度，按照《水泥细度检验方法 筛析法》(GB/T 1345—2005)进行试验。比表面积法以每千克水泥的总表面积表示水泥的细度，按照《水泥比表面积测定方法 勃氏法》(GB/T 8074—2008)进行试验。

硅酸盐水泥和普通水泥的细度以比表面积表示，要求其比表面积不小于 $300m^2/kg$。矿渣水泥、火山灰质水泥、粉煤灰水泥和复合水泥的细度以筛析法检验，要求其 80μm 方孔筛的筛余量不大于 10%或 45μm 方孔筛的筛余量不大于 30%。

二、强度

水泥强度是评价水泥质量、确定水泥强度等级的重要指标，也是水泥混凝土和砂浆配合比设计的重要计算参数。水泥强度除了与水泥熟料矿物组成和细度有关外，还与水灰比、试件制作方法、养护条件和时间等有关。

1. 水泥的强度

水泥强度可以将水泥制成水泥净浆、水泥砂浆和水泥混凝土试件进行测试。目前，国际上多采用砂浆法作为水泥强度的标准试验方法。我国标准《通用硅酸盐水泥》(GB/T 175—2007)中规定，水泥强度按《水泥胶砂强度检验方法(ISO 法)》(GB/T 17671—1999)进行试验。按照该规范，将水泥与 ISO 标准砂按照 1∶3 的质量比例混合后，以水灰比为 0.5 拌制水泥胶砂，用标准方法制作 4cm×4cm×16cm 的标准试件。试件在标准条件(20℃±1℃，相对湿度不小于 90%或水中)下进行养护，达到规定龄期(3d、28d)时，测定其抗折强度和抗压强度。

当水泥中掺有火山灰质混合材料时，在灰砂比 1∶3 和水灰比 0.5 条件下，水泥胶浆的流动度可能有很大的变化。因此，对于火山灰质水泥、粉煤灰水泥、复合水泥以及掺火山灰混合材料的普通硅酸盐水泥，在进行胶砂强度检验时，其用水量按 0.5 水灰比和胶砂流动度不小于 180mm 来确定。当胶砂流动度小于 180mm 时，应以流动度 0.01mm 的整倍数递减的方法将水灰比调整至胶砂的流动度不小于 180mm。胶砂流动度试验按照《水泥胶砂流动度测定方法》(GB/T 2419—2005)进行。

2. 水泥的强度等级

水泥的强度等级是根据规定龄期测定的抗压强度和抗折强度来划分的。硅酸盐水泥的强度等级分为 42.5、42.5R、52.5、52.5R、62.5 和 62.5R 六个等级；普通硅酸盐水泥的强度等级分为 42.5、42.5R、52.5 和 52.5R 四个等级；矿渣水泥、火山灰质水泥、粉煤灰水泥和复合水泥的强度等级分为 32.5、32.5R、42.5、42.5R、52.5 和 52.5R 六个等级。

不同品种、不同强度等级的通用硅酸盐水泥，在不同龄期的强度不得低于表 4-5 中规定的数值。

通用硅酸盐水泥在不同龄期强度要求值(GB 175—2007)　　表 4-5

水泥品种	强度等级	抗压强度(MPa)		抗折强度(MPa)	
		3d	28d	3d	28d
硅酸盐水泥	42.5	17.0	42.5	3.5	6.5
	42.5R	22.0		4.0	
	52.5	23.0	52.5	4.0	7.0
	52.5R	27.0		5.0	
	62.5	28.0	62.5	5.0	8.0
	62.5R	32.0		5.5	
普通硅酸盐水泥	42.5	17.0	42.5	3.5	6.5
	42.5R	22.0		4.0	
	52.5	23.0	52.5	4.0	7.0
	52.5R	27.0		5.0	
矿渣硅酸盐水泥 火山灰质硅酸盐水泥 粉煤灰硅酸盐水泥 复合硅酸盐水泥	32.5	10.0	32.5	2.5	5.5
	32.5R	15.0		3.5	
	42.5	15.0	42.5	3.5	6.5
	42.5R	19.0		4.0	
	52.5	21.0	52.5	4.0	7.0
	52.5R	23.0		4.5	

根据 3d 强度，水泥分为普通型和早强型(或称 R 型)两类。早强型水泥的 3d 抗压强度可达 28d 抗压强度的 50%左右，并较同强度等级的普通型水泥 3d 强度提高 10%以上。

三、水泥的化学品质

1. 有害成分含量

在水泥熟料中，常含有少量未与其他矿物结合的游离氧化镁。它是高温时形成的方镁石结晶，其水化速度很慢，通常要经历几个月甚至几年才明显水化，生成物氢氧化镁体积膨胀，在水泥石内产生膨胀应力。

三氧化硫(SO_3)主要来自石膏或生产水泥的矿化剂。三氧化硫的存在会引起硬化后水泥石体积膨胀，导致结构物破坏。

为了保证水泥使用质量，要求水泥中的氧化镁 MgO、三氧化硫 SO_3 的含量不得超过规定的限量。

2. 不溶物和烧失量

水泥中的不溶物来自原料中的黏土和 SiO_2，由于煅烧不佳、化学反应不充分而未参与形成熟料矿物，这些物质将影响水泥的有效成分含量。

水泥烧失量的大小，一定程度上反映水泥熟料煅烧质量，也反映了混合材料掺量是否适当，以及水泥受潮的情况。

通用硅酸盐水泥的化学指标应满足表 4-6 中的规定。

通用硅酸盐水泥化学品质指标要求(GB 175—2007)　　表 4-6

<table>
<tr><th>品　种</th><th>代　号</th><th>不溶物
(质量分数)</th><th>烧失量
(质量分数)</th><th>三氧化硫
(质量分数)</th><th>氧化镁
(质量分数)</th><th>氯离子
(质量分数)</th></tr>
<tr><td rowspan="2">硅酸盐水泥</td><td>P·I</td><td>≤0.75</td><td>≤3.0</td><td rowspan="3">≤3.5</td><td rowspan="3">≤5.0①</td><td rowspan="8">≤0.06③</td></tr>
<tr><td>P·Ⅱ</td><td>≤1.50</td><td>≤3.5</td></tr>
<tr><td>普通硅酸盐水泥</td><td>P·O</td><td>—</td><td>≤5.0</td></tr>
<tr><td rowspan="2">矿渣硅酸盐水泥</td><td>P·S·A</td><td>—</td><td>—</td><td rowspan="2">≤4.0</td><td>≤6.0②</td></tr>
<tr><td>P·S·B</td><td>—</td><td>—</td><td>—</td></tr>
<tr><td>火山灰质硅酸盐水泥</td><td>P·P</td><td>—</td><td>—</td><td rowspan="3">≤3.5</td><td rowspan="3">≤6.0②</td></tr>
<tr><td>粉煤灰硅酸盐水泥</td><td>P·F</td><td>—</td><td>—</td></tr>
<tr><td>复合硅酸盐水泥</td><td>P·C</td><td>—</td><td>—</td></tr>
</table>

注：①如果水泥压蒸试验合格，则水泥中氧化镁含量允许放宽到 6.0%。
②如果水泥中氧化镁含量(质量分数)大于 6.0%时，需进行水泥压蒸安定性试验并合格。
③当有更低要求时，该指标由买卖双方确定。

3. 碱含量

水泥熟料中含有少量碱性氧化物(Na_2O 及 K_2O)。如果采用含有活性二氧化硅 SiO_2 或活性碳酸盐成分的集料配制混凝土，水泥中的碱性氧化物会与集料中活性 SiO_2 或活性碳酸盐发生化学反应，称"碱—集料反应"。其生成物附着在集料与水泥石的界面上，且遇水膨胀，引起水泥石胀裂，导致黏结强度降低，破坏混凝土结构。

水泥中的碱含量按 $N_2O+0.658K_2O$ 计算值来表示。若使用活性集料，用户要求提供低碱水泥时，水泥中碱含量不得大于 0.60%或由供需双方商定。

我国国家标准《通用硅酸盐水泥》(GB 175—2007)中规定：当水泥的初凝时间、安定性、强度和化学品质指标中的任何一项不满足上述要求时，均为不合格品。

四、通用硅酸盐水泥的特性及适用性

1. 硅酸盐水泥

硅酸盐水泥凝结硬化速度较快，耐冻性和耐磨性好，适应于早期强度要求高、凝结速度快、冬季施工及严寒地区遭受反复冻融的工程。由于硅酸盐水泥强度等级较高，主要用于重要结构的高强度混凝土和预应力混凝土工程。

硅酸盐水泥石中有较多的氢氧化钙，抗淡水侵蚀和抗化学腐蚀性较差，故硅酸盐水泥不宜用于经常与淡水接触及有水压作用的工程，也不宜用于受海水、矿物水作用的工程。当受热温度为 100～250℃时，水泥石的强度将会有所提高；受热温度到 250～300℃时，水化物开始脱水，水泥浆体收缩，强度开始下降。故硅酸盐水泥不适应于耐热要求较高的工程，更不能用做耐热混凝土。

硅酸盐水泥在水化过程中水化释热量较大，对水泥混凝土工艺有着多方面的意义。水化热对冬季混凝土施工是有益的，水可以促进低温下水泥的水化过程。而在基础、坝体、桥墩等大体积混凝土构筑物中，水化热是不利因素。由于水化热积聚在大体积内部不易散发，内外温差很大，所引起的应力，可能会导致混凝土产生裂缝，因此水化热较大的硅酸盐水泥不宜用于大体积混凝土结构中。

由于普通硅酸盐水泥中混合材料的掺量较低，其矿物组成的比例仍在硅酸盐水泥的范围内，其水化产物及凝结硬化过程也与硅酸盐水泥相似，所以普通硅酸盐水泥的技术性质与硅酸盐水泥相近。少量混合材料的作用主要是调节水泥强度，有利于合理选用。这种水泥被广泛应用于各种混凝土或钢筋混凝土工程，也是我国主要水泥产品之一。

2. 矿渣硅酸盐水泥

在矿渣水泥中，硅酸盐水泥熟料含量显著减少，其水化和硬化过程较为缓慢，并对环境的温湿条件较为敏感。因此，矿渣水泥凝结速度较慢，早期强度较低，但硬化后期的强度发展能够达到同强度等级硅酸盐水泥的强度。若能采用蒸汽养护等湿热处理方法，则能加快硬化速度，并且不影响后期强度的增长。矿渣水泥不宜用于有早强要求的工程，也不宜用于无加热保温措施的低温条件下施工的工程。由于火山灰反应的消耗，矿渣水泥浆体中的氢氧化钙及铝酸盐含量显著减少，对硫酸盐溶液及淡水腐蚀都有较强的抵抗能力，从而使其具有较高的化学稳定性。矿渣水泥中 C_3S 和 C_3A 的相对含量较低，水化速度缓慢，单位时间内释放的水化热比硅酸盐水泥低得多，因此可适用于大体积工程。此外矿渣本身是耐火掺料，其耐热性较强，适于制作受热构件(温度不高于 200℃)。

粒化高炉矿渣有尖锐的棱角，达到标准稠度时需水量较大，且其保水能力较差，成型后大量泌水。这将在水泥石中形成众多的毛细孔通道或粗大孔隙，而且干缩性较大，如养护不当易产生裂纹。因此，矿渣水泥在干湿循环部位的抗冻性、抗渗性等均不及普通水泥。

3. 火山灰质硅酸盐水泥

火山灰质硅酸盐水泥的强度增长特点同矿渣水泥。在干燥环境中，水化反应会中止，且容易产生裂缝，所以在施工中应注意洒水养护。这种水泥宜用于水中及地下混凝土工程，不宜用于干燥地区和高温结构中；但其水化热较低，宜用于大体积工程。

4. 粉煤灰硅酸盐水泥

粉煤灰水泥的凝结硬化过程与火山灰质水泥极为相似。但是由于粉煤灰的化学组成及矿物结构与其他火山灰质混合材料有所不同，因此构成了粉煤灰水泥的特点。粉煤灰呈球状颗粒，表面致密，内比表面积较小，不易水化，粉煤灰活性的发挥主要在后期。所以这种水泥的早期强度发展比矿渣水泥和火山灰质水泥更低，但后期可以赶上。由于粉煤灰表面致密，吸水能力弱，与其他掺混合材料的水泥比较，标准稠度用水量较小，干缩性也小，因而早期干缩所引起的裂纹较少。粉煤灰的适用范围与上述两种掺混合材料水泥相似，可以用于一般水泥混凝土工程，而且更适用于大体积水工建筑及水中结构和海港工程。

5. 复合硅酸盐水泥

在复合硅酸盐水泥中，掺加两种或两种以上混合材料，如矿渣—煤矸石复合水泥、矿渣—磷渣复合水泥、粉煤灰—磷渣复合水泥、烧黏土—废渣—石灰石复合水泥等。将混合材料复合掺配，可以发挥取长补短的作用，产生出单一混合材料无法发挥的作用。

由于复合硅酸盐水泥是一种新型通用水泥，且产品种类较多，尚需要对掺加不同混合材料的复合水泥特性、适用性等开展系统研究。

第四节 其他水泥

一、道路硅酸盐水泥

道路硅酸盐水泥是由道路硅酸盐水泥熟料、适量石膏，以及质量满足要求的混合材料磨细制成的水硬性胶凝材料，简称道路水泥，代号P·R。

1. 道路水泥矿物组成的要求

根据道路混凝土结构的使用特征，道路水泥应具备的主要特性是高抗折强度、低干缩性和高耐磨性。在硅酸盐水泥熟料中，四种主要矿物对这些特性的影响程度排序为：

抗折强度：$C_3S > C_4AF > C_3A$；

干缩性：$C_3A > C_3S > C_4AF > C_2S$；

耐磨性：$C_3S > C_4AF > C_3A$。

为了保证道路水泥的强度、干缩性和耐磨性的要求，其矿物组成应具有“高铁低铝”的特点。《道路硅酸盐水泥》(GB 13693—2005)中对道路水泥熟料矿物 C_4AF 和 C_3A 含量作出了相应的规定，见表4-7。

2. 化学品质要求

游离氧化钙、三氧化硫、氧化镁和碱等是道路硅酸盐水泥中的有害成分，其含量限制见表4-7。

道路硅酸盐水泥矿物组成和化学品质指标要求(GB 13693—2005)　　表4-7

熟料矿物成分(%)		三氧化硫 SO_3 (%)	氧化镁 MgO (%)	烧失量 (%)	碱含量 %	熟料中游离氧化钙(%)	
铝酸三钙 C_3A	铁铝酸四钙 C_4AF					旋窑	立窑
≤5.0	≥16.0	≤3.5	≤5.0	≤3.0	0.60	≤1.0	≤1.8

3. 物理力学性质要求

(1)强度

根据3d和28d的抗压强度和抗折强度将道路硅酸盐水泥分为32.5、42.5和52.5三个强度等级，各强度等级道路水泥的强度不得低于表4-8规定的数值。

道路硅酸盐水泥各龄期的强度要求(GB 13693—2005)　　表4-8

强度等级	抗压强度(MPa)		抗折强度(MPa)	
	3d	28d	3d	28d
32.5	16.0	32.5	3.5	6.5
42.5	21.0	42.5	4.0	7.0
52.5	26.0	52.5	5.0	7.5

(2)干缩性

水泥浆体在凝结硬化过程中，由于水分蒸发和环境因素的影响，将产生一定量的干缩变形。当干缩变形严重时水泥石会产生网裂、龟裂，以后会进一步发展成裂缝。这样，一方面破坏了水泥混凝土体的整体性，阻碍应力传递和应力的合理分布，降低了混凝土强度和抗裂能力；另一方面，裂缝处被其他液体、雨水等侵入，易引起水泥石腐蚀；在气候寒冷时，冻融循环破坏加剧，严重降低水泥混凝土的耐久性和强度。

影响水泥干缩性的主要因素是水泥的矿物成分及水泥的细度。在水泥熟料中，以 C_3A 干缩性最大，它会加快水泥硬化时体积的收缩过程；以 C_4AF 的收缩量最小，其抗裂性也最好。水泥细度增大，水化充分，强度提高；但是为维持施工和易性，需要加入更多的水，导致硬化水泥石中残余水分增加，此水分蒸发后使水泥石内部孔隙增多，加大了水泥石的干缩程度。

(3)耐磨性

由于车辆交通和行人来往，使路面受到磨耗作用，水泥的耐磨性直接影响路面的使用质量和使用寿命。

增加水泥中 C_4AF，减少 C_3A 含量，可以提高水泥的耐磨性、抗冲击性及各类强度。一般而言，水泥抗压强度提高时，其密度增大，表面硬度提高，耐磨性也得以提高。

(4)对道路水泥还有细度、凝结时间、安定性等技术指标的要求。

道路硅酸盐水泥的各项技术指标应满足表 4-9 中的规定。

道路硅酸盐水泥的技术标准(GB 13693—2005)　　表 4-9

指标	细度(比表面积)(m^2/kg)	凝结时间(min)		安定性(沸煮法)	干缩率(28d)(%)	磨损量(kg/m^2)
要求	300～450	初凝，≥90	终凝，≤600	合格	≤0.10	≤3.0

凡氧化镁、三氧化硫、初凝时间和安定性中的任一项不满足要求时，均为废品。凡比表面积、终凝时间、烧失量、干缩率、磨损量中的任一项不满足要求，或者强度低于强度等级规定的要求时，为不合格品。

4. 道路水泥的特点和工程应用

道路硅酸盐水泥是一种专用水泥，其矿物组成比例基本在硅酸盐水泥的范围内，只是它有着偏高的 C_3S 和 C_4AF 含量及较低的 C_3A 含量，这样就提高了水泥强度，特别是抗折强度。高 C_4AF 及低 C_3A 含量可以使水泥具有耐磨性好、干缩性小、抗冲击性好、抗冻性和抗硫酸盐性较好的特点，还可以减少水泥混凝土的裂缝和磨损等病害，减少工程维修，延长混凝土的使用年限。因此，道路水泥特别适用于道路路面、机场跑道道面、城市广场铺面等工程。

二、铝酸盐水泥

铝酸盐水泥(曾称高铝水泥)是将以铝酸钙为主的铝酸盐水泥熟料磨细制成的水硬性胶凝材料，代号 CA。

1. 铝酸盐水泥的主要矿物成分及特性

铝酸盐水泥的主要原料为石灰石和矾土，配制成适当成分的生料，经熔融或烧结，所得到的以铝酸一钙为主要矿物的熔块或熟料，再经磨细而成。

铝酸盐水泥中的主要矿物是铝酸一钙($CaO \cdot Al_2O_3$，简写 CA)，其水化硬化迅速，为铝酸盐水泥强度的主要来源；二铝酸一钙($CaO \cdot 2Al_2O_3$，简写 CA_2)，其特点是水化硬化速度较慢，但后期强度较高；铝方柱石($2CaO \cdot Al_2O_3 \cdot SiO_2$，简写 C_2AS)，其水化反应速度极为微弱，凝结性很差，可视为惰性矿物；七铝酸十钙($10CaO \cdot 7Al_2O_3$，简写 $C_{10}A_7$)，其凝结迅速，但强度很低。

2. 铝酸盐水泥的水化硬化

铝酸盐水泥的水化主要是铝酸一钙(CA)的水化过程，这个反应过程受外界温度影响较大。当温度低于20℃时，主要水化物为 $CaO \cdot Al_2O_3 \cdot 10H_2O$(简写 CAH_{10})；温度于20～30℃之间时，主要水化物为 $2CaO \cdot Al_2O_3 \cdot 8H_2O$(简写 C_2AH_8)；温度大于30℃时，主要水化物为 $3CaO \cdot Al_2O_3 \cdot 6H_2O$(简写 C_3AH_6)，强度较低。所以铝酸盐水泥不宜在30℃以上的温度条件下养护。

铝酸盐水泥硬化迅速，5～7d后水化物的数量很少增加，强度趋向稳定，释放的水化热也比较集中。铝酸盐水泥水化物的结合水量较高，约达水泥质量的50%，为硅酸盐水泥的2倍左右。CAH_{10} 和 C_2AH_8 为片状或针状晶体，它们相互交织成坚强的结晶合生体骨架，所生成的氢氧化铝凝胶填塞于骨架之间，形成比较密实的结构。但 CAH_{10} 和 C_2AH_8 都是亚稳晶体，随着时间的推移有转化成比较稳定的 C_3AH_6 的趋势，这个转化过程随着温度的上升而加剧。单位体积的 CAH_{10} 和 C_2AH_8 转化成 C_3AH_6 后，固相体积将缩小，同时析出一定量的水，晶型转化的结果，使水泥石孔隙增大。由于转化生成物 C_3AH_6 的强度较低，因而使水泥石的强度大为下降。一般浇筑5年以上的铝酸盐水泥混凝土，剩余强度仅为初期强度的1/2，甚至更低。

3. 铝酸盐水泥的性能要求

根据国家标准《铝酸盐水泥》(GB 201—2000)的规定，铝酸盐水泥按照三氧化二铝 Al_2O_3 含量分为四类，见表4-10。铝酸盐水泥中其他化学成分按水泥质量百分比也应符合表4-10的要求。

铝酸盐水泥的化学成分(GB 201—2000)　表4-10

水泥类型	Al_2O_3(%)	SiO_2(%)	Fe_2O_3(%)	R_2O (%)	S(%)	Cl(%)
CA—50	≥50 且<60	≤8.0	≤2.5	(Na_2O+0.658k_2O)≤0.4	≤0.1	≤0.1
CA—60	≥60 且<68	≤5.0	≤2.0			
CA—70	≥68 且<77	≤5.0	≤0.7			
CA—80	≥77	≤0.5	≤0.5			

铝酸盐水泥的细度要求为，比表面积≥300m^2/kg 或 45mm 筛余≤20%。CA—50、CA—60 和 CA—70 的初凝时间不得早于 30min，终凝时间不得迟于 6h；CA—80 的初凝时间不得早于 60min，终凝时间不得迟于 18h。铝酸盐水泥在各个龄期的强度不得低于表4-11中规定的数值。

铝酸盐水泥在不同龄期强度要求值(GB 201—2000)　表4-11

水泥类型	抗压强度(MPa)				抗折强度(MPa)			
	6h	1d	3d	28d	6h	1d	3d	28d
CA—50	20	40	50	—	3.0	5.5	6.5	—
CA—60	—	20	45	85	—	2.5	5.0	10
CA—70	—	30	40	—	—	5.0	6.0	—
CA—80	—	25	30	—	—	4.0	5.0	—

4. 铝酸盐水泥的应用

铝酸盐水泥的强度增进较快，24h 即可达其极限强度的 80%，宜用于紧急抢修工程和早期强度要求较高的特殊工程；但必须估计到铝酸盐水泥后期强度可能有较大的下降，因此永久性的、重要的工程及预应力混凝土不宜使用。

由于铝酸盐水泥早期强度增进迅速，在冬季施工时只要开始的 4～6d 能够防止冰冻，即可避免冻害，故适用于寒冷地区的冬季施工工程。

铝酸盐水泥的放热量基本上与高强度等级硅酸盐水泥相同，但放热速度很快，1d 可放出总水化热的 70%～80%，因此不宜用于大体积工程。

铝酸盐水泥水化时不析出 $Ca(OH)_2$，而且硬化后结构致密，因此它具有较好的抗硫酸盐腐蚀能力；但若产生晶型转化，孔隙率增大，耐腐蚀性将下降。铝酸盐水泥抗碱性极差，不得用于接触碱性溶液的工程，同时要避免集料中含碱性化合物。

铝酸盐水泥是配制膨胀水泥和耐热混凝土的材料之一。

三、快硬水泥

1. 快硬硅酸盐水泥

快硬硅酸盐水泥是以适当组分的硅酸盐水泥熟料为基础，加入适量石膏，磨细制成的具有早期强度增进率较高的水硬性凝胶材料，简称快硬水泥。

快硬硅酸盐水泥主要用于早期强度高的工程，如抢修工程、冬季施工等工程。若用于预制构件的生产，则有利于场地的周转和节省养护能耗。快硬硅酸盐水泥特别容易受潮变质，在运输及保管时要特别注意防潮，并应及时使用，保持时间不宜太长。从包装时算起，快硬硅酸盐水泥在一个月后使用时须重新试验，以检验其是否符合标准。

2. 快硬硫铝酸盐水泥

快硬硫铝酸盐水泥是由适当硫铝酸盐水泥熟料加入少量石膏磨细制成的、早期强度较高的水硬性胶凝材料，亦称早强水泥，代号 R·SAC。硫铝酸盐水泥熟料是以适当成分的生料，经煅烧所得的以无水硫铝酸钙和硅酸二钙为主要矿物成分的水泥熟料。

《硫铝酸盐水泥》(GB 20472—2006)规定，快硬水泥的初凝时间不早于 25min，终凝时间不迟于 180min，比表面积应大于 $350m^2/kg$。快硬水泥有 42.5、52.5、62.5 和 72.5 四个强度等级，1d 的抗压强度应达到 28d 抗压强度的 65%以上，3d 的抗压强度应达到 28d 抗压强度的 95%以上。

快硬硫铝酸盐水泥适用于配制早强、抗冻、抗渗和抗硫酸盐侵蚀等用途的混凝土，可用于抢修、堵漏、冬季施工及一般工程等。施工时，特别是夏天，混凝土硬化开始后(约 2～3h)，应及时保湿养护，养护期不得少于 3d。该水泥中不得混入其他品种的水泥和石灰等高碱性物质，所配制的混凝土也不得与其他水泥配制的混凝土混合使用，但可以浇筑在已硬化的其他混凝土上。这种水泥不得用于耐热工程或经常处于 100℃以上的混凝土工程。

3. 快硬快凝硅酸盐水泥

快硬快凝硅酸盐水泥又称双快水泥，它是以硅酸三钙、氟铝酸钙为主的熟料，与适量石膏、粒化高炉矿渣等共同磨细而成的一种凝结快、小时强度增长快的水硬性胶凝材料。

快硬快凝水泥适用于机场跑道、桥梁、隧道和涵洞等紧急抢修，以及冬季施工、堵漏等工程。使用快硬快凝水泥时，必须根据气温高低，掺加缓凝剂。该水泥与集料干拌均匀后应立即加水拌和，禁止将拌和物放置一段时间后再加水拌和，同时要严格控制水灰比，不得随意增减用水量，要随拌随浇筑。快硬快凝水泥不得与其他任何品种的水泥混合使用。超过三个月已风化的水泥必须对其性能重新检验，合格后方可使用。

四、膨胀水泥和自应力水泥

水泥水化硬化过程中，产生体积膨胀的水泥称为膨胀类水泥。在水化硬化过程中，体积膨胀值较大，使混凝土产生自应力（化学预应力）的水泥，称为自应力类水泥。

一般硅酸盐水泥在空气中水化硬化时，体积会产生一定的收缩，使得水泥石结构产生微裂纹，降低水泥石结构密实性，从而影响结构的抗渗、抗冻以及力学性能。膨胀水泥或自应力水泥在硬化阶段发生了使水泥石体积膨胀的化学反应，这种体积膨胀可以补偿砂浆或混凝土的收缩。在钢筋混凝土结构中，水泥硬化所产生的体积膨胀使钢筋受到一定的拉应力作用，在水泥硬化后，被拉伸的钢筋又使混凝土受到压应力，其实质是利用水泥的化学能形成了预应力混凝土。因为这种压应力是依靠水泥自身的化学反应生成的，所以称为“自应力”。现行国标中以“自应力值”表示混凝土中所产生压应力的大小。

膨胀水泥和自应力水泥按照组分可分为硅酸盐型、铝酸盐型和硫铝酸盐型三类。

1.硅酸盐膨胀水泥和自应力水泥

自应力硅酸盐水泥是由硅酸盐水泥、铝酸盐水泥与石膏共同磨细，或分别磨细再混合均匀而制成的具有膨胀性的水硬性胶凝材料。

这类水泥的膨胀作用，主要是由于铝酸盐水泥中的铝酸盐和石膏遇水化合，生成具有膨胀性的钙矾石晶体及水化氢氧化钙，这两者构成了硬化水泥浆体中的强度因素和膨胀因素。这些水化物的体积大于原固相的体积，因而造成硬化水泥浆体的体积膨胀。适当增加铝酸盐水泥与石膏的比例，即可增加其膨胀值，制成自应力水泥。其主要用于制作自应力钢筋混凝土管，也可用于配制自应力混凝土，建造梁、板、矿井支架、轨枕、油罐、薄壳设备构件、墙板、水塔和铺路等。

2.自应力铝酸盐水泥

自应力铝酸盐水泥是由铝酸盐水泥、二水石膏先混合再磨细，或分别磨细再混合而制成的具有膨胀性的水硬性胶凝材料。

这种水泥产生膨胀的原因是由于高碱性水化铝酸钙遇水与硫酸钙作用，生成钙矾石导致体积膨胀。这种水泥具有较高的膨胀值，膨胀稳定期较长，具有较好的抗渗性、气密性和抗化学侵蚀能力，但耐热性较差，成本较高。其主要用于制造口径较大、工作压力较高的各种自应力管，如输水、输气、排灰、排污管等。

《自应力铝酸盐水泥》(JC 214—1991)中规定，该种水泥的初凝时间不早于30min，终凝时间不迟于390min。其7d的自应力值大于3.4 MPa，28d的自应力值大于4.4 MPa；7d的抗压强度应大于29.4MPa，28d抗压强度应大于34.3MPa。

3.自应力硫铝酸盐水泥

自应力硫铝酸盐水泥是由适当硫铝酸盐水泥熟料加入石膏磨细制成的具有膨胀性的水硬性胶凝材料，代号S·SAC。

这类水泥在水化初期所形成的钙钒石起着凝结和强度的作用，随后使得水泥浆体更为致密。当水泥石已经具有一定强度时，继续生成的钙钒石就会引起体积膨胀，产生自应力。由于铝胶和水化硅酸钙凝胶的存在，水泥石极为致密，具有良好的气密性和抗渗性。其主要用于浇筑构件节点，并可应用于抗渗和补偿收缩的混凝土工程中。

《硫铝酸盐水泥》(GB 20472—2006)规定，该种水泥的初凝时间不早于40min，终凝时间不迟于240min。按28d的自应力(MPa)值，其可分为3.0、3.5、4.0和4.5四个自应力等级。其7d的抗压强度不小于32.5MPa，28d的抗压强度不小于42.5MPa。

4.低热微膨胀水泥

低热微膨胀水泥是以粒化高炉矿渣为主要成分，加入适量硅酸盐水泥熟料和石膏，磨细制成的具有低水化热和微膨胀的水硬性胶凝材料，代号LKEC。其主要应用于较低水化热和要求补偿收缩的混凝土、大体积混凝土，也适用于要求抗渗和抗硫酸盐侵蚀的工程。

按照《低热微膨胀水泥》(GB 2938—2008)的规定，低热微膨胀水泥的强度等级为32.5；对其线膨胀率的要求为：1d时不小于0.05%、7d时不小于0.10%、28d时不大于0.6%；对水化热的要求为：3d不大于185kJ/kg，28d不大于220kJ/kg。

五、白色硅酸盐水泥及彩色硅酸盐水泥

1.白色硅酸盐水泥

白色硅酸盐水泥是由氧化铁含量较少的硅酸盐水泥熟料、适量石膏和混合材料磨细制成的水硬性胶凝材料，简称白色水泥，代号P·W。

白色硅酸盐水泥熟料是采用含极少量着色物质(如氧化铁、氧化锰、氧化钛、氧化铬等)的原料，如纯净的高岭土、纯石英砂、纯石灰石或白垩等，在较高的温度下煅烧而成。白色水泥熟料矿物成分主要是硅酸盐，所以其基本性能与一般硅酸盐水泥相同。由于白色水泥对原料、工艺过程及工艺设备要求较高，因此价格较高。

按照国标《白色硅酸盐水泥》(GB/T 2015—2005)规定，白色水泥的初凝时间不得早于45min，终凝时间不得迟于10h；按强度分为32.5、42.5和52.5三个强度等级；其白度值应不低于87。

2.彩色硅酸盐水泥

彩色硅酸盐水泥是由硅酸盐水泥及适量石膏(或者白色硅酸盐水泥)、混合材料及着色剂磨细或混合制成的水硬性胶凝材料，简称彩色水泥。按生产方式分为两大类，一类是在白色水泥的生料中加入少量金属氧化物直接烧成彩色水泥熟料，然后再加入适量石膏磨细而成；另一类是将白色水泥熟料、石膏和颜料共同粉磨而成。后者所用的颜料要求不溶于水且分散性好，耐碱性强，抗大气稳定性好。通常采用的颜料有氧化铁(红、黄、褐、黑色)、二氧化锰(黑、褐色)、氧化铬(绿色)、赭石(赭色)、群青兰(蓝色)和炭黑(黑色)等。当配制红、褐、黑等较深色彩水泥时，也可以用一般硅酸盐水泥来磨制。

按照《彩色硅酸盐水泥》(JC/T 870—2000)的规定，彩色水泥的初凝时间不得早于60min，终凝时间不得迟于10h；按强度分为27.5、32.5和42.5三个强度等级。

白色水泥和彩色水泥主要用于建筑装饰材料，目前也已用于彩色道路铺装。

第五节　石　　灰

石灰是一种气硬性无机胶结材料。就硬化条件而言，石灰只能在空气中硬化，也只能在空气中保持并连续增长其强度。

一、石灰的化学组成及其特性

1.石灰的化学组成与分类

生产石灰的主要原料是以碳酸钙$CaCO_3$为主要成分的天然岩石，如石灰石、白云石、白垩、贝壳等。石灰原料经过900～1 300℃的高温煅烧，碳酸钙分解释放出二氧化碳CO_2，得到以氧化钙CaO为主要成分的生石灰。

根据石灰加工方法的不同，可将石灰成品分为：块状生石灰，由原料煅烧而成的原产品，主要成分为CaO；生石灰粉，由块状生石灰磨细而得到的细粉，其主要成分亦为CaO；消石灰粉，将生石灰用适量的水消化而得的粉末，亦称熟石灰，其主要成分为$Ca(OH)_2$。

由于石灰原料中常含有碳酸镁成分，石灰中含有氧化镁MgO成分。在建材行业标准中，根据石灰中氧化镁含量将石灰分为钙质石灰和镁质石灰两类(表4-12)。

钙质石灰和镁质石灰中氧化镁含量(%)界限 表4-12

石灰种类	生石灰	生石灰粉	消石灰粉
钙质石灰	≤5	≤5	<4
镁质石灰	>5	>5	≥4

2.石灰的消化与硬化过程

(1)石灰的消化

块状生石灰与水相遇，即迅速水化、崩解成高度分散的氢氧化钙$Ca(OH)_2$细粒，并放出大量的热，这个过程称为石灰的“消化”，又称水化或熟化。经“消化”后的石灰称为“消石灰”。石灰的消化过程有两个特点：第一是水化反应进行速度快，放热量大，水化释热量约为1 160J/kg；第二是消化时体积急剧膨胀，成分较纯、煅烧适宜的块状生石灰，经消化成石灰粉后，体积可增大1～2.5倍。

石灰在烧制过程中，往往由于石灰石原料的尺寸过大或窑中温度不匀等原因，使得石灰中含有未烧透的内核，这种石灰称为“欠火石灰”。欠火石灰经消解后，未消化残渣含量较高，在使用时缺乏黏结力。若煅烧温度过高或时间过长，会使石灰表面出现裂缝或玻璃状的外壳，块体密度大，消化缓慢，这种石灰称为“过火石灰”。过火石灰用于建筑结构物中仍能继续消化，以致引起体积膨胀，导致产生裂缝等破坏现象，故危害极大。为了降低“过火石灰”危害，石灰消解后，应将其在水中继续“陈伏”15d以上。

将块状生石灰研磨成粉状，得到的磨细生石灰在适宜的水灰比和消化温度下，可以控制其体积膨胀。生石灰研磨愈细，消化时体积膨胀愈小，从而达到直接使用生石灰的目的。此外，生石灰在加工磨细的过程中，石灰中的“过火石灰”被磨成细粉，既可以提高“过火石灰”的利用率，也克服了“过火石灰”对体积不安定的危害。

(2)石灰的硬化

消石灰浆在使用的过程中，因游离水分逐渐蒸发，或为附着基面所吸收，浆体中的氢氧化钙溶液过饱和而结晶析出，产生“结晶强度”，并具有胶结性。

消石灰浆体中的氢氧化钙$Ca(OH)_2$与空气中的二氧化碳CO_2作用，生成不溶于水的碳酸钙$CaCO_3$晶体，析出的水分逐渐被蒸发，这个过程称为碳化或碳酸化。在此过程中形成的碳酸钙晶体，使硬化石灰浆体结构致密、强度提高。由于空气中的CO_2含量较少，碳化作用主要发生在石灰浆体与空气接触的表面上。表面上生成的$CaCO_3$膜层会阻碍CO_2的进一步渗入，同时也阻碍内部水分的蒸发，使 $Ca(OH)_2$的结晶作用也进行得比较缓慢。所以在相当长的时间里，石灰浆体仍然处于表层为 $CaCO_3$、内部为 $Ca(OH)_2$的状态，其硬化是一个相当缓慢的过程。

二、石灰的技术性质与技术标准要求

1. 石灰的技术性质

(1)石灰的化学品质

石灰中产生黏结性的有效成分是活性氧化钙 f—CaO 和活性氧化镁 f—MgO，它们的含量是评价石灰质量的主要指标。生石灰在空气中存放时间过长，会吸收水分而消化成消石灰粉，再与空气中的 CO_2作用形成失去胶凝作用的 $CaCO_3$粉末，将降低石灰的使用质量。

石灰中的 CO_2含量反映了石灰中“欠火石灰”数量，CO_2含量越高，表示石灰中未完全分解的碳酸钙比例越高，将影响石灰的胶结性能。

(2)石灰的物理性质

对建筑石灰或路用石灰的质量要求主要有以下几项：

①未消化残渣含量

未消化残渣含量综合反映石灰中的“过火石灰”和“欠火石灰”数量，是将生石灰按标准方法消化后，过筛后存留在 5mm 圆孔筛上残渣占试样的百分率。

②细度

细度与石灰的活性有关，石灰越细，石灰的活性越大。石灰粉中较大的颗粒包括未消化的“过火石灰”石灰颗粒、含有大量钙盐的石灰颗粒以及“欠火石灰”或未燃尽的煤渣等。现行标准以 0.9mm 和 0.125mm 筛余百分率控制磨细石灰粉和消石灰粉的细度。

③游离水含量

游离水含量指消石灰粉中化学结合水以外的含水率。理论上，石灰中氧化钙消化用水量约是氧化钙质量的 24%；而实际消化加水量一般是理论值的 1 倍左右，多加的水残留于氢氧化钙中。在石灰硬化过程中，这些水分的蒸发将引起体积显著收缩，易出现干缩裂缝，从而影响其使用质量。

2. 石灰的技术标准

《公路路面基层施工技术规范》(JTJ 034—2000)中将生石灰和消石灰分别划分为 3 个等级，见表 4-13。

石灰的技术标准(JTJ 034—2000) 表 4-13

石灰品种	检测项目			钙质石灰			镁质石灰		
				I	II	III	I	II	III
生石灰	有效(CaO+MgO)含量(%)		≥	85	80	70	80	75	65
	未消化残渣含量(5mm 圆孔筛筛余)(%)		≤	7	11	17	10	14	20
消石灰粉	有效(CaO+MgO)含量(%)		≥	65	60	55	60	55	50
	含水率(%)		≤	4	4	4	4	4	4
	细度	0.90 mm 方孔筛筛余(%)	≤	0	1	1	0	1	1
		0.125 mm 方孔筛筛余(%)	≤	13	20	—	13	20	—

3. 石灰的特点及用途

石灰原料分布广，生产工艺简单，成本低廉，是土建工程中使用较早和较广的材料之一，主要用于配制建筑砂浆、抹面灰浆。在道路工程中，其以石灰稳定土、石灰工业废渣稳定土的形式应用于路面基层或垫层结构中。

石灰硬化后的强度不高，其硬化过程主要依靠水分蒸发促使 $Ca(OH)_2$ 的结晶以及碳化作用。但 $Ca(OH)_2$ 溶解度较高，在潮湿的环境中，石灰遇水会溶解溃散，强度会降低，因此石灰不宜在长期潮湿的环境中或有水环境中使用。

本章小结

硅酸盐水泥是一种水硬性胶凝材料，其基本成分为硅酸盐熟料。熟料的主要矿物组成是硅酸三钙、硅酸二钙、铝酸三钙和铁铝酸四钙。其中硅酸三钙和硅酸二钙对水泥的强度起主要作用，硅酸三钙和铝酸三钙对水泥的水化热贡献较大，而铁铝酸四钙有助于提高水泥的抗折强度，改变矿物组成比例将会显著影响水泥的技术性质，以满足不同的使用要求。

普通水泥、矿渣水泥、火山灰质水泥、粉煤灰水泥、复合水泥与硅酸盐水泥一起统称为通用硅酸盐水泥。这些水泥是在硅酸盐熟料中掺加适量混合材料所得。掺加混合材料的目的是为了改善水泥的某些性能，增加水泥产量。

专供道路路面和机场道面使用的道路水泥也是一种硅酸盐水泥，但在矿物组成比例上要求较高的硅酸三钙和铁铝酸四钙含量，较低的铝酸三钙含量。

水泥的主要技术指标是凝结时间、安定性和强度等。道路水泥还应具备一定的抗干缩性和耐磨性，并应有较高的抗折强度。

在道路和桥梁工程中经常使用的其他水泥为铝酸盐水泥、膨胀水泥和自应力水泥等。白色水泥和彩色水泥也被用于装饰道路铺面。

石灰是一种气硬性胶凝材料，其基本成分为活性氧化钙。石灰硬化后的强度主要依靠氢氧化钙的结晶以及碳化作用。氢氧化钙的溶解度较高，在潮湿的环境中，石灰遇水会溶解溃散，强度会降低，因此石灰不宜在长期潮湿的环境中或有水环境中使用。

复习题

4-1　什么是水硬性胶凝材料？什么是气硬性胶凝材料？

4-2　硅酸盐水泥熟料是由哪些矿物组成的？它们对水泥的技术性能(如强度、水化反应速度和水化热等)有何影响？

4-3　什么是水泥混合材料？掺加混合材料的硅酸盐水泥具有什么技术特性？

4-4　道路硅酸盐水泥在矿物组成上有什么特点？在技术性质方面有什么特殊要求？

4-5　评价水泥性能的主要技术指标有哪几项？各自反映水泥的什么性质？

4-6　通用硅酸盐水泥的强度等级是如何确定的？

4-7　为什么同强度等级的水泥要分为普通型和早强型(R 型)两种型号？道路路面如何选用水泥？

4-8　什么是通用硅酸盐水泥的合格品和不合格品？

4-9　硅酸盐水泥石腐蚀的主要原因是什么？如何防止？

4-10　代号“P·I、P·II、P. O、P·S、P·P、P·F 和 P. C”分别表示什么品种的水泥？

4-11　简述铝酸盐水泥在矿物组成和技术特性上与硅酸盐水泥的主要差异。

4-12　简述石灰的消化和硬化机理。

4-13　什么是生石灰、消石灰和磨细生石灰？石灰质量评价的主要指标是什么？

4-14　为什么石灰不适宜单独使用于长期受潮的结构中？

4-15　表 4-14 中为硅酸盐水泥强度测试值，试确定该硅酸盐水泥的强度等级。

水泥强度测试结果　　　　表 4-14

序　号	抗折强度(MPa)		抗压强度(MPa)			
	3d	28d	3d		28d	
1	3.8	7.4	24.5	25.2	55.7	56.2
2	3.9	8.0	25.6	24.7	56.1	55.2
3	3.8	7.6	24.7	24.1	54.8	54.1

第五章　水泥混凝土与砂浆

内容提要：本章介绍普通水泥混凝土的技术性能，包括新拌混凝土拌和物的施工和易性、硬化混凝土的强度、变形特性和耐久性，技术性能影响因素、评价方法与评价指标；介绍普通水泥混凝土组成材料的技术要求及混凝土的配合比设计方法，并在此基础上介绍路用水泥混凝土（包括普通路用混凝土、钢纤维混凝土和碾压混凝土）的技术性质、设计指标和组成设计方法；最后介绍建筑砂浆的材料组成、技术性质及配合比设计方法。

水泥混凝土是由水泥、水与粗、细集料（亦称石子、砂）按适当比例配合，必要时掺加适量外加剂、掺和料或其他改性材料配制而成的混合物。其中水泥起胶凝和填充作用，集料起骨架和密实作用。水泥与水发生水化反应生成具有胶凝作用的水化物，将集料颗粒牢固地黏结成整体，经过一定凝结硬化时间后而形成的人造石材，常简称混凝土。

水泥混凝土用途广泛，是各种建筑物、构造物中用量最大的材料之一，它具有以下特点：

(1)工艺简单，适用性强，可以按工程结构要求浇筑成不同形状的整体结构或预制构件；

(2)混凝土与钢筋有着良好的握裹力，与钢材有着基本相同的线膨胀系数，可制作钢筋混凝土、预应力钢筋混凝土构件或整体结构；

(3)抗压强度高，耐久性好；

(4)改变组成材料品种和比例，可以制得具有不同物理力学性质的混凝土，以满足不同工程的要求。

水泥混凝土铺筑的路面结构具有强度高、刚度大、使用寿命长的特点，能够承受较繁重车辆的作用。其主要缺点是自重大，抗拉强度低，韧性低、抗冲击能力差，可以通过配制钢筋、掺加纤维材料等方式加以改善。

第一节　水泥混凝土的技术性质

一、混凝土拌和物的施工和易性

混凝土拌和物是水泥、水与粗细集料经搅拌后得到的混合物。新拌水泥混凝是指在施工过程中使用的尚未凝结硬化的水泥混凝土，是混凝土生产过程中的一种过渡状态。从混凝土材料加水搅拌至混凝土凝结，这一中间状态都可以称为新拌混凝土。新拌混凝土的性质既影响到浇筑施工质量，又影响到混凝土性能的发展。

1. 混凝土拌和物施工和易性的概念

混凝土拌和物的施工和易性，又称工作性，是指混凝土拌和物易于施工操作（搅拌、运输、浇筑、振捣和表面处理)并获得质量均匀、成型密实的性能。这些性质在很大程度上制约着硬化后混凝土的技术性能,因此研究混凝土拌和物的和易性及其影响因素有着十分重要的意义。

混凝土拌和物的施工和易性是一项综合技术性质,包括流动性、捣实性、黏聚性和保水性等方面。流动性是指混凝土拌和物在自重或机械振捣作用下,能产生流动,并均匀密实地填满模板的性能。捣实性是指混凝土拌和物易于振捣密实、排除所有被挟带空气的性质。图 5-1 为水泥混凝土强度与其密实程度的关系。在相同的材料组成条件下,经过充分捣实、成型密实的混凝土强度较高。黏聚性是指混凝土拌和物在施工过程中其组成材料之间有一定的黏聚力,不致产生分层和离析的现象。新拌混凝土的离析现象见图 5-2。离析使得混凝土的组成分布不再均匀,如粗集料的沉降作用,导致粗集料与浆体的分离。保水性是指混凝土拌和物在施工过程中具有一定的保水能力,不致产生严重的泌水现象。混凝土拌和物在施工过程中,由于保水性不足,水分逐渐析出至混凝土拌和物表面的现象称为泌水。泌水会在混凝土内部形成泌水通道,使混凝土的密实性降低,耐久性下降。

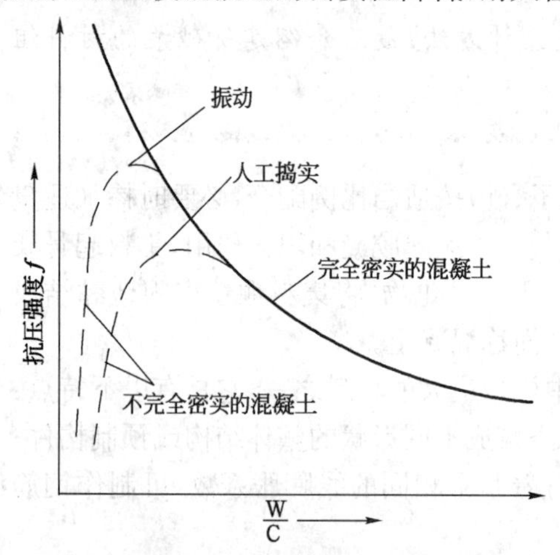

图5-1　水泥混凝土抗压强度与其密实程度的关系曲线

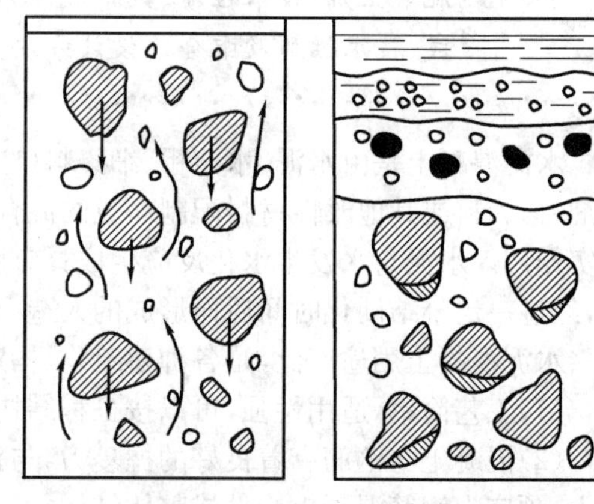
图 5-2　新拌混凝土的离析现象

2. 施工和易性的测定方法

各国混凝土工作者对混凝土拌和物的和易性测定方法进行了大量的研究工作,但至今尚未有一个能够全面反映混凝土拌和物和易性的测定方法。目前的试验方法是在一定的条件下测定混凝土拌和物和易性的某一方面,而不是全部的性能。常用的方法是测定混凝土拌和物的流动性,辅以观察并结合经验来综合评定混凝土拌和物和易性的其他方面的性能。测定流动性最常用的方法是坍落度试验和 VB 稠度试验等。

(1)坍落度试验

坍落度试验是世界各国广泛使用的评价混凝土拌和物流动性的测试方法。按照我国行业标准《公路工程水泥及水泥混凝土试验规程》(JTG E30—2005)规定的试验方法,将搅拌好的混凝土拌和物按一定方法装入如图 5-3 所示坍落度料筒中,按规定方式插捣、刮平后,将坍落度料筒垂直平稳地向上提起,混凝土拌和物因自重产生坍落现象,量测料筒高度与坍落后混凝土拌和物试样最高点之间的高度差,即为该混凝土拌和物的坍落度值,以

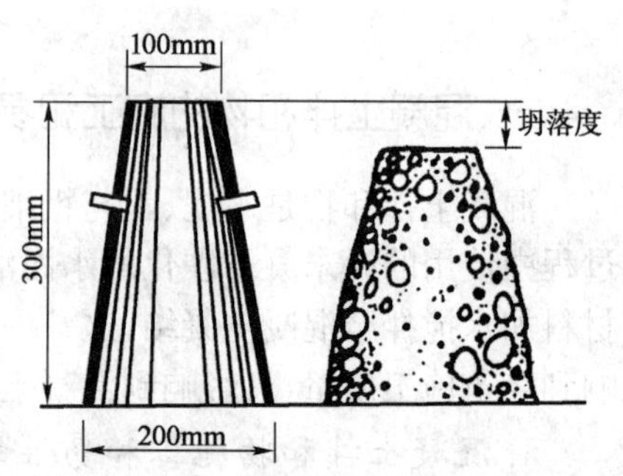

图 5-3　混凝土拌和物坍落度测定示意图

mm 计。坍落度越大表示混凝土拌和物的流动性越大。为了减小表面的摩擦作用，测定前锥体内部及其放置的地面都应加水湿润。

为了同时评价混凝土拌和物试样的黏聚性和保水性，在测试坍落度后，用捣棒在已坍落试体的一侧轻轻敲击，如试体在轻打后渐渐下沉，则表示黏聚性好；如试体突然倒坍，或有石子离析现象，则表示黏聚性差。保水性以混凝土拌和物中水泥浆析出的程度表示，如有较多的水泥稀浆从底部析出，并引起失浆试体中的集料外露，则表示此混凝土拌和物的保水性不好；如仅有少量稀浆从底部析出，则表示此混凝土拌和物的保水性良好。

坍落度试验适用于集料最大粒径不大于 40mm，坍落度值不小于 10mm 的混凝土拌和物。

坍落度测定时，大多数试体会均匀地坍落，但也有些试体会沿一斜面产生滑动，或是剪切坍落，此时应重新测定坍落度。若仍发生剪切坍落，则可以认为混凝土较为干硬，且缺少内聚力。干硬稠度的混合料坍落度为零，因此若混合料干硬达一定的程度，一般不会测定到坍落度的变化。富含砂浆的混凝土随着工作度的变化，其坍落度会有显著的变化。而贫混凝土会趋于刚性，并可能会产生剪切坍落或是崩坍，因此坍落度也不易准确测定。表 5-1 列出坍落度与和易性的一般关系。应注意的是，不同的细集料含量会产生同样的坍落度，但会有不同的和易性。因此，坍落度与和易性的关系不是唯一的。另外，坍落度是一种自重测定方法，并不能反映出混凝土是否密实、易捣实，或是在外力作用条件下的行为，如是否易于泵送、最后加工等等。因此，坍落度主要用于新拌混凝土均匀性和质量的控制测定。

坍落度与和易性的一般关系 表 5-1

和易性	坍落度(mm)	和易性	坍落度(mm)
无坍落度	0	中等	35～75
非常低	5～10	高	80～155
低	15～30	非常高	160～崩坍

(2)VB 稠度试验

①常规 VB 稠度试验

对于坍落度小于 10mm 的干硬性混凝土拌和物，常采用 VB 稠度试验来测定其流动性。VB 稠度试验仪见图 5-4。按照我国行业标准《公路工程水泥及水泥混凝土试验规程》(JTG E30—2005)规定的试验方法，首先按坍落度试验方法将混凝土拌和物装于 VB 稠度试验仪的容器中，把透明盘转至混凝土试样顶部，开启振动台，并计时。当透明圆盘底面被水泥浆布满的瞬间停止计时，并关闭振动台，所读秒数即为该混凝土拌和物的 VB 稠度值，以 s 计。VB 稠度越大，混凝土拌和物的流动性越小。

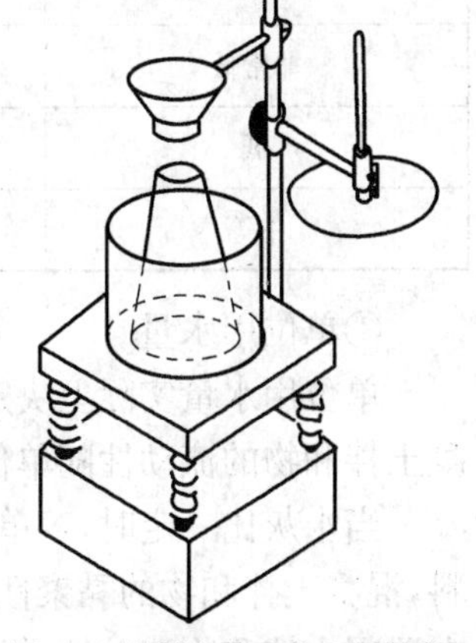

图 5-4 混凝土拌和物 VB 稠度测定示意图

VB 稠度试验适用于集料最大粒径不大于 40mm，VB 稠度在 5～30s 之间的混凝土拌和物。VB 稠度试验对拌和物的流动性、黏聚性和保水性较为敏感。在 VB 稠度试验中，对试样的处理方式与现场混凝土的振捣方式相近，适合于评定用振捣方式成型的混凝土拌和物的和易性。

②改进的 VB 稠度试验

对于碾压混凝土拌和物，标准 VB 稠度试验仪的透明圆盘上增加了 8 700g 的配重砝码，见图 5-5。试验中记录从振动开始到圆盘下布满灰浆所经过的时间及试样的下沉量，前者为混凝土拌和物的稠度指标“改进 VB 稠度值”，以 s 计；后者用于计算碾压混凝土拌和物的压实度。

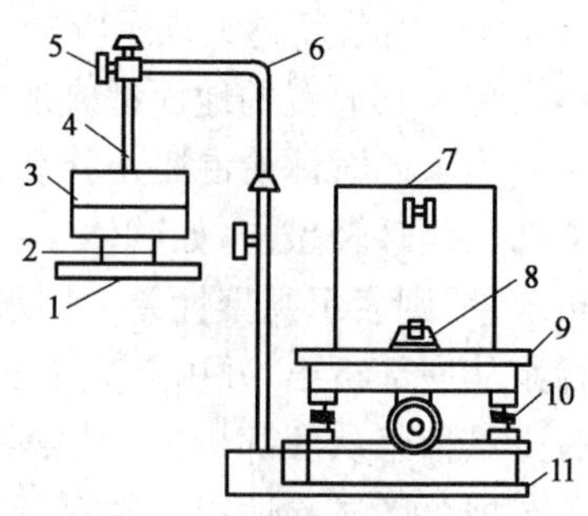

图 5-5　混凝土拌和物改进 VB 稠度测定仪示意图

1-圆盘；2-砝码；3-配重砝码；4-滑杆；5-螺栓；6-转向弯杆；7-容量筒；8-固定螺丝；9-振动台面；10-弹簧；11-底座

(3)捣实因数试验

捣实因数是在标准功作用下，测定混凝土拌和物能够达到的捣实程度。捣实仪由两个圆锥体漏斗和一个圆柱体量筒组成，漏斗底有可开启的活门，见图 5-6。首先在上漏斗中装满混凝土拌和物，不经捣实直接刮去多余的拌和物，开启漏斗底门，混凝土拌和物在自重作用下落入下漏斗；再开启下漏斗底门，拌和物直接落入圆柱体容量器内，刮去圆柱体表面的混凝土，称其质量，得到部分捣实状态下的混凝土的密度。另取混凝土拌和物进行充分捣实，测定其密度。计算部分捣实混凝土密度与充分捣实混凝土密度的比值，称为捣实因数。

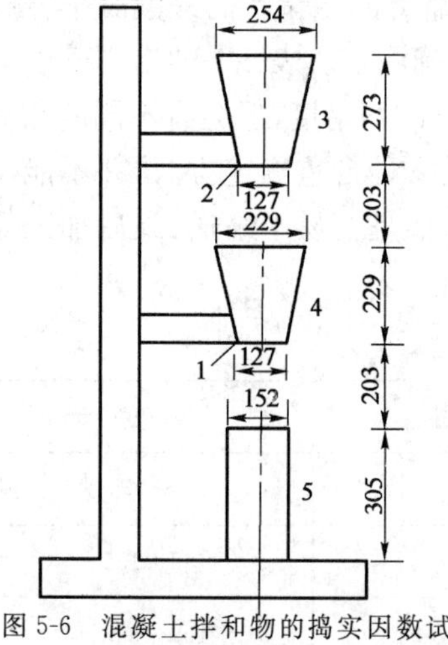

图 5-6　混凝土拌和物的捣实因数试验示意图(尺寸单位：mm)

1、2-卸料活门；3-上料斗；4-下料斗；5-容量器

捣实因数试验适用于不宜做坍落度试验的干硬性混凝土拌和物，混凝土中集料的最大粒径不超过 40mm。普通混凝土的捣实因数范围在 0.80～0.92 之间，当捣实因数超过 0.92 时，试验结果与实际情况出入较大。

此外还有其他的一些测试方法。应该指出的是，各种测定方法都有其相应的应用条件，很难进行相互的比较。各种测定方法对和易性的适宜性列于表 5-2 中。

3. 影响混凝土拌和物和易性的主要因素分析

混凝土拌和物和易性的主要影响因素是混凝土的材料组成和施工环境因素。

(1)组成材料的影响

各种测定方法对和易性的适应性　　表 5-2

和　易　性	适宜的测定方法	和　易　性	适宜的测定方法
非常低	VB 稠度	高	坍落度、流动锥
低	VB 稠度、捣实因素	非常高	流动锥
中等	捣实因素、坍落度		

①单位用水量

单位用水量实际上决定了混凝土拌和物中水泥浆的数量。在组成材料确定的情况下，混凝土拌和物的流动性随单位用水量增加而增大，见图 5-7。

当水灰比一定时，若单位用水量过小，则水泥浆数量过少，集料颗粒间缺少足够的黏结材料，混凝土拌和物的黏聚性较差，易发生离析和崩坍，且不易成型密实；但若单位用水量过多，在混凝土拌和物流动性增加的同时，黏聚性和保水性也将随之恶化，水泥浆过多易出现泌水、分层或流浆现象，致使拌和物产生离析。单位用水量过多还会导致混凝土产生收缩裂缝，使混

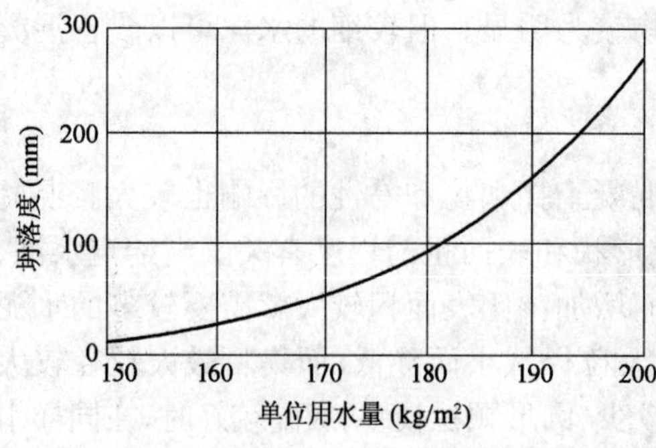

图 5-7　单位用水量与坍落度的关系

凝土强度和耐久性严重降低。此外，在水灰比不变的情况下，水泥用量也随单位用水量的增加而增加，显得不经济。

试验表明，当集料不变时，如果单位用水量一定，若水泥增减量不超过 50～100kg/m³，混凝土拌和物坍落度可大致保持不变，这一规律称为“固定用水量定则”。在进行混凝土配合比设计时，通过固定单位用水量，在一定范围内上下浮动水泥用量，就可以配制出不同强度而坍落度相近的混凝土。

②水灰比

水灰比是指水与水泥的质量比。在水泥、集料用量一定的情况下，水灰比的变化实际上是水泥浆稠度的变化，水灰比小，则水泥浆稠度大，混凝土拌和物的流动性小。当水灰比过小时，在一定的施工方式下就不能保证混凝土的密实成型。反之，若水灰比过大，水泥浆稠度较小，虽然混凝土拌和物的流动性增加，但可能会引起混凝土拌和物黏聚性和保水性不良；当水灰比超过某一极限值时，混凝土拌和物将产生严重的泌水、离析现象，导致混凝土强度和耐久性的降低，故水灰比值应根据混凝土设计强度和耐久性要求合理选用。

③砂率

砂率是指细集料（或砂）质量占全部集料（砂、石）总质量的百分率。砂率与混凝土拌和物流动性的关系如图 5-8 所示。由细集料与水泥组成的水泥砂浆在混凝土拌和物中起着润滑作用，它可降低粗集料颗粒之间的摩擦阻力。过小的砂率将使水泥砂浆的数量不足，减弱水泥砂浆的润滑作用，不仅会降低混凝土拌和物的流动性，而且会严重影响其黏聚性和保水性，容易产生离析、流浆等现象。所以，在一定的砂率范围内，水泥砂浆的润滑作用随砂率增大而增加，混凝土拌和物的流动性也随之提高。在水泥浆数量不变的情况下，随着砂率的增大，集料的总表面积随之增大，当砂率进一步增加时，水泥浆数量相对减少，减弱了水泥浆的润滑作用，导致混凝土拌和物流动性的降低。此时若要提高混凝土拌和物的流动性，必须增加水泥浆数量。

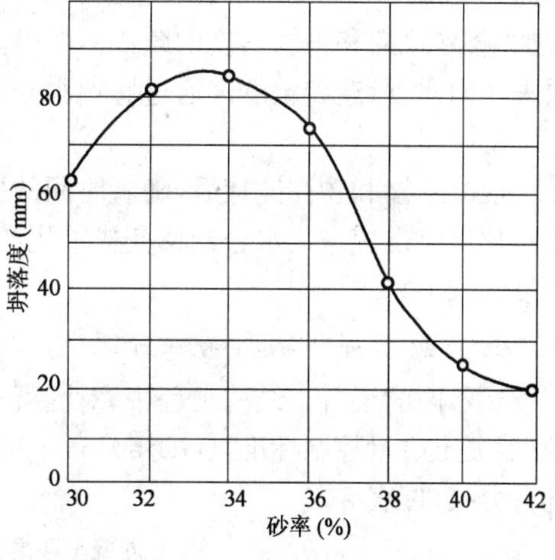

图 5-8　混凝土拌和物坍落度与砂率的关系

因此，混凝土的砂率有一个最佳值。采用最佳砂率时，在用水量和水泥用量不变的情况下，可使混凝土拌和物获得所要求的流动性，以及良好的黏聚性和保水性。

④水泥品种和细度

水泥对混凝土拌和物和易性的影响主要表现在水泥的需水量上，需水量大的水泥，达到同样的流动性需要较多的用水量。除石膏外，水泥的矿物组成对混凝土拌和物和易性没有明显的影响。

对于给定的混凝土拌和物，水泥细度增加，其比表面积也随之增加，会降低混凝土拌和物的流动性,这种影响对水泥用量较高的混凝土拌和物较为明显。但较细的水泥可以改善混凝土拌和物的黏聚性,减轻离析和泌水等现象。

⑤集料

集料在混凝土中占有的体积最大,它的特性对混凝土拌和物和易性的影响也较大。混凝土拌和物的和易性主要与集料最大粒径、级配、颗粒形状和表面粗糙程度有关。当给定水泥、水和集料用量时,集料比表面积随着最大粒径减小而增加。比表面积较大就需要较多的水泥浆润湿,所以混凝土拌和物的流动性将随着集料最大粒径减小而降低;而集料最大粒径较大时,可获得较大的流动性。集料中针片状颗粒含量较少,圆形颗粒较多、级配较好时,在同样水泥浆数量下,混凝土拌和物的流动性也较大,黏聚性与保水性也比较好。集料表面粗糙、具有棱角,会增加混凝土拌和物的内摩擦力,从而降低混凝土拌和物的流动性,如用河砂与卵石拌制的混凝土拌和物的流动性大于碎石混凝土拌和物。

⑥外加剂

外加剂对拌和物施工和易性的影响程度取决于其品种和数量。改善混凝土拌和物和易性的外加剂主要是减水剂和引气剂。有关外加剂的作用和功能参见本章第三节中的有关内容。

(2)外界因素的影响

①环境因素

影响混凝土拌和物和易性的环境因素是温度、湿度和风速。对于给定的混凝土拌和物,其流动性的变化取决于水泥的水化程度和水分蒸发率,因而,从混凝土拌和物开始搅拌到捣实期间的环境条件对其流动性有着重要影响。环境温度的升高会使水泥水化速度加快、水分蒸发增加,将导致拌和物坍落度的减小。所以夏季施工时,应采取措施减少混凝土拌和物流动性的损失。同样,风速和湿度因通过影响水分的蒸发速度而影响混凝土拌和物的流动性。

②时间

混凝土拌和物在搅拌后,随着时间的增长,一部分水分被集料所吸收,一部分水分蒸发;水泥水化反应也使一些水分迁移变成水化产物结合水,所以混凝土拌和物流动性随时间的延长而逐渐减小。

4. 混凝土拌和物和易性分级

在不同的混凝土结构工程中,对混凝土拌和物和易性的分级方法有所不同。根据国标此为《混凝土质量控制标准》(GB 50164—92)的规定,混凝土拌和物根据其坍落度或VB稠度值进行分级,见表5-3。

混凝土和易性分级(GB 50164—92) 表5-3

按坍落度分级				按VB稠度分级			
级别	名称	坍落度值(mm)	允许偏差(mm)	级别	名称	VB稠度值(s)	允许偏差(mm)
T_1	低塑性混凝土	10~40	±10	V_0	超干硬型混凝土	≥31	
T_2	塑性混凝土	50~90	±20	V_1	特干硬型混凝土	30~21	±6
T_3	流动性混凝土	100~150	±30	V_2	干硬型混凝土	20~11	±4
T_4	大流动性混凝土	≥160	±30	V_3	半干硬型混凝土	10~5	±3

二、硬化混凝土的强度特征

混凝土结构物主要承受各种荷载作用，必须具备足够的强度，此外混凝土的耐久性如抗冻性、耐磨性也与混凝土强度密切相关，所以强度是水泥混凝土最重要的力学性质，也是评定混凝土质量的重要指标。混凝土的强度通常指的是抗压强度，即由标准试件承受压力荷载，直至破坏而计算出的应力大小。强度的测定要求有很高的重复率，但也允许有一定的误差。混凝土的强度还包括抗拉、抗弯和抗剪切强度等。这些强度的准确测定较为困难，常常是通过经验公式由抗压强度值导出。其他强度，包括疲劳强度、冲击强度等，对一些特殊的混凝土结构的应用非常重要。混凝土的强度受到许多因素的影响，主要因素包括组成配比，如水灰比、集料水泥比、混凝土的密实度等。

1. 混凝土的强度

(1)立方体抗压强度 f_{cu}

按照标准方法制成边长 150mm 的立方体试件，在标准条件下养护至 28d 龄期，用标准方法测定其受压极限破坏荷载，按式(5-1)计算混凝土的抗压强度，以 MPa 计。混凝土立方体抗压强度通常用于建筑工程有关的质量控制。

$$f_{cu}=\frac{F}{A} \tag{5-1}$$

式中：f_{cu}——混凝土的抗压强度，MPa；

F—— 抗压试验中的极限破坏荷载，N；

A—— 试件的承载面积，mm^2。

①立方体抗压强度标准值 $f_{cu,k}$

混凝土的立方体抗压强度标准值 $f_{cu,k}$是指按标准方法制作和养护的边长 150mm 的立方体试件，在 28d 龄期，用标准试验方法测得的抗压强度总体分布的平均值减去 1.645 倍的标准差。强度标准值 $f_{cu,k}$的保证率不低于 95%，即在混凝土强度总体分布中强度低于 $f_{cu,k}$的百分率不超过 5%。立方体抗压强度标准值 $f_{cu,k}$由式(5-2)计算，以 MPa(即 N/mm^2)计。

$$f_{cu,k}=\bar{f}-1.645\sigma \tag{5-2}$$

式中：$\bar{f}$—— 强度总体分布的平均值，MPa；

σ—— 强度总体分布的标准差，MPa；

1.645 ——与保证率 95%对应的保证率系数 t 值，由表 5-4 查得。

保证率系数 t 值与保证率 $P(t)$值 表 5-4

t	0.00	−0.524	−0.842	−1.00	−1.04	−1.28	−1.40	−1.60	−1.645	−1.80	−2.00	−2.06	−2.33	−2.58	−2.88	−3.00
$P(t)$	0.50	0.70	0.80	0.841	0.85	0.90	0.919	0.945	0.950	0.964	0.977	0.980	0.990	0.995	0.998	0.999

②强度等级

混凝土的强度等级是根据立方体抗压强度标准值确定的。强度等级采用符号“C”与“立方体抗压强度标准值”两项内容表示，如 C20 表示混凝土的立方体抗压强度标准值 $f_{cu,k}$不小于 20MPa。

普通水泥混凝土按立方体抗压强度标准值划分为 12 个强度等级：C7.5、C10、C15、C20、C25、C30、C35、C40、C45、C50、C55、C60。

(2)轴心抗压强度 f_{cp}

混凝土的抗压强度是采用立方体试件确定的，但在实际工程中，大部分钢筋混凝土结构形式为棱柱体或圆柱体。为了较为真实地反映实际受力状况，在钢筋混凝土结构设计中，计算轴心受压构件时，均以混凝土的轴心抗压强度为设计指标。

轴心抗压强度是测定尺寸为 150mm×150mm×300mm 试件的抗压强度，在试验中该尺寸的试件将比立方体可以更好地反映混凝土结构的实际受力状况。试验结果表明，在立方体抗压强度为 10～55MPa 的范围内，轴心抗压强度与立方体抗压强度之比约为 0.7～0.8。

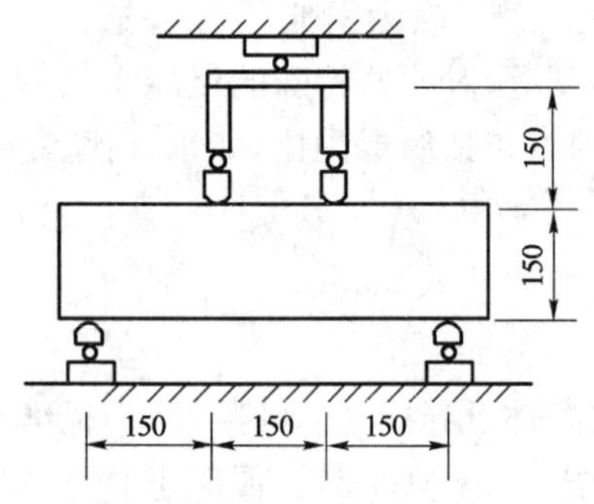

图 5-9　混凝土抗折强度受力模式示意图
（尺寸单位：mm）

(3)抗折强度 f_{cf}

在道路和机场工程中，混凝土结构主要承受荷载的弯拉作用，所以抗折强度是混凝土结构设计和质量控制的重要指标，而将抗压强度作为参考强度指标。道路水泥混凝土的抗折强度的标准试件为 150mm×150mm×550mm 的直角棱柱体小梁，在标准条件下养护 28d 后，按三分点加荷方式进行试验(图 5-9)，并按式(5-3)计算混凝土的弯拉强度，以 MPa 计。

$$f_{cf} = \frac{FL}{bh^2} \tag{5-3}$$

式中：f_{cf}——混凝土的抗折强度，MPa；

F——弯拉试验中的极限荷载，N；

L——支座间距，mm；

b——试件的宽度，mm；

h——试件的长度，mm。

(4)劈裂抗拉强度 f_{ts}

混凝土的抗拉强度值较低，通常为抗压强度 1/10～1/20，这个比值随混凝土抗压强度的增高而有所减少。在普通钢筋混凝土结构设计中虽不考虑混凝土承受拉力，但抗拉强度对混凝土的抗裂性也起着重要作用，有时也用抗拉强度间接衡量混凝土与钢筋的黏结强度，或用于预测混凝土构件由于干缩或温缩受约束引起的裂缝。

试验表明，由于直接抗拉强度夹具附近的局部破坏及偏心受力，试件易受到弯折作用，试验结果波动较大。目前常采用劈裂抗拉试验法间接地求出混凝土的抗拉强度，称作劈裂抗拉强度。劈裂强度试验一般采用边长 150mm 的立方体试件，通过垫条对混凝土试件施加荷载，在试件的受力面上产生如图 5-10 所示应力分布。当荷载增加时，试件将沿着受力平面被劈裂。劈裂抗拉强度由式(5-4)计算，以 MPa 计。

$$f_{ts} = \frac{2F}{\pi A} = 0.637\frac{F}{A} \tag{5-4}$$

式中：f_{ts}——混凝土的劈裂抗拉强度，MPa；

F——混凝土试件的破坏荷载，N；

A——试件劈裂面面积，mm^2。

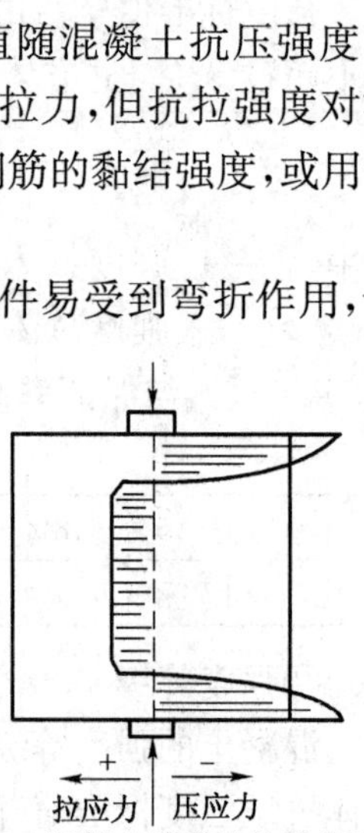

图 5-10　混凝土劈裂抗拉强度受力模式示意图

劈裂抗拉强度约为轴心抗拉强度的 0.9，并与弯拉强度之间存在着如式(5-5)所示关系。

$$f_{ts}=Af_{cf}^{m} \tag{5-5}$$

式中：f_{ts}——混凝土的劈裂抗拉强度，MPa；

f_{cf}——混凝土的弯拉强度，MPa；

A、m——试验统计参数。

2.混凝土强度分布特征

在正常施工生产的条件下，诸多混凝土强度的影响因素是随机的，因此混凝土强度也是随机变化的。对某种混凝土随机取样测定其强度，经过数据整理后，绘制成的强度概率分布曲线接近正态分布曲线，见图5-11。

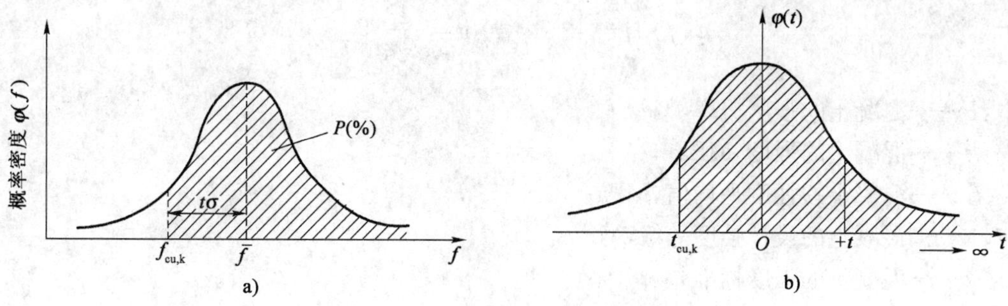

图5-11　正态分布及标准正态分布曲线

(1)强度特征参数

在工程中，通常采用正态分布函数的特征参数反映混凝土的有关强度特征，并检验混凝土强度或其他技术指标是否达到质量要求。常用特征参数为强度平均值、标准差和变异系数。

①强度平均值 $\overline{f}$

强度平均值 $\overline{f}$ 代表混凝土强度总体的平均值，为图5-11中曲线峰值对应的强度值，按式(5-6)计算。

$$\overline{f}=\frac{1}{n}\sum_{i=1}^{n}f_{i} \tag{5-6}$$

式中：n——试验组数；

f_i——第 i 组强度试验值。

②强度标准差 σ

标准差 σ 又称为均方差，按式(5-7)计算，表示图5-11中曲线的拐点距强度平均值的距离。σ 值的大小反映了施工质量水平，σ 越大，强度分布曲线越平坦，混凝土的施工质量也越不稳定，即强度的离散程度越大。

$$\sigma=\sqrt{\frac{\sum_{i=1}^{n}(f_{i}-\overline{f})^{2}}{n-1}} \tag{5-7}$$

③强度的变异系数 C_v

变异系数 C_v 又称偏差系数，按式(5-8)计算。C_v 值越小，说明混凝土质量越稳定，混凝土生产的质量水平越高。

$$C_{v}=\frac{\sigma}{\overline{f}} \tag{5-8}$$

(2)强度保证率

强度保证率是指混凝土强度总体值中大于设计强度等级($f_{cu,k}$)的概率 $P(f \geqslant f_{cu,k})$,即在图 5-11a)中正态分布曲线与横坐标由 $f_{cu,k}$到$+\infty$之间所包围的阴影部分的面积,按式(5-9)计算。经过随机变量 $t=\frac{f-\overline{f}}{\sigma}$ 的转换,可将随机变量 f 的正态分布函数变换为随机变量 t 的标准正态分布函数,见图 5-11b),此时式(5-9a)所反映的概率函数由式(5-9b)表达。

$$P(f \geqslant f_{cu,k})=\int_{f_{cu,k}}^{+\infty}\varphi(f)\mathrm{d}f=\frac{1}{\sigma\sqrt{2\pi}}\int_{f_{cu,k}}^{+\infty}\mathrm{e}^{-\frac{(f_i-\overline{f})^2}{2\sigma^2}}\mathrm{d}f \tag{5-9a}$$

$$\int_{f_{cu,k}}^{+\infty}\varphi(f)\mathrm{d}f=\int_{t_{cu,k}}^{+\infty}\varphi(t)\mathrm{d}t=\frac{1}{\sqrt{2\pi}}\int_{f_{cu,k}}^{+\infty}\mathrm{e}^{-\frac{t^2}{2}}\mathrm{d}t \tag{5-9b}$$

式中:P——混凝土的强度概率,%;

f——混凝土的强度,MPa;

$\overline{f}$——混凝土的强度平均值,MPa;

$f_{cu,k}$——混凝土的设计强度等级,MPa;

σ——混凝土的强度标准差,MPa;

$t_{cu,k}$——随机变量,又称为混凝土强度保证率系数,由式(5-10)计算。

$$t_{cu,k}=\frac{f_{cu,k}-\overline{f}}{\sigma} \tag{5-10}$$

可以根据随机变量 $t_{cu,k}$值直接查表 5-4,得到由式(5-9b)所表示的概率 $P(t \geqslant t_{cu,k})$的值;也可以根据强度保证率 $P(t \geqslant t_{cu,k})$的要求值,查表 5-4 确定强度保证率系数 $t_{cu,k}$值。

[例题 5-1] 某混凝土的设计强度等级 $f_{cu,k}=30$MPa,强度平均值 $\overline{f}=35$MPa,强度标准差 $\sigma=3.0$MPa 时,代入式(5-10)计算得 $t_{cu,k}=-1.6$,由表 5-4 查得 $P(t \geqslant t_{cu,k})=0.945$,即混凝土的强度保证率为 94.5%。

3. 影响混凝土强度的主要因素分析

混凝土受力破坏时,破裂面可能出现在如图 5-12 所示的三个位置上:第一是集料和水泥石黏结界面破坏,这是混凝土最常见的破坏形式;第二是水泥石的破坏,这种情况在低强度等级混凝土中并不多见;第三是集料自身破裂,多发生在高强度混凝土中。由此分析,普通水泥混凝土强度主要取决于水泥石强度及其与集料的界面黏结强度,而水泥石强度及其与集料的界面黏结强度与混凝土的组成材料密切相关,并受到施工质量、养护条件及龄期的影响。

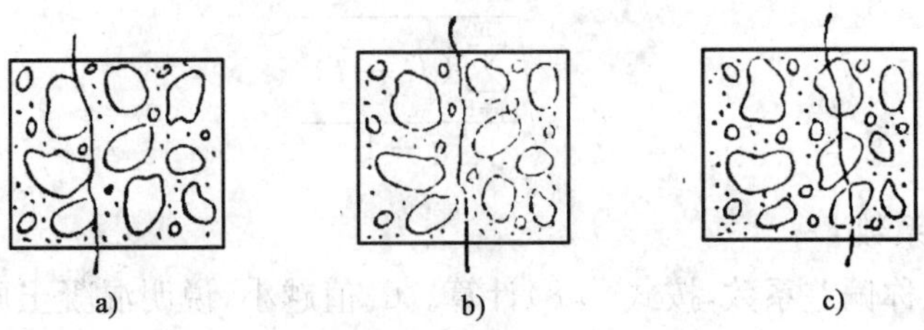

图 5-12 混凝土受力破坏模式示意图

(1)混凝土组成材料的影响

在混凝土中,水泥、水、砂、石及外加剂等材料的质量和配合比是决定混凝土强度形成的主要内因，对强度起着重要作用。

①水泥强度和水灰比

混凝土的强度主要取决于其内部起胶结作用的水泥石质量，而水泥石质量又受水泥强度和水灰比大小的支配。当试验条件相同时，在相同水灰比下，水泥强度越高，则水泥石强度越高，从而使用其配制的混凝土强度也越高。

当水泥品种一定时，混凝土强度取决于水灰比。理论上，水泥充分水化所需的水灰比约为0.23，但是以此水灰比所拌制的混凝土拌和物将过于干硬，很难在一定的振捣条件下密实成型；而在部分捣实的混凝土中，存在着较多的孔隙，从而使强度下降。为了获得必要的流动性，在实际拌制混凝土拌和物时，通常加入较多的水，即采用较大的水灰比。当用水量过大时，即使是充分捣实的混凝土，在混凝土硬化后，也将有部分水分残留在混凝土中形成水泡或在蒸发后形成气孔，从而大大减少了混凝土抵抗荷载的有效断面，并有可能在孔隙周围产生应力集中。因此，在水泥强度相同的情况下，混凝土的强度将随水灰比的增加而降低，见图 5-13。

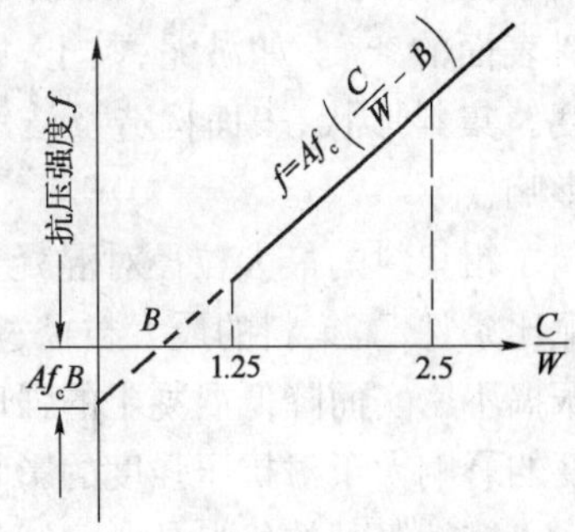

图 5-13　混凝土强度与灰水比的关系图

根据大量工程实践及试验统计结果，在原材料一定的情况下，混凝土 28d 龄期抗压强度与水灰比及水泥强度之间呈式(5-11)所反映的关系；混凝土 28d 抗折强度同水灰比及水泥强度之间的关系如式(5-12)所示。

$$f_{cu,28}=a_a\cdot f_{ce}\cdot(C/W-a_b) \tag{5-11}$$

$$f_{cf,28}=a_c+a_d\cdot f_{cef}+a_e\cdot C/W \tag{5-12}$$

式中：　C/W —— 混凝土的灰水比，%；

$f_{cu,28}$、$f_{cf,28}$ —— 混凝土 28d 抗压强度、抗折强度，MPa；

f_{ce}、f_{cef} —— 水泥的实际抗压强度、抗折强度，MPa；

a_a、a_b、a_c、a_d、a_e —— 统计公式的回归系数，与集料品种有关。

由式(5-11)和式(5-12)反映的关系称为混凝土的“水灰比定则”，它表明水泥强度和水灰比是影响混凝土强度的最主要因素。根据“水灰比定则”，可以根据所采用的水泥强度及水灰比估计所配制混凝土的强度，也可以根据水泥强度和设计混凝土强度等级计算将要采用的水灰比，所以式(5-11)和式(5-12)是混凝土配合比设计的重要依据。

应该指出的是，“水灰比规则”只在一定的范围内有效。在很低的水灰比条件下，由于混凝土不能充分密实，强度与水灰比的关系可能会相反。另外水泥的品种、水泥的水化程度及其物理、化学特性，水化反应时的温度，混凝土中的气体含量，有效水灰比的变化等都会对水灰比的规则产生影响。

②集料的特性

当混凝土受力时，在粗集料与砂浆界面处将产生拉应力和剪应力。若界面黏结强度有保障，粗集料颗粒所受的应力要比砂浆大；如果集料强度不足，混凝土可能因粗集料的破坏而破坏。一般来说，由于集料的强度比水泥石的强度高(轻集料除外)，所以不会直接影响混凝土的强度；但由于风化等原因使集料强度降低时，则用其配制的混凝土强度也会降低。

粗集料的颗粒形状、表面特征及表面洁净程度主要影响其与砂浆的界面黏结强度，是决定混凝土强度的一个重要因素。使用针片状颗粒含量较高的集料，不仅会给施工带来不利影响，而且将增加混凝土空隙率，从而降低混凝土的强度。碎石富含棱角且表面粗糙，在水泥用量和用水量相同的情况下，用碎石拌制的混凝土拌和物流动性较差，但与水泥砂浆黏结较好，故强度较高。而卵石多为表面光滑的球形颗粒，用卵石拌制的混凝土拌和物流动性较好，但黏结强度较差。当流动性相同时，采用卵石可适当减少混凝土拌和物的单位用水量，在这种条件下，硬化后的卵石混凝土强度并不一定比用碎石混凝土低。覆盖在集料表面的杂质，如淤泥、黏土，以及风化和腐殖物会降低界面黏结强度，并影响水泥石的强度。集料形状、表面构造及洁净程度对混凝土弯拉强度的影响要大于对混凝土抗压强度的影响。

粗集料的最大粒径对混凝土抗压强度和抗折强度均有影响，但影响程度有差别。在一定配比条件下，集料的最大粒径过大，将减少与水泥浆接触的总面积，降低界面强度，同时还会因振捣不密实而降低混凝土的强度。这种影响在水灰比较小时更为明显，而且对混凝土抗折强度的影响大于对抗压强度的影响。

连续级配的优点是所配制的混凝土较密实，具有优良的工作性，不易发生离析现象。间断级配与之相比，配制相同强度混凝土所需的水泥量可少些，但易产生离析。

拌制混凝土时，砂的颗粒级配与粗细程度应同时考虑。当砂中含有较多粗砂，并以适当的中砂及少量细砂填充其空隙时，砂的空隙率及总表面积均较小，是比较理想的级配，不仅水泥浆用量较少，而且还可提高混凝土的密实性与强度。

(2)养护条件

为了获得质量良好的混凝土，混凝土成型后必须在适宜的环境中进行养护，目的是保证水泥水化过程的正常进行。对于给定的混凝土，水泥的水化速度与程度、水化物结构特征都取决于养护环境的温度和湿度条件。

①养护温度

图5-14反映混凝土在不同温度的水中养护时强度的发展规律，可以看出，混凝土的养护温度与混凝土强度发展有重要的关系。当养护温度较高时，可以增大水泥初期水化速度，混凝土早期强度也高。但早期养护温度越高，混凝土后期强度增进率就越小，这是由于急速的早期水化反应，导致了水泥水化物的不均匀分布。水化物稀少区域成为水泥石中的薄弱点，而在水化物稠密区域，水化物包裹水泥颗粒，将妨碍水泥颗粒的进一步水化，从而减少水化物数量。在相对较低的养护温度下，水泥的水化反应较为缓慢，水化物具有充分的扩散时间均匀分布在水泥石中，导致混凝土后期强度提高。但如果混凝土的养护温度过低或降至冰点以下时，水泥水化反应将停止，致使混凝土的强度不再发展，并可能因冰冻作用使混凝土已获得的强度受到损失。

②养护湿度

水是水泥水化反应的必要成分，如果湿度不足，水泥水化反应不能正常进行，甚至停止，将严重降低混凝土强度，而且水泥石结构疏松，形成干缩裂缝，影响混凝土的耐久性。在不同养护湿度条件下，混凝土强度的发展趋势见图5-15。在空气中养生的混凝土，在所有龄期得到的强度值都较低。因此，为了使混凝土正常硬化，在混凝土养护期间，应创造条件维持一定的潮湿环境，从而产生更多的水化产物，提高混凝土密实度。夏季由于气温较高、水分蒸发较快更应特别注意养护。

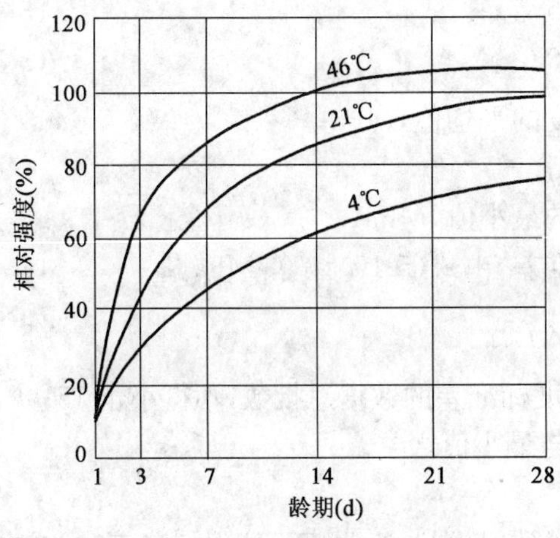

图 5-14　混凝土强度与养护温度的关系

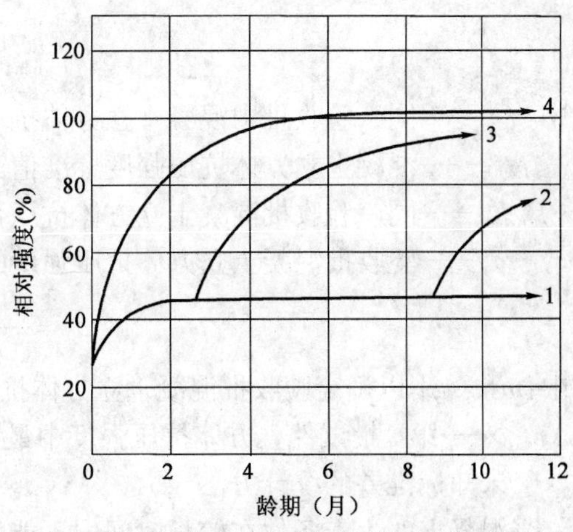

图 5-15　混凝土强度与养护湿度的关系

1-空气中养护；2-九个月后水中养护；3-三个月后水中养护；4-标准湿度下养护

(3)龄期

图 5-16 反映了混凝土强度随龄期增加而增长的规律。在标准养护条件下，混凝土强度与龄期之间有着较好的相关性，通常在对数坐标上呈直线关系。在混凝土施工过程中，可根据混凝土的这种特性，由其早期强度推算后期强度。当混凝土早期强度不足时，可及时采取措施来保证混凝土的施工质量并避免损失。

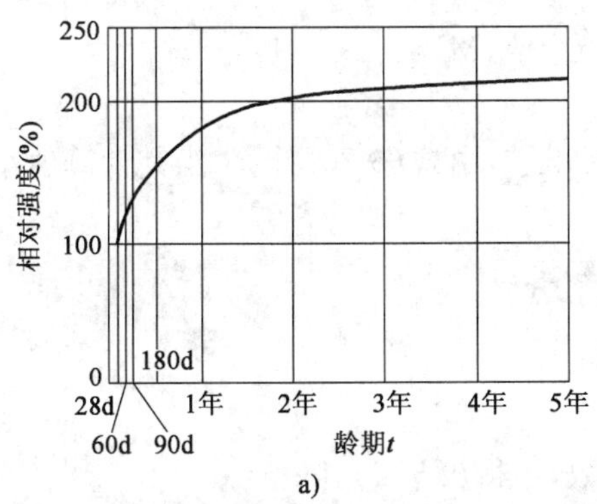

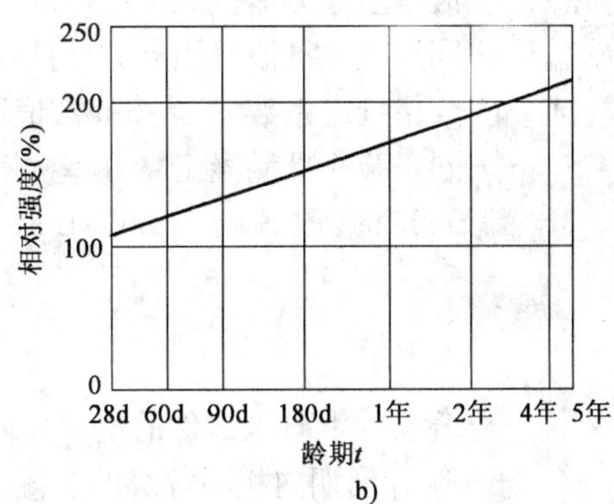

图 5-16　混凝土强度随时间的增长

a)龄期为常数坐标；b)龄期为对数坐标

除了上述因素外，影响混凝土强度的因素还有外加剂、养护方式、施工方法等。

4. 混凝土强度的质量评定

(1)评定方法

①已知标准差的统计方法

若在较长时间内，混凝土的生产条件保持一致，且同一品种混凝土的强度性能保持稳定时，应以连续三组试件组成一个验收批，计算强度平均值和最小值等特征值。当混凝土强度等级小于或等于 C20 时，其强度特征值应同时满足式(5-13)～式(5-15)的要求；当混凝土强度等级大于 C20，其强度特征值应同时满足式(5-13)～式(5-16)的要求。

$$\bar{f}_{cu} \geqslant f_{cu,k} + 0.7\sigma_0 \tag{5-13}$$

$$f_{cu,min} \geqslant f_{cu,k} - 0.7\sigma_0 \tag{5-14}$$

$$f_{cu,min} \geqslant 0.85 f_{cu,k} \tag{5-15}$$

$$f_{cu,min} \geqslant 0.90 f_{cu,k} \tag{5-16}$$

式中：$\bar{f}_{cu}$——同一验收批中混凝土立方体抗压强度的平均值，MPa；

$f_{cu,k}$——混凝土立方体抗压强度标准值，MPa；

$f_{cu,min}$——同一验收批混凝土立方体抗压强度的最小值，MPa；

σ_0——验收批混凝土立方体抗压强度的标准差，由式(5-17)计算，MPa。

$$\sigma_0 = \frac{0.59}{m}\sum_{i=1}^{m}\Delta f_{cu,i} \tag{5-17}$$

式中：m——用以确定验收批混凝土立方体抗压强度标准差的数据总批数，不得小于15；

$\Delta f_{cu,i}$——第 i 批试件立方体抗压强度中最大值与最小值之差。

②未知标准差的统计方法

当混凝土的生产条件在较长时间内不能保持一致，且混凝土强度不能保持稳定时，或在前一个检验期内的同一品种混凝土没有足够的数据用以确定验收批混凝土立方体抗压强度的标准差时，应由不少于10组的试件组成一个验收批，其强度应同时满足式(5-18)和式(5-19)的要求。

$$\bar{f}_{cu} - \lambda_1 S_{fcu} \geqslant 0.90 f_{cu,k} \tag{5-18}$$

$$f_{cu,min} \geqslant \lambda_2 f_{cu,k} \tag{5-19}$$

式中：$\bar{f}_{cu}$——同一验收批混凝土立方体抗压强度的平均值，MPa；

$f_{cu,k}$——混凝土立方体抗压强度标准值，MPa；

$f_{cu,min}$——同一验收批混凝土立方体抗压强度的最小值，MPa；

λ_1、λ_2——合格判定系数，按表5-5数值取；

S_{fcu}——同一验收批混凝土立方体抗压强度的标准差，由式(5-20)计算，当其计算值小于0.06时，取 $S_{fcu}=0.06$，MPa。

$$S_{fcu} = \sqrt{\frac{\sum_{i-1}^{n} f_{cu,i}^2 - nm\bar{f}_{cu}^2}{n-1}} \tag{5-20}$$

式中：$f_{cu,i}$——第 i 组混凝土试件的值，MPa；

n——统计周期内相同等级的混凝土试件组数，不得少于25组；

m——每一验收组中试件个数。

λ_1、λ_2 取 值 表5-5

试件组数	10～14	15～24	≥25
λ_1	1.70	1.65	1.60
λ_2	0.90	0.85	

③非统计方法

按非统计方法评定，强度特征值应同时满足式(5-21)和式(5-22)的要求。

$$\bar{f}_{cu} \geqslant 1.15 f_{cu,k} \tag{5-21}$$

$$f_{cu,min} \geqslant 0.95 f_{cu,k} \tag{5-22}$$

式中：$f_{cu,k}$——混凝土立方体抗压强度标准值，MPa；

$\bar{f}_{cu}$——同一验收批混凝土立方体抗压强度的平均值，MPa；

$f_{cu,min}$——同一验收批混凝土立方体抗压强度的最小值，MPa。

当检验结果能满足上述要求时，该批混凝土强度判为合格；当不能满足上述规定时，该批混凝土强度判为不合格。由不合格批混凝土制成的结构或构件，应进行鉴定。对不合格的结构或构件必须及时处理。当对混凝土试件强度的代表性有怀疑时，可采用从结构或构件中钻取试样的方法或采用非破损检验方法，按有关标准的规定对结构或构件中混凝土的强度进行推定。

(2)混凝土质量水平的评定

混凝土的生产质量水平，可根据统计周期内混凝土强度标准差(σ_0或S_{fcu})和试件强度不低于要求强度等级的百分率P，按表5-6中的规定进行评定。P值由式(5-23)计算。

$$P = \frac{n_0}{n} \tag{5-23}$$

式中：n_0——统计周期内试件强度不低于要求强度等级的组数；

n——统计周期内相同强度等级的混凝土试件组数，$n \geqslant 25$。

混凝土生产质量水平(GBJ 107—2008)　　表5-6

生产质量水平		优良		一般		差	
评定指标	生产单位	<C20	≥C20	<C20	≥C20	<C20	≥C20
混凝土强度标准差σ (MPa)	预拌混凝土和预制混凝土构件厂	≤3.0	≤3.5	≤4.0	≤5.0	>5.0	>5.0
	集中搅拌混凝土的施工现场	≤3.5	≤4.0	≤4.5	≤5.5	>4.5	>5.5
强度不低于要求强度等级的百分率P(%)	预拌混凝土厂和预制混凝土构件厂及集中搅拌混凝土的施工现场	≥95		>85		≤85	

三、硬化混凝土的变形特性

在荷载作用下，混凝土会产生相应的应变，其他因素如温度也会导致混凝土应变的产生。混凝土的应变在一定的范围内具有弹性特性，即应变会随着应力的去除而消失。在持续荷载作用下，混凝土的应变随时间延长而增加，即表现为徐变特性。另外，不管是否有荷载作用，在干燥时，混凝土会产生一定的收缩，即干缩。混凝土的弹性、干缩和徐变等变形性质是混凝土的重要特性，对混凝土的应用性能有重要影响。

1. 弹性变形——弹性模量

(1)混凝土的应力—应变特征

混凝土承受荷载时，应力—应变关系是非线性的，在较高的荷载下，这种非线性特征更加明显。当卸除荷载时，混凝土变形不能完全恢复，在荷载重复加载和卸载的作用下，每一次卸载都会残留部分残余变形。图5-17给出了混凝土在低应力重复荷载作用下的应力—应变曲线，在第一个加载循环中，加载曲线为OA，卸载曲线为AC，残余应变为OC。经四次循环后，混凝土残余应变的总量为OC'。

(2)弹性模量

在混凝土应力应变曲线上，任一点的应力与应变的比值称为混凝土在该应力下的弹性模量。由图5-18可见，在混凝土受力的不同阶段，其弹性模量是一个变量，所以当计算混凝土的弹性模量时，应指明计算条件。根据不同取值方法，可得到图5-18所示的三种弹性模量。

①初始切线弹性模量α_0

初始切线弹性模量α_0是由图5-18中曲线原点的切线斜率求得的。α_0在结构设计中的应用价值较小，且难以准确量测。

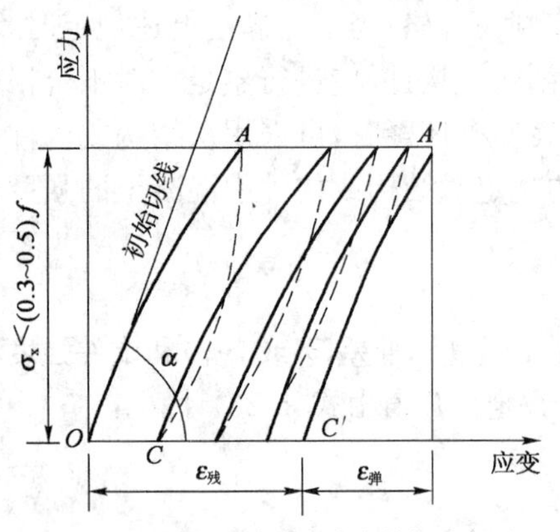

图 5-17　混凝土的应力—应变特征示意图

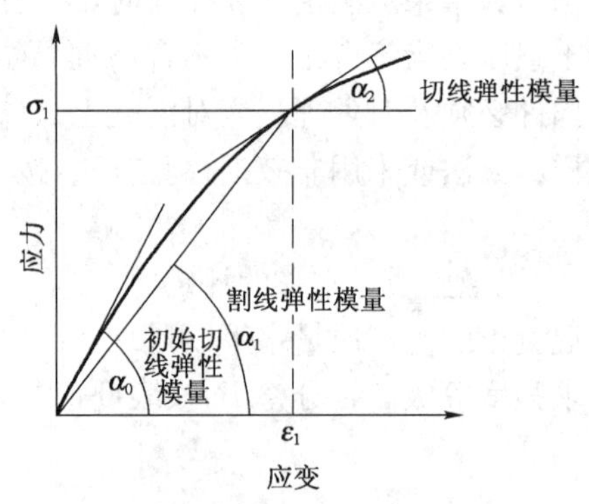

图 5-18　混凝土弹性模量分类示意图

②切线弹性模量 α_2

切线弹性模量 α_2 由图 5-18 中曲线上任一点的切线斜率确定。

③割线弹性模量 α_1

割线弹性模量 α_1 是由曲线上任一点与原点连线的斜率求得的。在混凝土工艺和混凝土结构设计中，通常采用规定条件下的割线弹性模量。《普通混凝土力学性能试验方法标准》(GB/T 50081—2002)规定，采用反复加载卸载($\sigma=0.4f_{cp}$)三次以后所得的割线模量，作为静力抗压弹性模量用于结构计算。道路工程用混凝土的抗折弹性模量取重复加、卸载(加载应力 $\sigma=0.5f_{cf}$)的割线模量。

(3)混凝土弹性模量影响因素

混凝土的弹性模量在很大程度上取决于粗集料的弹性模量，当粗集料含量较高时，弹性模量较高。此外，混凝土的弹性模量随其强度的提高而增加，但一般不呈线性关系。

2. 徐变变形

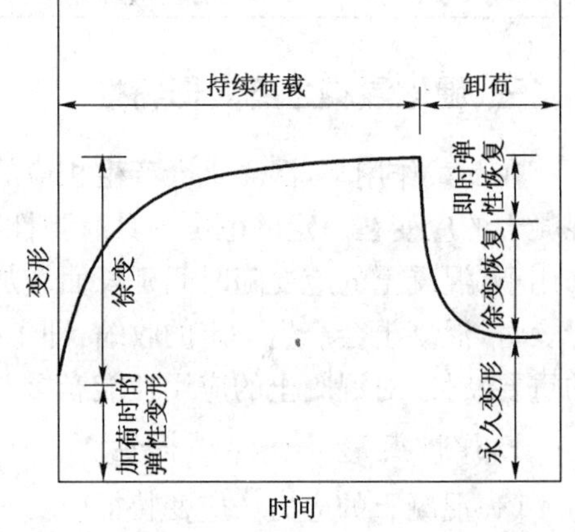

图 5-19　混凝土的徐变变形和恢复变形曲线

图 5-19 反映混凝土在持续荷载作用下的变形特征。由图可见，在加载的瞬间，混凝土产生以弹性变形为主的瞬时变形，此后在荷载的持续作用下，变形随时间连续增长，称为徐变变形。在较大的初始徐变变形后，徐变逐渐趋于稳定。卸除荷载后，混凝土有一瞬间恢复的变形，其后的一段时间里变形继续恢复，称为徐变恢复。在徐变恢复完成后残留下来的变形称为永久变形，又称残余变形。

混凝土的徐变变形主要是由水泥石的徐变变形所引起的，而集料所产生的徐变变形几乎可以忽略不计，因此混凝土中集料的体积率越大，混凝土的徐变变形越小。

在持续荷载作用下，混凝土的徐变可以延续若干年，其徐变应变通常会超过弹性应变，当混凝土结构承受持续荷载时，如果所承受的持续荷载较大，可能会导致混凝土结构破坏。所以在结构设计时必须考虑徐变的影响，否则可能会导致对整个结构变形的严重估计不足。在预应力混凝土中，必须考虑徐变变形导致构件缩短而造成的预应力钢筋束中拉力的损失。

3. 温度变形

混凝土具有热胀冷缩的性质，其温度胀缩系数为 $10\times10^{-6}\sim14\times10^{-6}$/℃。混凝土的温度变形对大体积工程或在温差较大季节施工的混凝土结构极为不利。在大体积混凝土中，由于水泥水化放热，混凝土内部的温度将升高，有时可达50～70℃，这会使混凝土内部产生显著的体积膨胀。与此同时，混凝土外部却随气温降低而冷却收缩，结果导致外部混凝土产生很大的拉应力。当这种拉应力超过混凝土的抗拉强度时，外部混凝土就会开裂。当混凝土施工期间温差较大时，同样会出现上述问题。为了减小温度变形对混凝土性能的不利影响，应设法降低混凝土的发热量，如采用低热水泥，采用人工降温措施以及对表层混凝土加强保温、保湿措施等。

为了减少混凝土由于温度收缩引起的伸缩变形和挠曲变形受到约束而产生的内应力，水泥混凝土路面需要设置各种类型的接缝，把面层划分成较小尺寸的板。在较纵长的混凝土结构中例如挡土墙，也应设置温度伸缩缝。

4. 干燥收缩变形

在干燥环境中时，由于混凝土内部水分蒸发而引起的体积变化，称为干缩。

当外界环境湿度低于混凝土本身的湿度时，混凝土中水泥石内部的游离水被蒸发，毛细管壁受到压缩，混凝土开始收缩。在环境湿度低于40%相对湿度时，水泥水化物中的凝胶水也开始蒸发，会引起更大的收缩。但当遇到潮湿环境时，已经干缩的混凝土将会膨胀，表现为混凝土体积的"湿胀"。图5-20为混凝土干湿变形示意图。由于混凝土的湿胀值远比干缩值小，即使在长期浸水后，这种膨胀量不足以弥补初期的收缩量，而经历干湿循环过程的混凝土总的收缩量与完全干燥状态下时所产生的收缩量几乎相等。

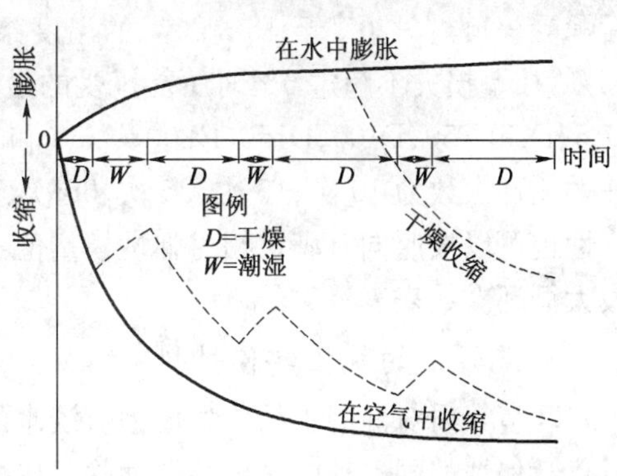

图5-20 混凝土的干湿变形特征

混凝土干缩应变极限值为$50\times10^{-5}\sim90\times10^{-5}$，干缩系数为0.5～0.9mm/m。干缩变形是混凝土的固有性质，如果处理不当，会使混凝土中出现微小裂纹，影响混凝土的耐久性。混凝土的干缩主要由水泥石的干缩所致，所以混凝土的干缩程度与水泥品种及用量、单位用水量和集料用量有关。需水量大的水泥干缩性大，如矿渣水泥的干缩性大于普通水泥；细度较大的水泥干缩性较大。集料在混凝土中形成骨架，对收缩有一定的抑制作用，水泥用量多或用水量大时，混凝土收缩较大。此外，混凝土的收缩还与施工、养护条件有关。混凝土浇筑得越密实，收缩量越小。早期在水中养护或在潮湿环境中养护，可大大减小混凝土的收缩量，蒸压养护对收缩的抑制效果更为显著。综上所述，降低混凝土干缩程度的主要措施有：限制水泥用量并保证一定的集料用量，减小水灰比，充分捣实混凝土，加强混凝土早期养护。

四、硬化混凝土的耐久性

耐久性是指混凝土在使用过程中，抵抗周围环境介质作用保持其使用质量的能力。大多数混凝土工程是永久性的，所以要求混凝土在使用环境条件中具有良好的耐久性。

1. 混凝土的抗渗性

混凝土对液体或气体渗透的抵抗能力称为混凝土的抗渗性。

在混凝土结构工程中，影响混凝土使用质量的主要环境因素包括：由淡水溶出作用、硫酸盐化学侵蚀作用等引起的水泥石强度的降低；由二氧化碳、氯气及氧气等的作用导致混凝土中钢筋锈蚀；由碱一集料反应引起的混凝土开裂等破坏。由于环境中的各种侵蚀介质均要通过渗透才能进入混凝土内部，所以渗透性能是影响混凝土耐久性的重要因素。

混凝土的抗渗性以抗渗标号来表示。采用标准养护 28d 的标准试件，按规定的方法进行试验，按混凝土所能承受最大水压力，将混凝土的抗渗标号分为 S2、S4、S6、S8、S10 和 S12 共六个等级，分别表示混凝土能抵抗 0.2MPa、0.4MPa、0.6MPa、0.8MPa、1.0MPa 和 1.2MPa 的水压力而不渗水。

2.混凝土的抗冻性

混凝土的抗冻性是指混凝土抵抗冻融循环作用的能力。

在严寒地区，处于潮湿状态下的混凝土将经历冻融循环过程，由此降低混凝土的强度、密度和弹性模量。

混凝土的抗冻性一般以抗冻标号来表示。抗冻标号是以龄期 28d 的标准试件在吸水饱和后承受－15～－20℃至 15～20℃的温度条件下反复冻融循环，以满足抗压强度下降不超过 25%，质量损失不超过 5%时所能承受的最大冻融循环次数来确定。混凝土抗冻标号有 D10、D15、D25、D50、D100、D150、D200、D250 和 D300 共九个等级，分别表示混凝土能够承受反复冻融循环次数为 10 次、15 次、25 次、50 次、100 次、150 次、200 次、250 次和 300 次。混凝土抗冻性也可以按照同时满足相对弹性模量值不小于 60%和质量损失率不超过 5%时所能承受的最大循环次数来表示。

3.混凝土的抗化学侵蚀性

环境介质对混凝土的化学侵蚀有淡水的侵蚀、海水侵蚀、酸碱侵蚀等，其侵蚀机理与水泥石化学侵蚀相同。其中海水的侵蚀除了硫酸盐侵蚀外，还有反复干湿作用、盐分在混凝土内的结晶与聚集、海浪的冲击磨损、海水中氯离子对钢筋的锈蚀作用等，这些作用同样会使混凝土受到侵蚀而破坏。

综上所述，混凝土的抗渗性、抗冻性和抗化学侵蚀性之间是相互关联的，且均与混凝土的密实度程度有关，即与孔隙总量及孔隙结构特征有关。若混凝土内部的孔隙形成相互连通的渗水通道，混凝土的抗渗性差，相应的抗冻性和抗化学侵蚀性将随之降低。因此应采取有效措施改善混凝土的空隙结构，减少混凝土内部的毛细管通道，以降低混凝土的渗透性，从而提高混凝土的抗冻性和抗化学侵蚀性。常用的方法有：采用减水剂降低水灰比提高混凝土密实度，加强养护杜绝施工缺陷，防止由于离析、泌水而在混凝土内形成空隙通道等。此外，还可以通过掺加引气剂，在混凝土中形成均匀分布的不连通微孔，缓冲因水冻结而产生的挤压力，以改善混凝土的抗冻性；采用外部保护措施以隔离侵蚀介质不与混凝土相接触，以提高混凝土的抗化学侵蚀性，如抗酸蚀等。

4.耐磨性

耐磨性是指混凝土抵抗表层损伤的能力。

路面混凝土表层受到车辆磨耗作用，桥梁墩台、坝面混凝土受到高速水流的冲刷作用，因此，耐磨性是道路和桥梁用混凝土结构应具有的重要性能之一。

混凝土的耐磨性的评价，是以边长 150mm 的立方体试件养护至规定龄期，在 60℃下烘至恒量，然后在带有花轮磨头的混凝土磨耗机上，在负荷 200N 下磨削 50 转，按式(5-24)计算试件的磨损量。磨损量越大，混凝土耐磨性越差。

$$G=\frac{m_0-m_1}{0.0125} \tag{5-24}$$

式中:G——试件单位面积的磨损量,kg/m^2;

m_0——试件在磨损前的质量,kg;

m_1——试件在磨损后的质量,kg;

0.012 5——试件的磨损面积,m^2。

混凝土的耐磨性与其强度等级有密切关系,同时也与水泥品种、集料硬度有关,如细集料对路面混凝土的耐磨性有较大的影响。据国外资料报道,当砂中石英含量超过 1/3 时,混凝土路面的耐磨性将明显增强。对于一般抗磨要求的混凝土,其强度等级不应小于 C20,对于抗磨要求较高的混凝土,其强度等级应不小于 C30。

第二节　普通水泥混凝土的组成设计

普通混凝土是指干密度为 2 000～2 800kg/m³ 的水泥混凝土。普通水泥混凝土组成设计任务,就是要根据设计目标、施工条件,选择合适的组成材料,并确定各组成材料用量,使所配制的混凝土在比较经济的原则下,具有所期望的技术性能。这些性能包括混凝土拌和物具有与施工条件相适应的和易性,硬化后混凝土应满足设计强度等级和耐久性的要求等。

一、普通水泥混凝土组成材料的技术要求

1. 水泥品种和强度等级

水泥是影响混凝土施工性质、强度和耐久性的重要材料。在选择混凝土组成材料时,必须合理选择水泥强度和品种。

一般来说,硅酸盐水泥、普通硅酸盐水泥、矿渣硅酸盐水泥、火山灰硅酸盐水泥、粉煤灰硅酸盐水泥以及复合硅酸盐水泥等均可用于配制普通水泥混凝土。由于不同混凝土工程性质、所处的环境及施工条件各有其特点,对水泥性能要求不尽相同,在本书第四章中介绍了通用硅酸盐水泥的特性和适应性,可参照选择。在满足工程要求的前提下,应选用价格较低的水泥品种,以降低工程造价。

应正确选择水泥的强度,使水泥的强度等级与所配制的混凝土强度等级相匹配。根据"水灰比定则"所反映的关系,如果选用高强度等级水泥配制低强度等级的混凝土,会使水泥用量偏低,影响混凝土和易性及密实度,此时可考虑掺加一定数量的掺和料。如果采用低强度等级水泥配制高强度等级混凝土,不仅会使水泥用量过多,不经济,还将影响混凝土的其他技术性能。

2. 粗集料

混凝土所用粗集料包括卵石和碎石,常称为石子,是混凝土的主要组成材料,也是影响混凝土强度的重要因素之一。对粗集料技术性能要求的主要体现在:具有稳定的物理性能和化学性能,不与水泥发生有害反应。

(1)强度与坚固性

粗集料在混凝土中起骨架作用,必须具有足够的强度和坚固性。碎石或卵石的强度用岩石立方体抗压强度和压碎指标反映。用于不同强度等级混凝土的粗集料技术等级要求见表 5-7。不同技术等级粗集料的技术要求见表 5-8。

混凝土强度等级与碎石、卵石技术等级的关系(GB/T 14685—2001)　　表 5-7

卵石、碎石的技术等级	Ⅰ级	Ⅱ级	Ⅲ级
混凝土的强度等级	≥C60	C30～C60	<C30

碎石和卵石技术要求(GB/T 14685—2001)　　表 5-8

技术指标	技术要求		
	Ⅰ级	Ⅱ级	Ⅲ级
碎石压碎指标(%)　<	10	20	30
卵石压碎指标(%)　<	12	16	16
针片状颗粒含量(%)　<	5	15	25
含泥量(%)　<	0.5	1.0	1.5
泥块含量(%)　≤	0	0.5	0.7
有机物含量(比色法)	合格	合格	合格
硫化物及硫酸盐含量(按 SO_3 质量计)(%)　<	0.5	1.0	1.0
坚固性(%)　<	5	8	12
岩石抗压强度(MPa)	在饱水状态下,火成岩应不小于 80,变质岩应不小于 60,水成岩应不小于 40		
密度与空隙率	表观密度>2 500kg/m³,松散堆积密度>1 350kg/m³,空隙率<47%		
碱集料反应	经碱集料反应试验后,由卵石、碎石、碎卵石配制的试件无裂缝、酥裂、胶体外溢等现象,在规定试验龄期的膨胀率应小于 0.10%		

(2)有害杂质

粗集料中的有害杂质为黏土、淤泥、硫化物及硫酸盐、有机质等。这些杂质常黏附在集料的表面,妨碍水泥与集料黏结,降低混凝土的抗渗性和抗冻性,有机杂质、硫化物及硫酸盐等对水泥亦有腐蚀作用。粗集料中含泥量、有机物含量、硫化物及硫酸盐含量等不得超过相应等级的技术要求(表 5-8),并应对混凝土所用的碎石或砾石进行碱活性检验。

(3)最大公称粒径及颗粒形状与级配

为了保证混凝土的施工质量,保证混凝土构件的完整性和密实度,粗集料的最大公称粒径不宜过大。要求集料的最大公称粒径不得超过结构截面最小尺寸的 1/4,且不得超过钢筋间最小净距的 3/4;对于混凝土实心板,集料的最大公称粒径不宜超过板厚的 1/3,且不得超过 40mm。

粗集料中针、片状颗粒过多,会降低混凝土强度,其含量应加以控制。粗集料中针、片状颗粒含量的控制要求见表 5-8。

(4)粗集料的级配组成

混凝土中碎石或砾石颗粒组成应符合表 5-9 的规定。单粒级宜用于配制成具有要求级配的连续粒级,也可与连续粒级集料混合使用,以改善其级配。不宜用单一的单粒级集料配制混凝土,如必须单独使用,则应作技术经济分析,并应通过试验证明不会发生离析或影响混凝土的质量。

碎石或卵石的颗粒级配规定(GB/T 14685—2001)　　表 5-9

级配类型	公称粒径(mm)	下列筛孔(mm)的累计筛余(%)											
		2.36	4.75	9.5	16.0	19.0	26.5	31.5	37.5	53.0	63.0	75.0	90
连续粒级	5～10	95～100	80～100	0～15	0	—	—	—	—	—	—	—	—
	5～16	95～100	85～100	30～60	0～10	0	—	—	—	—	—	—	—
	5～20	95～100	90～100	40～80	—	0～10	0	—	—	—	—	—	—
	5～25	95～100	90～100	—	30～70	—	0～5	0	—	—	—	—	—
	5～31.5	95～100	90～100	70～90	—	15～45	—	0～5	0	—	—	—	—
	5～40	—	95～100	70～90	—	30～65	—	—	0～5	0	—	—	—
单粒径	10～20	—	95～100	85～100	—	0～15	0	—	—	—	—	—	—
	16～31.5	—	95～100	—	85～100	—	—	0～10	0	—	—	—	—
	20～40	—	—	95～100	—	80～100	—	—	0～10	0	—	—	—
	31.5～63	—	—	—	95～100	—	—	75～100	45～75	—	0～10	0	—
	40～80	—	—	—	—	95～100	—	—	70～100	—	30～60	0～10	0

3. 细集料

混凝土用细集料应采用级配良好、质地坚硬、颗粒洁净的河砂或海砂。当工程所在地没有河砂或海砂资源时，也可使用符合要求的山砂或机制砂。各类砂的技术指标必须合格才能使用。

(1)压碎值和坚固性

混凝土中所用细集料也应具备一定的强度和坚固性。混凝土强度等级与细集料技术等级的关系见表 5-10，细集料的技术等级见表 5-11 中的规定。

混凝土强度等级与细集料技术等级的关系(GB/T 14684—2001)　　表 5-10

细集料的技术等级	I 级	II 级	III 级
混凝土的强度等级	≥C60	C30～C60	<C30

细集料技术要求(GB/T 14684—2001)　　表 5-11

项　目					技术要求		
					I 级	II 级	III 级
人工砂	压碎指标(%)			<	20	25	30
	甲基蓝试验	MB 值<1.4 或合格	石粉含量/%	<	3.0	5.0	7.0
			泥块含量/%	<	0	1.0	2.0
		MB 值≥1.4 或不合格	石粉含量/%	<	1.0	3.0	5.0
			泥块含量/%	<	0	1.0	2.0
天然砂	含泥量(%)			<	1.0	2.0	5.0
	泥块含量(%)			<	0	1.0	2.0
有害杂质含量(%)	氯化物含量(按氯离子质量计)			<	0.01	0.02	0.06
	云母含量			<	1.0	2.0	2.0
	有机物含量(比色法)(%)				合格	合格	合格
	硫化物及硫酸盐(按 SO_3 质量计)(%)			<	0.5	0.5	0.5
	轻物质含量(%)			<	1.0	1.0	1.0
坚固性(%)				<	8	8	10
密度和空隙率					表观密度>2 500kg/m³，松散堆积密度>1 350kg/m³，空隙率<47%		

(2)有害杂质

细集料中有害物质对混凝土的危害作用同粗集料中的有害杂质，其含量应限制在表5-11规定的范围内。

(3)级配与细度模数

细集料的级配应符合表5-12的规定，其中II区由中砂和部分偏粗的细砂组成，是配制混凝土时优先选用的级配类型；I区属于粗砂范畴，当采用I区砂配制混凝土时，应较II区砂提高砂率，并保持足够的水泥用量，否则混凝土拌和物的内摩擦力较大、保水性差、不易捣实成型；III区砂是由细砂和部分偏细的中砂组成，当采用III区砂配制混凝土时，应较II区砂适当降低砂率，以保证混凝土强度。

细集料级配范围(GB/T 14684—2001) 表5-12

级配分区		在下列筛孔(mm)上的累计筛余(%)						
		0.15	0.30	0.60②	1.18	2.36	4.75②	9.5
粗砂	I区	90～100(85～100)①	85～95	71～85	35～65	5～35	0～10	0
中砂	II区	90～100(80～100)①	70～92	41～70	10～50	0～25	0～10	0
细砂	III区	90～100(75～100)①	55～85	16～40	0～25	0～15	0～10	0

注：①括号中数据为人工砂可放宽的范围。

②砂的实际颗粒级配除了在4.75mm和0.60mm筛档外，其余各筛档可以略有超出表中所列数据，但超出总量应小于5%。

4.拌和用水

混凝土拌和用水水源包括饮用水、清洁的天然水、地下水、海水及经适当处理后的工业废水。在拌制混凝土用水中，不得含有影响水泥正常凝结与硬化的有害杂质，如油脂、糖类等。海水可用于拌制素混凝土，但不得用于拌制钢筋混凝土和预应力混凝土。在对水质有疑问时，可将该水与洁净水分别制成混凝土或砂浆试块，然后进行强度对比试验，如果该水制成试件的28d抗压强度不低于洁净水制成试件强度的90%，则该水可用于拌制混凝土。对混凝土拌和用水的要求见表5-13。

混凝土拌和用水的质量要求 表5-13

项目		预应力混凝土	钢筋混凝土	素混凝土
pH值	≥	4	4	4
不溶物($mg \cdot L^{-1}$)	≤	2 000	2 000	5 000
可溶物($mg \cdot L^{-1}$)	≤	2 000	5 000	10 000
氯化物(以Cl^-计)($mg \cdot L^{-1}$)	≤	500①	1 200	3 500
硫酸盐(以SO_4^{2-}计)($mg \cdot L^{-1}$)	≤	600	2 700	2 700
硫化物(以S^{2-}计)($mg \cdot L^{-1}$)	≤	100	—	—

注：①使用钢丝或经热处理钢筋的预应力混凝土氯化物的含量不得超过350$mg \cdot L^{-1}$。

5.外加剂与掺和料

外加剂是在混凝土拌和前或拌和时掺入，掺量不超过水泥质量5%(特殊情况下除外)，并能按照某些要求改善混凝土性能的物质。在混凝土中，外加剂掺量虽然很小，却能显著改善混凝土的某些性能。关于外加剂的内容详见本章第三节的介绍。

掺和料在混凝土中的作用是改善混凝土拌和物的施工和易性、降低混凝土水化热、调节凝结时间等。这些掺和料在混凝土搅拌前或搅拌过程中与其他组成材料一样直接加入，所以它不同于生产水泥时与熟料共同磨细的混合材料。混凝土用掺和料有粉煤灰、粒化高炉矿渣粉、沸石粉、硅粉及复合型掺和料等。目前，在普通混凝土中较多使用掺和料为粉煤灰，其质量要求见本章第三节。

二、普通水泥混凝土的配合比设计

普通水泥混凝土是由水泥、砂、石子和水组成的一种复合材料。其配合比设计是根据原材料性能及对混凝土的技术要求，确定这些组成材料的质量或体积之间的比例关系，有时还需注明外加剂用量。

混凝土配合比的表示方法有两种：一种以 $1m^3$ 混凝土中各种材料的质量表示，例如，水泥330kg，水 185kg，砂 598kg，石子 1 281kg；另一种以水泥质量为 1 来表示其他各项材料用量的相对关系，如，水泥：砂：石子=1：1.81：3.88，水灰比=0.56。

确定混凝土配合比的主要内容为：根据经验公式和试验参数计算各种组成材料的比例，得出“初步配合比”；按初步配合比在试验室进行试拌，考察混凝土拌和物的施工和易性，经调整后得出“基准配合比”；再按“基准配合比”，对混凝土进行强度复核，如有其他要求，也应做出相应的检验复核，最后确定出满足设计和施工要求且经济合理的“设计配合比”；在施工现场，还应根据现场砂石材料的含水率对配合比进行修正，得出“施工配合比”。

1. 配合比设计指标

在进行混凝土配合比设计时，主要考虑混凝土拌和物的施工和易性、硬化混凝土的强度和耐久性指标。

(1)混凝土拌和物和易性的选择

普通混凝土拌和物的坍落度应根据构件截面尺寸大小、钢筋疏密和施工方式来确定，见表 5-14。当构件截面尺寸较小，或钢筋较密，或采用人工插捣时，坍落度可选择大一些；反之，若构件截面尺寸较大，或钢筋较疏，或采用机械振捣，则坍落度可选择小一些。由于运输过程中会有坍落度的损失，选择坍落度值时应将损失值估计在内。在不发生浇筑困难的情况下，应尽可能减小坍落度值。

混凝土浇筑时的坍落度要求(GB 50204—2002)　　表 5-14

结 构 种 类	坍落度(mm)
基础或地面等的垫层、无配筋的大体积结构(挡土墙、基础等)或配筋稀的结构	10～30
板、梁和大型及中型截面的柱子等	30～50
配筋密列的结构(薄壁、斗仓、筒仓、细柱等)	50～70
配筋特密的结构	70～90

注：①本表系采用机械振捣混凝土时的坍落度，当采用人工捣实混凝土时其值可适当增大。
②当需要配制大坍落度混凝土时，应掺用外加剂。
③曲面或斜面结构混凝土的坍落度应根据实际需要另行选定。
④泵送混凝土的坍落度宜为 80～180mm。

(2)混凝土的配制强度 $f_{cu,0}$

混凝土的设计强度等级根据结构设计确定。为了使所配制的混凝土在工程使用时具有一定的强度保证率，配合比设计时的混凝土配制强度应大于设计要求的强度等级。混凝土配制强度按照式(5-25)计算。

$$f_{cu,0} \geqslant f_{cu,k} + 1.645\sigma \quad (5\text{-}25)$$

式中：$f_{cu,0}$——混凝土配制强度，MPa；

$f_{cu,k}$——混凝土设计强度等级，MPa；

σ——混凝土强度标准差，MPa。

混凝土强度标准差宜根据施工单位同类混凝土统计资料计算确定，计算时强度试件组数不应少于25组。当混凝土强度等级为C20或C25时，如强度标准差计算值小于2.5MPa，计算配制强度用的标准差取值应不小于2.5MPa；当强度等级大于或等于C30级，如强度标准差计算值小于3.0MPa时，计算配制强度用的标准差取值应不小于3.0MPa；当施工单位不具有近期同一品种混凝土强度资料时，强度标准差可按表5-15取用。

强度标准差取值表 表5-15

混凝土强度等级	＜C20	C20～C35	＞C35
强度标准差取值(MPa)	3.0	5.0	6.0

(3)混凝土的耐久性

混凝土的耐久性在很大程度上取决于它的密实度，而混凝土的密实度主要取决于混凝土的水灰比和水泥用量。《普通混凝土配合比设计规程》(JGJ/T 55—2000)中对混凝土的最大水灰比和最小水泥用量做出了规定，见表5-16。

混凝土的最大水灰比和最小水泥用量(JGJ/T 55—2000) 表5-16

环境条件		结构物类别	最大水灰比			最小水泥用量(kg/cm³)		
			素混凝土	钢筋混凝土	预应力混凝土	素混凝土	钢筋混凝土	预应力混凝土
干燥环境		正常的居住或办公用房屋内部件	不作规定	0.65	0.60	200	260	300
潮湿环境	无冻害	高湿度的室内、室外部件，在非侵蚀性土和(或)水中的部件	0.70	0.60	0.60	225	280	300
潮湿环境	有冻害	经受冻害的室外部件，在非侵蚀性土和(或)水中且受冻害的部件，高湿度且经受冻害的室内部件	0.55	0.55	0.55	250	280	300
有冻害和除冰剂的潮湿环境		经受冻害和除冰剂作用的室内和室外部件	0.50	0.50	0.50	300	300	300

注：当用活性掺和料取代部分水泥时，表中的最大水灰比以及最小水泥用量即为替代前的水灰比和水泥用量。

当混凝土的设计强度等级大于或等于C15时，混凝土的配合比中的水灰比和水泥用量应满足表5-16的规定。配制C15级以及C15级以下等级的混凝土时，可不受表5-16的限制。

2.配合比设计的三参数

由水泥、水、细集料和粗集料组成的普通水泥混凝土的配合比设计，可以通过下列三个关键参数来控制。

(1)水灰比

水泥混凝土的各种性能往往取决于由水和水泥组成的水泥浆体，在水与水泥性质确定的情况下，水和水泥的质量比决定了水泥浆体的性能，因而水灰比是水泥混凝土设计中的关键参数之一。

(2)砂率

细集料(砂)与粗集料(石)组成水泥混凝土的矿料骨架，其性能在砂石材料性质确定的条件下，就取决于砂和石之间的质量比例，这一比例称为砂率。

(3)用水量

在水灰比确定的情况下，用水量的多少就成为集料质量确定的重要依据，进而对水泥混凝土的性能产生重要影响。在现行混凝土配合比设计方法中，往往用单位体积用水量(简称用水量)来表示水泥浆和集料之间的比例关系。

3. 混凝土初步配合比设计步骤

(1)计算混凝土的配制强度 $f_{cu,0}$

按设计要求的强度等级，普通混凝土的配制强度由式(5-25)计算。

(2)计算水灰比 W/C，并校核

普通混凝土的水灰比 W/C 由经验公式(5-26)计算。为了保证混凝土必要的耐久性，水灰比计算值不得超过表 5-14 中所规定的最大水灰比值。

$$W/C=\frac{a_a\times f_{ce}}{f_{cu,0}+a_a\times a_b\times f_{ce}} \tag{5-26}$$

式中：$f_{cu,0}$——水泥混凝土的配制强度，MPa；

f_{ce}——水泥 28d 抗压强度实测值，MPa；

a_a、a_b——回归系数，应根据工程所使用的水泥、集料，通过试验确定，当无试验统计资料时，可按照表 5-17 选用。

回归系数 α_a、α_b 选用表(JGJ/T 55—2000)　　表 5-17

集 料 品 种	a_a	a_b
碎石	0.46	0.07
卵石	0.48	0.33

(3)单位用水量 m_{w0} 的确定

当水灰比确定后，单位用水量决定了混凝土中水泥浆与集料质量的比例关系。单位用水量取决于集料特性，以及混凝土拌和物施工和易性的要求，按以下方法选用。

①干硬性和塑性混凝土

当水灰比在 0.4～0.8 范围时，其单位用水量应根据集料的品种、最大粒径及施工要求的混凝土拌和物流动性按表 5-18 选取。表 5-18 中单位用水量为采用中砂时的平均取值，当采用细砂时，用水量可增加 5～10kg/m^3；采用粗砂时，则可减少 5～10kg/m^3。

混凝土单位用水量选用表(kg/m^3)(JGJ/T 55—2000)　　表 5-18

拌和物流动性		卵石最大粒径(mm)				碎石最大粒径(mm)			
项目	范围	10	20	31.5	40	16	20	31.5	40
VB 稠度(s)	16～20	175	160	—	145	180	170	—	155
	11～15	180	165	—	150	185	175	—	160
	5～10	185	170	—	155	190	180	—	165
坍落度(mm)	10～30	190	170	160	150	200	185	175	165
	35～50	200	180	170	160	210	195	185	175
	55～70	210	190	180	170	220	205	195	185
	75～90	215	195	185	175	230	215	205	195

水灰比小于或等于 0.4 的混凝土及采用特殊成型工艺混凝土用水量应通过试验确定。

②流动性和大流动性混凝土

未掺外加剂时，以表 5-18 中坍落度 90mm 的用水量为基础，按坍落度每增大 20mm 用水量增加 5kg/m^{3}的原则计算混凝土的用水量。

当掺外加剂时，混凝土用水量可按式(5-27)计算。

$$m_{w,ad}=m_{w0}(1-\beta_{ad}) \tag{5-27}$$

式中：$m_{w,ad}$——掺外加剂混凝土的单位用水量，kg/m^3；

m_{w0}——未掺外加剂混凝土的单位用水量，kg/m^3；

β_{ad}——外加剂的减水率，%，经试验确定。

(4)砂率 β_s的确定

①坍落度在 10～60mm 范围的混凝土

当无使用经验时，砂率可根据粗集料品种、最大粒径及水灰比按表 5-19 选用。

混凝土砂率选用表(%)(JGJ/T 55—2000)　　表 5-19

水灰比 W/C	卵石最大粒径(mm)			碎石最大粒径(mm)		
	10	20	40	16	20	40
0.40	26～32	25～31	24～30	30～35	29～34	27～32
0.50	30～35	29～34	28～33	33～38	32～37	30～35
0.60	33～38	32～37	31～36	36～41	35～40	33～38
0.70	36～41	35～40	34～39	39～44	38～43	36～41

注：①表中数值系中砂的选用砂率，对细砂或粗砂，可相应地减少或增加砂率。

②当只用一个单粒级的粗集料配制混凝土时，砂率值应适当增加。

③对薄壁混凝土构件砂率应取偏大数值。

②坍落度大于或等于 60mm 的混凝土

应在表 5-19 的基础上，按坍落度每增大 20mm，砂率增加 1 个百分点的幅度予以调整。

③坍落度小于 10mm 的混凝土及使用外加剂或掺和料的混凝土应经试验确定砂率。

(5)计算单位水泥用量 m_{c0}，并校核

由水灰比 W/C 和单位用水量 m_{w0}，按式(5-28)计算混凝土的单位水泥用量 m_{c0}。为了保证混凝土的耐久性，水泥用量计算值不得小于表 5-16 中规定的最小水泥用量。

$$m_{c0}=\frac{m_{w0}}{W/C} \tag{5-28}$$

(6)计算细集料用量 m_{s0}和粗集料用量 m_{g0}

①体积法

混凝土的体积与质量的关系见图 5-21。在采用体积法时，认为混凝土拌和物的总体积等于水泥、砂、石和水四种材料的绝对体积与空隙体积之和，即方程组(5-29)所表示的关系。

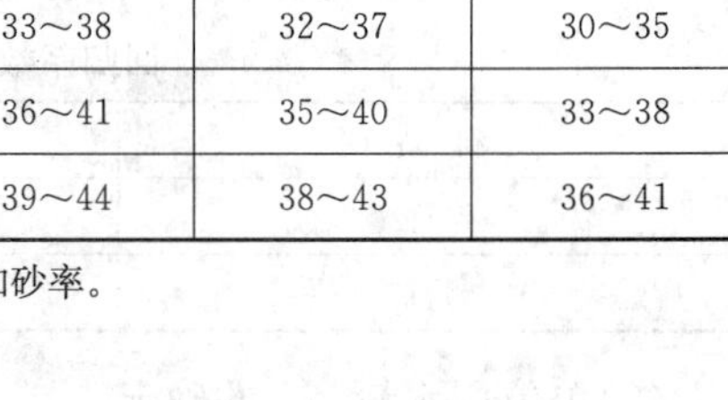

质量		体积
	空隙	$0.01a$
m_{c0}	水泥	m_{c0}/ρ_c
m_{w0}	水	m_{w0}/ρ_w
m_{s0}	砂	m_{s0}/ρ_s
m_{g0}	石	m_{g0}/ρ_g

图 5-21　混凝土体积与质量的关系示意图

$$\begin{cases}\dfrac{m_{c0}}{\rho_c}+\dfrac{m_{g0}}{\rho_g}+\dfrac{m_{s0}}{\rho_s}+\dfrac{m_{w0}}{\rho_w}+0.01a=1\\ \beta_s=\dfrac{m_{s0}}{m_{s0}+m_{g0}}\times 100\end{cases} \tag{5-29}$$

式中：m_{c0}——混凝土中的单位水泥用量，kg/m^3；

m_{g0}——混凝土中的单位粗集料用量，kg/m^3；

m_{s0}——混凝土中的单位细集料用量，kg/m^3；

m_{w0}——混凝土中的单位用水量，kg/m^3；

β_s——砂率，%；

ρ_c——水泥密度，kg/m^3；

ρ_g——粗集料的表观密度，kg/m^3；

ρ_s——细集料的表观密度，kg/m^3；

ρ_w——水的密度，kg/m^3，可取1 000kg/m^3；

a——混凝土的含气量百分数，在不使用引气型外加剂时，a可取为1。

②密度法

当采用密度法时，需要首先假定一个适宜的混凝土表观密度值m_{cp}，混凝土各组成材料的单位用量之和即为混凝土的表观密度m_{cp}，如方程组(5-30)所示的关系。

$$\begin{cases} m_{c0} + m_{g0} + m_{s0} + m_{w0} = m_{cp} \\ \beta_s = \dfrac{m_{s0}}{m_{s0} + m_{g0}} \times 100 \end{cases} \tag{5-30}$$

式中：m_{cp}——混凝土拌和物的假定表观密度，取2 400～2 450kg/m^3；

其余符号意义同式(5-29)。

将已确定的单位用水量m_{w0}、单位水泥用量m_{c0}和砂率β_s代入式(5-29)或式(5-30)，可求出粗集料用量m_{g0}和细集料用量m_{s0}。由此得到混凝土的初步配合比为：水泥：水：砂：石子＝m_{c0}：m_{w0}：m_{s0}：m_{g0}。

4. 混凝土配合比的试配、调整与确定

在初步配合比设计过程中，各组成材料的用量是借助于经验公式、经验表格和经验参数计算得到的，还需要通过试拌检验，经调整后得出满足施工和易性要求的混凝土“基准配合比”；再通过强度试验，调整水灰比，最后得出满足强度要求的“设计配合比”。

(1)基准配合比

混凝土试拌时应采用实际工程使用的原材料，并采用与施工时相同的搅拌方法。首先按照“初步配合比”进行混凝土试拌，检查其拌和物的和易性。如果实测坍落度或VB稠度不能满足设计要求，或黏聚性和保水性能不好时，应在保持水灰比不变的条件下，调整用水量或砂率；如果坍落度低于设计要求，可保持水灰比不变，适当增加水泥浆用量；也可以根据砂率与流动性的关系(图5-8)，通过调整砂率来改善混凝土的流动性。每次调整时，应加入少量材料，反复试验直到符合要求为止。然后经过和易性和密度调整后提出供混凝土强度试验用的“基准配合比”：水泥：水：砂：石子＝m_{ca}：m_{wa}：m_{sa}：m_{ga}。

(2)设计配合比

①强度试件的制作

按照试拌调整后的“基准配合比”准备材料，对混凝土进行强度检验。强度试验时至少应采用三个不同水灰比的配合比，其中一个是“基准配合比”中的水灰比，另外两个水灰比，分别较基准配合比增加及减少0.05。单位用水量与基准配合比相同。根据“固定用水量定则”，水灰比的这种变化对混凝土的流动性无较大影响。做混凝土强度试验时，每种水灰比下的混合料至少应制作三块试件，并应标准养护到28d进行抗压强度试验。

②和易性检测

制作混凝土强度试件时，应检验混凝土的和易性(坍落度或VB稠度、黏聚性、保水性)，并测定拌和物表观密度，以此结果代表相应配合比的混凝土拌和物的性能。当不同水灰比的混凝土拌和物坍落度与要求值相差超过允许偏差时，可以适当增、减用水量进行调整。砂率也可酌情分别增加或减少1个百分点。

③设计配合比的确定

根据强度试验结果，建立灰水比与混凝土强度的关系，选定与混凝土配制强度($f_{cu,0}$)相对应的灰水比C/W。然后按照下列方法确定混凝土"设计配合比"中各种材料的用量。

单位用水量m_{wb}应按基准配合比中的单位用水量m_{wa}，并根据制作强度试件时测得的坍落度或维勃稠度，进行适当调整；

单位水泥用量m_{cb}应由单位用水量m_{wb}乘以选定出的灰水比计算确定；

细集料用量m_{sb}和粗集料用量m_{gb}应按基准配合比中的砂率，以及单位水泥用量m_{cb}和单位用水量m_{wb}代入式(5-29)和式(5-30)计算确定。

④混凝土组成材料用量的调整

由式(5-31)计算混凝土的表观密度，并由式(5-32)计算混凝土配合比校正系数。

$$\rho_{c,c} = m_{cb} + m_{wb} + m_{sb} + m_{gb} \tag{5-31}$$

式中：　　$\rho_{c,c}$——混凝土的表观密度计算值，kg/m^3；

m_{cb}、m_{wb}、m_{sb}、m_{gb}——混凝土设计配合比组成材料单位用量，kg/m^3。

$$\delta = \frac{\rho_{c,t}}{\rho_{c,c}} \tag{5-32}$$

式中：δ——混凝土配合比校正系数；

$\rho_{c,t}$——混凝土的表观密度实测值，kg/m^3；

$\rho_{c,c}$——混凝土的表观密度计算值，kg/m^3。

当混凝土表观密度的实测值$\rho_{c,t}$与计算值$\rho_{c,c}$之差的绝对值不超过计算值的2%时，按上述方法得到的各种材料用量即为混凝土的设计配合比；当二者之差超过2%时，将各项材料用量乘以校正系数δ，即为确定的混凝土设计配合比：水泥∶水∶砂∶石子$=m_c : m_w : m_s : m_g$。

5. 施工配合比

在进行混凝土配合比计算时，所有计算公式和相关参数表格中的数值均是以干燥状态集料为基准的。而工地存放的砂石材料含有一定的水分，与配合比设计时存在差异，所以工地现场各种材料的实际称量应按工地砂石材料的实际含水量进行修正，修正后的配合比称为"施工配合比"。具体方法为：当工地测出砂的含水率为w_s(%)、石子的含水率为w_g(%)时，将上述设计配合比换算为施工配合比，每$1m^3$中各种材料的用量为：

水泥$m_c' = m_c$；

砂$m_s' = m_s \times (1 + w_s)$；

碎石$m_g' = m_g \times (1 + w_g)$；

水$m_w' = m_w - (m_s \times w_s + m_g \times w_g)$。

【例题5-2】 普通混凝土配合比设计示例

(1)组成材料

普通硅酸盐水泥32.5级，实测28d抗压强度为36.8MPa，密度$\rho_c = 3\,100kg/m^3$；中砂：表

观密度 $\rho_s=2\,650\text{kg/m}^3$，施工现场砂含水率为 2%；碎石：5～40mm，表观密度 $\rho_g=2\,700\text{kg/m}^3$，施工现场碎石含水率为 1%；水：自来水。

(2)设计要求

某桥梁工程桥台用钢筋混凝土(受冰雪影响)，混凝土设计强度等级 C30，要求强度保证率为 95%，强度标准差计算值为 3.0MPa。混凝土由机械拌和、振捣，施工要求坍落度为 35～50mm。试确定该混凝土的设计配合比及施工配合比。

(3)设计计算

1)步骤 1：初步配合比的计算

①计算配制强度($f_{cu,0}$)

根据设计要求混凝土强度等级 $f_{cu,k}=30\text{MPa}$，强度标准差 $\sigma=3.0\text{MPa}$，代入式(5-25)计算该混凝土的配制强度 $f_{cu,0}$ 为：

$$f_{cu,0}=f_{cu,k}+1.645\times\sigma=30+1.645\times3.0=34.9\text{MPa}$$

②计算水灰比(W/C)

由所给资料，水泥实测抗压强度 $f_{ce}=36.8\text{MPa}$，混凝土配制强度 $f_{cu,0}=34.9\text{MPa}$，粗集料为碎石，查表 5-17 得：$a_a=0.46$，$a_b=0.07$，代入式(5-26)，计算混凝土水灰比为：

$$W/C=\frac{0.46\cdot f_{ce}}{f_{cu,0}+0.46\times0.07\times f_{ce}}=\frac{0.46\times36.8}{34.9+0.46\times0.07\times36.8}=0.47$$

混凝土所处环境为受冰雪影响地区，查表 5-16，得知最大水灰比为 0.50，按照强度计算的水灰比结果符合耐久性要求，故取计算水灰比 $W/C=0.47$。

③确定单位用水量(m_{w0})

根据题意要求混凝土拌和物的坍落度为 35～50mm，碎石最大粒径为 40mm，查表 5-18，选取混凝土的单位用水量为：$m_{w0}=175\text{kg/m}^3$。

④计算单位水泥用量(m_{c0})

根据单位用水量及计算水灰比 W/C，带入式(5-28)，计算单位水泥用量：

$$m_{c0}=\frac{m_{w0}}{W/C}=\frac{175}{0.47}=372\text{kg/m}^3$$

查表 5-16，符合耐久性要求的最小水泥用量为 300kg/m^3，所以取按强度计算的单位水泥用量 $m_{c0}=372\text{kg/m}^3$。

⑤确定砂率(β_s)

由碎石的最大粒径 40mm，水灰比 0.47，查表 5-19，取混凝土砂率：$\beta_s=32\%$。

⑥计算细、粗集料用量(m_{s0} 及 m_{g0})

按照体积法，将 m_{w0}、m_{c0} 和 β_s 代入式(5-29)，非引气混凝土，取 $a=1$。

$$\begin{cases}\dfrac{m_{s0}}{2\,650}+\dfrac{m_{g0}}{2\,700}=1-\dfrac{372}{3\,100}-\dfrac{175}{1\,000}-0.01\times1\\[2ex]\dfrac{m_{s0}}{m_{s0}+m_{g0}}\times100=32\end{cases}$$

联立求解得：砂用量 $m_{s0}=596\text{kg/m}^3$、碎石用量 $m_{g0}=1\,268\text{kg/m}^3$。

按体积法计算所得混凝土初步配合比为：$m_{c0}:m_{w0}:m_{s0}:m_{g0}=372:175:596:1\,268$。

按密度法，假定混凝土表观密度 $m_{cp}=2\,400\text{kg/m}^3$，将 m_{w0}、m_{c0} 和 β_S 代入方程组(5-30)得：

$$\begin{cases} m_{s0}+m_{g0}=2\,400-372-175 \\ \dfrac{m_{s0}}{m_{s0}+m_{g0}}\times 100=32 \end{cases}$$

联立求解得：砂用量 $m_{s0}=593\text{kg/m}^3$，碎石用量 $m_{g0}=1\,260\text{kg/m}^3$。

按密度法确定的混凝土初步配合比为：$m_{c0}:m_{w0}:m_{s0}:m_{g0}=372:175:593:1\,260$，计算结果与体积法相近。

2)步骤 2：基准配合比设计

按初步配合比试拌 0.025m^{3}混凝土拌和物，各种材料用量：水泥＝0.025×372＝9.3kg，水＝0.025×175＝4.38kg，砂＝0.025×596＝14.9kg，碎石＝0.025×1 268＝31.7kg。

将混凝土拌和物搅拌均匀后，做坍落度试验，测得坍落度为 25mm，低于设计坍落度 35～50mm 的要求。为此增加水泥浆用量 3%，即水泥用量增至 9.58kg，水用量增至 4.50kg，再经搅拌后测得坍落度为 40mm，黏聚性、保水性均良好。

换算为基准配合比为：水泥：水：砂：碎石＝$m_{ca}:m_{wa}:m_{sa}:m_{ga}=383:180:596:1\,268$。

3)步骤 3：设计配合比的确定

①强度检验

以计算水灰比 0.47 为基础，采用水灰比分别为 0.42、0.47 和 0.52，基准用水量 180kg/cm^3 不变，相应调整砂、碎石用量，拌制三组混凝土拌和物并成型试件，水灰比为 0.42 和 0.52 的两个配合比也经过坍落度试验调整，均满足要求。与三个水灰比相应的 28d 抗压强度实测结果分别为：45.1MPa、37.8MPa、30.1MPa。图 5-22 为混凝土 28d 抗压强度($f_{cu,28}$)与灰水比(C/W)的关系曲线。由图 5-22 中曲线确定与混凝土配制强度 $f_{cu,0}=34.9\text{MPa}$ 对应的灰水比 C/W 为 2.05，即水灰比 W/C 为 0.49。

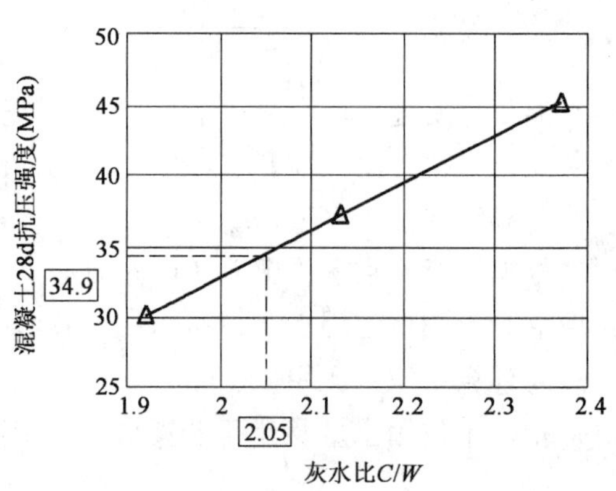

图 5-22　混凝土 28d 抗压强度 $f_{cu,28}$ 与灰水比 C/W 关系

②设计配合比的确定

按强度试验结果修正混凝土配合比，各种材料用量为：

单位用水量仍为基准配合比用水量 180kg/m^3；

单位水泥用量为 180÷0.49＝367kg/m^3；

砂、碎石用量按体积法计算得，砂用量为 594kg/m^3，碎石用量为 1 263kg/m^3。

③设计配合比的调整

混凝土拌和物表观密度计算值 $\rho_{c,c}=367+180+594+1\,263=2\,404\text{kg/m}^3$。

实测表观密度 $\rho_{c,t}=2\,478\text{kg/m}^3$。

计算校正系数 $\delta=\rho_{c,t}/\rho_{c,c}=2\,478\div 2\,404=1.03$。按校正系数修正后各种材料用量为：

水泥 $m_c=367\times 1.03=378\text{kg/m}^3$；

水 $m_w=180\times 1.03=185\text{kg/m}^3$；

砂 $m_s=594\times 1.03=612\text{kg/m}^3$；

碎石 $m_g=1\,263\times 1.03=1\,301\text{kg/m}^3$。

由此，最后确定混凝土的设计配合比为：$m_c : m_w : m_s : m_g = 378 : 185 : 612 : 1\,301$，或 $m_c : m_s : m_g = 1 : 1.62 : 3.44$，$W/C = 0.49$。

4)步骤4：施工配合比的计算

根据施工现场实测结果，砂含水率 w_s 为2%，碎石含水率 w_g 为1%，各种材料修正用量：

水泥 $m_c' = 378\text{kg/m}^3$；

砂 $m_s' = 612 \times (1 + 2\%) = 624\text{kg/m}^3$；

碎石 $m_g' = 1\,301 \times (1 + 1\%) = 1\,314\text{kg/m}^3$；

水 $m_w' = 185 - (624 \times 2\% + 1\,314 \times 1\%) = 159\text{kg/m}^3$。

所以，现场施工配合比为：$m_c' : m_s' : m_g' : m_w' = 378 : 624 : 1\,314 : 159$。

第三节　混凝土外加剂与掺和料

一、混凝土外加剂

1.混凝土外加剂定义与功能

外加剂，有时也称为化学外加剂，以区别粉煤灰等矿物外加剂，是现代混凝土的重要组成部分之一。在水泥混凝土中，应用外加剂的工程技术经济效益显著，受到国内外工程界的普遍重视。近几十年来，外加剂发展很快，品种越来越多，已成为混凝土四种基本组成材料以外的第五种组分。我国按国际标准化组织所提出的混凝土外加剂定义的原则，制定并颁布了国家标准《混凝土外加剂定义、分类、命名与术语》(GB 8075—2005)，对外加剂的定义为：混凝土外加剂是在拌制混凝土过程中掺入，用以改善混凝土性能的物质，其掺量不大于水泥质量的5%。

掺入外加剂的主要目的有：减少混凝土浇筑施工的费用，更有效地获得所需的混凝土性能；保证混凝土在不利的搅拌、输送、浇筑和养护条件下仍有所需的施工质量，满足混凝土在施工过程中的一些特殊要求。

应注意的是，采用外加剂并不能代替混凝土良好的浇筑实践。掺入外加剂的有效性取决于水泥的品种、品牌及用量，用水量，集料的配比、形状和粒径，搅拌时间，坍落度，混凝土及环境的温度等。

2.外加剂类型

外加剂品种繁多，通常每种外加剂具有一种或多种功能，按照主要功能分类见表5-20。

外加剂分类　　表5-20

外加剂功能	外加剂类型
改善新拌混凝土流变性能	减水剂、泵送剂、引气剂、保水剂等
调节混凝土凝结、硬化速度	早强剂、缓凝剂、速凝剂等
调节混凝土体中含气量	引气剂、加气剂、泡沫剂、消泡剂等
改善混凝土耐久性	引气剂、抗冻剂、阻锈剂、抗渗剂等
为混凝土提供特殊性能	引气剂、膨胀剂、防水剂、泡沫剂、着色剂、碱—集料反应抑制剂

按照化学成分，外加剂分为无机化合物类和有机化合物类。无机化合物类主要是无机电解质盐类，如早强剂 $CaCl_2$ 和 Na_2SO_4 等。有机化合物外加剂包括某些有机化合物及其复盐、

表面活性剂类，目前混凝土中所用的减水剂和引气剂多属于表面活性剂。

二、常用混凝土外加剂

1. 减水剂

减水剂是指在不影响混凝土工作性的条件下，具有减水及增强作用的外加剂。减水剂可以定义为一种在给定的工作度条件下，减小混凝土搅拌用水的外加剂，可以有助于混凝土性能的改善，如提高强度和耐久性。

高效减水剂是指在不改变新拌混凝土工作性条件下，能大幅度减少用水量，并显著提高混凝土强度；或在不改变用水量的条件下，可显著改善新拌混凝土工作性的减水剂。

(1)减水剂的作用

归纳起来，减水剂对水泥混凝土有三种作用：

①通过掺入减水剂，减小水灰比，混凝土的和易性不变，但各龄期的强度均有一定增加；

②在混凝土组分不变的条件下，掺入减水剂，混凝土的强度不变，但和易性会有改善；

③在维持和易性和强度性质不变的条件下，掺入减水剂，以减少水泥用量和用水量。

减水剂多为表面活性剂，往往还具有一些辅助作用，由此可将减水剂进一步分为不同的类别。其品种及功能见表 5-21。

常用减水剂品种及功能　　表 5-21

减水剂类别	主要功能	品　种
普通减水剂	具有 5%以上减水、增强作用	木质素磺酸盐类
缓凝减水剂	兼具缓凝功能	糖蜜类
引气减水剂	兼有引气作用	糖蜜类
高效减水剂(又称超塑化剂、流化剂)	具有 12%以上减水、增强作用	多环芳香族磺酸盐类、水溶性树脂类
复合减水剂	兼具减水、早强作用，降低混凝土成本	

(2)减水剂的作用机理

当水泥与水拌和后，由于水泥颗粒之间的分子引力作用，形成絮凝结构，见图 5-23。在这种絮凝结结构中，包裹了许多拌和水，从而降低了混凝土拌和物的流动性。当加入适量的减水剂后，减水剂的憎水基吸附于水泥颗粒表面，亲水基指向水溶液，使水泥颗粒表面呈相同的电性，从而加大了水泥颗粒之间的静电斥力，导致水泥颗粒相互分散，絮凝结构解体，被包裹的游离水逃逸出来，增加了拌和物的流动性。另一方面，由于减水剂对水泥的分散作用，使得水泥颗粒与水的接触表面增加，水化比较充分，也会提高混凝土的强度。

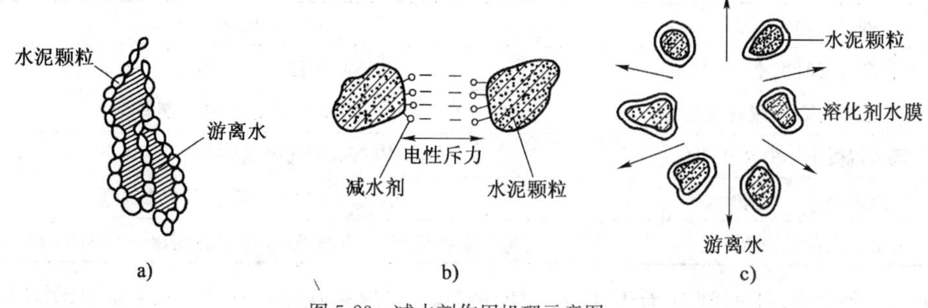

图 5-23　减水剂作用机理示意图

a)水泥浆的絮凝结构；b)减水剂分子定向排列；c)释放拌和用水机理示意

减水剂对新拌混凝土与硬化混凝土具有不同的性能改善作用。对于新拌混凝土主要有两个作用:一是减水作用,二是塑化作用。在混凝土中掺入减水剂后,在保持流动性的条件下可以显著降低水灰比。高效减水剂的减水率可达10%~25%,而普通减水剂的减水率为5%~15%。在混凝土中掺入减水剂后,可在保持水灰比不变的情况下增加流动性。一般的减水剂在保持水泥用量不变的情况下,使新拌混凝土坍落度增大10cm以上;高效减水剂可配制出坍落度达到25cm的混凝土。

(3)减水剂对于硬化混凝土性能的改善作用

①减水剂的使用能显著降低混凝土的拌和用水量,使得硬化后的混凝土空隙率较低,同时使得水泥具有较好的分散性,从而改善水泥水化程度。二者的综合效果可以显著提高混凝土各个龄期的强度。

②非引气性减水剂由于减水率高而使得混凝土抗冻融性有所提高,而引气性减水剂则因具有引气性而使得抗冻融性大大提高。

③掺减水剂混凝土抗渗性能大大高于不掺的普通混凝土。由于掺入减水剂,使得混凝土密实性提高,因而可以提高混凝土抗碳化破坏的能力。

减水剂适用于现浇或预制混凝土、钢筋混凝土或预应力混凝土。高效减水剂宜用于0℃以上施工的大流动性混凝土、高强混凝土和蒸养混凝土。普通减水剂不宜单独用于蒸养混凝土。在掺硬石膏或工业废料石膏的水泥中,是否能够掺用木质素磺酸盐类减水剂,需要经过试验,证明对混凝土无害后方可使用。

2.引气剂

引气剂是指掺入混凝土拌和物后,经搅拌能在混凝土拌和物中引入大量分布均匀的微小气泡,以改善其工作性,并在混凝土硬化后能保留微小气泡以改善其抗冻融耐久性的物质。这种产生的小气泡不同于混凝土中夹裹的空气,后者产生的孔隙较大,呈不规则形状,并且多是由于密实不良或是采用一些扁平集料产生的。

引气剂属于一种表面活性剂化学物。常用的引气剂可以分为下列几类:木质树脂盐、合成清洗剂、木质磺酸盐、石油酸盐、蛋白材料盐、脂肪和树脂酸及其盐、磺化碳氢化合物有机盐等。

在搅拌混凝土时,必然混入一些空气,引气剂即被吸附到空气泡表面,憎水基指向空气,亲水基指向水中,在空气与水的界面上作定向排列,降低了气泡面上水的表面张力及界面能,从而使溶液形成众多表面时所需的功减少,同时使气泡稳定存在。

引气剂在混凝土中引入的气泡直径在0.05~1.25mm之间。这些微小、独立的气泡,在混凝土拌和过程中起着滚动轴承的作用,使混凝土拌和物流动性大大提高。若保持流动性不变,则可减水10%左右。这些微小气泡中断了混凝土毛细管渗水通道,使混凝土的抗渗性和抗冻性显著提高,一般可使抗冻强度提高1~2倍。另外由于气泡的存在,使得混凝土弹性模量略有降低,这对提高混凝土的抗裂性是有利的。然而由于气泡的存在,使得混凝土有效受力面积减少,从而使混凝土强度有所降低,但可以通过降低水灰比,使强度得到一定的补偿。

引气剂多用于水工混凝土、抗冻混凝土、防渗混凝土、抗硫酸盐混凝土、泌水严重的混凝土、贫混凝土、轻集料混凝土和对饰面有要求的混凝土,但不宜用于蒸养及预应力混凝土。长期处于潮湿和严寒环境中的混凝土,应掺用引气剂或引气减水剂。引气剂的掺入量应根据混凝土的含气量并经试验确定。混凝土的最小含气量应符合表5-22的规定,但混凝土的含气量不得超过7%,以免过多损失混凝土的强度。

长期处于潮湿和严寒环境中混凝土的最小含气量(JGJ/T 55—2000)　　表 5-22

粗集料最大粒径(mm)	混凝土最小含气量(%)	粗集料最大粒径(mm)	混凝土最小含气量(%)
40	4.5	20	5.5
25	5.0		

3. 缓凝剂

缓凝剂是指能延缓混凝土凝结时间,并对其后期强度无不良影响的外加剂。缓凝剂的加入会显著延长混凝土在塑性状态下的凝结时间,从而使得混凝土有较长的时间可以用于输送、浇筑及最后加工。缓凝剂的主要品种有糖类、木质素磺酸盐类、羟基羧基及其盐类、无机盐类、氯盐类,其中以糖蜜缓凝效果最好。

(1)缓凝剂缓凝的机理

硅酸盐水泥的早期水化历程分为四个阶段:

初始反应期——水泥与水混合后立即发生水化反应;

休止期——初始反应期后,相当长的时间水化反应缓慢,水泥浆可塑性基本不变;

凝结期——在 6~8h 左右,水泥水化反应开始激烈,出现凝结现象;

硬化期——凝结期后进入硬化期,此时水化反应缓慢,但持续进行。

缓凝剂的作用实际上是延长了休止期,使得混凝土有较长时间呈现出可塑性。

(2)缓凝剂对混凝土性能的影响

对于新拌混凝土来讲,缓凝剂可以延缓混凝土的初、终凝时间,从而影响混凝土的早期强度;缓凝剂可以抑制水化放热速度,减慢放热速率并降低热峰,从而防止混凝土早期温度裂缝的出现,这一点对于大体积混凝土特别有利;另外,缓凝剂常常能降低新拌混凝土坍落度的经时损失。

对于硬化混凝土来讲,掺入缓凝剂后,混凝土早期强度要降低,特别是 1d、3d 的强度,一般 7d 以后会有所提高,28d 以后会有大幅度提高。一般来说,掺了缓凝剂后,对混凝土的收缩有一些影响,使得收缩值增大一些,因此应该控制缓凝剂的掺量,确保收缩值的增加量不超过不掺缓凝剂时的 35%。掺加缓凝剂后,因为强度的增加使得耐久性有所提高。后期强度的增加是由于早期水化物生长变慢,而得到了更均匀分布和充分的生长,使得水化物搭接更加完整密实,有利于抗渗性和抗冻性的提高。

缓凝剂适用于大体积混凝土、炎热季节施工的混凝土,以及需长时间停放或长距离运输的混凝土。在掺硬石膏或工业废料石膏的水泥中,掺用糖类缓凝剂时应经试验验证合格后方可使用。

4. 早强剂

早凝剂是指能明显提高混凝土早期强度,对后期强度无不利影响的外加剂。

早强剂的主要品种有氯盐类、硫酸盐类及有机胺类。此外,一般的高效减水剂均能在不同的程度上提高混凝土的早期强度。

氯盐属于强电介质,溶解于水后全部电离成离子,氯离子吸附于水泥颗粒表面,增加水泥颗粒的分散度,加速水泥初期水化。氯化钙 $CaCl_2$ 与铝酸三钙 C_3A 反应生成不溶性水化氯铝酸钙等水化物;氯化钙 $CaCl_2$ 与氧化钙 CaO_2 反应生成不溶于 $CaCl_2$ 溶液的氧氯化钙。这些生成物使水泥浆体中的固相比例增大,促使水泥凝结硬化,有助于水泥石结构的形成。

硫酸钠 Na_2SO_4 与 $Ca(OH)_2$ 作用生成 NaOH 与高分散性的硫酸钙 Ca_2SO_4。由于上述反应的进行,降低了水泥浆体中 $Ca(OH)_2$ 的浓度,促使硅酸三钙 C_3S 水化加速。其综合作用促使混凝土的早期强度得以提高。

早强剂适用于蒸养混凝土、常温、低温和负温(最低气温≮−5℃)条件下施工的有早强或防冻要求的混凝土,但不宜单独用于在5℃以下施工且有早强要求的混凝土及蒸养混凝土。由于氯盐类早强剂中含有Cl^-离子,会引起混凝土中的钢筋锈蚀,在大部分钢筋混凝土工程限制使用氯盐类早强剂。在有耐久性要求或其他特殊要求的混凝土中,使用早强剂时应通过试验确定。

5. 其他外加剂

外加剂掺入到混凝土中,改善新拌或硬化混凝土的某些性能,除了主要的减水、缓凝、引气和早强外,还有一些特殊的应用目的,使得混凝土材料的应用更为广泛。这些外加剂主要包括碱—集料反应抑制剂、防冻剂、抗渗剂等。

(1)碱—集料反应抑制剂

碱—集料反应会导致混凝土结构的破坏。碱—集料反应是由于氢氧根离子对活性集料组分的侵蚀而产生的。由水泥水化释放出的氢氧化碱与集料中的活性硅产生水解反应,生产的碱硅胶产物会产生膨胀,进而导致混凝土结构的破坏。

碱—集料反应抑制剂可以分为两类:一类是抑制碱—硅反应引起的膨胀,另一类是抑制碱—碳酸盐反应引起的膨胀。用于抑制碱—硅反应膨胀的外加剂有锂盐、钡盐、钠盐、铝粉、硫酸铜等,用于抑制碱—碳酸盐反应膨胀的外加剂有碳酸锂、氯化铁等。

(2)防冻剂

新拌混凝土冻结后,其强度会大幅下降,在冬季施工时应防止其在塑性状态下冻结。防冻剂可以降低混凝土中液相的冰点,同时可以加速冰点下水泥的水化。

目前,有两类防冻剂既具有防冻特性,又可以加速混凝土的凝结和硬化。第一类防冻剂包括的化学物有亚硝酸钠、氯化钠、弱电解或非电解有机化合物,如胺溶液、高分子量乙醇及尿素等;第二类防冻剂为二元或三元外加剂,如氯化钙加氯化钠、亚硝酸钙加硝酸钙、亚硝酸钙加硝酸钙加尿素等。

防冻剂的选择主要依据混凝土结构的形式、浇筑条件以及是否采用其他冬季施工的保护措施来确定。另外,防冻剂的使用还常常指定一定的水泥品种以及对细集料有一定的要求,因此需要通过试验进行确定。

(3)抗渗剂

在压力作用下,水会侵入到混凝土基体中。在较大的压力的作用下时,水会通过混凝土内部的通道流动。抗渗剂的掺入可以有效地减小在有压力的条件下水在混凝土内部的流动。

根据抗渗剂的物理、化学性质可以将其分为三类:第一类是细颗粒惰性填料,第二类是细颗粒化学活性物,第三类是普通的减水剂、引气剂和促凝剂等。常用的抗渗剂主要有非活性的漂白土、滑石、膨润土及其他硅质细粉料、活性硅酸盐、高细粉磨矿渣、粉煤灰、硅藻土等。

三、混凝土外加剂的应用技术

1. 外加剂的选择

几乎所有的混凝土工程都可以掺用外加剂,但必须根据工程需要、施工条件和工艺等选择合适的外加剂。此外,外加剂对不同的水泥有一个适应性的问题,如某些减水剂对掺硬石膏的水泥不发挥作用。在具体工程中可参考表5-23对外加剂进行选择。

各种混凝土工程对外加剂的选用 表5-23

工程项目	选用目的	外加剂类型
自然条件下混凝土工程或构件	改善工作性,提高早期强度,节约水泥	各种减水剂,常用木质素类
太阳直射下施工的混凝土	缓凝	缓凝减水剂,常用糖蜜类
大体积混凝土	降低水化热	缓凝剂、缓凝减水剂
冬季施工的混凝土	早强,防寒,抗冻	早强减水剂、早强剂、抗冻剂
泵送混凝土	减少坍落度损失	引气剂、缓凝减水剂、泵送剂
水工混凝土、海港工程混凝土	改善工作性,增加抗渗性	引气剂、引气减水剂
高强混凝土	C50以上混凝土	高效减水剂、非引气减水剂、密实剂
钢筋密集构筑物	提高流动性,易于浇筑	普通减水剂、高效减水剂
耐冻融混凝土	提高耐久性	引气型高效减水剂
预制构件	缩短生产周期,提高模具周转率	高效减水剂、早强减水剂

2. 外加剂掺量控制

每一种外加剂都有一个最佳掺量,即使是同一种外加剂,当用途不同时也有不同的适宜掺量,而且变化范围很小。通常,外加剂掺量过少则达不到应有的改善效果。超掺量则可能产生不良的后果,如木质磺酸钙减水剂超掺量时会使混凝土初凝缓慢,早期强度降低,延误工期,甚至可能造成事故。

外加剂对矿物组成不同的水泥作用效果是不同的,环境气温、施工条件对某些外加剂的功效有一定的影响,各种外加剂品种的质量稳定性也不相同。为保证掺外加剂混凝土质量,在工程中选用某种外加剂之前,应按照产品说明书所推荐的掺量范围,进行必要的试配试验,以确定合适的外加剂掺量。

3. 外加剂的掺入方法

外加剂的掺入方法对其作用效果有较大影响,使用时应根据外加剂品种及施工条件等具体情况选择合适的掺入方法,以提高外加剂功效。外加剂的掺入方法有以下几种。

(1)干粉先掺法

将粉状外加剂先与水泥混合,然后加水搅拌。

(2)溶液同掺法

将外加剂预先溶解成一定浓度的溶液,然后在搅拌时与水一起掺入。

(3)滞水法

在混凝土搅拌过程中,外加剂滞后1~3min加入,当以溶液加入时称溶液滞水法,当以干粉加入时称干粉滞水法。

(4)后掺法

外加剂不是在搅拌时加入,而是在运输途中或施工现场分几次或一次加入,再经二次或多次搅拌混凝土。

外加剂的各种掺入方法对混凝土性能的影响效果见表5-24。

4. 掺外加剂混凝土的性能要求

几乎所有的水泥混凝土工程都可以使用外加剂,但是必须根据工程需要、施工条件和工艺等选择合适的外加剂。在水泥混凝土中掺加外加剂之前要进行下列性能检验。

外加剂掺入方法对混凝土性能的影响效果　　表 5-24

效果		掺入方法			
		干粉先掺法	溶液同掺法	滞水法	后掺法
相同掺量时	混凝土拌和物流动性	较小	较小	较大	较大
	混凝土拌和物保水性	好	好	有泌水	有泌水
	缓凝作用	—	—	有	有
强度	水灰比相同时	基本一致	基本一致	基本一致	基本一致
	流动性相同时	—	—	较高	较高
减水剂用量(流动性相同时)		标准掺量	标准掺量	比标准掺量少 1/3	比标准掺量少 1/3
水泥用量(当掺量相同、强度及流动性相近时)		—	—	可节约水泥	可节约水泥

(1)减水率

减水率为混凝土的坍落度基本相同时,掺外加剂混凝土拌和物单位用水量与未掺外加剂的基准混凝土拌和物单位用水量之差除以基准混凝土单位用水量,以%计。

(2)泌水率比

泌水率比为掺外加剂混凝土的泌水率与基准混凝土泌水率之比,以%计。

(3)凝结时间之差

凝结时间差为掺外加剂混凝土的凝结时间与基准混凝土凝结时间之差,以 mm 计,“—”表示提前,“+”表示延缓。

(4)抗压强度比

抗压强度比由掺外加剂混凝土的抗压强度与基准混凝土同龄期抗压强度之比表示,以%计。

(5)收缩率比

收缩率比用龄期 90d 掺外加剂混凝土干缩率与基准混凝土干缩率比值表示,以%计。

(6)相对耐久性指标

相对耐久性指标:①以 28d 龄期的掺外加剂混凝土与基准混凝土的动弹性模量保留值为 80%时的冻融循环次数之比的百分数,用“≥300”表示;②将 28d 龄期掺外加剂混凝土冻融 200 次后,动弹性模量保留值≥80%,用“≥80”表示。

四、混凝土掺和料——粉煤灰

1. 粉煤灰的质量要求

粉煤灰的化学成分与煤的品种和燃烧条件有关。粉煤灰中的氧化硅、氧化铝和三氧化二铁是对混凝土性质有益的化学成分,三种成分含量之和宜大于 70%;粉煤灰中的三氧化硫 SO_3 为不利成分,其含量应低于 3%,以确保混凝土的体积稳定性。作为混凝土掺和料的粉煤灰按表 5-25 中的规定划分为三个质量等级。粉煤灰应满足细度、需水量比、烧失量、含水率、游离氧化钙含量等指标要求,C 类粉煤灰还应满足安定性指标的要求。

I 级粉煤灰的品位最高,一般都是经静电收尘器收集的,粒度较细,并富集有大量表面光滑的玻璃微珠体;II 级粉煤灰系大多数火力电厂的排除物,通常较粗,经加工磨细后方能达到要求的细度;III 级粉煤灰是指火力发电厂排出的原状统干灰或湿调灰,其颗粒较粗且未燃尽的碳粒较多。

混凝土用粉煤灰质量标准(GB 1596—2005)　　表 5-25

<table>
<tr><th rowspan="2">粉煤灰等级</th><th rowspan="2">细度
(45μm 方孔筛筛余)
(%)</th><th rowspan="2">需水量比
(%)</th><th rowspan="2">烧失量
(%)</th><th rowspan="2">含水率
(%)</th><th colspan="2">游离氧化钙含量(%)</th><th>安定性
(雷氏夹)</th></tr>
<tr><th>F 类粉煤灰</th><th>C 类粉煤灰</th><th>C 类粉煤灰</th></tr>
<tr><td>I</td><td>≤12</td><td>≤95</td><td>≤5</td><td rowspan="3">≤1.0</td><td rowspan="3">≤1.0</td><td rowspan="3">≤4.0</td><td rowspan="3">≤5.0</td></tr>
<tr><td>II</td><td>≤20</td><td>≤105</td><td>≤8</td></tr>
<tr><td>III</td><td>≤45</td><td>≤115</td><td>≤15</td></tr>
</table>

2. 粉煤灰的选择

I 级粉煤灰的需水量比小于 95%,掺到混凝土中可以取代较多的水泥,并能降低混凝土的用水量、提高密实度,适用于钢筋混凝土和跨度小于 6m 的预应力混凝土。II 级粉煤灰对强度的贡献小于 I 级粉煤灰,但掺 II 级粉煤灰后混凝土性能仍可高于或接近基准混凝土,适用于钢筋混凝土和无筋混凝土。III 级粉煤灰掺入混凝土中,对混凝土强度贡献较小,减水效果较差,适用于无筋混凝土和砂浆。

在预应力混凝土、钢筋混凝土及设计强度等级大于或等于 C30 级的无筋混凝土中,经过试验论证后,可采用比上述规定低一级的粉煤灰。

火力发电厂中的灰池湿灰和炉底渣通过试验确认也可以用作混凝土掺和料使用。其中,灰池湿灰可以在无筋混凝土及其制品中作为矿物填充料,取代部分或全部细集料;也可以用炉底渣代替细集料,配制混凝土或砂浆。

3. 粉煤灰材料特性

现代粉煤灰混凝土应用技术普通认为,粉煤灰对混凝土性能的影响,表现为形态效应、活性效应和微集料效应三个方面。

(1)形态效应

粉煤灰的形态效应是指粉煤灰粉料由其颗粒的外观形貌、内部结构、表面性质、颗粒级配等物理形状所产生的效应。粉煤灰中绝大部分为较为光滑的玻璃微珠,可以起到润滑作用,从而减少混凝土拌和物的用水量;但如果存在过多的不均匀颗粒,则可能会损害混凝土原有结构和性能。

(2)活性效应

粉煤灰的活性效应是指混凝土中粉煤灰的活性成分所产生的化学效应。粉煤灰的化学成分含有大量活性 SiO_2 和 Al_2O_3,在潮湿的环境中与 $Ca(OH)_2$ 等碱性物质发生化学反应,生产的水化物可以延续到 28d 以后的相当长时间内。同时,这种化学效应还可以起到堵塞混凝土中的毛细组织,提高混凝土的抗腐蚀能力。

(3)微集料效应

粉煤灰的微集料效应是指粉煤灰中的微细颗粒均匀分布在水泥浆内,填充孔隙和毛细孔,改善混凝土孔结构和增大密实度的特性。微集料效应可以明显增强硬化浆体的结构强度,其良好的分散性,有助于新拌混凝土和硬化混凝土均匀性的改善。

五、粉煤灰混凝土

1. 粉煤灰混凝土的技术特性

(1)强度

粉煤灰对混凝土强度有三个方面的影响:减少用水量、增大胶结材料含量、通过长期火山灰反应提高其强度。粉煤灰中含有大量的硅铝氧化物，可以与水泥石中大量的 $Ca(OH)_2$ 以及高碱性水化硅酸钙发生二次反应，生成强度较高的低碱性水化硅酸钙，有利于提高混凝土的强度。

同时，粉煤灰的掺入可以分散水泥颗粒，使得水泥水化更充分，提高水泥浆的密实度，使得混凝土中集料与水泥浆的界面强度提高，尤其对混凝土的抗拉强度和抗弯强度提高更为明显，对于混凝土的抗裂性能有利。

粉煤灰混凝土的早期抗压强度和弹性模量偏低，但是后期会逐步提高，到28d时可比基准混凝土提高5%～10%。

(2)和易性、收缩性和徐变

粉煤灰对混凝土和易性的改善作用有三点：一是粉煤灰中含有的大量球状玻璃体，可以在混凝土的泵送、振捣过程中起到润滑作用；二是粉煤灰可以有效分散水泥颗粒，从而释放更多的浆体来润滑集料，有利于混凝土工作性能的提高；三是粉煤灰可以减少混凝土的拌和用水量，使得混凝土中的水胶比降低，从而减少泌水和离析现象。

混凝土的收缩与混凝土的拌和用水量和浆体体积有关，用水量越少，收缩也越小。拌和水量的减少使得掺粉煤灰混凝土28d后的干燥收缩减小。但由于粉煤灰混凝土的水化反应慢，水分蒸发快，所以粉煤灰对混凝土早期干缩影响很大，要特别注意粉煤灰混凝土的早期养护。

在28d龄期以前，由于粉煤灰混凝土的早期强度较低，其相应龄期的徐变较普通混凝土的大，但在此后所有龄期的徐变均小于普通混凝土。

(3)水化热和碱—集料反应

粉煤灰对降低混凝土水化热的作用十分明显，在1～28d龄期内，大致掺入粉煤灰的百分数，就是混凝土水化热降低的百分数。在大体积混凝土中，粉煤灰的掺入一般可以使得水化热峰值出现的时间延缓3d，可以有效防止混凝土产生温度裂缝。

粉煤灰可以有效抑制碱—集料反应。一方面，粉煤灰中的活性成分如 SiO_2 和 Al_2O_3 与水泥的水化产物 $Ca(OH)_2$ 反应，降低混凝土的碱度；另一方面，粉煤灰较大的比表面积，使其可以吸附 K^+、Na^+、OH^-，从而减少集料周围的离子含量，降低混凝土孔隙中的碱浓度，消弱碱—集料反应。试验表明，粉煤灰掺量应大于20%，这样才可以有效抑制碱—集料反应。

(4)抗冻性

粉煤灰混凝土在早期由于其孔结构较普通混凝土的粗，其抗冻性要下降，随着粉煤灰掺量的增加，抗冻性下降的幅度也越大。但随着龄期的增长，其抗冻性下降的幅度大大缩小。对于严寒地区的粉煤灰混凝土工程，可以通过掺入适量的引气剂来提高粉煤灰混凝土的抗冻性能。

(5)抗渗性和抗腐蚀性能

影响混凝土抗渗性的主要因素是混凝土的孔结构，包括孔的大小、数量、曲折度以及分布状况等。粉煤灰的掺入可以改善混凝土中水泥石的孔结构，使得总的孔隙率降低，大孔数量减少，小孔数量增多，孔结构进一步细化，分布更为合理，混凝土更加密实，使得抗渗性能得以提高。

抗渗性能的提高也带来了粉煤灰混凝土抗硫酸盐侵蚀能力的提高，同时由于减少了水泥用量，也就减少了混凝土受腐蚀的内部因素。

2.粉煤灰混凝土的设计

粉煤灰混凝土是指掺加一定数量粉煤灰组分的粉煤灰普通混凝土。在这类混凝土中，粉煤灰是作为混凝土掺和料使用的。粉煤灰掺入混凝土后，不仅可以取代部分水泥，而且能改善混凝土的一系列性能。例如，延长混凝土的凝结时间，改善工作性，降低泌水性，改变强度的增长规律，提高混凝土的抗渗性，抗硫酸盐侵蚀性，降低水化热，抑制碱—集料反应等。因而粉煤灰混凝土适合于泵送混凝土、大体积混凝土、抗渗结构混凝土、抗硫酸盐混凝土、地下或水下压浆混凝土、碾压混凝土、蒸汽养护混凝土以及轻集料混凝土等。

(1)粉煤灰混凝土的设计要求

《粉煤灰混凝土应用技术规范》(GBJ 146—90)中规定：粉煤灰混凝土的设计强度等级、强度保证率、标准差及变异系数等指标，与未掺粉煤灰的基准混凝土相同。用于结构工程中的粉煤灰混凝土还应符合以下技术性能：长期强度增进率优于相同强度等级的普通混凝土；弹性模量不低于相同强度等级的普通混凝土；收缩性、徐变变形等不超过相同强度等级的普通混凝土；抗渗性优于相同强度等级的普通混凝土；保护钢筋功能不低于相同强度等级的普通混凝土；掺加适量引气剂后，抗冻融性不低于相同强度等级的普通混凝土。

(2)粉煤灰作为活性掺和料配制混凝土

在质量品质达到Ⅰ级或Ⅱ级指标要求的粉煤灰中，80％以上是粒径小于 45μm 的玻璃微珠，表面光滑，比表面积大，活性大，可以将其作为活性矿物掺和料取代部分水泥配制混凝土。粉煤灰在混凝土中取代水泥时的数量应不致对混凝土的某些性能产生副作用。根据国家标准《粉煤灰混凝土应用技术规范》(GBJ 146—90)，这一最大限量规定见表 5-26。当钢筋混凝土中钢筋的保护层厚度小于 5cm 时，粉煤灰取代水泥最大限量应比表 5-26 中的规定相应减少 5％。

粉煤灰取代水泥最大限量(GBJ 146—90)　　表 5-26

混凝土种类	粉煤灰取代水泥最大限量 f(以质量计)(％)			
	硅酸盐水泥	普通水泥	矿渣水泥	火山灰水泥
预应力钢筋混凝土	25	15	10	—
钢筋混凝土、高强度混凝土、耐冻混凝土、蒸养混凝土	30	25	20	15
中或低强度混凝土、泵送混凝土、大体积混凝土、地下或水下混凝土	50	40	30	20
碾压混凝土	65	55	45	35

粉煤灰作为活性掺和料取代水泥的方法有等量取代法和超量取代法两种。

①等量取代法

等量取代法是采用等体积粉煤灰取代等体积水泥的方法配制混凝土。用这种方法所配制的粉煤灰混凝土，混凝土的早期(28d 以内)强度往往随粉煤灰掺量的增加而下降；但随着龄期增长、粉煤灰活性逐渐发挥，其强度将会逐渐赶上、超过基准混凝土。当使用质量品种达到Ⅰ级以及Ⅰ级以上的粉煤灰、混凝土超强较大、配制大体积混凝土时，可以采用等量取代法进行配合比设计。等量取代法设计步骤如下：

步骤 1：根据表 5-26 确定粉煤灰等量取代水泥率 f。

步骤 2：按照式(5-33)计算粉煤灰取代用量 m_f，按照式(5-34)计算粉煤灰混凝土中的水泥用量 m_{cf}。

$$m_f = m_{c0} \cdot f \tag{5-33}$$

$$m_{cf} = m_{c0} - m_f \frac{\rho_c}{\rho_f} \tag{5-34}$$

式中：m_{c0}——基准混凝土(指不掺粉煤灰的普通混凝土)中的水泥用量，kg/m^3；

f——粉煤灰取代水泥率，%；

ρ_c——水泥密度，kg/m^3；

ρ_f——粉煤灰密度，kg/m^3。

②超量取代法

超量取代法是在粉煤灰总掺量中，一部分粉煤灰取代等体积的水泥，一部分粉煤灰取代等体积细集料(砂)。粉煤灰取代部分细集料所获得的强度增加效应，可以补偿粉煤灰取代水泥所降低的早期强度，从而保持掺入粉煤灰前后的混凝土强度等效。在这种情况下，虽然粉煤灰混凝土组成材料中粉状的胶凝材料增多，会影响拌混凝土拌和物的流动性，但由于粉煤灰中大量的球状颗粒使混凝土的和易性得以改善，保持粉煤灰掺入前后混凝土工作性等效。超量取代法是一种既能保持混凝土强度和工作性等效，又能节约水泥的设计方法，所以在粉煤灰混凝土配合比设计中较多采用。粉煤灰超量系数按表5-27选用。

粉煤灰超量系数 δ_f(GBJ 146—90)　表5-27

粉煤灰级别	超量系数 δ_f
I	1.1～1.4
II	1.3～1.7
III	1.5～2.0

超量取代法配合比计算步骤如下：

步骤1：由表5-26选取粉煤灰取代水泥率 f，再根据粉煤灰等级由表5-27选取粉煤灰超量系数 δ_f。

步骤2：由式(5-35)～式(5-37)分别计算粉煤灰取代水泥量 m_{f1}、粉煤灰总掺量 m_f 和超量部分质量 m_{f2}。

$$m_{f1} = m_{c0} \cdot f \tag{5-35}$$

$$m_f = m_{f1} \cdot \delta_f \tag{5-36}$$

$$m_{f2} = m_{f1}(\delta_f - 1) \tag{5-37}$$

式中：δ_f——粉煤灰超量系数；

其余同式(5-33)及式(5-34)。

步骤3：由式(5-38)计算粉煤灰混凝土中单位水泥用量 m_{cf}。

$$m_{cf} = m_{c0} - m_{f1} \tag{5-38}$$

步骤4：计算粉煤灰混凝土的单位砂用量，在砂中扣除与超量粉煤灰同体积的砂质量，然后按式(5-39)计算调整后的砂用量 m_{sf}。

$$m_{sf} = m_{s0} - \frac{m_{f2}}{\rho_f}\rho_s \tag{5-39}$$

式中：ρ_f——粉煤灰密度，kg/m^3。

ρ_s——砂的表观密度，kg/m^3。

步骤5：确定粉煤灰混凝土中其他材料用量，可保持基准混凝土中的石子和用水量不变，单位用水量 $m_{wf}=m_{w0}$，石子用量 $m_{gf}=m_{g0}$。

(3)粉煤灰作为矿物填充料配制混凝土

统干灰和调湿灰等原状粉煤灰，颗粒偏粗，在配制混凝土时，虽能较好地发挥致密增强作用，但由于这类粉煤灰的火山灰反应较差，不能作为活性掺和料使用，可将其作为矿物填充料使用，以等体积的粉煤灰取代部分细集料，而不是取代水泥，来配制粉煤灰混凝土。当粉煤灰取代率不超过一定范围时，可以获得改善混凝土工作性，提高抗渗性等好处，这种方法称为外加法。粉煤灰取代细集料的较佳掺量见表 5-28。

混凝土中粉煤灰较佳体积代砂率 f_m(GBJ 146—90)　　表 5-28

混凝土种类	粉煤灰取代细集料最大体积限量(%)		
	统干灰或湿调灰	灰池湿灰	炉底渣
无筋混凝土及其制品≤C15	≤100	≤100	≤100
钢筋混凝土≤C20	≤40	—	—
结构钢筋混凝土≤C30	30	—	—

外加法配合比计算步骤如下:

步骤 1:按照表 5-28 选用外加粉煤灰代砂率 f_m。

步骤 2:外加粉煤灰用量 m_f 按照式(5-40)计算。

$$m_f = m_{s0} \cdot f_m \tag{5-40}$$

步骤 3:在混凝土扣除与超量粉煤灰同体积的砂量,按式(5-39)计算调整后的砂用量 m_{sf}。

步骤 4:粉煤灰混凝土中其他材料用量:

水泥用量 $m_{cf}=m_{c0}$,单位用水量 $m_{wf}=m_{w0}$,石子用量 $m_{gf}=m_{g0}$。

(4)粉煤灰混凝土的试配、调整确定设计配合比

方法同普通水泥混凝土。

【例题 5-3】 掺加减水剂的普通混凝土配合比设计

(1)组成材料

水泥、砂和碎石等材料参数同例题[5-2]。减水剂为木质素磺酸钙减水剂,掺量为水泥质量的 0.5%,减水率 $\beta_{ad}=8\%$。

(2)设计要求

同例题[5-2]。

(3)设计计算

例题[5-2]中所确定的未掺外加剂基准混凝土的"初步配合比"为:$m_c:m_w:m_s:m_g=372:175:596:1\,268$,水灰比 $W/C=0.47$,砂率 $\beta_s=0.32$。

在此基础上,考虑以下方案。

方案 1:混凝土的流动性和强度不变,节约水泥

①计算掺减水剂后单位用水量:$m_{w,ad}=m_w(1-\beta_{ad})=175\times(1-0.08)=161\text{kg/m}^3$;

②计算水泥用量:$m_{c,ad}=m_{w,ad}/(W/C)=161\div0.47=343\text{kg/m}^3$;

③计算减水剂掺量:$m_{ad}=m_{c,ad}\times0.5\%=343\times0.005=1.7\text{kg/m}^3$;

④按体积法计算砂、石用量:砂用量 $m_{s,ad}=1\,310\text{kg/m}^3$,石用量 $m_{g,ad}=617\text{kg/m}^3$。

经试拌、调整检验后可知,在保持原混凝土拌和物和易性和强度不变的情况下,可节约水泥 8%左右。

方案 2:保持混凝土强度不变,提高混凝土拌和物流动性

掺加减水剂后,保持原混凝土配合比不变,经试拌混凝土拌和物坍落度 120mm,黏聚性及保水性良好,表观密度与原混凝土接近。

方案 3:保持混凝土流动性不变,提高混凝土强度

①计算掺减水剂后单位用水量:$m_{w,ad}=m_w(1-\beta_{ad})=175\times(1-8\%)=161\text{kg/m}^3$;

②水泥用量不变:$m_{c,ad}=372\text{kg/m}^3$;

③计算减水剂掺量：$m_{ad}=m_{c,ad}\times0.5\%=372\times0.005=1.9\text{kg/m}^3$；

④按体积法计算得：砂用量 $m_{s,ad}=1\,294\text{kg/m}^3$，石用量 $m_{g,ad}=609\text{kg/m}^3$。

由以上计算，混凝土的水灰比为 161/372=0.43，经试拌，混凝土拌和物坍落度满足要求。经强度试验，混凝土 28d 抗压强度达由原来的 37.8MPa 提高至 43.5MPa，提高了 11% 以上。

除此之外，掺加减水剂还可以达到既节约水泥又提高混凝土强度的效果。

【例题 5-4】 粉煤灰混凝土配合比设计示例

(1)设计要求与设计条件

按例题[5-2]设计要求，用超量取代法确定粉煤灰混凝土的配合比。所用粉煤灰级别为 II 级，表观密度 $\rho_f=2\,200\text{kg/m}^3$。

(2)设计计算

①步骤 1：计算基准混凝土的材料组成。

基准混凝土配合比设计过程同例题[5-2]，未掺粉煤灰的基准混凝土的"初步配合比"为：$m_{c0}=372\text{kg}$，$m_{w0}=175\text{kg}$，$m_{s0}=596\text{kg}$，$m_{g0}=1\,268\text{kg}$。

②步骤 2：确定粉煤灰取代水泥掺量百分率 f 及粉煤灰超量系数 δ_f

由题给条件可知：水泥品种为普通硅酸盐水泥，混凝土工程为钢筋混凝土，查表 5-26 得粉煤灰取代水泥最大限量为 25%，现取 $f=15\%$。

粉煤灰等级为 II 级，查表 5-27，粉煤灰超量系数为 1.3～1.7，取 $\delta_f=1.4$。

③步骤 3：计算粉煤灰取代水泥量、粉煤灰超量部分质量和粉煤灰总掺量。

粉煤灰取代水泥量：$m_{f1}=m_{c0}\cdot f=372\times15\%=56\text{kg/m}^3$；

粉煤灰总掺量：$m_f=m_{f1}\cdot\delta_f=56\times1.4=78\text{kg/m}^3$；

粉煤灰超量部分质量：$m_{f2}=m_f-m_{f1}=78-56=22\text{kg/m}^3$。

④步骤 4：计算粉煤灰混凝土中其他组成材料用量。

单位水泥用量：$m_{cf}=m_{c0}-m_{f1}=372-56=316\text{kg/m}^3$；

单位砂用量：$m_{sf}=m_{s0}-\dfrac{m_{f2}}{\rho_f}\cdot\rho_s'=596-\dfrac{22}{2\,200}\times2\,650=570\text{kg/m}^3$；

单位用水量：$m_{wf}=m_{w0}=175\text{kg/m}^3$；

单位石子用量：$m_{gf}=m_{g0}=1\,268\text{kg/m}^3$。

⑤步骤 5：试拌调整提出设计配合比。

按与普通混凝土相同的方法进行试配、调整，该粉煤灰混凝土的坍落度及强度均符合设计要求。测定粉煤灰混凝土表观密度实测值 $\rho_{cp}=2\,410\text{kg/m}^3$。

根据上述计算结果，该粉煤灰混凝土的表观密度计算值为：

$$\rho_{c,c}=78+316+570+175+1\,249=2\,388\text{kg/m}^3$$

与实测值之差小于计算值的 2%，不需调整。由此得粉煤灰混凝土的材料用量为：

水泥：粉煤灰：水：砂：石$=m_{cf}:m_f:m_{wf}:m_{sf}:m_{gf}=316:78:175:570:1\,249$

第四节　路面水泥混凝土的组成设计

根据《公路水泥混凝土路面施工技术规范》(JTG F30—2003)的定义，路面水泥混凝土是指满足混凝土路面摊铺工作性(和易性)、弯拉强度、耐久性与经济性要求的水泥混凝土材料。

根据材料组成，路面水泥混凝土分为普通路面混凝土（也称素混凝土）、钢筋混凝土、预应力混凝土、钢纤维混凝土和碾压混凝土等。本节重点介绍路面普通混凝土组成材料的选择和配合比设计方法，并在此基础上，介绍钢纤维混凝土和碾压混凝土的有关内容。

由于路面混凝土直接承受车辆荷载的作用，其组成材料选择、配合比设计标准均应根据路面的交通等级确定。在《公路水泥混凝土路面设计规范》(JTG D40—2002)中，按设计基准期内设计车道所承受的标准轴载累计作用次数，将路面所承受的交通轴载作用分为4级，分级范围见表5-29。

水泥混凝土路面的交通分级 表5-29

交通等级	特重交通	重交通	中交通	轻交通
设计车道标准轴载累计作用次数（$\times10^4$次）	>2 000	100～2 000	3～100	<3

一、路面普通水泥混凝土

1.路面普通混凝土组成材料的技术要求

(1)水泥品种与强度要求

水泥是路面混凝土的重要组成材料，直接影响混凝土的强度、早期干缩、温度变形和抗磨性。特重、重交通等级的水泥混凝土路面，应优先采用旋窑道路硅酸盐水泥，可使用旋窑硅酸盐水泥或普通硅酸盐水泥。中、轻交通的路面，也可采用矿渣硅酸盐水泥。冬季施工、有快凝要求的路段可采用R型早强水泥，一般情况宜采用普通型水泥。表5-30为《公路水泥混凝土路面施工技术规范》(JTG F30—2003)对各级交通等级路面混凝土用水泥的强度要求。水泥的化学成分、物理性能等品质要求还应符合表5-31的规定。

各交通等级路面水泥各龄期的强度要求(JTG F30—2003) 表5-30

交通等级	特重交通		重交通		中、轻交通	
龄期(d)	3	28	3	28	3	28
抗压强度(MPa) ≥	25.5	57.5	22.0	52.5	16.0	42.5
抗折强度(MPa) ≥	4.5	7.5	4.0	7.0	3.5	6.5

(2)粉煤灰

在路面混凝土中，可以掺用技术指标符合表5-25规定的电收尘I、II级干排或磨细低钙粉煤灰；III级粉煤灰需经过试验论证后，才可以用于路面混凝土中；不得使用高钙粉煤灰。在湿粉煤灰中会有搅拌不开的粉煤灰小块，它与泥块和高度风化岩石集料一样，会严重影响混凝土强度，并使路面出现许多坑洞，影响道路行驶质量和路面耐久性。所以在路面混凝土中，不得使用湿排或潮湿粉煤灰，严禁使用已经结块的湿排干粉煤灰。

(3)粗集料

①质量要求

粗集料应使用质地坚硬、耐久、洁净的碎石、碎卵石。高速公路、一级公路、二级公路，以及有抗(盐)冻要求的三、四级公路混凝土路面使用的粗集料技术等级不应低于II级。没有抗(盐)冻要求的三、四级公路路面及贫混凝土基层，可使用III级粗集料(粗集料的技术性能划分要求见表5-8)。

各级交通路面用水泥的化学成分及物理指标(JTG F30—2003)　　表 5-31

水泥性能指标			交通等级：特重、重交通路面	中、轻交通路面
化学品质	铝酸三钙含量(%)	不宜>	7.0	9.0
	铁铝酸四钙含量(%)	不宜<	15.0	12.0
	游离氧化钙含量(%)	≤	1.0	1.0
	氧化镁含量(%)	≤	5.0	6.0
	三氧化硫含量(%)	≤	3.5	4.0
	碱含量(Na_2O+0.658K_2O)		≤0.6%	怀疑有碱活性集料时≤0.6%，无碱活性集料时≤1.0%
	混合材料种类		不得掺窑灰、煤矸石、火山灰和黏土，有盐冻要求时，不得掺石灰、石粉	
物理力学品质	安定性		雷氏夹或蒸煮法检验必须合格	蒸煮法检验必须合格
	标准稠度用水量(%)	不宜>	28	30
	烧失量(%)	≤	3.0	5.0
	比表面积(m^2/kg)		300～450	300～450
	80μm 筛余量(%)	≤	10	10
	初凝时间(h)	≥	1.5	1.5
	终凝时间(h)	≤	10	10
	28d 干缩(%)	≤	0.09	0.10
	耐磨性(kg/m^2)	≤	3.6	3.6

②最大粒径与级配

为了提高路面混凝土弯拉强度，防止混凝土拌和物离析，减少对摊铺机的机械磨损，提高混凝土的抗冻性及耐磨性，集料的最大粒径不宜过大。路面混凝土用粗集料最大公称粒径的规定为：卵石，19.0mm；碎卵石，26.5mm；碎石，31.5mm。在钢纤维混凝土和碾压混凝土中，粗集料最大公称粒径不宜大于 19.0mm，贫混凝土基层粗集料最大公称粒径不应大于 31.5mm。

为了保证施工质量，防止集料离析，路面混凝土中不得使用没有级配的统货粗集料。

应按照最大公称粒径的不同，采用 2～4 个粒级的集料进行掺配，合成级配应符合表 5-32 的要求，且碎卵石和碎石集料中粒径小于 0.075mm 的石粉含量不得大于 1%。

表 5-32 为粗集料级配范围，与表 5-9 相比，路面混凝土对粗集料级配范围的要求更为严格，以保证粗集料形成骨架密实结构。这是由于粗集料级配对混凝土的弯拉强度影响很大，主要表现在振实后，粗集料能够逐级密实填充，形成高弯拉强度所要求的嵌挤力；另一方面，混凝土的干缩性对粗集料级配较为敏感，逐级密实填充的良好级配有利于减少混凝土的干缩。

粗集料级配范围(JTG F30—2003)　　表 5-32

级配类型(mm)		通过下列筛孔(mm)累计筛余百分率(%)							
		2.36	4.75	9.50	16.0	19.0	26.5	31.5	37.5
连续级配	4.75~16	95~100	85~100	40~60	0~10	—	—	—	—
	4.75~19	95~100	85~95	60~75	30~45	0~5	0	—	—
	4.75~26.5	95~100	90~100	70~90	50~70	25~40	0~5	0	—
	4.75~31.5	95~100	90~100	75~90	60~75	40~60	20~35	0~5	0
单粒级	4.75~9.5	95~100	80~100	0~15	0	—	—	—	—
	9.5~16	—	95~100	80~100	0~15	0	—	—	—
	9.5~19	—	95~100	85~100	40~60	0~15	0	—	—
	16~26.5	—	95~100	85~100	55~70	25~40	0~10	0	—
	16~31.5	—	95~100	90~100	85~100	55~70	25~40	0~10	0

(4)细集料品种与质量要求

①细集料的品种和质量要求

细集料可采用质地坚硬、耐久、洁净的天然砂、机制砂和混合砂。高速公路、一级公路、二级公路及有抗(盐)冻要求的三、四级公路混凝土路面应使用Ⅱ级以上的砂,无抗(盐)冻要求的三、四级公路混凝土路面以及贫混凝土基层可使用Ⅲ级砂(砂的技术性能划分要求见表 5-11)。

特重和重交通混凝土路面宜使用河砂,砂的硅质含量不应低于 25%。

机制砂是由机械破碎、筛分制成的粒径小于 4.75mm 的岩石颗粒,但不包括软质岩石、风化岩石的颗粒。机制砂不宜采用抗磨性较差的泥岩、页岩、板岩等水成岩类作为母岩。

淡化海砂是指经淡水或雨水冲洗或冲淋过的海砂或河口附近的海砂。在河砂资源紧缺的沿海地区,二级及二级以下公路素混凝土路面和贫混凝土基层可使用淡化海砂。为了防止对钢筋的锈蚀作用,在全部缩缝均设置传力杆的混凝土路面中不宜使用淡化海砂,钢筋混凝土及钢纤维混凝土路面和桥面不得使用淡化海砂。淡化海砂的质量除了应符合表 5-11 的规定外,还应该符合以下规定:淡化海砂带入混凝土中的总含盐量不应大于 1.0kg/m^3;在淡化海砂与标准砂的对比试验中,对砂浆磨光值、混凝土凝结时间、耐磨性、弯拉强度等指标无不利影响;淡化海砂中碎贝壳等甲壳类动物残留物含量不应大于 1%。

②细集料的级配和细度

细集料的颗粒组成应符合表 5-12 中级配范围的要求。

水泥混凝土路面在通车运行 1~2 年后,水泥石将先于砂颗粒磨损,暴露的凸起物将是砂颗粒,这些凸起的砂颗粒为路面提供足够的横向力系数和抗滑性能。当砂过细时,表面水泥浆磨损后,细砂所能提供的路面横向力系数和抗滑力较低,影响路面安全,所以路面混凝土用砂不宜过细。而当砂较粗时,将引起混凝土拌和物严重泌水、路表不平整等问题,所以路面普通混凝土和钢纤维混凝土用砂的细度模数宜在 2.0~3.5 范围内。砂的细度模数变化对混凝土拌和物稠度影响较大,从而显著影响混凝土施工质量,所以同一配合比用砂的细度模数变化范围不宜过大,施工中应将细度模数变异范围超过 0.3 的、来源或产地不同的砂分别堆放,并按不同细度模数调整混凝土配合比中的砂率。

(5)外加剂

在路面混凝土中,外加剂的产品质量至少应达到一等品的要求,一般不允许使用不合格品。此外，在路面混凝土中，所使用的高效减水剂，其减水率应达到15%；引气减水剂的减水率应达到12%。在各交通等级路面、桥面混凝土中宜选用减水率大、坍落度损失小、可调控凝结时间的复合型减水剂。高温施工使用引气缓凝减水剂，低温施工使用引气早强减水剂。在确定外加剂品种之前，必须与所用水泥进行适应性检验。在有抗冰(盐)冻要求地区，各交通等级路面、桥面、路缘石、路肩及贫混凝土基层必须使用引气剂；在无抗冰(盐)冻要求地区，二级及二级以上公路路面混凝土中应使用引气剂。

(6)水

饮用水可以直接作为混凝土搅拌和养护用水，水中不得含有油污、泥及其他有害杂质。对水质有疑问时，应检验表5-33中的指标，合格者方可使用。

路面混凝土用水的质量要求 表5-33

指　　标		要　求
pH值	≥	4
硫酸盐含量(按 SO_4^{2-} 计)(mg/mm^3)	<	0.0027
含盐量(mg/mm^3)	≤	0.005

2.路面普通混凝土配合比设计指标

(1)设计弯拉强度标准值

路面水泥混凝土的强度以28d龄期的弯拉强度控制，当混凝土浇筑90d内不开放交通时，可采用90d龄期的弯拉强度。混凝土弯拉强度标准值 f_{cm} 按其概率分布的0.85分位值确定。各级交通要求的路面混凝土设计弯拉强度 f_{cm} 和应符合《公路水泥混凝土路面设计规范》(JTG D40—2002)的规定，见表5-34。

水泥混凝土弯拉强度标准值 表5-34

交通等级	特　重	重	中　等	轻
设计弯拉强度① f_{cm}(MPa)	5.0	5.0	4.5	4.0

注：①在特重交通的特殊路段，通过论证，可使用设计弯拉强度5.5MPa。

(2)施工和易性

①路面混凝土拌和物的施工方式

路面混凝土施工方式取决于施工机械，通常采用滑模摊铺机、轨道摊铺机、三辊轴机组及小型机具等对混凝土拌和物进行施工。

滑模摊铺机施工方式为：不架设边缘固定模板，通过基准线控制，采用滑模摊铺机，一次完成混凝土拌和物的摊铺、振捣密实、挤压成型、抹面修饰等功能。

轨道摊铺机施工方式为：按照路面的几何参数架设固定两边缘轨道、模板或轨模，通过轨道控制，采用轨道摊铺机摊铺出混凝土路面。

三辊轴机组施工方式为：采用密集振捣棒组和三辊轴整平机施工，在固定模板内由密集振捣棒组振实，三辊轴整平机在模板上前后滚动、振动，完成密实、整平和成型。

人工小型机具施工是一种采用固定模板控制路面几何尺寸，人工摊铺，手持振捣棒和振动板振动密实，人工辊轴、修整尺、抹刀整平混凝土路面的施工工艺。

②路面混凝土拌和物的施工和易性要求

路面混凝土拌和物的施工和易性要求取决于施工方式。滑模摊铺机摊铺前混凝土拌和物最佳坍落度及其允许范围应符合表5-35的要求。

混凝土路面滑模摊铺最佳坍落度、允许范围及最大单位用水量(JTG F30—2003)　表 5-35

集料品种		卵石混凝土	碎石混凝土
坍落度(mm)	设超前角的滑模摊铺机	20～40	25～50
	不设超前角的滑模摊铺机	10～40	10～30
	允许波动范围(mm)	5～55	10～65
振动黏度系数(N·s/m²)		200～500	100～600
最大单位用水量(kg/m³)		155	160

轨道摊铺机摊铺、三辊轴机组摊铺、小型机具摊铺的路面混凝土拌和物的坍落度要求及最大用水量要求见表 5-36。表中的出机坍落度可根据施工气温、运距等适当增大。表中最大单位用水量是采用中砂、粗细集料为风干状态时的取值,若采用细砂,应使用减水率较大的(高效)减水剂。当使用外加剂或掺和料时,实际用水量应作相应调整,但不得超过表 5-36 中的最大单位用水量。使用碎卵石时,最大用水量可取碎石与卵石中值。

不同路面施工方式混凝土拌和物的坍落度及最大单位用水量(JTG F30—2003)　表 5-36

摊铺方式	轨道摊铺机摊铺		三辊轴机组摊铺		小型机具摊铺	
出机坍落度(mm)	40～60		30～50		10～40	
摊铺坍落度(mm)	20～40		10～30		0～20	
最大单位用水量(kg/m³)	碎石 156	卵石 153	碎石 153	卵石 148	碎石 150	卵石 145

(3)耐久性

根据《公路水泥混凝土路面施工技术规范》(JTG F30—2003),路面混凝土的使用环境可分为无抗冻性、有抗冰冻性和有抗盐冻性要求三种。为了提高混凝土的抗冻性,在不同环境条件下使用的路面混凝土中的含气量应在表 5-37 推荐的范围内。当含气量不符合表 5-37 的要求时,应使用引气剂。在确定严寒和寒冷地区路面混凝土配合比前,应检验所配制混凝土的抗冻性,严寒地区路面混凝土抗冻标号不宜小于 D250、寒冷地区不宜小于 D200。

路面混凝土适宜含气量及允许偏差(%)(JTG F30—2003)　表 5-37

集料最大公称粒径(mm)	无抗冻性要求	有抗冰冻性要求	有抗盐冻要求
19.0	4.0±1.0	5.0±0.5	6.0±0.5
26.5	3.5±1.0	4.5±0.5	5.5±0.5
31.5	3.5±1.0	4.0±0.5	5.0±0.5

此外,路面混凝土的最大水灰比或水胶比,以及最小水泥用量应符合表 5-38 的规定。

3. 路面普通水泥混凝土配合比设计步骤

路面普通混凝土配合比设计适用于滑模摊铺机、轨道摊铺机、三辊轴机组及小型机具四种施工方式,也包括掺用外加剂或真空脱水的路面混凝土、掺用粉煤灰的路面混凝土、全部缩缝插传力杆的路面混凝土、配筋混凝土路面、桥面和桥头搭板等的混凝土配合比设计。重要的路面工程或桥面工程混凝土应采用正交试验法进行配合比优选。

(1)配制弯拉强度 f_c

路面混凝土强度变异性一部分来自试验室的试验误差,另一部分来自混凝土组成的变异和施工质量控制与管理的变异。在进行配合比设计时,应考虑这两部分因素对混凝土强度的影响,因此路面普通混凝土的配制弯拉强度均值 f_c 按式(5-40)计算。

混凝土满足耐久性要求的最大水(胶)灰比和最小水泥用量(JTG F30—2003)　　表 5-38

公路技术等级			高速公路、一级公路	二级公路	三、四级公路
最大水灰比(或水胶比)①	无抗冻性要求		0.44	0.46	0.48
	有抗冰冻性要求		0.42	0.44	0.46
	有抗盐冻性要求		0.40	0.42	0.44
最小单位水泥用量(不掺粉煤灰时)(kg/m³)	无抗冻性要求	42.5 级水泥	300	300	290
		32.5 级水泥	310	310	305
	有抗冰(盐)冻要求	42.5 级水泥	320	320	315
		32.5 级水泥	330	330	325
最小单位水泥用量(掺粉煤灰时)(kg/m³)	无抗冻性要求	42.5 级水泥	260	260	255
		32.5 级水泥	280	270	265
	有抗冰(盐)冻要求	42.5 级水泥	280	270	265

注:①计算水(胶)灰比时,砂石材料以饱和面干状态为准。

$$f_c=\frac{f_r}{1-1.04C_v}+ts \tag{5-41}$$

式中:f_r——混凝土的设计弯拉强度标准值,MPa;

s——混凝土弯拉强度试验样本的标准差;

t——保证率系数,按样本数 n 和判别概率 p 参照表 5-39 确定。

C_v——混凝土弯拉强度变异系数,应按照统计数据在表 5-40 的规定范围中取值;当无统计数据时,应按照设计取值;如果施工配制弯拉强度超出设计给定的弯拉强度变异系数上限,则必须改变施工机械装备,提高施工控制水平。

保 证 率 系 数 t　　表 5-39

公路等级	判别概率 p	样本数 n				
		3	6	9	15	20
高速公路	0.05	1.36	0.79	0.61	0.45	0.39
一级公路	0.10	0.95	0.59	0.46	0.35	0.30
二级公路	0.15	0.72	0.46	0.37	0.28	0.24
三级和四级公路	0.20	0.56	0.37	0.29	0.22	0.19

各级公路混凝土路面弯拉强度变异系数　　表 5-40

公路技术等级	高速公路	一级公路		二级公路		三、四级公路
变异水平等级	低	低	中	中	中	高
变异系数允许范围	0.05~0.10		0.10~0.15			0.15~0.20

(2)水灰比 W/C 的计算、校核及确定

①按照混凝土弯拉强度计算水灰比

不同粗集料类型混凝土的水灰比 W/C 按经验公式(5-42)和式(5-43)计算。

碎石(或破碎卵石混凝土):

$$W/C=\frac{1.5684}{f_c+1.0097-0.3595f_s} \tag{5-42}$$

卵石混凝土:

$$W/C=\frac{1.2618}{f_c+1.5492-0.4709f_s} \tag{5-43}$$

式中：f_c——混凝土配制弯拉强度，MPa；

f_s——水泥 28d 实测抗折强度，MPa。

②水胶比 $W/(C+F)$ 的计算

水胶比中的"水胶"是指水泥与粉煤灰质量之和。如果将粉煤灰作为掺和料时，应计入超量取代法中代替水泥的那一部分粉煤灰用量 F，代替砂的超量部分不计入，此时水灰比 W/C 用水胶比 $W/(C+F)$ 代替。

③耐久性校核确定水灰(胶)比

按照路面混凝土的使用环境、道路等级，查表 5-38，得到满足耐久性要求的最大水灰比(或水胶比)。在满足弯拉强度和耐久性要求的水灰比(或水胶比)中取小值，作为路面混凝土的设计水灰比(或水胶比)。

(3)选取砂率 β_s

根据砂的细度模数和粗集料品种，查表 5-41 选取砂率 β_s。表 5-41 的适用条件为：水灰比在 0.35～0.48 之间，使用外加剂，集料级配良好，卵石最大粒径 19.0mm，碎石最大粒径 31.5mm，碎卵石可在碎石和卵石之间内插取值。

砂的细度模数与最优砂率关系 表 5-41

砂 细 度 模 数		2.2～2.5	2.5～2.8	2.8～3.1	3.1～3.4	3.4～3.7
砂率 β_s(%)	碎石混凝土	30～34	32～36	34～38	36～40	38～42
	卵石混凝土	28～32	30～34	32～36	34～38	36～40

(4)单位用水量 m_{w0}

①不掺外加剂和掺和料时，单位用水量的计算

单位用水量根据选定坍落度、粗集料品种、砂率及水灰比，按照经验公式(5-44)或式(5-45)计算，其中砂石材料质量以自然风干状态计。

碎石：

$$m_{w0}=104.97+0.309SL+11.27(C/W)+0.61\beta_s \tag{5-44}$$

卵石：

$$m_{w0}=86.89+0.370SL+11.24(C/W)+1.00\beta_s \tag{5-45}$$

式中：SL——坍落度，mm；

β_s——砂率，%；

C/W——灰水比。

②掺外加剂的混凝土单位用水量

掺外加剂混凝土的单位用水量按式(5-46)计算。

$$m_{w,ad}=m_{w0}(1-\beta_{ad}) \tag{5-46}$$

式中：$m_{w,ad}$——掺外加剂混凝土的单位用水量，kg/m^3；

m_{w0}——未掺外加剂时混凝土的单位用水量，kg/m^3；

β_{ad}——外加剂减水率的实测值，以小数计。

单位用水量应取计算值与表 5-35 或表 5-36 中规定值两者中的小值。如果实际用水量在仅掺引气剂时的混凝土拌和物不能满足坍落度要求时，应掺用引气剂复合(高效)减水剂。

对于三、四级公路，也可采用真空脱水工艺。采用真空脱水工艺时，可先使用式(5-44)或式(5-45)计算单位用水量，允许使用比计算值略大的单位用水量。在真空脱水后，核算每立方米混凝土中实际析出的水量，剩余单位用水量不宜超过表 5-35 或表 5-36 规定的最大单位用

水量。同时，剩余水(胶)灰比不宜超出表5-38规定的最大水(胶)灰比。

(5)单位水泥用量m_{c0}的确定

单位水泥用量m_{c0}按照式(5-47)计算，然后根据道路等级和环境条件，查表5-38，得到满足耐久性要求的最小水泥用量，取两者中的大值。

$$m_{c0}=m_{w0}\cdot(C/W) \tag{5-47}$$

式中：m_{w0}——单位用水量，kg/m^3；

C/W——混凝土的灰水比。

(6)单位粉煤灰

路面混凝土中掺用粉煤灰时，其配合比应按照超量取代法进行，超量系数按照表5-27初选。代替水泥的粉煤灰掺量：I型硅酸盐水泥，≤30%；II型硅酸盐水泥，≤25%；道路水泥，≤20%；普通水泥，≤15%；矿渣水泥不得掺粉煤灰。粉煤灰的超量部分应代替砂，并折减用砂量。

(7)砂石材料用量m_{s0}和m_{g0}

一般道路混凝土中的砂石材料用量的计算采用体积法或密度法。将上述计算确定的单位水泥用量m_{c0}、单位用水量m_{w0}和砂率β_s代入方程组(5-29)或方程组(5-30)，联立求解即可确定砂石材料用量m_{s0}和m_{g0}。

经计算得到的配合比应验算粗集料单位体积填充率，且不宜小于70%。

混凝土的初步配合比确定后，应对该配合比进行试配、调整，确定其设计配合比，有关方法与本章第二节中普通混凝土配合比设计方法基本相同，此处不再赘述。

【例题5-5】 路面混凝土配合比设计示例

(1)设计要求

某高速公路路面工程用混凝土(无抗冰冻性要求)，要求混凝土设计弯拉强度标准值f_r为5.0MPa，施工单位混凝土弯拉强度样本的标准差s为0.4MPa($n=9$)。混凝土由机械搅拌并振捣，采用滑模摊铺机摊铺，施工要求坍落度30～50mm。试确定该路面混凝土配合比。

(2)组成材料

硅酸盐水泥P·II 52.5级，实测水泥28d抗折强度为8.2MPa，水泥密度$\rho_c=3\,100kg/m^3$；中砂：表观密度$\rho_s=2\,630kg/m^3$，细度模数2.6；碎石：5～40mm，表观密度$\rho_g=2\,700kg/m^3$、振实密度$\rho_{gf}=1\,701kg/m^3$；水：自来水。

(3)设计计算

①计算配制弯拉强度($f_{cu,0}$)

查表5-39，当高速公路路面混凝土样本数为9时，保证率系数t为0.61。

按照表5-40，高速公路路面混凝土变异水平等级为“低”，混凝土弯拉强度变异系数$C_v=0.05$～0.10，取中值0.075。

根据设计要求，$f_r=5.0MPa$，将以上参数带入式(5-41)，混凝土配制弯拉强度为：

$$f_c=\frac{f_r}{1-1.04C_v}+ts=\frac{5.0}{1-1.04\times0.075}+0.61\times0.4=5.67MPa$$

②确定水灰比(W/C)

按弯拉强度计算水灰比。水泥实测抗折强度$f_s=8.2MPa$，计算得到的混凝土配制弯拉强度$f_c=5.67MPa$，粗集料为碎石，代入式(5-42)计算混凝土的水灰比W/C：

$$W/C=\frac{1.5684}{f_c+1.0097-0.3595\times f_s}=\frac{1.5684}{5.67+1.0097-0.3595\times 8.2}=0.42$$

耐久性校核。混凝土为高速公路路面所用，无抗冰冻性要求，查表 5-38 得最大水灰比为 0.44，故按照强度计算的水灰比结果符合耐久性要求，取水灰比 $W/C=0.42$，灰水比 $C/W=2.38$。

③确定砂率(β_s)

由砂的细度模数 2.6，碎石混凝土，查表 5-41，取混凝土砂率 $\beta_s=34\%$。

④确定单位用水量(m_{w0})

由坍落度要求 30～50mm，取 40mm，水灰比 $W/C=0.42$，砂率 34%代入式(5-44)，计算单位用水量：

$$m_{w0}=104.97+0.309\times 40+11.27\times 0.42+0.61\times 34=143\text{kg/m}^3$$

查表 5-35，得最大单位用水量为 160kg/m^3，故取计算单位用水量 143kg/m^3。

⑤确定单位水泥用量(m_{c0})

将单位用水量 143kg/m^3、灰水比 $C/W=2.38$ 代入式(5-47)计算单位水泥用量：

$$m_{c0}=(C/W)\times m_{w0}=2.38\times 143=340\text{kg/m}^3$$

查表 5-38 得满足耐久性要求的最小水泥用量为 300kg/m^3，由此取计算水泥用量 340kg/m^3。

⑥计算粗集料用量(m_{g0})、细集料用量(m_{s0})

将上面的计算结果带入方程组(5-29)：

$$\left.\begin{aligned}&\frac{m_{s0}}{2630}+\frac{m_{g0}}{2700}=1-\frac{340}{3100}-\frac{143}{1000}-0.01\times 1=0.737\\&\frac{m_{s0}}{m_{s0}+m_{g0}}=0.34\end{aligned}\right\}$$

求解得：砂用量 $m_{s0}=671\text{kg/m}^3$，碎石用量 $m_{g0}=1302\text{kg/m}^3$。

验算：碎石的填充体积$=m_{g0}/\rho_{gf}\times 100\%=1302\div 1701\times 100\%=74.2\%$，符合要求。

由此确定路面混凝土的“初步配合比”为：$m_{c0}:m_{w0}:m_{s0}:m_{g0}=345:145:671:1302$。

路面混凝土的基准配合比、设计配合比与施工配合比设计内容与普通混凝土相同，此处不再赘述。

二、钢纤维混凝土

钢纤维混凝土是纤维混凝土的一种。纤维混凝土是在混凝土中掺加一定量乱向分布的纤维材料而组成的复合材料。通常，未经增强的混凝土不仅抗拉强度低，而且断裂时的应变荷载低。传统的方法，如采用增强钢筋或预应力钢筋，可以弥补混凝土的这种固有缺陷。但传统的方法要求增强材料被安置在混凝土构件中的指定位置，以起到实际效果。而纤维增强材料则可以与混合料一起搅拌，从而使得增强混凝土的生产较经济，应用也更为广泛。

常用的纤维材料有钢纤维、玻璃纤维、石棉纤维、碳纤维和合成纤维等。目前以钢纤维混凝土的研究和应用较多，钢纤维对抑制混凝土裂缝的形成、提高混凝土的抗拉和抗弯强度，增加韧性效果最佳。纤维混凝土具有良好的韧性、抗冲击性，并能提高混凝土的抗拉强度、抗弯强度、抗裂强度，广泛应用于铁路、隧道、桥梁、机场道路、火箭发射基地、电站、码头、民用建筑等工程。钢纤维混凝土特别适合于桥面铺装结构、桥头搭板，对路表设计高程有严格限制的新建路面混凝土工程，以及路面混凝土的改建工程。

1. 钢纤维混凝土的材料特性

目前，对于钢纤维混凝土的增强机理，主要形成了两种理论：一种是复合材料理论（混合率法则），另一种是建立在断裂力学基础上的纤维间距理论。复合理论认为在受荷初期，水泥基料与纤维共同承受外力，当混凝土开裂后，横跨裂缝的纤维成为外力的主要承受者。而纤维间距理论认为钢纤维混凝土中随机分布的短纤维可以阻碍混凝土内部微裂缝的扩展，阻滞宏观裂缝的发生和发展。与普通混凝土相比，钢纤维混凝土具有如下的特性：

(1)具有较高的抗拉、抗弯、抗剪强度

钢纤维的加入对于混凝土的抗压强度影响较小，增加幅度不超过15%。但由于钢纤维的加入，可以显著提高混凝土的抗拉强度和抗折强度，提高幅度分别约达到25%～50%和40%～80%。

(2)抗冲击性能增强

材料抵抗冲击或震动荷载作用的性能，称为冲击韧性。钢纤维混凝土可以将冲击抗压韧性提高2～7倍，而冲击抗弯、抗折韧性可以提高十几倍。

(3)抗裂性能提高

钢纤维均匀分散于基体混凝土中，减少荷载在基体混凝土细裂缝端部引起的应力集中，从而控制混凝土裂缝的扩展，提高复合材料的抗裂性。

(4)收缩和疲劳性能显著改善

在通常的钢纤维掺量下，钢纤维混凝土较普通混凝土的收缩值降低7%～9%；与普通混凝土相比，普通掺量的钢纤维混凝土其抗弯和抗压疲劳性能都得到较大程度的提高。

(5)耐久性能显著提高

由于钢纤维混凝土的抗裂性能以及整体弯拉性能显著提高，带来了抗冻性、耐热性、耐磨性以及耐腐蚀性等性能的显著改善。例如，掺有1.5%的钢纤维混凝土经过150次冻融循环，其抗压和抗弯强度下降约20%，而普通混凝土却下降60%以上。

钢纤维混凝土的这些性能特性的改善和提高，使得这种材料尤其适用于路面混凝土，可以大大提高路面强度等级，延长路面使用寿命。

2. 钢纤维混凝土组成材料的技术要求

钢纤维混凝土所用水泥、水、集料和外加剂等组成材料的性能指标除了应满足路面普通混凝土组成材料的有关规定外，还应考虑以下要求。

(1)掺和料

在采用硅酸盐水泥或普通硅酸盐水泥拌制的钢纤维混凝土中，可以采用粉煤灰、磨细矿渣和硅灰作为掺和料。混凝土路面使用粉煤灰的质量应符合表5-25的要求。路面和桥面混凝土中使用的磨细矿渣和硅灰技术要求和使用方法，应符合《公路水泥混凝土外加剂和掺和料应用技术指南》的规定。

(2)钢纤维

①钢纤维的品种

钢纤维是指用钢质材料经加工制成的短纤维，按照生产工艺可分为切断型钢纤维、剪切型钢纤维、熔抽型钢纤维和铣削型钢纤维。钢纤维的横截面可为圆形、三角形、矩形、月牙形及不规则形。钢纤维的外形可以是平直形或异形。异形钢纤维又可分为波浪形、压痕形、扭曲形、端钩形及大头形等。钢纤维的性能特征见表5-42。

四种钢纤维的性能特征 表 5-42

钢纤维品种	制造方法	截面形状	长度方向形状	防止拔出的方法
切断型	将钢丝切断	圆型	直	压痕折弯
铣削型	用平刃铣刀对钢块或厚钢板进行切削的金属屑	三角形	直、扭曲或两端带钩	扭曲
剪切型	将薄钢板用旋转刀具切断	矩形		压痕折弯扭曲
熔抽型	熔钢粘在冷却的圆盘上被甩处	月牙形	直	两端较粗

路面和桥面混凝土宜选用铣削型或剪切型钢纤维,也可使用熔抽型钢纤维;由于切断型钢纤维与水泥浆的黏结强度较低,不宜在路面混凝土中使用。为了增加钢纤维与水泥砂浆的黏结强度,应使用外形为压痕形、扭曲形或矩形钢纤维,在使用中还应对钢纤维进行防锈蚀处理。

②钢纤维的抗拉强度和弯折性能

由于钢纤维混凝土结构应保证其破坏时是韧性破坏而不是脆性断裂,要求掺加的钢纤维能够承担混凝土具体开裂时所增加的应力。当路面和桥面混凝土结构开裂时,裂缝中钢纤维将承受从混凝土面板中卸载的全部弯拉应力。由表 5-43 的分析结果表明:从断裂混凝土截面上转换到钢纤维承担的应力值不仅与钢纤维抗拉强度有关,而且受到钢纤维掺量的控制,钢纤维掺量越低,要求其抗拉强度越高。为了满足钢纤维混凝土施工要求,钢纤维掺量不宜过高。根据应力分析,满足钢纤维最低掺量 0.6%时,钢纤维抗拉强度最低值不得小于 600MPa。

钢纤维掺量与混凝土板中应力及纤维承担应力的关系 表 5-43

钢纤维掺量(%)	0.6	0.8	0.8	1.0
混凝土板中弯拉应力(MPa)	3.0	5.0	4.0	5.0
断裂后截面上钢纤维承担的应力(MPa)	500	500	625	500

③钢纤维尺寸

钢纤维尺寸用标称长度和等效直径表示。标称长度是指钢纤维两端点之间的直线距离,等效直径是指非圆形截面按面积相等的原则换算成圆形截面的直径。钢纤维对混凝土的增强效果随长径比增大而提高。为了使钢纤维起到提高混凝土弯拉强度、抗拉强度、抗裂和增韧作用,钢纤维长度应能越过粗集料的最大公称粒径建立起搭接的微桥梁,所以钢纤维不能太短,但钢纤维太长又会影响混凝土拌和物的质量。钢纤维直径太细易在拌和过程中被弯折,太粗则在同样体积含量时其增强效果差。大量试验研究和工程经验表明:钢纤维的最短长度应大于粗集料最大公称粒径的 1/3,最长尺寸不宜大于粗集料最大公称粒径的 2 倍。

④钢纤维中的杂质

钢纤维中的杂质可分为两类:一类是妨碍钢纤维与水泥石黏结的粘在纤维表面的油污、有机质黏液等有害成分;另一类是占有钢纤维重量而不起增强作用,甚至能破坏基体整体性的杂质,如因加工不良造成的粘在一起的片体或块体、表面严重锈蚀的纤维、铁屑以及混入的杂草、木屑、泥土等杂质。第一类杂质的危害较大,受到油污的污染的钢纤维,会将这一污染遍及同一包装内的所有纤维,所以规定不得含有这类杂质。第二类杂质在含量少时其影响可以忽略,规定其含量不应超过钢纤维质量的 1%。

(3)集料

粗集料最大公称粒径宜为钢纤维长度的1/2～2/3，在使用铣削型钢纤维时不宜大于26.5mm，在使用剪切型或熔抽型钢纤维时不宜大于19mm。集料宜选用连续级配。

为了保证施工时混凝土拌和物质地均匀，不离析，宜采用连续级配的粗集料。为防止钢纤维锈蚀，钢纤维混凝土中严禁使用海水和海砂。

(4)外加剂

在路面与桥面钢纤维混凝土中，应适当掺加高效减水剂。大量工程实践表明：如果钢纤维混凝土中不使用高效减水剂，不提高基体混凝土的强度和耐磨性，一旦路表磨损成坑，钢纤维裸露后，掺钢纤维是无效的。为了避免钢纤维的锈蚀，不得掺加各种氯盐系外加剂。

3. 钢纤维混凝土路面配合比设计指标

(1)弯拉强度

钢纤维混凝土的28d弯拉强度标准值f_{mf}，根据道路交通等级按表5-44取用。

钢纤维混凝土弯拉强度标准值 表5-44

交通等级	特重	重	中等	轻
钢纤维混凝土弯拉强度标准值f_{mf}(MPa)	6.0	6.0	5.5	5.0

(2)施工和易性

工程实践表明，与路面普通混凝土达到相同振实性能的钢纤维混凝土的坍落度比普通混凝土的坍落度小20mm左右。根据路面不同施工方式，钢纤维混凝土拌和物的坍落度可比表5-35或表5-36的规定减小20mm。

(3)耐久性

从耐久性的角度看，高抗冲击韧性、十倍以上的耐疲劳极限是钢纤维混凝土特有的优势。与普通混凝土相比，钢纤维混凝土材料组成的特点为：水灰比明显大，单位水泥应力显著大，砂率显著大，集料的最大公称尺寸较小。若没有充足的水泥和砂，钢纤维很难被砂浆包裹，混凝土表面会暴露出钢纤维和粗集料。因此，钢纤维混凝土中的最大水灰比或水胶比和最小水泥用量应符合表5-45的规定。

钢纤维混凝土满足耐久性要求的最大水(胶)灰比和最小水泥用量(JTG F30—2003) 表5-45

公路等级			高速公路、一级公路	二级公路	三、四级公路
最大水灰比(水胶比)	无抗冻性要求		0.47	0.49	0.50
	有抗冻性要求		0.45	0.46	0.48
	有抗盐冻性要求		0.42	0.43	0.46
最小水泥用量(不掺粉煤灰时)(kg/m^3)	无抗冻性要求	42.5级水泥	360	360	350
		32.5级水泥	370	370	365
	有抗冻、抗盐冻要求	42.5级水泥	380	380	375
		32.5级水泥	390	390	385
最小水泥用量(掺粉煤灰时)(kg/m^3)	无抗冻性要求	42.5级水泥	320	320	315
		32.5级水泥	340	340	335
	有抗冻、抗盐冻要求	42.5级水泥	330	330	325

处于海风、酸雨、硫酸盐及除冰盐等环境中的钢纤维混凝土宜掺加Ⅰ、Ⅱ级粉煤灰，桥面宜掺用硅灰或S95和S105级磨细矿渣。

4.钢纤维混凝土配合比设计步骤

(1)计算钢纤维混凝土的配制弯拉强度均值 f_{cf}

钢纤维混凝土的28d配制弯拉强度均值 f_{cf} 由28d弯拉强度标准值 f_{mf} 以及施工水平参数，按照式(5-41)计算。

(2)水灰比 W/C 的计算与确定

根据集料品种、以钢纤维混凝土配制弯拉强度均值 f_{cf} 代替 f_c，由式(5-42)或式(5-43)计算出基体混凝土的水灰比。

查表5-45确定满足混凝土耐久性要求的最大水灰比，与基体混凝土水灰比计算值进行比较，两者当中取小值。

(3)钢纤维掺量体积率 ρ_f

钢纤维掺量体积率 ρ_f 宜在0.6%～1.0%范围内选用，当钢纤维混凝土板厚折减系数小时，体积率宜取上限；当钢纤维长径比大时，宜取较小值；钢纤维有锚固者，取较小值。

(4)单位用水量 W_{0f}

根据所用钢纤维的性质，砂的细度模数，以及对钢纤维混凝土拌和物的坍落度要求查表5-46，确定单位用水量 W_{0f}，或由试验确定。

钢纤维混凝土单位用水量选用表(JTG F30—2003)　　表5-46

混凝土拌和物条件	粗集料种类	粗集料最大公称粒径(mm)	单位用水量(kg/m³)
长径比：$L_f/d_f=50$① 钢纤维掺量体积率：$\rho_f=0.5\%$② 坍落度＝20mm③ 水灰比：$W/C=0.42\sim0.50$ 中砂：细度模数2.5	碎石	9.5、16.0	215
		19.0、26.5	200
	卵石	9.5、16.0	208
		19.0、26.5	190

注：①钢纤维长径比 L_f/d_f 每±10，单位用水量相应±10kg。

②钢纤维体积率 ρ_f 每±0.5%，单位用水量相应±8kg。

③坍落度变化范围为10～50mm时，相对坍落度20mm，每±10mm，单位用水量相应±7kg；细度模数在2.0～3.5范围内，细度模数每±0.1，单位用水量相应∓1kg。

(5)单位水泥用量 C_{0f}

由水灰比 W/C 和单位用水量 W_{0f}，可计算出钢纤维混凝土的单位水泥用量 C_{0f}。将 C_{0f} 与表5-45中满足耐久性要求的最小水泥用量作对比，两者当中取大值。钢纤维混凝土的单位水泥用量一般在360～450kg/m³，但不宜大于500kg/m³。

(6)确定钢纤维混凝土砂率 β_{pf}

由试验选定或由式(5-48)计算钢纤维混凝土砂率 β_{pf}，也可参照表5-47选用，然后经试配试验，适当调整后确定。钢纤维混凝土的砂率宜在38%～50%之间。

$$\beta_{pf}=\beta_p+10\rho_f \tag{5-48}$$

式中：β_p——基体混凝土的砂率，%；

ρ_f——钢纤维体积率，%。

钢纤维混凝土砂率选用值(%) 表 5-47

混凝土拌和物条件	最大公称粒径 19mm	
	碎石	卵石
$L_f/d_f=50, \rho_f=1.0\%, W/C=0.5$,砂的细度模数=3.0	45	40
$L_f/d_f \pm 10$	±5	±3
$\rho_f \pm 0.1\%$	±2	±2
$W/C \pm 0.1$	±2	±2
砂的细度模数±0.1	±1	±1

(7)钢纤维混凝土砂石材料用量计算

砂石材料用量可通过求解式(5-49)或式(5-50)计算。

$$\begin{cases}\dfrac{C_{0f}}{\rho_c}+\dfrac{F_{0f}}{\rho_f}+\dfrac{W_{0f}}{\rho_w}+\dfrac{S_{0f}}{\rho_s}+\dfrac{G_{0f}}{\rho_g}+0.01a=1\\ \beta_{pf}=\dfrac{S_{0f}}{S_{0f}+G_{0f}}\times 100\end{cases} \tag{5-49}$$

$$\begin{cases}C_{0f}+F_{0f}+W_{0f}+S_{0f}+G_{0f}=\rho_{fc}\\ \beta_{pf}=\dfrac{S_{0f}}{S_{0f}+G_{0f}}\times 100\end{cases} \tag{5-50}$$

式中:C_{0f}、F_{0f}、W_{0f}、S_{0f}、G_{0f}——分别为钢纤维混凝土中水泥、钢纤维、水、砂和石子的单位用量,kg/m^3;

a——钢纤维混凝土的含气量百分数;

ρ_c、ρ_f、ρ_w、ρ_s、ρ_g——分别为钢纤维混凝土中水泥、钢纤维、水、砂和石子的密度,kg/m^3;

β_{pf}——钢纤维混凝土砂率,%;

ρ_{fc}——钢纤维混凝土假定单位质量,可取 2 450~2 580kg/m^3。

三、碾压混凝土

碾压混凝土是一种由集料、胶凝材料及水拌和成的较干硬的、坍落度为零的超干硬性混凝土,可采用沥青路面摊铺机摊铺,并采用压路机械碾压成型,修筑成路面结构。混合料铺筑到路基上,并且经压实的铺筑层一般不超过 250mm。混合料还需进一步湿养护,以提供坚硬、耐久的路面。碾压道路混凝土广泛应用于工矿专用道场、各种停车场的建设,其他应用还包括其他大体积工程,如坝体工程等。碾压道路混凝土的应用可以节省投资、提高施工进度。

碾压混凝土与普通混凝土的差异包括:水含量及浆体含量低,细集料含量高,集料最大公称尺寸为 20mm 以下。

1. 碾压混凝土原材料技术要求

(1)水泥

在路面碾压混凝土中应选用弯拉强度高、凝结时间稍长、强度发展快、干缩性小及耐磨性好的水泥。矿渣水泥和含火山灰质材料的普通水泥不宜用于高等级公路碾压混凝土路面。

(2)粗、细集料

粗、细集料的技术性能应符合路面普通混凝土对粗、细集料的有关要求。

由于碾压混凝土用水量低,较大的集料粒径会引起混凝土离析并影响混凝土外观。为了获得均匀的混凝土以利于路面的平整度,集料粒径不宜过大。粗集料的最大粒径一般不宜大于19.0mm。砂率宜为35%～40%，级配符合表5-48的要求。

路面碾压混凝土粗细集料合成级配适宜范围 表5-48

筛孔尺寸(mm)	19.0	9.50	4.75	2.36	1.18	0.60	0.30	0.15
通过百分率范围(%)	90～100	50～70	35～47	25～38	18～30	10～23	5～15	3～10

(3)粉煤灰

粉煤灰作为掺和料在碾压混凝土中所起的作用为填充集料空隙，增加混凝土密实度，取代部分水泥降低工程造价，并改善混凝土拌和物的施工和易性，减少离析。利用粉煤灰中火山灰的活性，提高碾压混凝土的后期强度。当碾压混凝土用做道路基层，或做复合式路面底层时，可使用III级以上的粉煤灰，不宜使用等外灰。当碾压混凝土用做路面时，应使用I、II级粉煤灰，不得使用III级粉煤灰。粉煤灰在碾压混凝土中的超量取代系数见表5-49。

粉煤灰超量取代系数 表5-49

粉煤灰等级	I	II	III
超量取代系数	1.4～1.8	1.6～2.0	1.8～2.2

(4)外加剂

与普通路面混凝土相比，碾压混凝土的水灰比相对较低，相同条件下水泥用量平均低了20kg/m^{3}左右。由于碾压混凝土水灰比较小，施工和易性较差，为改善其可碾压性，达到要求的密实度，需要掺加适量的缓凝减水剂或缓凝引气剂。有抗冻要求的路面碾压混凝土，原则上应采用复合引气剂。在碾压混凝土中，外加剂掺量一般占水泥和粉煤灰总质量的0.20%～0.30%。外加剂的性能除满足要求外，还应通过碾压混凝土性能试验优选，确认满足其各项性能要求后，方可使用。

2.碾压混凝土配合比设计指标

(1)弯拉强度

①路面碾压混凝土设计弯拉强度应符合表5-34的规定。

②碾压混凝土配制弯拉强度均值按式(5-51)计算。

$$f_{cn}=\frac{f_{cm}+f_{ny}}{1+1.04C_v}+ts \tag{5-51}$$

式中：f_{cn}——碾压混凝土的配制弯拉强度均值，MPa；

f_{cm}——碾压混凝土的设计弯拉强度，MPa；

C_v、t、s——意义同式(5-41)；

f_{ny}——碾压混凝土压实安全弯拉强度，是为了弥补因压实度不足所引起的混凝土弯拉强度损失，在设计弯拉强度的基础上所增加的弯拉强度值，可根据式(5-52)计算。

$$f_{ny}=\frac{a}{2}(y_{n1}+y_{n2}) \tag{5-52}$$

式中：y_{n1}——弯拉强度试件标准压实度，通常为95%；

y_{n2}——路面芯样压实度的下限值，由芯样压实度统计得出，%；

a——相应于压实度变化1%的弯拉强度波动值(通过试验得出)。

(2)碾压混凝土拌和物的施工和易性

根据碾压混凝土组成材料特点，必须保证一定的施工可碾性，即在施工过程中，既能将混凝土碾压至最大密实度，又能顺利地提浆并保证混凝土的平整度。稠度是碾压混凝土拌和物的一个重要特性，它不但影响振动压路机的施工作业性，而且对混凝土压实密度和表面平整程度有较大的影响。在碾压混凝土施工作业中，有一对必须协调好的工艺矛盾：平整度要求混凝土拌和物更干硬，而密实度要求其更湿软。混凝土拌和物的稠度还应与所用振动机具能量适应。如果拌和物太稠，振动能量不足以使混凝土拌和物液化流动，达不到完全压实目的；反之如果太稀，振动机具将下沉，无法工作。因此将碾压混凝土现场稠度控制在允许范围内，对保证振动碾压密实性是十分重要的。

根据目前的施工机械和施工水平，《公路水泥混凝土路面施工技术规范》(JTG F30—2003)中要求：碾压混凝土出搅拌机口时的“改进 VB 值”宜为 5～10s，碾压时“改进 VB 值”宜控制在 30s±5s。

(3)碾压混凝土的耐久性

碾压混凝土拌和物具有优良的级配组成和较低的水灰比，在振动碾压机械的作用下，可使矿质集料形成互相靠拢的密实骨架，空隙率大为降低。由于水泥浆与集料体积比的大大降低，混凝土的干缩率也随之减小。据报道，碾压混凝土的干缩率仅为普通混凝土的 40%左右。因此，碾压混凝土的渗透性大大降低，与之关联的抗冻性和抗腐蚀性也相应提高。碾压混凝土的冻融试验结果表明，碾压混凝土的抗冻性可较普通混凝土提高 4～6 倍；又由于碾压混凝土中粗颗粒集料较多，还可提高其表面抗磨耗性及抗滑性。

①含气量

虽然碾压混凝土的抗冻性优于路面普通混凝土，但在严寒地区和寒冷地区的碾压混凝土路面中，同样存在着较严重的冻坏及盐冻脱皮破坏现象，因此在这些地区的路面碾压混凝土中应掺加引气剂，使混凝土的含气量达到表 5-37 中有抗盐冻要求的推荐值范围。当碾压混凝土用于基层，或复合式路面位于冻土深度不大于 50cm 的地区时，碾压混凝土的含气量应在表 5-37的有抗冻性要求的含气量范围内。

②最大水(胶)灰比和最小水泥用量

路面碾压混凝土满足耐久性要求的最大水(胶)灰比和最小水泥用量宜符合表 5-50 的要求。当实际水(胶)灰比在只掺引气剂不满足表 5-50 的规定时，可使用引气剂复合(高效)减水剂。当碾压混凝土做基层或复合式路面底层时，将不受此项限制。

耐久性要求的最大水(胶)灰比和最小水泥用量(JTG F30—2003)　　表 5-50

公路等级			二级公路	三、四级公路
最大水灰比(水胶比)	无抗冻性要求		0.40	0.42
	有抗冻性要求		0.38	0.40
	有抗盐冻性要求		0.36	0.38
最小水泥用量(不掺粉煤灰时)(kg/m³)	无抗冻性要求	42.5 级水泥	290	280
		32.5 级水泥	305	300
	有抗冻、抗盐冻要求	42.5 级水泥	315	310
		32.5 级水泥	325	320
最小水泥用量(掺粉煤灰时)(kg/m³)	无抗冻性要求	42.5 级水泥	255	250
		32.5 级水泥	265	260
	有抗冻、抗盐冻要求	42.5 级水泥①	260	265

3. 碾压混凝土配合比设计步骤

对于重大工程,碾压混凝土的配合比设计可使用正交试验法,一般工程则可采用简捷计算设计法。

(1)简捷配合比计算法

①掺外加剂不掺粉煤灰碾压混凝土的配合比计算步骤

采用3个经验公式和“粗集料填充体积选用表”进行碾压混凝土的初步配合比计算。

步骤1:计算单位用水量 W_{0n}

按经验公式(5-53)计算掺外加剂混凝土的单位用水量 W_{0n}。

$$W_{0n} = 137.7 - 20.55\lg VB \tag{5-53}$$

式中:VB——碾压混凝土拌和物的“改进VB值”,s。

步骤2:计算水灰比 W/C

由式(5-54)计算水灰比 W/C。计算水灰比应与表5-48中满足耐久性要求的最大水灰比相比较,两者当中取小值。

$$W/C = \frac{0.2156 f_s}{f_{cn} - 0.1720 f_s} \tag{5-54}$$

式中:f_{cn}——碾压混凝土配制弯拉强度,MPa;

f_s——水泥实测抗折强度,MPa。

步骤3:计算单位水泥用量 C_{0n}

由式(5-55)计算单位水泥用量 C_{0n}。计算单位水泥用量 C_{0n} 应与表5-50中满足耐久性要求的最小水泥用量相比较,两者当中取大值。

$$C_{0n} = \frac{C}{W} W_{0n} \tag{5-55}$$

式中:W_{0n}——单位用水量,kg/m³;

C/W——混凝土灰水比。

步骤4:选定粗集料填充体积百分率 V_g

根据所用砂细度模数的实测结果,参照表5-51选定粗集料填充体积百分率 V_g。

粗集料填充体积百分率 V_g 选用表 表5-51

砂细度模数	2.4	2.6	2.8	3.0
粗集料填充体积百分率 V_g(%)	75	73	71	69

步骤5:计算粗集料用量 G_{0n}

由式(5-56)计算粗集料用量 G_{0n}。

$$G_{0n} = \gamma_g \cdot V_g \tag{5-56}$$

式中:γ_g——粗集料振实密度,由试验确定,kg/m³;

V_g——选定的粗集料填充体积百分率,%。

步骤6:计算用砂量 S_{0n}

根据粗集料 G_{0n}、单位水泥用量 C_{0n} 和单位用水量 W_{0n} 及材料密度,按体积法计算用砂量 S_{0n}。

步骤7:计算外加剂用量 Y_{0n}

由式(5-57)计算单位外加剂用量 Y_{0n}。

$$Y_{0n} = \varepsilon \cdot C_{0n} \tag{5-57}$$

式中：ε——根据试验优选的外加剂掺量，以小数计；

C_{0n}——单位水泥用量，kg/m^3。

②掺外加剂和粉煤灰的碾压混凝土

步骤 1：计算粗集料用量 G_{0n}

按表 5-51 选定的粗集料填充体积百分率 V_g，由式(5-56)计算粗集料用量 G_{0n}。

步骤 2：确定粉煤灰取代率 f

按经验或正交试验分析结果选定粉煤灰取代率 f，并按使用场合和粉煤灰品质等级，根据表 5-27 选定粉煤灰超量系数 δ_f。

步骤 3：计算单位用水量 W_{0fn}

根据掺外加剂和粉煤灰的经验公式(5-58)计算单位用水量 W_{0fn}。

$$W_{0fn} = 135.5 - 21.2\lg VB + 0.32f \tag{5-58}$$

式中：VB——碾压混凝土拌和物的"改进 VB 值"，s；

f——粉煤灰取代率，%。

步骤 4：计算基准胶凝材料总量$(C+F)$

根据经验公式(5-59)计算基准胶凝材料总量$(C+F)$。

$$C+F = 200 \times (f_{cn} - 7.22 + 0.025 \cdot f + 0.023V_g) \tag{5-59}$$

式中：f_{cn}——碾压混凝土配制弯拉强度均值，MPa；

f——粉煤灰取代率，%；

V_g——粗集料填充体积百分率，%。

步骤 5：计算单位水泥用量 C_{0fn} 及单位粉煤灰用量 F_{0fn}

按照式(5-60)和式(5-61)计算单位水泥用量 C_{0fn} 及单位粉煤灰用量 F_{0fn}。单位水泥用量 C_{0fn} 应与表 5-50 中满足耐久性要求的最小水泥用量相比较，两者当中取大值。

$$C_{0fn} = (C+F)(1-f) \tag{5-60}$$

$$F_{0fn} = C_{0fn} \cdot f \cdot \delta_f \tag{5-61}$$

式中：$C+F$——基准胶凝材料总量；

f——粉煤灰取代率，%；

δ_f——粉煤灰超量系数。

步骤 6：计算水胶比 $W/(C+F)$

由式(5-62)计算水胶比 $W/(C+F)$。计算得到的水胶比应与表 5-50 中满足耐久性要求的最大水胶比相比较，两者当中取小值。

$$W/(C+F) = W_{0fn}/(C_{0fn} + F_{0fn}) \tag{5-62}$$

式中：W_{0fn}——单位用水量，kg/m^3；

C_{0fn}——满足耐久性要求的最小单位水泥用量，kg/m^3；

F_{0fn}——单位粉煤灰用量，kg/m^3。

步骤 7：计算用砂量

根据计算的 G_{0n}、C_{0fn}、F_{0fn}、W_{0fn} 及相应原材料密度，按体积法计算用砂量 S_{0n}，计算时应计入设计含气量 a。

步骤 8：计算单位外加剂用量

根据试验优选的外加剂掺量，由式(5-57)计算单位外加剂用量 Y_{0n}。

(2)正交试验法

采用正交试验进行碾压混凝土配合比设计，不仅能考察各组成材料对碾压混凝土性能的影响程度及规律，而且可以根据所建立的试验公式确定满足设计要求的配合比。正交试验法主要设计步骤简介如下，详细步骤见例题[5-6]。

①确定试验的考察因素和水平，并按照正交表安排试验

对于不掺粉煤灰的碾压混凝土，考察因素为混凝土组成材料用量："单位用水量"、"水泥用量"和"粗集料填充体积"3个因素，每个因素取3个水平，按照正交表L9(3^3)安排试验方案。

对于掺粉煤灰的碾压混凝土，选择"单位用水量"、"基准胶凝材料总量"、"粉煤灰掺量"和"粗集料填充体积"作为考察因素，每个因素选定3个水平，然后按照L9(3^4)正交表安排试验方案。

②碾压混凝土配合比计算

根据正交试验方案，按照普通混凝土或粉煤灰混凝土的配合比设计方法，计算出每个配比方案中各种组成材料的用量。

③混凝土性能试验

按照设计要求的考核指标，对各个配合比的碾压混凝土进行相关的试验。主要考核指标有混凝土拌和物"改进VB值"、混凝土弯拉强度等，还也可根据需要增加抗压强度、抗冻性或耐磨性等试验项目。

④试验结果的直观分析及回归分析

用直观分析或方差分析的方法，考察各个因素对考核指标的影响程度及其规律。

对试验数据进行回归分析，建立主要影响因素与稠度或强度等考核指标的关系式。

⑤确定碾压混凝土的初步配合比

在综合考核混凝土稠度指标和抗折强度指标的基础上，确定单位用水量、水泥用量(或基准胶凝材料用量)、碎石堆积体积及粉煤灰用量，然后计算出混凝土"初步配合比"为：

$$水泥:粉煤灰:水:砂:石=m_{cr}:m_{fr}:m_{w}:m_{sr}:m_{gr}$$

【例题5-6】 掺粉煤灰碾压混凝土的配合比设计示例

(1)设计要求

采用正交试验法安排试验，确定粉煤灰碾压混凝土的配合比。考核指标为：混凝土的稠度指标"改进VB值"=30s±5s、压实度大于96%、碾压混凝土28d配制弯拉强度均值为6.5MPa。

(2)组成材料

硅酸盐水泥42.5级，28d抗压强度$f_{ce}=48.7$MPa、抗折强度$f_{cef}=7.72$MPa，密度$\rho_c=3\,100\text{kg/m}^3$；粉煤灰：需水量比110%，表观密度$\rho'_f=2\,120\text{kg/m}^3$，符合III级灰品质要求；河砂：表观密度$\rho'_s=2\,680\text{kg/m}^3$，细度模数2.41；石灰岩碎石：表观密度$\rho'_g=2\,700\text{kg/m}^3$，由粒径为10～20mm和5～10mm的两档集料按60:40合成，振实密度1 750 kg/m^3；RC—1型减水剂掺量0.3%，松香引气剂0.2%(两者均以基准胶凝材料质量百分率计)。

(3)设计步骤

①确定考察因素、试验水平和试验方案

选定粉煤灰碾压混凝土配合比的4个考察因素为单位用水量、基准胶凝材料用量、碎石堆积体积和粉煤灰取代率，其中粉煤灰的超量系数$\delta_f=1.70$，每一因素取用3个水平。考察因素和水平列于表5-52。

碾压混凝土配合比的四因素与三水平　　表 5-52

因素 \ 水平		1	2	3
A	单位用水量(kg/cm^3)	100	120	110
B	基准胶凝材料用量(kg/cm^3)	290	330	250
C	碎石堆积体积(%)	75	70	80
D	粉煤灰取代率(%)	30	10	20

②配合比计算

根据试验方案中规定的条件，按照 L 9(3^4)正交表确定试验方案，并计算各个方案中的混凝土配合比，结果见表 5-53。计算过程以配合比 1 为例：

单位用水量 $m_{0wr}=100$ kg；

水泥用量 m_{0cr}=基准胶凝材料用量×(1−f)=290×(1−0.30)=203 kg；

粉煤灰掺量 m_{0fr}=基准胶凝材料用量×f×δ_f=290×0.30×1.70=148 kg；

碎石用量 m_{0gr}=碎石堆积体积 V_g×振实密度=0.75×1 750=1 313 kg；

河砂用量 $m_{0sr}=(1-m_{wr}/\rho_w-m_{cr}/\rho_c-m_{fr}/\rho_f-m_{gr}/\rho'_g)\times\rho'_s$；

$=(1\,000-100/1\,000-203/3\,100-148/2\,120-1\,313/2\,700)\times2\,680=746$kg；

减水剂用量=基准胶凝材料用量×0.3%=290×0.3%=0.87kg；

引气剂用量=基准胶凝材料用量×0.2%=290×0.2%=0.58kg。

正交试验方案及混凝土配合比　　表 5-53

配合比编号	因素水平组合条件				混凝土配合比(kg/m^3)						
	用水量(kg/m^3)	基准胶凝材料(kg/m^3)	碎石堆积体积(%)	粉煤灰取代率(%)	水	水泥	粉煤灰	河砂	碎石	RC—1减水剂	松脂皂引气剂
1	(1)100	(1)290	(1)75	(1)30	100	203	148	747	1 313	0.87	0.58
2	(1)100	(2)330	(2)70	(2)10	100	297	56	868	1 225	0.99	0.66
3	(1)100	(3)250	(3)80	(3)20	100	200	85	742	1 400	0.75	0.50
4	(2)120	(1)290	(2)75	(3)30	120	264	112	772	1 225	0.99	0.66
5	(2)120	(2)330	(3)70	(1)10	120	175	128	656	1 400	0.75	0.50
6	(2)120	(3)250	(1)80	(2)20	120	225	43	807	1 313	0.75	0.50
7	(3)110	(1)290	(3)75	(2)30	110	261	49	708	1 400	0.87	0.58
8	(3)110	(2)330	(1)70	(3)10	110	264	112	712	1 313	0.99	0.66
9	(3)110	(3)250	(2)80	(1)20	110	175	128	857	1 225	0.75	0.50

注：括号里的数字为表 5-50 中的水平代号。

③混凝土性能试验

按照考核指标，测定各个混凝土的“改进 VB 值”、压实度、7d 和 28d 抗折强度，试验结果列于表 5-54。

各个碾压混凝土试验结果 表 5-54

配合比编号	改进 VB 值(s)	压实度(%)	7d 抗折强度 $f_{rf,7}$(MPa)	28d 抗折强度 $f_{rf,28}$(MPa)
1	123	92.9	4.9	6.1
2	56	93.9	7.0	7.1
3	75	93.4	5.3	6.0
4	14	95.2	5.2	6.5
5	16	97.6	5.9	6.4
6	6	97.0	5.5	6.5
7	35	94.8	6.2	6.8
8	44	94.2	5.7	6.7
9	44	94.1	4.1	6.4

④试验结果的直观分析

对于每个因素,将表 5-54 中的每个试验指标在同一水平时的测试值相加,分别得到 K_1、K_2和 K_3,并求出它们的级差 R。对于考核指标,若某一因素的级差越大,表明该因素变化对这个指标的影响越大,由此分析主要影响因素。

以因素“单位用水量”对“改进 VB 值”影响为例,计算 K_1、K_2、K_3,以及级差 R 为:

在水平 1 时,“改进 VB 值”的三个测试值之和 $K_1=254$;

在水平 2 时,“改进 VB 值”的三个测试值之和 $K_2=36$;

在水平 3 时,“改进 VB 值”的三个测试值之和 $K_3=123$;

K_1、K_2和 K_3的级差 $R=\max(K_1、K_2、K_3)-\min(K_1、K_2、K_3)=254-36=218$。

依此类推,计算出各个因素在三个水平时,各个指标的 K_1、K_2、K_3以及级差 R,见表 5-55。

试验结果的直观分析 表 5-55

试验指标	统计参数	A	B	C	D
		用水量(kg/m³)	基准胶凝材料(kg/m³)	碎石堆积体积(%)	粉煤灰取代率(%)
改进 VB 值(s)	K_1	254	172	173	183
	K_2	36	116	114	97
	K_3	123	125	126	133
	R	218	56	59	86
压实度(%)	K_1	281.2	282.9	284.1	284.6
	K_2	289.8	285.7	283.2	285.7
	K_3	283.1	285.5	286.8	283.8
	R	8.6	2.8	3.6	1.9
28d 抗折强度(MPa)	K_1	19.22	19.4	19.36	18.8
	K_2	19.41	20.22	19.95	20.41
	K_3	19.93	18.94	19.25	19.27
	R	0.71	1.28	0.70	1.53

根据表 5-55 中的结果进行直观分析,以级差 K_1、K_2和 K_3的大小排序,各因素变化对混凝土稠度及强度的影响趋势如下:

用水量A:用水量是影响混凝土稠度“改进VB值”和压实度的主要因素,“改进VB值”随用水量增加而降低,压实度随用水量增加而提高。在本例题选用的用水量范围中,用水量的变化对混凝土抗折强度无显著影响。

基准胶凝材料用量B:基准胶凝材料用量是影响混凝土抗折强度重要因素,抗折强度随基准胶凝材料用量的增加而提高。基准胶凝材料对混凝土稠度和压实度无显著影响。

碎石堆积体积C:碎石堆积体积是影响压实度的第二位重要因素,压实度随碎石堆积体积的增大而提高。碎石堆积体积对混凝土稠度和抗折强度的影响分列第三和第四位。

粉煤灰掺量D:粉煤灰掺量是影响混凝土抗折强度的首要因素,对稠度也有较大影响。抗折强度随粉煤灰掺量增大而明显降低,稠度随之增大。直观分析表明,粉煤灰掺量以10%为宜。

将以上直观分析结果汇总于表5-56。

各指标直观分析结果汇总 表5-56

考核指标	因素主次顺序	正交表中较好条件
稠度值,改进VB值(s)	A>D>C>B	$A_3B_{2,3}C_{2,3}D_3$
压实度,Y_m(%)	A>C>B>D	$A_2B_{2,3}C_3D_2$
抗折强度,$f_{rf,28}$(MPa)	D>B>A>C	$A_3B_2C_2D_2$

⑤试验结果的回归分析

采用多元回归分析法,建立单位用水量W、基准胶凝材料用量$(C+F)$、碎石堆积体积V_g、粉煤灰取代率f等因素与考核指标“改进VB稠度值”、压实度及抗折强度的回归公式,见表5-57。

回归分析结果 表5-57

回归式编号	统计回归公式	n	相关系数R	方差S
1	$VB=416.89-3.633W+1.433f$ $(t_1=-5.89, t_2=2.32)$	9	0.9327	15.1
2	$Y_m=70.69+0.160W+0.087V_g$ $(t_1=5.07, t_2=1.37)$	9	0.9063	0.77
3	$f_{rf,7}=-2.453+0.01(C+F)+0.081V_g-0.051f$ $(t_1=1.45, t_2=1.41, t_3=1.90)$	9	0.8079	0.61
4	$f_{rf,28}=5.93+0.004(C+F)-0.020f$ $(t_1=1.50, t_2=-1.80)$	9	0.7631	0.25
多元回归分析结果说明:$t\leqslant1$,无显著影响;$1<t\leqslant2$,有一定影响;$t>2$,有显著影响				

对表5-57中的结果分析如下:

单位用水量和粉煤灰取代率对改进VC稠度值均有显著的影响;用水量对压实度有特别显著的影响,碎石堆积体积对其也有一定的影响;基准胶凝材料用量和粉煤灰取代率均对抗折强度有一定影响,碎石堆积体积的变化仅对碾压混凝土7d抗折强度有一定影响。表5-57中的回归分析结果与表5-56的直观分析一致。表5-57中的统计回归公式1有很好的相关性和足够的推定精度,可作为确定用水量的经验式采用。

⑥确定初步配合比

综合各指标直观分析结果，最佳组合为 $A_3B_{2,3}C_{2,3}D_2$，选定基准胶凝材料总用量 295 kg，碎石堆积体积为 75%；粉煤灰取代率为 10%。将“改进 VB 值”=30，粉煤灰取代率 f=10% 代入表 5-57 中统计回归公式 1，计算出单位用水量 m_{wr} 为 110 kg。

计算碾压混凝土中各个组成材料用量：

水泥用量 m_{cr}=(基准胶凝材料用量)×(1−f)=295×(1−0.30)=266 kg；

粉煤灰掺量 m_{fr}=(基准胶凝材料用量)×f×δ_f=295×0.10×1.70=50 kg；

碎石用量 m_{gr}=碎石堆积体积 V_g×振实密度=0.75×1 750=1 313 kg；

河砂用量 m_{sr}=(1−110/1 000−266 /3 100−50/2 120−1 313/2 700)×2 680=789 kg；

减水剂用量=基准胶凝材料用量×0.3%=295×0.3%=0.89 kg；

引气剂用量=基准胶凝材料用量×0.2%=295×0.2%=0.59 kg；

碾压混凝土的“初步配合比”为：m_{cr} ∶ m_{fr} ∶ m_{wr} ∶ m_{sr} ∶ m_{gr}=266 ∶ 50 ∶ 110 ∶ 789 ∶ 1 313。

第五节　再生混凝土

再生混凝土是指将废弃的混凝土块经过破碎、清洗、分级后，按一定比例与级配混合，部分或全部代替砂石等天然集料(主要是粗集料)，再加入水泥、水等配制而成的新混凝土。再生混凝土按集料的组合形式可以有以下几种情况：集料全部为再生集料；粗集料为再生集料、细集料为天然砂；粗集料为天然碎石或卵石、细集料为再生集料；再生集料替代部分粗集料或细集料。

一、再生集料技术特性

1. 表观密度和堆积密度

再生集料成分不仅有少量脱离砂浆的石子、部分包裹砂浆的石子，还有少量独立成块的水泥砂浆。因为水泥砂浆的表面粗糙、棱角多并且在混凝土构件破坏和集料生产过程中集料内部出现大量微细裂缝，从而导致再生集料孔隙率大，进而使得表观密度和堆积密度降低。研究认为，再生集料的表观密度为天然集料的 85%以上，并且其离散性很大。

2. 吸水率

由于废旧混凝土在破碎过程中受到较大外力作用，在集料内部会出现大量微细裂缝，使得再生集料的吸水率和吸水速率都远高于天然集料。研究认为，再生集料的吸水率是天然集料的 6～8 倍。一般认为，再生细集料的吸水率超过 10%，而再生粗集料一般吸水率在 5%左右。由于再生集料的孔隙率较大，在短时间内再生集料就可以吸水饱和。在再生混凝土配合比设计时需要考虑再生集料的高吸水率问题。

再生粗集料的高吸水率和低表观密度的特征均是由于集料表面附着的废旧砂浆所致，因此再生粗集料的吸水率与表观密度存在一定的相关性。根据国内研究成果，再生粗集料的表观密度与吸水率之间具有如式(5-63)所示的关系。

$$\rho = \frac{2.7}{2.7W + 1} \tag{5-63}$$

式中：ρ——再生粗集料的表观密度，g/cm³；

W——再生粗集料的吸水率，%。

3. 形状和表面特征

集料的形状和表面特征对混凝土性能有影响，立方体或球状颗粒且表面光滑时，对新拌混凝土的流动性有利，但与水泥石的黏结较差。与天然集料相比，大部分再生集料表面都包裹着砂浆，因此表面很粗糙、比表面积大，这对提高与水泥石的黏结有利，但对于新拌混凝土的流动性不利，还会增加水泥的用量。

为了定量描述再生粗集料的表面粗糙度，国内部分研究人员提出以相对表面粗糙度的来表征再生粗集料的表面特性。相对表面粗糙度的测试方法为：取干燥状态的单级试样（10～15mm 或 15～20mm）不少于 1kg，倒入水灰比为 0.6 的基准水泥净浆中，迅速搅拌均匀；然后倒入筛孔为 10mm 的圆孔筛中，将多余净浆筛去；移入标准养护室中养护 7d（或 28d）；取出放入烘箱中烘干至恒量，放在天平上称取试样裹浆后的质量，相对表面粗糙度用式(5-64)计算。

$$\lambda = 1\,000(m_1 - m_0)/m_0 \tag{5-64}$$

式中：λ——相对表面粗糙度；

m_1——裹浆后的质量，g；

m_0——裹浆前的质量，g。

4. 再生集料性能改善

由于再生集料在性能上较天然集料差，对再生混凝土的许多性能产生不利影响，因此可以通过改善再生集料性能来提高再生混凝土的性能。

(1)机械活化

其目的在于破坏弱的再生颗粒或去除黏附于再生颗粒表面的水泥砂浆，从而提高再生集料的强度。但该方法能耗较高，同时会产生大量难以处理的粉末。

(2)酸液活化

将集料置于酸液中，如冰醋酸、盐酸溶液中，利用酸液与再生集料中的水泥水化产物 $Ca(OH)_2$ 反应，起到改善再生集料颗粒表面的作用，从而改善再生集料的性能。

(3)化学浆液处理

用高强度水泥和水按照一定比例调成水泥浆。利用浆液对再生集料进行浸泡、干燥处理，以改善再生集料的空隙结构，从而提高再生集料质量。

(4)水玻璃溶液处理

用水玻璃溶液浸渍再生集料，利用水玻璃与再生集料表面的水泥水化物填充再生集料孔隙，从而改善再生集料的密实度。

二、再生混凝土技术性质

1. 再生混凝土工作性

由于再生集料表面粗糙、棱角较多且集料表面包裹着相当数量的水泥砂浆，当原生混凝土块在破碎过程中由于损伤，内部存在大量微裂纹，使其吸水率增大。因此，在配合比相同条件下，再生混凝土黏聚性、保水性均优于普通混凝土，而流动性比普通混凝土差。

新拌再生粗集料混凝土的工作性用坍落度表示，主要取决于单位用水量。根据有关人员的大量试验研究，再生粗集料混凝土的流动性介于塑性阶段（坍落度 SL＝40～90mm）时，单位用水量与混凝土坍落度之间的关系如式(5-65)所示。

$$W = 2\mathrm{SL}/3 + 165(1 + W_x) - R_{max} \tag{5-65}$$

式中：W——单位用水量，kg/m^3；

SL——混凝土坍落度，mm；

W_x——再生粗集料的吸水率，以小数表示；

R_{max}——再生粗集料的最大粒径，mm。

2. 再生混凝土的耐久性

再生混凝土的耐久性可以用多个指标来表征，包括再生混凝土的抗渗性、抗冻性、抗硫酸盐侵蚀性、抗碳化能力、抗氯离子渗透性以及耐磨性等。由于再生集料的孔隙率和吸水率较高，再生混凝土的耐久性要低于普通混凝土。

为了提高再生混凝土的抗渗性，可以减小水灰比或者掺加一定量的粉煤灰；为了提高再生混凝土的抗冻性，可以通过降低水灰比、减小再生集料的最大粒径、二次搅拌或采用半饱和面干的再生集料等方法来实现；通过掺加粉煤灰并采用二次搅拌工艺，可以提高再生混凝土的抗硫酸盐侵蚀性并增加抗氯离子渗透性；而抗碳化性能和耐磨性可以通过减小水灰比得以实现。

3. 再生混凝土力学性质

(1)抗压强度

通过大量的试验，一般认为与普通混凝土的抗压强度相比，再生混凝土的强度大约降低5%～32%。其原因一般认为：一是由于再生集料孔隙率较高，在承受轴向应力时，易形成应力集中现象；二是再生集料与新旧水泥浆之间存在一些结合较弱的区域；三是再生集料本身的强度较低。

水灰比对于再生混凝土强度有主要的影响，当水灰比较大时，再生混凝土的抗压强度随着水灰比的增大而降低；当水灰比较小时，水泥浆体具有相对较高的强度，混凝土破坏从强度相对较低的再生集料开始，从而使得混凝土的强度不能随着水灰比的下降而提高。

(2)抗拉及抗折强度

大量的试验已经发现，再生混凝土的劈裂抗拉强度与普通混凝土的差别不大，只是略有降低。同时，再生混凝土的抗折强度约为其抗压强度的1/5～1/8，这与普通混凝土基本类似。再生混凝土的这个特性，对于在路面混凝土中应用再生混凝土尤为有利。

(3)弹性模量

综合已有的试验研究，可以发现，再生混凝土的弹性模量较普通混凝土降低15%～40%。再生混凝土模量的降低的原因是由于大量的砂浆附着于再生集料上，而这些砂浆的模量较低。再生混凝土模量降低也从另外一个方面说明再生混凝土的变形能力要优于普通的水泥混凝土。

再生混凝土的弹性模量与抗压强度之间存在较好的相关关系，在缺乏测试的情况下，可以采用式(5-66)计算再生混凝土的弹性模量。

$$E_c = 7.77 \times 10^3 \cdot f_{cu}{}^{35} \tag{5-66}$$

式中：E_c——再生混凝土的弹性模量，MPa；

f_{cu}——再生混凝土的抗压强度，MPa。

三、再生混凝土配合比设计

1. 确定配制强度($f_{cu,t}$)

在强度保证率为95%时，参考普通混凝土，再生混凝土的配制强度由式(6-67)计算。

$$f_{cu,t} = f_{cu,k} + 1.645\sigma \tag{5-67}$$

式中：$f_{cu,k}$——再生混凝土的设计强度，MPa；

σ——强度标准差，MPa，可以根据混凝土的设计强度等级，做如下选择：

当混凝土设计强度等级低于C20时，取$\sigma=4.0$；

当混凝土设计强度等级为C20～C35时，取$\sigma=5.0$；

当混凝土设计强度等级高于C35时，取$\sigma=6.0$。

2. 确定水灰比(W_1/C)

对于再生混凝土，水灰比W_1/C可以参考式(5-68)进行确定。

$$W_1/C = \frac{Af_{ce}}{f_{cu,t} + ABf_{ce}} \tag{5-68}$$

式中：f_{ce}——水泥实际强度，MPa；

A、B——集料系数，分别为0.47、0.71。

3. 确定单位用水量

再生混凝土的单位用水量包含两个部分：一部分为不考虑集料高吸水率时的单位用水量W_1，可以参照普通混凝土单位用水量进行选取；另外集料因为高吸水率而添加的附加水W_2，其用量为干燥状态下的再生集料质量乘以再生集料10min的吸水率。

4. 确定单位混凝土的水泥用量

根据选定的单位用水量和已确定的水灰比，计算单位水泥用量。

5. 确定砂率

根据研究，建议的砂率为0.35左右。

6. 确定单位体积混凝土的砂、石用量

砂、石以干燥状态质量为准，采用质量法或者体积法确定单位体积砂、再生集料用量。具体内容可以参见普通混凝土计算公式，需要注意的是由于再生集料的堆积密度比天然集料低一些，混凝土拌和物的假定表观密度应在2 300kg/m^{3}左右选取。

通过以上步骤配制的再生混凝土，还需要根据实际情况进行调整与确定。

第六节　砂　　浆

砂浆是由胶凝材料、细集料和水配制而成的建筑工程材料，其中细集料多采用天然砂，在建筑工程中起黏结、衬垫和传递应力的作用，是一项用量大、用途广的建筑材料。砂浆按用途可分为砌筑砂浆、抹面砂浆、装饰砂浆、防水砂浆以及保温吸声砂浆等；按照所用胶结材料不同可分为水泥砂浆、石灰砂浆、混合砂浆（常用的是水泥石灰混合砂浆）。在道路和桥隧工程中，砂浆主要用来砌筑圬工桥涵、挡土墙、隧道砌衬、涵洞及排水沟等。

砂浆与混凝土不同之处仅在于不含粗集料，所有有关混凝土拌和物和易性和混凝土强度的基本规律，原则上也适用于砂浆，但由于用途不同，砂浆又有其自身的特点。

一、砌筑砂浆的技术性质

1. 新拌砂浆的施工和易性

新拌砂浆的和易性是指新拌砂浆是否便于施工并保证质量的综合性质，其概念与混凝土拌和物和易性相同。和易性好的新拌砂浆便于施工操作，能比较容易地在砖、石等表面上铺砌成均匀、连续的薄层，且与底面紧密黏结。新拌砂浆的施工和易性包括流动性和保水性两个方面的要求。

(1)流动性

砂浆流动性是指其在重力或外力作用下流动，能在粗糙的砖、石基面上铺筑成均匀的薄层并能与底面很好黏结的性能。砂浆流动性通常以稠度表示，用砂浆稠度测定仪测定。试验时，将按预定配合比的砂浆装入圆锥体中，使标准的滑针自由下沉，以沉入量作为流动性的指标，以 mm 计。影响砂浆稠度的因素有：胶凝材料及掺和料用量、用水量、外加剂品种与掺量、砂的级配与粗细程度、拌和时间等。砂浆流动性的选择应根据砌体种类、施工方法以及气候情况，参照表 5-58 和表 5-59 选用。

砌筑砂浆的稠度(JGJ 98—2000)　　表 5-58

砌 体 种 类	砂 浆 稠 度 (mm)
烧结普通砖砌体	79～90
轻集料混凝土小型空心砖块砌体	60～90
烧结多孔砖、空心砖砌体	60～90
烧结普通砖平拱式过梁 空心墙、筒拱 普通混凝土小型空心砖块砌体 加气混凝土砌块砌体	50～70
石砌体	30～50

抹面砂浆稠度选用表　　表 5-59

抹 灰 工 程	砂 浆 稠 度 (mm)	
	机械施工	手工操作
准备层	80～90	110～120
底层	70～80	70～80
面层	70～80	90～100
灰浆面层	—	90～120

(2)保水性

砂浆保水性是指砂浆保持水分的能力，即新拌砂浆在运输与施工过程中，不易产生分层、析水现象，水不易从砂浆中分离出来的性质。保水性差的砂浆，在运输、停放、施工过程中水分很快丧失，或被砌体所吸干，使砂浆在很短的时间内就变得干涩，难于铺筑成均匀而薄的砂浆层，致使砌块之间砂浆不饱满，形成很多空穴空洞，并影响水泥正常硬化，降低砂浆黏结强度。

砂浆保水性以“分层度”表示，用砂浆分层度测量仪测定。试验时，将已测定稠度的砂浆装入圆筒中，静置 30min 后再次测试容器底部 1/3 部分砂浆的稠度。两次稠度之差即为分层度，以 mm 计。保水性良好的砂浆，其分层度较小。经大量试验验证，水泥砂浆的分层度不应大于 30mm。分层度在 10～20mm 之间的砂浆，可用于砌筑或抹面工程。水泥混合砂浆的分层度一般不会超过 20mm。分层度接近零的砂浆，虽然保水性好无分层现象，但往往胶凝材料用量过多，或砂过细，致使砂浆易发生干缩裂缝，不宜作抹面砂浆。

2. 硬化砌筑砂浆的抗压强度

(1)砂浆的强度等级

砂浆硬化后应有足够的抗压强度，以起承担传递荷载的作用。砂浆抗压强度等级是以边长 70.7mm 的立方体试件，在标准条件下，养护 28d 龄期的平均极限抗压强度确定的，以 MPa 计。砌筑砂浆的强度等级分为 M2.5、M5、M7.5、M10、M15 和 M20。

(2)砂浆强度的影响因素

砂浆强度的影响因素颇多，随其组成材料的种类和使用条件的差异有较大的波动。

①用于不吸水基底的砂浆强度

密实基底(如致密的石料)吸收砂浆中的水分甚微，对砂浆的水灰比影响不大。因此，砂浆强度与普通混凝土一样，主要取决于水泥强度及水灰比。它们之间的关系可以由经验公式(5-69)表示。

$$f_{m,28} = 0.293\, f_{ce,28}(C/W - 0.4) \tag{5-69}$$

式中：$f_{m,28}$——砂浆 28d 抗压强度，MPa；

$f_{ce,28}$——水泥 28d 抗压强度，MPa；

C/W——砂浆的灰水比。

②用于吸水基底的砂浆强度

吸水基底(如黏土砖、多孔混凝土等)吸水性较强，即使砂浆用水量不同，但经砌体吸水后，保留在砂浆中的水分几乎是相同的。因此，砂浆强度主要取决于水泥强度及其用量，而与水灰比无关。它们之间的关系可以由经验公式(5-70)表示。

$$f_{m,28} = \alpha \cdot f_{ce,28} \cdot \frac{m_{c0}}{1\,000} \tag{5-70}$$

式中：$f_{m,28}$——砂浆 28d 强度，MPa；

$f_{ce,28}$——水泥 28d 抗压强度，MPa；

m_{c0}——砂浆中单位水泥用量，kg/m^3；

α——经验系数，可由试验测定。

二、砂浆的组成材料

1. 水泥

砂浆通常由普通水泥、矿渣水泥、火山灰质水泥等配制。由于砂浆强度不高，不必选用强度过高的水泥，否则会导致水泥用量太低，引起砂浆的保水性不良。水泥砂浆中所用水泥的强度等级不宜超过 32.5 级。而在水泥混合砂浆中，所掺加的消石灰膏会降低砂浆强度，因此所采用的水泥强度等级可适当提高，但不宜大于 42.5 级。

在一些具有特殊用途的砂浆中，可用特种水泥如膨胀水泥、快硬水泥，与有机胶凝材料如合成树脂、合成橡胶等配制。

2. 掺和料和外加剂

为了节约水泥并改善施工和易性，砂浆中可以掺加各种掺和料，如粉煤灰、石灰、石膏和黏土等，配制成水泥混合砂浆，如水泥石灰砂浆、水泥黏土砂浆、水泥粉煤灰砂浆等。

粉煤灰的品质指标和磨细生石灰的品质指标应符合有关要求。为了保证砂浆质量，需要将生石灰熟化后使用，块状生石灰熟化时间不得少于 7d，磨细生石灰的熟化时间不得小于 2d。为了保证消石灰的质量，应防止消石灰干燥、冻结、污染。脱水硬化的石灰膏和消石灰粉不能起塑化作用又影响砂浆强度，不得用于砌筑砂浆中。

在水泥砂浆或水泥混合砂浆中，可以掺入有机塑化剂、早强剂、缓凝剂、防冻剂等。为了保证施工质量，应对所选择的外加剂进行检测和试配，符合要求才能使用。

3. 细集料

砂浆用砂应符合混凝土用砂的技术性能要求。

由于砂浆层较薄，砂子最大粒径应有所限制。对于毛石砌体用砂浆，砂子最大粒径应小于砂浆层厚度的1/4～1/5；对于砖砌体用砂浆，宜用中砂，其最大粒径不大于2.5mm；光滑表面的抹灰及勾缝砂浆，宜选用细砂，其最大粒径不大于1.2mm。

采用中砂拌制砂浆，既能满足施工和易性要求，又能节约水泥，应优先使用。为了保证砂浆质量，应选用洁净的砂子，对黏土杂质含量应有所限制。砂中含泥量过大，不但会增加砂浆的水泥用量，还可能使砂浆的收缩值增大，耐水性降低，影响砌筑质量。当水泥混合砂浆强度等级大于M5.0时，砂中含泥量对强度影响较为明显，因此要求砂含泥量不得超过5%；对于强度等级M5.0以下的砂浆，砂含泥量不得超过10%。

三、砌筑砂浆的配合比

1. 砌筑砂浆配合比计算与确定

砌筑砂浆是将砖、石、砌块等黏结成为砌体的砂浆。

(1)水泥混合砂浆配合比计算

①砂浆的试配强度

砂浆的试配强度由式(5-71)计算。

$$f_{m,0} = f_m + 0.645\sigma \tag{5-71}$$

式中：$f_{m,0}$——砂浆的试配强度，MPa；

f_m——砂浆抗压强度平均值，MPa；

σ——砂浆现场抗压强度标准差，MPa，当有统计资料时，应通过计算确定，当没有近期统计资料时，砂浆现场强度标准差可按表5-60取用。

砂浆强度标准差 σ 限用值(MPa)　　表5-60

砂浆强度等级		M2.5	M5	M7.5	M10	M15	M20
施工水平	优良	0.50	1.00	1.50	2.00	3.00	4.00
	一般	0.62	1.25	1.88	2.50	3.75	5.00
	较差	0.75	1.50	2.25	3.00	4.50	6.00

②水泥用量的计算

水泥用量是影响砂浆强度的主要因素，每立方米砂浆中的水泥用量按式(5-72)计算。

$$Q_c = \frac{1\,000(f_{m,0} - 15.09)}{3.03 \cdot f_{ce}} \tag{5-72}$$

式中：Q_c——每立方米砂浆中的水泥用量，kg；

$f_{m,0}$——砂浆的试配强度，MPa；

f_{ce}——水泥的实测强度，MPa。

③掺和料用量的计算

水泥混合砂浆中的掺和料用量按照式(5-73)计算。

$$Q_D = Q_A - Q_c \tag{5-73}$$

式中：Q_D——每立方米砂浆中掺和料用量，kg；

Q_c——每立方米砂浆中的水泥用量，kg；

Q_A——每立方米砂浆中水泥与掺和料的总量，kg，宜在 300～350 kg 之间。

④砂浆中砂子的用量

砂浆中的水、胶结料和掺和料用于填充砂子的空隙，因此 $1m^3$ 干燥状态的砂子的装填密度值，也就是 $1m^3$ 砂浆所用的干砂用量。砂子在干燥状态时体积恒定；而当砂子含水 5%～7% 时，体积将膨胀 30%左右；当砂子含水处于饱和状态时，体积比干燥状态要减少 10%左右。所以必须按照砂子的干燥状态为基准进行计算。

⑤砂浆中的用水量

砂浆中用水量的多少，对砂浆强度的影响不大，应根据施工和易性所需稠度选用。水泥混合砂浆用水量通常小于水泥砂浆。当采用中砂时，砂浆用水量范围可选用 240～310kg/m^3；当采用细砂或粗砂时，用水量分别取该范围的上限或下限。当砂浆稠度小于 70mm 时，用水量可取该范围的下限。当施工现场气候炎热或在干燥季节，可酌情增加用水量。

(2)水泥砂浆的配合比确定

若按照水泥混合砂浆配合比设计方法计算水泥砂浆配合比，由于水泥强度太高，而砂浆强度太低，造成计算水泥用量偏少，因此通过计算得到的配合比不太合理。为了避免计算带来的不合理情况，水泥砂浆的配合比可以根据工程类别及砌体部位确定砂浆的设计强度等级，查表 5-61 选用。表 5-61 中水泥强度等级为 32.5 级，大于 32.5 级时，水泥用量应取表中的下限值 。

水泥砂浆材料用量(kg/m^3)　　　表 5-61

强度等级	水泥用量	砂子用量	用水量
M2.5～M5	200～230	$1m^3$ 砂子的堆积密度	270～330
M7.5～M10	220～280		
M15	280～340		
M20	340～400		

(3)砂浆配合比试配、调整与确定

①砂浆的配制

砂浆试配时，应采用工程中实际使用的材料，并使用机械搅拌，自投料结束起的搅拌时间为：水泥砂浆和水泥混合砂浆不得小于 2min；掺加粉煤灰和外加剂的砂浆不得小于 3min；掺用有机塑化剂的砂浆应为 3～5min。

②和易性测定与配比调整

测定水泥砂浆拌和物的稠度和分层度，当不能满足要求时，应调整材料用量，直到符合要求为止，然后确定为试配时的砂浆“基准配合比”。

③强度检测

制作强度试件时至少应采用三个不同的配合比，其中一个为“基准配合比”，其他配合比的水泥用量应按基准配合比分别增加及减少 10%。在保证稠度、分层度合格的条件下，可将用水量或掺和物用量作相应调整。

对三个不同的配合比进行调整后，按照规定方法成型试件，测定砂浆强度，然后选定符合试配强度要求的且水泥用量最低的配合比作为砂浆的设计配合比。

2. 抹面砂浆的配合比

抹面砂浆为涂抹于建筑物或构筑物表面的砂浆，不承受荷载，按其功能的不同可分为普通抹面砂浆、防水砂浆和具有特殊功能的抹面砂浆等。抹面砂浆应与基底层有良好的黏结力，以保证其在施工或长期自重或环境因素下不脱落、不开裂且不丧失其主要功能。抹面砂浆多分层抹成均匀的薄层，表面要求平整细腻。抹面砂浆的配合比可以根据经验选用。

(1)普通抹面砂浆

普通抹面砂浆用于室外时，对建筑或墙体可起保护作用。它可以抵抗风、雨、雪等自然因素以及有害介质的侵蚀，提高建筑物或墙体的抗风化、防潮、防腐蚀和保温隔热能力。普通拌面砂浆用于室内则具有一定的装饰效果。

抹面砂浆通常分为两层或三层进行施工，各层的作用与要求不同，因此所选用的砂浆也不同。底层砂浆的作用是使砂浆与底面牢固黏结，要求砂浆有良好的和易性和较高的黏结力，并且保水性要好，否则水分易被底面吸收掉而影响黏结力。中层主要用来找平，有时可省去不用。面层砂浆主要起装饰作用，应达到平整美观的效果。

抹面水泥砂浆常用配合比为：水泥∶砂＝1∶2～1∶3(体积比)。

水泥石灰混合砂浆可用：水泥∶掺和料∶砂＝1∶0.5∶4.5～1∶1∶6.0。

在潮湿环境或容易碰撞的地方，如墙裙、踢脚板、地面、窗台及水池等，应采用水泥砂浆，其配合比多为：水泥∶砂＝1∶2.5。

(2)防水砂浆

防水砂浆用作防水层，适用于不受振动和具有一定刚度的混凝土或砖石砌体的表面，以及地下室、水塔、水池、储液罐等防水工程。

用普通水泥砂浆多层抹面作为防水层时，要求水泥强度等级不低于32.5级，砂子宜采用中砂或粗砂。配合比控制在水泥∶砂子＝1∶2～1:3，水灰比范围0.40～0.50。

在普通水泥砂浆中掺入防水剂，可以提高砂浆自防水能力，配合比范围与上述相同。

用膨胀水泥或无收缩水泥配制防水砂浆时，由于水泥具有微膨胀或补偿收缩性能，提高了砂浆的密实性，砂浆的抗渗性提高，并具有良好的防水效果。配合比(体积比)为：水泥∶砂子＝1∶2.5，水灰比范围0.4～0.5。

四、特种砂浆

在建筑工程中，还有多种满足某种特定功能要求的砂浆，常称为特种砂浆，除了上面提到的防水砂浆外，常用的还有以下几种。

1. 保温砂浆

保温砂浆是以水泥、石灰、石膏等胶凝材料与膨胀珍珠岩砂、膨胀蛭石、火山渣或浮石砂、陶砂等轻质多孔集料按一定比例配置而成的砂浆，具有轻质、保温的特性。

常用的保温砂浆有水泥膨胀珍珠岩砂浆、水泥石灰膨胀蛭石砂浆等。水泥膨胀珍珠岩砂浆用32.5级普通水泥配制时，其体积比为：水泥∶膨胀珍珠岩砂＝1∶(12～15)，水灰比为1.5～2.0，导热系数为0.067～0.074W/(m·K)，可用于砖及混凝土内墙表面抹灰或喷涂。

2. 吸声砂浆

由轻集料配制成的保温砂浆，一般具有良好的吸声性能，故也可以作为吸声砂浆用。另外，还可用水泥、石膏、砂、锯末配制成吸声砂浆。若在石灰、石膏砂浆中掺入玻璃纤维、矿棉等松散纤维材料也能获得吸声效果。吸声砂浆用于有吸声要求的室内墙壁和顶棚的抹灰。

3. 耐酸砂浆

在用水玻璃和氟硅酸钠配制的耐酸涂料中，掺入适量由石英岩、花岗岩、铸石等制成的粉及细集料等可拌制成耐酸砂浆。耐酸砂浆用于耐酸地面和耐酸容器的内壁防护层。

4. 防辐射砂浆

在水泥砂浆中掺入重晶石粉、重晶石砂可配制成具有防X射线能力的砂浆。其配合比约为：水泥：重晶石粉：重晶石砂＝1：0.25：(4～5)。在水泥浆中掺入硼砂、硼酸等可配制成具有防中子辐射能力的砂浆。

本章小结

水泥混凝土是道路路面、机场道面、桥梁工程结构及其附属构造物的重要建筑材料之一。

普通水泥混凝土由水泥、水、粗集料和细集料组成，必要时掺加一定质量的外加剂。对水泥混凝土的主要技术要求是：与施工条件相匹配的和易性、符合设计要求的强度、与工程使用条件相适应的耐久性等。

水泥混凝土的施工和易性是指新拌混凝土易于施工操作，达到质量均匀密实成型的性质，包括流动性、捣实性、黏聚性和保水性等方面的含义，常采用坍落度和维勃稠度试验进行判别。影响混凝土和易性的主要内因是水灰比、单位用水量和砂率等。

水泥混凝土的强度有抗压强度、抗拉强度及抗折强度等。混凝土的强度等级采用"立方体抗压强度标准值"确定，抗拉强度用于判断混凝土的抗裂性，抗折强度用于道路路面及机场道面结构设计，各种强度指标也用于水泥混凝土结构的质量评定。影响混凝土强度的主要因素为水灰比和水泥强度，这种关系也称为"水灰比定则"。

水泥混凝土的耐久性包括抗冻性、抗磨性、抗腐蚀性等，与混凝土的密实度关系显著，也与水泥用量和水灰比密切相关，因此在水泥混凝土配合比设计时，应按照水泥混凝土的使用条件对最大水灰比和最小水泥用量进行校核。

水泥混凝土的组成设计内容包括原材料的选择及配合比的确定。在水泥混凝土组成材料中，应根据工程使用条件及混凝土的设计强度选择水泥品种和强度等级；粗集料的强度、坚固性、颗粒组成、最大粒径和形状应符合设计要求；细集料应坚固，并符合级配和细度模数的要求。粗、细集料均应限制有害杂质数量，在路面及机场道面混凝土中不得使用具有碱活性的集料。各种外加剂具有减水、增强、引气、提高混凝土耐久性等功能，使用时应遵循有关设计要求，不得对混凝土性能产生不利影响。

混凝土配合比设计的主要参数为水灰比、单位用水量、砂率及外加剂或掺和料(如粉煤灰)数量。计算出的材料配合比，应经试拌、试配验证后方可确定。

粉煤灰混凝土和路用水泥混凝土(包括普通路用混凝土、钢纤维混凝土和碾压混凝土)等是在普通混凝土的基础上发展的。在粉煤灰混凝土中，以粉煤灰取代部分水泥(或细集料)，既可降低混凝土造价，又能改善混凝土的某些性能，诸如提高混凝土流动性、降低水化热、提高混凝土耐久性等。钢纤维混凝土中由于钢纤维的增强增韧作用，使混凝土的抗裂性及韧性大大提高，对于延长混凝土路面的使用寿命极为有利。碾压混凝土具有水泥用量少、用水量低，施工速度快的特点，广泛应用于大体积结构及路面工程结构。

砂浆是一种细集料混凝土，在建筑结构中起黏结、传递应力、衬垫、防护和装饰作用。对砂浆的技术要求主要有施工和易性和抗压强度。

复　习　题

5-1　试述混凝土拌和物施工和易性的含义，影响混凝土拌和物和易性的主要因素及改善措施。

5-2　解释下列关于混凝土强度名词的含义：(1)立方体强度标准值；(2)强度等级；(3)混凝土配制强度；(4)劈裂抗拉强度；(5)抗折强度。

5-3　试述“水灰比定则”的意义，简述影响混凝土强度的主要因素及提高混凝土强度的主要途径。

5-4　水泥混凝土热胀冷缩特性对其路用性能有何影响？

5-5　普通水泥混凝土的组成材料在技术性质上有哪些主要要求？

5-6　简述普通水泥混凝土初步配合比设计步骤。经过初步计算所得的配合比，为什么还要进行试拌、调整？试拌、调整的内容是什么？如何进行？

5-7　混凝土外加剂按其功能可分为几类？试述减水剂和引气剂的作用机理和应用效果。

5-8　粉煤灰对水泥混凝土的性质有何影响？

5-9　简述路用普通水泥混凝土配合比设计步骤。

5-10　简述钢纤维对混凝土的增强增韧机理。

5-11　碾压混凝土在材料组成和施工工艺方面与普通水泥混凝土有何主要差异？

5-12　简述建筑砂浆的用途及其组成设计方法。

5-13　试设计某跨度6m预应力T梁用水泥混凝土的配合组成。

[设计资料]：水泥混凝土设计强度等级C40，工程要求的强度保证率为95%，水泥混凝土施工强度标准差6.0MPa；要求混凝土拌和物的坍落度为30～50mm。

组成材料及性质：P·I水泥52.5级，实测抗压强度58.5MPa，密度$\rho_c=3\,100\ \mathrm{kg/m^3}$；碎石用一级石灰岩轧制，最大粒径20mm，表观密度$\rho'_g=2\,780\mathrm{kg/m^3}$，现场含水率$w_g=1.0\%$；砂为清洁河砂，细度模数=2.4，表观密度$\rho'_s=2\,680\ \mathrm{kg/m^3}$，现场含水率$w_s=5.0\%$；水为符合混凝土拌和用水要求；减水剂用量0.8%，减水率$\beta_{ad}=12\%$；粉煤灰符合Ⅰ级灰标准，表观密度=2 120 $\mathrm{kg/m^3}$。

[设计要求]

(1)计算混凝土初步配合比(不掺减水剂和粉煤灰)，并按现场含水率折算为工地配合比；

(2)计算掺加0.8%减水剂后，混凝土的初步配合比；

(3)用超量取代法计算粉煤灰混凝土初步配合比。

5-14　试设计某重交通二级公路面层混凝土(无抗冻性要求)的配合比组成。

[设计资料]：道面混凝土的设计弯拉强度标准值f_r为5.5MPa，施工单位混凝土弯拉强度标准差s为0.5(样本$n=6$)，现场采用小型机具摊铺，拌和物出机坍落度要求10～30mm。

组成材料为：水泥为Ⅱ型硅酸盐52.5级，实测水泥抗折强度7.86MPa，密度$\rho_c=3\,150\ \mathrm{kg/m^3}$；碎石用一级石灰岩轧制，最大粒径为40mm，表观密度$\rho'_g=2\,780\ \mathrm{kg/m^3}$，振实密度$\rho'_{gh}=1\,736\ \mathrm{kg/m^3}$；砂为清洁河砂，细度模数=2.7，表观密度$\rho'_s=2\,700\ \mathrm{kg/m^3}$；水为饮用水，符合混凝土拌和用水要求。

[设计要求]　计算该路面混凝土的初步配合比。

第六章　无机结合料稳定类混合料

内容提要：本章介绍以水泥、石灰、石灰粉煤灰以及土壤固化剂作为结合料，稳定各类土、矿质碎(砾)石或工业废渣混合料，阐述这类混合料的强度形成机理、强度与收缩特性的影响因素，介绍这类混合料组成材料的质量要求、配合比设计方法。

无机结合料稳定类混合料是指在各种粉碎或原来松散的土、或矿质碎(砾)石、或工业废渣中，掺入一定数量的无机结合料(如水泥、石灰等)及水，或掺入土壤固化剂，经拌和得到的混合料。这类稳定混合料经过拌和、摊铺、压实及养护后，可形成具有一定强度和稳定性的板体结构，当其抗压强度和使用性能符合设计要求时，可以用做道路路面结构的基层、底基层或垫层。

自20世纪80年代起，无机结合料稳定粒料(土)类混合料成为我国高等级道路沥青路面基层的主要形式。无机结合料稳定混合料的特点是整体性强、承载能力大，强度和刚度介于刚性水泥混凝土和柔性粒料之间，且强度和刚度有随时间增长的特征，因此亦称之为半刚性材料。然而该类材料的耐久性较差、平整度低、容易产生干缩裂缝、起尘等。

第一节　无机结合料稳定类混合料分类和强度特征

一、分类

1. 按土或集料粒径分类

按照土中单颗粒(指碎石、砾石和砂粒料，不含土块或土团)的粒径大小和颗粒组成，无机结合料稳定类混合料可分为稳定细粒土、稳定中粒土和稳定粗粒土。定义如下：

细粒土是指混合料中颗粒的最大粒径小于10mm，且其中小于2mm的颗粒含量不少于90%；

中粒土是指颗粒的最大粒径小于30mm，且其中小于20mm的颗粒含量不少于85%；

粗粒土是指颗粒的最大粒径小于50mm，且其中小于40mm的颗粒含量不少于85%。

2. 按矿料级配组成特征分类

按照土中矿质粒料含量分类，无机结合料稳定混合料可分为悬浮式稳定粒料和骨架密实式粒料。在悬浮式粒料中，砂砾或碎石含量不超过50%；在骨架密实式粒料中，砂砾或碎石含量在80%以上。

3. 按结合料品种分类

按照所用结合料品种分类，无机结合料稳定类混合料可分为水泥稳定类、水泥石灰稳定类、石灰稳定类、石灰工业废渣稳定类，以及土壤固化类。

(1)水泥稳定类混合料

水泥稳定土是水泥稳定各类矿质混合料的简称，其中采用水泥稳定砂性土、粉性土和黏性土得到的混合料，简称水泥土；采用水泥稳定砂得到的混合料，简称水泥砂；采用水泥稳定粗粒土和中粒土得到的混合料，视稳定矿料的不同，简称为水泥碎石(稳定级配碎石和未筛分碎石)、水泥砂砾(稳定砂砾石)等。

(2)石灰稳定类混合料

石灰稳定土是石灰稳定混合料的简称，它包括石灰土和石灰稳定集料。石灰土是用石灰稳定细粒土得到的混合料的简称。石灰稳定集料包括：用石灰稳定中粒土或粗粒土得到的混合料，视原材料为天然砂砾土和天然碎石土，分别简称石灰砂砾土和石灰碎石土；用石灰土稳定级配砂砾(无土)和级配碎石(包括未筛分碎石)得到的混合料，分别简称石灰砂砾土和石灰碎石土。

(3)石灰工业废渣稳定类混合料

道路工程中常用的工业废渣包括粉煤灰、煤渣、高炉矿渣、钢渣、煤矸石等。在这类工业废渣中均含有较多的活性氧化硅和活性氧化铝，这些化合物可与饱和的氢氧化钙溶液发生火山灰反应，具有水硬性特征。在这些工业废渣中，目前广泛使用的是粉煤灰。

在工程中，石灰粉煤灰常被简称为二灰，石灰粉煤灰稳定类混合料简称为二灰稳定土。二灰稳定细粒土，简称二灰土；二灰稳定砂砾、碎石、矿渣、煤矸石等，简称为二灰稳定集料，又根据集料品种不同，分为二灰稳定碎石或二灰稳定粒料等。

二、稳定类混合料的技术性能要求

在路面结构中，基层是直接位于面层下的结构层次，主要承受面层传来的车轮荷载垂直压力作用，并将其向下面的层次扩散分布，同时起到调节和改善路基路面水温状况的作用，并为施工提供稳定而坚实的工作面。所以，对无机结合料稳定类混合料技术性质的要求主要包括强度、抗变形能力和水稳定性等。在进行这类混合料的配合比设计时，主要对材料的强度提出要求，兼顾考虑到这类材料的收缩特性，适当控制结合料用量。

1. 强度特征

稳定类混合料的强度指标有无侧限抗压强度、抗拉强度、承载比等。目前在工程中，较多采用抗压强度和劈裂强度评价稳定类混合料的强度。无机结合料稳定类混合料的组成设计以抗压强度为主要指标。按照《公路路面基层施工技术规范》(JTJ 034－2000)中的规定，这类混合料的7d浸水抗压强度应符合表6-1中的要求。

无机结合料稳定混合料的抗压强度要求(JTJ 034－2000)　　表6-1

混合料类型	高速公路、一级公路		二级和二级以下公路	
	基层(MPa)	底基层(MPa)	基层(MPa)	底基层(MPa)
石灰稳定土	—	≥0.8	≥0.8①	0.5～0.7②
石灰工业废渣稳定土	0.8～1.1③	≥0.6	0.6～0.8	≥0.5
水泥稳定土	3～5③	1.5～2.5③	2.5～3.0④	1.5～2.0④

注：①在使用低塑性土(塑性指数小于7)的地区，石灰稳定砂砾土和碎石的7d浸水抗压强度应大于0.5MPa。

②低限用于塑性指数小于7的黏性土，且低限值宜仅用于二级以下公路，高限用于塑性指数大于7的黏性土。

③设计累计标准轴次小于12×10^6的高速公路用低限值；设计累计标准轴次大于12×10^6的高速公路用中值；主要行驶重载车辆的高速公路用高限值。对于具体一条高速公路，应根据交通状况用某一强度标准。

④二级以下公路可用低限值，行驶重载车辆的二级公路应取高限值，某一具体公路应采用一个值，而不用某一范围。

2. 疲劳特性

在使用期间，在自然环境和车轮荷载的反复作用下，路面结构长期处于应力、应变交替变化状态，致使路面结构强度下降。无机结合料稳定混合料作为路面结构基层，层底多处于受拉状态。而无机结合料稳定混合料的抗拉强度远小于其抗压强度，在反复荷载的作用下，结构层中的应力就会超过强度下降后的结构抗力，出现裂缝或发生断裂破坏。为此，在我国现行《公路沥青路面设计规范》(JTG D50—2006)中，考虑到该类材料的疲劳特性，当基层采用该类材料时，则要求该类材料的容许拉应力按照式(6-1)计算。

$$\sigma_R = \frac{\sigma_S}{K_S} \tag{6-1}$$

式中：σ_R——路面结构层材料的容许拉应力(MPa)；

σ_S——无机结合料稳定材料的极限劈裂强度；

K_S——抗拉强度结构系数。

式(6-1)中的抗拉强度结构系数，反映了该类材料的疲劳性能，对于无机结合料稳定集料类的抗拉强度结构系数按照式(6-2)计算；对于无机结合料稳定细粒土类的抗拉强度结构系数按照式(6-3)计算。

$$K_S = \frac{0.35N_e^{0.11}}{A_c} \tag{6-2}$$

$$K_S = \frac{0.45N_e^{0.11}}{A_c} \tag{6-3}$$

式中：N_e——设计年限内一个车道累计当量轴次(次/车道)；

A_c——公路等级系数：高速公路、一级公路为1.0，二级公路为1.2，三、四级公路为1.2。

3. 收缩特性

无机结合料与各种细粒土、水经拌和、压实后，会产生一定的收缩。收缩主要是指因温度变化而造成的温缩和因含水率变化而造成的干缩。当收缩量达到一定程度时，会在结构中出现收缩裂缝。如果将这类材料用于道路的基层结构，而上面的沥青面层较薄，在温度变化与车辆荷载的综合作用下，基层结构中裂缝会扩展至面层，形成反射裂缝，导致路面结构的损坏。

描述材料干缩特性的指标主要有干缩量、失水率、干缩应变和干缩系数等。表6-2中给出了无机结合料稳定混合料以及泡沫沥青再生混合料的干缩试验参数。由表6-2可见，在最大失水率指标上，水泥稳定碎石和泡沫沥青再生混合料的相差不大，但是二灰稳定碎石和二灰稳定砂砾的最大失水率均较高。三种无机结合料稳定混合料的最大干缩应变和最大干缩系数均大于泡沫沥青再生混合料，这也说明无机结合料类混合料的干缩程度较高。

各种材料的干缩特性比较 表6-2

材　　料	最大失水率(%)	最大干缩应变($\times10^{-6}$)	最大干缩系数($\times10^{-6}$)
泡沫沥青再生混合料	3.14	167	53
水泥稳定碎石(水泥剂量为4.5%～5.5%)	3.35～3.40	284～355	87～104
二灰碎石	5.6～7.8	734～1 055	—
二灰砂砾	4.0～7.0	300～600	50～70

第二节　水泥稳定类混合料

一、水泥稳定土的强度特征

1. 水泥稳定土的强度形成机理

水泥稳定土强度形成主要取决于水泥水化硬化、离子交换反应和火山灰反应过程。水泥颗粒分散于土中，经水化反应生成水化硅酸钙等系列水化物，在土粒的空隙中形成骨架，使水泥土变硬，这个过程与水泥混凝土强度形成机理相同。

离子交换反应是指水泥水化产物氢氧化钙溶液中的钙离子和氢氧根离子与细粒土黏土矿物中的钠离子、氢离子发生离子交换，减薄黏土颗粒吸附水膜厚度，降低了黏性土的亲水性和塑性，使分散土粒形成较大的土团。在氢氧化钙的强烈吸附作用下，这些较大的土团进一步结合起来，形成水泥土的链条结构，并封闭土团之间的孔隙，形成稳定的团粒结构。

此外，黏土颗粒表面少量的活性氧化硅、氧化铝在石灰的碱性激发作用下，与氢氧化钙发生火山灰反应，生成不溶于水的水化硅酸钙和水化铝酸钙等，这些物质遍布于黏土颗粒之间，形成凝胶、棒状及纤维状晶体结构，将土粒胶结成整体。随着时间的推移，棒状和纤维状晶体不断增多，致使水泥稳定土的刚度不断增大，强度与水稳性不断提高。然而对于粉土质黏土和重黏土，这类塑性较大的黏性土的分散度极高，它能强烈地与水泥的水化物发生各种反应，从而破坏水泥正常水化与硬化条件，致使水泥不能充分发挥自身应有的作用，需要较多的水泥进行稳定而不经济，所以塑性较大的重黏土不宜直接用水泥稳定。

2. 组成材料对水泥稳定土强度的影响

影响水泥稳定土强度的主要因素有水泥剂量、土质、集料颗粒组成等。

(1)水泥剂量

随水泥剂量的增加，水泥稳定土在不同龄期时的强度增大，其强度增长规律与水泥混凝土相似，见图 6-1。然而水泥剂量过高，虽可提高稳定土的强度，但是可能会增加其收缩性，且在经济上不甚合理。

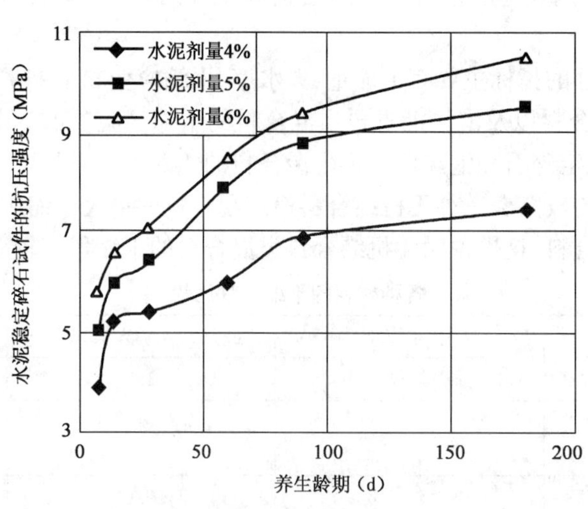

图 6-1　水泥稳定碎石试件抗压强度与龄期和水泥剂量的关系曲线

(2)土质

除有机质或硫酸盐含量较高的土以外，各种砂砾土、砂土、粉土和黏土均可用水泥稳定，但是稳定效果不尽相同。图 6-2 为不同土质水泥稳定土的强度情况，其中以稳定粉土质黏土的强度最高，而稳定重黏土的强度最低。

为了改善水泥在黏性土中的硬化条件，提高稳定效果，可以在水泥土中掺加少量添加剂。石灰是水泥稳定土中最常用的添加剂之一。在用水泥稳定之前，先掺入少量石灰，使之与土粒进行离子交换和化学反应，为水泥在土中的水化和硬化创造良好的条件，从而加速水泥的硬化过程，并可减少水泥用量。

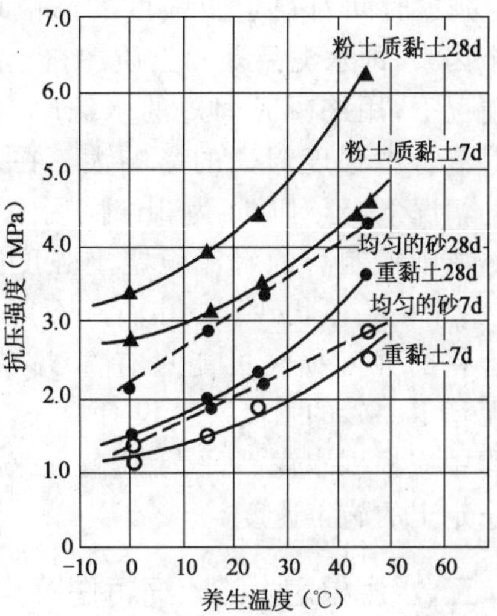

图 6-2　土质、养生温度与水泥稳定土强度的关系曲线

(3)混合料级配组成

改善集料级配可以明显增加水泥稳定集料的强度。试验研究和工程实践表明，采用骨架密实型的集料级配可以最大限度提高水泥稳定碎石的强度，降低水泥用量。对于级配不好的天然砂砾，要用 6%～8%的水泥稳定才能达到规定的强度；而添加部分细料使其达到最佳级配后，只要掺加 2%～4%的水泥就可以达到要求的强度。水泥稳定最佳级配砂砾的强度比水泥稳定天然砂砾的强度高 50%～100%。表 6-3 中给出了三种级配水泥稳定集料的 7d 抗压强度和干密度测试值，随着粗集料颗粒（粒径＞4.75mm）的减少，水泥稳定集料的抗压强度和最大干密度随之提高。

三种级配水泥稳定集料的 7d 抗压强度和干密度测试值　　表 6-3

序号	＞4.75mm 颗粒含量(%)	7d 抗压强度(MPa)	最大干密度(g/cm^3)
1	70	4.8	2.30
2	65	5.5	2.31
3	60	5.8	2.35

(4)水泥稳定土的最佳含水率

水泥稳定土的压实密度对其强度和抗变形能力影响较大，而水泥稳定土的压实效果与成型时的含水率有关，存在着最佳含水率，在此含水率时进行压实，可以获得较为经济的压实效果，即达到最大密实度。最佳含水率取决于压实功的大小、稳定土的类型以及水泥剂量。通常，所施加的压实功越大，稳定土中的细料含量越少，最佳含水率越小，最大密实度越高。

3. 环境因素对强度的影响

(1)养生温度

养生温度直接影响水泥的水化进程，因而对水泥稳定土的强度有很明显的影响。在相同龄期时，养生温度越高，水泥稳定土的强度也越高。

(2)施工延迟时间

延迟时间对水泥稳定土的强度有显著影响。延迟时间是指水泥稳定土施工过程中，从加水拌和开始至碾压结束所经历的时间。图 6-3 为延迟时间与水泥稳定砂砾强度和干密度的关系。由图可见，延迟时间越长，水泥稳定砂砾的强度和密度的损失就越大。

延迟时间对稳定土强度的影响取决于两个因素，即水泥品种和土质。在土质不变的情况下，用终凝时间短的水泥时，延迟时间对混合料强度损失的影响大。在水泥不变的情况下，延迟时间为 2h 时，用中等黏土或砾质砂等制得的水泥稳定土强度损失为 60%；用一些原状砂砾或粗石灰石等制得的混合料的强度损失可能只有 20%左右；而水泥稳定中砂的强度甚至没有损失。为此，工程中应根据水泥品种、土质特征来控制水泥稳定土的施工速度。

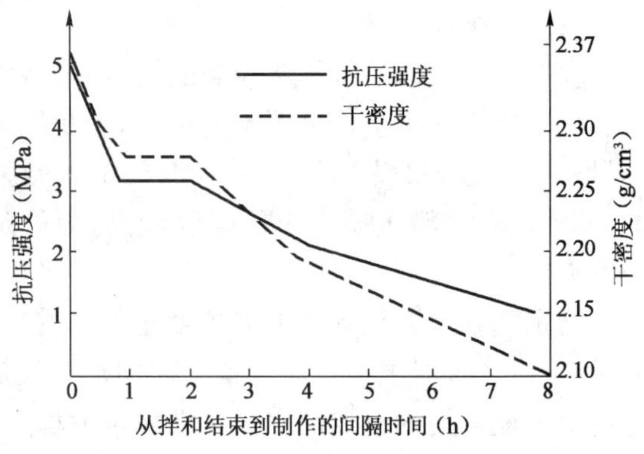

图 6-3　延迟时间与水泥稳定砂砾强度和干密度的关系曲线

二、水泥稳定土的收缩特性

同水泥混凝土相同，水泥稳定土在形成强度的硬化过程中，也会出现因温度变化而引起的温度收缩和因水分变化而引起的干缩收缩。水泥稳定土在铺筑路面结构层时，温度收缩一般与干缩收缩同时发生。在修建初期，结构层内部含水率散失较快，以干缩为主，随后有缓慢的干缩发生；而温缩在后期则会由于气候的变化周期性发生。

1. 温缩特征

水泥稳定土的基本组成是固相、液相和气相。这三相具有不同的热胀冷缩特性，因此，当温度发生变化时，不同热胀冷缩特性的颗粒相互嵌挤胶结，产生内应力；当产生的内应力达到一定程度时，就会造成开裂。

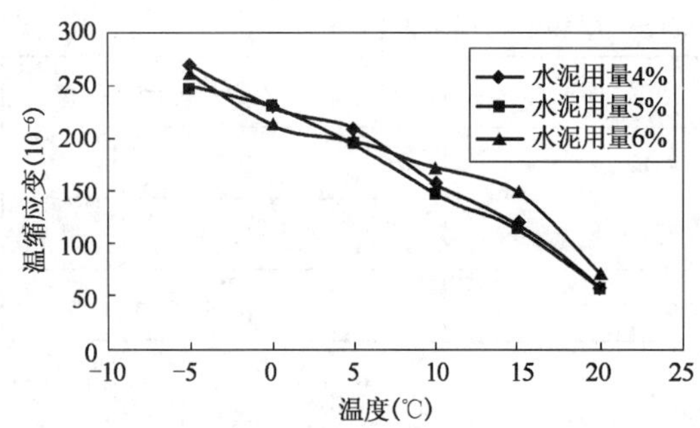

图 6-4　水泥稳定土试件的温缩应变与温度的关系曲线

水泥稳定土的温缩应变随着温度的降低而增大。水泥稳定土中塑性土的含量对其温缩系数的影响较大，如水泥土的温缩系数随着温度降低而增大的幅度最大，水泥稳定无塑性集料在不同负温条件下的温缩系数变化较小。

图 6-4 为水泥稳定碎石温缩应变与温度的关系曲线，当温度降低时，温缩应变增大，但是在－5～25℃的范围中，水泥掺量对水泥稳定碎石温缩应变的影响不显著。

2. 干缩特征

水泥稳定土的干缩是由于混合料本身的水分和洒水养生时的水分蒸发以及混合料内部水化作用发生的毛细作用、分子间吸附作用和碳化收缩作用等，引起混合料体积在一定程度上趋于减小而出现收缩的现象。

水泥稳定土的干缩系数受粒料含量及矿物成分、水泥剂量和含水率等因素的影响。

水泥稳定土中的黏土成分含量越高，土的塑性指数越大，混合料的干缩现象越严重。粗颗粒粒料的比表面积小，活性低，与水的相互作用极其微弱，对水泥稳定土混合料的干缩有抑制作用。水泥土的干缩系数和干缩应变都显著大于水泥稳定砂砾，如在最佳含水率下制成试件，水泥土在空气中风化所达到的最大干缩应变为 $2.78\times10^{-3}\sim3.95\times10^{-3}$，而水泥稳定砂砾仅

为 $0.11\times10^{-3}\sim0.20\times10^{-3}$。

图 6-5 为水泥稳定土干缩系数与水泥剂量的关系曲线，当水泥剂量降低，粒料含量增多时，水泥稳定砂砾的干缩系数减小。

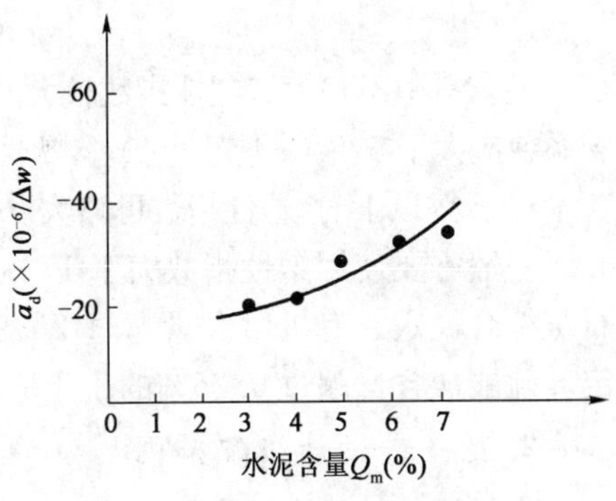

图 6-5 水泥稳定土试件的干缩系数与水泥剂量的关系曲线

水泥稳定砂砾的制件含水率对其干缩应变也有较大的影响，含水率增加 1 个百分点使水泥稳定土干缩应变的增大量，明显大于水泥用量增加 1 个百分点使水泥稳定土干缩应变的增大量。粒料土的塑性指数越大，含水率对干缩性的影响也越大。

对于水泥稳定碎石来讲，如果碎石的级配采用骨架密实型，则可以有效降低其干缩性。骨架型级配的粗集料含量要高于通常的悬浮密实型，因而细集料的含量相对较少，从而可以有效减小水泥用量，进而在不降低强度的情况下提高其抗裂性。

三、水泥稳定土的适用性

在无机结合料类混合料中，水泥稳定土具有较高的强度、刚度和稳定性，可适用于各种交通类别道路的基层和底基层。然而，由于水泥土的干缩性较大，水稳定性较低，不适合用做高等级道路沥青路面的基层，只能作为底基层；在高速公路和一级公路的水泥混凝土面层下，水泥土也不应用做基层。作为基层用的水泥稳定混合料，应该优先选用具有骨架密实结构的混合料级配。

四、水泥稳定土的组成设计

1. 组成材料的技术要求

(1)水泥

水泥是影响水泥稳定土性能的重要材料之一。普通硅酸盐水泥、矿渣硅酸盐水泥和火山灰质硅酸盐水泥，都可用于水泥稳定土，但应选用终凝时间较长(宜在 6h 以上)的水泥，可以采用强度等级较低(如 32.5 级)的水泥。快硬水泥、早强水泥及已受潮变质的水泥不应使用。

(2)集料

适宜用水泥稳定的材料有级配碎石、未筛分碎石、砂砾、碎石土、砂砾土、煤矸石和各种粒状矿渣等。用于各种类别道路等级不同层位的集料的最大粒径和压碎值要求，见表 6-4。

集料的最大粒径是影响稳定类混合料质量最为关键的因素之一。最大粒径越大，拌和机、平地机和摊铺机等施工机械越容易损坏，混合料越容易产生粗细集料离析现象，铺筑层也越难达到较高的平整度要求。集料的最大粒径太小，则稳定性不足，且增加集料的加工量。我国《公路路面基层施工技术规范》(JTJ 034—2000)中规定，集料的最大粒径应符合表 6-4 中的要求。为了保证水泥稳定土的强度和稳定性，所用的碎石或砾石的压碎值应符合表 6-4 中的规定。

水泥稳定土用集料的技术要求 表 6-4

道路等级		高速公路及一级公路		二级和二级以下公路	
结构层位		基层	底基层	基层	底基层
最大粒径(mm)	≯	31.5	37.5	37.5	53
压碎值(%)	≯	30	30	35	40

(3)土

混合料中不宜含有塑性指数较大的细土，或应控制其含量。用于底基层时，所用细粒土的均匀系数应大于5，液限不超过40%，塑性指数不应超过17。中粒土和粗粒土中小于0.6mm颗粒含量在30%以下时，塑性指数可略大。工程中，宜选用均匀系数大于10，塑性指数小于12的土。

一般不要使用塑性指数大于17的土。当不得使用这类土时，宜采用石灰稳定或用水泥和石灰综合稳定。有机质含量超过2%的土，必须先用石灰进行处理，闷料一夜后再用水泥稳定。硫酸盐含量超过0.25%的土不应用水泥稳定。

2.混合料设计级配范围

集料颗粒组成应符合表6-5的要求，对于级配不良的碎石、碎石土、砂砾、砂砾土、砂等，宜外加某种集料改善其级配。用水泥稳定粒径较均匀的砂时，可在砂中添加少量塑性指数小于10的亚黏土或石灰土。在具有粉煤灰时，添加20%~40%的粉煤灰效果更好。

适宜于水泥稳定的集料的颗粒组成范围(JTJ 034—2000)　　表6-5

道路等级	结构层位	通过下列筛孔(mm)的质量百分比(%)											
		53	37.5	31.5	26.5	19.0	9.5	4.75	2.36	1.18	0.6	0.075	0.002
二级和二级以下公路	底基层	100	—	—	—	—	—	50~100	—	—	17~100	0~50	0~30
	基层①	—	90~100	—	66~100	54~100	39~100	28~84	20~70	14~57	8~47	0~30	—
高速公路、一级公路	底基层	—	100	—	—	—	—	50~100	—	—	17~100	0~30	—
		—	100	90~100	—	67~90	45~68	29~50	18~38	—	8~22	0~7②	—
	基层	—	—	100	90~100	72~89	47~67	29~49	17~35	—	8~22	0-7②	—

注：①用于基层的混合料中不宜使用含有塑性指数的土。

②集料中0.5mm以下细粒土中有塑性指数时，小于0.075mm颗粒含量不应超过5%。

3.水泥稳定土的配合比设计

(1)稳定类混合料的配合比设计目的

稳定类混合料是由土(或集料)与填充于其空隙中的结合料(水泥等)组成的，为了保证无机结合料类稳定土的强度和耐久性，这类混合料应具有较大的密实度。同时，所配制的混合料的各项使用性能应能符合路面结构的设计要求，并能够准确地进行生产质量控制，易于摊铺与压实，比较经济。因此，稳定类混合料配合比设计目的为：根据强度指标和使用性能要求，确定稳定土中组成材料的比例；根据击实试验，确定稳定土的最大干密度和最佳含水率，作为工地现场进行质量控制的参考数据。

(2)配合比设计内容

水泥稳定土配合比设计的主要内容包括：采用击实试验确定稳定土的最大干密度和最佳含水率，按工地要求的压实度制作试件，根据试件抗压强度的检验结果，确定水泥剂量。

稳定土的最大密度和最佳含水率可以采用“试验法”或“计算法”确定。“试验法”以击实试验为基础，适用于以细粒土为稳定对象的水泥土、二灰土和石灰土等；计算法以“填充理论”为基础，通过计算确定各种组成材料的用量比例，适用于稳定对象为粒料类的水泥稳定碎石、二灰碎石等。

(3)配合比设计(试验法)的主要步骤

试验法是根据材料品种(集料或土)，依据工程实践经验推荐的结合料用量，在室内击实试验的基础上确定稳定类混合料的最大干密度和最佳含水率，然后根据工地压实度要求，对混合料的强度进行检验。

步骤1:选择水泥土中的水泥剂量

水泥土的配合比以水泥剂量表示。水泥剂量为水泥质量占水泥土混合料干质量的百分含量。水泥剂量的推荐范围见表6-6。

水泥剂量推荐范围(JTJ 034—2000) 表6-6

土的类型	用于下列层位时,水泥剂量推荐值(%)	
	基层	底基层
中粒土和粗粒土	3、4、5、6、7	3、4、5、6、7
塑性指数小于12的土	5、7、8、9、11	4、5、6、7、9
其他细粒土	8、10、12、14、16	6、8、9、10、12

步骤2:确定水泥土的最佳含水率和最大干密度

对于每一个水泥剂量,在不同含水率状态下进行击实试验,至少应制备3组不同水泥剂量的试件,可以分别取为表6-6中所给的最小剂量、中间剂量和最大剂量,其余两个剂量混合料的最佳含水率和最大干密度可用内插方法确定。

根据击实试验结果确定水泥稳定土的最佳含水率和最大干密度。

步骤3:强度试验

按工地预定达到的压实度(压实度为现场实测干密度与室内击实最大干密度的比值,以%计),分别计算不同水泥剂量下试件应有的干密度,按计算的干密度和最佳含水率制备抗压强度试件。试件在规定温度下保湿养生6d,浸水1d后,进行无侧限抗压强度试验。

根据强度试验结果,按照式(6-4)和式(6-5)计算不同水泥剂量试件的强度平均值$\overline{R}_c$及强度偏差系数C_v,并绘制试件7d浸水抗压强度与水泥剂量的关系曲线。

$$\overline{R}_c=\sum\frac{R_{ci}}{n} \tag{6-4}$$

$$C_v=\frac{\sqrt{\frac{\sum(R_{ci}-\overline{R}_c)^2}{n-1}}}{\overline{R}_c} \tag{6-5}$$

式中:$\overline{R}_c$——试件抗压强度平均值,MPa;

R_{ci}——试件抗压强度测试结果,MPa;

n——每一水泥剂量下水泥稳定土试件的个数;

C_v——强度偏差系数,%。

步骤4:确定水泥剂量

按式(6-6)计算水泥稳定土的配制强度。

$$R_{配}=\frac{R_{c,d}}{1-C_vZ_\alpha} \tag{6-6}$$

式中:$R_{配}$——水泥稳定土的配制抗压强度,MPa;

$R_{c,d}$——水泥稳定土的设计抗压强度,MPa;

C_v——强度试验结果的偏差系数,以小数计;

Z_α——标准正态分布表中随保证率(或置信度α)而变的系数。高等级公路应取保证率95%,此时$Z_\alpha=1.645$;一般公路应取保证率90%,此时$Z_\alpha=1.282$。

水泥剂量根据设计抗压强度确定，在此水泥剂量下，应满足强度平均值$\overline{R}_c \geq R_{配}$的要求。

水泥稳定碎石的水泥用量应该适度，当用量过少时，不足以对集料形成裹附，强度不容易满足要求；当用量过大时，强度过高、容易开裂，影响性能，也不经济。

4. 水泥稳定粒料配合比的计算法

在水泥稳定粒料(碎石和碎砾石)中，粒料含量可高达95%左右。由于受到击实试验所用击实筒尺寸的限制，往往难以得出稳定粒料土的真正最大干密度。此外，当组成材料配比待定时，就需经过多种配比方案的反复比较，试验工作量很大。鉴于此，可以采用计算法确定水泥稳定粒料中组成材料的比例，并计算该类材料的最大干密度和最佳含水率。

(1)最大干密度的计算

水泥稳定粒料配合比设计原则为：在水泥稳定粒料达到最大密实状态时，粒料的占有质量为最大振动干密度状态，粒料颗粒间空隙率由水泥浆密实填充。这种关系由式(6-7)表示，由此得到水泥稳定粒料最大干密度的计算式(6-8)。

$$\gamma_{max} = \rho_{g,max} + \frac{(a \cdot \gamma_{max} + a \cdot \gamma_{max} \cdot k)}{100} \tag{6-7}$$

$$\gamma_{max} = \frac{\rho_{g,max}}{1 - \dfrac{(1+k) \cdot a}{100}} \tag{6-8}$$

式中：γ_{max}——水泥稳定粒料的最大干密度，g /cm^3；

$\rho_{g,max}$——粒料在振动台上加载振动而得到的最大干密度，g /cm^3；

a——水泥质量占水泥稳定粒料总质量的百分率，%；

k——水泥水化用水比例，一般在0.10～0.23左右，应通过试验确定。

(2)最佳含水率的计算

在最佳压实状态下，水泥稳定粒料的含水量由水泥的水化水、粒料的面湿饱水率和为拌和水泥所需要的水(由水灰比W/C确定)组成，因此其最佳含水率可按式(6-9)计算。

$$w_0 = (W/C + k)a + (1 - a/100)w_g \tag{6-9}$$

式中：w_0——水泥稳定粒料的最佳含水率，%；

w_g——粒料的面湿饱水率，%；

W/C——水灰比，以小数计；

k、a——意义同式(6-7)。

试验研究表明：采用重型击实法确定的水泥稳定粒料最大干密度，相当于计算法的95%。当工地没有振动台时，可以将击实试验确定的最大干密度当作工地压实度为95%的情况，按此干密度制作试件，进行强度检验；并以击实法确定的最大干密度，直接作为工地施工压实度质量的控制参数。

【例题6-1】 设计某三级公路基层用石灰土的配合比

用于高速公路沥青路面基层的水泥稳定碎石的设计抗压强度$R_{c,d}$=4.0MPa，工地要求压实度为96%。水泥为普通硅酸盐水泥32.5级。

(1)确定水泥剂量范围

水泥稳定碎石属于中粒土，根据该混合料所用道路结构层位，查表6-6，选定水泥剂量范围3%～7%。

(2)确定水泥稳定碎石的最佳含水率和最大干密度

选定水泥剂量3%、5%和7%进行水泥稳定碎石的击实试验,测定水泥稳定碎石试件的最佳含水率和最大干密度,试验结果见表6-7。在表6-7中,水泥剂量为4%和6%时的最佳含水率和最大干密度是通过内插的方法得到的。

击实试验及强度检验结果 表6-7

水泥剂量(%)	最佳含水率 w_0(%)	最大干密度 γ_{max}(g/cm³)	计算干密度 $\gamma_{i,max}$(g/cm³)	抗压强度 $\overline{R}_c$(MPa)
(1)	(2)	(3)	(4)	(5)
3.0	6.0	2.39	2.294	2.9
4.0	(6.2)	(2.37)	2.275	3.9
5.0	6.4	2.33	2.237	5.0
6.0	(6.8)	(2.22)	2.131	5.8
7.0	7.0	2.12	2.035	6.7

(3)强度检验

根据工程要求,工地预定压实度为96%。将96%乘以最大干密度,计算出不同水泥剂量下的试件的干密度,见表6-7第4列中的数据,按此干密度和最佳含水率制备试件。水泥稳定碎石试件在标准条件下养生,进行7d无侧限抗压强度试验,每一组强度平均值列入表6-7第5列,并绘于图6-6。强度试验结果的偏差系数 $C_v=0.112$。

(4)确定水泥剂量

高速公路取保证率95%,此时 $Z_\alpha=1.654$,将水泥稳定碎石的设计强度 $R_{c,d}=4.0$MPa,强度试验偏差系数 $C_v=0.112$,代入式(6-6),得:

$$R_{配}=4.0/(1-0.112\times1.654)=4.91\text{MPa}。$$

水泥剂量的确定方法为:首先在图6-6的纵坐标上确定与配制强度 $R_{配}=4.9$MP对应的位置,作水平线与强度试验曲线相交,再由交点作垂直线,与横坐标相交点即为所确定的水泥剂量4.9%。

根据表6-7中的数据内插,该水泥稳定碎石的最大干密度为2.34g/cm³,最佳含水率为6.3%。

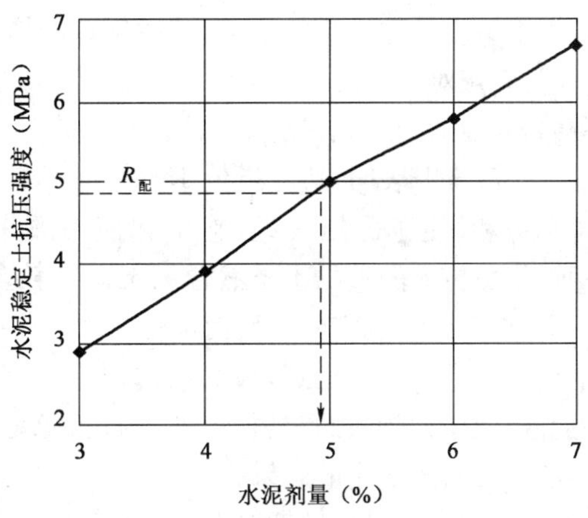

图6-6 试件7d浸水抗压强度与水泥剂量的关系曲线

第三节 石灰稳定类混合料

一、石灰稳定土的技术特性

1.强度特征及其影响因素

(1)强度形成机理

石灰稳定土强度的形成与发展是通过机械压实、离子交换反应、氢氧化钙结晶和碳酸化反应,以及火山灰反应等一系列复杂、交织的物理—化学作用过程完成的。离子交换反应是石灰土获得初期强度的主要原因。由于火山灰反应是在不断吸收水分的情况下逐渐发生的,速度较慢，石灰中氢氧化钙的碳酸化反应缓慢且过程较长，所以石灰硬化及火山灰反应是石灰土后期强度增长的主要原因。石灰稳定土的强度形成取决于石灰与细粒土中黏土矿物的相互作用，从而使土的工程性质产生变化。初期表现为土的结团、塑性降低，后期则主要表现为水化物晶体和凝胶结构的形成，从而提高土的强度和稳定性。

在石灰稳定集料中，粒状集料颗粒与石灰或石灰土构成一种复合材料，其强度主要取决于集料颗粒间的内摩阻力和嵌锁作用。经压实成型后，集料颗粒相互靠拢，相互嵌锁，形成骨架结构。石灰和细料起填充骨架空隙、包裹并黏结集料颗粒的作用。在石灰稳定集料中，由于石灰土的胶结能力比较弱，要特别注意发挥集料的骨料嵌锁作用。

(2)组成材料对石灰稳定土强度的影响

石灰细度越大，在相同剂量下与土粒的作用越充分，反应进行得越快，稳定效果越好。直接使用磨细生石灰粉可利用其在消解时放出的热能，促进石灰与土之间物理化学反应的进行，有利于与土中的黏性矿物发生离子交换及火山灰反应，加速石灰土的硬化。图 6-7 给出了不同土质采用石灰进行稳定后的强度与石灰剂量的关系。由于石灰起稳定作用，使土的塑性、膨胀性和吸水性降低，因而随着石灰剂量的增加，石灰土的强度和稳定性提高，但超过一定剂量后，强度的增长就不明显了。

由石灰稳定土的强度形成机理可知，石灰的稳定效果与土中的黏土矿物成分及含量有显著关系。一般来说，黏土矿物化学活性强，比表面积大，当掺入石灰等活性材料后，所形成的离子交换、碳酸化作用、结晶作用和火山灰反应都比较活跃，稳定效果好。因此，石灰土的强度随着土中黏土矿物含量的增多、塑性指数的增大而提高。图 6-7 中几种石灰稳定土的强度曲线表明：石灰对粉质黏土稳定效果明显优于对砂质黏土的稳定效果，而石灰对均质砂的稳定效果较差。

工程实践表明：塑性指数 15～20 的黏土，易于粉碎和拌和，便于碾压成型，施工和使用效果都较好。塑性指数更大的重黏土虽然含黏土矿物较多，但由于不易破碎拌和，稳定效果反而不佳。塑性指数小于 12 的土则不宜用石灰稳定，最好用水泥来稳定。对于无黏性或无塑性指数的集料，单纯用石灰稳定的效果远不如用石灰土稳定的效果。

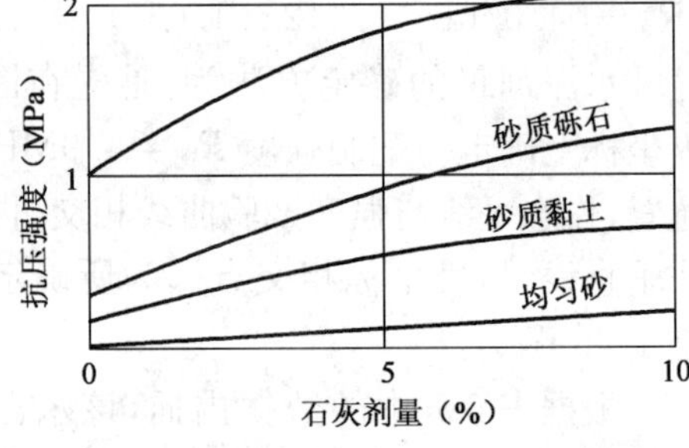

图 6-7　土质对石灰稳定土抗压强度的影响

(3)养生条件和龄期对石灰稳定土强度的影响

石灰稳定土的强度是在一系列复杂的物理、化学反应过程中逐渐形成的，而这些反应需要一定的温度和湿度条件。当养生温度较高时，可使各种反应过程加快，对石灰土的强度形成是有利的。适当的湿度为火山灰反应提供了必要的结晶水，但湿度过大会影响石灰中氢氧化钙的结晶硬化，从而影响石灰土强度的形成。

石灰稳定土中的火山灰反应的进程缓慢，其强度随着龄期的增大而增长，甚至到 180d 时，石灰稳定土的强度还会继续增长。所以，7d 或 28d 龄期的强度试验结果，并不能代表石灰稳定土的最终强度。石灰土的强度随龄期的增长大体符合指数规律。

2. 石灰稳定土的体积收缩特征

(1)温度胀缩原因及影响因素分析

石灰稳定土的体积收缩是由固体矿物组成和液相的热胀缩构成的。稳定土中的固体矿物组成包括原材料矿物和新生矿物。一般情况下，各原材料矿物的热胀缩性较小，但其中黏土矿物的胀缩性较大，而新生矿物如氢氧化钙、氢氧化镁、水化硅酸钙和水化铝酸钙均有着较大的热胀缩性。所以，就石灰稳定土而言，含粒料的石灰稳定集料比石灰土的温缩系数低得多。此外，随着龄期的增长，各类新生矿物不断增多，导致石灰稳定土的温度收缩系数随龄期的增加而有所增加，初期增长速率较快，后期较慢。

(2)干燥收缩及影响因素分析

石灰稳定土的干燥收缩主要是由于水分蒸发而产生的。此外，石灰稳定土有大量层状结构的晶体或非晶体，如黏土矿物、水化硅酸钙和水化铝酸钙等水化胶凝物，其间夹有大量层间水。随着相对湿度的进一步下降，层间水在水化胶凝物中迁移或蒸发，致使晶格间距减小，从而引起整体材料的收缩。

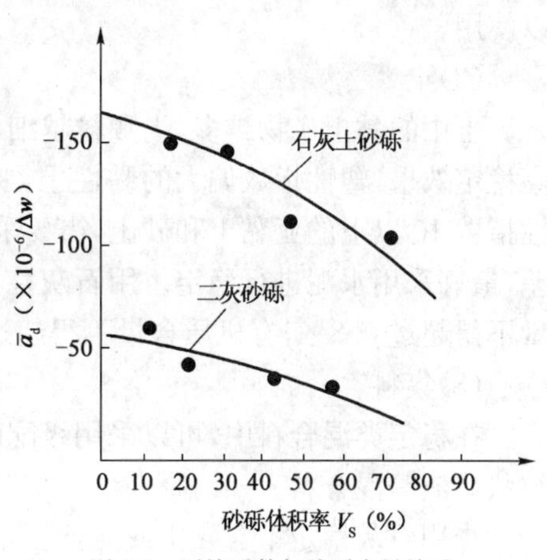

图 6-8　干缩系数与砂砾含量关系

由这种分析可见，含有较多黏土矿物及分散度大、比表面积大的材料干缩性大。当石灰稳定土中粒料增加时，将降低整体材料的比表面积和需水量，并对水化凝胶物的收缩产生一定的抑制作用，从而可较大幅度降低干燥收缩性。图 6-8 为石灰稳定砂砾干缩系数与砂砾体积率之间的关系曲线，随着砂砾含量的增多，石灰稳定砂砾的干缩系数将降低。此外，由于稳定土结构强度的形成对材料的干缩有一定的制约作用，所以稳定土的干缩系数随着龄期的增长而减小，初期下降较快，随后逐渐缓慢。

3. 石灰稳定土的适用性

上述分析表明，以细粒土为主的石灰土中含有较多黏土矿物、分散度大、比表面积大，其干缩系数及温缩系数都明显大于石灰稳定集料，容易产生严重的收缩裂缝。

在冰冻地区，用于潮湿路段的石灰土层中可能产生聚冰现象，从而导致石灰土结构的破坏，强度明显下降。在非冰冻地区，如石灰土经常处于过分潮湿状态，也不易形成较高强度的板体。

此外，石灰土的水稳定性明显小于石灰稳定集料，在石灰土的强度没有充分形成时，若路表水渗入，石灰土表层数毫米以上就会软化，在沥青路面层较薄的情况下，即使是几毫米的软化层也会导致沥青路面龟裂破坏。若路表水对石灰土表层产生冲刷作用，所形成的浆体会被滚动的车轮唧出至路表，导致裂缝处沥青层下陷和变形，裂缝两侧将产生新的裂缝。

由于上述原因，为了路面的结构强度和使用质量，石灰土禁止用做高等级路面的基层，只能用做高等级路面的底基层，或一般交通量道路路面的基层。砂砾或碎石含量小于 50% 的悬浮式石灰稳定集料土，虽然比石灰土的收缩性小，但同样具有遇水后表层软化和抗水冲刷能力差的缺点，这种悬浮式石灰粒料也不宜用做高等级路面的基层。

二、石灰稳定土的组成设计

1. 组成材料的技术要求

(1)石灰

石灰质量应符合 3 级以上消石灰或生石灰的技术要求。对于高速公路和一级公路，宜采用磨细生石灰粉。石灰堆放在野外无覆盖时，遭受风吹雨淋和日晒，其有效氧化钙和氧化镁含量很快降低，放置3个月时可从原来的大于80%降至40%左右，放置半年则可能降至30%左右。因此在工程中，应尽量缩短石灰的存放时间。如果石灰需要存放较长时间，应采取堆放成高堆，并采取覆盖封存措施，妥善保管。

有效钙含量在20%以上的等外石灰、贝壳石灰、珊瑚石灰、电石渣等结合料能否用于稳定土，需要通过试验给予验证；如果试验结果表明这类结合料稳定土的强度符合设计要求，也可以使用。

(2)土

土中的黏土矿物越多，土颗粒越细，塑性指数 I_P 越大，用石灰稳定的效果就越好。为了提高稳定效果，塑性指数偏大的黏性土，要加强粉碎，粉碎后土块最大尺寸不应大于15mm。塑性指数10以下的亚黏土和砂土，需要采用较多的石灰进行稳定，且难以碾压成型，稳定效果较差，最好采用水泥进行稳定。用石灰稳定的土的塑性指数范围宜为15～20，且土中硫酸盐含量不得超过0.8%，有机质含量不得超过30%。

(3)集料

在稳定类混合料中，可以采用级配碎石、未筛分碎石、砂砾、碎石土、砂砾土、煤矸石和各种粒状矿渣等混合料。

当用石灰稳定不含黏土或无塑性指数的集料时，需要添加15%左右的黏性土，以增加稳定效果。因此，石灰稳定集料实际上是石灰土稳定集料。在该类混合料中。集料含量应在80%以上，并具有良好的级配；当级配不好时，宜外加某种集料改善其级配。

集料的最大粒径和压碎值应符合表6-8中的规定。

石灰稳定土用集料的最大粒径和压碎值要求 表6-8

公　路　等　级	高速公路、一级公路		二级和二级以下公路	
结构层位	底基层	基层	底基层	基层
最大粒径(mm)≯	37.5	37.5	53	37.5
压碎值(%)≯	35	—	40	30/35①

注：①分子数值适用于二级公路，分母数值适用于二级以下公路。

2. 石灰土配合比设计的试验法

采用试验法确定石灰土配合比时，设计内容与水泥稳定土相同，主要的设计步骤如下。

(1)选择石灰土中的石灰剂量

石灰土的配合比以石灰剂量表示，石灰剂量为石灰质量与干土质量之比。石灰剂量与土的种类、石灰品种关系甚大，在进行设计时，石灰剂量范围可参考表6-9中的推荐值。

石灰剂量推荐范围(JTJ 034—93) 表6-9

稳定土的品种	用于下列结构层位时，石灰推荐值(%)	
	基层	底基层
砂砾土和碎石土	3、4、5、6、7	—
黏性土(塑性指数<12)	10、12、13、14、16	8、10、11、12、14
黏性土(塑性指数>12)	5、7、9、11、13	5、7、8、9、11

(2)确定水泥土的最佳含水率和最大干密度

(3)强度试验

若石灰土的强度平均值不能满足 $\overline{R}_c \geq R_{配}$ 的要求时，应添加水泥或改换用另一种土。

(4)确定石灰剂量

工地上实际采用的石灰剂量应比室内试验确定的剂量多0.5%(集中厂拌法施工时)或1.0%(路拌法施工时)。

3.石灰稳定集料的配合比设计的试验法

石灰稳定集料的配合比表示为:石灰∶土∶碎石(或砂砾),均以质量表示。

在石灰稳定集料(碎石或砾石)中,应添加少量黏性土,石灰同所加土质量之和与集料的质量比宜为1∶4。由于石灰稳定集料的室内7d抗压强度往往较低,而在道路路面结构中的实际承载能力却并不差,所以不能以表6-1中规定的强度标准进行质量评定。在配合比设计时,可按照实验法仅对所掺加的石灰土进行设计和强度检测。石灰土的抗压强度应满足表6-1的设计要求,然后按所选定的石灰土与集料比例制备试件。

第四节　石灰粉煤灰稳定土

一、二灰稳定土的技术特性

1.强度特征

二灰稳定土的强度形成机理与石灰稳定土基本相同,主要依靠集料的骨架作用和石灰粉煤灰的水硬性胶结及填充作用。由于粉煤灰能提供较多的活性氧化硅和活性氧化铝成分,在石灰的碱性激发作用下生成较多的水化硅酸钙、水化铝酸钙,具有较高的强度和稳定性。

与石灰稳定土相比,二灰稳定土强度形成更多的依赖于火山灰反应生成的水化物,而粉煤灰是一种缓凝物质,表面能较低,难以在水中溶解,导致二灰稳定土中的火山灰反应进程相当缓慢。因此,二灰稳定土的强度随龄期的增长速率缓慢,早期强度较低,但到后期仍保持一定的强度增长速率,有着较高的后期强度。二灰稳定土中粉煤灰的用量越多,初期强度就越低,后期的强度增长幅度也越大。如果需要提高二灰稳定土的早期强度,可以掺加少量水泥或某些早强剂。

就长期强度而言,密实式二灰粒料与悬浮式二灰粒料相比并无明显差别,但密实式二灰粒料的早期强度大于悬浮式二灰粒料,并具有较好的水稳定性。

养生温度对二灰稳定土的抗压强度有明显影响,较高的温度会促使火山灰反应进程加快;而当气温低于4℃时,二灰混合料的抗压强度几乎停止增长。表6-10为两组二灰稳定碎石混合料抗压强度测试值,当养生温度由20℃提高至40℃时,抗压强度可提高3倍以上。密实式二灰粒料的强度较悬浮式二灰粒料的强度高15%以上。

二灰碎石的7d抗压强度与养生温度　　表6-10

养生温度(℃)		20	30	40
抗压强度(MPa)	悬浮式二灰粒料	1.35	—	5.85
	密实式二灰粒料	1.60	3.03	6.78

2.收缩特征及其影响因素

二灰稳定土的干缩和温缩机理及其影响因素与石灰稳定土相同,其收缩程度主要取决于试件含水率、材料组成(如粒料含量、石灰剂量、粉煤灰含量、黏土矿物的含量与其塑性指数)

等。最大公称粒径以及最小粒径颗粒的通过率等对二灰稳定材料的收缩性能都有较为重要的影响。总之，在二灰稳定材料中，粗集料形成骨架，能够抑制收缩开裂；细集料的加入，也会抑制富余二灰的收缩，过多的水分容易引起材料的早期收缩开裂。因此，必须严格控制二灰稳定材料中的含水率，通过调整集料、石灰、粉煤灰以及水的组成配比，将二灰稳定材料的收缩量控制在最低。

表 6-11 为二灰稳定土在最佳含水率下制成试件，在空气中自然风干时产生的最大干缩应变。由此可见：悬浮式二灰粒料的干缩性明显大于密实式二灰粒料；含土二灰稳定土的干缩性明显高于无土二灰稳定土，其中以二灰土的干缩性最大。

石灰土与二灰稳定土的最大干缩应变　　表 6-11

二灰稳定粒料	最大干缩应变（$\times10^{-3}$）	石灰：粉煤灰：碎石：土	最大干缩应变（$\times10^{-3}$）	稳定土类型	最大干缩应变（$\times10^{-3}$）
密实式	0.23～0.27	4：12：84：0	0.67	石灰土	3.12～6.03
悬浮式	0.83	4：12：60：24	1.78	二灰土	0.34～2.63

由于粉煤灰颗粒对混合料的收缩起着约束作用，因此当石灰剂量不变时，二灰稳定土的干缩系数和温缩系数随着粉煤灰用量增加而减少；粉煤灰用量不变时，二灰稳定土的干缩系数和温缩系数随着石灰剂量增加而增大。

由于粉煤灰的作用，二灰土与石灰土相比，二灰稳定砂粒与石灰稳定砂砾相比，干缩性和温缩性均有不同程度的降低。按照稳定土干缩系数和温缩系数的大小排序为：石灰土＞石灰稳定砂砾＞二灰土＞二灰稳定砂砾。

3. 二灰类稳定土的适用性

粉煤灰颗粒呈空心球体，密度小而比表面积大，掺加粉煤灰后，稳定土的最佳含水率增大，最大干密度减小；但其强度、刚度及稳定性均有不同程度的提高，尤其是抗冻性有较显著的改善，温缩系数也比石灰稳定类有所减小，这对于提高路面结构的抗裂性有着重要意义。

虽然二灰土的收缩性小于石灰土，但仍具有相当程度的干缩变形，所以二灰土禁止用做高等级道路路面的基层；在高速公路和一级公路上的水泥混凝土面层下，也不应采用二灰土铺筑道路基层结构。悬浮式二灰粒料的干缩性大，容易产生干缩裂缝，它的抗冲刷性也明显差于密实式粒料。在其他条件相同的情况下，悬浮式二灰粒料基层上沥青面层的裂缝较密实式二灰粒料基层上沥青面层的裂缝严重得多，因此在粒料不是很缺乏的地区，最好采用密实式二灰集料。

二、石灰粉煤灰稳定混合料的组成材料的技术要求

1. 组成材料的技术要求

(1)石灰与粉煤灰

在石灰粉煤灰稳定混合料中，对石灰的要求同本章第三节。

粉煤灰中 SiO_2、Al_2O_3和 Fe_2O_3的总含量应大于 70％，烧失量不应超过 20％，比表面积宜大于 2 500cm^2/g。干粉煤灰和湿粉煤灰都可以使用。干粉煤灰如堆放在空地上，应加水，防止飞扬造成污染。当粉煤灰含水量过大时，粉煤灰颗粒灰凝聚成团，且在集中厂拌法生产混合料时，过湿的粉煤灰不易通过下料斗的开口，直接影响二灰稳定土的配合比和拌和机的产量。湿粉煤灰的含水率不宜超过 35％，使用时应将凝结的粉煤灰打碎或过筛，同时清除有害杂质。

(2)集料与土

在二灰稳定土中宜采用塑性指数在12～20范围内的黏性土或亚黏土。土中所含土块的最大尺寸不应超过15mm，也不可选用有机质含量超过10%的土。

二灰稳定集料中所用集料的最大粒径和压碎值应符合表6-12中的要求。

石灰粉煤灰稳定土中集料的技术要求 表6-12

道路等级	高速公路及一级公路		二级和二级以下公路	
结构层位	基层	底基层	基层	底基层
最大粒径(mm)≯	31.5	37.5	37.5	53
压碎值(%)≯	30	35	35	40
应符合级配编号	表6-13中2或4	—	表6-13中1或3	—

为了充分发挥集料密实和嵌锁作用，集料应具有良好的级配，并满足表6-13的要求。集料中应少含或不含塑性指数较大的土，以保证混合料的稳定性和耐久性。

二灰级配集料混合料中集料的颗粒组成范围(JTJ 034—2000) 表6-13

级配编号		通过下列筛孔(mm)的质量百分比(%)								
		37.5	31.5	19.0	9.5	4.75	2.36	1.18	0.6	0.075
砂砾	1	100	85～100	65～85	50～70	35～55	25～45	17～35	10～27	0～15
	2	—	100	85～100	55～75	39～59	27～47	17～35	10～25	0～10
碎石	3	100	90～100	72～90	48～68	30～50	18～38	10～27	6～20	0～7
	4	—	100	81～98	52～70	30～50	18～38	10～27	6～20	0～7

2.二灰稳定土组成材料的配合比范围

石灰工业废渣稳定混合料的组成材料配合比范围见表6-14，在进行配合比设计时可参照选用。为了提高石灰工业废渣稳定混合料的早期强度，可以掺加1%～2%的水泥。

石灰工业废渣稳定土的配合比范围参考值 表6-14

稳定土类型	材料比例	底基层	基层
二灰	石灰：粉煤灰(CaO含量2%～6%的硅铝粉煤灰)	1：2～1：9	
二灰土	石灰粉煤灰：土(石灰：粉煤灰)	30：70～90：10(1.2～1.4，粉土时1：2为宜)	
二灰集料	石灰粉煤灰：集料(石灰：粉煤灰)	—	20：80～15：85(1.2～1.4)
石灰煤渣土	石灰：煤渣	20：80～15：85	
	石灰煤渣：细粒土(石灰：煤渣)	1：1～1：4(石灰含量≥10%)(1：1～1：4)	
石灰煤渣集料	石灰：煤渣：集料	(7～9)：(26～33)：(67～58)	

二灰与细集料组成的砂浆必须是一个致密的整体，必须有足够的二灰能完全包裹细集料颗粒、填充细集料间的空隙。当细集料所占比例较小时，它的增强作用得不到充分体现；而当细集料用量太大时，二灰的黏结作用又显得不够充分，反而会引起强度的下降。所以，细集料与二灰之间存在一个最佳比例，其比例需要根据采用的原材料通过试验来确定。

第五节 土壤固化剂

土壤固化剂是指可以对土体进行化学处理，从而改变土壤的组成和土体的工程性质，进而达到提高土质强度、改善土质压实性目的的一种外掺剂。由土壤固化剂与土拌和而成的混合料称为固化类混合料。

土壤固化剂按其性状分为固体和液体两大类，在多数情况下与石灰或水泥等无机结合料共同使用，又可分为液粉土壤固化剂和粉状土壤固化剂。液粉土壤固化剂是由无机盐配制的溶液，在现场将适量的水泥、石灰、粉煤灰等不同材料掺入土壤中，能改善和提高土壤技术性能的液体和粉状材料。粉状土壤固化剂是由粉状无机盐、水泥、石灰、粉煤灰等不同材料混合均匀掺入土壤中，能改善和提高土壤技术性能的混合材料。土壤固化剂是现代路面基层和底基层固化的新型化学材料，能改善和提高土壤技术性能，适用于不同类型的土质。

一、土壤固化剂对土的稳定作用

1. 降低过湿黏土的塑性，易于压实

在沼泽或软土地带，过湿黏土中含水率偏高且不易粉碎，难以达到要求的压实密度。为了解决过湿黏土的施工压实问题，传统的做法是采用换土法或晾晒法，施工周期长，费用大。过湿黏土充分压实的关键在于有效地降低土的含水率，使其具有可压实性。某些土壤固化剂与土粒中活性矿物反应后生成的水化物中含有较高的结晶水，水化物的吸水量较石灰高78%，较水泥高141%，致使土中大量的自由水以结晶形式固定下来，使土中含水率迅速降低，使黏性土的土粒粗化，从而改善压实性。表6-15中为几种材料处理后含水率降低情况。由于水泥和消石灰的吸水能力相对较弱，经水泥或消石灰处理后土的含水率降低幅度小，稳定效果较差，而土壤固化剂1和土壤固化剂2均有着较高的吸水能力。

结合料稳定土后含水率降低情况 表6-15

结合料品种	消石灰	生石灰	石灰+水泥	石灰+粉煤灰	土壤固化剂1	土壤固化剂2
结合料掺量(%)	4	4	2+2	3+15	4	4
含水率降低值(%)	3.1	4.8	2.7	2.5	5.9	6.0

图6-9为某种高塑性黏土在掺加土壤固化剂稳定后，塑性指数随固化剂剂量增加而显著降低的趋势，而对于这种高塑性土，用水泥稳定时的效果往往很差。

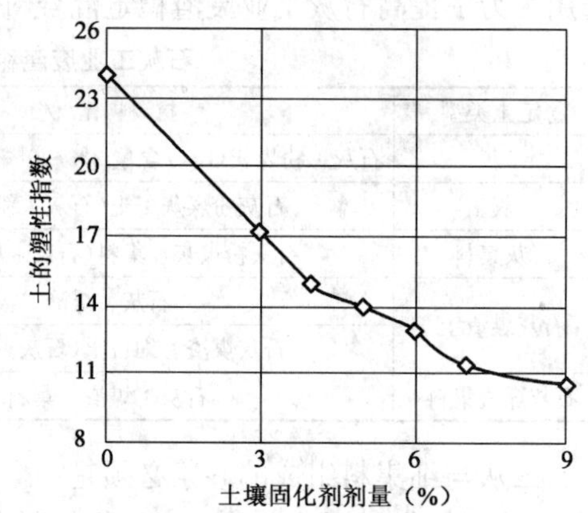

图6-9 土的塑性指数与土壤固化剂剂量的关系曲线

2. 离子交换与分散作用

土壤固化剂与土的离子交换反应原理与石灰土相似，土壤固化剂溶于水后迅速离子化，某些离子能与土颗粒产生高效率的离子交换，在水分子与土颗粒之间形成较为紧密的化学键。一些固化剂含有自然分散剂成分，能将土颗粒中的矿物质与土分子分解，结晶形成金属盐，从而使土壤形成新的矿物合成物，将土颗粒结合在一起，减少土壤中的气孔，形成土壤固化层。

3. 生物化学反应

固化酶是一种生物工程产品，将其掺入土中后，可以利用固化酶中的生物活化剂将有机物转化为无机物，固化酶中的有机分子与黏土粒子相互结合产生屏蔽作用，防止土进一步吸收水分而引起膨胀，经机械压实后形成高密度特征。这类固化酶可以降低水的表面张力，增加土中水的润湿作用，提高水的渗透性，使土粒加快凝聚，并有助于土中微细颗粒黏结，减少空隙，增大密度。在压实作用下,可获得较高的强度和较好的防渗透性。当土中含有较多微生物或有机质时,用固化酶稳定效果最好,所以这类生物制剂特别适用于垃圾或含有机质较高的土质。此外使用固化酶稳定土时,可以保持土壤的原有色泽。

4.提高无机结合料的稳定效果

将固化剂与石灰或水泥共同使用时,可以提高稳定效果。表 6-16 为固化类稳定土的抗压强度。固化酶与水泥共同使用时的效果较其单独使用时好得多,各龄期强度都有明显增加。

固化酶稳定土的强度试验结果 表 6-16

组成材料用量比例	无侧限抗压强度(MPa)		
	3d	7d	28d
砂:石:天然土:固化酶=30:46:24:1.44	3.3	6.9	10.2
水泥:砂:石:天然土:固化酶=4:30:46:20:1.44	10.9	16.3	44.3
强度增加(%)	2.3	1.4	3.3

某些土壤固化剂还可以克服水泥或石灰在稳定细粒土时所具有一些不利的特性,如可避免石灰土施工初期大量发热、膨胀、收缩、开裂、不耐水的问题。

5.适用性

土壤固化剂可在一定程度上提高土体的强度、耐久性和抗变形能力,施工方法较为简便,污染较小,工期短。有资料表明,某些土壤固化剂能够显著克服水泥土或石灰土收缩性大、易软化、水稳定性差的不利特征,具有良好的路用性能;但大部分土壤固化剂需要与水泥或石灰共用,单独使用无明显效果。土壤固化剂对不同土质的稳定效果相差较大,应根据土质情况选用。不论使用何种土壤固化剂,在使用前都应进行相应的检测试验,只有当固化类混合料性能满足要求时,才能使用。表 6-17 是几种常用固化剂的适用性和应用效果比较。

固化剂的种类和适用性的比较 表 6-17

类型	主要成分	掺入量(%)	适用范围	使用效果
TR	石灰、水泥等	4~6	各类软土,特别是高含水率的土	加入量多,强度高,耐水性好,固化初期的耐高温性及后期的耐低温性好
EN-1	酸基化合物		适用于各类软土	固化速度快,节省工期,施工速度及施工成本比传统筑路节省约 50%以上
TKB	水泥、石灰、粉煤灰、活性激发剂	6(砂)、8(黏土)	可加固砂土和黏性土	可提高强度约 40%以上,成本与石灰土相近,早期强度高
NCS	石灰、水泥、无机添料	3~4	粉砂含量较高的粉性土	NCS 具有高吸水能力,过湿状态下可迅速压实,且压实度高,工程造价低
168	碱土金属、硼、碳、氮、卤、铁等各元素和无机物	0.02	适用于各种路基	固化效果整体性好,质地坚硬,防水性能好,通车后不粘、不松散、不出现坑槽
石膏—水泥	水泥、石膏	10~30	适用于对 CaO、OH^- 吸收量较大的软土	该固化剂加固土,可提高强度 20%~200%,在同等强度下,可节省水泥 10%~40%
SST			适用于各类软土路基	能保证水泥水化反应的水分,提高路基承载能力达 70%

二、固化类混合料的组成设计

1. 组成材料的技术要求

(1)土壤固化剂

土壤固化剂的技术性能应符合《土壤固化剂》(CJ/T 3073—98)的规定。液粉固化剂中溶液的固体含量不得大于3%,不得有沉淀或絮状现象;粉状土壤固化剂的细度在0.074mm标准筛上的筛余量不得超过15%。

(2)水泥、石灰与土

土壤固化剂通常需要与水泥或石灰共用。各种普通硅酸盐水泥、矿渣硅酸盐水泥、火山灰质硅酸盐水泥均可用于固化路面基层和底基层,但应选用终凝时间等于或大于6h的水泥。固化路面基层和底基层不得使用快硬水泥、早强水泥及受潮变质过期的水泥。

石灰应采用符合要求等级的消石灰或生石灰粉。

凡能被粉碎的或原来松散的土,都可用做固化类混合料的基料。

土中粗集料含量和最大粒径对固化类混合料的均匀性及路面结构层的密实度和平整度影响较大。当粗集料过多和粒径偏大时,混合料容易产生粗细集料的离析现象,使铺筑层的平整度难以达到设计要求,碾压后的密实度不均匀。此外土中粗集料的粒径越大,对拌和机、平地机和摊铺机等施工机械的磨损越大。因此,要求土中粗集料的最大粒径基层不应大于30mm;底基层不应大于40mm,且粒料的压碎值不得大于40%。

土中的有机质含量不宜超过10%,但使用固化酶时,土中的有机质含量不受此限制。

2. 固化类混合料的配合比设计

(1)配合比设计指标

固化类混合料的配合比设计可以参照无机结合料稳定类混合料的强度指标(表6-1),也可以参照表6-18中的要求。

固化类混合料的强度标准(MPa) 表6-18

路面结构层位	固化剂类别		城市快速路和主干道	城市次干路和支路
基层	液粉土壤固化剂	与水泥混合	3～4	2～3
		与石灰混合	—	≥0.8
		与水泥石灰混合	3～4	2～3
		与水泥粉煤灰混合	≥0.8	≥0.6
	粉状土壤固化剂		3～4	2～3
底基层	液粉土壤固化剂	与水泥混合	≥1.5	≥0.5
		与石灰混合	≥0.8	0.5～0.7
		与水泥石灰混合	≥1.5	≥1.5
		与水泥粉煤灰混合	≥0.5	≥0.5
	粉状土壤固化剂		≥1.5	≥1.5

(2)组成材料用量比例范围

表6-19为固化类混合料组成材料用量比例的建议范围,可根据结构层位、土的种类和性质选择适用的土壤固化剂类型,再通过配合比设计试验,确定最适宜的结合料品种和用量。

固化类混合料组成材料用量比例建议范围　表 6-19

结构层位	固化剂类型	结合料品种	结合料占干土质量(%)	土壤固化剂占干土质量(%)
基层	液粉土壤固化剂	与水泥混合	3～6	0.3～1.0
		与石灰混合	6～10	0.3～1.0
		与水泥和石灰混合	水泥 2～4;石灰 4～6	0.3～1.0
	粉状土壤固化剂		—	5～10
底基层	液粉土壤固化剂	与水泥混合	2～3	0.3～0.5
		与石灰混合	4～5	0.3～0.5
		与水泥和石灰混合	水泥 1～3;石灰 3～5	0.3～0.5
	粉状土壤固化剂		—	5～8

施工现场与室内试验无论在配料的精度还是在拌和均匀性上,均存在着一定的差异,为尽量减少这种差异,要求施工现场实际采用的水泥用量、石灰用量或土壤固化剂用量高于室内试验确定用量。当使用液粉土壤固化剂时,水泥应增加干土质量的 0.5%～1%,石灰应增加干土质量的 1%～2%,液粉土壤固化剂水溶液应增加干土质量的 0.1%～0.2%。当使用粉状土壤固化剂时,粉状土壤固化剂应增加干土质量的 1%～2%,其中厂拌法采用低值,路拌法采用高值。

本 章 小 结

结合料稳定类混合料所用结合料主要为水泥、石灰、粉煤灰以及土壤固化剂等。

按照稳定类混合料中单颗粒的粒径大小和颗粒组成可分为稳定细粒土、稳定集料(砂砾或碎石等)类,后者又有悬浮式粒料和密实式粒料之分。

以水泥、石灰等为结合料的稳定类混合料又称为半刚性基层材料,其整体性强、承载力高、刚度大,而且较为经济,广泛应用于各种道路路面的基层、底基层或垫层。无机结合料稳定类材料按照结合料品种可分为水泥稳定土、石灰稳定土及石灰工业废渣稳定土。

土壤固化剂与水泥或石灰共同使用时,可以提高对土的稳定效果。

稳定类混合料的主要技术要求为强度、抗裂性及水稳定性,这些性质取决于结合料质量与掺量、稳定土种类、含水率、养生温度与龄期等。由于各种稳定细粒土及悬浮式粒料的干缩性、温缩性较大,水稳定性较差,不宜用做高等级道路路面基层,但可以用于底基层。

稳定类混合料的配合比设计内容包括:确定组成材料的用量比例,确定稳定类混合料的最佳含水率和最大干密度。配合比设计方法有试验法和计算法。试验法适用于稳定细粒土,它以击实试验为基础,辅以抗压强度试验来确定稳定混合料中的结合料剂量,为现行规范中规定的方法。计算法适用于粒料含量较高(35%以上)的稳定类混合料,以密实填充理论为基础,考虑稳定类混合料的施工条件,通过计算确定该类混合料的配合比,并确定稳定类混合料的最大干密度和最佳含水率。

复 习 题

6-1　简述水泥稳定土强度的形成机理,并分析影响强度的主要因素。

6-2　水泥稳定土与水泥混凝土在组成材料、技术性质及用途等方面有何不同?

6-3　简述水泥稳定土混合料对其组成材料的技术要求。

6-4 什么是悬浮式二灰粒料和密实式二灰粒料？在技术性能方面，它们有何不同？

6-5 粉煤灰剂量和品质对二灰稳定土的技术性能有何影响？

6-6 稳定土中集料的最大粒径对其技术性质和施工性质有何影响？为什么要限制集料的最大粒径？

6-7 稳定细粒土（如石灰土、二灰土和水泥土）为什么不宜用做高等级道路的基层？

6-8 稳定类混合料击实试验的目的是什么？

6-9 简述水泥土中水泥剂量的确定方法。

6-10 土壤固化剂的功能是什么？

6-11 某道路基层用水泥稳定碎石的重型击实试验结果见表6-20，试确定该稳定土的最大干密度和最佳含水率。

水泥稳定碎石的干密度与含水率测定值 表6-20

干密度(g/cm^3)	2.225	2.336	2.368	2.347	2.330
含水率(%)	3.20	3.88	4.68	5.31	6.03

第七章 建筑钢材

> **内容提要**：本章介绍建筑钢材的抗拉性能、冲击韧性、耐疲劳性能和冷弯性能等技术性能，以及建筑结构用钢材的技术标准。

建筑钢材系指在建筑工程结构中使用的各种钢材，如型材有角钢、槽钢、工字钢等；板材有厚板、中板、薄板等；钢筋有光圆钢筋和带肋钢筋等。建筑钢材具有强度高、塑性及韧性好、耐冲击、性能可靠，可加工性能好等优点，因而在建筑工程结构中被广泛应用。

第一节 建筑钢材的技术性质

建筑钢材的技术性质是指钢材的抗拉性能、冲击韧性、耐疲劳性以及冷弯性能等。

一、钢材的抗拉性能

1. 低碳钢的抗拉性能

抗拉性能是钢材的主要技术性能。图 7-1 为低碳钢在拉伸试验中的应力－应变曲线，根据曲线特征，由屈服点、极限抗拉强度和伸长率等指标反映钢材的力学性能。由图 7-1 分析，低碳钢在受拉过程中经历了弹性、屈服、强化及颈缩四个阶段。

(1)弹性阶段

在图 7-1 中曲线上的 OA 为弹性阶段，此阶段荷载较小，应力和应变成比例增加，若卸去荷载试件可恢复原状，称为弹性变形。A 点所对应的应力称为弹性极限，用 σ_p 表示。在此阶段，应力与应变的比值为一常数，称弹性模量，用 E 表示，$E=\sigma/\varepsilon$。弹性模量反映钢材的刚度，即抗弹性变形的能力，是钢材在受力条件下计算结构变形的重要指标。

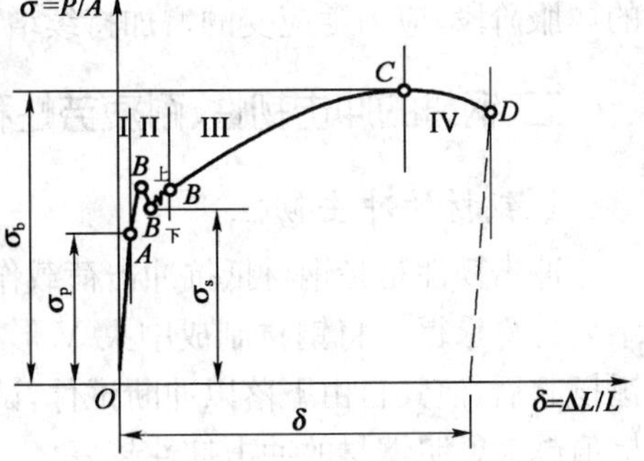

图 7-1 低碳钢受拉时的应力－应变曲线

(2)屈服阶段

图 7-1 中的 AB 为屈服阶段，由 A 点开始，当荷载增大时应力与应变不再成比例变化，应变增加的速度大于应力增加的速度，即开始产生塑性变形，图中 $B_{上}$ 点是这一阶段的应力最高点，称为屈服上限，$B_{下}$ 点称为屈服下限。由于 $B_{下}$ 点稳定易测，故一般以 $B_{下}$ 点对应的应力为屈服点，用 σ_s 表示。

(3)强化阶段

图 7-1 中的 BC 为强化阶段，过 B 点后变形速度较快，随应力的提高而增加。对应于最高点 C 的应力称为极限抗拉强度，用 σ_b 表示。

钢材的屈强比用式(7-1)计算，它反映钢材可靠性和利用率。屈强比小时，钢材的可靠性大，结构安全。但屈强比过小，钢材有效利用率太低，则可能造成浪费。因此，在保证安全可靠的前提下，应合理选用屈强比，以尽量提高钢材的利用率。

$$n = \sigma_s / \sigma_b \tag{7-1}$$

式中：n——钢材的屈强比；

σ_s——钢材的屈服点强度，MPa；

σ_b——钢材的极限抗拉强度，MPa。

(4)颈缩阶段

图 7-1 中的 CD 为颈缩阶段，过 C 点后材料的变形明显，应变迅速增加而应力反而下降，钢材被拉伸，并在某一薄弱处断面开始缩小，产生“颈缩”现象，然后至 D 点断裂。

将拉断后的试件拼合在一起，测出试件在拉断前后的标距长度，按式(7-2)计算出伸长率。伸长率是反映钢材可塑性的重要指标，伸长率大表明钢材的塑性好。塑性良好的钢材，当偶尔超载时产生塑性变形，可使钢材内部应力产生重新分布，不致由于应力集中而断裂。

$$\delta = \frac{L_1 - L_0}{L_0} \times 100\% \tag{7-2}$$

式中：δ——伸长率，%；

L_0——试件拉断前的标距长度，mm；

L_1——试件拉断后的标距长度，mm。

2. 中碳钢和高碳钢的抗拉性能

中碳钢和高碳钢(硬钢)在受拉试验中所表现的应力应变特征与低碳钢(软钢)相比有着显著的不同，见图 7-2。由图可见，与低碳钢(软钢)相比，中碳钢和高碳钢的特点是没有明显的屈服阶段，应力随应变的增加持续增加，直至断裂。

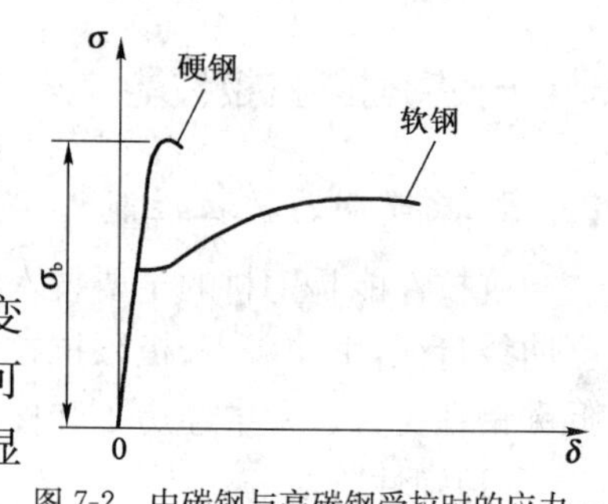

图 7-2　中碳钢与高碳钢受拉时的应力—应变曲线

二、钢材的冲击韧性、耐疲劳性和冷弯性能

1. 钢材的冲击韧性

冲击韧性是指钢材抵抗冲击荷载作用的能力。冲击韧性是根据在试验机上对试件的冲击结果计算求得。将钢材制成中央 V 形槽口的试件，置于试验机上，见图 7-3。将试验机中的摆锤扬起后，使其自由下落以冲断试件，试件单位面积上所消耗的功即为冲击韧性的指标。该指标值越大说明钢材的冲击韧性越好。

对钢材进行冲击试验，能较全面地反映钢材材质的优劣程度。钢材的冲击韧性受诸多因素的影响，诸如化学成分、冶金质量、环境温度、冷加工及时效等，其中环境温度对钢材性能的影响最为明显。当温度降低至一定程度时钢材的冲击韧性会突然显著下降且出现脆性，这种现象称为钢材的冷脆性，这时的温度称为脆性转变温度，脆性转变温度越低说明钢材的低温冲击韧性越好。

2. 钢材的耐疲劳性

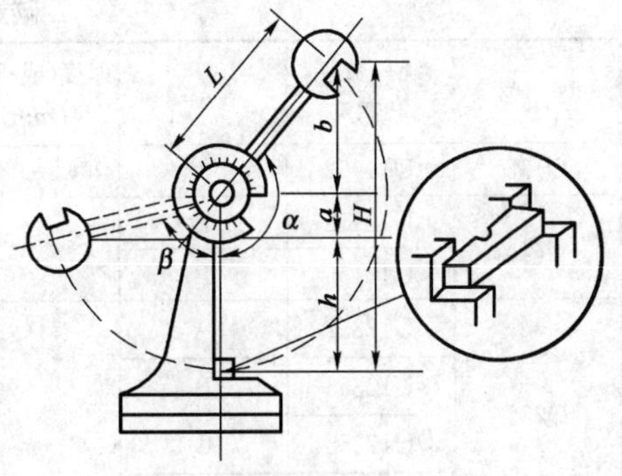

图 7-3　冲击韧性试验示意图

α、β-试件折断前与折断后摆锤抬起的角度；L-转轴中心至摆锤的间距

钢材在交变荷载反复作用下，往往会在应力远低于抗拉强度的情况下发生裂断，此现象称为疲劳破坏。在多次反复交变荷载的作用下不发生疲劳破坏时的最大应力称为疲劳强度。它是表明钢材耐疲劳性的指标。

试验表明，钢材承受交变应力越大，则钢材至断裂时所经受的交变应力的循环次数越少，反之则多。当交变应力降至一定值时，钢材可经受无数次的应力循环变化而不发生疲劳破坏。

钢材疲劳强度的高低与其内部组织状态、成分偏析、杂质含量及各种缺陷有关，钢材的表面光洁程度及受腐蚀状况等也都会影响它的耐疲劳性能。

3. 钢材的冷弯性能

冷弯性能是指钢材在常温下承受弯曲变形的能力，是钢材的重要工艺性能，冷弯性能可以反映钢材内部组织是否存在不均匀内应力和杂质等缺陷。冷弯性能是将钢材试件(圆形或板形)置于冷弯机上弯曲至规定角度(90°或 180°)观察其弯曲部位是否有裂纹、起层或断裂现象，没有时，则为合格。弯曲角度越大，弯心直径与试件厚度(直径)的比值越小，则表示钢材的冷弯性能越好。

第二节　道路桥梁结构工程中常用建筑钢材的技术要求

建筑钢材分为钢结构用钢材以及钢筋混凝土结构用钢筋、钢丝等。

一、钢结构用钢材

我国钢结构用钢材主要有碳素结构钢和低合金高强度结构钢等。

1. 碳素结构钢

(1)碳素结构钢的牌号

碳素结构钢适用于一般工程的结构中，可加工成各种型钢、钢筋和钢丝。按国家标准《碳素结构钢》(GB 700—2006)的规定，碳素结构钢的牌号由四个部分组成，依次为：代表钢材屈服点的汉语拼音字母 Q；表示钢材屈服点的数值，分别为 195、215、235 和 275，以 MPa 计；表示钢材质量等级的符号，依钢材中硫 S、磷 P 含量的多少分为 A、B、C、D 四个等级；代表钢脱氧程度的符号，沸腾钢为 F、镇静钢为 Z 和特殊镇静钢为 TZ。

例如 Q215AF 表示屈服点为 215MPa、质量等级为 A 的沸腾钢。

(2)碳素结构钢的化学成分要求

各种牌号的碳素结构钢材化学成分要求见表 7-1。

碳素结构钢的化学成分 表 7-1

牌 号	统一数字代号①	等 级	厚度(或直径)(mm)	脱氧方法	化学成分(质量分数)(%),不大于				
					C	Si	Mn	P	S
Q195	U11952	—	—	F、Z	0.12	0.30	0.50	0.035	0.040
Q215	U12152	A	—	F、Z	0.15	0.35	1.20	0.045	0.050
	U12155	B							0.045
Q235	U12352	A	—	F、Z	0.22	0.35	1.40	0.045	0.050
	U12355	B			0.20②				0.045
	U12358	C		Z	0.17			0.040	0.040
	U12359	D		TZ				0.035	0.035
Q275	U12752	A	—	F、Z	0.24	0.35	1.50	0.045	0.050
	U12755	B	≤40	Z	0.21			0.045	0.045
			>40		0.22				
	U12758	C	—	Z	0.20			0.040	0.040
	U12759	D		TZ				0.035	0.035

注:①表中为镇静钢、特殊镇静钢牌号的统一数字,沸腾钢牌号的统一数字代号如下:Q195F-U11950;Q215AF-U12150,Q215BF-U12153;Q235AF-U12350,Q235BF-U12353;Q275AF-U12750;

②经需方同意,Q235B 的碳含量可不大于 0.22%。

(3)碳素结构钢的力学性能要求

碳素结构钢的拉伸和冲击试验结果应满足表 7-2 的要求,弯曲试验结果必须符合表 7-3 中的技术要求。

碳素结构钢的拉伸和冲击力学性能 表 7-2

牌号	等级	屈服强度① σ_s(MPa),≥						抗拉强度② σ_b (MPa)	断后伸长率 δ(%),≥					冲击试验(V 型缺口)	
		厚度(或直径)(mm)							厚度(或直径)(mm)					温度(℃)	冲击吸收功纵向(J),≤
		≤16	>16~40	>40~60	>60~100	>100~150	>150~200		≤40	>40~60	>60~100	>100~150	>150~200		
Q195	—	195	185	—	—	—	—	315~430	33	—	—	—	—	—	—
Q215	A	215	205	195	185	175	165	335~450	31	30	29	27	26	—	—
	B													+20	27
Q235	A	235	225	215	215	195	185	370~500	26	25	24	22	21	—	—
	B													+20	27③
	C													0	
	D													−20	
Q275	A	275	265	255	245	225	215	410~540	22	21	20	18	17	—	—
	B													+20	27
	C													0	
	D													−20	

注:①Q195 的屈服强度值仅供参考,不做交货条件。

②厚度大于 100mm 的钢材,抗拉强度下限允许降低 20MPa。宽带钢(包括剪切钢板)抗拉强度上限不做交货条件。

③厚度小于 25mm 的 Q235B 级钢材,如供方能保证冲击吸收功值合格,经需方同意,可不作检验。

碳素结构钢的冷弯性能 表 7-3

牌号	试样方向	冷弯试验 180° $B=2a$①	
		钢材厚度(或直径)②(mm)	
		≤60	>60～100
		弯心直径 d	
Q195	纵	$d=0$	—
	横	$d=0.5a$	
Q215	纵	$d=0.5a$	$d=1.5a$
	横	$d=a$	$d=2a$
Q235	纵	$d=a$	$d=2a$
	横	$d=1.5a$	$d=2.5a$
Q275	纵	$d=1.5a$	$d=2.5a$
	横	$d=2a$	$d=3a$

注:①B 为试样宽度,a 为试样厚度(或直径)。
②钢材厚度(或直径)大于 100mm 时,弯曲试验由双方协商确定。

由于各种牌号的钢材中的化学成分不同而使其力学性能及冷弯性能不同。从表中可以看出随着钢号的增加,其含碳、含锰量增加,强度和硬度亦增加,而可塑性、冷弯性能降低。同一钢材的质量等级越高,含硫含磷量越低,钢材的质量越好。碳素结构钢材的力学性能稳定,塑性好,对轧制、热加工及骤冷等工艺的敏感性小,便于加工,其构件在焊接、超载、受冲击和温度、应力等不利的情况下也能保证安全。碳素结构钢易冶炼,成本较低,在各种建筑及道路工程中广泛大量使用。

2. 桥梁用结构钢

桥梁用结构钢应符合《桥梁用结构钢》(GB/T 714—2008)的规定,该标准规定了桥梁用结构钢的牌号表示方法、订货内容、尺寸、外形、重量及允许偏差、技术要求、试验方法、检测规则、包装、标志和质量证明书。桥梁用结构钢的牌号及化学成分(熔炼分析)应符合表 7-4 的要求,其力学性能应符合表 7-5 的要求。

3. 低合金结构钢

低合金结构钢是在碳素钢的基础上加入小于总量 5%的合金元素而形成的,用以提高钢材的强度、耐冲击韧性、耐磨性和耐腐蚀性等,加入的元素主要有锰(Mn)、硅(Si)、钒(V)、钛(Ti)等,按照国家标准《低合金高强度结构钢》(GB/T 1591—2008)的规定,低合金结构钢的牌号由代表屈服点的汉语拼音字母 Q、屈服强度数值、质量等级符号(A、B、C、D、E)三个部分按顺序排列,例如 Q345D,表示屈服强度为 345MPa,质量等级为 D。当要求钢板具有厚度方向性能时,则在上述规定的牌号要求后加上代表厚度方向性能等级级别的符号,如 Q345DZ15。

根据钢材的交货状态,低合金结构钢可分为热轧、控轧状态、正火或正火加回火状态、热机械轧制(TMCP)或热机械轧制加回火状态的钢材。钢的牌号及化学成分应符合表 7-6 的规定。

桥梁用结构钢牌号及化学成分 表 7-4

<table>
<tr><th rowspan="3">牌号</th><th rowspan="3">质量等级</th><th colspan="15">化 学 成 分(%)</th></tr>
<tr><th rowspan="2">C</th><th rowspan="2">Si</th><th rowspan="2">Mn</th><th>P</th><th>S</th><th>Nb</th><th>V</th><th>Ti</th><th>Cr</th><th>Ni</th><th>Cu</th><th>Mo</th><th>B</th><th>N</th><th rowspan="2">Als</th></tr>
<tr><th colspan="11">不大于</th></tr>
<tr><td rowspan="3">Q235q</td><td>C</td><td rowspan="3">≤0.17</td><td rowspan="3">≤0.35</td><td rowspan="3">≤1.40</td><td>0.030</td><td>0.030</td><td rowspan="3">—</td><td rowspan="3">—</td><td rowspan="3">—</td><td rowspan="3">0.03</td><td rowspan="3">0.30</td><td rowspan="3">0.30</td><td rowspan="3">—</td><td rowspan="6">—</td><td rowspan="23">0.012</td><td rowspan="15">≥0.015</td></tr>
<tr><td>D</td><td>0.025</td><td>0.025</td></tr>
<tr><td>E</td><td>0.020</td><td>0.010</td></tr>
<tr><td rowspan="3">Q345q</td><td>C</td><td>≤0.20</td><td rowspan="20">≤0.55</td><td rowspan="3">0.90～1.70</td><td>0.030</td><td>0.025</td><td rowspan="18">0.06</td><td rowspan="20">0.08</td><td rowspan="20">0.03</td><td rowspan="20">0.80</td><td rowspan="6">0.50</td><td rowspan="20">0.55</td><td rowspan="6">0.20</td></tr>
<tr><td>D</td><td rowspan="19">≤0.18</td><td>0.025</td><td>0.020</td></tr>
<tr><td>E</td><td>0.020</td><td>0.010</td></tr>
<tr><td rowspan="3">Q370q</td><td>C</td><td rowspan="6">1.00～1.70</td><td>0.030</td><td>0.025</td><td rowspan="17">0.004</td></tr>
<tr><td>D</td><td>0.025</td><td>0.020</td></tr>
<tr><td>E</td><td>0.020</td><td>0.010</td></tr>
<tr><td rowspan="3">Q420q</td><td>C</td><td>0.030</td><td>0.025</td><td rowspan="6">0.70</td><td rowspan="6">0.35</td></tr>
<tr><td>D</td><td>0.025</td><td>0.020</td></tr>
<tr><td>E</td><td>0.020</td><td>0.010</td></tr>
<tr><td rowspan="3">Q460q</td><td>C</td><td rowspan="3">1.00～1.80</td><td>0.030</td><td>0.020</td></tr>
<tr><td>D</td><td>0.025</td><td>0.015</td></tr>
<tr><td>E</td><td>0.020</td><td>0.010</td></tr>
<tr><td rowspan="2">Q500q</td><td>D</td><td rowspan="8">1.00～1.70</td><td>0.025</td><td>0.015</td><td rowspan="4">1.00</td><td rowspan="4">0.40</td><td rowspan="8">≤0.015</td></tr>
<tr><td>E</td><td>0.020</td><td>0.010</td></tr>
<tr><td rowspan="2">Q550q</td><td>D</td><td>0.025</td><td>0.015</td></tr>
<tr><td>E</td><td>0.020</td><td>0.010</td></tr>
<tr><td rowspan="2">Q620q</td><td>D</td><td>0.025</td><td>0.015</td><td rowspan="4">1.10</td><td rowspan="4">0.60</td></tr>
<tr><td>E</td><td>0.020</td><td>0.010</td></tr>
<tr><td rowspan="2">Q690q</td><td>D</td><td>0.025</td><td>0.015</td><td rowspan="2">0.09</td></tr>
<tr><td>E</td><td>0.020</td><td>0.010</td></tr>
</table>

注①当碳含量大于 0.12%，Mn 含量上限可达到 2.00%。

桥梁用结构钢的力学性能 表 7-5

<table>
<tr><th rowspan="4">牌号</th><th rowspan="4">质量等级</th><th colspan="4">拉伸试验①,②</th><th colspan="2">V 型冲击功③</th><th colspan="2" rowspan="3">180°弯曲试验
钢材厚度⑤</th></tr>
<tr><th colspan="2">下屈服强度 R_{el}(MPa)
厚度(mm)</th><th rowspan="2">抗拉强度
R_m
(MPa)</th><th rowspan="2">断后伸长率
A
(%)</th><th rowspan="2">温度
(℃)</th><th rowspan="2">冲击吸收能量
KV_2
(J)</th></tr>
<tr><th>≤50</th><th>>50～100</th></tr>
<tr><th colspan="4">不小于</th><th></th><th>不小于</th><th>≤16</th><th>>16</th></tr>
<tr><td rowspan="3">Q235q</td><td>C</td><td rowspan="3">235</td><td rowspan="3">225</td><td rowspan="3">400</td><td rowspan="3">26</td><td>0</td><td rowspan="3">34</td><td rowspan="26">$d=2a$⑥</td><td rowspan="26">$d=3a$</td></tr>
<tr><td>D</td><td>−20</td></tr>
<tr><td>E</td><td>−40</td></tr>
<tr><td rowspan="3">Q345q④</td><td>C</td><td rowspan="3">345</td><td rowspan="3">335</td><td rowspan="3">490</td><td rowspan="3">20</td><td>0</td><td rowspan="23">47</td></tr>
<tr><td>D</td><td>−20</td></tr>
<tr><td>E</td><td>−40</td></tr>
<tr><td rowspan="3">Q370q④</td><td>C</td><td rowspan="3">370</td><td rowspan="3">360</td><td rowspan="3">510</td><td rowspan="3">20</td><td>0</td></tr>
<tr><td>D</td><td>−20</td></tr>
<tr><td>E</td><td>−40</td></tr>
<tr><td rowspan="3">Q420q④</td><td>C</td><td rowspan="3">420</td><td rowspan="3">410</td><td rowspan="3">540</td><td rowspan="3">19</td><td>0</td></tr>
<tr><td>D</td><td>−20</td></tr>
<tr><td>E</td><td>−40</td></tr>
<tr><td rowspan="3">Q460q</td><td>C</td><td rowspan="3">460</td><td rowspan="3">450</td><td rowspan="3">570</td><td rowspan="3">17</td><td>0</td></tr>
<tr><td>D</td><td>−20</td></tr>
<tr><td>E</td><td>−40</td></tr>
<tr><td rowspan="2">Q500q</td><td>D</td><td rowspan="2">500</td><td rowspan="2">480</td><td rowspan="2">600</td><td rowspan="2">16</td><td>−20</td></tr>
<tr><td>E</td><td>−40</td></tr>
<tr><td rowspan="2">Q550q</td><td>D</td><td rowspan="2">550</td><td rowspan="2">530</td><td rowspan="2">660</td><td rowspan="2">16</td><td>−20</td></tr>
<tr><td>E</td><td>−40</td></tr>
<tr><td rowspan="2">Q620q</td><td>D</td><td rowspan="2">620</td><td rowspan="2">580</td><td rowspan="2">720</td><td rowspan="2">15</td><td>−20</td></tr>
<tr><td>E</td><td>−40</td></tr>
<tr><td rowspan="2">Q690q</td><td>D</td><td rowspan="2">690</td><td rowspan="2">650</td><td rowspan="2">770</td><td rowspan="2">14</td><td>−20</td></tr>
<tr><td>E</td><td>−40</td></tr>
</table>

注①当屈服不明显时,可测量 $R_{p0.2}$代替下屈服强度;

②Q235q、Q345q、Q370q、Q420q、Q460q 型钢的拉伸试验取纵向试样,其余取横向试样;

③冲击试验取纵向试样;

④厚度不大于 16mm 的钢材,断后伸长率提高 1%(绝对值);

⑤钢板和钢带取横向试样;

⑥d 为弯心直径,a 为试样厚度。

低合金结构钢的化学成分要求 表 7-6

牌号	质量等级	化学成分[a,b](质量分数)/(%)														
		C	Si	Mn	P	S	Nb	V	Ti	Cr	Ni	Cu	N	Mo	B	Als
					不大于											不小于
Q345	A	≤0.20	≤0.50	≤1.70	0.035	0.035	0.07	0.15	0.20	0.30	0.50	0.30	0.012	0.10	—	—
	B				0.035	0.035										
	C				0.030	0.030										0.015
	D	≤0.18			0.030	0.025										
	E				0.025	0.020										
Q390	A	≤0.20	≤0.50	≤1.70	0.035	0.035	0.07	0.20	0.20	0.30	0.50	0.30	0.015	0.10	—	—
	B				0.035	0.035										
	C				0.030	0.030										0.015
	D				0.030	0.025										
	E				0.025	0.020										
Q420	A	≤0.20	≤0.50	≤1.70	0.035	0.035	0.07	0.20	0.20	0.30	0.80	0.30	0.015	0.20	—	—
	B				0.035	0.035										
	C				0.030	0.030										0.015
	D				0.030	0.025										
	E				0.025	0.020										
Q460	C	≤0.20	≤0.60	≤1.80	0.030	0.030	0.11	0.20	0.20	0.30	0.80	0.55	0.015	0.20	0.004	0.015
	D				0.030	0.025										
	E				0.025	0.020										
Q500	C	≤0.18	≤0.60	≤1.80	0.030	0.030	0.11	0.12	0.20	0.60	0.80	0.55	0.015	0.20	0.004	0.015
	D				0.030	0.025										
	E				0.025	0.020										
Q550	C	≤0.18	≤0.60	≤2.00	0.030	0.030	0.11	0.12	0.20	0.80	0.80	0.80	0.015	0.30	0.004	0.015
	D				0.030	0.025										
	E				0.025	0.020										
Q620	C	≤0.18	≤0.60	≤2.00	0.030	0.030	0.11	0.12	0.20	1.00	0.80	0.80	0.015	0.30	0.004	0.015
	D				0.030	0.025										
	E				0.025	0.020										
Q690	C	≤0.18	≤0.60	≤2.00	0.030	0.030	0.11	0.12	0.20	1.00	0.80	0.80	0.015	0.30	0.004	0.015
	D				0.030	0.025										
	E				0.025	0.020										

a. 型材及棒材 P、S 含量可提高 0.005%，其中 A 级钢上限可为 0.045%。

b. 当细化晶粒元素组合加入时，20(Nb+V+Ti)≤0.22%，20(Mo+Cr)≤0.30%。

低合金结构钢材拉伸试验的性能应符合表 7-7 的规定。

从表 7-7 的数据可以看出：低合金结构钢的强度大大高于碳素结构钢，并具有良好的工艺性能（塑性、韧性），其耐磨性、耐蚀性及耐低温性等也较良好。且质量较轻，可降低结构自重，因而适用于大型结构及桥梁等工程。

低合金结构钢的拉伸性能

表 7-7

<table>
<tr><th rowspan="3">牌号</th><th rowspan="3">质量等级</th><th colspan="22">拉　伸　试　验[a,b,c]</th></tr>
<tr><th colspan="9">以下公称厚度(直径,边长)下屈服强度(R_{eL})/MPa</th><th colspan="7">以下公称厚度(直径,边长)抗拉强度(R_m)/MPa</th><th colspan="6">断后伸长率(A)/%
公称厚度(直径,边长)</th></tr>
<tr><th>≤16mm</th><th>>16mm ~ 40mm</th><th>>40mm ~ 63mm</th><th>>63mm ~ 80mm</th><th>>80mm ~ 100mm</th><th>>100mm ~ 150mm</th><th>>150mm ~ 200mm</th><th>>200mm ~ 250mm</th><th>>250mm ~ 400mm</th><th>≤40mm</th><th>>40mm ~ 63mm</th><th>>63mm ~ 80mm</th><th>>80mm ~ 100mm</th><th>>100mm ~ 150mm</th><th>>150mm ~ 250mm</th><th>>250mm ~ 400mm</th><th>≤40mm</th><th>>40mm ~ 63mm</th><th>>63mm ~ 100mm</th><th>>100mm ~ 150mm</th><th>>150mm ~ 250mm</th><th>>250mm ~ 400mm</th></tr>
<tr><td rowspan="5">Q345</td><td>A</td><td rowspan="5">≥345</td><td rowspan="5">≥335</td><td rowspan="5">≥325</td><td rowspan="5">≥315</td><td rowspan="5">≥305</td><td rowspan="5">≥285</td><td rowspan="5">≥275</td><td rowspan="5">≥265</td><td rowspan="3">—</td><td rowspan="5">470~630</td><td rowspan="5">470~630</td><td rowspan="5">470~630</td><td rowspan="5">470~630</td><td rowspan="5">450~600</td><td rowspan="5">450~600</td><td rowspan="3">—</td><td rowspan="2">≥20</td><td rowspan="2">≥19</td><td rowspan="2">≥19</td><td rowspan="2">≥18</td><td rowspan="2">≥17</td><td rowspan="3">—</td></tr>
<tr><td>B</td></tr>
<tr><td>C</td><td rowspan="3">≥21</td><td rowspan="3">≥20</td><td rowspan="3">≥20</td><td rowspan="3">≥19</td><td rowspan="3">≥18</td></tr>
<tr><td>D</td><td rowspan="2">≥265</td><td rowspan="2">450~600</td><td rowspan="2">≥17</td></tr>
<tr><td>E</td></tr>
<tr><td rowspan="5">Q390</td><td>A</td><td rowspan="5">≥390</td><td rowspan="5">≥370</td><td rowspan="5">≥350</td><td rowspan="5">≥330</td><td rowspan="5">≥330</td><td rowspan="5">≥310</td><td rowspan="5">—</td><td rowspan="5">—</td><td rowspan="5">—</td><td rowspan="5">490~650</td><td rowspan="5">490~650</td><td rowspan="5">490~650</td><td rowspan="5">490~650</td><td rowspan="5">470~620</td><td rowspan="5">—</td><td rowspan="5">—</td><td rowspan="5">≥20</td><td rowspan="5">≥19</td><td rowspan="5">≥19</td><td rowspan="5">≥18</td><td rowspan="5">—</td><td rowspan="5">—</td></tr>
<tr><td>B</td></tr>
<tr><td>C</td></tr>
<tr><td>D</td></tr>
<tr><td>E</td></tr>
<tr><td rowspan="5">Q420</td><td>A</td><td rowspan="5">≥420</td><td rowspan="5">≥400</td><td rowspan="5">≥380</td><td rowspan="5">≥360</td><td rowspan="5">≥360</td><td rowspan="5">≥340</td><td rowspan="5">—</td><td rowspan="5">—</td><td rowspan="5">—</td><td rowspan="5">520~680</td><td rowspan="5">520~680</td><td rowspan="5">520~680</td><td rowspan="5">520~680</td><td rowspan="5">500~650</td><td rowspan="5">—</td><td rowspan="5">—</td><td rowspan="5">≥19</td><td rowspan="5">≥18</td><td rowspan="5">≥18</td><td rowspan="5">≥18</td><td rowspan="5">—</td><td rowspan="5">—</td></tr>
<tr><td>B</td></tr>
<tr><td>C</td></tr>
<tr><td>D</td></tr>
<tr><td>E</td></tr>
<tr><td rowspan="3">Q460</td><td>C</td><td rowspan="3">≥460</td><td rowspan="3">≥440</td><td rowspan="3">≥420</td><td rowspan="3">≥400</td><td rowspan="3">≥400</td><td rowspan="3">≥380</td><td rowspan="3">—</td><td rowspan="3">—</td><td rowspan="3">—</td><td rowspan="3">550~720</td><td rowspan="3">550~720</td><td rowspan="3">550~720</td><td rowspan="3">550~720</td><td rowspan="3">530~700</td><td rowspan="3">—</td><td rowspan="3">—</td><td rowspan="3">≥17</td><td rowspan="3">≥16</td><td rowspan="3">≥16</td><td rowspan="3">≥16</td><td rowspan="3">—</td><td rowspan="3">—</td></tr>
<tr><td>D</td></tr>
<tr><td>E</td></tr>
</table>

续上表

牌号	质量等级	拉伸试验[a,b,c]																					
		以下公称厚度(直径,边长)下屈服强度(R_{eL})/MPa									以下公称厚度(直径,边长)抗拉强度(R_m)/MPa							断后伸长率(A)/% 公称厚度(直径,边长)					
		≤16mm	>16mm ~ 40mm	>40mm ~ 63mm	>63mm ~ 80mm	>80mm ~ 100mm	>100mm ~ 150mm	>150mm ~ 200mm	>200mm ~ 250mm	>250mm ~ 400mm	≤40mm	>40mm ~ 63mm	>63mm ~ 80mm	>80mm ~ 100mm	>100mm ~ 150mm	>150mm ~ 250mm	>250mm ~ 400mm	≤40mm	>40mm ~ 63mm	>63mm ~ 100mm	>100mm ~ 150mm	>150mm ~ 250mm	>250mm ~ 400mm
Q500	C D E	≥500	≥480	≥470	≥450	≥440	—	—	—	—	610~770	600~760	590~750	540~730	—	—	—	≥17	≥17	≥17	—	—	—
Q550	C D E	≥550	≥530	≥520	≥500	≥490	—	—	—	—	670~830	620~810	600~790	590~780	—	—	—	≥16	≥16	≥16	—	—	—
Q620	C D E	≥620	≥600	≥590	≥570	—	—	—	—	—	710~880	690~880	670~860	—	—	—	—	≥15	≥15	≥15	—	—	—
Q690	C D E	≥690	≥670	≥660	≥640	—	—	—	—	—	770~940	750~920	730~900	—	—	—	—	≥14	≥14	≥14	—	—	—

a. 当屈服不明显时,可测量 $R_{p0.2}$ 代替下屈服强度。

b. 宽度不小于 600mm 扁平材,拉伸试验取横向试样;宽度小于 600mm 的扁平材、型材及棒材取纵向试样,断后伸长率最小值相应提高 1%(绝对值)。

c. 厚度>250mm~400mm 的数值适用于扁平材。

二、钢筋混凝土结构用钢筋及钢丝

钢筋混凝土结构用钢筋及钢丝是用碳素结构钢或低合金结构钢经加工而成的。按加工工艺不同有钢筋混凝土用热轧钢筋、冷拉钢筋及冷轧带肋钢筋等，还有冷拔低碳钢丝。

1. 钢筋混凝土用热轧钢筋

热轧钢筋是由碳素结构钢或低合金结构钢的钢坯加热轧制而成的条形钢材，按其表面的形状不同分为光圆钢筋和带肋钢筋两类。横截面通常为圆形。钢筋的公称尺寸是与其公称截面积相等的圆的直径。

(1) 热轧光圆钢筋

热轧光圆钢筋是指经热轧成型，横截面通常为圆形，表面光滑的成品钢筋。热轧光圆钢筋按屈服强度特征值分为235级和300级，钢筋牌号为HPB235和HPR300表示。符号HPB分别为热轧(Hot rolled)、光圆(Plain)、钢筋(Bars)三个词的英文首位字母。热轧光圆钢筋的公称直径范围为6～22mm。根据《钢筋混凝土用热轧光圆钢筋》(GB 1499.1—2008)，热轧光圆钢筋化学成分要求见表7-8，力学性能和工艺性能要求见表7-9。

热轧钢筋的化学成分 表7-8

牌号	化学成分(质量分数)(%)，≤					
	C	Si	Mn	P	S	碳当量 Ceq
HPB235	0.22	0.30	0.65	0.045	0.050	—
HPB300	0.25	0.55	1.50			—
HRB335 HRBF335	0.25	0.80	1.60	0.045	0.045	0.52
HRB400 HRBF400						0.54
HRB500 HRBF500						0.55

热轧钢筋的力学性能和工艺性能 表7-9

牌号	屈服强度 R_{eL} (MPa)，≥	抗拉强度 R_m (MPa)，≥	断后伸长率 A (%)	最大力总伸长率 A_{gt} (%)	180°弯曲试验 d-弯心直径
HPB235	235	370	25.0	10.0	$d=a$
HPB300	300	420			
HRB335 HRBF335	335	455	17	7.5	$d=3a$
					$d=4a$
					$d=5a$
HRB400 HRBF400	400	540	16		$d=4a$
					$d=5a$
					$d=6a$
HRB500 HRBF500	500	630	15		$d=6a$
					$d=7a$
					$d=8a$

(2)热轧带肋钢筋

热轧带肋钢筋表面带有两条纵肋和沿长度方向均匀分布的横肋的钢筋，纵肋是平行于钢筋轴线的均匀连续肋；横肋为与纵肋不平行的其他肋。月牙肋钢筋是指横肋的纵截面呈月牙形，且与纵肋不相交的钢筋。根据热轧工艺，热轧带肋钢筋分为普通热轧带肋钢筋 HRB 和细晶粒热轧带肋钢筋 HRBF，H、R、B 分别为热轧（Hot rolled）、带肋（Ribbed）、钢筋（Bars）四个词的英文首位字母；HRBF 中的 F 为细晶粒（Fine）英文首位字母。热轧带肋钢筋的牌号由 HRB（或 HRBF）和钢筋的屈服点最小值构成，热轧带肋钢筋按照屈服强度特征值分为 335、400、500 三个等级。按照《钢筋混凝土用热轧带肋钢筋》（GB 1499.2—2007）的规定，热轧带肋钢筋化学成分要求见表 7-8，力学性能和工艺性能要求见表 7-9。

HPB235 级热轧光圆钢筋的强度较低，但塑性及焊接性能较好，便于各种冷加工，可作为冷拔钢丝的原材料；广泛用于普通钢筋混凝土构件中，一般多用于中小型构件受力部分和其他结构中的构造钢筋。HRB335 级和 HRB400 级钢筋的强度、塑性及焊接的综合性能较好，可用于大、中型如桥梁、水坝等构件中，目前提倡用 HRB400 级钢筋作为我国钢筋混凝土结构的主力钢筋。HRB500 钢筋强度高，但塑性和焊接性能较差，多用于预应力钢筋。

2. 预应力混凝土用热处理钢筋

预应力混凝土用热处理钢筋为采用热轧带肋钢筋经淬火和回火等调质处理而成，代号为 RB150。根据《预应力混凝土用热处理钢筋》（GB 4463—84）的规定，其力学性能应符合表7-10 的要求。

预应力混凝土用热处理钢筋的力学性能 表 7-10

种　类		公称直径(mm)	屈服强度 σ_s(MPa)	抗拉强度 σ_b(MPa)	断后伸长率 δ(%)
RB150	40 Si2Mn	6	≥1 325	≥1 470	≥6
	38 Si2Mn	8.2			
	45 Si2Cr	10			

预应力混凝土用热处理钢筋的优点是：强度高，可代替高强钢丝使用；锚固性好，预应力值稳定。主要用于预应力钢筋混凝土轨枕，也用于预应力梁、板结构及吊车等。

3. 钢筋混凝土用冷拉钢筋

冷拉钢筋是将热轧钢筋经冷拉后而成，其目的是提高钢筋的强度及节约钢筋，一般由施工单位在现场进行。当采用冷拉方法调直钢筋时，HPB350 级钢筋的冷拉率不宜大于 4%；HRB335、HRB400 级钢筋的冷拉率不宜大于 1%。

4. 冷轧带肋钢筋

冷轧带肋钢筋是将热轧圆盘条经冷轧后，在其表面带有沿长度方向均匀分布的三面或二面横肋的钢筋。按照《冷轧带肋钢筋》（GB 13788—2008）中的规定，冷轧带肋钢筋的牌号由 CRB 和钢筋的抗拉强度最小值构成。C、R、B 分别为冷轧（Cold rolled）、带肋（Ribbed）、钢筋（Bars）三个词的英文首位字母。冷轧带肋钢筋分为 CRB550、CRB650 和 CRB800 四个牌号，其中 CRB550 为普通钢筋混凝土用钢筋，其他牌号为预应力混凝土用钢筋。制造钢筋的盘条牌号及化学成分（熔炼分析）参考表 7-11，钢筋的力学性能和工艺性能应符合表 7-12 的规定。

冷轧带肋钢筋用盘条的参考牌号及化学成分 表 7-11

钢筋牌号	盘条牌号	化学成分(质量分数)(%)					
		C	Si	Mn	V、Ti	S	P
CRB550 CRB650	Q215	0.09～0.15	≤0.30	0.25～0.55	—	≤0.050	≤0.045
	Q235	0.14～0.22	≤0.30	0.30～0.65	—	≤0.050	≤0.045
CRB800	24 MnTi	0.19～0.27	0.17～0.37	1.20～1.60	Ti：0.01～0.05	≤0.045	≤0.045
	20 MnSi	0.17～0.25	0.40～0.80	1.20～1.60	—	≤0.045	≤0.045
CRB970	41 MnSiV	0.37～0.45	0.60～1.10	1.00～1.40	V：0.05～0.12	≤0.045	≤0.045
	60	0.57～0.65	0.17～0.37	0.50～0.80	—	≤0.035	≤0.035

冷轧带肋钢筋的力学和工艺性能 表 7-12

牌　号	$R_{P0.2}$(MPa)不小于	R_m(MPa)不小于	伸长率(%)不小于		弯曲试验180°	反复弯曲次数	应力松弛 初始应力应相当于公称抗拉强度的 70%
			$A_{11.3}$	A_{100}			1 000h 松弛率(%)不大于
CRB550	500	550	8.0	—	$D=3d$	—	—
CRB650	585	650	—	4.0	—	3	8
CRB800	720	800	—	4.0	—	3	8
CRB970	875	970	—	4.0	—	3	8

注:表中 D 为弯心直径,d 为钢筋公称直径。

CBR 钢筋的公称直径范围为 4～12mm。冷轧带肋钢筋的强度高、塑性好,综合力学性能优良;具有较强的握裹力;节约钢材,成本低。其中 CBR550 级钢筋作为钢筋混凝土结构构件的受力主筋、架立筋和构造钢筋最适宜。其余钢筋多用作中、小型预应力混凝土结构构件的受力主筋。

5. 冷拔低碳钢丝

冷拔低碳钢丝是用直径为 6.5～8mm 的碳素结构钢(Q235)的盘条为原料,经多次用强拉力拉拔,通过拉拔模孔后使其直径缩减成 3～5mm 的钢丝。经过冷拔后,钢丝的强度大大提高,但塑性随之大幅度下降。冷拔低碳钢丝分为甲、乙两类,其力学性能要求见表 7-13。甲类钢丝适用于中、小型预应力构件中作预应力钢筋,乙类主要用作焊接骨架、焊接网、箍筋和构造筋。

冷拔低碳钢丝的力学性能 表 7-13

钢丝级别	直径(mm)	抗拉强度(MPa),≥		断后伸长率 δ(%),≥	180°反复弯曲(次数),≥
		Ⅰ组	Ⅱ组		
甲级	5	650	660	3.0	4
	4	700	650	2.5	4
乙级	3～5	550		2.0	4

注:预应力冷拔低碳钢丝经机械调直后,抗拉强度标准值应降低 50 MPa。

本 章 小 结

建筑钢材主要应用于钢结构、钢筋混凝土和预应力钢筋混凝土结构中。建筑钢材最主要的技术性质是抗拉性能、冲击韧性、耐疲劳性和冷弯性能。

最常用的钢结构用钢材为碳素结构钢和低合金钢。钢筋混凝土结构常采用热轧钢筋、冷拉钢筋等。

复 习 题

7-1 钢材的力学性能包括哪些内容?

7-2 弹性模量、屈强比的含义是什么? 它们反映钢材的什么性能?

7-3 影响钢材力学性能的因素有哪些?

7-4 钢筋混凝土结构用的热轧带肋钢筋和冷轧带肋钢筋有几种牌号? 适宜何种用途?

第八章　工程聚合物

内容提要：本章介绍工程聚合物材料的基本概念与常用的工程聚合物——塑料、合成橡胶、合成纤维的特性和用途，在此基础上，介绍工程聚合物材料在水泥混凝土改性、道路工程中的应用情况。

第一节　聚合物的基本概念

一、聚合物材料的组成与命名

聚合物是由千万个低分子化合物通过聚合反应联结而成，因而又称为高分子化合物或高聚物。聚合物有天然聚合物和合成聚合物两类。从自然界直接得到的聚合物为天然高分子化合物，如淀粉、蛋白质、纤维素和天然橡胶等。而由人工用单体制造的高分子化合物称为合成聚合物或合成高分子聚合物，包括有机聚合物、半有机聚合物和无机聚合物，如聚氯乙烯、聚苯乙烯、丁苯橡胶和有机玻璃等。

1. 单体、链节、分子量与聚合度

聚合物的分子量(相对分子质量)一般都很大，在 103～107 的范围内，但其化学组成比较简单，合成聚合物一般均由一种或几种简单的化合物聚合而成，例如聚氯乙烯是由氯乙烯聚合而成，其聚合过程可以由化学反应式(8-1)表示。

$$n\mathrm{CH_2}=\underset{\displaystyle\mathrm{Cl}}{\underset{|}{\mathrm{CH}}}\xrightarrow{\text{加聚}}\left[\!-\mathrm{CH_2}-\underset{\displaystyle\mathrm{Cl}}{\underset{|}{\mathrm{CH}}}-\right]_n \tag{8-1}$$

从化学反应中可以看出，聚合物是由许多相同结构单位重复组成的，聚氯乙烯高分子化合物是由许多氯乙烯小分子打开双链聚合而成的，这种组成聚合物的低分子物质称为单体，氯乙烯即为聚氯乙烯的单体，聚合物是由这些单体通过化学键之间相互作用力聚集而成。

组成聚合物的相同结构单元称为链节，一个聚合物中链节的数目为聚合度，用 n 表示。例如式(8-1)所示的聚氯乙烯单体为氯乙烯，链节是 $-\mathrm{CH_2}-\underset{\displaystyle\mathrm{Cl}}{\underset{|}{\mathrm{CH}}}-$，聚合度 n 为 300～2 500，相对分子质量为 $(2\sim16)\times10^4$。

2. 聚合物材料的命名

(1)根据单体的名称命名

以形成聚合物的单体作为基础，在单体名称之前加“聚”字而命名，如聚乙烯、聚丙烯、聚氯乙烯等。如单体有两种或两种以上时，常把单体的名称(或其缩写)写在前面，在其后按用途加“树脂”或“橡胶”名称。如苯酚甲醛树脂(简称酚醛树脂)、丁苯橡胶(由丁二烯和苯乙烯聚合而成)、ABS 树脂(由丙烯腈、丁二烯和苯乙烯共聚合成)等。

(2)习惯上的命名或商品名称

一些聚合物是采用习惯命名或商品名称。例如聚乙二酰乙二胺，习惯上称为聚酰胺 66，商品名称为尼龙 66；聚甲基丙烯酸甲酯，商品名称为有机玻璃。

为简化起见，也常以聚合物英文名称的缩写符号表示，如聚乙烯的英文名称为 Polyethylene，缩写为 PE，聚甲基丙烯酸甲酯的英文缩写为 PMMA 等。

二、聚合物的合成与结构特征

1. 聚合物合成反应

聚合物的合成反应主要有两种：加成聚合反应与缩合聚合缩聚反应。

(1)加成聚合反应

加成聚合反应又称加聚反应，是由不饱和低分子化合物相互加成或由环状化合物开环连接成大分子的反应过程。按照加聚反应的单体种类，加聚反应可以分为均聚合和共聚合。

①均聚合

由一种单体进行聚合反应称均聚合，其产品称为均聚物，其分子链通常为线型结构。乙烯单体由加聚反应生成聚乙烯的过程用式(8-2)表示。

$$\underset{\text{乙烯单体}}{nCH_2=CH_2} \xrightarrow{\text{聚合}} \underset{\text{聚乙烯}}{[CH_2-CH_2]_n} \tag{8-2}$$

其他如聚氯乙烯、聚丙烯、聚苯乙烯、聚四氟乙烯等都是均聚物。均聚物的技术性能往往较为局限，不能满足众多使用要求。

②共聚合

由两种或两种以上单体进行的加聚反应称为共聚合，其产品为共聚物。如丁二烯与丙烯腈共聚，可以生成丁腈橡胶。丁二烯与苯乙烯共聚可生产丁二烯与苯乙烯的嵌段共聚物，简写 SBS，是一种热塑性丁苯橡胶，其结构式分为线型和星型两种，分别由式(8-3)和式(8-4)表示。

线型 SBS：

$$(CH_2-\underset{\underset{C_6H_5}{|}}{CH})_n(CH_2-CH=CH-CH_2)_m(CH_2-\underset{\underset{C_6H_5}{|}}{CH})_n \tag{8-3}$$

星型 SBS：

$$[(CH_2-\underset{\underset{C_6H_5}{|}}{CH})_n(CH_2-CH=CH-CH_2)_m]_4Si \tag{8-4}$$

经共聚反应得到的共聚物不是各种单体均聚物的混合物，而是在大分子主链中包含有两种或两种以上单体构成的链节的新型聚合物，犹如“合金”，可以吸取各种单体均聚物的特性，具有良好的综合性能。

以A、B表示两种不同的单体作为原料，根据单体链节在大分子链中排列方式的不同，加聚反应可以生成为五种共聚物，见表8-1。

加聚反应生产聚合物的单体排列方式 表8-1

聚合物		链节单元排列通式	聚合物品种
均聚物		…—A—A—A—A—A—…	聚乙烯、聚苯乙烯等
共聚物	无规共聚物	…—A—A—B—A—B—B—B—…	氯乙烯、乙烯乙酸酯共聚物
	交替共聚物	…—A—B—A—B—A—B—A—B—…	顺丁烯二酸酐与1,2—二苯乙烯共聚形成交替共聚物
	嵌段共聚物	…—A—A—A—A—B—B—B—B—A—A—A—A—…	苯乙烯、丁二烯嵌段共聚物
	接枝共聚物	B—B—B—B— | …—A—A—A—A…—A—A—A—… | B—B—B—B—B—B	天然橡胶接枝苯乙烯共聚物

(2)缩聚反应

由两个或两个以上官能团的低分子化合物，如羟基、羧基等，通过多次缩合反应最后形成高聚物，同时析出低分子化合物(如水、氨、醇、氯化氢等)副产品的过程。缩聚反应的产物称为缩聚物。例如聚酰胺的缩聚反应过程由式(8-5)表示。

$$nNH_2(CH_2)_5COOH \xrightarrow{\text{均缩聚}} H\!\left[NH_2(CH_2)_5CO\right]_n OH + (n-1)H_2O \qquad (8\text{-}5)$$

氨基乙酸（单体）　聚酰胺（缩聚物）　水（低分子化合物）

从式(8-5)可以看出，缩聚反应生成物的组成与原始单体完全不同。此外，环氧树脂是由环氧氯丙烷和二酚基丙烷(双酚A)在碱催化剂的作用下，缩合而成的聚合物，缩聚物通常是杂链聚合物。

在缩聚反应中，聚合物的分子量随反应时间的延长而增加，其相对分子质量不再像加聚物那样是相对分子质量的整数倍，分散性较大，但一般不会超过3×10^4。采用缩聚方法生产的高分子化合物如涤纶、环氧树脂、聚酯树脂、脲酸树脂、酚醛树脂等。

2.聚合物的结构特征

聚合物的各种性能由组织结构决定的，按聚合物分子链的链接方式，聚合物分为线型、支化和交联聚合物，结构见图8-1。

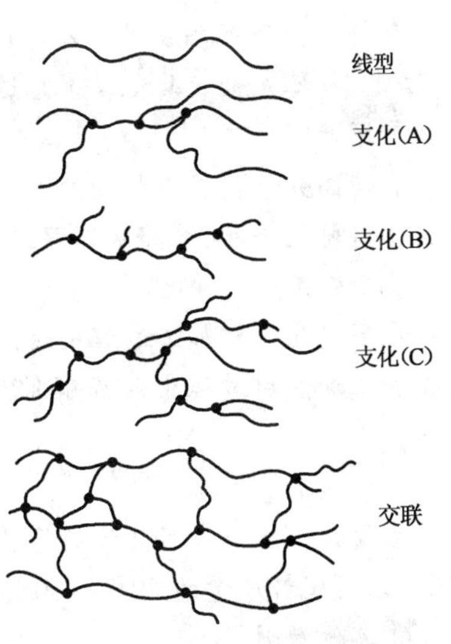

图8-1　线型、支化及交联聚合物结构示意图

聚合物中最简单的链是“一维”的线型链。在一定的条件下，结构单元之间也可能连接成支链型大分子。支链可以有长支链、短支链、树枝状支链等。接枝共聚物就是一种支化高分子，它通常是通过连续而分别进行的两步聚合反应制得的。低密度聚乙烯与高密度聚乙烯相比，就是大分子链含有较多的支化结构，从而结晶度、硬度、熔点、抗拉强度都较低，但断裂伸长度较高。支化高分子和线型高分子一样，加热仍能塑化、熔融，仍具热塑性，能溶于适当的溶剂。

高分子链之间，通过支链联结成三维网状体型分子，称之为交联结构。交联高分子与线型支化高分子有质的区别。它不再能溶于溶剂,加热也不熔融。当然交联程度低的高分子在溶剂中仍能溶胀,加热也可能软化(但不熔融)。一些热固性塑料是高度交联的聚合物,具有刚性和高度良好的尺寸稳定性。用做橡胶的聚合物,如天然橡胶、丁苯、顺丁橡胶等,在加工成制品时,必须使之有适度的交联(硫化),从而可以获得和保持良好的弹性。

第二节　常用的工程聚合物材料

工程聚合物材料是以聚合物为主要原料加工而成的塑料、合成橡胶、合成纤维和胶结剂等,也被称为高分子建材。

一、塑料

1. 塑料的组成

塑料是以合成树脂为主要原料,加入填充剂、增塑剂、润滑剂、颜料等添加剂,在一定温度和压力下制成的一种有机高分子材料。

(1)合成树脂

在塑料中,合成树脂的含量为30%～60%,甚至近于全部。塑料的主要性质取决于所采用的合成树脂。合成树脂在塑料中起胶结作用,把其他组分牢固地结合起来,使之具有加工成型性能。

合成树脂是合成高分子聚合物的一簇,简称树脂,高聚物的结构复杂而且分子量很大,一般都在数千以上,甚至高达上百万。例如由乙烯($CH_2=CH_2$)聚合而成的高分子聚乙烯分子量在1 000～3 500,甚至高达5×10^5。

合成树脂按其受热时所发生的变化不同又可分为热塑性树脂和热固性树脂。以不同的树脂为基材,可以分别制得热塑性塑料或热固性塑料。塑料的主要性质取决于所采用的合成树脂。用于热塑性塑料的树脂主要有聚氯乙烯、聚苯乙烯等。用于热固性塑料的树脂主要有酚醛树脂、环氧树脂等。

(2)添加剂

塑料中除含有合成树脂外,为了改善其加工条件和使用性能,还需添加一定数量的稳定剂、增塑剂、填充剂及其他助剂。这些填充剂分散于塑料基体中,并不影响聚合物的分子结构。

①增塑剂

能使高分子材料增加塑性的化合物称为增塑剂,一般为高沸点,不易挥发的液体或低熔点的固体有机化合物,如邻苯二甲酸酯类、聚酯类、环氧类等。

②稳定剂

在高聚物模塑加工过程中起到减缓反应速度,防止光、热、氧化引起的老化作用,减缓聚合物在加工和使用过程中的降解作用,延长使用寿命,常用的为抗氧剂、热稳定剂和紫外吸收剂等。

③填充剂

主要是化学性质不活泼的粉状、块状或纤维状的固体物质,常用的有机玻璃纤维、云母、石棉等,约占塑料质量的20%～50%,可提高强度、增加耐热性、稳定性并可降低塑料成本。

④其他助剂

如改善聚合物加工性能和表面性能的润滑剂,使聚合物由热可塑的线型结构转变为网型或体型结构的固化剂，以及阻燃剂等。

2. 塑料的性能和用途

塑料是多功能材料，可以通过调整配合比参数及工艺条件制得不同性能的材料，具有较高的比强度和优良的加工性能，因此在土建工程中也得到广泛的应用。表8-2中为常用于制造塑料的合成树脂的性能和用途。

常用的多用塑料的特性与用途 表8-2

合成树脂名称	代　号	合 成 方 法	特性与用途
聚乙烯	PE	乙烯单体加聚而成，按合成方法的不同，有高压、中压和低压之分	强度高、延伸率大、耐寒性好、电绝缘，但耐热性差。用于制造薄膜、结构材料、配制涂料、油漆等
聚丙烯	PP	丙烯为单体加聚而成	密度低，强度、耐热性比PE好，延伸率耐寒性尚好。主要用于生产薄膜、纤维、管道
聚氯乙烯	PVC	氯乙烯单体加聚而成	较高的力学性能、化学稳定性好、但变形能力低、耐寒性差。用于制造建筑配件、管道及防水材料等
聚苯乙烯	PS	苯乙烯加聚而成	质轻、耐水、耐腐蚀、不耐冲击、性脆。用于制作板材和泡沫塑料
乙烯—乙酸乙烯酯共聚物	EVA	乙烯和醋酸乙烯共聚而成	具有优良的韧性、弹性和柔软性，并具有一定的刚度、耐磨性和抗冲击性。用于黏结剂、涂料等
聚甲基丙烯酸甲酯	PMMA	甲基丙烯酸甲酯加聚而成	透明度高、低温时具有较高的冲击强度、坚韧、有弹性。主要用作生产有机玻璃
酚醛树脂	PF	苯酚与甲醛缩聚而成，两者比例及催化剂种类不同时，可得到热塑性及热固性品种	耐热、耐化学腐蚀、电绝缘。较脆，对纤维的胶合能力强。不能单独作为塑料使用
环氧树脂	EP	两个或两个以上环氧基团交联而成	黏结性和力学性能优良，耐碱性良好，电绝缘性能好，固化收缩率低。可生产玻璃钢、胶结剂和涂料
聚酰胺	PA	由乙内酰胺加聚而成	质轻、良好的机械性能和耐磨性、耐油，但不耐酸和强碱。大量用于制造机械零件
有机硅树脂	SI	二氯二甲基硅烷水解缩聚——线型；二氯二甲基硅烷与三氯甲基硅烷水解——体型	耐高温、耐寒、耐腐蚀、电绝缘性好、耐水性好。用于制作高级绝缘材料、防水材料等
ABS塑料	ABS	丙烯腈、丁二烯和苯乙烯共聚	高强、耐热、耐油、弹性好、抗冲击、电绝缘，但不耐高温、不透明。用于制作装饰板材、家具等
聚碳酸酯	PC	双酚A(2,2′—双丙烷)缩聚而成	透明度极高、耐冲击、耐热、耐油等，耐磨性差。用于制造电容器、录音带等

二、合成橡胶

1. 合成橡胶的组成

合成橡胶是以生胶为原料，加入适合的配合剂，经硫化以后得到的高分子弹性体。

(1)合成橡胶的基本原料

合成橡胶是由石油、天然气、煤、石灰石以及粮食等原料经加工而取得的。常用原料有甲烷、丙烷、乙烯、丁烯、戊烯、苯和甲苯以及乙炔等。这些原料经与水作用或脱水反应就可成为丁二烯,而丁二烯是很多合成橡胶的单体原料。

生胶是橡胶制品的重要组成部分,但由于它自身的分子结构是线型或带有支链的长链状分子,分子中有不稳定的双键存在,受温度影响体态性能变化较大,因此通常必须在生胶中掺加其他组分进行硫化处理。根据其在橡胶中的作用可分为硫化剂、促进剂、活化剂、增塑剂、防老剂、填充剂、着色剂等,统称为配合剂。

(2)配合剂

①硫化剂

硫化剂相当于热塑性塑料中的固化剂,它使生胶的线型分子间形成交联而成为立体的网状结构,从而使胶料变成具有一定强度、韧性的高弹性硫化胶。除硫化剂外还有胺类、树脂类、金属氧化物等。近年来还发展了用原子辐射的方法直接进行交联作用。

②硫化促进剂

硫化促进剂的作用是缩短硫化时间,降低硫化温度。提高制品的经济性,并能改善性能。多为有机化合物。

③活化剂

活化剂也称助促进剂,能起加速并充分发挥有机促进剂的活化促进作用,以减少促进剂用量,缩短硫化时间。常用的活化剂有氧化锌、氧化镁、硬脂酸等。

④填充剂

填充剂的作用是增加橡胶制品的强度,降低成本及改善工艺性能。主要性状有粉状和织物状。常用活性填充料有炭黑、二氧化硅、白陶土、氧化锌、氧化镁等。非活性填料有滑石粉、硫酸钡等。

⑤防老剂

防老剂主要用于防止橡胶因热氧化作用、机械力作用、光参与氧化作用以及水解作用而引起质变。常用防老剂有酚类、胺类、蜡类。为了有效抑制橡胶老化,可同时使用几种防老剂,共同发挥作用。

⑥增塑剂

增塑剂又称软化剂。应根据具体橡胶的性能及要求选用不同的增塑剂,选用时要考虑增塑剂与橡胶的极性相似,相似相容性好,有利于增塑剂的均匀分散。

各种配合剂的功用不同,有的在一种胶中同时起几种作用,如石蜡既是润滑剂又是防老剂,硬脂酸既是活性剂又是分散剂,同时它们又都有很好的增塑作用,石蜡与硬脂酸还能起内润滑与外润滑作用,帮助橡胶脱模,是很好的脱模剂。

2. 合成橡胶的性能与用途

合成橡胶的特征是在较小的外力作用下,能产生大的变形,外力去除后能迅速恢复原状,具有良好的伸缩性、储能能力和耐磨、隔声、绝缘等性能,是应用广泛的材料。生胶原料有天然橡胶和合成橡胶两大类,而天然橡胶远远不能满足生产发展的需要,而石化工业的迅速发展可生产大量的合成橡胶原料,因此人工合成橡胶是主要原料来源,所制成的橡胶制品的性能因单体和制造工艺的不同而异,某些性能(如耐油、耐热、耐磨等)甚至较天然橡胶为优。表 8-3 列出了常用橡胶材料的性能与用途。

常用橡胶材料的性能与用途 表 8-3

品 种	代 号	来 源	特 性		用 途
天然橡胶	NR	天然	弹性高、抗撕裂性能优良、加工性能好，易与其他材料相混合、耐磨性良好	耐油、耐溶剂性差，易老化，不适用于 100℃以上	轮胎、通用制品
丁苯橡胶	SBR	丁二烯苯乙烯共聚	与天然橡胶性能相近，耐磨性突出，耐热性、耐老化性较好	生胶强度低，加工性能较天然橡胶差	轮胎、胶板、胶布、通用制品
丁腈橡胶	NBR	丁二烯与丙烯腈聚合	耐油、耐热性好，气密性与耐水性良好	耐寒性、耐臭氧性较差，加工性不好	输油管、耐油密封垫圈及一般耐油制品
氯丁橡胶	CR	由氯丁二烯以乳液聚合制成	物理、力学性能良好，耐油耐溶剂性和耐气候性良好	电绝缘性差，加工时易粘辊，相对成本较高	胶管、胶带、胶粘剂、一般制品
顺丁橡胶	BR	丁二烯定向共聚	弹性性能最优，耐寒、耐磨性好	抗拉强度低，黏结性差	橡胶弹簧，减振橡胶垫
丁基橡胶	HR	异丁烯与少量异戊二烯共聚	气密性、耐老化性和耐热性最好，耐酸耐碱性良好	弹性大，加工性能差，耐光老化性差	内胎、外胎、化工衬里及防振制品
乙丙橡胶	EPDM	乙烯丙烯二元共聚物	耐热性突出、耐气候性、耐臭氧性很好，耐极性溶剂和无机介质	硫化慢、黏着性差	耐热、散热胶管、胶带，汽车配件及其他工业制品
硅橡胶	SI	硅氧烷聚合	耐高温及低温性突出，化学惰性大，电绝缘性优良	机械强度较低、价格较贵	耐高低温制品，印膜材料
聚氨酯橡胶	UR		耐磨性高于其他各类橡胶，抗拉强度最高，耐油性优良	耐水、耐酸碱性差，高温性能差	胶轮、实心轮胎、齿轮带及耐磨制品

三、合成纤维

合成纤维是以有机高分子聚合物为原料，经熔融或溶解后纺制成的纤维，如聚酰胺、聚酯纤维等，与纤维素纤维和蛋白质纤维等人造纤维均属于有机化学纤维。而玻璃纤维、陶瓷纤维等则属于无机化学纤维。自然界还有石棉等无机天然纤维及动植物纤维等有机天然纤维。

1.合成纤维的制造

合成纤维是经过有机化合物单体制备与聚合、纺丝和后加工等三个环节完成的。合成纤维的原料采用的有机高分子化合物为主要成分，并添加了提高纤维加工和使用性能的某些助剂，如二氧化钛、油剂、染料和抗氧剂等，制成成纤高聚物。

将成纤高聚物的熔体或浓溶液，用纺丝泵连续、定量而均匀地从喷头的毛细孔中挤出，成为液态细流，再在空气、水或特定的凝固浴中固化成为初生纤维的过程，称为"纤维成型"或"纺丝"。纺丝方法主要有两大类：熔体纺丝法和溶液纺丝法。溶液纺丝法又分为湿法纺丝和干法纺丝。因此，合成纤维主要有三种纺丝方法。纺丝成型后得到的初生纤维的结构还不完善，物理机械性能较差，必须经一系列后加工，主要是拉伸和热定型工序，其性能得到提高和稳定。

2.常用合成纤维的特性

相对于各种天然纤维和人造纤维，合成纤维则具有强度高、密度小、弹性好、耐磨、耐酸碱和不霉、不蛀等优越性能，因此合成纤维不仅广泛应用于工农业生产，国防工业和日常衣料用品等各个领域，近年来在道路等土木工程中也得到越来越多的应用。常用合成纤维的特性和用途见表8-4。

主要合成纤维的性能　　表8-4

化学名称	商品名称	特性
聚酯纤维	涤纶(的确良)	弹性好，弹性模量大，不易变形，强度高，抗冲击性好，耐磨性、耐光性、化学稳定性及绝缘性均较好
聚酰胺纤维	锦纶(人造毛)	质轻，强度高，抗拉强度好，耐磨性好，弹性模量低
聚丙腈烯纤维	腈纶(奥纶)	质轻，柔软，不霉蛀，弹性好，吸湿小，耐磨性差
聚乙烯醇	维纶、维尼纶	吸湿性好，强度较好，不霉蛀，弹性差
聚丙烯	丙纶	质轻，强度大，相对密度小，耐磨性优良
聚氯乙烯	氯纶	化学稳定性好，耐酸、碱，弹性、耐磨性均好，耐热性差；可用做纤维增强材料，配制纤维混凝土，具有较高的抗冲击性能，亦可作为防护构件用

四、塑料—橡胶共聚物

随着聚合物工业的发展，不论就成分还是就形状而言，橡胶与塑料的区别已不是很明显了。例如，将聚乙烯氯化可以得到氯化聚乙烯橡胶(CPE)，即氯原子部分置换聚乙烯大分子链上氢原子的产物。随着氯含量的增加，氯化聚乙烯的柔韧性也会增加从而呈现橡胶的特性。ABS树脂在光、氧作用下容易老化，为了克服这一缺点，将氯化乙烯与苯乙烯和丙腈烯进行接枝，可制得耐候性的ACS树脂。高冲击聚苯乙烯树脂是由顺丁橡胶(早期为丁苯橡胶)与苯乙烯接枝共聚而成，故亦称接枝型抗冲击聚苯乙烯(HIPS)，该产品韧性较高、抗冲击强度较普通聚苯乙烯提高7倍以上。苯乙烯—丁二烯—苯乙烯嵌段共聚物(简称SBS)是苯乙烯与丁二烯嵌段共聚物，它兼具塑料和橡胶的特性，具有弹性好、抗拉强度高、低温变形能力好等优点。SBS是较佳的沥青改性剂，可综合提高沥青的高温稳定性和低温抗裂性。

第三节　高分子聚合物在道路工程中的应用

由于有机化学工业的迅速发展，有机高分子材料的品种不断增加，性能不断改善，所使用的领域更加广泛，在土木建筑、道路工程中得到大量的应用。在道路工程中应用最多的是用以改善水泥混凝土性能或制作聚合物混凝土的聚合物改性沥青，还有作为胶结和嵌缝密封材料，以及用于加强土基和路面基层的聚合物土工格栅材料等。聚合物改性沥青已在本教材第二章给予叙述。

一、聚合物混凝土

聚合物混凝土是由有机、无机材料复合而成的混凝土。按组成材料和制作工艺可分为三种：聚合物浸渍混凝土、聚合物水泥混凝土和聚合物胶结混凝土。

1. 聚合物浸渍混凝土(PIC)

聚合物浸渍混凝土是把硬化后的混凝土加热、干燥、抽去孔隙中的空气，以有机单体(甲基丙烯酸甲酯、丙烯腈等)浸渍，然后用加热或辐射等方法使孔隙中的单体聚合而成。具有高强、耐蚀、抗渗、耐磨等优良性能，作为高强混凝土或改善混凝土的表面性能之用。

由于聚合物填充了普通水泥混凝土硬化后内部存在孔隙和微裂缝，从而增强了混凝土的密实度，提高了水泥与集料之间的黏结强度，减少了应力集中，因而改善了混凝土的力学和物理性能。抗压强度可提高2～4倍，抗拉强度可提高3倍，抗折强度提高2～3倍。

聚合物浸渍混凝土的加工工艺过程比较复杂，需消耗大量的能量，制作成本较高。在美国、日本等国家用于上下水管道、预制预应力桥面板、高强混凝土、地下支撑系统等。也可浸渍混凝土挡板，提高表面耐磨能力。

2. 聚合物水泥混凝土(PMC)

聚合物水泥混凝土是在拌和混凝土时掺入的聚合物(丙烯酸类等)或单体(丙烯腈、苯乙烯等)制成的。聚合物水泥混凝土也称为聚合物改性水泥混凝土(Polymer Modified Concrete)(PMC)，它是采用聚合物乳液或粉状材料拌和水泥，并掺入砂和其他集料制成，其生产工艺与普通水泥混凝土相似，便于现场施工，因而成本较低，应用较广泛，主要应用于机场跑道、混凝土路面或桥梁面层以及构造物的防水层。

一般认为在硬化过程中，聚合物与水泥之间并未发生化学作用，水泥吸收乳液中的水分进行凝结硬化，聚合物乳液逐渐失去水分而凝固，聚合物与水泥水化产物相互穿透包裹，形成致密的网状结构，因而改善了混凝土的性能，具有黏结性能好，抗拉强度较高，耐久性、耐磨性和耐蚀性高等优点。

3. 聚合物胶结混凝土(PC)

聚合物胶结混凝土也称为树脂混凝土，是完全采用聚合物(聚酯、聚甲基丙烯酸甲酯等)作为胶结材料的混凝土，即主要由聚合物和砂石材料组成。为改善某项性能，必要时也可掺加短纤维、减缩剂、偶联剂等添加剂。

目前常用的胶结材料有环氧树脂、不饱和聚酯树脂、呋喃树脂、糠醛树脂及甲基酸甲酯单体、苯乙烯单体等。其中不饱和聚酯树脂价格较低，对聚合物混凝土的固化控制较易。采用甲基丙烯酸甲酯，由于黏度较低，聚合物混凝土和易性好，施工方便，固化性能较好。

与普通水泥混凝土比较，聚合物混凝土具有一些新的性能特点。其抗拉强度、抗压强度、抗弯强度都得到较大提高，抗渗性、耐磨性、耐水性、耐腐蚀性都得到较大改善。因此聚合物混凝土在土建、交通和化工部门都得到重视，已应用于铺筑路面和桥面，修补路面凹坑，修补机场跑道等。由于生产工艺的改进，聚合物混凝土材料的应用越来越广，如混凝土管，隧道衬砌、支护，堤坝面层以及各种土建工程的装饰性构件等。

二、纤维加劲混凝土

1. 纤维加劲沥青混合料

沥青混合料中掺加纤维(如聚酯纤维、聚丙烯腈纤维、矿物纤维等)后，沥青混合料的高温稳定性、耐疲劳和抗低温开裂等性能将得到显著提高。纤维对沥青混合料性能增强机理可归结为如下两点。

(1)加筋增韧作用

纤维分散于沥青混合料中形成了相互搭接的立体网状结构。例如每吨沥青混合料中如掺加2kg聚丙烯腈纤维，将有近20亿根纤维多向分布于沥青中。由于聚合物纤维的抗拉强度很高，其作用等同于钢筋混凝土中钢筋的作用。纤维所形成的网络结构使沥青混合料的高温抗变形、低温柔韧性得到了显著改善。

(2)抗裂阻裂作用

沥青混合料是以沥青为唯一连续相的多级空间网状结构的分散体系,因此沥青的破坏将意味着结构体系的破坏。但在纤维增强沥青混凝土中,纤维对沥青胶浆起到加强作用。同时,纤维网作为更强大的第二连续相在沥青破坏时仍能维持体系的整体性,将会在一定程度上阻止基体破坏的扩展。

纤维加劲沥青混合料具有良好的抗车辙能力和抗开裂性能,可用于水泥路面沥青加铺层,以更好抑制反射裂缝的产生;同时可应用于重载交通路面、桥面沥青铺装等工程,以防止或减少车辙病害。

2. 纤维加劲水泥混凝土

纤维混凝土是近年发展起来的新型工程材料。在水泥混凝土中掺入适量纤维，能改善混凝土的脆性破坏特征，有效控制水泥混凝土面板的塑性收缩、干缩、温度变化等引起的裂缝，防止及抑制裂缝的形成及发展，显著提高和改善混凝土的抗疲劳性能、抗冲击性能、韧性性能、耐磨耗等性能。

水泥混凝土中掺加的纤维一般采用聚合物纤维,如聚丙烯腈纤维,掺量一般为 0.5～1.0kg/m^3。

3. 纤维加劲水泥稳定碎石

在中国现有高等级公路路面结构中,90%以上基层采用了半刚性基层。水泥稳定碎石是半刚性基层主要材料,但是这种材料容易产生开裂,进而造成沥青路面产生反射裂缝。在水泥稳定碎石中掺加纤维(通常采用聚丙烯纤维),起到加劲增韧作用,可抑制这种材料裂缝的产生与发展。

三、土工合成材料

土工合成材料是土木工程中应用的以合成材料为原料制成的各种产品的总称。土工合成材料分为土工织物、土工膜、土工特种材料和土工复合材料等类型。土工特种材料包括土工模袋、土工网、土工网垫、土工格室、土工织物膨润土垫、聚苯乙烯泡沫塑料(EPS)等。土工复合材料是由上述各种材料复合而成,如复合土工膜、复合土工织物、复合土工布、复合防排水材料(排水带、排水管)等。

1. 土工格栅

土工格栅是一种主要的土工合成材料,与其他土工合成材料相比,它具有独特的性能与功效。土工格栅常用做加筋土结构的筋材或复合材料的筋材等。土工格栅分为玻璃纤维类和聚酯纤维类两种类型。土工格栅是一种质量轻,具有一定柔性的平面网材,易于现场裁剪和连接,也可重叠搭接,施工较为简便。

在道路工程中,土工格栅可应用于路基工程,可起到对土体的加劲作用。当土工格栅置于土体之中,可分布土体应力、增加土体模量、限制土体侧向位移等作用。土工格栅也可用于水泥混凝土路面沥青加铺工程中,以控制沥青层反射裂缝的产生。另外,土工格栅可用于挡土墙回填土的加筋、加强开挖边坡稳定等。

2. 聚苯乙烯泡沫塑料

聚苯乙烯泡沫塑料(EPS)是近年来发展起来的超轻型土工合成材料。它是在聚苯乙烯中添加发泡剂，用所规定的密度预先进行发泡，再把发泡的颗粒放在筒仓中干燥后填充到模具内加热形成的。EPS具有质量轻、稳定好、变形模量较大的优点。EPS一般容重在0.3kN/m^3左右，为一般填土重度的1%～2%。EPS主要用于软土地区公路路基建设。使用超轻型材料EPS填筑路堤时，能大大地减轻施加于路堤下软基的附加应力，抑制软基的破坏和沉降，提高路堤的稳定性。

四、交通标志标线

交通标志标线是重要的道路交通安全设施，起到交通管制和诱导交通等作用。交通标志主要由标志底板、支柱、基础和标志面组成；交通标线是以规定的线条、箭头、文字等画于道路表面。

1. 交通标志

标志面是交通标志主要部分，可用逆反射材料、油漆、透明涂料、油墨等材料制作。目前应用较为广泛的是反光膜。反光膜是由透明薄膜、粘接材料、发射层以及高射率微珠等材料组成。反光膜对汽车灯光具有折射、聚焦和定向反射功能，可保证夜间驾驶员注意到标志面。

2. 交通标线

路面标线涂料主要由合成树脂、颜料、溶剂、填充料等组成。标线的颜色主要有白色和黄色，为此白色颜料主要采用钛白粉、氧化锌等，黄色颜料主要采用黄铅、氧化铁等。为提高标线夜间识别性，在涂料中需要加入玻璃珠。玻璃珠是无色透明的小球，对光线起到折射、聚焦和反射的作用，可将汽车灯光反射回驾驶员眼睛，大大提高了标线夜间可见性。

路面标线涂料按照施工温度可分为常温型、加热型和熔融型三种。常温型和加热型属于溶剂型涂料；熔融型涂料常温下呈粉末状，需要加热180℃以上才能涂覆于路表。除涂料外，还有各种类型的粘贴材料，如突起路标、附成型标带等。

五、其他应用

1. 胶粘剂

胶粘剂又称为粘合剂，是一类具有优良粘合性能的材料。使用胶粘剂可以将同质或不同质的材料粘接在一起。因此，在土木工程中得到广泛应用。

胶粘剂具有足够的流动性，使用范围广泛，可不受材料种类、形状的限制，而且能保证粘接基面充分浸润，易于调节胶粘剂的稠度和硬化速度，具有很好的密封作用，粘接牢固等特性。

胶粘剂的品种很多，按其基料可分为无机胶和有机胶。有机胶中，一部分为天然的动植物胶已逐渐淘汰。另一部分为合成胶，包括树脂型、橡胶型和混合型三类。由于有机高分子材料的迅速发展，合成胶的发展很快，品种多，性能优良。其中以树脂型胶粘剂的胶粘强度高、硬度、耐温、耐介质的性能都比较好，但较脆，起黏性、韧性较差；橡胶型胶粘剂的柔韧性和起黏性好，抗振和抗弯性能好，但强度和耐热性较差；混合型胶粘剂，是树脂与橡胶，或多种树脂、橡胶混合使用，可取长补短，发挥各自的优越性。

在土建工程中应用最多的是环氧树脂胶粘剂，它是以环氧树脂、固化剂、增韧剂、填料等组成，有时还包括稀释剂、促进剂、偶联剂等。环氧树脂的特点是黏结力强、收缩率小、稳定性高，而且与其他高分子化合物的混溶性好，可制成不同用途的改性品种，如环氧丁腈胶、环氧尼龙胶、环氧聚砜胶等。环氧树脂的缺点是耐热性不高，耐候性尤其是耐紫外线性能较差，部分添加剂有毒,而且在配制后应尽快使用,以免固化。它可用于金属与金属之间、金属与非金属材料的粘接,也可用作防水、防腐涂料。

聚醋酸乙烯酯胶粘剂也是常用的热塑性树脂胶粘剂,是以聚醋酸为基料的胶粘剂。可以制备成乳液胶粘剂、溶液胶粘剂或热熔胶等,以乳液胶粘剂使用最多。聚醋酸乙烯乳液胶的成膜是通过水分的蒸发或吸收和乳液互相融结这两个过程实现的。具有树脂分子量高、胶接强度好、黏度低、使用方便、无毒、不燃等优点。适用于胶结多孔性易吸水的材料,如木材、纤维制品等,也可用来粘接混凝土制品、水泥制品等,用途十分广泛。

一般的酚醛树脂固化后脆性大,抗冲击性差,很少应用。若加入橡胶或热塑性树脂,则可提高韧性,可成为韧性好、耐热温度高、强度大、性能优良的结构粘接剂,广泛用于金属、非金属以及热固性塑料的粘接,其中以酚醛—缩醛胶和酚醛—丁腈胶用得较多,这两类胶固化时需加热加压固化,而且胶的配方中含有溶剂,应注意通风防火。

橡胶胶粘剂是以氯丁、丁腈、丁苯、丁基等合成橡胶或天然橡胶为基料配成的一类胶粘剂,这类胶粘剂具有较强的黏附性和良好的弹性。但其拉伸强度和剪切强度较低,主要适用于柔软的或膨胀系数相差很大的材料的粘接。主要品种有氯丁橡胶胶粘剂、丁腈橡胶胶粘剂等。

2.裂缝修补与嵌缝材料

裂缝修补与嵌缝材料实际是一种胶粘剂,用于修补水泥混凝土路面的裂缝或嵌缝结构或构件的接缝。此类材料必须具备较好的粘接力和较高的拉伸率,并具有较好的低温塑性及耐久性。目前常用的有环氧树脂及改性环氧树脂类,聚氨酯及改性聚氨酯类、烯类修补材料,以及聚氯乙烯胶泥、橡胶沥青等嵌缝材料。

(1)环氧树脂类

环氧树脂类修补材料主要组分是环氧树脂。它是含有两个以上环氧化基因高分子化合物,常见的环氧树脂可分为两类:一类是缩水甘油基型环氧树脂;一类是环氧化烯烃。水泥混凝土路面修补中使用的大多属于缩水甘油基型,常用的有由多元酚和多元醇制备的双酚A环氧树脂。双酚A环氧树脂本身很稳定,且活性较大,所以要在改性或碱性固化剂作用下固化。在双酚A环氧树脂分子结构中有羟基和醚键,在固化过程中在固化剂的作用下还能进一步生成羟基和醚键。因而有较高的内聚力和较强的黏附力。同时其收缩率较低,因此可作为水泥混凝土路面的裂缝灌浆材料。但由于环氧树脂的延伸率低、脆性大、不耐疲劳,在使用中会造成一定的缺陷。因此,必须对环氧树脂进行改性,以提高延伸率,降低其脆性。改性的方法是加一些改性剂,如低分子液体改性剂、增柔剂、增韧剂等。如聚硫改性环氧灌浆材料及914双组分快速固化裂缝修补材料等。

(2)聚氨酯类

聚氨酯胶液的主体材料是多异腈酸酯和聚氨基甲酸酯,制备成A、B两组分,固化所得弹性体具有极高的黏附性,抗气候老化的性能好。它与混凝土的黏固很牢,且不需要打底,可用做房屋、桥梁的嵌缝密封材料。

(3)烯烃类

烯烃类裂缝修补材料主要采用烯类聚合物配制而成,通常有两大类,一类是以烯类单体或预聚体作胶粘剂,另一类是以高分子聚合物本身作胶粘剂,如氰基丙烯酸胶粘剂,其最大的优点是室外固化时间快,几分钟之内就可以粘住,24~48h可达到最高抗拉强度,且气密性能好,但价格较高不宜大面积使用。

(4)聚氯乙烯类

聚氯乙烯胶泥是以煤焦油为基料，加入聚氯乙烯树脂、增塑剂、填充料和稳定剂等配制而成的单组分材料，呈黑色固体状，施工时需要加热至130～140℃。采用填缝机进行灌注、冷却后成型，它具有良好的防水性、粘接性、柔韧性和抗渗性，且耐寒、耐热、抗老化，能很好地与混凝土粘接，适用于混凝土路面板的接缝及各种管道的接缝。

(5)橡胶类

氯丁橡胶嵌缝材料是以氯丁橡胶和丙烯系塑料为主体材料，配以适量的增塑剂、硫化剂、增韧剂、防老剂及填充剂等配制而成的一种黏稠物。其特征为：与砂浆、混凝土及金属等有良好的粘接性能，且易于施工。常用作混凝土路面的嵌缝材料。

硅橡胶是一种优质的嵌缝材料，具有低温（－60℃）柔韧性好，可耐150℃的高温，耐腐蚀等优点，但价格较高。

聚硫橡胶嵌缝材料兼具塑料和橡胶的性能，常温下不发生氧化、变形小、抗老化，适用于细小、多孔或暴露表面的接缝，但价格较高。

3. 膨胀支座和弹性支座

桥梁支座是连接桥梁上部结构和下部结构的重要结构部件。它能将桥梁上部结构的反力和变形（位移和转角）可靠的传递给桥梁下部结构。按照支座材料分类，可分为钢支座、聚四氟乙烯支座、橡胶支座、混凝土支座等。

桥梁和管线工程中的膨胀支座一般采用聚四氟乙烯（PTFE）树脂，可以保证梁的水平移动的要求。弹性支座可采用氯丁橡胶（CR）和聚异戊二烯橡胶（IR）等制作，以减少噪声和振动。

本章小结

聚合物又称为高分子化合物或高聚物，是由不饱和有机低分子化合物（单体）经聚合反应所得，它是塑料、合成橡胶和合成纤维等工程聚合物的基本原料。

工程聚合物材料具有质轻、比强度高、耐腐蚀、耐磨、绝缘性好等优点，由于其原料来源广泛，随着有机化工工业的迅速发展，工程聚合物材料的品种在不断增多，性能在不断发展和提高，应用范围也在不断扩大。

聚合物混凝土、聚合物改性沥青和聚合物土工材料在道路工程中的应用，使道路路面结构工程的质量得到明显的提高。

复习题

8-1　聚合物材料的原料主要有哪些？通过什么方式聚合为高分子化合物？

8-2　试解释下列名词：单体、链节、聚合度、热塑性、热固性、均聚物、共聚物、缩聚物、塑料、合成树脂、合成橡胶、合成纤维。

8-3　举例说明道路工程中较多采用的聚合物品种。

8-4　请比较几种聚合物混凝土的性能和用途。

8-5　写出以下代号所表示的聚合物品种：PE、PVC、PS、EP、SBS、EVA、SBR。

8-6　塑料的主要组成材料有哪些，各自所起的作用是什么？

第二篇　试 验 方 法

内容提要：第九章简要介绍石料与集料主要技术性能的检测方法，包括主要试验仪具、试样的准备、试验步骤和结果整理。介绍石料的抗压强度和磨耗率试验，集料的密度、吸水率、空隙率和压碎值试验。第十章介绍沥青与沥青混合料主要技术性能的检测方法，包括主要试验仪具设备，试样的准备、试验步骤及试验结果的计算与整理。介绍沥青的针入度、延度和软化点试验，沥青混合料拌制和试件成型方法，沥青混合料试件各种密度测试和空隙率计算方法，沥青混合料试件的马歇尔稳定度试验、车辙试验、劈裂强度试验、冻融劈裂强度及弯曲试验。第十一章介绍水泥与水泥混凝土主要技术性能的检测方法，包括主要试验仪具设备、试样的准备、试验步骤和试验结果的计算与分析。介绍水泥细度、凝结时间、安定性及水泥胶砂强度试验方法，介绍混凝土拌和物的坍落度、维勃稠度试验及混凝土的强度试验。第十二章介绍无机结合料稳定材料的击实试验和抗压强度试验方法，包括主要试验用仪具设备、试样的准备、试验步骤和结果分析方法。

第九章　石料与集料试验

第一节　砂石材料的力学试验

一、岩石的抗压强度试验

岩石的抗压强度是反映岩石力学性质的主要指标之一，它在岩体工程分类、建筑材料选择及工程岩体稳定性评价计算中都是必不可少的指标。

1. 主要试验仪器设备

(1)试件加工设备

包括切石机、钻石机和磨平机等。

(2)压力试验机

能够按照所要求的速率加载的 300～2 000N 的压力试验机。

(3)其他

精度 0.1mm 的游标卡尺、角尺及水槽等。

2. 试验方法

(1)试件制备

用切石机或钻石机从岩石或岩芯中制取边长50mm±0.5mm的正立方体或直径与高度均为50mm±0.5mm的圆柱体试件，每6个试件为一组。对于有显著层理的岩石，分别沿平行和垂直层理方向各取试件6个，分别测定其垂直和平行层理的强度。试件与压力机接触的上、下端面应相互平行，并磨平。

用游标卡尺量取试件尺寸，精确至0.1mm。对于立方体试件，以各个面上相互平行的两个边长的平均值作为长和宽来计算试件的受力面积。对于圆柱体试件，分别量取顶面和底面相互垂直的两个直径的平均值计算面积，取其顶面和底面面积的算术平均值作为计算抗压强度的受力截面积。

(2)试验步骤

将试件置于真空干燥器中，注入清水，水面高出试件顶面20mm以上，开动抽气机，使真空干燥器中产生20mmHg的真空，保持此真空状态直至试件表面无气泡出现时为止(不少于4h)。关上抽气机，在水中保持试件2h。再将试件自由浸水4h，水面至少高出试件20mm。

取出试件，擦干表面，检查有无缺陷，标注试件受力方向并编号。按受力方向(平行或垂直层理)将试件放在压力机上，以0.5～1.0MPa/s的速率均匀加荷，直至破坏，记下破坏荷载F_{max}。

3. 结果计算与报告

岩石试件的抗压强度按式(9-1)计算，精确至1MPa。

$$R = \frac{F_{max}}{A_0} \tag{9-1}$$

式中：R——岩石试件的抗压强度，MPa；

F_{max}——破坏荷载，N；

A_0——试件截面积，mm^2。

取6个试件计算结果平均值作为试件抗压强度测定值。如6个试件中2个与其他4个试件平均值相差3倍以上时，则取与试验结果相近的4个算术平均值作为抗压强度测定值。

对于具有显著层理的岩石，其抗压强度应为垂直层理和平行层理抗压强度的平均值。

二、粗集料的磨耗试验(洛杉矶法)

1. 主要仪器设备

(1)洛杉矶磨耗机

磨耗机结构形式如图9-1。圆筒内径710mm±5mm，内侧长510mm±5mm，两端封闭，钢筒的回转速率为30～33r/min。

(2)标准筛

符合要求的系列标准筛，筛孔1.7mm的方孔筛或筛孔2mm的圆孔筛。

(3)钢球

直径约48mm，质量为390～445g。

(4)其他

能使温度控制在105℃±5℃范围的烘箱，称量10kg、感量5g的台秤，轧石机、钢锤、金属盘等。

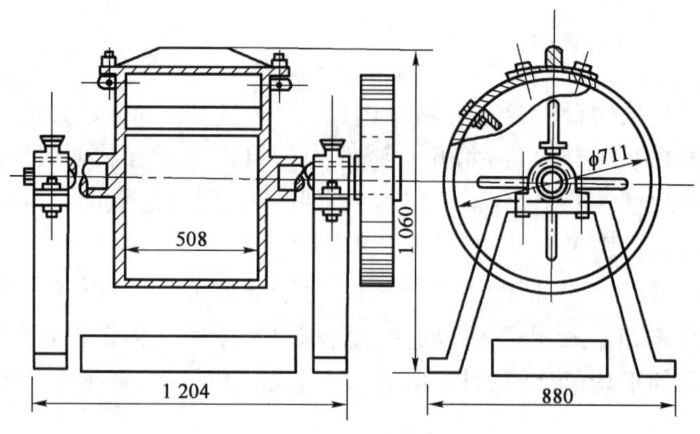

图 9-1　洛杉矶磨耗机示意图(尺寸单位:mm)

2. 试验方法

(1)试样准备

将集料或块石轧碎、洗净,置于烘箱中烘至恒量。

对用于沥青路面及各种基层、底基层的粗集料,按照表 9-1 中的规定准备试样。

沥青路面用集料的洛杉矶磨耗试验条件(JTJ 058—2000)　　表 9-1

粒度类别	粒级组成(mm)	试样质量(g)	试样总质量(g)	钢球个数(个)	钢球总质量(g)	转动次数(转)
A	26.5～37.5	1 250±25	5 000±10	12	5 000±25	500
	19.0～26.5	1 250±25				
	16.0～19.0	1 250±10				
	9.5～16.0	1 250±10				
B	19.0～26.5	2 500±10	5 000±10	11	4 850±25	500
	16.0～19.0	2 500±10				
C	4.75～9.5	2 500±10	5 000±10	8	3 330±20	500
	9.5～16.0	2 500±10				
D	2.36～4.75	5 000±10	5 000±10	6	2 500±15	500
E	63～75	2 500±50	10 000±100	12	5 000±25	1 000
	53～63	2 500±50				
	37.5～53	5 000±50				
F	37.5～53	5 000±50	10 000±75	12	5 000±25	1 000
	26.5～37.5	5 000±25				
G	26.5～37.5	5 000±25	10 000±50	12	5 000±25	1 000
	19.0～26.5	5 000±25				

(2)试验步骤

将准备好的试样放入磨耗机圆筒中,并加入总质量符合要求的钢球,盖好筒盖,紧固密封。将计数器归零,设定要求的转动次数。开动磨耗机,以 30～33r/min 转速旋转至规定的次数后停止。取出试样用 1.7mm 方孔筛(用于沥青混合料集料)或 2mm 圆孔筛(用于水泥混凝土集料)筛去试样中的石屑,用水洗净留在筛上的试样,烘至恒量,准确称出其质量。

3. 结果计算

集料的磨耗率 $Q_{磨}$ 按式(9-2)计算,精确至 0.1%。

$$Q_{磨}=\frac{m_1-m_2}{m_1}\times 100 \tag{9-2}$$

式中:$Q_{磨}$——石料洛杉矶磨耗率,%;

m_1——试验前装入圆筒中的试样质量,g;

m_2——试验后筛上洗净烘干的试样质量,g。

取两次平行试验结果的算术平均值作为测定值,两次试验误差应不大于 2%,否则应重做试验。

三、沥青路面用粗集料压碎值

1. 主要试验仪器

(1)压碎值试验仪

压碎指标值测定仪由内径 150mm、两端开口的钢制圆形试筒、压柱和底板组成,其形状见图 9-2。

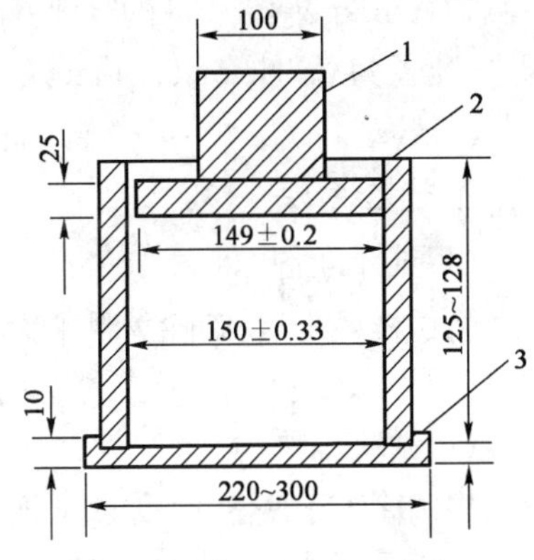

图 9-2 石料压碎值试验仪(尺寸单位:mm)
1-压柱;2-试筒;3-底板

(2)压力试样机

荷载可达 500kN,应能在 10min 内达到 400kN。

(3)其他

内径 112.0mm、高 179.4mm,容积 1 767cm^3 的金属量筒,直径 10mm、长 45~60mm、一端加工为半球形的金属棒,称量 2~3kg、感量 1g 的天平,孔径 2.36mm、13.2mm 和16mm 方孔筛各一只。

2. 试验方法

(1)试样准备

将试样用 13.2mm 和 16mm 标准筛过筛,取 13.2~16mm 的试样约 3kg 供试验用。试样宜风干,如需加热烘干时,烘箱温度不应超过 100℃,烘干时间不超过 4h。试验前试样应冷却至室温。

试验用试样质量的确定方法为:将试样分三层倒入金属量筒中,每层数量大致相同。每层用金属棒的夯棒半球面从试样表面约 50mm 高处自由下落,对试样均匀夯击 25 次。最后用金属棒作为直刮刀将表面刮平,称取量筒中试样质量(m_0)。用与此相同数量的试样进行压碎值试验。

(2)试验步骤

将标准试样分三次(每次数量相同)倒入试筒中,每次均将试样表面整平,并用金属棒按上述方法对试样夯实 25 次,最上一层应该仔细整平。将压柱平放在试筒内石料面上,然后将装有试样的试筒连同压柱置于压力机上,均匀地施加荷载,在 10min 时达到总荷载 400kN。然后立即卸载,将试样从筒中取出。用 2.36mm 筛筛分经过压碎的全部试样,并称量通过 2.36mm 筛孔的全部细料质量(m_1)。

3. 试样结果计算

石料压碎值按式(9-3)计算,精确至 0.1%。

$$Q'_{a}=\frac{m_1}{m_0}\times 100 \tag{9-3}$$

式中：Q'_a——石料压碎值，%；

m_0——试验前试样质量，g；

m_1——试验后通过2.36mm筛孔的细料质量，g。

以三个试样平行试验结果的算术平均值作为压碎值的测定值。

四、水泥混凝土用卵石、碎石的压碎指标值试验

1. 主要试验仪器

(1)压碎指标值测定仪

由试筒、压盘及压块等，见图9-3。

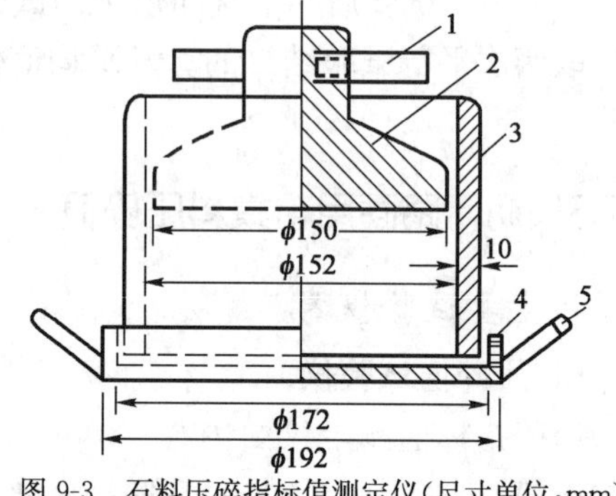

图9-3　石料压碎指标值测定仪(尺寸单位：mm)

1-把手；2-加压头；3-圆筒；4-底盘；5-手把

(2)压力试验机

荷载量程300kN，示值相对误差2%。

(3)其他

称量10kg、感量10g的台秤，称量1kg、感量1g的天平，孔径为2.36mm、9.5mm及19.0mm方孔筛各一只。

2. 试验方法

(1)试样准备

将试样风干后，筛除集料中大于19.0mm及小于9.5mm的颗粒，并剔除其中的针片状颗粒，称取3 000g为一份，共三份备用。

(2)试验步骤

将圆筒置于底盘上，称取试样3 000g，准确至1g，分两层装入试筒内，每装完一层试样后，在压碎指标值测定仪底盘下放一直径为10mm的圆钢筋，将试筒按住，左右交替颠击地面各25次。第二层颠实后，试样表面距盘底高度约为10cm。整平试样表面，放好加压块，将压碎指标值测定仪放到压力机上，开动压力机，按1kN/s的速率均匀地加荷至200kN，稳定5s。然后卸荷，取出加压头，倒出筒中试样，用2.36mm筛筛除被压碎的细料，称出留在筛上的试样质量，准确至1g。

3. 试验结果计算与评定

石料压碎指标值Q_a按式(9-4)计算，准确至0.1%。

$$Q_a = \frac{m_0 - m_1}{m_0} \times 100 \tag{9-4}$$

式中：Q_a——压碎值，%；

m_0——试样的质量，g；

m_1——试验后筛余的试样质量，g。

以三次试验结果的算术平均值作为压碎指标值的测定值。

五、水泥混凝土用砂的压碎指标值试验

1. 主要试验仪器

(1)受压钢模

受压钢模由圆筒、底盘及加压块组成，其尺寸如图 9-4 所示。

(2)压力试验机

荷载 50～1 000kN。

(3)方孔筛

孔径为 4.75mm、2.36mm、1.18mm、0.6mm 及 0.3mm。

(4)其他

鼓风烘箱，称量 5kg、感量不大于 1g 的天平或台秤，搪瓷盘、小勺和毛刷等。

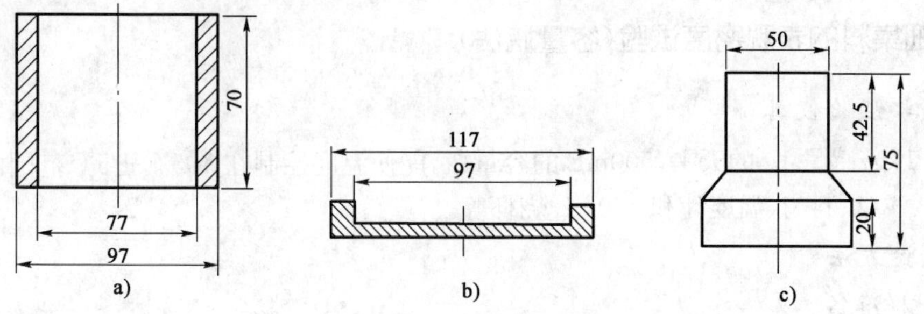

图 9-4 受压钢模示意图(尺寸单位：mm)

a)圆筒；b)底盘；c)加压块

2. 试验方法

(1)试样准备

将试样烘干至恒量，待冷却至室温后，筛除大于 4.75mm 及小于 0.3mm 的颗粒，然后将试样筛分成 0.3～0.6mm、0.6～1.18mm、1.18～2.36mm 及 2.36～4.75mm 四个粒级，每个粒级约 1 000g 备用。

(2)试验步骤

取单粒级试样 330g，准确至 1g。将试样倒入已组装的受压钢模中，使试样距底盘面的高度约为 50mm。整平钢模内试样表面，将加压块放入圆筒内，并转动一周使其与试样均匀接触。将装好试样的受压钢模置于压力机的支撑板上，对准压板中心后，开动机器，以 500N/s 的速率加荷，加荷到 25kN 时稳定 5s 然后以同样速率卸荷。

取下受压模，移去加压块，倒出筒中压过的试样，然后用该粒级的下限筛子进行筛分，如粒级为 2.36～4.75mm 时，则下限筛即是指孔径为 2.36mm 的筛。称出试样在筛上的质量和通过质量，准确至 1g。

3. 试验结果计算与评定

砂样的压碎指标按式(9-5)计算，准确至 0.1%。

$$Y_i = \frac{m_2}{m_1 + m_2} \times 100 \tag{9-5}$$

式中：Y_i——砂中第 i 粒级压碎指标值，%；

m_2——试样的筛余质量，g；

m_1——试样的通过质量，g。

第 i 单粒级压碎指标值取 3 次试验结果的算术平均值，准确至 1%。取最大单粒级压碎指标值作为该试样的压碎指标值。

第二节　集料的密度和空隙率

在进行集料密度试验前先对粗、细集料进行取样，现场取样时应具有代表性。取回的试样应用四分法缩取各项试验所需试样。四分法缩取的步骤是：将拌和均匀的集料摊成厚度适宜的圆堆，然后用铲在堆上划“十”字，将试样大致分为四等份，除去对角的两份，将其余两份重新拌匀，再摊成圆堆，重复上述过程，直到剩余试样达到略多于试验所需的数量为止。

一、细集料的表观密度试验（容量瓶法）

1. 主要试验仪具

称量1kg、感量1g的天平，500mL的容量瓶，能使温度控制在105℃±5℃范围的烘箱，另有干燥器、浅盘、料勺、温度计和500mL烧杯等。

2. 试验方法

(1)试样准备

将缩分至650g左右的试样在105～110℃的烘箱内烘至恒量，并在干燥器内冷却至室温，分成两份备用。

(2)试验步骤

称取烘干的试样300g(m_0)，装入盛有半瓶蒸馏水的容量瓶中。摆转容量瓶，使试样在水中充分搅动以排除气泡，塞紧瓶塞，静置24h左右，然后用滴管向瓶内添水，使水面与瓶颈刻度线平齐，再塞紧瓶塞，擦干瓶外水分，称其总质量(m_2)。倒出瓶中的水和试样，将瓶的内外洗净，再向瓶中注入温差不超过2℃的蒸馏水至瓶颈刻度线，塞紧瓶塞、擦干瓶外的水分，称其总质量(m_1)。

在砂的表观密度试验过程中应测量并控制水的温度，试验中的各项称量可以在15～25℃的温度范围内进行。从试样加水静置的最后2h起至试验结束，其温差不应超过2℃。

3. 结果计算

细集料的表观密度按式(9-6)计算至小数点后3位。

$$\rho_a = \left(\frac{m_0}{m_0 + m_1 - m_2} - \alpha_T\right) \times \rho_w \tag{9-6}$$

式中：ρ_a——细集料的表观密度，g/cm³；

m_0——试样的烘干质量，g；

m_1——水和容量瓶总质量，g；

m_2——试样、水和容量瓶总质量，g；

ρ_w——水在4℃时的密度值，1g/cm³；

α_T——试验时水温对水相对密度影响的修正系数，按照表9-2取值。

以两次试验结果的算术平均值作为测定值，如两次结果之差大于0.01g/cm³时，应重新取样进行试验。

不同水温下的温度修正系数 α_T　　表9-2

水温(℃)	15	16～17	18～19	20～21	22～23	24～25
α_T	0.002	0.003	0.004	0.005	0.006	0.007

二、细集料堆积密度和空隙率试验

1. 主要试验仪具

(1)密度测试仪

由标准漏斗和容量筒组成,见图 9-5。容量筒的内径 108mm,净高 109mm,筒壁厚 2mm,筒底厚 5mm,容积约为 1L。

(2)其他

称量 5kg、感量 5g 的台秤,能控温在 105℃±5℃范围的烘箱,铝质料勺,直尺和浅盘等。

2. 试验方法

(1)试样制备

用浅盘取试样约 5kg,在温度 105℃±5℃的烘箱内烘干至恒量,取出冷却至室温,分成大致相等的两份备用。

(2)试验步骤

①堆积密度

将试样装入漏斗中,打开底部活动门,使试样流入容量筒中,也可以用料勺向容量筒中装试样,但漏斗出料口或料勺距容量筒口应为 50mm 左右,试样装满并超出容量筒筒口后,用直尺将多余的试样沿筒口中心线向两个相反方向刮平,称取质量(m_1)。

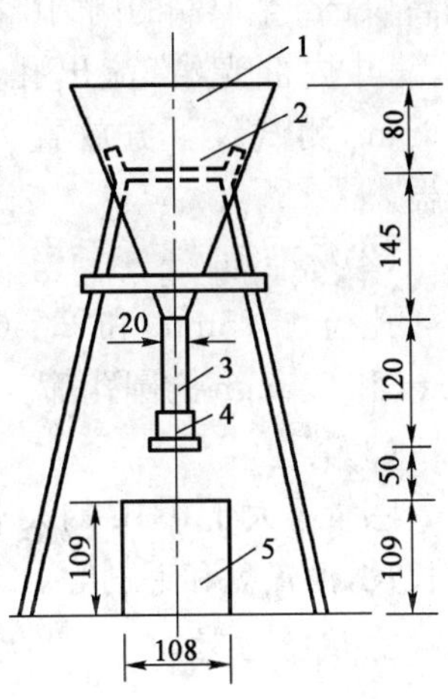

图 9-5　标准漏斗(尺寸单位:mm)
1-漏斗;2-筛;3-ϕ20mm 管子;4-活动门;5-金属量筒

②振实密度

取试样一份,分两层装入容量筒。装完一层后,在筒底垫放一根直径 10mm 的钢筋,将筒按住,左右交替颠击地面各 25 下,然后再装入第二层。第二层装满后用同样方法颠实,但筒底所垫钢筋的方向应与颠实第一层时的放置方向垂直。第二层装完并颠实后,加料直至试样超出容量筒筒口,然后用直尺将多余的试样沿筒口中心线向两个相反方向刮平,称其质量(m_2)。

3. 结果计算

集料的堆积密度 ρ_1 及振实密度 ρ_2 分别按式(9-7)与式(9-8)计算,精确至 0.01g/cm^3。空隙率 n 按式(9-9)计算。

$$\rho_1=\frac{m_1-m_0}{V} \tag{9-7}$$

$$\rho_2=\frac{m_2-m_0}{V} \tag{9-8}$$

$$n=\left(1-\frac{\rho}{\rho_a}\right)\times 100 \tag{9-9}$$

式中:m_0——容量筒的质量,g;

m_1——容量筒和堆积体积集料的总质量,g;

m_2——容量筒和振实体积集料的总质量,g;

V——容量筒的容积,cm^3;

ρ——砂的堆积密度 ρ_1 或振实密度 ρ_2,g/cm^3;

ρ_a——砂的表观密度,g/cm^3。

以两次试验结果的算术平均值作为测定值。

三、细集料的棱角性试验

1. 主要试验仪具

(1)细集料棱角性测定仪

细集料棱角性测定装置见图 9-6。上部为一个金属或塑料制的圆筒,容积不少于 250mL,下面接一个高 38mm 金属制的倒圆锥筒漏斗,漏斗角度为 60°±4°,漏斗内部光滑,流出孔开口直径为 12.7mm±0.6mm,测试仪下方放置一个容积 100mL 的铜制容器。

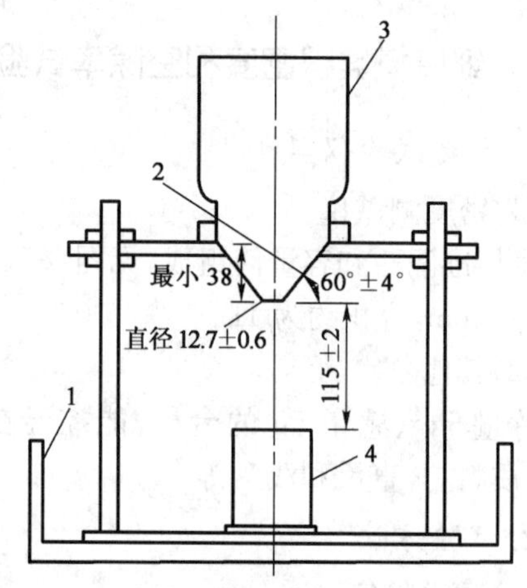

图 9-6 细集料棱角性测定装置(尺寸单位:mm)
1-回收细集料的盘子;2-金属或塑料制圆筒;3-漏斗;4-100mL 的容器

(2)标准筛

孔径 4.75mm 和 2.36mm 的方孔筛,或孔径 5mm 和 2.5mm 的圆孔筛。

(3)其他

感量不大于 0.1g 的天平,能控温 105℃±5℃范围的烘箱,刮尺,长 100mm、宽 20mm 的带刃长尺,搪瓷盘和毛刷等。

2. 试验方法

(1)试样制备

将从现场取样的细集料试样,按照最大粒径的不同,选择 4.75mm 或 2.36mm 的标准筛过筛,除去最大粒径部分。通常天然砂或 0~3mm 石屑采用 2.36mm 筛,1~5mm 石屑或人工砂采用 4.75mm 筛。取 2kg 试样放在搪瓷盘中,加水浸泡 24h,仔细清洗,漂去浑水。然后分数次在 0.075mm 筛上用水仔细冲洗过筛。将筛上部分试样置入温度 105℃±5℃的烘箱内烘干至恒量,冷却。按照四分法称取 190g±1g 的试样不少于 3 份。

(2)试验步骤

将漏斗与圆筒连接成整体。在漏斗下方放置接收容器,并用玻璃板堵住漏斗开口。将试样从圆筒中央上方徐徐倒入漏斗,表面尽量倒平。取掉玻璃板,漏斗中的细集料流入接收容器中。用带刃直尺轻轻刮平容器表面,不加任何振动,称取容器与细集料质量(m_1)至 0.1g。

3. 结果计算

按照式(9-10)和式(9-11)计算容器中细集料的松装相对密度 r_{fa} 和空隙率 U,空隙率即为细集料的棱角性。

$$r_{fa}=\frac{m_2-m_0}{m_1-m_0} \tag{9-10}$$

$$U=\left(1-\frac{r_{fa}}{r_b}\right)\times 100 \tag{9-11}$$

式中:r_{fa}——细集料的松装相对密度;

m_0——容器的质量,g;

m_1——容器和水的总质量,g;

m_2——容器和细集料的总质量,g;

U——细集料的空隙率,即棱角性,%;

r_b——细集料的毛体积相对密度。

以三次试验结果的算术平均值作为测定值。

四、粗集料的密度和吸水率试验(网篮法)

1. 主要试验仪具

(1)天平及吊篮

称量 5kg、感量 1g 的天平或浸水天平,应能在天平的臂上悬吊装有试样的吊篮,并能在水中称量。吊篮由耐锈蚀金属材料制成,直径和高度均为 150mm,四周及底部用 1～2mm 的筛网编制成密集的孔眼。

(2)其他

溢流水槽、标准筛、烘箱、温度计、盛水容器(如搪瓷盘)、刷子和毛巾等。

2. 试验方法

(1)试样准备

将取来的集料试样筛去 4.75mm(方孔筛)或 5mm(圆孔筛)以下的颗粒,用四分法缩取表 9-3 规定的质量,刷洗干净后,分成两份备用。用于沥青路面的粗集料,应对不同规格的集料分别进行测定,不得混杂,所取的每一份试样应基本保持原有级配。

粗集料视密度试验最少取样质量 表 9-3

公称最大粒径(mm)	4.75	9.5	16	19	26.5	31.5	37.5	63	75
每份试样的最小质量(kg)	0.8	1	1	1	1.5	1.5	2	3	3

(2)试验步骤

取试样一份装入干净的搪瓷盘中,注入洁净的水,水面至少应高出试样 20mm,轻轻搅动试样,使附着在试样上的气泡逸出。在室温下保持浸水 24h。

将吊篮挂在天平的钓钩上,浸入溢流水槽中,向溢流水槽中注水,水面高度至水槽的溢流孔为止,将天平调零。

调节水温在 15～25℃范围内,将试样移入吊篮中。溢流水槽的水面高度由水槽的溢流孔控制,维持不变。用天平称出试样在水中的质量(m_w)。提起吊篮,稍稍滴水后,将试样倒入浅搪瓷盘中,或直接将试样倒在拧干的湿毛巾上。注意不得有颗粒丢失,或有小颗粒附在吊篮上。稍稍倾斜搪瓷盘,用毛巾吸走漏出的自由水。用拧干的湿毛巾擦干颗粒表面水,至表面看不到发亮的水迹,即为饱和面干状态,立即保持在表干状态下称其表干质量(m_f)。将试样置于浅盘中,放入 105℃±5℃的烘箱中烘干至恒量。取出浅盘,放在带盖的容器中冷却至室温后称出质量(m_a)。

3. 结果计算

(1)粗集料的密度计算

粗集料的表观密度、表干密度(饱和面干密度)和毛体积密度分别按式(9-12)～式(9-14)计算至小数点后 3 位。

$$\rho_a = \left(\frac{m_a}{m_a - m_w} - \alpha_T\right) \times \rho_w \tag{9-12}$$

$$\rho_s = \left(\frac{m_f}{m_f - m_w} - \alpha_T\right) \times \rho_w \tag{9-13}$$

$$\rho_b = \left(\frac{m_a}{m_f - m_w} - \alpha_T\right) \times \rho_w \tag{9-14}$$

式中：ρ_a——粗集料表观密度，g/cm³；

ρ_s——粗集料饱和面干密度，g/cm³；

ρ_b——粗集料毛体积密度，g/cm³；

m_a——试样烘干后的质量，g；

m_w——试样在水中的质量，g；

m_f——饱和面干试样的质量，g；

ρ_w——水在4℃时的密度值，1g/cm³；

α_T——试验时水温对水相对密度影响的修正系数，按照表9-2取值。

(2)粗集料的吸水率计算

粗集料的吸水率 w_x 按式(9-15)计算。

$$w_x = \left(\frac{m_f - m_a}{m_a} - \alpha_T\right) \times 100\% \tag{9-15}$$

以两次试验的算术平均值作为测定值。重复试验的精确度，两次结果相差对密度不得超过0.02g/cm³，对吸水率不得超过0.2%。

五、粗集料(碎石或卵石)的装填密度试验

1. 主要试验仪具

(1)振动台

振动台的振动频率为3 000次/min±200次/min，负荷下的振幅为0.35mm，空载时的振幅为0.5mm。

(2)容量筒

金属制容量筒，规格应符合表9-4的要求。

容量筒规格要求 表9-4

试验对象	粗集料公称最大粒径(mm)	容量筒容积(L)	容量筒规格(mm)			筒壁厚(mm)
			内径	净高	底厚	
沥青混合料用集料	≤4.75	3	155±2	160±2	5.0	2.5
	9.5～26.5	10	205±2	305±2	5.0	2.5
	31.5～37.5	15	255±5	295±5	5.0	3.0
	≥53	20	355±5	305±5	5.0	3.0

(3)其他

天平或台秤，感量不大于称量的0.1%，直径16mm、长600mm的捣棒，一端为圆头的钢棒，烘箱和平头铁铲等。

2. 试验方法

(1)试样准备

用四分法将试样缩至表9-5规定的取样量，在105℃±5℃的烘箱内烘干，也可摊在清洁的地面上风干，拌匀后分成两份备用。

(2)试验步骤

①堆积密度

取试样一份，用平头铁铲铲起试样，使其自由落入容量筒中，铁铲齐口至筒上口的距离应保持约 50mm。装满容量筒，除去高出筒口表面的颗粒，并以适当的颗粒填入表面凹陷的空隙中，使表面稍凸与稍凹部分的体积大致相等，称取试样和容量筒总质量(m_2)。

②振实密度

按堆积密度试验步骤，将装满试样的容量筒放在振动台上，振动 3min。也可以将试样分三层装入容量筒，每装完一层，在筒底垫放一根直径为 25mm 的圆钢筋(第二层时钢筋方向与第一层垂直，第三层时钢筋方向与第二层垂直)，将筒按住，左右交替颠击地面各 25 下。待第三层装填完毕后，加料直到试样超出容量筒，用钢筋沿筒口边缘滚转，刮下高出筒口的颗粒，用堆积密度试验方法填平表面，称取试样和容量筒总质量(m_2)。

③捣实密度

将试样装入符合要求规格的容器中达 1/3 的高度，由边至中用捣棒均匀捣实 25 次。再向容器中装入 1/3 高度的试样，用捣棒均匀地捣实 25 次，捣实深度约至下层的表面。然后重复上一步骤，加最后一层，再捣实 25 次，使集料与容器口基本齐平。用合适的集料填充表面的大空隙，用直尺大体刮平，目测估计表面凸起的部分与凹陷的部分的体积大致相等，称取容量筒与试样的总质量(m_2)。

3. 结果整理

(1)密度计算

粗集料的堆积密度、振实密度或捣实密度按式(9-16)计算至小数点后 2 位。

$$\rho = \frac{m_2 - m_1}{V} \tag{9-16}$$

式中：ρ——粗集料的装填密度，g/cm³；

m_1——容量筒的质量，g；

m_2——容量筒和试样总质量，g；

V——容量筒的容积，cm³。

(2)空隙率计算

水泥混凝土用粗集料的空隙率按式(9-17)计算。捣实状态粗集料骨架(指 4.75mm 以上部分)的间隙率按式(9-18)计算，精确至 1%。

$$n = \left(1 - \frac{\rho}{\rho_a}\right) \times 100 \tag{9-17}$$

$$VCA_{DRC} = \left(1 - \frac{\rho}{\rho_b}\right) \times 100 \tag{9-18}$$

式中：ρ——按振实法测定的粗集料的装填密度，g/cm³；

n——水泥混凝土用粗集料的空隙率，%；

ρ_a——粗集料的表观密度，g/cm³；

VCA_{DRC}——捣实状态下粗集料骨架间隙率，%；

ρ_b——粗集料的毛体积密度，按照式(9-14)计算，g/cm³。

以两次平行试验结果的平均值作为测定值。

第三节　集料的筛分试验

一、细集料的筛分试验

1.主要试验仪具

(1)标准筛

水泥混凝土用细集料为孔径9.5mm、4.75mm、2.36mm、1.18mm、0.6mm、0.3mm和0.15mm的方孔筛。对沥青路面用细集料还增加了0.075mm的方孔筛,筛盖和筛底盘各一个。

(2)摇筛机

(3)其他

称量1 000g、感量不大于0.5g的天平,能控温105℃±5℃的烘箱,浅盘和硬、软毛刷等。

2.试验方法

(1)试样准备

将取来样品筛除大于9.5mm的颗粒,在潮湿状态下充分拌匀,用四分法缩分至每份不少于550g的试样两份,在105℃±5℃的烘箱内烘干至恒量,冷却至室温备用。

(2)试验步骤

①水泥混凝土用砂

准确称取烘干试样m_1(500g),准确至1g。倒入套筛的最上面一个筛中,即5mm的筛上,盖上筛盖,置于摇筛机上筛约10min。取出套筛,按筛孔大小顺序在清洁的塘瓷盘上逐个进行手筛,直至每分钟的筛出量不超过试样总质量的0.1%时为止,将筛出的颗粒并入下一号筛,并和下一号筛中的试样一起过筛。按此顺序进行,直至各号筛全部筛完为止。称量出各号筛的筛余试样的质量,准确至1g。所有各筛的分计筛余量与底盘中剩余量的总量与筛分前的试样总量相比,相差不得超过1%,否则须重新试验。

②沥青路面用细集料(天然砂、人工砂和石屑)

准确称取烘干试样500g,准确至0.5g。

将试样置于一个洁净容器中,加入足够数量的洁净水,使细粉悬浮在水中,但不得有集料颗粒从水中溅出。用1.18mm筛和0.075mm筛组成套筛,仔细将容器中混有细粉的悬浮液徐徐倒出,经过套筛流入另一容器中,但不得将集料倒出。重复这个步骤,直至倒出的水洁净为止。

将容器中的集料倒入搪瓷盘中,用少量水冲洗,使容器上黏附的集料颗粒全部进入搪瓷盘。将筛子反过来,用少量水将筛内的集料冲洗进搪瓷盘中。将搪瓷盘连同集料一起置于105℃±5℃的烘箱内烘干至恒量,称取干燥试样质量m_2,准确至0.1%。m_2与m_1之差即为通过0.075mm筛的粉料质量。

将已经洗去0.075mm颗粒的干燥集料置于套筛的最上面一个筛中,一般为4.75mm筛。进行集料的筛分操作,有关步骤同水泥混凝土用砂的筛分步骤。

3.结果整理

(1)计算级配参数

计算各号筛的分计筛余百分率a_i、累计筛余百分率A_i和通过百分率P_i,准确至0.1%;

(2)绘制级配曲线

根据各筛的累计筛余或通过百分率绘制筛分曲线图，并评定该试样的颗粒级配。

(3)计算集料的细度模数

筛分试验以两份试样试验结果的算术平均值作为测定值，准确至0.1%。如两次试验所得的细度模数之差大于0.2时，应重新进行试验。

二、粗集料的筛分试验

1. 主要试验仪具

标准套筛，感量不大于试样质量0.1%的天平或台秤，盘子、铲子和毛刷等。

2. 试验方法

(1)试样准备

用四分法将来样缩取至表9-5中规定数量，风干后备用。每种试样准备两份分别供水洗法和干筛法使用。对于水泥混凝土用集料，如果没有要求，也可以不进行水洗筛分试验。

粗集料筛分试验所需最少试样质量 表9-5

公称最大粒径(mm)	75	63	37.5	31.5	26.5	19	16	9.5	4.75
最小试样质量(kg)	10	8	5	4	2.5	2	1	1	0.5

(2)试验步骤

①用水洗法测定集料中小于0.075mm的细粉部分质量

取一份试样置于105℃±5℃的烘箱内烘干至恒量，称取干燥试样总质量m_1，准确至0.1%。将试样置于一个洁净容器中，加入足够数量的洁净水，使试样全部盖没。用搅棒充分搅动集料，使集料表面洗涤干净，使细粉悬浮在水中，但不得破碎集料或有集料颗粒从水中溅出。

根据集料粒径的大小选择一组套筛，其底部为0.075mm的标准筛，上部为2.36mm或4.75mm筛。仔细将容器中混有细粉的悬浮液徐徐倒出，经过套筛流入另一容器中，尽量不致将集料倒出，损坏标准筛的筛面。重复这个步骤，直至倒出的水洁净为止。

将套筛的每个筛子上的集料及容器中的集料全部回收在一个搪瓷盘中，容器上不得有粘附的集料颗粒，将搪瓷盘连同集料一起置于105℃±5℃的烘箱内烘干至恒量，称取干燥试样质量m_2，准确至0.1%。

②用干筛法测定粗集料的颗粒组成

取另一份试样置于105℃±5℃的烘箱内烘干至恒量，称取干燥试样总质量m_0，准确至0.1%。将烘干试样，依筛孔大小顺序逐个将集料过筛，直至每分钟的通过量不超过试样总量的0.1%为止，当某号筛上集料过多，影响筛分作业时，可以将该号筛上的筛余试样分成两份，再次分别筛分。

称量各号筛上的筛余量，精确至总量的0.1%。各筛的分计筛余量之和与底盘存余量的总和同筛分前试样总质量相比，相差不得超过1%。

3. 结果整理

(1)集料中0.075mm通过百分率的计算

集料中小于0.075mm的细粉含量按式(9-19)计算，准确至0.1%。

$$P_{0.075}=\frac{m_1-m_2}{m_1}\times 100 \tag{9-19}$$

式中：$P_{0.075}$——集料中0.075mm通过百分率，%；

m_1——干燥集料试样的总质量，g；

m_2——集料水洗后的干燥质量，g。

（2）计算级配参数

分别计算各筛的分计筛余百分率 a_i、累计筛余百分率 A_i 和通过百分率 P_i，精确至0.1%。

（3）根据各筛的累计筛余或通过百分率绘制筛分曲线图

第十章　沥青与沥青混合料试验

第一节　石油沥青的针入度、延度和软化点试验

针入度、延度和软化点是黏稠沥青最主要的技术指标，通常称为三大指标。

一、石油沥青的针入度试验

沥青针入度试验，适用于测定道路石油沥青、液体石油沥青蒸馏后残留物或乳化沥青蒸发后残留物的针入度。

沥青针入度是在规定的温度和时间，在规定的荷载下，标准针垂直穿入试样的深度，以 0.1mm 为单位。针入度的标准试验条件为：温度 25℃，荷载（包括标准针、针连杆与附加砝码的质量）100g±0.01g，贯入时间 5s。为了计算沥青的针入度指数，通常测定沥青在 15℃（或 5℃）、25℃、30℃等温度下的针入度。在特定试验中，试验条件为：温度 4℃或 46.1℃，时间 60s 或 5s，荷载 200g 或 50g。

1. 主要试验仪具

(1)针入度仪

图 10-1 为手动针入度仪示意图，其中标准针与针入度连杆组合件的总质量为 50g±0.05g，针连杆易于装卸，以便检查其质量，针连杆应与平台相垂直，并可自由下落。仪器设有放置平底玻璃保温皿的平台以及调节水平的装置。当为自动针入度仪时，要求相同。应经常校验计时装置。

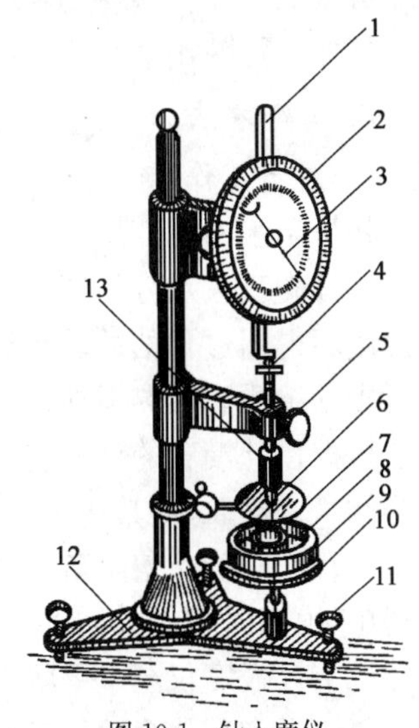

图 10-1　针入度仪

1-拉杆；2-刻度盘；3-指针；4-连杆；5-按钮；6-小镜；7-标准针；8-试样；9-保温皿；10-圆形平台；11-调平螺丝；12-底座；13-砝码

测试的标准针应由硬质淬火的不锈钢制成，洛氏硬度 HRC 为 54～60，尺寸要求如图 10-2 所示。针的表面粗糙度 R_a 为 0.2～0.3μm，针与针杆的总质量 2.5g±0.05g，每个针柄上有单独的标志号码。

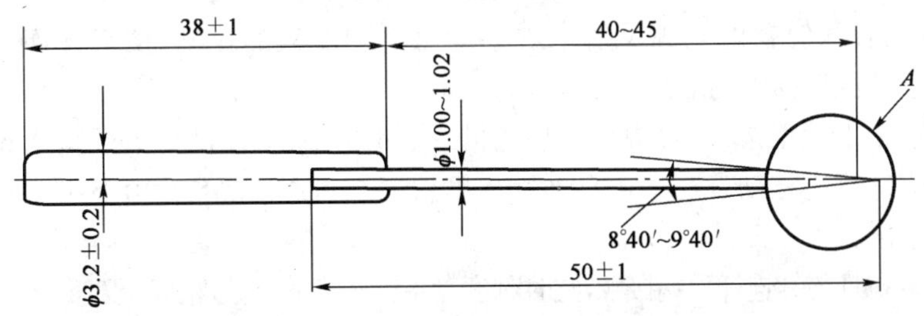

图 10-2　针入度标准针(尺寸单位：mm)

(2)盛样皿

沥青盛样皿由金属制，圆柱形平底，盛样皿规格根据沥青的针入度选择，见表 10-1。

沥青盛样皿规格

表 10-1

针入度范围(0.1mm)	盛样皿尺寸(mm)		恒温时间(h)
	内径	深度	
<200	55	35	1.5～2.0
200～350	70	45	2.0～2.5
>350		>60	2.0～2.5

(3)恒温水槽

恒温水槽的容量不小于 10L，能保持温度在试验温度的±0.1℃范围内，水槽中应设有一个带孔的搁架，位于水面下不少于 100mm，距水槽底不少于 50mm 处。

透明玻璃制的平底玻璃皿，容量不小于 0.5L，深度不少于 80mm。内设一个不锈钢三角支架，能使盛样皿稳定。

(4)其他

分度 0.1s 的秒表。测温范围 0～50℃、分度 0.1℃的玻璃温度计。熔化试样用的金属皿或瓷柄皿。加热用电炉或砂浴、石棉网、三氯乙烯溶剂等。

2. 试验方法

(1)准备工作

将恒温水槽调节到试验要求的温度 25℃，或其他需要的试验温度，保持稳定。

将预先除去水分的沥青试样在砂浴或密闭电炉上小心加热，不断搅拌以防止局部过热，加热温度不得超过预估的软化点 100℃。加热时间不得超过 30min，用筛孔 0.6mm 的筛子滤除沥青中的杂质。加热搅拌过程中避免试样中混入空气泡。

根据预计沥青的针入度选择盛样皿，保证试样在盛样皿中的高度超过针入度 10mm。将试样倒入盛样皿，使其在 15～30℃室温冷却 1.0～1.5h(小试样皿)或 1.5～2h(大试样皿)，在冷却过程中应防止灰尘落入试样皿。然后将盛样皿移入维持在规定试验温度±0.1℃的恒温水浴中，恒温时间要求见表 10-1。

调节针入度仪至水平状态，检查针连杆和导轨，以确认无水和其他外来物，无明显摩擦。用三氯乙烯和其他合适的溶剂清洗标准针，用干棉花将其擦干，把针插入针连杆中插紧。按试验条件放好砝码。

(2)试验步骤

到恒温时间后，取出盛样皿，放入水温控制在试验温度±0.1℃的平底玻璃皿中的三脚架上，试样表面以上的水层深度不少于 10mm。

将盛有试样的平底玻璃皿置于针入度仪的平台上慢慢放下连杆，使针尖刚好与试样接触。必要时用放置在合适位置的光源反射来观察。拉下刻度盘的拉杆，使与针连杆顶端相接触。调节针入度仪刻度盘使指针指零。

开动秒表，在指针正指 5s 的瞬时，用力紧压按钮，使标准针自动下落贯入试样，经规定时间，停压按钮使针停止移动。当采用自动针入度仪时，计时与标准针落下贯入试样同时开始，至 5s 时自动停止。

拉下刻度盘拉杆与针连杆顶端接触，此时刻度盘指针所指的读数，精确至 0.5，即为试样的针入度。

(3)试验要求

同一试样平行试验至少 3 次,各测定点之间及测定点与盛样皿边缘之间的距离不应小于 10mm。每次测定前应将平底玻璃皿放入恒温水浴,每次测定应换一根干净的试针或取下试针用三氯乙烯擦干净,再用干净的棉花擦干。

测定针入度大于 200 的沥青试样时,至少用 3 根试针,每次测定后将试针留在样品中,直至三次测定完成后,才能把试针从试样中起出。

3. 试验结果

(1)针入度

同一试样 3 次平行试验结果的最大值和最小值之差在表 10-2 的允许偏差范围内时,计算三次试验结果的平均值,取至整数作为试验结果,以 0.1mm 为单位。若差值超过表 10-2 的数值,试验重做。

针入度试验允许差值要求　　表 10-2

针入度值(0.1mm)	0～49	50～149	150～249	250～500
允许差值(0.1mm)	2	4	12	20

应报告标准试验温度(25℃)、其他试验温度时的针入度,以及由此求得的针入度指数 PI、当量软化点和当量脆点,计算针入度指数回归公式的相关系数等。

(2)重复性与再现性

当试验结果<50(0.1mm)时,重复性试验的允许差为 2(0.1mm),再现性试验的允许差为 4(0.1mm)。

当试验结果≥50(0.1mm)时,重复性试验的允许差为平均值的 4%,再现性试验的允许差为平均值的 8%。

二、沥青延度试验

沥青的延度是规定形状的沥青试样,在规定的温度下,以一定的速度拉伸至断裂时的长度,以 cm 表示。通常,试验温度为 25℃或 15℃,拉伸速度为 5cm/min±0.25cm/min。当低温时,可采用 1cm/min±0.05cm/min 拉伸速度,应在报告中给予注明。

延度试验适用于测定黏稠石油沥青、液体石油沥青和乳化沥青的蒸馏试验残留物。

1. 主要试验仪具

(1)延度仪

能将试件浸没于水中,保持规定的试验温度,并能按照规定的拉伸速度拉伸试件,且在试验的过程中无明显振动的延度仪均可使用,延度仪的形状与组成见图 10-3。

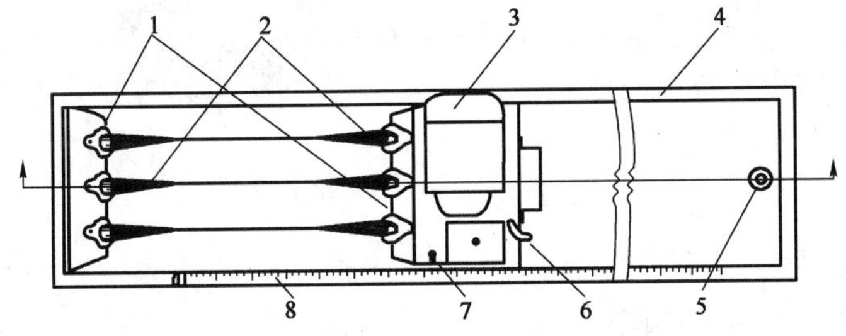

图 10-3　沥青延度仪

1-试模;2-试样;3-电机;4-水槽;5-泄水孔;6-开关柄;7-指针;8-标尺

(2)制模仪具

制模仪具包括延度试模和试模底板。延度试模由黄铜制成,由两个断模和两个侧模所组成,其形状尺寸如图10-4所示。试模底板为黄铜或不锈钢板(表面粗糙度为 R_a 为 0.2μm)。

(3)恒温水浴

容量至少为10L,能够控制温度的准确度为0.1℃的玻璃或金属器皿,试件浸入水中深度不得小于100mm,水浴中设置带孔搁架,搁架距水浴底部不得小于50mm。

(4)甘油滑石粉隔离剂

隔离剂由甘油和滑石粉配制,按质量计甘油2份、滑石粉1份拌和均匀。

(5)其他

用于熔化沥青用的瓷皿或金属皿,量程0~50℃、分度0.1℃的温度计,脱脂棉、平刮刀、工业酒精、食盐等。

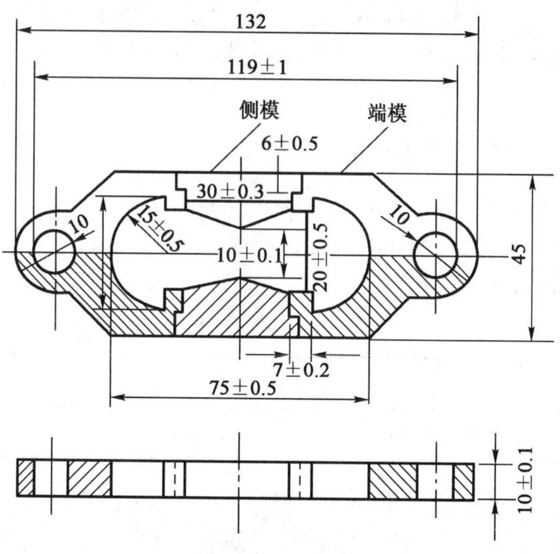

图10-4 沥青延度试模(尺寸单位:mm)

2. 试验方法

(1)试样准备

将隔离剂均匀地涂于清洁干净试模底板、两个侧模的内侧表面,然后将试模在试模底板上组装好。采用与针入度试验相同的方法准备沥青试样,将试样呈细流状仔细地自试模的一端至另一端往返数次注入,最后使试样略高出试模。

试件在室温条件下冷却30~40min,然后置于规定试验温度±0.1℃的恒温水槽中,保持30min后取出,用热刮刀将高出试模的沥青刮去,应自试模的中间刮向两边,表面应刮得十分平滑,使沥青表面与模面齐平。将试件连同试模底板浸入规定试验温度的水槽中1~1.5h。

(2)试验步骤

检查延度仪拉伸速度是否符合要求,然后移动滑板使其指针正对标尺的零点,保持水槽中水温为试验温度±0.5℃。

将试件移至延度仪的水槽中,然后将试模从试模底板上取下,将模具两端的孔分别套在滑板及槽端的金属柱上,然后去掉侧模,水面距试件表面应不小于250mm。开动延度仪,延度仪水槽中水温应为试验温度±0.5℃,仪器不得有振动。观察沥青的延伸情况,如发现沥青细丝浮于水面或沉入槽底时,则应在水中加入工业乙醇或食盐,以调节水的密度至与试样的密度相近,重新测定。

试件拉断时指针所指标尺上的读数,即为试样的延度,以cm表示。正常情况下,试样延伸时应成锥尖状,拉断时实际断面接近于零。如不能得到这种结果,则应在报告中注明。

3. 试验结果

(1)报告

同一试样,每次平行试验不少于3个,如3个测定结果均大于100cm,试验结果记作>100cm,特殊需要也可分别记录实测值。

若在3个测定结果中,有一个以上的测定值小于100cm时,且最大值或最小值与平均值之差满足重复性试验精度要求,则取3个测定结果的平均值的整数作为延度试验结果,若平均值大于 100cm，记作>100cm。如果最大值或最小值与平均值之差不符合重复性试验精度要求时，试验应重新进行。

(2)精密度或允许差

当试验结果小于 100cm 时，重复性试验的允许差为平均值的 20%；再现性试验的允许差为平均值的 30%。

三、沥青软化点试验(环球法)

"环球法"软化点是将沥青试样浇注在规定尺寸的金属环内，上置规定尺寸和质量的钢球，试样在溶液中以 5℃/min±0.5℃/min 的速度加热，当试样受热后，逐渐软化至钢球使试样下垂达规定距离(25.4mm)时的温度，以"℃"表示。

本方法适用于测定道路石油沥青、煤沥青的软化点，也适用于测定液体石油沥青经蒸馏或乳化沥青蒸发后残留物的软化点。

1. 试验仪具

(1)软化点试验仪

环与球软化点仪由钢球、试样环、钢球定位环、金属支架和烧杯组成，见图 10-5。钢球直径为 9.53mm，质量为 3.50g±0.05g，表面光滑。

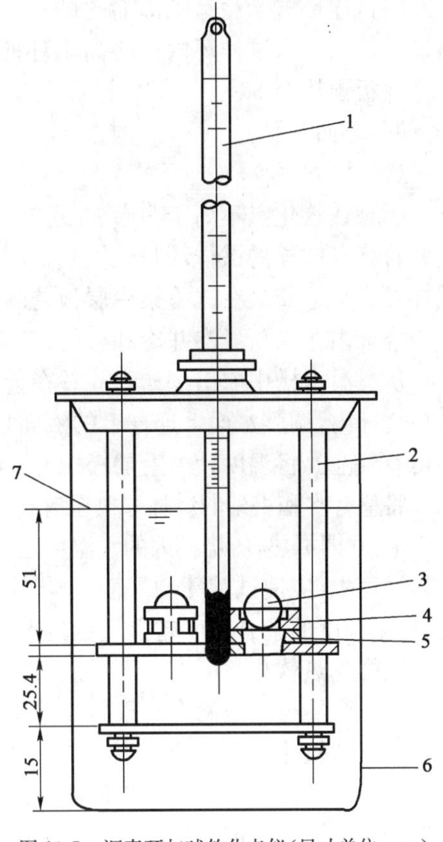

图 10-5　沥青环与球软化点仪(尺寸单位：mm)
1-温度计；2-立杆；3-钢球；4-钢球定位环；5-金属环；6-烧杯；7-水面

试样环由黄铜或不锈钢制成，形状与尺寸见图 10-6。钢球定位环由黄铜或不锈钢制成，能使钢球定位于试样中央。

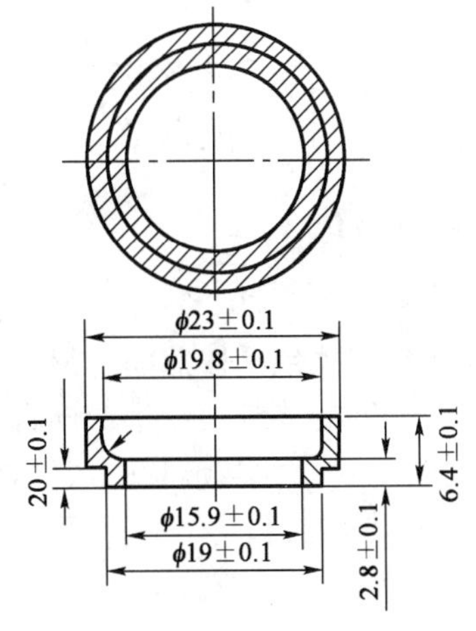

图 10-6　软化点试样环(尺寸单位：mm)

试验支架由两根连接立杆和 3 层平行金属板组成，分别为上盖板、中层板和下底板。中层板上有两个圆孔，以供放置试样环，与下底板之间的距离为 25.4mm。在连接立杆上距中层板顶面 51mm±0.2mm 处，刻有一液面指示线。

烧杯是由耐热玻璃制作的无嘴高型烧杯，容积约 800～1 000mL，直径不小于 86mm，高度不小于 120mm，其上口应与上盖板相配合。

(2)加热炉具

装有温度调节器的电炉或其他加热炉具。

(3)其他

刻度 0～80℃、分度 0.5℃的全浸玻璃温度计 1 只，刻度 0～200℃、分度 1.0℃的全浸玻璃温度计 1 只。新煮沸过的蒸馏水。恒温水槽、试模底板、平直刮刀、甘油滑石粉隔离剂等与延度试验相同。

2. 试验方法

(1)准备工作

将试样环置于涂有隔离剂的试模底板上。采用与针入度试验相同方法准备好沥青试样，将试样徐徐注入试样环内至略高出环面为止。如预估软化点在120℃以上时，应将试样环与试模底板预热至80～100℃。试样在室温条件下冷却30min后，用热刀刮去高出环面上的试样，使与环面齐平。

(2)试验步骤

①预估软化点不高于80℃的试样

将盛有试样的试样环与试模底板同置于盛水的5℃±0.5℃恒温水槽内至少15min。或将试样环水平地安放在试验架中层板的圆孔中，然后放在烧杯中，在5℃±0.5℃下恒温15min。

烧杯内注入新煮沸并冷却至约5℃的蒸馏水，使水面略低于立杆上的液面指示线。

从恒温水槽中取出试样环放置在金属支架中层板的圆孔中，套上钢球定位环，把整个支架放在烧杯内，调整水面至连杆上的液面指示线标记，保持水温5℃±0.5℃，支架上任何部分均不得有气泡。将温度计由上层板中心孔垂直插入，使温度计端部测温头与试样环下面齐平。

将盛有水和支架的烧杯移放至有石棉网的加热炉具上，然后将钢球放在钢球定位环中间的试样上，立即加热，使烧杯内的水温度在3min内调节至恒定上升速度5℃/min±0.5℃/min。在加热过程中，应使试验环的平面在全部加热时间内完全处于水平状态，记录每分钟的上升温度，如果温度的上升速度超出规定范围时，则应重新进行试验。

试样受热软化下坠至与下层底板表面接触时，立即读取温度，准确至0.5℃，即为试样的软化点。取平行测定两个结果的算术平均值作为测定结果。

②预估软化点高出80℃的试样

将盛有试样环与试模底板同置于装有32℃±1℃甘油的恒温槽内至少15min，同时将金属支架、钢球、钢球定位环等也放入。在烧杯内注入预先加热至32℃的甘油，其液面略低于立杆上的液面指示线。从恒温水槽中取出试样环，按照上述方法进行测定，准确至1℃。

3.测试结果精确度要求

同一试样平行试验2次，当2次测定值的差值符合重复性试验精度要求时，取其平均值作为软化点试验结果，准确至0.5℃。

当试样软化点<80℃时，重复性试验的允许差为1℃，再现性试验的允许差为4℃。

当试样软化点≥80℃时，重复性试验的允许差为2℃，再现性试验的允许差为8℃。

第二节　沥青混合料的拌制与试件成型

沥青混合料拌制和试件成型是进行各项性能试验的基础，这个过程包括按照沥青混合料的设计配合比，采用现场实际材料，在试验室内用小型拌和机，按规定的拌制温度生产沥青混合料，然后将沥青混合料在规定的成型温度下，用规定的方法制成规定尺寸与形状的试件，供测定其物理常数和力学性质用。在室内，沥青混合料试件的成型有击实法和轮碾法，并可在轮碾成型的试件上采用切割或钻芯的方式得到所需要的试件。

一、击实法成型沥青混合料试件

采用击实成型得到的沥青混合料试件主要用于进行马歇尔稳定度试验和劈裂强度试验。

1.主要试验仪具

(1)试验室用沥青混合料拌和机

能保证拌和温度并充分拌和均匀，可控制拌和时间，容量不少于 10L，如图 10-7 所示。搅拌叶自转速度 70～80r/min，公转速度 40～50r/min。

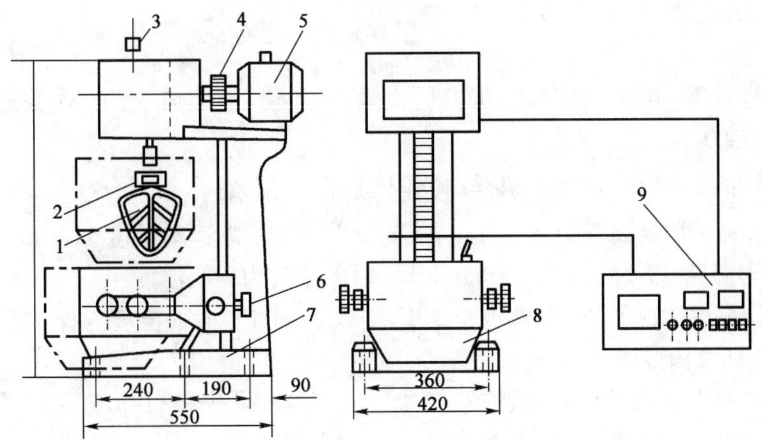

图 10-7 试验室用小型沥青混合料拌和机(尺寸单位:mm)

1-拌和叶片；2-弹簧；3-变速箱；4-联轴器；5-电机；6-升降手柄；7-底座；8-加热拌和锅；9-温度时间控制仪

(2)击实仪

击实仪由击实锤、压实头和导向棒组成，分为标准击实仪和大型击实仪。

①标准击实仪

标准击实仪由击实锤、直径 98.5mm 平圆形压实头及带手柄的导向棒组成。用人工或机械将压实锤举起从 457.2mm±1.5mm 高度沿导向棒自由落下击实，标准击实锤质量 4 536g±9g。

②大型击实仪

大型击实仪由击实锤、直径 149.5mm 平圆形压实头及带手柄的直径 15.9mm 的导向棒组成。由机械将压实锤举起从 457.2mm±2.5mm 高度沿导向棒自由落下击实，标准击实锤质量 10 210g±10g。

③自动击实仪

将标准击实锤及标准击实台安装成一体，用电力驱动击实锤连续击实试件，且可自动计数的设备，击实速度为 60 次/min±5 次/min。

(3)试模

由高碳钢或工具钢制成。标准试模尺寸为：内径 101.6mm±0.2mm、高 87mm 的圆柱形金属筒，底座直径约 120.6mm，套筒内径 101.6mm、高 70mm。大型圆柱体试件模具由套筒和试模组成，套筒尺寸为：外径 165.1mm，内径 155.6mm±0.3mm，总高 83mm。试模内径 152.4mm ±0.2mm，总高 115mm，底座板厚 12.7mm，直径 172mm。

(4)脱模器

电动或手动，备有标准圆柱体试件或大型标准圆柱体试件的推出环。

(5)烘箱

大、中型各一台，装有温度调节器。

(6)天平或电子秤

用于称量矿料的分度值不大于 0.5g，用于称量沥青的分度值不大于 0.1g。

(7)沥青运动黏度测定设备

毛细管黏度计或赛波特重油黏度计。

(8)温度计

宜采用有金属插杆的热电偶温度计，金属插杆长度不小于300mm，量程0～300℃，分度为1℃。数字显示或度盘指针的分度0.1℃，且具有留置读数功能。

(9)其他

插刀或大螺丝刀，电炉或煤气炉，沥青熔化锅、拌和铲、标准筛、滤纸(或普通纸)、胶布、卡尺、秒表、粉笔、棉纱等。

2.确定沥青混合料的拌和温度与制作试件压实温度

用毛细管黏度计测定沥青的运动黏度，绘制黏温曲线。以运动黏度170mm²/s±20mm²/s时的温度为拌和温度，以280mm²/s±30mm²/s时的温度为压实温度。

若采用赛氏黏度计测定沥青的赛波特黏度，则以85s±10s时的温度为拌和温度，以140s±15s时的温度为压实温度。

当缺乏运动黏度测定条件时，试件的拌和与压实温度可按表10-3选用，并根据沥青品种和标号做适当调整。针入度小、稠度大的沥青取高限，针入度大、稠度小的沥青取低限，一般取中值。对于改性沥青，应根据改性剂品种和掺量，适当提高沥青混合料的拌和与压实温度，对大部分聚合物改性沥青，需要在基质沥青的基础上提高15～30℃左右，掺加纤维时，尚需再提高10℃左右。

沥青混合料拌和及压实温度参考表 表10-3

沥青种类	拌和温度(℃)	压实温度(℃)	沥青种类	拌和温度(℃)	压实温度(℃)
石油沥青	130～160	110～130	改性沥青	160～175	140～170

3.沥青混合料的拌和

(1)准备工作

将各种规格的矿料置于105℃±5℃的烘箱中烘干至恒量(一般不少于4～6h)。根据需要，可将粗细集料过筛后，用水冲洗再烘干备用。

分别测定不同粒径粗细集料及填料(矿粉)的表观密度，并测定沥青的密度。

将烘干分级的粗细集料，按每个试件设计级配组成称其质量，在一金属盘中混合均匀。一般按一组试件(每组4～6个)备料，但进行配合比设计时宜对每个试件分别备料。

矿粉单独置于烘箱中加热备用，烘箱温度应较沥青拌和温度高15℃以上，通常石油沥青为163℃，改性沥青为180℃。

将沥青试样用电热套或恒温烘箱熔化加热至拌和温度，备用。

用沾有少许黄油的棉纱擦净试模、套筒及击实座，然后置于100℃左右烘箱中加热1h，备用。常温沥青混合料用试模不必预热。

(2)沥青混合料的拌制

①黏稠沥青混合料

将沥青混合料拌和机预热至拌和温度以上10℃左右备用。将每个试件预热的粗细集料置于拌和机中，用小铲适当混合，然后再加入需要数量的已加热至拌和温度的沥青，开动拌和机一边搅拌，一边将拌和叶片插入混合料中拌和1～1.5min，然后暂停拌和，加入单独加热的矿粉，继续拌和至均匀为止，并使沥青混合料保持在要求的拌和温度范围内，总拌和时间约为3min。

②液体沥青混合料

将每个试件的矿料置于已加热至55～100℃的拌和机中，注入要求数量的液体沥青，开动拌和机边搅拌边加热，使液体沥青中的溶剂挥发少于50%。拌和时间应经试拌确定。

③乳化沥青混合料

将每个试件的粗、细集料置于拌和机中，拌和机不加热。注入计算的用水量(阴离子乳化沥青不加水)后，拌和均匀并使矿料表面完全湿润，再注入设计用量的乳化沥青。在1min内使混合料拌匀，然后加入矿粉后迅速拌和，使混合料拌成褐色为止。

4. 试件制作过程

(1)试样装模

将拌好的沥青混合料，均匀称取一个试件所需的用量，标准马歇尔试件约1 200g，大型马歇尔试件约4 050g。当一次拌和几个试件时，宜将其倒入经预热的金属盘中，用小铲拌和均匀分成几份，分别取用。在试件制作过程中，为了防止混合料温度下降，应连盘放在烘箱中保温。

从烘箱中取出预热的试模及套筒，用沾有少许黄油的棉纱擦拭套筒、底座及击实锤底面，将试模装在底座上(也可垫一张圆形的吸油性小的纸)，按四分法从四个方向用小铲将混合料铲入试模中，用插刀沿周边插捣15次，中间10次。插捣后将沥青混合料表面整平成凸圆弧面。对于大型马歇尔试件，混合料分两次加入，每次插捣次数同上。

插入温度计，至混合料中心附近，检查混合料温度。

(2)试件击实

①黏稠沥青混合料

待沥青混合料温度符合要求的压实温度后，将试模连同底座一起放在击实台上固定，在装好的混合料上垫一张吸油性小的圆纸，再将装有击实锤及导向棒的压实头插入试模中，然后开启电动机或人工将击实锤从457mm的高度自由落下击实规定的次数(75次、50次或35次)。对于大型马歇尔试件，击实次数为75次(相应于标准击实50次的情况)或112次(相应于标准击实75次的情况)。

试件击实一面后，取下套筒，将试模掉头，装上套筒，以同样的方式和次数击实另一面。

②乳化沥青混合料

在两面击实后，将一组试件在室温下横向放置24h，另一组试件在温度105℃±5℃的烘箱中养生24h。将养生试件取出后立即再两面各击25次。

试件击实结束后，立即用镊子取掉试件上下面的垫纸，用卡尺量取试件离试模上口的高度并由此计算试件高度，如高度不符合要求时，试件应作废，并调整试件的混合料数量，以保证试件高度符合63.5mm±1.3mm(标准试件)或95.3mm±2.5mm(大型马歇尔试件)的要求。调整后沥青混合料用量等于:(要求试件高度×原用混合料质量)/所得试件高度。

(3)试件脱模

卸去套筒和底座，将装有试件的试模横向放置冷却至室温不少于12h后，置脱模机上脱出试件。将试件仔细置于干燥洁净的平面上，供试验用。

二、轮碾法成型沥青混合料试件

轮碾法可以制作沥青混合料板块状试件，用切割机可将此板块试件切制成棱柱体试件，或用芯样钻机钻取圆柱状试件，供相关试验使用。

1. 主要试验仪具

(1)轮碾成型机

轮碾成型机具有圆弧形碾压轮，轮宽300mm，压实线荷载为300N/cm，碾压行程等于试件长度，碾压后试件可达到马歇尔试验标准击实密度的100%±1%。

当无轮碾成型机时，可用手动碾代替，手动碾轮宽与试件同宽，备有10kg砝码5个，以调整载重，手动碾成型的试件厚度不大于50mm。在施工现场也可以采用压路机代替轮碾成型机。

(2)试验室用沥青混合料拌和机

能保证拌和温度并充分拌和均匀，可控制拌和时间，宜采用容量大于30L的大型沥青混合料拌和机，也可采用容量大于10L的小型拌和机。

(3)试模

由高碳钢或工具钢制成，内部平面尺寸为300mm×300mm，高50mm、40mm或100mm。根据需要，试模深度及平面尺寸可以调节，以制备不同尺寸的板块状试件。

手动碾压成型车辙试件的试模框架由硬木或钢板制，内部尺寸为300mm×300mm×50mm，平面能与试模边缘平齐。

(4)切割机

试验室用金刚石锯片的单锯片或双锯片切割机，或现场用路面切割机，有淋水冷却装置，切割厚度不小于试件厚度。

(5)钻孔取芯机

用电力或汽油机、柴油机驱动，有淋水冷却装置。金刚石钻头的直径根据试件直径选择。钻孔深度不小于试件厚度。

(6)小型击实锤

钢制，端部断面80mm×80mm，厚10mm，带手柄，总质量0.5kg左右。

(7)台秤、天平或电子秤

称量5kg以上的分度值1g；称量5kg以下时，用于称量矿料的分度值不大于0.5g，用于称量沥青的分度值不大于0.1g。

(8)其他

大、小、中型烘箱各一台，装有温度调节器。沥青毛细管黏度计或赛波特黏度计。分度值不大于1℃的温度计。电炉或煤气炉、沥青熔化锅、拌和铲、标准筛、滤纸、胶布、卡尺、秒表、粉笔、垫木、棉纱等。

2.试样的制作

(1)准备工作

按照前述击实成型方法，确定沥青混合料的拌和温度和压实温度。

将金属试模及小型击实锤等置于约100℃的烘箱中加热1h备用。常温沥青混合料用试模不加热。

称出制作一块试件所需要的各种材料的用量。沥青混合料的总质量按试件体积乘以马歇尔标准试件的击实密度，再乘以系数1.03计算，再按配合比计算出各种材料用量。

按照击实成型方法拌制沥青混合料。

(2)试件成型

将预热的试模从烘箱中取出，装上试模框架，在试模中铺一张尺寸合适的普通纸，可以用报纸，使底面及侧面均被纸隔离，将拌和好的全部沥青混合料，用小铲稍加拌和后均匀地沿试模由边至中按顺序装入试模，中部要略高于四周。

取下试模框架，用预热的小型击实锤由边至中压实一遍，整平成凸圆弧形。

插入温度计，待混合料冷却至规定的压实温度(为使冷却均匀，试模底下可用垫木支起)时，在表面铺一张裁好尺寸的普通纸。

当用轮碾机碾压时，宜先将碾压轮预热至100℃左右(如不加热，应铺牛皮纸)。然后，将盛有沥青混合料的试模置于轮碾机的平台上，轻轻放下碾压轮，调整总荷载为9kN(线荷载300N/cm)。

启动轮碾机先在一个方向碾压2个往返(4次)，卸荷，再抬起碾压轮，将试件掉转方向，再加相同荷载碾压至马歇尔标准密度100%±1%为止。正式试件压实前，应经试压，确定碾压次数，一般12个往返(24次)左右可达要求。如试件厚度大于100mm时必须分层碾压。

当用手动碾成型时，先用空碾碾压，然后逐渐增加砝码荷载，直至将5个砝码全部加上，进行压实，至马歇尔标准密度100%±1%为止。碾压方法及碾压次数应由试压确定，压实至无轮迹为止。

压实成型后，揭去试件表面的纸，用粉笔在试件表面上标明碾压方向。将盛有压实试件的试模，置室温下冷却，至少12h后方可脱模。

3. 用切割机切制棱柱体试件

按试验要求的试件尺寸，在轮碾成型的板块状试件表面规划切割试件的数目，但边缘20mm部分不得使用。

切割顺序如图10-8所示。首先在与轮碾成型垂直的方向，沿$A—A$切割第一刀作为基准面，再在垂直的$B—B$方向切割第二刀，精确量取试件长度后切割$C—C$，使$A—A$及$C—C$切下的部分大致相等。仔细量取试件切割位置，按图10-8顺碾压方法($B—B$方向)切割试件，使试件的宽度符合要求。切割下的试件应按顺序放在平玻璃板上排列整齐，然后再切割试件的底面与表面。

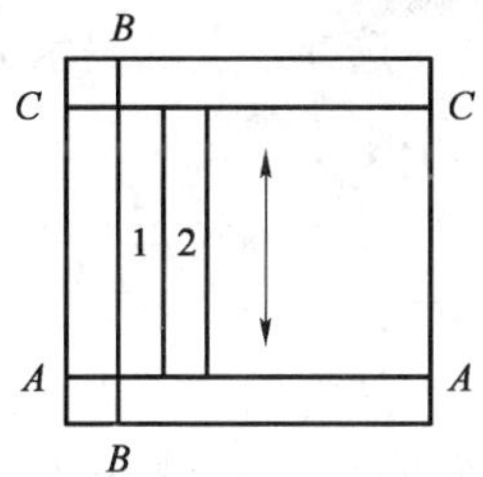

图10-8 切割棱柱体试件的顺序示意图

将切割好的试件立即编号，风干，风干时间不能少于24h。在风干过程中，试件的上下方向及排序不能搞错。

4. 用钻芯法钻取圆柱体试件

在轮碾成型的板块状试件表面作出取样位置标记，板边缘部分的20mm不得使用。根据需要选择100mm或150mm的金刚石钻头。将板在钻机平台上固定，钻头对准取样位置。在钻孔位置堆放干冰，使试件迅速冷却。如没有干冰时，可开放冷却水。开动钻机均匀地钻透试块。提起钻头，取出试件，吹干试件。

根据需要，可再用切割机切去钻芯试件的一端或两端，达到要求的高度，但必须保证端面与试件轴线垂直且保持上下平行。

第三节　沥青混合料试件物理力学指标的测定

一、沥青混合料试件体积参数的测定

沥青混合料试件成型后，需测定其各种密度，并根据组成材料配合比及性能指标计算沥青混合料试件的空隙率、沥青体积百分率、矿料间隙率和沥青饱和度等体积参数指标。

1. 主要试验仪具

(1)浸水天平或电子秤

当最大称量在 3kg 以下时，浸水天平或电子秤分度值不大于 0.1g，最大称量 3kg 以上时，分度值不大于 0.5g，最大称量 10kg 以上时，分度值不大于 5g，天平的下方应有测量水中质量的挂钩，挂钩上的吊线应使用不吸水的细尼龙线绳，并有足够的长度，对轮碾成型机成型的板块状试件可用铁丝悬挂。

(2)水中质量称量装置

水中质量称量装置由溢流水箱、网篮、试件悬吊装置组成，见图 10-9。

(3)其他

秒表、电扇或烘箱等。

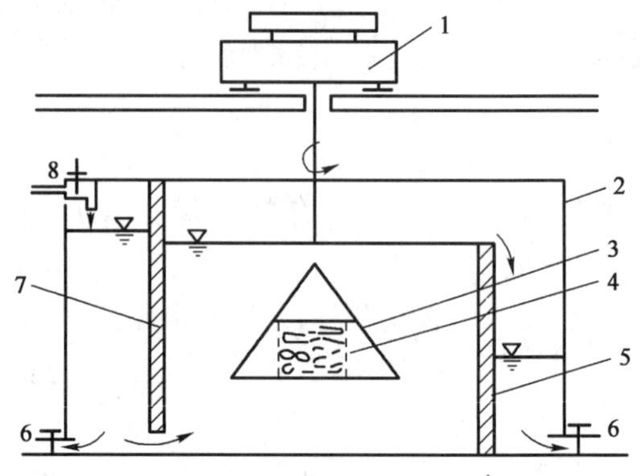

图 10-9　水中重称量方法示意图

1-浸水天平或电子秤；2-溢流水箱；3-网篮；4-试件；5、7-水位搁板；6-放水阀门；8-注水口

2. 试验方法

选择适宜的浸水天平(或电子秤)，最大称量应不小于试件质量的 1.25 倍，且不大于试件质量的 5 倍。

除去试件表面的浮粒，称取干燥试件在空气中的质量(m_a)，根据选择天平的感量读数，准确度为 0.1g、0.5g 或 5g。

挂上网篮浸入溢流水箱的水中，调节水位，将天平调平或复零，把试件置于网篮中(注意不要使水晃动)，浸水约 3～5min，称取试件的水中质量(m_w)。若天平读数持续变化，不能在数秒钟内达到稳定，说明试件吸水较严重，不适用于此法测定，应改用蜡封法测定。

从水中取出试件，用洁净柔软的拧干湿毛巾轻轻擦去试件的表面水，注意不得吸走空隙内的水，然后称取试件的表干质量(m_f)。

对从路上钻取的非干燥试件可先称取水中质量(m_w)，然后用电风扇将试件吹干至恒量(一般不少于 12h，当不需进行其他试验时，也可用 60℃烘箱烘干至恒量)。再称取试件空气中的质量(m_a)。

3. 物理常数指标计算

(1)试件的吸水率

试件的吸水率即试件吸水体积占沥青混合料试件毛体积的百分率，按式(10-1)计算。

$$S_a = \frac{m_f - m_a}{m_f - m_w} \times 100 \tag{10-1}$$

式中：S_a——试件的吸水率，%；

m_a——干燥试件的空气中质量，g；

m_w——试件的水中质量，g；

m_f——试件的表干质量，g。

(2)试件的毛体积相对密度和毛体积密度

当试件的吸水率符合 $S_a<2\%$ 要求时，试件的毛体积相对密度和毛体积密度分别按照式(10-2)及式(10-3)计算，取 3 位小数。当试件的吸水率符合 $S_a>2\%$ 要求，应改用蜡封法测定。

$$\gamma_f = \frac{m_a}{m_f - m_w} \tag{10-2}$$

$$\rho_f = \frac{m_a}{m_f - m_w} \times \rho_w \tag{10-3}$$

式中：　γ_f——用表干法测定的试件毛体积相对密度，无量纲；

ρ_f——用表干法测定的试件毛体积密度，g/cm^3；

ρ_w——常温水的密度，≈1g/cm^3；

m_a、m_w、m_f——意义同式(10-1)。

(3)试件的空隙率

试件的空隙率按式(附 2-4)计算，取 1 位小数。

$$VV = \left(1 - \frac{\gamma_f}{\gamma_t}\right) \times 100 \tag{10-4}$$

式中：VV——试件的空隙率，%；

γ_f——用表干法测定的试件毛体积相对密度，无量纲；

γ_t——实测沥青混合料最大相对密度，或计算沥青混合料理论最大相对密度，无量纲。

(4)其他体积参数指标的计算

根据上述结果和沥青混合料配合比，计算沥青体积百分率、矿料间隙率、沥青饱和度和粗集料骨架间隙率等指标，取 1 位小数。

二、沥青混合料马歇尔稳定度试验

沥青混合料稳定度试验是将沥青混合料制成圆柱形试件，在稳定度仪上测定其稳定度和流值，以这两项指标来表征其高温时的稳定性和抗变形能力。

根据沥青混合料的力学指标(稳定度和流值)和物理常数(密度、空隙率和沥青饱和度等)，以及水稳性(残留稳定度)和抗车辙(动稳定度)检验，即可确定沥青混合料的配合比组成。

1. 主要试验仪具

(1)沥青混合料马歇尔试验仪

马歇尔试验仪应符合国家标准《沥青混合料马歇尔试验仪》(GB/T 11823)的技术要求。图 10-10 为手动马歇尔试验仪示意图。

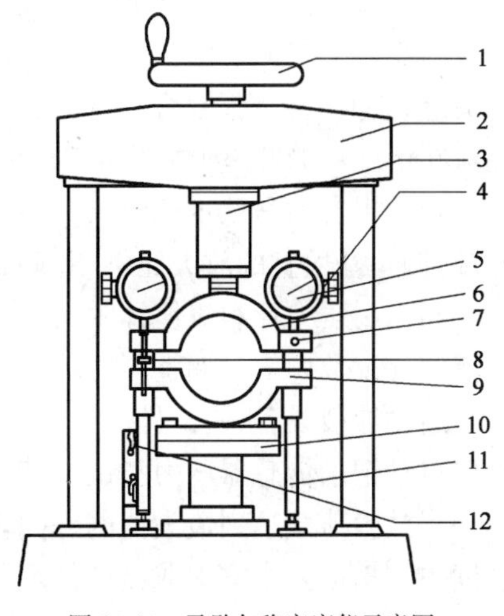

图 10-10　马歇尔稳定度仪示意图

1-手摇装置；2-上载荷架；3-载荷控制传杆器；4-千分表固定螺丝；5-千分表；6-上压头；7-固定螺丝；8-夹架；9-下压头；10-承压板；11-支柱；12-上微动螺丝

对于高速公路和一级公路的沥青混合料宜采用自动马歇尔试验仪，用计算机或 X-Y 记录仪记录荷载—位移曲线，并具有自动测定荷载与试件垂直变形的传感器、位移计，能够自动显示或打印试验结果。对于标准马歇尔试件，试验仪的最大荷载不小于 25kN，读数准确度 100N，加载速率应保持 50mm/min ±5mm/min，钢球直径 16mm，上下压头曲度半径为50.8mm。当采用大型马歇尔试件时，试验仪的最大荷载不小于 50kN，读数准确度 100N，上下压头曲度内径为 152.4mm ±0.2mm，上下压头间距 19.05mm±0.1mm。

(2)恒温装置

能保持水温于测定温度±1°C 的恒温水槽，深度不少于 150mm。烘箱。

(3)真空饱水容器

由真空泵和真空干燥器组成。

(4)其他

感量不大于 0.1g 的天平，分度 1℃的温度计，卡尺或试件高度测定器，棉纱、黄油等。

2. 标准马歇尔试验方法

(1)准备工作

测量试件直径和高度，在十字对称的 4 个方向测量试件的高度，测点应距试件边缘 10mm，准确至 0.1mm，并以平均值作为试件的高度。如果标准试件高度不符合 63.5mm±1.3mm、大型试件的高度不符合 95.3mm±2.5mm 的要求，或两侧高度差大于 2mm 时，此试件应作废。

按前述方法测定试件的各项物理指标。

将恒温水槽调节至要求的试验温度，对黏稠石油沥青混合料或烘箱养生的乳化沥青混合料为 60℃±1℃，对空气养生的乳化沥青混合料为 25℃±1℃。将试件置于已达规定温度的恒温水槽中保温 30～40min(标准试件)或 45～60min(大型试件)。试件应垫起，离容器底部不小于 5cm。

(2)试验步骤

将马歇尔试验仪的上下压头放入烘箱中达到同样温度。将上下压头从烘箱中取出，擦拭干净内面。为使上下压头滑动自如，可在下压头的导棒上涂少量黄油。再将试件取出置于下压头上，盖上上压头，然后装在加载设备上。

在上压头的球座上放妥钢球，并对准荷载测定装置(应力环或传感器)的压头。

当采用自动马歇尔试验仪时，将马歇尔试验仪的压力传感器与计算机或 X-Y 记录仪正确连接，调整好适宜的放大比例，并调整记录比的零点。

当采用压力环和流值计时，将流值计安装在导棒上，使导向套管轻轻地压住上压头，同时将流值计读数调零。调整压力环中百分表，对零。

启动加载设备，使试件承受荷载，加载速度为 50mm/min±5mm/min。计算机或 X-Y 记录仪自动记录传感器压力和试件变形曲线，并将数据自动存入计算机。

当试验荷载达到最大值的瞬间，取下流值计，同时读取压力环中百分表读数及流值计的流值读数。从恒温水槽中取出试件至测出最大荷载值的时间，不应超过 30s。

3. 浸水马歇尔试验方法

浸水马歇尔试验的不同之处在于，将沥青混合料试件在规定温度的恒温水槽中保温 48h，其余方法与标准马歇尔试验方法相同。

4. 真空饱水马歇尔试验方法

真空饱水马歇尔试验方法，是将试件先放入真空干燥器中，关闭进水胶管，开动真空泵，使干燥器的真空度达到 97.3kPa(730mmHg)以上，维持 15min，然后打开进水胶管，靠负压进入冷水流使试件全部浸入水中，浸水 15min 后恢复常压，取出试件再放入规定温度的恒温水槽中保温 48h，其余与标准马歇尔试验方法相同。

5. 结果整理

(1)试件的稳定度与流值

①采用自动马歇尔试验仪测定

采用自动马歇尔试验仪测定时，将计算机采集的数据，或 X-Y 记录仪自动记录的荷载—变形数据绘制成压力—试件变形曲线，见图 10-11。按照图 10-11 所示的方法，在切线方向延长曲线与横坐标相交于 O_1，将 O_1 作为修正原点，从 O_1 起量取相应荷载最大值时的变形作为流值，以 mm 计，准确至 0.1mm。最大荷载即为马歇尔稳定度，以 kN 计，准确至 0.01kN。

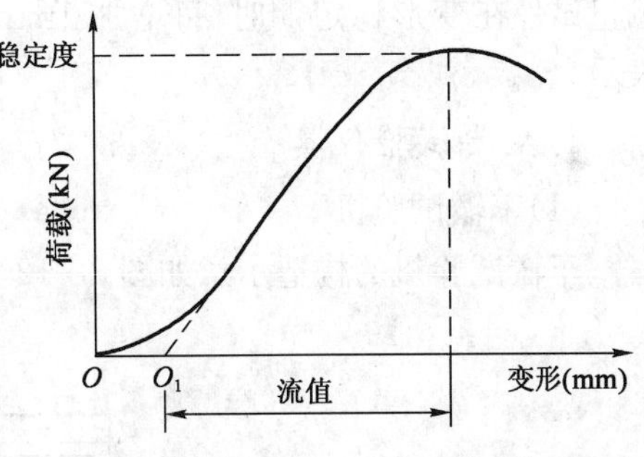

图 10-11　马歇尔试验结果的修正示意图

②采用压力环和流值表测定

当用压力环和流值表测定时，根据压力环表标定曲线，将压力环中百分表的读数换算为荷载值，即试件的稳定度，以 kN 计，准确至 0.01kN。由流值计及位移传感器测定装置读取的试件垂直变形，即为试件的流值，以 mm 计，准确至 0.1mm。

(2)试件的浸水残留稳定度

根据试件的浸水马歇尔稳定度和标准马歇尔稳定度，可按式(10-5)计算试件的浸水残留稳定度。

$$MS_0 = \frac{MS_1}{MS} \times 100 \tag{10-5}$$

式中：MS_0——试件的浸水残留稳定度，%；

MS_1——试件浸水 48h 后的马歇尔稳定度，kN；

MS——试件按标准试验方法测得的马歇尔稳定度，kN。

(3)试件的真空饱水残留稳定度

根据试件的真空饱水稳定度和标准稳定度，可按式(10-6)计算试件真空饱水残留稳定度。

$$MS'_0 = \frac{MS_2}{MS} \times 100 \tag{10-6}$$

式中：MS'_0——试件的真空饱水残留稳定度，%；

MS_2——试件真空饱水后浸水 48h 后的马歇尔稳定度，kN；

MS——试件按标准试验方法的测得的马歇尔稳定度，kN。

6. 试验报告

当一组测定值中某个数据与平均值之差大于标准差的 k 倍时，该测定值应予舍弃，并以其余测定值的平均值作为试验结果。当试验数目 n 为 3、4、5、6 个时，k 值分别为 1.15、1.46、1.67、1.82。

当采用自动马歇尔试验仪时，试验结果应附有荷载—变形曲线原件或自动打印结果，并报告马歇尔稳定度、流值，以及试件尺寸、试件的密度、空隙率、沥青用量、沥青体积百分率、沥青饱和度、矿料间隙率等各项物理指标。

三、沥青混合料车辙试验

沥青混合料车辙试验是用一块经碾压成型的板块试件(通常尺寸为 300mm×300mm×50mm)，在规定温度条件(通常为 60℃)下，以一个轮压为 0.7MPa 的实心橡胶轮胎在其上行走，测量试件在变形稳定期时，每增加1mm变形需要行走的次数，即称为“动稳定度”，以次/mm表示。

1. 主要试验仪具

(1)车辙试验机

车辙试验机的构造示意如图10-12，主要组成部分及功能如下。

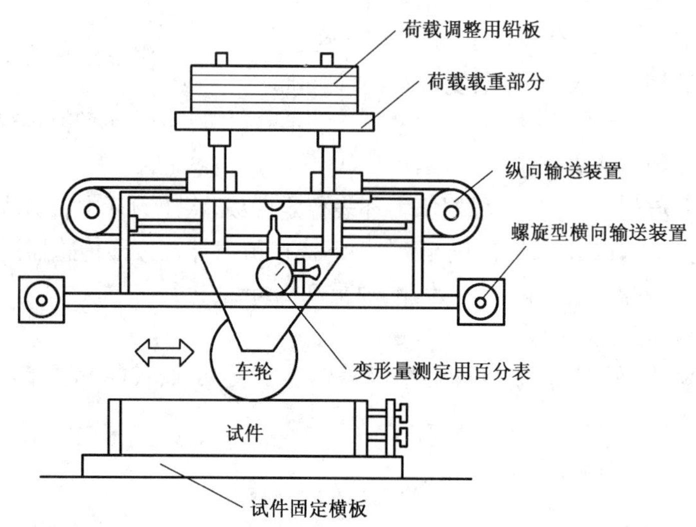

图10-12 车辙试验机结构示意图

试件台可牢固地安装宽度300mm或150mm的规定尺寸试件的试模。

试验轮为橡胶制的实心轮胎，外径200mm，轮宽50mm，橡胶层厚15mm。橡胶硬度(国际标准硬度)20℃时为84±4、60℃时为78±2。试验轮行走距离为230mm±10mm，往返碾压速度为42次/min±1次/min(21次往返/min)。允许采用曲柄连杆驱动试验台运动(试验轮不动)或链驱动试验轮运动(试验台不动)的任一种方式。加载装置可使试验轮与试件的接触压强在60℃时为0.7MPa±0.05MPa，施加的总荷载为700N左右，根据需要可以调整。

变形测量装置可自动检测车辙变形并记录曲线的装置，通常用LVDT、电测百分表或非接触位移计。

温度检测装置为精度0.5℃的温度传感器温度计，可自动检测并记录试件表面及恒温室温度。

(2)恒温室

车辙试验机必须整机安放在恒温室内，恒温室装有加热器、气流循环装置及装有自动温度控制设备，保持室温60℃±1℃，试件内部温度60℃±0.5℃，或所需要的其他温度。

2. 试验方法

(1)准备工作

在60℃下，调整试验轮的接地压强为0.7MPa±0.05MPa。

试件成型后，连同试模一起在常温条件下放置的时间不得少于12h。对于聚合物改性沥青混合料试件，放置时间以24h为宜，使聚合物改性沥青充分固化后再进行车辙试验，但在室温中放置时间不得长于一周。

(2)试验步骤

将试件连同试模一起，置于已达到试验温度 60℃±1℃的恒温室中，保温时间不少于 5h，也不得多于 24h。在试件上试验轮不行走的部位上，粘贴热电偶温度计，以检测试件温度。

将试件连同试模置于车辙试验机的试验台上，试验轮在试件的中央部位，其行走方向须与试件碾压方向一致。开动车辙变形自动记录仪，然后启动试验机，使试验轮往返行走，时间约 1h，或最大变形达到 25mm 为止。试验时，记录仪自动记录变形曲线及试件温度。图 10-13 为车辙试验变形与时间的关系曲线。对 300mm 宽且试验时变形较小的试件，也可对一块试件在两侧 1/3 位置上进行两次试验取平均值。

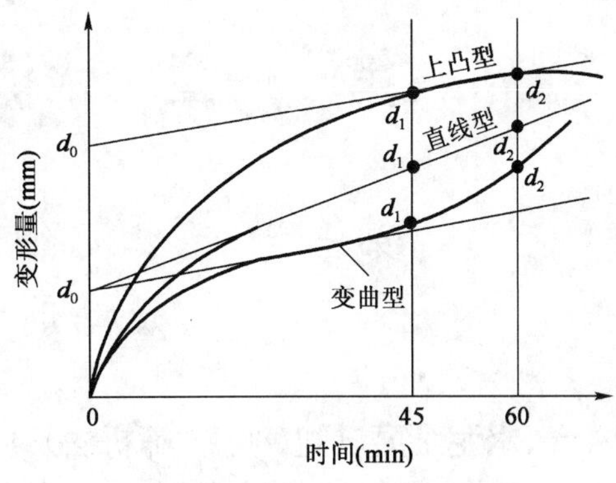

图 10-13 车辙深度与时间的关系曲线

3. 结果计算

从图 10-13 上读取 45min(t_1)及 60min(t_2)时的车辙变形 d_1 及 d_2，准确至 0.01mm。如变形过大，在未到 60min 变形已达 25mm 时，则以达到 25mm(d_2)时的时间作为 t_2，将 t_2 之前的 15min 作为 t_1，相应的变形量作为 d_1。沥青混合料试件的动稳定度按式(10-7)计算。

$$DS=\frac{(t_2-t_1)\times N}{d_2-d_1}\cdot c_1\cdot c_2 \tag{10-7}$$

式中：DS——沥青混合料的动稳定度，次/mm；

d_1、d_2——分别与时间 t_1(一般为 45min)和 t_2(一般为 60min)对应的变形量，mm；

N——试验轮往返碾压次数，通常为 42 次/min；

c_1——试验机类型修正系数，曲柄连杆驱动试件的变速行走方式为 1.0，链驱动试验轮的等速方式为 1.5；

c_2——试件系数，试验室制备的宽 300mm 的试件为 1.0，从路面切割的宽 150mm 的试件为 0.8。

4. 试验结果

(1)报告

同一沥青混合料或同一路段的路面，至少平行试验 3 个试件，当 3 个试件动稳定度变异系数小于 20%时，取其平均值作为试验结果。变异系数大于 20%时应分析原因，并追加试验。如计算动稳定值大于 6 000 次/mm 时，记作>6 000 次/mm。

试验报告应注明试验温度、试验轮接地压强、试件密度、空隙率及试件制作方法等。

(2)精密度或允许差

重复性试验动稳定度变异系数的允许值为 20%。

第十一章　水泥与水泥混凝土试验

第一节　水泥细度、标准稠度用水量、凝结时间和安定性测定

一、水泥细度试验(80μm 筛析法)

水泥细度筛析试验有负压筛法和水筛法两种,在试验中如果发生争议时,应以负压筛法为准。

1. 主要试验仪具

(1)试验筛

负压筛析仪由筛座、负压筛、负压源及收尘器组成,其结构见图 11-1。

水筛架和喷头结构见图 11-2,水筛架上筛座的内径为 140mm。

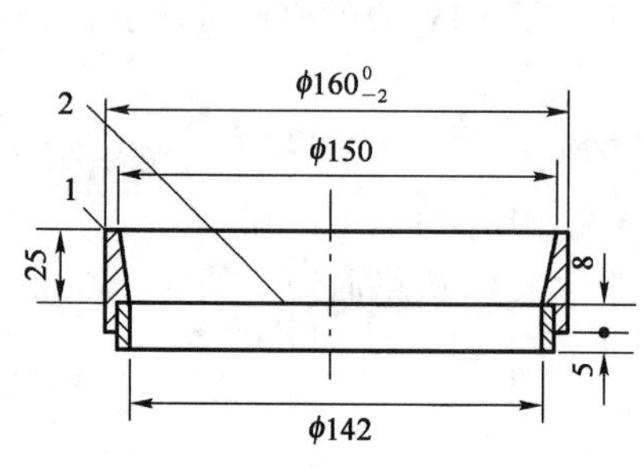

图 11-1　负压筛(尺寸单位:mm)
1-筛框;2-筛网

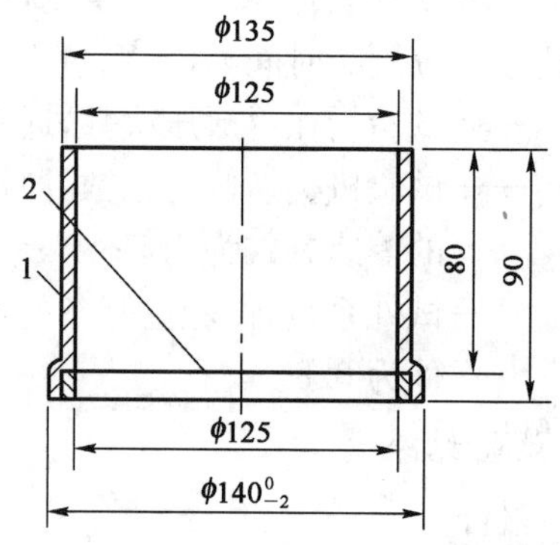

图 11-2　水筛(尺寸单位:mm)
1-筛框;2-筛网

(2)天平

天平最大称量为 100g,分度值不大于 0.05g。

2. 试验步骤

将水泥样品充分拌匀,通过 0.9mm 方孔筛,记录筛余物情况。在水泥过筛时应防止混入其他品种水泥。

(1)负压筛法步骤

试验前,将负压筛置于筛座上,盖上筛盖,接通电源,检查控制系统,调节负压至 4 000～6 000MPa 范围内。称取试样 25g,置于洁净的负压筛中,盖上筛盖,放在筛座上,开动筛析仪连续筛析 2min。在此期间如有试样附着在筛盖上,可轻轻敲击,使试样落下。筛毕,用天平称量筛余物。

(2)水筛法步骤

称取水泥试样25g,倒入洁净的水筛内,立即用淡水冲洗至大部分细粉通过后,再将筛子放在水筛架上,用水压为0.05MPa±0.02MPa的喷头连续喷洗3min。筛毕,用少量水将筛余物冲至蒸发皿中,待水泥颗粒全部沉淀后,小心倒出清水,烘干并称量筛余量。

试验筛必须保持清洁,筛孔通畅,定期检查校正。如筛孔被水泥堵塞影响筛余量时,应用毛刷轻轻地刷洗,用淡水冲净、晾干,不可用弱酸浸泡。

3.结果计算

水泥试样筛余百分率按式(11-1)计算,计算结果精确到0.1%。

$$F=\frac{m_s}{m}\times 100 \tag{11-1}$$

式中:F——水泥试样筛余百分率,%;

m_s——水泥试样在80μm筛上筛余物质量,g;

m——水泥试样的质量,g。

二、水泥比表面积测定(勃氏法)

水泥比表面积采用勃氏透气仪来测定,原理是根据一定量的空气通过具有一定空隙率和固定厚度的水泥层时,所受阻力不同而引起流速的变化来测定水泥的比表面积。分手动和自动两种,当同一水泥采用两种方法测定的结果有争议时,以手动勃氏透气仪测定结果为准。

1.主要试验仪具

(1)勃氏透气仪

勃氏透气仪分手动和自动两种,均应符合JC/T 956的要求。

(2)压力计

比表面积压力计见图11-3,压力计液体应采用带有颜色的蒸馏水或直接采用无色蒸馏水。

2.试验步骤

被测试的水泥样品应按照GB 12573中的规定进行取样,先通过0.9mm方孔筛,再在110℃±5℃下烘干1h,并在干燥器中冷却至室温。测定水泥密度。

将透气圆筒上口用橡皮塞塞紧,接到压力计上,用抽气装置从压力计一臂中抽出部分气体,然后关闭阀门。检验仪器是否漏气,如若发现漏气,可用活塞油脂加以密封。

制备试料层:将穿孔板放入透气圆筒的底部上,用捣棒把一片滤纸放到穿孔板上,称取水泥,具体试验量按式(11-2)计算。把水泥倒入圆筒,使水泥层表面平坦。再放入一片滤纸,用捣器均匀捣实试料,直至捣器的支持环与透气圆筒顶边接触,然后旋转捣器1~2圈。滤纸为ϕ12.7mm、边缘光滑的圆形滤纸片,每次测定需用新的滤纸片。

把装有试料层的透气圆筒插入压力计顶端锥形磨口处。打开微型电磁泵从压力计一臂中抽出空气,直到压力计内液面上升到扩大部下端时,关闭阀门。记录液面从第一条刻度线到第二条刻度线所需的时间(参见图11-3),以"s"记录,并记录下试验时的温度(℃)。

每次透气试验,应重新制备试料层。

$$m=\rho V(1-\varepsilon) \tag{11-2}$$

式中:m——需要的试验量,g;

ρ——试样密度，g/cm^3；

V——试料层体积，按 JC/T 956 测定，cm^3；

ε——试料层空隙率。

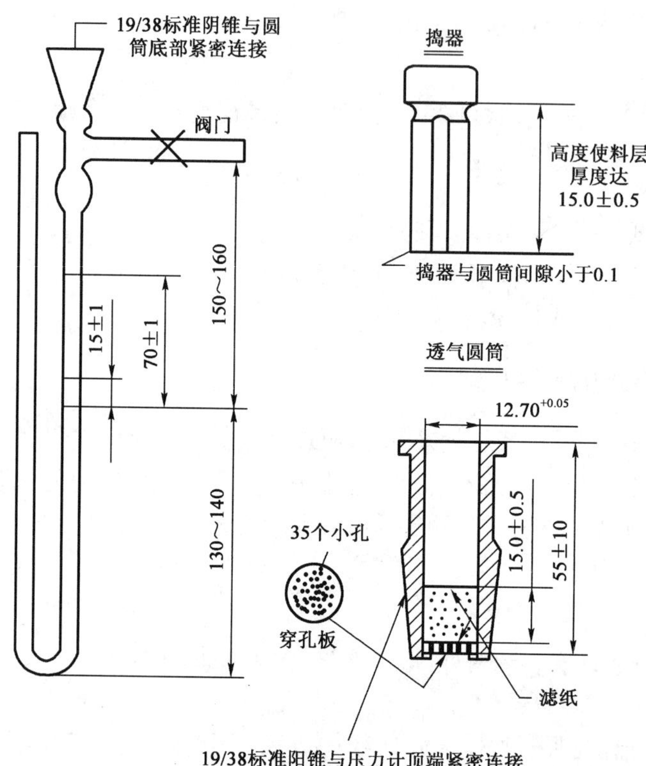

图 11-3　比表面积 U 形压力计示意图(尺寸单位:mm)

P・Ⅰ、P・Ⅱ型硅酸盐水泥的空隙率采用 0.500±0.005，其他类型水泥或粉料的空隙率选用 0.530±0.005。

3. 结果计算

水泥比表面积应由二次透气试验结果的平均值确定，如果二次试验结果相差 2%以上时，应重新试验。计算结果保留至 10g/cm^2。

(1)当被测试样的密度、试料层中空隙率与标准样品相同时

试验时的温度与校准温度之差≤3℃时，按式(11-3)计算；试验时的温度与校准温度之差>3℃，则按式(11-4)计算：

$$S = \frac{S_S \sqrt{T}}{\sqrt{T_S}} \tag{11-3}$$

$$S = \frac{S_S \sqrt{\eta_S} \sqrt{T}}{\sqrt{\eta} \sqrt{T_S}} \tag{11-4}$$

式中：S——被测试样的比表面积，g/cm^2；

S_S——标准样品的比表面积，g/cm^2；

T——被测试样试验时，压力计中液面降落测得的时间，s；

T_S——标准样品试验时，压力计中液面降落测得的时间，s；

η——被测试样试验温度下的空气黏度，μPa·s；

η_S——标准样品试验温度下的空气黏度，μPa·s。

(2)当被测试样层中空隙率与标准样品试料层中空隙率不同

如果试验时的温度与校准温度之差≤3℃时，按式(11-5)计算；如果试验时的温度与校准温度之差>3℃，则按式(11-6)计算。

$$S=\frac{S_S\sqrt{T}(1-\varepsilon_S)\sqrt{\varepsilon^3}}{\sqrt{T_S}(1-\varepsilon)\sqrt{\varepsilon_S{}^3}} \tag{11-5}$$

$$S=\frac{S_S\sqrt{\eta_S}\sqrt{T}(1-\varepsilon_S)\sqrt{\varepsilon^3}}{\sqrt{\eta}\sqrt{T_S}(1-\varepsilon)\sqrt{\varepsilon_S{}^3}} \tag{11-6}$$

式中：ε——被测试样试料层中的空隙率；

ε_S——标准样品试料层中的空隙率。

(3)当被测试样的密度和空隙率均与标准样品不同

试验时的温度与校准温度之差≤3℃时，按式(11-7)计算；如试验时的温度与校准温度之差>3℃，则按式(11-8)计算。

$$S=\frac{S_S\rho_S\sqrt{T}(1-\varepsilon_S)\sqrt{\varepsilon^3}}{\rho\sqrt{T_S}(1-\varepsilon)\sqrt{\varepsilon_S{}^3}} \tag{11-7}$$

$$S=\frac{S_S\rho_S\sqrt{\eta_S}\sqrt{T}(1-\varepsilon_S)\sqrt{\varepsilon^3}}{\rho\sqrt{\eta}\sqrt{T_S}(1-\varepsilon)\sqrt{\varepsilon_S{}^3}} \tag{11-8}$$

式中：ρ——被测试样的密度，g/cm^3；

ρ_S——标准样品的密度，g/cm^3。

三、水泥标准稠度用水量、凝结时间检测方法

试验用水必须是洁净的饮用水。

试验室的温度为20℃±2℃，相对湿度大于50%。水泥试样、拌和水、仪器及试验用具的温度应与试验室温度一致。

1. 主要试验仪具

(1)水泥净浆搅拌机

内径为130mm，深为95mm。

(2)标准法维卡仪

维卡仪由底座、滑动杆、试杆及试针组成，见图11-4。滑动杆的总质量为300g±1g，表面光滑，可靠自重自由下落，不得有紧涩和旷动现象。盛装水泥净浆的试模为深度40mm±0.2mm、顶内径ϕ65mm±0.5mm、底内径ϕ75mm±0.5mm的截顶圆锥体，每只试模应配备一个大于试模直径、厚度大于2.5mm的平板玻璃。

标准稠度测定用试杆由直径ϕ10mm±0.05mm的圆柱形耐腐蚀金属制成，测定凝结时间时取下试杆，用试针代替，试针由钢制成，为直径ϕ1.13mm±0.05mm的圆柱体，见图11-5。

(3)球形钵和拌和铲

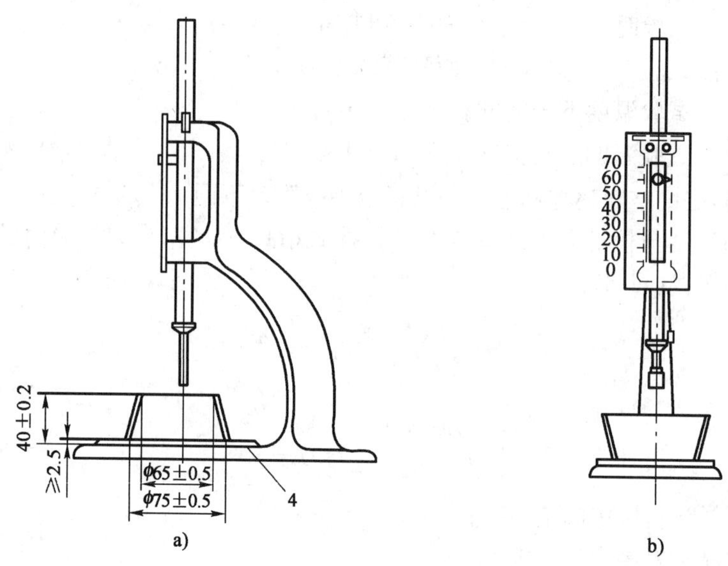

图 11-4 测定水泥标准稠度和凝结时间的维卡仪(尺寸单位:mm)

a)初凝时间测定时维卡仪侧视图;b)终凝时间测定时反转试模及维卡仪前视图

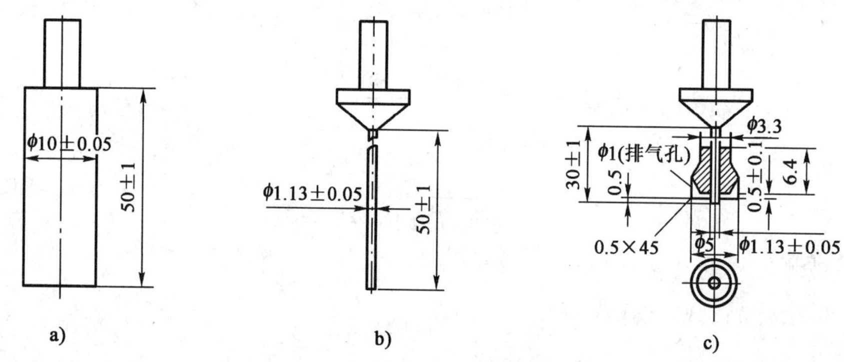

图 11-5 试杆与试针(尺寸单位:mm)

a)标准稠度用试杆;b)初凝用试针;c)终凝用试针

2. 标准稠度用水量试验

(1)水泥净浆的拌制

先将水泥净浆搅拌机的搅拌锅和搅拌叶片用湿布擦过,将拌和水倒入锅内,然后在 5~10s 内小心地将称好的 500g 水泥加入水中,防止水和水泥溅出。拌和时,先将锅放在搅拌机的锅底上,升至搅拌位置,启动搅拌机,低速搅拌 120s,停 15s,同时将叶片和锅壁上的水泥浆刮入锅内,接着高速搅拌 120s 停机。

(2)标准稠度用水量的测定

拌和结束后,立即将拌好的水泥净浆装入以置于玻璃底板上的试模中,用小刀插捣、轻轻振动数次,刮去多余净浆。抹平后迅速将试模和底板移到维卡仪上,将其中心定在试杆下,降低试杆直至与水泥净浆表面接触,拧紧螺丝 1~2s 后,突然放松,使试杆垂直沉入水泥净浆中。在试杆停止沉入或释放试杆 30s 时记录试杆距底板之间的距离,升起试杆后,立即擦净,整个操作应在搅拌后 1.5min 内完成。以试杆沉入净浆并距底部 6mm±1mm 的水泥净浆为标准稠度净浆,其拌和水量为该水泥的标准稠度用水量,按水泥质量的百分比计。

3. 凝结时间的测定

测定前，将圆 s 模放在玻璃板上，在圆模内侧稍稍涂一层机油，调整凝结时间测定仪的试针，使其接触玻璃板时指针对准标尺零点。

(1)试样准备

以标准稠度用水量，按上述方法制成标准稠度净浆后，立即一次性装满圆模，振动数次后刮平，立即放入湿气养护箱内。记录水泥全部加入水中的时间作为凝结时间的起始时间。

(2)初凝时间的测定

试件在湿气养护箱中养护至加水后 30min 时，进行第一次测定。

测定时，从湿气养护箱中取出试模放到试针下，使试针与水泥净浆表面接触，拧紧螺丝 1～2s后突然放松，试针垂直自由地沉入净浆，观察试针停止下沉或释放试针 30s 时指针的读数。当试针沉至距底板 4mm±1mm 时为水泥达到初凝状态，由水泥全部加入水中至初凝状态的时间为初凝时间，用 min 表示。

(3)终凝时间的测定

为了准确观测试针沉入的状况，在终凝针上安装了一个环形附件，见图 11-5。在完成初凝时间测定后，立即将试模连同浆体以平移的方式从玻璃板上取下，翻转 180°，直径大端向上，小端向下放在玻璃板上，再放入湿气养护箱中继续养护。临近终凝时间时每隔 15min 测定一次，当试针沉入试体 0.5mm 时，即环形附件开始不能在试体上留下痕迹时，为水泥达到终凝状态，由水泥全部加入水中至终凝状态的时间为水泥的终凝时间，用 min 表示。

在整个测试过程中，试针沉入的位置至少要距离试模内壁 10mm。临近初凝时，每 5min 测定一次，临近终凝时，每 15min 测定一次，每次测定不得让试针落入原针孔，每次测定完毕，须将试针擦净并将试模放回湿气养护箱内。在整个测定过程中，应防止试模受到振动。

到达初凝或终凝时应立即重复测定一次，当两次结论相同时，才能定为到达初凝状态或终凝状态。

四、水泥安定性试验

检查水泥硬化后体积是否均匀，是否产生裂缝或弯曲现象。如无裂缝及弯曲变形为安定性合格。安定性的测定方法可以用雷氏法或用试饼法，有争议时以雷氏法为准。

1. 主要试验仪具

(1)沸煮箱

沸煮箱的有效容积约 410mm×240mm×310mm。箱内设有篦板，篦板与加热器之间的距离大于 50mm。能在 30min±5min 内将整个箱内的试验用水由室温升至沸腾并可保持沸腾状态 3h 以上，整个试验过程中不需补充水量。

(2)雷氏夹

雷氏夹由铜质材料制成，其结构见图 11-6。当一根指针的根部悬挂在一根金属丝或尼龙丝上，另一根指针的根部再挂上 300g 质量的砝码时，两根指针针尖的距离增加应在 17.5mm±2.5mm范围内，即 $2r$=17.5mm±2.5mm，当去掉砝码后针尖的距离应能恢复至挂砝码前的状态。

(3)雷氏夹膨胀测定仪

雷氏夹膨胀测定仪见图 11-7，其标尺的最小刻度为 0.5mm。

(4)玻璃板

雷氏法需配制质量约 75～80g 的玻璃板两块；试饼法需准备两块 100mm×100mm 的玻璃板。

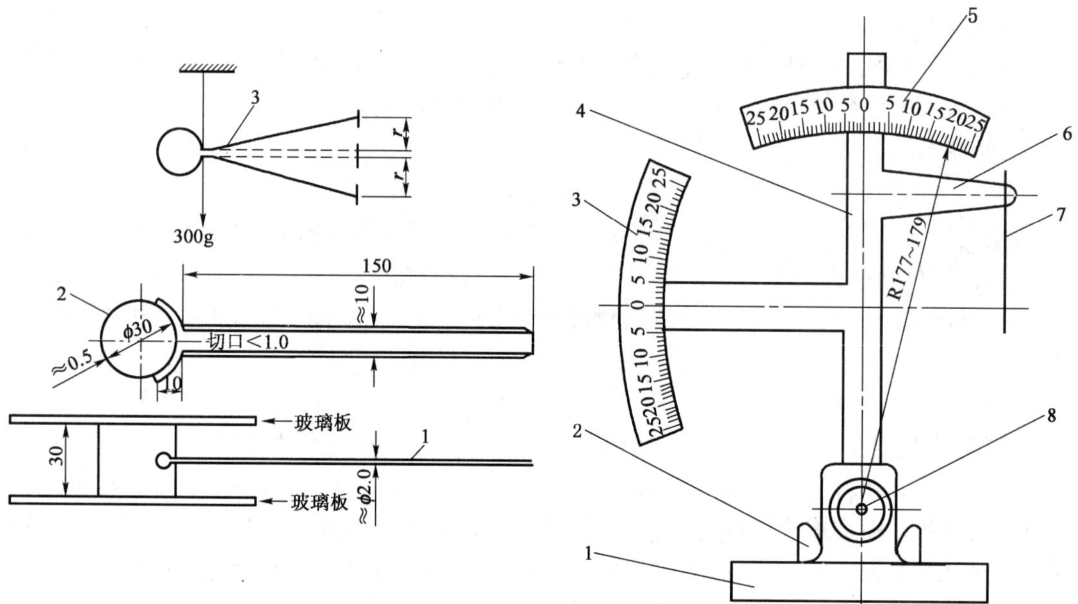

图 11-6　雷氏夹(尺寸单位:mm)

1-指针;2-环模;3-雷氏夹受力状态

图 11-7　雷氏夹膨胀测定仪(尺寸单位:mm)

1-底座;2-模子座;3-测弹性标尺;4-立柱;5-测膨胀值标尺;6-悬臂;7-悬丝;8-弹簧顶扭

2. 安定性的测定

(1)雷氏夹试件的制备

将预先准备好的雷氏夹放在已稍擦油的玻璃板上，并立刻将已制好的标准稠度净浆装满试模。装模时一只手轻轻扶持试模，另一只手用宽约 10mm 的小刀插捣 15 次左右，然后抹平，盖上稍涂油的玻璃板，接着立刻将试模移至湿气养护室养护 24h±2h。

(2)试件的沸煮

调整好沸煮箱内的水位，使能保证在整个沸煮过程中都能没过试件，不需要中途添补试验用水。脱去玻璃板取下试件，先测量雷氏夹指针尖端的距离(A)，精确到 0.5mm，接着将试件放入沸煮箱水中的试件架上，指针朝上，然后在 30min±5min 内加热至沸腾，并恒沸 180min±5min。

(3)结果判别

沸煮结束后，立即放掉沸煮箱中的热水，打开箱盖，待箱体冷却至室温，取出试件进行判别。测量雷氏夹指针尖端的距离(C)，准确至 0.5mm，当两个试件煮后增加距离($C-A$)的平均值不大于 5.0mm 时，即认为该水泥安定性合格。当两个试件的 $C-A$ 值相差超过 4.0mm 时，应用同一样品立即重做一次试验。如重做试验后结果依然如此，则认为该水泥为安定性不合格。

第二节　水泥胶砂强度试验(ISO 法)

水泥胶砂强度试验用于确定水泥的强度等级，适用于硅酸盐水泥、普通硅酸盐水泥、矿渣硅酸盐水泥、粉煤灰硅酸盐水泥、复合硅酸盐水泥的抗折强度和抗压强度的检验。

1. 主要仪器设备

(1)胶砂搅拌机

由搅拌叶及搅拌锅组成。由电动机带动搅拌叶及搅拌锅作相反方向转动,叶片转速为137r/min,锅的转动速度为65r/min。

(2)胶砂振动台

振动频率为2 800～3 000次/min,装有制动器,在电动机停车5s内停止振动。振动台台面上装有夹具,以固定试模及料斗。

(3)试模

试模由三个水平的模槽组成,可同时成型三条截面40mm×40mm,长160mm的棱柱体试件。成型操作时,应在试模上面加有一个高20mm的金属模套,当从上往下看时,模套壁与模槽内壁应该重叠,超出内壁不应大于1mm。为了控制料层厚度和刮平胶砂,应备有两个拔料器和一个金属刮平直尺。

(4)抗折试验机

一般采用电动或手动双杠杆式,也可采用性能符合要求的其他试验机。加荷和支撑圆柱必须用硬质钢材制造,直径为100mm±0.1mm。

(5)抗压试验机及抗压夹具

抗压强度试验机应具有以2 400N/s±200N/s速率的加荷能力,记录荷载应有±1%的精度。抗压夹具由硬质钢材制成,加压板长为62.5mm±0.1mm,宽度不小于40mm。

2. 试件制备

(1)胶砂组成及配合比

胶砂的质量配合比为:1份水泥、3份中国ISO标准砂,水灰比0.5。每成型三条试件所需称量的水泥为450g±2g、标准砂1 350g±5g、水225g±1g。中国ISO标准砂的级配组成应符合表11-1的规定。

ISO基准标准砂的颗粒分布 表11-1

方孔筛尺寸(mm)	2.0	1.6	1.0	0.5	0.16	0.08
累计筛余百分率(%)	0	7±5	33±5	67±5	87±5	99±1
通过百分率(%)	100	88～98	62～72	28～38	8～18	0～2

(2)搅拌

将称量好的水加入搅拌锅,再加入水泥,开动搅拌机,低速搅拌30s后,在第二个30s开始时均匀地将砂子加入。当各级砂是分装时,从最粗粒级开始,依次将所需的每级砂量加完。把机器转至高速再拌30s。停拌90s,在第一个15s用一块胶皮刮具将叶片和锅壁上的胶砂刮入锅中间。在高速下继续搅拌60s。各个搅拌阶段,时间误差应在±1s内。

(3)试件成型

将空试模和模套固定在振实台上,用适当的勺子直接从搅拌锅中将胶砂分为两层装入试模。装第一层时,每个槽里约放300g砂浆,沿每个料槽来回一次将料层拔平,接着振实60次。再装入第二层胶砂,拔平后再振实60次。移走模套,从振实台上取下试模,并用刮尺以90°的角度架在试模顶一端,沿试模长度方向以横向锯割动作慢慢向另一端移动,一次将超出试模部分刮去。将搅拌好的全部胶砂均匀地装于下料漏斗中,开动振动台振动120s±5s后停车。

振动完毕，取下试模，用刮刀轻轻刮去高出试模的胶砂并抹平。两个龄期以上的试件，编号时应将同一试模中的三条试件分在两个以上的龄期内。

3. 试件养护

去掉留在模子周围的胶砂。立即将做好标记的试模放入雾室或湿箱的水平架子上养护，湿空气应能与试模各边接触。养护时不应将试模放在其他试模上。养护到规定时间进行脱模，对于24h龄期的试件，应在破型试验前20min内脱模。对于24h以上龄期的试件，应在成型后20～24h之间脱模。硬化较慢的水泥允许延期脱模，但必须记录脱模时间。脱模时防止损伤试件。立即将脱模后的试件水平或竖直放在20℃±1℃的水槽中养护，水应与试件的6个面接触，试件之间间隙或试件上表面的水深不得小于5mm。

除24h龄期或延迟至48h脱模的试件外，任何到龄期的试件应在试验(破型)前15min从水中取出。揩去试件表面沉积物，并用湿布覆盖。

4. 强度测定与计算

试件龄期从水泥加水搅拌开始计时，各龄期的强度试验应在表11-2规定的时间进行。

胶砂强度试验时间 表11-2

龄　期	24h	48h	72h	7d	28d
试验时间	24h±15min	48h±30min	72h±45min	7d±2h	28d±8h

(1)抗折强度测定

抗折强度测定时，将试件的一个侧面放于试验机的支撑圆柱上，见图11-8，试件长轴垂直于支撑圆柱，通过加载圆柱以50N/s±5N/s的速率均匀地将荷载加在棱柱体试件相对侧面上，直至折断。抗折强度按式(11-9)计算，准确至0.1MPa。

$$R_f = \frac{3F_f \cdot L}{2b \cdot h^2} \tag{11-9}$$

式中：R_f——抗折强度，MPa；

F_f——试件折断时施加于棱柱体中部的荷载，N；

L——支撑圆柱之间的距离，mm；

b——棱柱体正方形截面的边长，mm；

h——试件高度，mm。

抗折强度以一组3个试件的平均值作为试验结果，当3个强度测试值中有超过平均值±10%的值时，应剔除后再取平均值作为测定结果。

(2)抗压强度测定

在抗折强度测定后折断的半截棱柱体上进行抗压强度测定。试件放置方式见图11-9。受压面是试件成型时的两个侧面，面积为40mm×62.5mm。半截棱柱体中心与压力机受压中心差应在±0.5mm内，棱柱体露在压板外的部分约有10mm。在整个加荷过程中以2 400N/s±200N/s的速率均匀地加荷直至破坏。抗压强度按式(11-10)计算，准确至0.1MPa。

$$R_c = \frac{F_c}{A} \tag{11-10}$$

式中：R_c——抗压强度，MPa；

F_c——破坏时的最大荷载，N；

A——受压部分面积，mm^2 ($40mm \times 62.5mm = 2\ 500mm^2$)。

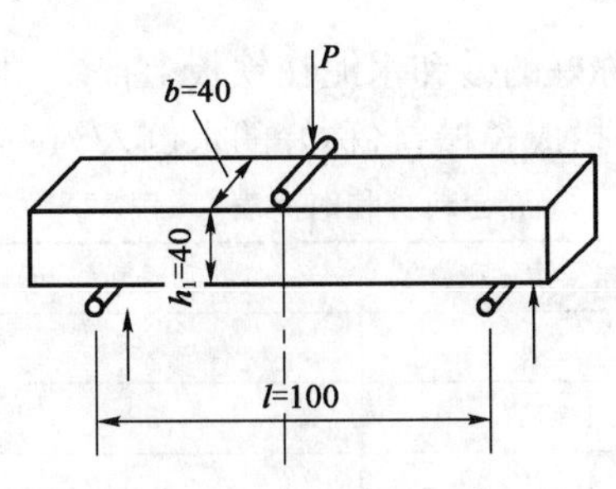

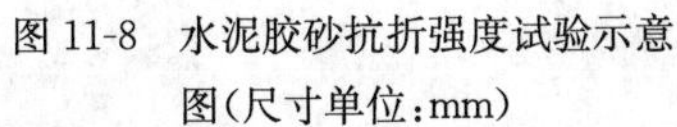
图 11-8　水泥胶砂抗折强度试验示意图(尺寸单位:mm)

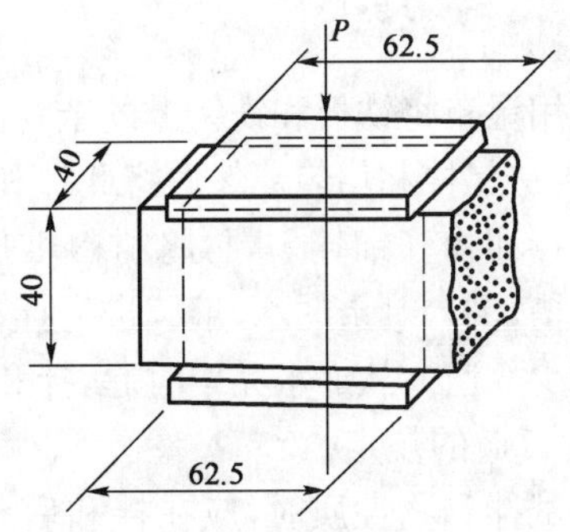

图 11-9　水泥胶砂抗压强度试验示意图(尺寸单位:mm)

抗压强度以一组 3 个棱柱体上得到的 6 个抗压强度测定值的算术平均值作为试验结果。如 6 个测定值中有一个超出 6 个平均值的±10%,就应剔除这个结果,而以剩下的 5 个测定值的平均值为结果,如果 5 个测定值中再有超过它们平均值的±10%数据,则此组结果作废。

5. 试验报告

报告应包括要求检测的项目名称;原材料的品种、规格和产地;环境温度和湿度、所有单个试验结果和计算出的平均值,以及按照规定舍去的试验结果等。

第三节　新拌混凝土的施工和易性试验

为了便于施工操作并保证混凝土的质量,新拌混凝土必须具有一定的流动性、黏聚性和保水性,这些性质综合称为混凝土混合料的施工和易性,常用测定方法有坍落度试验和维勃稠度试验。

一、混凝土混合料的拌制

拌制混凝土混合料所用材料取样应具有代表性。拌制混凝土的材料以质量计,称量的精确度为:集料±1%,水、水泥及砂±0.5%。

1. 主要试验仪具

(1)搅拌机

自由式或强制式。

(2)其他

称量 50kg、感量 50g 的台秤,称量 5kg、感量 5g 的天秤,拌和用铁板(1.5m×2m 的金属板)、量筒及铁铲等。

2. 试验步骤

(1)机械拌和

使用拌和机前,应先用少量水泥砂浆(水灰比及砂灰比与正式配合比相同)进行涮膛,然后刮出涮膛砂浆,以避免正式拌和混凝土时,水泥砂浆黏附搅拌机筒壁的损失。按规定称好各种原材料,往拌和机内顺序加入粗集料、细集料、水泥。开动搅拌机,将材料拌和均匀,在拌和过程中将水徐徐加入,全部加料时间不宜超过 2min。水全部加入后,继续拌和 2min,而后将混凝土拌和物倾出倒在铁板上,再经人工翻拌 1~2min,务必使拌和物均匀一致。

(2)人工拌和

先用湿布将铁板和铁铲上的杂物清除并润湿，再将称好的砂和水泥在铁板上拌匀，加入粗集料，再一起拌和均匀。然后将此拌和料堆成长堆，中间扒成长槽，将称好的水倒入约一半，将其与拌和物仔细拌匀，再将材料堆成长堆，扒出长槽，倒入剩余的水，继续进行拌和，来回翻拌至少 6 遍。从加水完毕时起，拌和时间应符合表 11-3 的规定。

混合料拌和时间表 表 11-3

混凝土拌和物体积(L)	拌和时间(min)
少于 30	4～5
31～50	5～9
51～75	9～12

测试拌和物性质时，应在拌和后 5min 内进行试验。

二、坍落度试验

本试验测定混凝土拌和物的圆锥体坍落值，用以评价其流动性，同时根据试验过程中的观察定性判断其黏聚性和保水性。本试验适用于坍落度大于 10mm，集料最大粒径不超过 31.5mm的混凝土拌和物。

1. 主要仪器设备

(1)坍落度筒

根据集料的最大粒径按表 11-4 选择坍落度筒。

坍落度筒规格表 表 11-4

集料最大粒径(mm)	筒 的 名 称	筒的内部尺寸(mm)		
		底 面 直 径	顶 面 直 径	高 度
<31.5	标准坍落度筒	200±2	100±2	300±2

(2)捣棒

为直径 16mm，长约 600mm 并具有半圆形端头的钢棒。

(3)其他

小铲、木尺、装料漏斗、镘刀、钢平尺等。

2. 试验步骤

试验前将坍落度筒内外洗净，放在用水润湿过的平板上，踩紧坍落度筒上的踏脚板。将拌和好的试样分三层装入筒内，每层装入高度稍大于筒高的 1/3，每一层用捣棒插捣 25 次，插捣需在全部面积上均匀进行，沿螺旋线由边缘至中心，插捣底层时插至底部，插捣其他两层时，应插透本层并插捣至下层约 20～30mm，插捣须垂直压下(边缘部分除外)，不得冲击。在插捣顶层时，在插捣的过程中随时添加拌和物，直至装满筒顶。刮去多余的拌和物，用镘刀抹平筒口，并清除筒底的拌和物。然后立即垂直提起坍落筒，提筒的动作应在 5～10s 内完成，并使拌和物不受横向及扭力作用。

从开始装筒至提起坍落筒的全过程，不应超过 2.5min。将坍落筒放于锥体拌和物试样一旁，筒顶平放木尺，用钢尺量出木尺底面至试样顶点的垂直距离(如图 11-10 所示)，即为该拌和物试样的坍落度，以 mm 为单位，结果精确至 5mm。

3. 试验结果

(1)坍落度结果

混凝土拌和物坍落度和坍落度扩展值以 mm 为单位，测量精确至 1mm，结果修正至最接近的 5mm。

(2)观察试样的黏聚性和保水性

①黏聚性

用捣棒在已坍落的锥体试样的一侧轻击,如锥体在轻打后渐渐下沉,表示黏聚性好;如锥体突然倒坍,部分崩解或有石子离析现象,即表示黏聚性差。

②保水性

根据水分从试样中析出的情况,分为三级。"多量"表示提起坍落筒后有较多的水分从底部析出;"少量"表示有少量水析出;"无"表示没有水从底部析出。

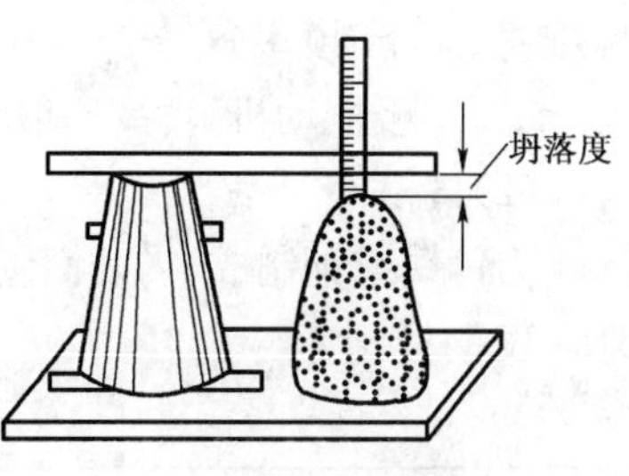

图 11-10　坍落度测定示意图

三、维勃稠度试验

本试验是将拌和好的新拌混凝土,在维勃稠度仪上按坍落度试验的方法制成试样,经振动至试样完全摊平状态时所需时间,为该试样维勃稠度。维勃稠度试验适用于集料最大粒径小于 31.5mm 的混凝土,及维勃稠度在 5～30s 的干稠性混凝土的稠度测定。

1. 主要试验仪具

(1)维勃稠度仪

维勃稠度仪主要由容量筒、坍落筒、透明圆盘和振动台等组成,见图 11-11。振动台的工作频率为 50Hz,空载振幅为 0.5mm。

(2)其他

秒表、捣棒、镘刀等。

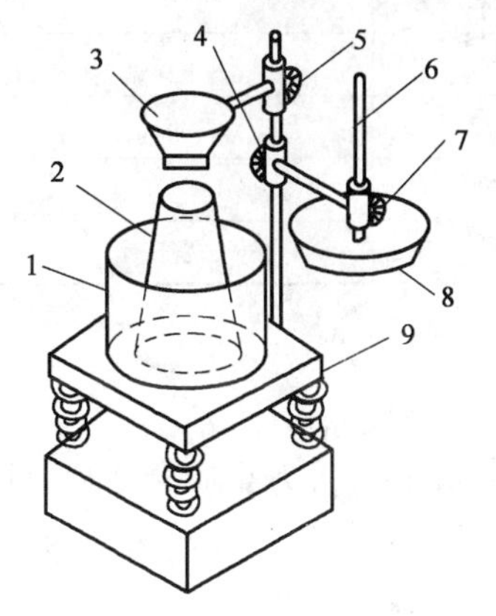

图 11-11　维勃稠度仪示意图

1-容量筒;2-坍落筒;3-漏斗;4-螺栓;5-螺丝;6-滑杆;7-螺丝;8-透明圆盘;9-振动台

2. 试验步骤

将容量筒 1 用螺母固定在振动台上,放入坍落筒 2,把漏斗 3 转到坍落筒上口,拧紧螺丝 5,使漏斗不偏离开坍落筒口。按坍落度试验方法,分三层将拌和物装入坍落筒内,装毕第三层后,移去漏斗,抹平筒口,提起坍落筒,拧松螺栓 4,仔细放下透明圆盘 8,读出滑棒 6 上的数据即为坍落度。拧松螺丝 7 使透明圆盘 8 可以定向自由上下滑动,开动振动台 9,同时按动秒表。通过透明圆盘观察混凝土的振实情况,当透明圆盘底面刚为水泥浆布满时,立即按停秒表并关闭振动台。秒表所表示时间即为混凝土拌和物的维勃时间,精确至 1s。

第四节　普通水泥混凝土强度试验

水泥混凝土的力学强度试验是指按照标准方法制作的试件,在标准温度、湿度条件下养护至规定龄期后,用标准方法测得的极限强度。

一、水泥混凝土试件的制作与养护

1. 主要试验仪具

(1)振动台

标准振动台,频率每分钟 3 000 次±200 次,负荷下的振幅为 0.35mm,空载时的振幅为 0.5mm;平板振动机,功率一般为 1.1kW。

(2)试模

为铸铁或钢制成,内表面刨光磨光。强度试件尺寸与强度类型有关,相应的试模尺寸要求列入表 11-5。

试模尺寸及强度换算系数表 表 11-5

试验名称	试模内部尺寸(mm)		集料最大粒径(mm)
抗压强度	标准试件	150×150×150	31.5
	非标准试件	200×200×200	53
		100×100×100	26.5
劈裂抗拉强度	标准试件	150×150×150	31.5
	非标准试件	100×100×100	26.5
抗折强度	标准试件	150×150×550	31.5
	非标准试件	100×100×400	26.5

2.试验方法

(1)准备工作

取出新拌和的混凝土拌和物代表样,进行坍落度和维勃稠度试验,认为品质合格后,即开始制作试件,或进行其他的试验。在制作试件时,须在拌和后 15min 内装入试模并在 45min 内成型完毕。

(2)试件成型

①机械成型

在一般情况下,当坍落度大于 25mm 且小于 70mm 时,用标准振动台成型。将试模放在振动台上夹紧,防止其自由跳动,将试模内部涂以油脂或脱模剂,将混凝土拌和物一次装满试模并稍有富余。开动振动台至混凝土表面呈现乳状水泥浆时为止,振动过程中随时添加混凝土拌和物充满试模,记录振动时间(约为维勃稠度的 2~3 倍,一般不超过 90s)。振动结束后,用金属直尺沿试模边缘刮除多余混凝土,用镘刀将表面初次抹平,待试件收浆后,再次用镘刀将试件仔细抹平,试件表面与试模边缘的高差不得超过 0.5mm。

②人工成型

一般情况下,当坍落度不小于 70cm 时,用人工成型。混凝土拌和物厚度分大致相等的两层装入试模,每层插捣次数如表 11-6 的规定。捣实时按螺旋方向从边缘到中心均匀地进行。插捣底层时,捣棒到达模底,插捣上层时,捣棒插入该层底面下 20~30mm 处。插捣时应用力将捣棒压下,不得冲击,捣完一层后,如有棒坑留下,可用捣棒轻轻填平。试件抹面与试模边缘高差不得大于 0.5mm。

人工成型插捣次数 表 11-6

试件尺寸(mm)	每层插捣次数	试件尺寸(mm)	每层插捣次数
100×100×100	12	200×200×200	50
100×100×400	50	150×150×300	75
100×150×150	25	150×150×550	100

(3)试件养护

试件成型后,用湿布覆盖表面(或其他保持湿度办法),在室温 20℃±5℃,相对湿度大于50%的情况下,静放 1~2 昼夜,然后拆模并做第一次外观检查、编号,对有缺陷的试件或剔除,或加工补平。

将完好的试件进行标准养护至试验时止,标准养护室温度 20℃±2℃,相对湿度在 95%以上,试件宜放在铁架或木架上,间距至少 10~20mm,避免用水直接冲淋。也可将试件放入水槽(水温 20℃±2℃)中养护,或用其他方法养护,但须在报告中说明。

至规定试验龄期时,自养护室中取出试件,并继续保持其湿度不变。

当需要结合施工实际情况时,允许采用与实际情况相同的试件成型与养护条件,但应在报告中说明。

二、水泥混凝土抗压强度试验

抗压强度是确定水泥混凝土强度等级的依据,也是评定混凝土品质的主要指标。

1. 主要试验仪具

压力机或万能试验机的上、下承压板应有足够刚度,可以均匀地连续加荷卸荷,可以保持固定荷载,能满足试件破型吨位的要求。球座:钢质坚硬,转动灵活。

2. 试验步骤

将养护到规定龄期的试件取出,检查其尺寸与形状,相对两面应平行。量出棱边长度,精确到 1mm。

以试件成型时侧面为上下受压面,试件安放在球座上,几何对中(指试件或球座偏离机台几何中心在 5mm 以内),强度等级小于 C30 的混凝土取 0.3~0.5MPa/s 的加荷速度;强度等级大于 C30 小于 C60 的混凝土,取加荷速度 0.5~0.8MPa/s;强度等级大于 C60 的混凝土,取 0.8~1.0MPa/s 的加荷速度。当试件接近破坏并开始迅速变形时,应停止调整试验机油门,直至试件破坏,记下破坏极限荷载。

3. 结果计算

水泥混凝土的立方体抗压强度 f_{cu}(MPa)按式(11-11)计算,精确至 0.1MPa。

$$f_{cu} = \frac{F_{max}}{A_0} \tag{11-11}$$

式中:F_{max}——破坏极限荷载,N;

A_0——试件受压面积,mm^2。

取 3 个试件测值的算术平均值作为测定值。如任一测值与中值的差值超过中值的 15%,则取中值为测定值;如有 2 个测值与中值的差值超过上述规定时,则该组试验结果无效。

三、水泥混凝土抗折强度试验

抗折强度是水泥混凝土路面的重要设计参数。

1. 主要试验仪具

试验机为 50~300kN 压力机或万能试验机,抗折强度试验装置见图 11-12。

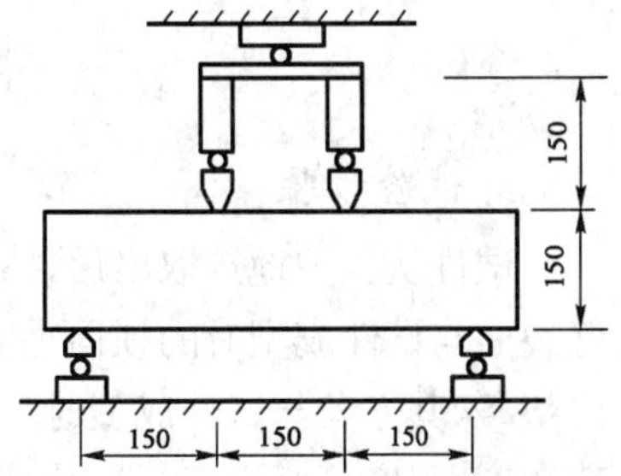

图 11-12　水泥混凝土抗折试验装置图(尺寸单位:mm)

2. 试验步骤

检查试件，如试件中部 1/3 长度内存在大于 ϕ5mm×2mm 的蜂窝，该试件立即作废，否则应在记录中注明。在试件中部量出其宽度、高度，精确至 1mm。

将试件安放在支座上，成型时的侧面朝上，几何对中，强度等级小于 C30 的混凝土取0.3～0.5MPa/s 的加荷速度；强度等级大于 C30 小于 C60 的混凝土，取加荷速度0.5～0.8MPa/s；强度等级大于 C60 的混凝土，取 0.8～1.0MPa/s 的加荷速度。当试件接近破坏而开始迅速变形时，应停止调整试验机油门，直至试件破坏，记下最大荷载。

3. 结果计算

若断面发生在两个加荷点之间，抗折强度 f_{cf} 按式(11-12)计算，精确至 0.01MPa。

$$f_{cf}=\frac{PL}{bh^2} \tag{11-12}$$

式中：P——试件破坏时的极限荷载，N；

L——支座间距离，L=450mm；

b、h——分别为试件宽度、高度，mm。

如果断面位于加荷点外侧，则该试件结果无效。如两个试件结果无效，则该组试验结果作废。

抗折强度测定值的计算及异常数据的取舍原则，同抗压强度试验中的规定。

四、劈裂抗拉强度试验

1. 主要仪器设备

劈裂钢垫条(图 11-13)和三合板垫层(或纤维板垫层)，垫层宽度为 15～20mm，厚度为 3～4mm，不得重复使用；其他主要设备同前。

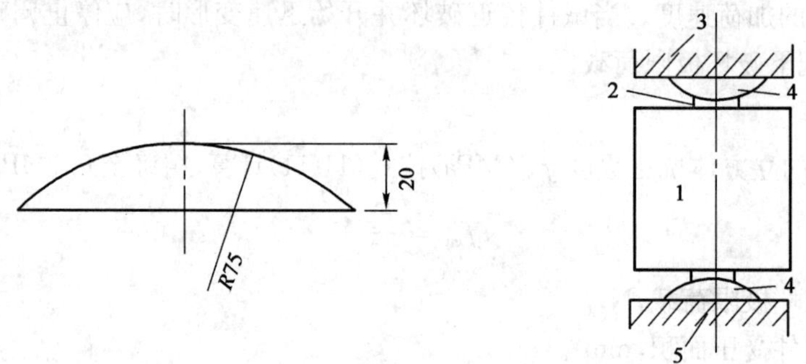

图 11-13 水泥混凝土劈裂试验用钢垫条(尺寸单位：mm)

1-试件；2-垫层；3-上压板；4-垫条；5-下压板

2. 试验步骤

试件从养护地点取出后，擦拭干净，测量尺寸，检查外观，在试件中部画出劈裂面位置线。劈裂面与试件成型时的顶面垂直，尺寸测量精确至 1mm。试件放在球座上，几何对中，放妥垫层垫条，其方向与试件成型时顶面垂直。强度等级小于 C30 的混凝土取 0.3～0.5MPa/s 的加荷速度；强度等级大于 C30 小于 C60 的混凝土，取加荷速度 0.5～0.8MPa/s；强度等级大于 C60 的混凝土，取 0.8～1.0MPa/s 的加荷速度。当试件接近破坏时，应停止油门，直至试件破坏，记下破坏荷载，准确至 0.01kN。

3. 结果计算

混凝土的劈裂抗拉强度按式(11-13)计算，精确至 0.01MPa。

$$f_{ct} = \frac{2P}{\pi A} \tag{11-13}$$

式中：f_{ct}——水泥混凝土劈裂抗拉强度，MPa；

P——极限荷载，N；

A——试件劈裂面面积，mm^2。

劈裂抗拉强度测定值的计算及异常数据的取舍原则，同抗压强度试验中的规定。

第十二章　无机结合料稳定材料试验

第一节　无机结合料稳定材料的击实试验

击实试验是在规定的试筒内，按照规定程序，对水泥稳定土(在水泥水化前)、石灰稳定土及石灰(或水泥)粉煤灰稳定土混合料进行击实，根据击实试件的密度和含水率，确定无机结合料稳定土最佳含水率和最大干密度，用于该类材料的强度试验和施工指导。

1. 主要试验仪具

(1)击实仪

击实仪由击锤、导管、垫块和击实筒组成。击锤底面直径 50mm，总质量 4.5kg，击锤落高为 450mm。垫块用于调节试件高度，其直径与试筒内径相同，高 50mm 的圆柱体铁块。击实筒由金属试筒套环(高 50mm)和底座组成，尺寸见表 12-1。

击实试验方法类别　　表 12-1

试验类别	允许最大粒径(mm)	击实试筒尺寸(cm)			锤击层数	每层锤击次数
		内径(cm)	高(cm)	容积(cm)		
甲	25	10	12.7	997	5	27
乙	25	15.2	12.0	2 177	5	59
丙	40	15.2	12.0	2 177	3	98

根据混合料中集料的最大粒径，击实试验方法分为甲法、乙法和丙法，不同方法所用试筒及成型条件不同。表 12-1 中给出了各类击实方法与集料最大粒径的关系，以及所选用击实方法对击实试筒尺寸的要求与相应成型条件的主要参数。

(2)脱模器

由反力框架(400kN 以上)和液压千斤顶(200～1 000kN)组成。

(3)标准筛

孔径 40mm、25mm(或 20mm)及 5mm 的圆孔筛各 1 个。

(4)其他

感量 0.01g 的台秤，称量 15kg、感量 5g 的天平，量筒、刮土刀、直刮刀、测定含水率用的铝盒、烘箱等用具。

2. 准备工作

(1)试料准备

将具有代表性的风干试料(必要时，也可以在 50℃烘箱内烘干)用木锤或木碾捣碎。土团均应捣碎到能通过 5mm 的筛孔。但应注意不使粒料的单个颗粒破碎或不使其破碎程度超过施工中拌和机械的破碎率。

(2)击实方法的确定

如试料是细粒土，将已捣碎的代表性土样过5mm筛备用，并选择用甲法或乙法进行击实试验。当代表性土样中集料粒径已达25mm时，最好采用乙法。

如试料中含有大于5mm的颗粒，先将试料过25mm的筛，如25mm筛留量不超过20%，则将25mm过筛料留作备用，选择甲法或乙法做试验；如试料中粒径大于25mm的颗粒含量过多，则将试料过40mm筛备用，选择丙法做试验。

(3)试料风干含水率的测定

在预定做击实试验的前一天，取有代表性的试料测定其风干含水率。对于细粒土，试样应不少于100g；对于中粒土（粒径小于25mm的各种集料），试样应不少于1 000g；对于粗粒土的各种集料，试样应不少于2 000g。

3. 甲法试验步骤

(1)确定拌和用水量

根据拌和用水量范围，预先选择5～6个不同含水率，依次相差1%～2%，其中至少有两个大于最佳含水率，有两个小于最佳含水率。对于中粒土，在最佳含水率附近，含水率相差1%，其余取2%；对于细粒土，含水率依次相差2%；对于黏土特别是重黏土，含水率间隔可能需要取到3%。

通常，细粒土的最佳含水率较其塑限小3%～10%，并接近表12-2中的数据，在确定拌和用水时可参照使用。粒径小于25mm集料的最佳含水率也可参考表12-2确定。水泥稳定土的最佳含水率与素土的最佳含水率接近，石灰稳定土的最佳含水率可能较素土大1%～3%。

各种土的最佳含水率经验范围 表12-2

土的品种	最佳含水率(%)
砂性土	约3
黏性土	6～10
级配集料、天然砂砾土	5～12
细土含量少、塑性指数为0的未筛分碎石	约5
细土偏多的、塑性指数较大的砂砾土	约10

(2)准备试料

用四分法将准备好的风干试料逐次分小至10～15kg。再用四分法将其分成5～6份，每份试料的干质量为：2.0kg(细粒土)和2.5kg(中粒土)。

按式(12-1)计算1份试料中应加的拌和水量。

$$Q_w=\left(\frac{Q_n}{1+0.01w_n}+\frac{Q_c}{1+0.01w_c}\right)\times 0.01w-\frac{Q_n}{1+0.01w_n}\times 0.01w_n-\frac{Q_n}{1+0.01w_n}\times 0.01w_c \tag{12-1}$$

式中：Q_w——混合料试料中应加的拌和用水量，g；

Q_n——混合料中的素土(或集料)质量，g；

w_n——素土(或集料)的风干含水率，%；

Q_c——混合料中结合料的质量，g；

w_c——结合料的原始含水率，%；

w——混合料要求达到的含水率，%。

将1份试料平铺在金属盘内，将按式(12-1)计算的水量均匀地喷洒在试料上。用小铲将试料充分拌和，如为石灰稳定土或水泥、石灰综合稳定土，可将石灰与试料一起拌匀。将拌和均匀的混合料装入密闭容器或塑料口袋内浸润备用。根据素土或集料品种按表12-3确定浸润时间。

击实试验用混合料的浸润时间 表12-3

试料品种	黏性土	粉性土	砂性土、砂砾土、红土砂砾、级配砂砾	含土很少的未筛分碎石、砂砾和砂
浸润时间(h)	12～24	6～8	4	2

浸润时间结束后，将所需要的结合料(如水泥)加到浸润后的试料中，充分拌和均匀。加有水泥的试料应在拌和后1h内完成击实试验。超过1h的试料，应予作废，石灰稳定土和石灰粉煤灰除外。

(3)试样的击实

将试筒、套环与击实底板紧密联结，并将击实筒放在坚实地面上，取制备好的试料400～500g(其量应使击实后的试样等于或略高于筒高的1/5)倒入筒内，整平其表面并稍加压紧，然后用击锤击实27次。击实时，击锤应自由铅直落下，锤迹应均匀分布于试料面。第一层击实完后，检查该层高度是否合适，以便调整以后几层的试料用量。用刮土刀将已击实层的表面"拉毛"后，重复上述做法，进行其余四层试样的击实。最后一层试样击实后，试件超出试筒顶的高度不得大于6mm，超出高度过大的试件应该作废。

用刮土刀沿套环内壁削挖后，扭动并取下套环。自筒顶细心刮平试样并拆除底板。如试样底面略突出筒外或有孔洞，应细心刮平修补。擦净试筒外壁，称取试筒与试样的总质量，精确至5g。

(4)测试试件含水率

用脱模器推出筒内试样。在试样内部由上到下取两个有代表性的样品进行含水率测定，所取样品的数量见表12-4。如果只取一个样品，则样品的质量应为表12-4中要求数值的两倍。样品含水率计算值精确至0.1%。两个试样的含水率的差值不得大于1%。

检测含水率所需样品质量 表12-4

最大粒径(mm)	样品质量(g)
2	约50
5	约100
25	约500

(5)重复试验

按照上述方法进行在每一个含水率下稳定土混合料的击实和含水率测定工作。

凡已用过的试样，一律不再重复使用。

4. 乙法试验步骤

在缺乏内径10cm的试筒时，或者还需要对稳定土进行承载比等其他试验时，可以采用乙法进行击实试验，击实后的试样可用于承载比试验。

(1)试料的准备

将已过筛的试料用四分法逐次分小至约30kg，再用四分法分成5～6份，每份试料的干质量约为4.4kg(细粒土)或5.5kg(中粒土),每份试料的拌和用水由式(12-1)计算。

(2)击实步骤

乙法制备试样的程序方法与甲法基本相同,不同之处为:在加料之前,应该先将50mm的垫块放入筒内底板上,然后再加料并击实;每层需取制备好的试料约900g(对于水泥或石灰稳定细粒土)或1 100g(对于稳定中粒土);每层的锤击次数为59次。

5.丙法试验步骤

(1)试料的准备

用四分法将取出的试料分成6份(至少要5份),每份重约5.5kg(风干质量),按式(12-1)计算试料的拌和用水量。

(2)试样的击实

将试筒、套环与夯击底板紧密地连接在一起,并将垫块放在筒内底板上。击实筒应放在坚实地面上,取制备好的试料1.8kg左右(其量应使击实后的试样略高于筒高的1/3)倒入筒内,整平其表面,并稍加压紧。按98次击数进行第一层试样的击实。最后一层试样击实后,试样超出试筒顶的高度不得大于6mm,超出高度过多的试件应予作废。将试件表面整平后脱模、称量。

(3)试件含水率的测试

含水率测定方法及精度要求同甲法。测试含水率所取样品的数量应不少于700g,如只取一个样品测定含水率,则样品的数量应不少于1 400g。

6.试验结果整理

(1)结果计算

①试件含水率计算

试件的含水率按照式(12-2)计算,准确至0.1%。

$$w=\frac{m_1-m_0}{m_0}\times 100 \tag{12-2}$$

式中:w——试件的含水率,%;

m_1——稳定土试样湿样品的质量,g;

m_0——稳定土试样干样品的质量,g。

②试件密度计算

每次击实后稳定土的湿密度和干密度分别按式(12-3)和式(12-4)计算,精确至0.01g/cm^3。

$$\gamma_w=\frac{Q_1-Q_2}{V} \tag{12-3}$$

$$\gamma_d=\frac{\gamma_w}{1+0.01w} \tag{12-4}$$

式中:γ_w——稳定土的湿密度,g/cm^3;

Q_1——试筒与湿试样的总质量,g;

Q_2——试筒的质量,g;

V——试筒的体积,cm^3;

γ_d——稳定土的干密度,g/cm^3;

w——试样的含水率,%。

(2)绘图

以稳定土的干密度为纵坐标，以含水率为横坐标，在普通坐标纸上绘制干密度与含水率的关系曲线，见图12-1。驼峰形曲线顶点的纵横坐标分别表示该稳定土的最大干密度 γ_{max} 和最佳含水率 w_0。如试验点不足以连成完整的驼峰形曲线，则应该进行补充试验。

当最佳含水率＞12%时，以整数表示，精确至1%；当最佳含水率在6%～12%范围中时，用一位小数表示，精确到0.5%；如最佳含水率＜6%，用一位小数表示，精确到0.2%。

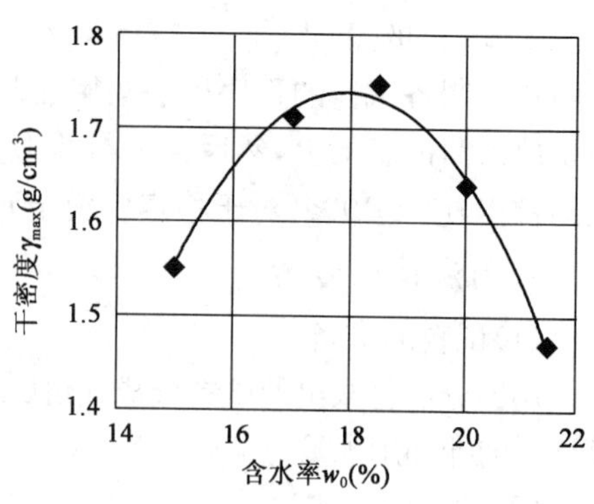

图12-1 稳定土混合料干密度与含水率的关系曲线

(3)超尺寸颗粒的校正

当试样中大于规定最大粒径的颗粒质量含量小于5%时，可以不进行校正。

超尺寸颗粒质量含量达5%～30%时，按式(12-5)和式(12-6)分别对试验所得最大干密度和最佳含水率进行校正。

$$\gamma'_{max} = \gamma_{max}(1 - 0.01p) + 0.9 \times 0.01p \times G'_a \tag{12-5}$$

$$w'_0 = w_0(1 - 0.01p) + 0.01pw_a \tag{12-6}$$

式中：γ'_{max}——校正后的最大干密度，g/cm^3；

w'_0——校正后的最佳含水率，%；

γ_{max}——试验所得的最大干密度，g/cm^3；

p——试样中超尺寸颗粒的百分率，%；

G'_a——超尺寸颗粒的毛体积密度，g/cm^3；

w_0——试验所得的最佳含水率，%；

w_a——超尺寸颗粒的吸水率，%。

(4)试验精度及允许误差要求

应做两次平行试验，两次试验最大干密度的差不应超过0.05g/cm^3(稳定细粒土)和0.08g/cm^3(稳定中粒土和粗粒土)，最佳含水率的差不应超过0.5%(最佳含水率小于10%)和1.0%(最佳含水率大于10%)。

第二节　无机结合料稳定土的无侧限抗压强度试验

本试验方法适用于测定无机结合料稳定土(包括稳定细粒土、中粒土和粗粒土)试件的无侧限抗压强度。

一、试件制备

1. 主要仪器设备

圆孔筛、试模、脱模器、天平、量筒、拌和工具、大小铝盒、烘箱等同击实试验。

2. 准备工作

(1)试料的准备

同一结合料剂量的混合料，需要制备相同状态的试件数量取决于土的种类以及试验操作水平。表 12-5 中规定了进行抗压强度试验所需平行试件的最少试件个数和试模尺寸要求。

抗压强度试验的有关要求

表 12-5

土类	最少试件个数	试模尺寸（mm×mm）	试样准备			平行试样变异系数 C_v(%)
			剔除颗粒尺寸（mm）	测含水率试样用量（g）	单个试样用料量（g）	
细粒土	6	50×50	10	100	180～210	＜10
中粒土	9	100×100	20～25	1 000	1 700～1 900	＜15
粗粒土	13	150×150	40	200	5 700～6 000	＜20

按照表 12-5 规定的试模尺寸和试件个数，称取一定数量的风干土并计算干土质量。对于细粒土，可以一次称取 6 个试件的土，对于中粒土，可以一次称取 3 个试件的土；对于粗粒土，一次只称取一个试件的土。

水泥或石灰剂量按干土质量百分率计。

根据击实试验确定的最佳含水率，按式(12-1)计算试件的应加水量。

将称好的土置于长方盘内，加水。对于细粒土，加水量可以较其最佳含水率小 3%；中粒土和粗粒土按最佳含水率加水。

(2)试料的拌和与浸润

将土和水拌和均匀后放在密闭容器内浸润备用。如为石灰稳定土和水泥、石灰综合稳定土，可将石灰和土一起拌匀后进行浸润。浸润时间要求见表 12-3。

在浸润过的试料中，加入预定数量的水泥或石灰，并拌和均匀。对于细粒土，在此过程中，应将预留的 3%的水加入土中，使混合料的含水率达到最佳含水率。加有水泥的混合料应在拌和后 1h 内制成试件，超过 1h 的混合料应该作废。其他结合料稳定土混合料虽不受此限，但也应尽快制成试件。

(3)计算试件用料质量

一个试件所需要的稳定土混合料数量由计算干密度、最佳含水率和试模体积确定。试件的计算干密度取决于施工要求压实度和最大干密度，由式(12-7)计算。

$$\gamma_d = \gamma_{max} \times G \tag{12-7}$$

式中：γ_d——稳定土混合料抗压强度试件的计算干密度，g/cm^3；

γ_{max}——稳定土混合料的最大干密度，g/cm^3；

G——施工压实度，%。

一个试件所需要的稳定土混合料质量由式(12-8)计算。

$$m_1 = \gamma_d \times V(1 + 0.01w_0) \tag{12-8}$$

式中：m_1——一个试件所需要的稳定土混合料质量，g；

V——试模的体积，cm^3；

w_0——稳定土混合料的最佳含水率，%；

γ_d——混合料试件的计算干密度，g/cm^3。

3. 试件成型

按预定的干密度制备试件。将试模的下压柱放入试模的下部，外露 2cm 左右。将规定质量为 m_1 的稳定土混合料分 2～3 次灌入试模中(利用漏斗)，每次灌入后用夯棒轻轻均匀插实。如制备的是50mm×50mm的小试件，则可以将混合料一次倒入试样中。然后将上压柱放入试模内。应使其也外露2cm左右(即上下压柱露出试模外的部分应该相等)。

用反力框架和液压千斤顶制件。将整个试模(连同上下压柱)放到反力框架内的千斤顶上(千斤顶下应放一扁球座)，加压直到上下压柱都压入试模为止。维持压力1min。解除压力后，取下试模，拿去上压柱，并放到脱模器上将试件顶出(利用千斤顶和下压柱)。称试件的质量 m_2，小试件准确到1g，中试件准确到2g，大试件准确到5g。然后用游标卡尺量试件的高度 h，准确到0.1mm。

4. 试件养生

试件从试模内脱出并称量后，应立即放到密封湿气箱和恒温室内进行保温保湿养生。但中试件和大试件应先用塑料薄膜包覆。有条件时，可采用蜡封保湿养生。养生时间视需要而定，作为工地控制，通常都只取7d。整个养生期间的温度，在北方地区应保持20℃±2℃，在南方地区应保持25℃±2℃。

养生期的最后一天，应该将试件浸泡在水中，水的深度应使水面在试件顶上约2.5cm。在浸泡水中之前，应再次称试件的质量 m_3。在养生期间，试件质量的损失(即 m_2-m_3)应该符合下列规定：小试件不超过1g；中试件不超过4g；大试件不超过10g。质量损失超过此规定的试件，应该作废。

二、抗压强度测试

1. 主要试验仪具

采用路面材料强度试验仪或其他合适的压力机，后者的规格应不大于200kN。

2. 试验步骤

将已浸水一昼夜的试件从水中取出，用柔软的毛巾吸去试件表面的可见自由水，并称试件的质量 m_4。用游标卡尺量试件的高度 h_1，准确到0.1mm。

将试件放到路面材料强度试验仪的升降台上，在台上预先放置一个扁球座，进行抗压试验。在试件加压的过程中，应使试件的形变等速增加，并保持速率约为1mm/min。记录试件破坏时的最大压力。

从破型的试件内部取有代表性的样品测定其含水率 w_1。

3. 试验结果

稳定土试件的无侧限抗压强度按式(12-9)计算，具有95%保证率的强度代表值由式(12-10)计算。

$$R_c = \frac{P}{A} \tag{12-9}$$

$$R_{c,0.95} = \overline{R}_c - 1.645 \times S \tag{12-10}$$

式中：R_c——试件的无侧限抗压强度，MPa；

P——试件破坏时的最大压力，N；

A——试件的截面积，mm^2；

$R_{c,0.95}$——95%保证率的强度代表值，MPa；

$\overline{R}_c$——试件的无侧限抗压强度的平均值，MPa；

S——试件的无侧限抗压强度的标准差，MPa。

4. 试验报告

试验报告中应包括以下内容：

材料的颗粒组成；结合料种类；稳定土混合料的最佳含水率 w_0 及最大干密度 γ_{max}；水泥或石灰剂量；结合料与集料的比例；抗压强度试件的干密度 γ_d（准确至 0.01g/cm^3）及含水率 w_1（%）。

抗压强度平均值 $\bar{R}_c$、最小值 $\bar{R}_{min}$、最大值 $\bar{R}_{max}$、标准差 S 和偏差系数 C_v，95%概率的强度值 $R_{c,0.95}$ 等。

抗压强度计算值小于 2.0MPa 时，采用两位小数，并用偶数表示；大于 2.0MPa 时，采用一位小数。

参考文献

[1] 张振营.岩土力学.北京:中国水利水电出版社,2000.
[2] 李立寒,张南鹭.道路建筑材料(第四版).北京:人民交通出版社,2004.
[3] 严家伋.道路建筑材料(第三版).北京:人民交通出版社,1996.
[4] 姚祖康.铺面工程.上海:同济大学出版社,2001.
[5] 张振营.岩土力学.北京:中国水利水电出版社,2000.
[6] 吴科如,张雄.建筑材料(第二版).上海:同济大学出版社,1999.
[7] 符芳.建筑材料(第二版).南京:东南大学出版社,2001.
[8] 朱张校.工程材料(第三版).北京:清华大学出版社,2001.
[9] 殷凤仕,姜学波.非金属材料学.北京:机械工业出版社,1999.
[10] 姚望科.石料生产技术,北京:人民交通出版社,2001.
[11] 任福民,骆更新,路永华.建筑工程材料.北京:中国铁道出版社,1999.
[12] 林绣贤.高性能沥青混合料设计方法的应用.华东公路,1998,114(5):58~63.
[13] 林绣贤.论 Superpave 组成配比的特色.华东公路,2002,134(1):3~7.
[14] William Vavrik,William Pine,Gerald Huber,Samuel Carpenter and Robert Bailey. The Bailey Method of Gradation Evaluation: The Influence of Aggregate Gradation and Packing Characteristics on Voids in the Mineral Aggregate. Asphalt Paving Technology 2000,Michigan,Sheridan Book Co.
[15] 杨慧光,叶燕呼,腾雪峰.应用 Excel 进行沥青混合料配合比设计的优化计算.公路交通科技,2000,17(5):13-14.
[16] 中华人民共和国国家标准.GB/T 14584—2001 建筑用砂.北京:中国建筑工业出版社,2001.
[17] 中华人民共和国国家标准.GB/T 14585—2001 建筑用卵石、碎石.北京:中国建筑工业出版社,2001.
[18] 中华人民共和国行业标准.JTG E41—2005 公路工程岩石试验规程.北京:人民交通出版社,2005.
[19] 中华人民共和国行业标准.JTG E42—2005 公路工程集料试验规程.北京:人民交通出版社,2005.
[20] 中华人民共和国行业标准.JGJ 52—2006 普通混凝土用砂、石质量及检验方法标准.北京:中国建筑工业出版社,2006.
[21] 中华人民共和国行业标准.JTJ 034—2000 公路路面基层施工技术规范.北京:人民交通出版社,2000.
[22] 张德勤,范耀华,师洪俊.石油沥青的生产与应用.北京:中国石化出版社,2001.
[23] 陈惠敏.石油沥青产品手册.北京:石油出版社,2001.
[24] 李立寒,张南鹭.高性能 EVA 改性沥青的技术性能与工程应用.石油沥青,1997,11(3):18-21.
[25] 吕伟民,李立寒.几种聚合物改性沥青的性能评价,石油沥青 1998,12(3):7-10.
[26] 严家伋.沥青材料性能学,北京,人民交通出版社,1990.

[27] 柳永行,范耀华,张昌祥.石油沥青.北京,石油工业出版社,1984.
[28] Freddy L · Robers, Prithvi S · kandha. Hot Mix Asphalt Materials, Mixture Design, and Construction, Lamham Margland, 1991.
[29] 沈金安.改性沥青与 SMA 路面.北京:人民交通出版社,1999.
[30] 吕伟民,孙大权.沥青混合料设计手册.北京:人民交通出版社,2007.
[31] 张登良.沥青与沥青混合料.北京:人民交通出版社,1993.
[32] 张登良.沥青路面.北京:人民交通出版社,1998.
[33] 虎增福.乳化沥青及稀浆封层技术.北京:人民交通出版社,2001.
[34] 沙庆林.高速公路沥青路面早期破坏现象及预防.北京:人民交通出版社,2001.
[35] 陈宏坡.沥青混合料永久变形性能车辙试验方法研究.上海:同济大学交通运输工程学院,2006.
[36] 辛德刚,王哲人,周晓刚.高速公路沥青路面材料与结构.北京:人民交通出版社,2002.
[37] 沈金安.沥青及沥青混合料路用性能.北京:人民交通出版社,2001.
[38] 贯渝,张长庚.对我国当前沥青路面技术标准的若干看法.华东公路,1999,119(4):28-36.
[39] 沙庆林.高速公路沥青路面的水破坏及防治措施(上).国外公路,2000,20(3):1-4
[40] 孙立军,张宏超,刘黎萍,等.沥青路面初期损坏特点和机理分析——重交通沥青路面设计方法之一.同济大学学报,2002,30(4):416-421.
[41] 吕伟民,石红星.沥青玛蹄脂碎石混合料级配的依据.石油沥青,2000,53(3):18-22.
[42] 林永达,李干佐,高平坦.表面活性剂在水泥和沥青混凝土中的应用.北京:中国轻工业出版社,2001.
[43] 中华人民共和国国家标准.GB 50092—96 沥青路面施工与验收规范.北京:中国计划出版社,1996.
[44] 中华人民共和国行业标准.JTG D50—2006 公路沥青路面设计规范.北京:人民交通出版社,2006.
[45] 中华人民共和国行业标准.JTG F40—2004 公路沥青路面施工技术规范.北京:人民交通出版社,2004.
[46] 中华人民共和国行业标准.JTG F41—2008 公路沥青路面再生技术规范.北京:人民交通出版社,2008.
[47] 中华人民共和国行业标准.JTJ 052—2000 公路工程沥青及沥青混合料试验规程.北京:人民交通出版社,2000.
[48] 拾方治,马卫民.沥青路面再生技术手册,北京,人民交通出版社,2006.
[49] 栗关裔,李立寒.沥青发泡效果与泡沫沥青混合料性能的相关性.建筑材料学报,2008,11(5):555-560.
[50] 田耕,师正纲.水泥生产与化学分析技术.北京:中国建材出版社,1997.
[51] 申爱琴.水泥与水泥混凝土.北京:人民交通出版社,2000.
[52] 傅温.混凝土工程新技术.北京:中国建筑工业出版社,1993.
[53] 中华人民共和国国家标准.GB 175—2007 通用硅酸盐水泥.北京:中国建筑工业出版社,2007.
[54] 中华人民共和国国家标准.GB/T 5483—2008 天然石膏.北京:中国标准出版社,2008.

[55] 中华人民共和国国家标准.GB/T 203—2008 用于水泥中的粒化高炉矿渣.北京:中国建筑工业出版社,2008.
[56] 中华人民共和国国家标准.GB/T 18046—2008 用于水泥和混凝土中的粒化高炉矿渣粉.北京:中国建筑工业出版社,2008.
[57] 中华人民共和国国家标准.GB/T 1596—2005 用于水泥和混凝土中的粉煤灰.北京:中国计划出版社,2005.
[58] 中华人民共和国国家标准.GB/T 1346—2001 水泥标准稠度用水量、凝结时间、安定性检测方法.北京:中国建筑工业出版社,2001.
[59] 中华人民共和国国家标准.GB/T 17671—1999 水泥胶砂强度检验方法(ISO 法).北京:中国建筑工业出版社,1999.
[60] 中华人民共和国国家标准.GB 13693—2005 道路硅酸盐水泥.北京:中国计划出版社,2005.
[61] 中华人民共和国国家标准.GB 201—2000 铝酸盐水泥.北京:中国计划出版社,2000.
[62] 中华人民共和国国家标准.GB 20472—2006 硫铝酸盐水泥.北京:中国计划出版社,2006.
[63] 中华人民共和国国家标准.GB 2938—2008 低热微膨胀水泥.北京:中国标准出版社,2008.
[64] 中华人民共和国国家标准.GB/T 2015—2005 白色硅酸盐水泥.北京:中国标准出版社,2005.
[65] 中华人民共和国国家标准.GBJ 107—87 混凝土强度检验评定标准.北京:中国计划出版社,1987.
[66] 中华人民共和国国家标准.GB 50164—92 混凝土质量控制标准.北京:中国计划出版社,1992.
[67] 中华人民共和国国家标准.GB 50204—2002 混凝土结构工程施工质量验收规范.北京:中国建筑工业出版社,2002.
[68] 中华人民共和国行业标准.JTG E30—2005 公路工程水泥及水泥混凝土试验规程.北京:人民交通出版社,2005.
[69] 中华人民共和国国家标准.GB 8076—2008 混凝土外加剂.北京:中国标准出版社,2008.
[70] 中华人民共和国行业标准.JGJ 55—2000 普通混凝土配合比设计规程.北京:中国建筑工业出版社,2000.
[71] 中华人民共和国行业标准.JTG F30—2003 公路水泥混凝土路面施工技术规范.北京:人民交通出版社,2003.
[72] 中华人民共和国行业标准.JTG D40—2002 公路水泥混凝土路面设计规范.北京:人民交通出版社,2002.
[73] 中华人民共和国行业标准.JGJ 98—2000 砌筑砂浆配合比设计规程.北京:中国建筑工业出版社,2000.
[74] 中华人民共和国国家标准.GB 50233—2002 砌体工程施工质量验收规范.北京:中国计划出版社,2002.
[75] 中华人民共和国行业标准.JGJ/T 70—2009 建筑砂浆基本性能试验方法.北京:中国建筑工业出版社,2009.

[76] 刘巽伯.上海市粉煤灰应用技术手册.上海:同济大学出版社,1995.
[77] 沈旦申,冒镇恶.粉煤灰优质混凝土.上海:上海科学技术出版社,1992.
[78] 中华人民共和国行业标准.CECS 13—89 钢纤维混凝土试验方法.北京:中国计划出版社,1989.
[79] 中华人民共和国行业标准.CECS 38—2004 钢纤维混凝土结构设计与施工规程.北京:中国计划出版社,2004.
[80] 姜福田.碾压混凝土.北京:中国铁道出版社,1991.
[81] 杨金泉.碾压混凝土路面施工技术.北京:人民交通出版社,1998.
[82] 国振喜,等.实用混凝土结构构造手册(第二版).北京:中国建筑工业出版社,1996.
[83] 沙爱民.半刚性路面材料结构与性能.北京:人民交通出版社,1998.
[84] 同济大学道路与交通工程研究所,等.半刚性基层沥青路面.北京:人民交通出版社,1991.
[85] 沙庆林.高等级公路半刚性基层沥青路面.北京:人民交通出版社,1998.
[86] 胡长顺,黄辉华.高等级公路路基路面施工技术.北京:人民交通出版社,1994.
[87] 游国兰,林绣贤.半刚性基层材料最佳含水量与最大干密度快速确定法的应用.华东公路,1995,92(1).
[88] 庄少勤,谢华昌,凌建明.水泥-石灰的路用性能研究.建筑材料学报,2002,4(2):180-183.
[89] 李立寒,谈至明.二灰碎石强度特性影响因素的试验研究.同济大学学报,2003,31(4):424-427.
[90] 陈实,陈印.新型道路固化剂的分析与应用.华东公路,1998,113(4):68-70.
[91] 中华人民共和国行业标准.JTJ 034—2000 公路路面基层施工技术规范.北京:人民交通出版社,2000.
[92] 中华人民共和国行业标准.JTG E51—2009 公路工程无机结合料稳定材料试验规程.北京:人民交通出版社,2009.
[93] 倪振尧,李植.金属材料及热处理.开封:中国矿业大学出版社,1991.
[94] 中华人民共和国国家标准.GB 700—2006 碳素结构钢.北京:中国标准出版社,2006.
[95] 中华人民共和国国家标准.GB/T 714—2008 桥梁用结构钢.北京:中国标准出版社,2008.
[96] 中华人民共和国国家标准.GB 1499.1—2008 钢筋混凝土用钢 第一部分:热轧光圆钢筋.北京:中国标准出版社,2008.
[97] 中华人民共和国国家标准.GB 1499.2—2008 钢筋混凝土用钢 第二部分:热轧带肋钢筋.北京:中国标准出版社,2008.
[98] 中华人民共和国国家标准.GB 13788—2008 冷轧带肋钢筋.北京:中国标准出版社,2008.
[99] 中华人民共和国国家标准.GB/T 1591—2008 低合金高强度结构钢.北京:中国标准出版社,2008.
[100] 吴培熙,张留城.聚合物共混改性原理及工艺.北京:中国轻工业出版社,1984.

人民交通出版社公路类教材一览

(◆教育部普通高等教育"十一五"国家级规划教材 ▲建设部土建学科专业"十一五"规划教材)

一、交通工程教学指导分委员会规划推荐教材

1. ◆交通规划(王 炜) …… 33元
2. ◆道路交通安全(裴玉龙) …… 36元
3. 交通系统分析(王殿海) …… 31元
4. 交通管理与控制(徐建闽) …… 26元
5. 交通经济学(邵春福) …… 25元

二、21世纪交通版高等学校教材

(一)交通工程专业

1. ◆交通工程总论(第三版)(徐吉谦) …… 36元
2. ◆交通工程学(第二版)(任福田) …… 38元
3. ◆交通管理与控制(第四版)(吴 兵) …… 35元
4. ◆道路通行能力分析(陈宽民) …… 27元
5. ◆交通工程设计理论与方法(马荣国) …… 40元
6. ◆公路网规划(裴玉龙) …… 27元
7. 交通工程专业英语(裴玉龙) …… 28元
8. ◆交通运输工程导论(第二版)(姚祖康) …… 23元
9. 交通流理论(王殿海) …… 21元
10. 交通系统仿真技术(刘运通) …… 26元
11. 停车场规划设计与管理(关宏志) …… 30元
12. 交通工程设施设计(李峻利) …… 35元
13. ◆智能运输系统概论(第二版)(杨兆升) …… 25元
14. 智能运输系统概论(第二版)(黄 卫) …… 24元
15. ◆运输经济学(第二版)(严作人) …… 44元
16. ◆道路交通工程系统分析方法(王 炜) …… 28元
17. 交通调查与分析(第二版)(严宝杰) …… 38元
18. ◆交通运输设施与管理(郭忠印) …… 33元
19. 道路交通安全管理法规概论及案例分析(裴玉龙) …… 29元
20. 交通地理信息系统(符锌砂) …… 31元
21. 公路建设项目可行性研究(过秀成) …… 27元
22. 交通工程专业生产实习指导书(朱从坤) …… 7元

(二)城市轨道交通系列教材

1. 城市轨道交通概论(孙 章) …… 30元(估)
2. 城市轨道交通系统(彭 辉) …… 32元
3. 轨道工程(练松良) …… 36元
4. 城市轨道交通设备系统(周顺华) …… 32元
5. ◆地铁与轻轨(第二版)(张庆贺) …… 40元

(三)土木工程专业(路桥)/道路桥梁与渡河工程专业

I. 专业基础课教材

1. 土木工程概论(项海帆) …… 32元
2. 道路概论(第二版)(孙家驷) …… 20元
3. 土质学与土力学(第四版)(袁聚云) …… 30元
4. 公路工程地质(第三版)(窦明健) …… 23元
5. ▲道路工程制图(第四版)(谢步瀛) …… 36元
6. ▲道路工程制图习题集(第四版)(袁 果) …… 26元
7. ◆道路建筑材料(第四版)(李立寒) …… 35元
8. ◆测量学(第三版)(许娅娅) …… 36元
9. ◆基础工程(第三版)(王晓谋) …… 33元
10. 结构设计原理(第二版)(叶见曙) …… 51元
11. 公路经济学教程(袁剑波) …… 23元
12. 专业英语(第二版)(李 嘉) …… 33元

II. 专业核心课教材

13. ◆路基路面工程(第二版)(邓学均) …… 52元
14. ◆道路勘测设计(第三版)(杨少伟) …… 42元
15. 道路结构力学计算(上、下)(郑传超、王秉纲) …… 50元
16. 水力学(王亚玲) …… 19元
17. ◆桥梁工程(第二版)(姚玲森) …… 62元
18. 桥梁工程(第二版)(土木、交通工程)(邵旭东) …… 52元
19. ◆桥梁工程(第二版)(上)(范立础) …… 42元
20. ◆桥梁工程(第二版)(下)(顾安邦) …… 38元
21. 桥梁工程(陈宝春) …… 45元
22. ◆桥涵水文(第四版)(高冬光) …… 28元
23. ◆预应力混凝土结构设计原理(第二版) …… 28元(估)
24. ◆现代钢桥(上)(吴 冲) …… 34元
25. ◆钢桥(徐君兰) …… 16元
26. ◆公路施工组织及概预算(第三版)(王首绪) …… 32元
27. ▲桥梁施工及组织管理(第二版)(上)(魏红一) …… 39元
28. ▲桥梁施工及组织管理(第二版)(下)(邬晓光) …… 39元
29. ◆隧道工程(第二版)(上)(王毅才) …… 65元

III. 专业方向选修课教材

29. ◆道路工程(严作人) …… 40元
30. 道路工程(土木工程专业)(凌天清) …… 32元
31. ◆高速公路(第二版)(方守恩) …… 21元
32. 高速公路设计(赵一飞) …… 38元
33. 城市道路设计(吴瑞麟) …… 22元
34. GPS测量原理及其应用(胡伍生) …… 28元
35. 公路测设新技术(维 应) …… 36元
36. 公路施工技术与管理(廖正环) …… 40元
37. 土木工程造价控制(石勇民) …… 30元
38. 公路工程定额原理与估价(石勇民) …… 36元
39. 道路桥梁检测技术(胡昌斌) …… 31元
40. 特殊地区基础工程(冯忠居) …… 29元
41. 道路与桥梁工程计算机绘图(许金良) …… 31元
42. ◆公路小桥涵勘测设计(第四版)(孙家驷) …… 31元
43. 路基设计原理与计算(李峻利) …… 40元
44. 路基路面工程检测技术(李宇峙) …… 46元
45. 公路土工合成材料应用原理(黄晓明) …… 22元
46. 水泥与水泥混凝土(申爱琴) …… 30元
47. ◆环境经济学(董小林) …… 32元
48. 公路环境与景观设计(刘朝辉) …… 30元
49. 桥梁工程概论(第二版)(罗 娜) …… 27元
50. 桥梁检测与加固(王国鼎) …… 27元
51. 桥梁钢—混凝土组合结构设计原理(黄 侨) …… 26元
52. 桥梁结构试验(章关永) …… 22元
53. 桥梁抗震(叶爱君) …… 15元
54. ◆桥梁建筑美学(第二版)(盛洪飞) …… 30元
55. 大跨度桥梁结构计算理论(李传习) …… 18元
56. 隧道结构力学计算(夏永旭) …… 29元
57. 公路隧道运营管理(吕康成) …… 22元
58. 隧道与地下工程灾害防护(张庆贺) …… 45元
59. 土木规划学(石 京) …… 38元

IV. 实践环节教材及教参教辅

60. 《道路勘测设计》毕业设计指导(许金良) …… 30元
61. 桥梁计算示例丛书—桥梁地基与基础(第二版)
(赵明华) …… 18元

62. 桥梁计算示例丛书—混凝土筒支梁(板)桥(第三版)(易建国) …… 27元
63. 桥梁计算示例丛书—连续梁桥(邹毅松) …… 20元
64. 结构设计原理计算示例(叶见曙) …… 40元

V. 研究生教学用书

道路与铁道工程

1. 现代加筋土理论与技术(雷胜友) …… 24元
2. 道路规划与几何设计(朱照宏) …… 32元

桥梁与隧道工程

1. 高等桥梁结构理论(项海帆) …… 35元
2. 高等钢筋混凝土结构(周志祥) …… 27元
3. 结构分析的有限元法与MATIAB程序设计(徐荣桥) …… 28元
4. 工程结构数值分析方法(夏永旭) …… 27元
5. 箱形梁设计理论(第二版)(房贞政) …… 32元

(四)公路工程管理专业

1. ◆工程项目融资(赵 华) …… 29元
2. 管理信息系统(李友根) …… 31元
3. 公路工程定额原理与估价(石勇民) …… 36元
4. 工程风险管理(邓铁军) …… 21元
5. ◆工程质量控制与管理(邬晓光) …… 29元
6. 公路工程造价编制与管理(第二版)(沈其明) …… 43元
7. 工程项目招标与投标(周 直) …… 30元
8. 高速公路管理(王选仓) …… 35元

(五)工程机械专业

1. ◆施工机械概论(王 进) …… 35元
2. ◆公路施工机械(第二版)(李自光) …… 43元
3. 现代工程机械发动机与底盘构造(陈新轩) …… 38元
4. 工程机械维修(许 安) …… 38元
5. 工程机械状态检测与故障诊断(陈新轩) …… 29元
6. 工程机械底盘设计(郁录平) …… 36元
7. 公路工程机械化施工与管理(第二版)(郭小宏) …… 37元
8. 工程机械设计(吴永平) …… 38元
9. 工程机械技术经济学(吴永平) …… 23元
10. 工程机械专业英语(宋永刚) …… 36元
11. 工程机械机电液系统动态仿真(王国庆) …… 18元

三、普通高等学校规划教材

1. 理论力学(东南大学) …… 29元
2. 材料力学(东南大学) …… 25元
3. 工程力学(东南大学) …… 29元
4. 交通土建工程制图(第二版)(和丕壮) …… 38元
5. 交通土建工程制图习题集(第二版)(和丕壮) …… 20元
6. 画法几何与土建制图(第二版)(林国华) …… 39元
7. 画法几何与土建制图习题集(第二版)(林国华) …… 25元
8. 土木工程制图(丁建梅 周佳新) …… 36元
9. 土木工程制图习题集(丁建梅 周佳新) …… 18元
10. ◆土木工程计算机绘图基础(尚守平) …… 39元
11. 工程经济学(李雪淋) …… 22元
12. 工程测量(胡伍生) …… 25元
13. 交通土木工程测量(张坤宜) …… 33元
14. 结构设计原理(毛瑞祥) …… 26元
15. 路基路面工程(何兆益) …… 45元
16. 道路勘测设计(第二版)(孙家驷) …… 46元
17. 道路与桥梁工程概论(黄晓明) …… 32元
18. 道路经济与管理 …… 16元
19. 公路施工组织与管理(赖少武 李文华) …… 35元
20. 公路工程施工组织学(第二版)(姚玉玲) …… 38元
21. 公路施工与组织管理(廖正环) …… 22元
22. 公路养护与管理(许永明) …… 18元
23. 水力学与桥涵水文(叶镇国) …… 38元
24. 桥位勘测设计(高冬光) …… 20元
25. 道路规划与设计(李清波) …… 46元
26. 道路交通环境工程(张玉芬) …… 19元
27. 公路实用勘测设计(何景华) …… 19元
28. 公路计算机辅助设计(符锌砂) …… 30元
29. 公路工程预算与工程量清单计价(雷书华) …… 35元
30. 公路工程造价(周世生) …… 42元
31. 软土环境工程地质学(唐益群) …… 35元
32. 公路与桥梁施工技术(盛可鉴) …… 30元
33. 桥梁美学(和丕壮) …… 40元
34. 桥梁结构理论与计算方法(贺拴海) …… 58元
35. 钢管混凝土(胡曙光) …… 38元
36. 隧道施工(于书翰) …… 23元
37. 公路隧道机 电工程(赵忠杰) …… 40元
38. ◆道路交通管理与控制(袁振洲) …… 40元
39. 交通工程学(第二版)(李作敏) …… 28元
40. 交通项目评估与管理(谢海红) …… 36元
41. 工程项目管理(周 直) …… 20元
42. 测绘工程基础(李芹芳) …… 36元
43. 工程机械运用技术(许 安) …… 40元
44. 现代工程机械液压与液力系统(颜荣庆) …… 39元
45. 水泥混凝土路面施工与施工机械(何挺继) …… 30元
46. 现代公路施工机械(何挺继) …… 45元
47. 工程机械机电液一体化(焦生杰) …… 28元

四、高等学校应用型本科规划教材

1. 结构力学(万德臣) …… 30元
2. 道路工程制图(谭海洋) …… 28元
3. 道路工程制图习题集(谭海洋) …… 24元
4. 道路建筑材料(伍必庆) …… 37元
5. 土木工程材料(张爱勤) …… 39元
6. 土质学与土力学(赵明阶) …… 30元
7. 结构设计原理(黄平明) …… 47元
8. 结构设计原理学习指导(安静波) …… 35元
9. 结构设计原理计算示例(赵志蒙) …… 40元
10. 工程测量(朱爱民) …… 30元
11. 基础工程(刘 辉) …… 26元
12. 道路勘测设计(张维全) …… 32元
13. 桥梁工程(刘龄嘉) …… 45元
14. 公路工程试验检测(乔志琴) …… 47元
15. 路桥工程专业英语(赵永平) …… 44元
16. 水力学与桥涵水文(王丽荣) …… 27元
17. 工程招标与合同管理(刘 燕) …… 33元
18. 工程项目管理(李佳升) …… 32元
19. 公路施工技术(杨渡军) …… 64元
20. 公路工程机械化施工技术(徐永杰) …… 32元
21. 公路工程经济(周福田) …… 22元
22. 公路工程监理(朱爱民) …… 33元
23. 道路工程(资建民) …… 38元
24. 道路工程CAD(许金良) …… 23元
25. 路基路面工程(陈忠达) …… 46元